军工产品研制管理丛书

军工产品研制
技术文件编写说明

梅文华　罗乖林　黄宏诚　杨蕊琴　编

国防工业出版社

·北京·

内 容 简 介

本书全面系统地阐述了军工产品研制过程中形成的文字类技术文件,包括一般过程文件、软件文档、工艺文件、标准化文件、质量文件、风险管理文件、可靠性文件、维修性文件、测试性文件、保障性文件、安全性文件、环境适应性文件、电磁兼容性文件、人机工程文件、项目成果文件等技术文件的编写说明,内容与《军工产品研制技术文件编写指南》相对应,既可配套使用,又可独立使用,是指导军工产品研制过程中编写相关技术文件的一本实用工具书,对规范技术文件内容、提高技术文件质量、完善设计开发过程,具有重要的应用价值。

本书可供从事军工产品论证验证人员、研制生产人员、型号管理人员参考使用。

图书在版编目(CIP)数据

军工产品研制技术文件编写说明 / 梅文华等编.
—北京:国防工业出版社,2025.2 重印
(军工产品研制管理丛书)
ISBN 978—7—118—07620—2

Ⅰ.①军… Ⅱ.①梅… Ⅲ.①国防工业—工业产品—研制—文件—编制 Ⅳ.①F407.486.3

中国版本图书馆 CIP 数据核字(2011)第 147869 号

※

*国防工业出版社*出版发行
(北京市海淀区紫竹院南路 23 号　邮政编码 100048)
北京凌奇印刷有限责任公司印刷
新华书店经售

*

开本 710×1000　1/16　印张 45　字数 812 千字
2025 年 2 月第 1 版第 8 次印刷　印数 15001—16500 册　定价 200.00 元

(本书如有印装错误,我社负责调换)

国防书店:(010)88540777　　发行邮购:(010)88540776
发行传真:(010)88540755　　发行业务:(010)88540717

序 言

60年来,我国武器装备的研制,走过了一个由仿制、合作到自主创新,由"有什么武器打什么仗"到"打什么仗研制什么武器"的发展历程。我国武器装备也开始进入了一个跨越式发展阶段,大量新型武器装备陆续问世。

随着国民经济和科学技术的快速发展,武器装备的科技含量越来越高,武器装备系统也越来越复杂。军工产品设计、生产、管理的每一个环节都关系到产品的性能和质量。提高装备质量,规范武器装备研制过程,是从事军工产品论证、研制、试验和管理的人员面临的一个重大课题。为此陆续颁发了相关的国家军用标准,对规范军工产品研制过程,提高军工产品技术质量,起到了重要的推动作用。

在军工产品研制过程中,国防工业部门贯彻执行有关军工产品研制的国家军用标准,积累了一定的经验,但是,由于各个单位重视程度不同、理解上存在差异,加上研发人员不断更替,这些国家军用标准的执行情况并不尽如人意,造成有些军工产品在定型时仍然存在各种各样的问题。

为了更好地规范军工产品研制过程,提高军工产品技术质量,空军装备部组织一批长期从事军工产品研制和管理的专家学者,在总结工作经验和教训的基础上,依据国家标准、国家军用标准和有关文件规定,编写了《军工产品研制管理丛书》。

《军工产品研制管理丛书》的编写目标是作为指导军工产品研制与管理的一套实用参考书,力求全面系统,深入浅出,并给出了典型的范例。本丛书实用性强,各册既具有相对独立性,可独立使用,又具有一定的联系,可结合起来阅读。希望丛书的出版发行,能对规范研制过程,降低研制风险,提高研制质量,促进人才成长,作出一些贡献。

中国工程院院士 王小谟

2010年10月15日

重印前言

《军工产品研制技术文件编写说明》自 2011 年 8 月出版以来,得到了广大读者的肯定,第 1 次印刷 5000 册已于 2013 年底售罄。两年多来,总装备部发布了 GJB 7689—2012《装备技术成熟度评价程序》、GJB/Z 170—2013《军工产品设计定型文件编制指南》等几个与技术文件编写有关的国家军用标准,这次重印,对书中相关技术文件(1.34 设计定型基地试验大纲,1.35 设计定型部队试验大纲,1.37 设计定型基地试验报告,1.38 设计定型部队试验报告,1.39 重大技术问题攻关报告,1.41 价值工程和成本分析报告,1.44 研制总结(设计定型用),1.45 设计定型录像片解说词,1.47 军事代表对军工产品设计定型的意见,1.48 设计定型申请,1.49 设计定型审查意见书,1.67 各种配套表明细表汇总表和目录,4.2 标准化工作报告,4.3 标准化审查报告,5.2 质量分析报告,6.3 技术成熟度评价计划,6.4 技术成熟度评价工作计划,6.5 关键技术清单报告,6.6 技术成熟度评价准则,6.7 技术成熟度评价(自评)报告,6.8 技术成熟计划,7.26 可靠性维修性测试性保障性安全性评估报告,8.19 维修性评估报告,9.21 测试性评估报告,10.23 保障性评估报告,11.12 安全性评估报告,13.11 电磁兼容性评估报告)进行了相应修改,特此说明。

编 者

2014 年 2 月 20 日

前　言

军事装备的跨越式发展，对军工产品的技术和质量提出了更高的要求。为了规范军工产品研制过程，提高军工产品技术质量，空军装备部组织编写了《军工产品研制管理丛书》。

本书是《军工产品研制技术文件编写说明》。作者根据长期从事军工产品研制和技术管理工作经验，依据国家标准、国家军用标准和有关文件规定，全面系统地阐述了军工产品研制过程中形成的文字类技术文件（包括一般过程文件、软件文档、工艺文件、标准化文件、质量文件、风险管理文件、可靠性文件、维修性文件、测试性文件、保障性文件、安全性文件、环境适应性文件、电磁兼容性文件、人机工程文件、项目成果文件等）的编写说明，内容与《军工产品研制技术文件编写指南》相对应，既可配套使用，又可独立使用，是指导军工产品研制过程中编写相关技术文件的一本实用工具书，对规范技术文件内容、提高技术文件质量、完善设计开发过程，具有重要的应用价值。

本书中，技术文件的章节标题使用黑体，示例使用仿宋体，对技术文件编写说明的说明使用楷体，其他正文使用宋体。

本书由梅文华、罗乖林、黄宏诚、杨蕊琴编写，由梅文华统稿。

本书作者感谢海军装备部、空军装备部、空军装备研究院领导的支持。感谢王越院士、王小谟院士的指导。感谢总参61所，总装备部论证研究中心，空军装备研究院航空装备研究所，中航工业301所、601所、607所、611所、628所、631所，中国电子科技集团公司10所、20所、28所，国营712厂等单位领导和专家的帮助。在本书编写过程中，王方、张令波、贾志波、王永胜、刘晓东、李冬炜、纪敦、徐凤金、葛莉、董欧、李红军、黄勃等同志给予了支持帮助，陈国华、孙超英、侯建、全力民、吕俊启、董蕙茹、徐兵、杜振华、林干、陈强、张金华、杜春、祝耀昌、黄永葵、潘华、程丛高、王欣、王光芦、曾相戈、吕娟、孙建勇、张宝珍、代为群、王海峰、胡权、邓明春、许平、卢建川、王涛、麻建朝、沈伟平、肖鹏、赵明、王利泉、郑耀耀等同志提出了宝贵的意见和建议，在此一并表示衷心感谢。

本书适用于从事军工产品论证验证人员、研制生产人员、型号管理人员使用。值得强调的是，作者的初衷和期望是读者通过使用本书完善军工产品研制工作，同时撰写出高水平的技术文件。作者期望本书的出版能够为广大读者提供有益的参考。

由于作者水平所限，缺点和不足在所难免，欢迎批评指正。修改意见和建议请寄至 wenhuamei@sina.com。

编 者

2011 年 5 月 30 日

目 录

第1章 一般过程文件 ································· 1
1.1 研制立项综合论证报告 ························· 1
1.2 招标书 ····································· 5
1.3 投标书 ····································· 8
1.4 可行性论证报告 ······························· 9
1.5 生产性分析报告(论证阶段) ···················· 12
1.6 研制总要求 ·································· 13
1.7 研制总要求论证工作报告 ······················ 15
1.8 工作分解结构 ································ 16
1.9 研制合同 ···································· 25
1.10 工作说明 ··································· 29
1.11 技术规范 ··································· 38
1.12 系统规范 ··································· 39
1.13 研制规范 ··································· 42
1.14 研制计划 ··································· 42
1.15 生产性分析报告(方案阶段) ··················· 48
1.16 研制方案 ··································· 50
1.17 技术状态管理计划 ··························· 52
1.18 接口控制文件 ······························· 55
1.19 试验与评定总计划 ··························· 58
1.20 研制任务书 ································· 60
1.21 详细设计 ··································· 62
1.22 设计计算报告 ······························· 63
1.23 特性分析报告 ······························· 64
1.24 生产性分析报告(工程研制阶段) ··············· 66
1.25 研制试验大纲 ······························· 72
1.26 研制试验报告 ······························· 73
1.27 验收测试规范 ······························· 74

Ⅶ

1.28	验收测试程序	76
1.29	产品规范	77
1.30	技术说明书	92
1.31	使用维护说明书	94
1.32	改装方案	96
1.33	设计定型试验申请报告	101
1.34	设计定型基地试验大纲	102
1.35	设计定型部队试验大纲	105
1.36	设计定型试验大纲编制说明	118
1.37	设计定型基地试验报告	119
1.38	设计定型部队试验报告	120
1.39	重大技术问题攻关报告	131
1.40	质量问题报告	132
1.41	价值工程和成本分析报告	132
1.42	生产性分析报告(设计定型阶段)	136
1.43	改装总结	137
1.44	研制总结(设计定型用)	142
1.45	设计定型录像片解说词	148
1.46	总体单位对设计定型的意见	152
1.47	军事代表对军工产品设计定型的意见	153
1.48	设计定型申请	154
1.49	设计定型审查意见书	157
1.50	部队试用申请报告	159
1.51	部队试用大纲	160
1.52	部队试用大纲编制说明	162
1.53	部队试用报告	162
1.54	技术状态更改建议	169
1.55	偏离(超差)申请	171
1.56	技术通报	172
1.57	生产定型试验申请报告	173
1.58	生产定型试验大纲	174
1.59	生产定型试验报告	174
1.60	价值工程分析和成本核算报告	174
1.61	生产性分析报告(生产定型阶段)	177

1.62　试生产总结……………………………………………… 178
　　1.63　生产定型录像片解说词………………………………… 179
　　1.64　军事代表对军工产品生产定型的意见………………… 180
　　1.65　生产定型申请报告……………………………………… 181
　　1.66　生产定型审查意见书…………………………………… 182
　　1.67　各种配套表明细表汇总表和目录……………………… 185
第 2 章　软件文档……………………………………………………… 201
　　2.1　运行方案说明…………………………………………… 201
　　2.2　系统/子系统规格说明………………………………… 204
　　2.3　接口需求规格说明……………………………………… 210
　　2.4　系统/子系统设计说明………………………………… 213
　　2.5　接口设计说明…………………………………………… 217
　　2.6　软件研制任务书………………………………………… 219
　　2.7　软件开发计划…………………………………………… 222
　　2.8　软件配置管理计划……………………………………… 228
　　2.9　软件质量保证计划……………………………………… 230
　　2.10　软件安装计划…………………………………………… 232
　　2.11　软件移交计划…………………………………………… 235
　　2.12　软件测试计划…………………………………………… 238
　　2.13　软件需求规格说明……………………………………… 242
　　2.14　软件设计说明…………………………………………… 248
　　2.15　数据库设计说明………………………………………… 253
　　2.16　软件测试说明…………………………………………… 257
　　2.17　软件测试报告…………………………………………… 260
　　2.18　软件产品规格说明……………………………………… 262
　　2.19　软件版本说明…………………………………………… 265
　　2.20　软件用户手册…………………………………………… 266
　　2.21　软件输入/输出手册…………………………………… 270
　　2.22　软件中心操作员手册…………………………………… 275
　　2.23　计算机编程手册………………………………………… 278
　　2.24　计算机操作手册………………………………………… 280
　　2.25　固件保障手册…………………………………………… 282
　　2.26　软件研制总结报告……………………………………… 284
　　2.27　软件配置管理报告……………………………………… 286

IX

2.28　软件质量保证报告 ………………………………………… 288
　　2.29　软件定型测评大纲 ………………………………………… 289
　　2.30　软件定型测评报告 ………………………………………… 292
第3章　工艺文件 …………………………………………………………… 296
　　3.1　工艺总方案 …………………………………………………… 296
　　3.2　工艺规范 ……………………………………………………… 298
　　3.3　材料规范 ……………………………………………………… 301
　　3.4　工艺设计工作总结 …………………………………………… 306
　　3.5　工艺评审报告 ………………………………………………… 307
　　3.6　工艺总结 ……………………………………………………… 308
　　3.7　工艺和生产条件考核报告 …………………………………… 309
第4章　标准化文件 ………………………………………………………… 311
　　4.1　标准化大纲 …………………………………………………… 311
　　4.2　标准化工作报告 ……………………………………………… 320
　　4.3　标准化审查报告 ……………………………………………… 323
　　4.4　工艺标准化大纲（工艺标准化综合要求） ………………… 324
　　4.5　工艺标准化工作报告 ………………………………………… 327
　　4.6　工艺标准化审查报告 ………………………………………… 329
第5章　质量文件 …………………………………………………………… 331
　　5.1　质量保证大纲（质量计划） ………………………………… 331
　　5.2　质量分析报告 ………………………………………………… 339
　　5.3　配套产品、原材料、元器件及检测设备的质量和定点供应情况 … 347
　　5.4　质量管理报告 ………………………………………………… 348
第6章　风险管理文件 ……………………………………………………… 353
　　6.1　风险管理计划 ………………………………………………… 353
　　6.2　风险分析报告 ………………………………………………… 355
　　6.3　技术成熟度评价计划 ………………………………………… 361
　　6.4　技术成熟度评价工作计划 …………………………………… 362
　　6.5　关键技术清单报告 …………………………………………… 362
　　6.6　技术成熟度评价准则 ………………………………………… 364
　　6.7　技术成熟度评价（自评）报告 ……………………………… 365
　　6.8　技术成熟计划 ………………………………………………… 367
第7章　可靠性文件 ………………………………………………………… 370
　　7.1　可靠性要求 …………………………………………………… 370

7.2 可靠性工作项目要求 ………………………………………… 373
7.3 可靠性计划 …………………………………………………… 376
7.4 可靠性工作计划(可靠性大纲) ……………………………… 377
7.5 可靠性模型 …………………………………………………… 378
7.6 可靠性分配 …………………………………………………… 382
7.7 可靠性预计 …………………………………………………… 383
7.8 故障模式、影响及危害性分析 ……………………………… 384
7.9 故障树分析 …………………………………………………… 390
7.10 潜在通路分析 ………………………………………………… 391
7.11 电路容差分析 ………………………………………………… 394
7.12 可靠性设计准则 ……………………………………………… 394
7.13 元器件、零部件和原材料选择与控制 ……………………… 395
7.14 可靠性关键项目 ……………………………………………… 396
7.15 测试、包装、贮存、装卸、运输和维修对产品可靠性的影响 … 398
7.16 有限元分析 …………………………………………………… 399
7.17 耐久性分析 …………………………………………………… 399
7.18 环境应力筛选 ………………………………………………… 401
7.19 可靠性增长试验大纲 ………………………………………… 403
7.20 可靠性增长试验报告 ………………………………………… 406
7.21 可靠性鉴定(验收)试验方案 ………………………………… 407
7.22 可靠性鉴定(验收)试验大纲 ………………………………… 408
7.23 可靠性鉴定(验收)试验程序 ………………………………… 411
7.24 可靠性鉴定(验收)试验报告 ………………………………… 411
7.25 可靠性鉴定(验收)试验总结 ………………………………… 412
7.26 可靠性维修性测试性保障性安全性评估报告 ……………… 415
7.27 使用期间可靠性信息收集计划 ……………………………… 417
7.28 使用期间可靠性信息分类与编码 …………………………… 418
7.29 使用期间可靠性评估计划 …………………………………… 420
7.30 使用期间可靠性评估报告 …………………………………… 421
7.31 使用期间可靠性改进计划 …………………………………… 421
7.32 使用期间可靠性改进项目报告 ……………………………… 422

第8章 维修性文件 ……………………………………………………… 424
8.1 维修性要求 …………………………………………………… 424
8.2 维修性工作项目要求 ………………………………………… 426

8.3 维修性计划 …… 429
8.4 维修性工作计划 …… 431
8.5 维修性模型 …… 432
8.6 维修性分配 …… 433
8.7 维修性预计 …… 435
8.8 故障模式及影响分析—维修性信息 …… 436
8.9 维修性分析 …… 439
8.10 抢修性分析 …… 441
8.11 维修性设计准则 …… 442
8.12 维修保障计划和保障性分析的输入 …… 443
8.13 维修性核查方案 …… 444
8.14 维修性核查报告 …… 446
8.15 维修性验证计划 …… 446
8.16 维修性验证报告 …… 447
8.17 维修性分析评价方案 …… 449
8.18 维修性分析评价报告 …… 449
8.19 维修性评估报告 …… 450
8.20 使用期间维修性信息收集计划 …… 452
8.21 使用期间维修性信息分类和编码 …… 452
8.22 使用期间维修性评价计划 …… 455
8.23 使用期间维修性评价报告 …… 456
8.24 使用期间维修性改进计划 …… 456
8.25 使用期间维修性改进报告 …… 457

第9章 测试性文件 …… 459
9.1 诊断方案 …… 459
9.2 测试性要求 …… 460
9.3 测试性工作项目要求 …… 463
9.4 测试性计划 …… 467
9.5 测试性工作计划 …… 468
9.6 测试性模型 …… 470
9.7 测试性分配 …… 472
9.8 测试性预计 …… 473
9.9 故障模式、影响及危害性分析—测试性信息 …… 474
9.10 测试性设计准则 …… 476

9.11 固有测试性设计分析报告 476
  9.12 测试性设计准则符合性报告 479
  9.13 诊断设计 481
  9.14 测试要求文件 485
  9.15 测试性核查计划 494
  9.16 测试性核查报告 496
  9.17 测试性验证试验计划 496
  9.18 测试性验证试验报告 498
  9.19 测试性分析评价计划 499
  9.20 测试性分析评价报告 500
  9.21 测试性评估报告 500
  9.22 使用期间测试性信息收集计划 502
  9.23 使用期间测试性信息分类和编码 503
  9.24 使用期间测试性评价计划 505
  9.25 使用期间测试性评价报告 506
  9.26 使用期间测试性改进计划 506
  9.27 使用期间测试性改进项目报告 507

第10章 保障性文件 509
  10.1 保障性要求 509
  10.2 保障性工作项目要求 512
  10.3 综合保障计划 513
  10.4 综合保障工作计划（保障性大纲） 517
  10.5 保障性分析工作纲要 521
  10.6 保障性分析计划 527
  10.7 保障性分析评审程序 529
  10.8 产品使用研究 530
  10.9 硬件、软件和保障系统标准化 531
  10.10 比较分析 531
  10.11 保障性改进的技术途径 533
  10.12 保障性和有关保障性的设计因素 533
  10.13 功能要求 534
  10.14 保障系统的备选方案 536
  10.15 备选方案的评价和权衡分析 539
  10.16 使用与维修工作分析 541

10.17	早期现场分析	543
10.18	停产后保障分析	544
10.19	保障方案	545
10.20	保障计划	548
10.21	保障性试验、评价与验证大纲	549
10.22	保障性试验、评价与验证报告	551
10.23	保障性评估报告	553

第11章 安全性文件 555

11.1	安全性大纲	555
11.2	系统安全性工作计划	571
11.3	系统安全性工作报告	573
11.4	初步危险表	574
11.5	初步危险分析	574
11.6	分系统危险分析	576
11.7	系统危险分析	578
11.8	使用和保障危险分析	580
11.9	职业健康危险分析	581
11.10	安全性试验大纲	582
11.11	安全性试验报告	582
11.12	安全性评估报告	582
11.13	安全性符合有关规定的评价	585
11.14	安全性培训	586
11.15	软件需求危险分析	587
11.16	概要设计危险分析	588
11.17	详细设计危险分析	589
11.18	软件编程危险分析	591
11.19	软件安全性测试	592
11.20	软件与用户接口危险分析	593
11.21	软件更改危险分析	594

第12章 环境适应性文件 596

12.1	环境工程工作计划	596
12.2	寿命期环境剖面	597
12.3	使用环境文件	599
12.4	环境适应性要求	600

12.5	环境适应性设计准则	603
12.6	环境适应性设计指南	604
12.7	环境适应性设计报告	605
12.8	环境试验与评价总计划	606
12.9	环境试验大纲	607
12.10	环境鉴定试验报告	613
12.11	环境鉴定试验总报告	616
12.12	环境适应性报告	618

第13章 电磁兼容性文件 …… 620

13.1	电磁环境	620
13.2	电磁兼容性要求	622
13.3	电磁兼容性大纲	625
13.4	电磁兼容性技术组	628
13.5	电磁兼容性控制计划	629
13.6	电磁兼容性设计方案	631
13.7	电磁兼容性预测与分析	633
13.8	电磁兼容性试验计划	635
13.9	电磁兼容性试验大纲	637
13.10	电磁兼容性试验报告	638
13.11	电磁兼容性评估报告	639
13.12	电磁兼容性培训计划	643
13.13	频率使用管理文件	644

第14章 人机工程文件 …… 646

14.1	人机工程要求	646
14.2	人机工程设计准则	657
14.3	人机工程方案计划	660
13.4	人机工程动态仿真计划	665
14.5	人机工程试验计划	666
14.6	人机工程系统分析报告	668
14.7	关键任务分析报告	669
14.8	操作者设计方法文件	670
14.9	维修者设计方法文件	672
14.10	人机工程试验报告	673
14.11	人机工程进展报告	675

14.12　人机工程评估报告 ·· 675
第15章　项目成果文件 ·· 677
15.1　研制总结（成果鉴定用） ·· 677
15.2　科技成果鉴定证书 ·· 678
15.3　科技成果汇报播放文件 ·· 679
15.4　军队科学技术奖推荐书 ·· 680
15.5　国防科技成果奖推荐书 ·· 684
15.6　国家科学技术奖励推荐书 ··· 691
参考文献 ··· 697

第 1 章　一般过程文件

1.1　研制立项综合论证报告

按照 GJB 4054—2000《武器装备论证手册编写规则》编写,说明如下。

1　需求分析

在武器装备发展战略论证和体制系列论证的基础上,进一步论证发展该型武器装备的必要性,主要内容包括:

　　a) 未来作战对发展新型武器装备的需求程度;

　　b) 新型武器装备在装备体制和配套武器装备中的地位、作用及其与现有武器装备的关系;

　　c) 现有武器装备在形成军事实力、总体作战能力、完成作战任务等方面的差距和存在的问题。

2　作战使命任务分析

新型武器装备作战使命任务分析主要应考虑以下方面:

　　a) 未来作战中新型武器装备所承担的主要任务和辅助任务;

　　b) 新型武器装备应具备的主要功能和辅助功能。

3　初步总体技术方案

3.1　系统组成

新型武器装备组成方案,主要是明确所包括的系统、分系统和关键设备。

3.2　各分系统主要技术方案

主要应考虑以下内容:

　　a) 主要的技术特点;

　　b) 主要关键技术及拟采取的技术途径;

　　c) 各组成部分之间的相互关系;

　　d) 与已有设备的继承关系。

3.3　系统综合配套方案

主要是考虑满足主战装备作战需要对保障设备的综合配套要求。一般是考虑作战保障、后勤保障和技术保障三个方面。

作战保障装备配套项目主要考虑:

a) 目标保障；
b) 测地保障；
c) 诸元保障；
d) 气象保障；
e) 防化保障；
f) 伪装保障；
g) 工程保障；
h) 通信保障；
i) 侦察保障；
j) 电子对抗保障；
k) 防卫保障；
l) 其他。

后勤保障装备配套项目主要考虑：
a) 物资保障；
b) 卫勤保障；
c) 运输保障；
d) 其他。

技术保障装备配套项目主要考虑：
a) 维修保障；
b) 备件保障；
c) 计量保障；
d) 化验保障；
e) 其他。

4 主要作战使用性能指标

任何一种装备的作战使用性能指标都由两部分构成，即通用性指标和特征性指标。应对这两类指标的项目和内容给出明确阐述。

4.1 通用性指标

通用性指标是各类武器装备都应具备的指标，这些指标在全军范围内都是相同的。若有特殊解释，应单独说明。各类装备考虑的通用性指标项目一般包括：

a) 可靠性、维修性和保障性；
b) 机动性；
c) 反应能力；
d) 伪装能力；

e) 电子防御能力；

f) 兼容性；

g) 安全性；

h) 经济性；

i) 环境适应性；

j) 人一机一环工程；

k) 尺寸、体积和重量要求；

l) 标准化要求；

m) 能源要求；

n) 其他。

上述各种通用性指标的论证方法，在不同的装备之间，存在着一定差别，可根据装备特点给出相应的论证方法，具体可参照 GJBz 20221 和相关装备论证规范的要求确定。

4.2 特征性指标

特征性指标是指那些直接反映某类别武器装备自身规律和特点的一些指标，它代表了某类别武器装备的基本属性和使用特征。在一定意义上讲，这种指标决定了某一型号是否能够发展和存在。如导弹装备的射程、威力、精度等，通信装备的通信距离、容量、传输速率、通信覆盖范围等。要根据具体型号装备的特点确定特征性指标项目，并给出具体解释。

各类武器装备特征性指标差别很大，以坦克装甲防护指标论证为例，论证方法步骤一般包括：

a) 威胁分析，主要内容应包括敌进攻武器性能特点、坦克各部位遭受攻击的破坏概率及作战环境等；

b) 约束条件分析，主要内容应包括现有装甲的防护技术水平、装甲车辆总体技术性能要求对装甲防护的限制及国内资源对装甲材料的保障能力等；

c) 提出装甲防护指标，如装甲厚度和倾角等；

d) 建立模型，对防护指标进行评估；

e) 综合分析，确定指标要求。

5 效能评估

主要性能指标确定后，应进行效能评估。效能评估的一般步骤是：

a) 根据装备的主要性能指标、作战使用方式、打击目标特性和可能的对抗情况等建立效能评估指标体系；

b) 选择作战效能评估方法；

c) 进行分析和评估。

应根据具体装备的特点,参照 GJB 4054—2000 附录 A"装备效能评估的一般程序"和有关标准,给出具体的分析与评估方法及应用注意事项。

6 进度或周期要求

依据作战训练或执行其他特殊任务急需程度、技术成熟程度、科研生产能力、科研管理水平、投资强度和其他因素,提出研制进度或周期要求,内容包括:

a) 从研制开始到定型的整个过程中各研制阶段的具体进度(或周期)要求;
b) 分系统研制的进度要求;
c) 系统集成的进度要求;
d) 武器装备完成配套,形成初始作战能力的时间要求。

7 订购数量预测

提供预测新型武器装备订购数量的原则和方法,根据部队编制体制和承担的主要任务与辅助任务,分析武器装备可能的发展规模,预测订购数量。

8 寿命周期费用

根据武器装备研制特点和市场变化的实际情况,按 GJB 3871 中的有关方法进行订购价格预测。根据装备特点,参考 GJBz 20517 的要求,估算新型武器装备寿命周期费用。

9 风险分析

9.1 技术风险

主要考虑以下方面:

a) 引起技术风险的主要因素(包括指标量化、技术难度、研制难易等因素);
b) 技术风险的表示方法(包括风险百分数、新技术项目采用比等因素);
c) 技术风险的估算(包括高、中、低三类风险的估算)。

9.2 进度风险

主要考虑以下方面:

a) 引起进度风险的主要因素(包括预研工作和可行性论证是否充分、计划进度考虑不周、投资强度不够、战术技术指标更改以及其他因素);
b) 进度风险的表示方法(可用完成研制任务的概率表示);
c) 进度风险的估算(计算每个工序的平均完成时间、方差、期望完成时间、必须完成时间、松弛时间、关键路线、完成概率等)。

9.3 费用风险

主要考虑以下方面:

a) 引起费用风险的主要因素(如费用评估和预测不准、进度后拖,物价上涨等);
b) 费用风险的表示方法(可用费用风险度、研制总费用等);

c）费用风险的估算（包括各分系统的费用均值和方差，预定费用完成任务的概率、费用风险等）。

10 任务组织实施的措施与建议

分别阐述任务组织实施的措施与建议。

按照《中国人民解放军装备条例》编写，目次格式如下：

1 作战使命和任务
2 主要作战使用性能（含主要战术技术指标）
2.1 通用性指标
2.2 特征性指标
3 初步总体方案
3.1 系统组成
3.2 各分系统技术方案
3.3 系统综合配套方案
4 研制周期
5 研制经费概算
6 关键技术突破和经济可行性分析
7 作战效能分析
8 装备订购价格与数量的预测
9 装备命名建议

1.2 招标书

按照《武器装备研制项目招标管理办法》第11条编写。

1 研制项目名称

直接指明研制项目名称，如"机载超短波电台研制"。

2 研制内容要求

提出研制内容要求。如：

按照招标书附件——总装备部批准的机载超短波电台主要作战使用性能要求，研制机载超短波电台。

3 研制进度要求

提出研制进度要求。如：

××××年××月底，完成机载超短波电台设计定型。

4 成果形式、数量

提出成果形式、数量要求。如：

研制并交付×部机载超短波电台和×部二线检测设备,提供相应的全套设计定型资料。

5 技术方案要求

提出技术方案要求。通常包括：
a) 使命任务；
b) 基本要求；
c) 组成及功能要求；
d) 主要战术技术指标及要求；
e) 子系统组成、指标及要求；
f) 产品保修及售后服务要求；
g) 人员培训要求等。

6 投标报价的构成细目及制定原则

6.1 构成细目

投标报价包括设计费、材料费、设备费、外协费、试验费、固定资产使用费、管理费和不可预见费等细目。

6.2 制定原则

报价的构成细目应全面、详细、合理,并作相应的具体分析和说明,且分析科学,论述清晰。报价应包含所有费用,不得还有费用未计算在内。

7 递标要求

提出递标要求。如：
a) 本项目采用邀请投标方式,由招标人向邀请单位发送招标书。
b) 受邀单位收到招标书后,若决定不参加应标,一周内应完整无损地退回招标书,并不得泄露其内容。
c) 投标人必须在收到招标书后30天内,做好投标准备。
d) 投标人应将投标书及与投标有关的汇报材料整理成册,一式××份,全部密封包装,并在招标评标会召开前一天晚上24：00之前,以密封形式送达评标组,供评标使用。逾期未送达者,视同放弃投标资格。交接时双方要严格履行交接手续,开标时需经投标人代表检查无误并签字后,评标组代表方可开启。另外,投标人还可准备以多媒体、录像片等形式向评标组汇报情况。
e) 投标书的主要内容:1)投标函;2)投标方案(含方案的先进性、技术经济可行性论证,关键技术储备情况,可借鉴的预研成果等);3)投标报价及构成细目;4)研制周期;5)投标说明(包括必须由国家安排的技术改造、基建费和外汇);6)武器装备研制许可证(复印件),法定代表人资格证明或投标代理人资格委托书;7)近两年的财务状况资料、已承担的科研任务情况、能用于本研制项目的各项管理和技术人员能力、技术设备能力,质量保证能力;8)其他。

8 投标有效期

明确投标有效期。

9 开标方式、时间

明确开标方式和开标时间。如:

本次招标采取封闭式开标,即一个单位开标、汇报和答辩结束后,再进行下一个单位,开标的顺序将在招标会开始时由各投标人代表抽签确定。每个单位开标、汇报和答辩时间不超过××小时××分钟(评委阅读××分钟,汇报、答辩×小时××分钟)。

招标时间初步确定为××××年××月上(中、下)旬,地点为(地址),具体时间另行通知。

10 评标原则及形式、时间

明确评标原则及形式、时间。如:

a) 评标原则

为客观、公正、科学地评价投标人提交的投标方案,招标人将邀请技术、管理、经济等方面的军内外专家组成评标组。评标组根据《评价标准和规范》,客观、公正、科学地评价投标书,提出评价报告。《评价标准和规范》为衡量投标方案满足招标书要求的程度而制定,既有定量的,也有定性的,均具有客观性。

评标范围通常包括:1)投标技术方案;2)研制和生产能力;3)质量管理体系;4)项目工程管理体系;5)工程进度计划安排;6)相关产品的研制和业绩;7)履行责任情况;8)售后服务保障体系;9)财务状况;10)投标报价等。

b) 评标形式

评标组分别约见投标人,为每一个投标人提供相同的时间进行投标方案陈述和答辩,请其解释和澄清投标书技术、经济评审中不明确的问题。解释和澄清的内容应用书面形式记录,经投标人代表检查无误并签字后备案。评标组人员在评标过程中不得透露任何评标情况,也不能讨论标价的变更问题。

评标组依据《评价标准和规范》及评分细则,独立打分,现场统计分数,依据打分结果向招标人提出书面评标报告,依据投标人得分的高低向招标人推荐预中标人。招标人现场宣布评标结果。

c) 评标时间

评标时间为××××年××月××日××时开始,××××年××月××日××时结束。

11 保密规定

明确保密规定,一般要求:

招标人制定的标底要严格保密。如有泄露,依法追究泄露者的法律责任。

投标人及其代理人不得泄露招标书的内容,如有泄露,依法追究泄露者的法律责任。

评标组人员和会议代表严格遵守保密规定,严禁向外透露各投标单位的投标方案、标底及评标有关情况,并妥善保管好文件资料。

会后,文件资料必须全部交回会务组。

12 投标担保规定

明确投标担保规定。通常,在投标人汇报结束后,请驻投标人单位军事代表机构宣读军事代表机构对投标单位研制生产(研制项目名称)的意见。

13 其他

明确其他要求。如评标期间评标组不得接待投标方人员的要求;答辩时间控制要求等。

1.3 投 标 书

按照《武器装备研制项目招标管理办法》第15条编写。

1 投标函

投标函是投标人响应招标的邀请参加投标活动的说明,应简明扼要地说明投标的目的、授权情况和必要的承诺(如:愿意积极承担军工产品研制任务;愿意遵守《中华人民共和国招标投标法》和《武器装备研制项目招标管理办法》的规定,与其他单位进行公平、公正的竞争,尊重评标结果;如果中标,将按照招标要求完成研制并提供有关文件资料等),并加盖法人单位公章。

2 投标方案

投标方案是投标书中的核心内容之一,全面反映投标人的技术实力和技术水平。应按照招标书对投标方案的编写要求,或参照本书1.16《研制方案》的目次格式,编写投标方案,含方案的先进性、技术经济可行性论证、关键技术储备情况、可借鉴的预研成果等。

3 投标报价及构成细目

给出投标报价及构成细目。构成细目包括设计费、材料费、设备费、外协费、试验费、固定资产使用费、管理费和不可预见费等。报价书根据要求可单独成册。

4 研制周期

明确给出项目研制所需总时间,并制定详细的计划进度表(甘特图)。

5 投标说明

对投标进行说明,包括必须由国家安排的技术改造、基建费和外汇等。

6 武器装备研制许可证,法定代表人资格证明或投标代理人资格委托书

提供武器装备研制许可证(复印件),法定代表人资格证明或投标代理人资格委托书。

7 承研承制能力说明

7.1 近两年的财务状况资料

如实提供近两年的财务状况资料。

7.2 已承担的科研任务情况

如实说明已承担的科研任务情况,特别是关键技术储备情况。

7.3 能用于本研制项目的各项管理人员和技术人员能力

如实说明能用于本研制项目的各项管理人员和技术人员能力,可列表给出拟参加研制工作的主要管理人员和技术人员。

7.4 能用于本研制项目的技术设备能力

如实说明能用于本研制项目的技术设备能力,可列表。

7.5 质量保证能力

如实说明质量保证能力,包括通过 GJB 9001《质量管理体系要求》质量认证情况,以前研制生产的军工产品在部队的装备和使用质量情况。

8 其他

提供其他可以反映投标人技术、管理和经济实力的相关文件和材料。

1.4 可行性论证报告

1 前言

应简明扼要地论述产品研制的必要性和研制背景,以及可行性。

2 使用要求及主要战术技术要求

2.1 使用要求

列出使用部门提出的使用要求。

2.2 主要战术要求

列出使用部门提出的主要战术要求。

2.3 主要技术要求

列出使用部门提出的主要技术要求。

3 国内外同类产品发展现状

分别介绍国外、国内同类产品发展现状,并通过分析,阐明其发展特点和发展趋势。

4 任务分析

根据使用部门提出的使用要求及主要战术技术要求，通过分析论证，提出满足任务要求，并以最低的成本和较短的研制时间实现战术技术要求的合理可行的技术途径。

5 约束条件

说明产品研制受到相关系统或配套产品约束的条件。

6 可行性方案

制定可行性方案一般应遵循下述基本原则：
a) 满足使用部门提出的使用要求及主要战术技术要求；
b) 采用成熟设计技术，优先采用"三化"产品；
c) 明确采用新技术和采用成熟技术的关系；
d) 根据国内技术发展情况，明确技术攻关和技术引进的关系。

6.1 总体技术方案

描述总体设计原则、设计思路、技术途径等。

6.2 总体战术技术指标论证

对使用部门提出的总体战术技术指标进行论证分析，说明实现的可能性。

6.3 产品组成及各组成部分的特性

根据任务分析，为达到战术技术要求，确定产品的组成。通过论证，初步提出产品及各组成部分的主要特性。

6.4 产品结构方案

按照研制总要求对产品结构的要求进行结构设计，提出拟采取的结构设计方案。

6.5 产品硬件方案

提出拟采取的硬件设计方案。

6.6 产品软件方案

（适用时）提出拟采取的软件设计方案。

6.7 产品接口方案

提出拟采取的接口设计方案。按照接口控制文件，明确功能接口和物理接口设计。

7 可靠性维修性测试性保障性安全性初步分析

7.1 可靠性初步分析

对产品可靠性进行初步分析，提出拟采取的可靠性设计措施，进行可靠性预计，确保可靠性要求得以满足。

7.2 维修性初步分析
对产品维修性进行初步分析,提出拟采取的维修性设计措施,进行维修性预计,确保维修性要求得以满足。

7.3 测试性初步分析
对产品测试性进行初步分析,提出拟采取的测试性设计措施,进行测试性预计,确保测试性要求得以满足。

7.4 保障性初步分析
对产品保障性进行初步分析,提出拟采取的保障性设计措施,规划保障资源,研制保障设备,确保保障性要求得以满足。

7.5 安全性初步分析
对产品安全性进行初步分析,提出拟采取的安全性设计措施,进行安全性预计,确保安全性要求得以满足。

8 技术继承性和新技术采用的分析

8.1 技术继承性分析
说明产品研制可能需要采用的已在其他型号产品中采用的成熟技术。

8.2 新技术采用的分析
对产品研制可能需要采用的新技术进行必要的分析,论述新技术的基础。

9 关键技术的成熟程度及初步风险分析
应列出需要攻关的关键技术项目。

说明在关键技术项目中,有哪些可以应用的预研成果或部分应用成熟技术,对关键技术的技术成熟度进行评价。

对提出的关键技术项目,根据难易程度以及在系统中所处的位置,进行初步风险分析。

10 初步保障条件要求
提出产品研制所需的初步保障条件,包括基础设施改造条件、需要引进的项目和对其他相关系统的保障条件等要求。

11 配套系统的支撑性分析
对保障产品正常使用的配套系统的组成及主要功能性能进行说明。

12 研制周期及经费需求分析
依据拟采用的成熟技术、拟采用的新技术基础、关键技术项目的数量和技术成熟度等对产品研制周期进行分析预计,提出产品研制计划流程图,列出主要时间节点及完成工作内容。

对方案论证、工程研制(初样研制和正样研制)的经费需求(含保障设备研制等)进行分析,提出初步的研制经费需求,列出明细。

13 研制任务组织实施和研制分工建议

提出研制任务组织实施的建议,明确研制质量管理工作流程。

提出参与研制的单位及其研制任务分工建议,说明各参与研制单位的研制能力。

1.5 生产性分析报告(论证阶段)

按照 GJB 3363—1998《生产性分析》编写。

1 范围

2 引用文件

3 生产性分析目的

进行初步的生产性评估,以确定产品研制在生产性方面是否具备可行性。

4 生产性分析准则

承制方应依据设计特征建立一个可操作的生产性分析准则,形成文件,并随研制工作进展而不断更新,该准则应包括下列内容:

a) 承制方现有的和规划中的生产条件对产品设计的限制;

b) 互换性措施;

c) 材料选择限制;

d) 备选方案的选择原则和程序;

e) 工装(含专用工装)选择原则;

f) 新的或独特的工艺;

g) 装配顺序和便于装配程度;

h) 制造与试验软件;

i) 试验和检验仪器方案;

j) 规定生产率下所使用的工作方法;

k) 生产量和生产率;

l) 成本;

m) 进度。

5 生产可行性分析

利用过去的生产经验及规划中的生产条件,对使用方提出的初步战术技术指标进行生产可行性分析,提出准备采用的生产方法、制造工艺与技术设备、材料等初步生产技术方案,并指出生产所需的关键材料、存在的问题和潜在风险。

6 生产能力评估

承制方对本单位和转承制单位的生产能力进行分析评估,重点考虑下列要

素对产品生产性的影响:

　　a)生产率和产量。1)生产率和产量对产品生产性有重大影响,准确地确定生产率和产量是进行产品生产性分析的前提;2)应考虑到制造该产品所采用的生产方法(如高速率生产,低速率生产),设计的产品必须在构形、尺寸、公差、材料诸方面与所采用生产方法相符。

　　b)专用工艺装备。应按产品性能、结构特点、工艺方法、生产量和生产方法、质量保证及成本因素选择工装的品种和数量,尽量减少专用工装品种和数量。

　　c)设备。1)通用和专用设备的品种、规格、数量、加工能力、排列方式;2)需外协的设备。

　　d)人力资源。各类专业人员的数量、素质、从事产品生产的经验、专业培训状况等。

　　e)材料供应状况:材料的交付期能否与生产计划的要求相吻合。

7　生产性分析结论

　　在对生产可行性进行分析和生产能力进行评估后,给出产品研制在生产性方面是否具备可行性的结论性意见。

1.6　研制总要求

　　按照《中国人民解放军装备条例》要求编写。

1　作战使用要求

1.1　作战使命、任务及作战对象

　　简要说明装备的作战使命、任务及作战对象"是什么"。应与研制立项综合论证报告中的内容基本保持一致。

1.2　主要战术技术指标及使用要求

　　尽可能明确地提出主要战术技术指标及使用要求。

2　研制总体方案

　　各承研承制单位根据使用部门的要求,经过技术、经济可行性研究及必要的验证试验,向使用部门提出初步的总体技术方案。经使用方会同研制主管部门对各种备选总体技术方案进行评审,在对技术、经费、周期、保障条件等因素综合权衡后,选出一个或者优化组合一个最佳方案,纳入研制总要求。

3　系统、配套设备和软件方案

　　列出系统的组成、功能、主要技术参数及指标,系统框图或原理图,配套设备技术状态,总线标准及软件方案等。

4 综合保障方案

根据综合保障要求,对随机工具、设备,一线、二线保障设备的研制、技术状态、配套比例、数量,研制的条件等制定方案及安排实施步骤。

5 质量、可靠性、维修性、测试性、保障性、安全性及标准化控制措施

5.1 质量控制措施

提出对装备研制质量控制措施的要求。如坚持质量第一的原则,贯彻《武器装备质量管理条列》及有关法规,实施质量标准、规范;建立健全质量管理体系,明确质量责任,实行质量奖惩制度;编制并实施质量保证大纲、计量保证大纲等。

5.2 可靠性控制措施

提出对装备可靠性控制措施的要求。如按照 GJB 450A—2004《装备可靠性工作通用要求》开展可靠性工作,编制可靠性工作计划,进行可靠性设计、可靠性指标的分配和预计、FMECA 和 FTA 分析,进行可靠性鉴定试验和可靠性评估。

5.3 维修性控制措施

提出对装备维修性控制措施的要求。如按照 GJB 368B—2009《装备维修性工作通用要求》开展维修性工作,编制维修性工作计划,进行维修性设计、维修性指标的分配和预计,进行维修性试验与评价。

5.4 测试性控制措施

提出对装备测试性控制措施的要求。如按照 GJB 2547A—2012《装备测试性工作通用要求》开展测试性工作,编制测试性工作计划,进行测试性设计、测试性指标的分配和预计,进行测试性试验与评价。

5.5 保障性控制措施

提出对装备保障性控制措施的要求。如按照 GJB 3872—1999《装备综合保障通用要求》开展保障性工作,编制综合保障工作计划,进行保障性设计,规划保障资源,进行保障性试验与评价。

5.6 安全性控制措施

提出对装备安全性控制措施的要求。如按照 GJB 900—1990《系统安全性通用大纲》开展安全性工作,编制安全性工作计划,进行安全性设计与分析,进行安全性试验与评价,以及进行安全性培训。

5.7 标准化控制措施

提出对装备研制标准化控制措施的要求。要求承研承制单位编制并实施标准化大纲,按照有关规定开展标准化工作和标准化审查;提出对标准使用与剪裁的控制要求。

6 设计定型状态和定型时间

设计定型状态一般不再描述，战术技术指标经批准后就成为设计定型考核的依据。

设计定型时间可根据研制周期、作战训练或执行其他特殊任务对装备需求的紧迫程度、技术方案成熟程度和经费投入分配情况等进行综合权衡后提出定型时间要求。

7 研制经费核算

按照有关规定对研制经费进行核算。经总装机关同意，上报研制总要求时，可以暂略。

8 产品成本概算

按照有关规定对产品成本进行概算。经总装机关同意，上报研制总要求时，可以暂略。

亦可按照《常规武器装备研制程序》要求编写，内容基本相同，目次格式如下。

1 作战使命、任务及作战对象
2 主要战术技术指标及使用要求
2.1 主要战术指标
2.2 主要技术指标
2.3 主要使用要求
3 初步的总体技术方案
4 质量控制要求
5 研制周期要求及各研制阶段的计划安排
5.1 研制周期要求
5.2 各研制阶段的计划安排
6 研制经费和成本核算
7 研制分工建议

1.7 研制总要求论证工作报告

按照《常规武器装备研制程序》要求编写。

1 武器装备在未来作战中的地位、作用、使命、任务和作战对象分析

系统地阐述武器装备在未来作战中的地位、作用、使命、任务和作战对象，内容与研制总要求保持一致。

2 国内外同类武器装备的现状、发展趋势及对比分析

分别介绍国内外同类武器装备的发展现状,并通过分析,阐明其发展特点和发展趋势,并进行对比分析,指出存在的差距,完成研制后达到的水平。

3 主要战术技术指标要求确定的原则和主要指标计算及实现的可能性

明确主要战术技术指标的确定原则;对主要指标进行定量分析、计算,说明指标确定的理由;并分析指标实现的可能性。

4 初步总体技术方案论证情况

说明初步总体技术方案论证原则,论证过程,可选的总体技术方案,经多方案对比分析,确定拟采用的初步总体技术方案。

5 继承技术和新技术采用比例,关键技术的成熟程度

对产品研制可能需要采用的成熟技术和新技术进行必要的分析,说明继承技术和新技术的采用比例。

应列出需要攻关的关键技术项目;说明在关键技术项目中,有哪些可以应用的预研成果或部分应用成熟技术,对关键技术的技术成熟度进行评价。

6 研制周期及经费分析

依据拟采用的成熟技术、拟采用的新技术基础、关键技术项目的数量和技术成熟度等对产品研制周期进行分析预计,提出产品研制计划流程图,列出主要时间节点及完成工作内容。

对方案论证、工程研制(初样研制和正样研制)的经费需求(含保障设备研制等)进行分析,提出初步的研制经费需求,列出明细。

7 初步的保障条件要求

对产品研制所需的初步保障条件,包括基础设施改造条件、需要引进的项目和对其他相关系统的保障条件等要求进行分析预计。

8 装备编配设想及目标成本

对可能的装备编配方案提出初步设想,并提出产品的目标成本。

9 任务组织实施的措施和建议

对工程管理、研制工作提出具体的措施和建议。

1.8 工作分解结构

GJB 2116—1994《武器装备研制项目工作分解结构》将武器装备研制项目分为 7 类(飞机系统、电子系统、导弹系统、武器系统、舰船系统、航天系统、车辆系统),并提供了 7 类武器系统的纲要工作分解结构(WBS)。下面以飞机系统为例,说明工程项目纲要 WBS 及其单元说明的编写方法。

1 飞机系统纲要工作分解结构

飞机系统纲要工作分解结构见表1.1。

表1.1 飞机系统纲要工作分解结构

1级	2级	3级
飞机系统		
	飞机	
		机体
		推进装置
		通信设备
		导航和制导设备
		综合火控系统
		突防设备
		侦察设备
		自动飞行控制系统
		中央综合检测设备
		反潜战设备
		军械
		武器投放设备
		防护救生系统
		其他任务系统
	系统和工程项目管理	
		系统工程
		工程项目管理
	系统试验和评定	
		研制试验和评定
		使用试验和评定
		样机
		试验和评定保障
		试验设施
	训练	
		训练设备
		训练业务
		训练设施
	专用保障设备	
		基层级专用保障设备
		中继级专用保障设备
		基地级专用保障设备

（续）

1级	2级	3级
	资料	
		技术出版物 工程资料 管理资料 保障资料
	现场准备	
		承研承制单位技术保障 场地建设 场地、舰船或车辆的改造
	工业设施	
		新建、改建或扩建 设备的购置或改进 工业设施维修
	通用保障设备	
		基层级通用保障设备 中继级通用保障设备 基地级通用保障设备
	初始备件和修理件	

2 单元说明

2.1 飞机系统

飞机系统单元是指研制和生产使用固定翼（活动翼或复合翼），预计在大气中进行有动力或无动力飞行的，有人驾驶的飞机系统所需的设备、资料、服务和设施的综合体。

2.1.1 飞机

飞机单元是指完整的可以飞离制造厂的新飞机。它包括机体、推进装置及其他所有安装设备。本单元包括与整机的研制和生产有关的全部工作，也包括把所有遗留的（即未包括在机体单元内的）3级单元装入机体以构成完整的飞机所进行的安装和检测工作。

2.1.1.1 机体

机体单元是指装配好的飞机结构和空气动力部件，它们承载着完成特定任务的重要功能系统。例如本单元包括：基本结构件（机翼、尾翼、机身）、人工飞行操纵系统、液压和冷气系统、燃油系统、电气系统、环控系统、防冰除雨系统、进气系统、起动机、排气装置、进气道控制系统、起落架(轮胎、减震支柱、机轮、刹车装置、液压装置等)、辅助动力、舱内设备(用于货物、旅客、军队等)、油门操纵系统、仪表(飞行仪表、导航仪表、发动机仪表等)、炸弹架、炮架、系统间电缆和布线盒(与组装结构不可分)等。

本单元也包括 GJB 2116 中 5.5.2 条规定的把其他 3 级设备组装到机体中以构成一个整体所进行的全部工作。

2.1.1.2 推进装置

推进装置单元是指安装在飞机上为飞机提供飞行动力的发动机及其有关附件。例如本单元包括发动机、发动机调节装置、反推装置、推力矢量装置、螺旋桨、传动装置、变速箱等。不是发动机本体组成部分的所有外围设备(如进气道、发动机仪表、发动机控制装置、排气装置、起动装置、补氧系统等)不包括在内。

2.1.1.3 通信设备

通信设备单元是指机内安装的用于通信的设备。例如本单元包括无线通信设备、数据传输设备、天线、控制盒等。当通信、导航和敌我识别组装成一个整体时,它们包括在本单元内。

2.1.1.4 导航和制导设备

导航和制导设备单元是指机内安装的用来完成导航和制导任务的设备。例如本单元包括航行雷达、高度和方向探测装置、多普勒雷达、自主式导航和大气数据系统、卫星导航及其他导航和制导设备。操纵台仪表不包括在内。

2.1.1.5 综合火控系统

综合火控单元是指机内安装的提供武器发射(轰炸、发射、射击)所必需的信息的设备。例如本单元包括火控雷达及其他搜索、截获及跟踪所需要的探测和测量设备,武器及外挂物管理系统,显示、观测装置,任务计算机、记录系统及控制和安全装置。

2.1.1.6 突防设备

突防设备单元是指机内安装的协助完成突防任务的设备。例如本单元包括搜索接收装置、警告装置、电子对抗设备、敌我识别系统、地形跟踪和地形回避设备、干扰发射装置、箔条、红外线干扰装置及其他功能类似的设备。

2.1.1.7 侦察设备

侦察设备单元是指机内安装的执行侦察飞行任务所必须的设备。例如本单元包括光学的、电子的、红外的和其他的传感器、搜索接收装置、自动记录器、报警装置、照相底片夹和数据自动传输装置等。照相枪不包括在内。

2.1.1.8 自动飞行控制系统

自动飞行控制单元是指机内安装的能全部或部分地代替驾驶员自动控制飞机航迹模态的设备。例如本单元包括自动驾驶仪、飞行控制机构和连接装置、用于信号传输和施加动力的机械和电气元件、基准传感器、增稳设备。操纵联动装置、操纵面或其他机体的构件不包括在内。

2.1.1.9 中央综合检测设备

中央综合检测设备单元是指机内安装的用于故障检测和报告的设备。例如本单元包括传感器、计算机、记录器、显示器和激发装置。

2.1.1.10 反潜战设备

反潜战设备单元是指机内安装的专门执行反潜战任务的设备。例如本单元包括探测器、声纳浮标、计算机、显示装置等。

2.1.1.11 军械

军械单元是指机内安装的用于提供火力功能的设备。例如本单元包括航炮、炮塔、弹药输送和抛壳机构、照相枪等。

2.1.1.12 武器投放设备

武器投放设备单元是指机内安装的用于提供武器投放能力的设备。例如本单元包括发射器、吊架、武器挂架、释放机构及其他辅助设备(照明弹和弹射机构、抛放弹等)。

2.1.1.13 防护救生系统

防护救生系统单元是指机上安装的保证机上乘员安全飞行、应急时安全可靠逃离、着陆(或着水)后能生存自救的设备。本单元包括人体防护装备(抗荷服、供氧系统、头盔等)、救生设备(弹射座椅、稳定减速系统、救生伞等)、地面和海上生存救生设备,也包括沙漠、高原、森林等特殊的救生用品和设备。

2.1.1.14 其他任务系统

其他任务系统单元是指机内安装的执行专门任务(如加油、运输、预警、巡逻等)的设备。

2.1.2 系统和工程项目管理

系统和工程项目管理单元是指系统工程和技术控制以及特定工程项目的业务管理。本单元包括对系统的方案论证、工程研制和生产所做的规划、指导和控制,以及后勤供应、维修保障、人员和培训、检测等项职能活动。本单元不包括对具体产品单元进行的上述管理活动,除非合同或工程上另有规定。

2.1.2.1 系统工程

系统工程单元是指为指导和控制系统总体综合工程工作所进行的技术和管理工作。本单元包括(但不限于):将作战需求转变成系统要求和技术状态文件的系统工程工作；为确定和优化综合保障事项并将其综合到主体工程工作中,以确保研制和生产出有保障的且经济有效的系统所做的综合保障工作；为规划、监控测量、评定、指导技术大纲的管理所做的技术规划和控制工作。本单元不包括与可交付的最终产品或服务事项有直接关系的实际设计工程和生产工程。系统工程工作一般包括：

a) 系统方案确定、总的系统设计、设计完整性分析、系统优化、系统费效分析、系统内部及系统之间的兼容性保证等；可靠性、维修性、生产性、安全性和生存性的综合与平衡；人的因素；人员和培训大纲要求、保密性要求、技术状态标识和控制、质量保证大纲、价值工程、设备和部件性能规范的编制、试验和验证大纲的设计。

b) 保障综合、设计效果预测、全寿命期费用因素、权衡分析、后勤计划评价、使用研究、保障功能要求确认、修理等级的确定、任务分析、标准化评审、综合保障要求确认、综合保障证实以及编制和更新综合保障计划、维修计划、设备计划、运输和装卸计划。

c) 制定系统管理计划和规范体系,进行系统风险分析、编制系统试验计划和决策控制程序、进行技术性能测量和技术审查、审查分承包单位和供货单位、工作委派和技术文件控制等。

2.1.2.2 工程项目管理

工程项目管理单元是指为实现工程项目的总目标(这些目标与某一硬件单元无关并且未包括在系统工程单元内)在计划、组织、指导、协调、控制和审批等方面所进行的业务和管理。例如综合保障管理、费用、进度和性能审核与检查、合同管理、资料管理、供货单位联络、制定合同工作分解结构等。

2.1.3 系统试验和评定

系统试验和评定单元是指为取得或验证飞行系统性能方面的工程数据,使用样机、产品或专门制造的硬件和软件所进行的试验和评定。本单元包括试验的详细计划、实施、保障、数据处理和试验报告及试验进行中计划消耗的全部硬件项目,也包括与试验大纲要求的模型、试样定位装置以及测试设备的设计和生产有关的所有工作项目。研制、组装和验收试验等可以与硬件单元显然有关的试验不包括在内,但合同规定的或工程上特殊要求的试验除外。

2.1.3.1 研制试验和评定

研制试验和评定单元是指为了下列目的而进行的试验和评定：

a) 验证工程设计和研制过程是完全的；

b) 验证设计风险已被减少到最低限度；

c) 验证系统满足规范要求；

d) 预测系统投入使用时的军事效用；
e) 确定工程设计对于实际使用是有保障的（实用的、可维修的、安全的等）。
f) 提供试验数据用以确定和评定针对规范要求、全寿命费用和进度所做的权衡选择。

本单元包括承研承制单位进行的试验和定型试验。例如风洞试验、静力试验、疲劳试验、综合地面试验、调整试飞、验证试飞等。

2.1.3.2 使用试验和评定

使用试验和评定单元是指为评估未来系统的军事效用、作战效能、作战适应性、保障性（包括相容性、共用性、可靠性、维修性、综合保障要求等）所进行的和改型需要的试验和评定。飞机系统研制期间所进行的初步使用试验和评定将纳入本单元。本单元包括为证实可交付飞机系统的作战能力所进行的飞行试验、海上试验和相关保障，还包括在试验期间承研承制单位所付出的支援（如技术援助、维修、劳动力、材料等）。

2.1.3.3 样机

样机单元是指系统或分系统样机的设计工程和生产。样机是合同规定的或工程特殊要求的，不仅是为进行上述某一项试验而制造的。

2.1.3.4 试验和评定保障

试验和评定保障单元是指在飞行试验和评定过程中操作和维修系统和分系统所需要的，而又不是在某个试验阶段消耗掉的所有保障单元，以及不能划归某一具体试验阶段的其他保障要求。例如本单元包括可修备件、周转备件的修理、承研承制单位技术保障等不能划为上面试验和评定单元的工作项目。本单元不包括操作和维修人员、消耗品、专用固定装置、专用仪器及其他在某一试验单元使用或消耗的物品。

2.1.3.5 试验设施

试验设施单元是指那些为验证系统或分系统的设计和可靠性所必须进行的各种研制性试验所需要的特殊试验设施。例如本单元包括发动机试车台架、洁净室、试验室等。不包括可归于工业设施类的土建设施。

2.1.4 训练

训练单元是指培训学员用的训练设备、训练业务和训练设施。本单元包括与训练设备的研制和生产及训练业务的实施有关的所有工作。

2.1.4.1 训练设备

训练设备单元是指由承研承制单位或使用部门指定的、用以满足具体训练目的的装置、附件和教具。例如本单元包括操作教练器（即模拟器）、维修教练器和其他项目（例如剖视物、教具、样机和模型）。

2.1.4.2 训练业务

训练业务单元是指完成训练目标所必须的服务事项。例如本单元包括训练计划、训练教程、承研承制单位进行的(包括在工厂进行的)训练和服务训练等。

2.1.4.3 训练设施

训练设施单元是指为完成训练目标所必需的特殊建筑(主要是指只用于训练任务的土建设施)。用来使学员了解或精通系统的设备不包括在内。

2.1.5 专用保障设备

专用保障设备单元是指专门用来保障和维修指定飞机系统或其一部分而不直接参与其任务执行的设备项目。例如本单元包括用来加油、维修、运输、起重、装配、分解、试验或其他服务事项的机动车辆、设备、工具等。也包括所有与专门保障设备的设计、研制和生产有关的工作项目。

2.1.5.1 基层级专用保障设备

基层级专用保障设备单元是指进行基层级维修用的专用保障设备。设备可按分系统或维修功能进一步细分。

2.1.5.2 中继级专用保障设备

中继级专用保障设备单元是指进行中继级维修用的专用保障设备。设备可按分系统或维修功能进一步细分。

2.1.5.3 基地级专用保障设备

基地级专用保障设备单元是指仅保障基地级维修所用的专用保障设备。基层级和中继级专用保障设备也可用于基地级维修,但其归类在基层级或中继级。

2.1.6 资料

资料单元是指合同规定交付的使用资料,包括资料的搜集、编写、汇编、复制、包装和运输等工作项目。

2.1.6.1 技术出版物

技术出版物单元是指正式制定的技术规程、技术手册、培训手册以及承研承制单位的说明资料。例如技术说明书、飞行手册、使用维修说明书、履历本等。

2.1.6.2 工程资料

工程资料单元是指工程图样、技术规范及其他有关文件和表格。

2.1.6.3 管理资料

管理资料单元是指进行技术状态管理、经费管理、进度管理、合同资料管理、计划管理等必需的资料项目。

2.1.6.4 保障资料

保障资料单元是指为制定综合保障计划和供应程序方面的文件所需的资料项目。例如成品目录、航材目录、供应计划和报告、运输、装卸、包装、供应程序等。

2.1.7 现场准备
现场准备单元是指在基层级和中继级现场所做的准备工作。例如试飞场、舰船、车辆的改造；系统装配、检查以及将其安装在试飞场设施或舰船上以达到使用的状态；承研承制单位为现场所提供的保障。

2.1.7.1 承研承制单位技术保障
承研承制单位技术保障单元是指由承研承制单位提供的有关现场准备的全部器材和服务。例如本单元包括周转备件的修理、备用设备和器材等。

2.1.7.2 场地建设
场地建设单元是指房地产、场地准备、建筑物和其他为达到系统的作战状态所需要的专用设施。本单元包括公用事业设备（如水、电、煤气等）、道路和通信电缆的建设。

2.1.7.3 场地、舰船和车辆的改造
场地、舰船和车辆改造单元是指为改造现有的场地、车辆或舰船所需的全部器材和服务。本单元包括为达到系统使用状态，必须在发射、操作、保障等方面所进行的改造，可根据试飞场、车辆或舰船情况规定。

2.1.8 工业设施
工业设施单元是指特定系统的各供货单位所需要的生产、库存和基地维修设施的新建、改建或扩建。本单元包括设备的购置、改进和维修。

2.1.8.1 新建、改建或扩建
新建、改建或扩建单元是指用于生产、库存和基地维修专用设备的建设。

2.1.8.2 设备的购置或改进
设备的购置或改进单元是指生产设备的购置、改进或租借的系统专用设备的转运。

2.1.8.3 工业设施维修
工业设施维修单元是指工业设施和设备的维修、封存和修理。

2.1.9 通用保障设备
通用保障设备单元是指为保障和维修飞机系统或其一部分所需要的而又不直接参与其任务执行的通用设备项目。本单元包括为保证这些设备适用于保障特定飞机系统所做的全部工作，也包括为使特定飞机系统投入使用需添置的通用保障设备的采购工作。

2.1.9.1 基层级通用保障设备
基层级通用保障设备单元是指基层级维修用的通用保障设备。设备可按分系统或维修功能进一步细分。

2.1.9.2 中继级通用保障设备

中继级通用保障设备单元是指中继级维修用的通用保障设备。设备可按分系统或维修功能进一步细分。

2.1.9.3 基地级通用保障设备

基地级通用保障设备单元是指仅保障基地级维修用的通用保障设备。基层级和中继级通用保障设备也可用于基地级维修,但其归类在基层级或中继级。

2.1.10 初始备件和修理件

初始备件和修理件单元是指设备的成品项目替换用的备用零部件。本单元不包括研制试验备件和专供现场安装、装配和检测过程中使用的备件。

1.9 研制合同

研制合同必须采用标准的书面形式,具有附件的研制合同,其附件是研制合同的组成部分。研制合同按照《武器装备研制合同暂行办法》和《武器装备研制合同暂行办法实施细则》编写。

1 合同当事人

提供合同当事人相关信息并签署。

2 研制依据

列出经过批复的研制依据和国家、军队的相关法规。

3 合同标的

合同标的是合同的最终成果,阶段性合同标的是阶段性的最终成果。最终成果的主要形式可以是产品项目(原理样机、初样机、正样机或模型样机、初步工程样机、试验工程样机等)、资料项目(论证资料、工程资料、操作使用和保障资料等)和要求提供的服务项目(试验、鉴定、培训、维修设备等)。

合同标的的详细说明在合同文本附件《技术规范(技术规格书)》和《工作说明》中给出,内容应明确、具体,措词准确。

方案阶段合同的科研样机数量,以满足方案验证需要为准;工程研制和设计定型阶段合同的设计定型样机数量,以满足设计定型试验的最低数量要求为准;资料项目和服务项目要约定具体范围、内容和数量。

4 研制进度

应明确研制进度和交付期限要求。

研制进度包括总进度、阶段进度及年度进度。交付期限即合同约定的完成或交付装备的期限,是军方或承制单位实现权利、履行义务的时间界限,是确定合同双方当事人是否按时履行合同的客观标准。

5 合同价款和支付

合同价格由计价成本、收益和不可预见费组成,由合同当事人根据《国防科研项目计价管理办法》在合同中约定。

固定价格合同价款由承研方在国家规定的开支范围内自主使用,超支不补,节余经费归承研方。成本补偿合同的补偿办法,由当事人在合同中具体约定。合同价款的结算,按合同约定的补偿办法执行。合同实行分期付款制度。合同当事人应在合同中按进度约定分期付款的计划及合同完成后财务结算的期限。

对固定价格合同,使用方分期付款时,承研方应向使用方提交上一期任务完成情况,对按合同约定进度完成任务的应予拨付下一期经费;否则,不予拨付下一期经费。

6 研制工作要求

简要规定研制工作要求。通过附件A《工作说明》详细规定研制工作内容。

合同中应按《武器装备质量管理条例》和有关国家标准、国家军用标准,明确约定产品质量和相应的管理目标。

7 验收和交付

合同要约定最终成果交付方式和地点、包装运输方式及交付中各方的责任。验收条件包括验收试验方式,所使用的设备仪器和手段,最终成果交付状态(包括相应的备件及资料)等。

8 研制成果约定

武器装备研制由国家拨款完成,其研制成果属国家所有。示例:

8.1 合同成果指完成合同后所取得的实物成果和技术成果。本合同的研制成果属国家所有。

8.2 实物成果的归属

科研样机归委托方所有。

研制过程中制造、购置的专用测试仪器、产品及软件,属国有资产,归研制单位所有。

8.3 技术成果归属和转让

研制方享有技术成果专利的申请权、持有权和非专利技术成果的使用权、转让权。技术成果转让须经委托方同意。

9 密级和保密事项

保密要求是装备合同条款的重要内容,凡是涉密的装备合同项目必须执行国家和军队的相关保密规定。合同应该明确装备合同项目的密级、保密期限、涉密载体的管理要求、涉密人员和机构的管理要求、密级的变更和解密规定等要求。

10 合同的变更和解除

应明确合同的变更、中止和解除的条件。示例:

10.1 变更条件

a) 订立合同所依据的国家计划被修改。

b) 发生不可抗力事件。

c) 双方协商同意,经合同审批部门认可,并不因此损害国家利益和影响国家武器装备研制计划的执行。

d) 当事人一方违约,使合同无法按原条款履行。

e) 由于无法克服的技术困难,未达到合同约定要求。

10.2 解除条件

a) 合同所依据的国家计划被取消。

b) 发生不可抗力事件。

10.3 合同变更和解除的处理

a) 当事人一方提出变更或解除合同时,应先征得审批机关认可,并及时通知对方,对方应在一个月内答复,逾期不答复即视为达成关于变更或解除合同的协议。在未达成协议或上级未批准前,原合同依然有效。变更或解除合同的通知或协议,必须采取书面形式。

b) 当事人任一方未经对方同意及合同审批部门批准,不得擅自将审批生效的合同转让其他单位。

c) 因变更或解除合同使一方或双方遭受的损失,责任方应向对方支付赔偿金,赔偿金额由双方商定。

d) 当事人一方因订立合同所依据的国家计划修改或取消而变更或解除合同,给另一方造成损失时,应经过协商,向另一方赔偿损失,再由上级主管部门对其受到的损失进行协调处理。

11 违约责任与合同鼓励

应明确违约责任与合同鼓励等内容。示例:

11.1 双方责任

合同一经生效,即具有法律效力,甲乙双方应严格履行。

11.2 违约责任

除不可抗力给一方造成的损失外,任何一方因违约给另一方造成的损失,应按所造成的实际损失的金额向对方进行赔偿。

本合同内容若因乙方(研制方)原因,按规定的完成时间每延误一个月,甲方(委托方)从乙方(研制方)总金额中扣除3%的费用作为惩罚。

11.3 合同鼓励

乙方(研制方)按期完成合同规定的任务时,甲方(委托方)可视情给乙方(研制方)一定的奖励。

12 合同纠纷的处理方式

应明确合同纠纷的处理方式等内容。示例:

12.1 协商

本合同未尽事宜,应按《武器装备研制合同暂行办法实施细则》的有关要求、上级批准的有关文件精神执行,或由双方另行协商,或签订补充协议。在合同执行过程中出现问题时,双方应协商解决。

12.2 调解

双方发生纠纷不能解决时,应报请双方上级主管部门进行调解。

12.3 仲裁

协商和调解无效时,当事人任何一方可向国家有关部门申请仲裁。在协商、调解期间,双方应继续履行合同,尽量减少由于合同纠纷所造成的损失,协商、调解达成的协议双方均应履行。

13 其他

对仍未明确的相关事项,合同当事人可在本条中明确规定。示例:

13.1 合同生效

本合同经甲乙双方代表签字盖章后正式生效。

13.2 合同终止

合同甲方在验收证书上签署意见并盖章后,合同正式终止。

13.3 合同补充

对履行本合同中遇到的未尽事宜,双方可另签补充合同。

13.4 合同文本

本合同一式×份,甲方×份、乙方×份。

13.5 有效期

本合同有效期为×年。

14 附件

14.1 附件A《工作说明》

按照本书1.10《工作说明》编写说明编写并提供合同附件《工作说明》。

14.2 附件B《技术规范(技术规格书)》

按照本书1.11《技术规范》编写说明编写并提供合同附件《技术规范》。

14.3 其他附件

提供必要的其他附件。

1.10 工作说明

按照 GJB 2742—1996《工作说明编写要求》编写，说明如下。

0 类工作说明

论证阶段的主要目的是根据武器装备研制中长期计划和主要作战使用性能，进行战术技术指标论证和总体技术方案可行性的论证，进行进度、保障条件和费用的估算，以便确定一个满足武器装备要求的可行的初步总体方案。用于论证阶段的工作说明主要表述武器装备研制的目的和目标。论证阶段能够定义的作战目标和具体技术指标的精确程度将影响到使用方和承制方估算研制费用、周期和承担风险的程度。0 类工作说明主要包括以下内容。

1 范围

一般应当包括以下内容：

a) 问题说明：对要解决的问题作简要说明和背景介绍，并且对初步的武器装备研制计划及所提要求的必要性加以简洁的说明；

b) 系统简介：对整个建议的系统加以简明的功能介绍，如果可行，应考虑用图示法来表示系统，以便使工作的执行者能迅速明白想要得到的系统和预期的用途；

c) 进度要求：按时间顺序列出初步的重大事件进程表。

2 引用文件

应列出在工作说明正文中引用过文件的文件号和名称。

3 定义

根据需要给出某些特定术语、专用名词和缩写词的定义。

4 要求

4.1 双方需完成的工作

规定合同双方应该完成的工作，主要包括下列要求：

a) 列出系统、子系统和主要部件之间的层次关系，并绘制一个功能流程图，表示出系统、子系统和主要部件的关系；

b) 列出各种可供选择的初步总体方案，通过性能、可靠性、维修性、保障性等方面的权衡研究，以及它们和进度、经费之间的权衡研究，指出这些方案在作战效能方面可能存在的差异，工作说明必须明确指出权衡的基准；

c) 应按要求划分研制阶段，列出在不同的时间阶段应完成的分布在不同独立领域中的工作，初拟研制工作总计划，提出研制工作所需条件；

d) 估算研制费用和承担的风险程度，进行费效初步分析，提出拨款计划建议；

  e) 提交《研制总要求》及《研制总要求论证报告》、《总体工艺性论证报告》、《试验与评定总计划》等文件；

  f) 提交规定系统功能要求的初步的《系统规范》等技术资料；

  g) 本阶段交付项目及其时间进度表；

  h) 初步确定技术状态项目，提出重要接口的接口控制要求；

  i) 编制系统工程管理计划草案、工程专业综合的计划草案和其他项目管理文件。

4.2 双方需向对方交付的项目

  规定双方向对方交付的项目（包括硬件和计算机软件、服务项目、资料项目等）及交付的时间。

4.3 技术审查要求

  根据研制工作需要，提出在重要的工作节点和工程决策点进行阶段技术审查的要求，包括审查的内容、参加的单位等。

4.4 时间进度表

  按武器装备研制生产项目的网络图和4.1至4.3条规定的主要事项，按时间顺序整理成研制生产工作的时间进度表。

5 说明事项

  根据武器装备研制生产项目的实际情况，给出必要的其他附加说明。

附录

  根据需要提供附录。

Ⅰ类工作说明

  方案阶段的主要工作是根据经批准的《研制总要求》开展武器系统方案设计、关键技术攻关、系统原理试验，进一步完善《系统规范》，编制《研制规范》，并进行原理性样机（整机、分系统）的研制与试验验证，形成《研制任务书》和《研制方案论证报告》。方案阶段的工作说明主要包括以下内容。

1 范围

  简述工作说明的主要内容，必要时可包括一些背景资料。

2 引用文件

  列出所有在工作说明各要求部分引用过的文件的文件号和名称。这些文件可以包括标准及其他需要用来确认和阐明工作任务或可交付产品的文件。

3 定义

  根据需要给出某些特定术语、专用名词和缩写词的定义。

4 要求
4.1 双方需完成的工作
应根据合同要求并按照合同工作分解结构,规定合同双方应完成的工作,主要对下列工作项目提出要求:

a) 确定系统工程管理计划;

b) 进行系统要求审查,确定《系统规范》,建立功能基线;

c) 确定技术状态项目,编制技术状态项目的《研制规范》,建立分配基线(在方案阶段后期);

d) 选定分承制单位(成品厂、所),签订《成品研制合同》、《技术规范》和《工作说明》;

e) 制定《接口控制文件》;

f) 编制《软件要求规范》;

g) 完成总体设计图样和技术文件,进行子系统、主要部件的技术设计;

h) 修订《试验与评定总计划》,完成本阶段各项试验任务;

i) 制定《风险管理计划》,确定风险项目并通过技术攻关,最大限度地降低研制风险;

j) 进行保障性分析,制定《综合保障计划》;

k) 制定《技术状态管理计划》;

l) 开展工程专业综合工作,制定《质量保证大纲》、《标准化大纲》,编制《可靠性大纲》、《维修性大纲》、《人机工程大纲》、《安全性工作大纲》、《电磁兼容性大纲》和《环境条件》文件等;

m) 修订对研制费用的估算并初步估计寿命周期费用;

n) 根据武器装备研制工作总计划,制定系统和子系统《研制工作网络图》;

o) 设计、制造样机并进行样机评审;

p) 确定试制工艺方案、总原则,进行试制生产准备;

q) 进行系统设计审查;

r) 编制《研制任务书》和《研制方案论证报告》;

s) 本阶段交付项目及其时间进度表。

4.2 双方需向对方交付的项目
规定双方向对方交付的项目(包括硬件和计算机软件、服务项目、资料项目等)及交付的时间。

4.3 技术审查要求
根据研制工作需要,提出在重要的工作节点和工程决策点进行阶段技术审查的要求,包括审查的内容、参加的单位等。

4.4 时间进度表

按武器装备研制生产项目的网络图和4.1至4.3条规定的主要事项,按时间顺序整理成研制生产工作的时间进度表。

5 说明事项

根据武器装备研制生产项目的实际情况,给出必要的其他附加说明。

附录

根据需要提供附录。

Ⅱ类工作说明

工程研制阶段和设计定型阶段的主要工作是根据《系统规范》和《研制规范》进行武器装备的系统或分系统的设计、试制和试验工作并进行评定,编制初步的《产品规范》、《工艺规范》和《材料规范》,开展设计定型的各项准备工作,并完成设计定型。这一阶段的预期输出是一个武器装备系统(包括满足主要作战任务的武器装备和所有必要的综合保障)及生产该系统所需的资料和文件。应评估系统的生产性,编制《生产和制造计划》,以便减小生产阶段的风险。工程研制阶段和设计定型阶段的工作说明主要包括以下内容。

1 范围

简述工作说明的主要内容,一般不包括背景资料。

2 引用文件

列出所有在工作说明正文中引用过的文件的文件号和名称。这些文件可以包括标准及其他需要用来确认和阐明工作或可交付产品的文件。

3 定义

根据需要给出某些特定术语、专用名词和缩写词的定义。

4 要求

4.1 双方需完成的工作

根据《合同工作分解结构》来确定合同双方应完成的工作,主要包括下列要求:

a) 实施系统工程管理计划;

b) 开展工程专业综合工作,贯彻《质量保证大纲》、实施《标准化大纲》、《可靠性大纲》、《维修性大纲》、《人机工程大纲》、《安全性大纲》、《电磁兼容性大纲》和《环境条件》文件等;

c) 实施计量保证工作要求;

d) 实施《技术状态管理计划》;

e) 进行产品的详细设计,发出全套生产图样;

f) 对生产图样进行工艺审查,编制《生产制造计划》(草案),进行生产准备;

g) 实施《软件要求规范》,开展软件设计,进行软件接口控制,编写软件文档,根据武器系统嵌入式软件的类型和复杂性,详细说明软件开发所需的工作项目;

h) 进一步开展保障性分析,完善并实施《综合保障计划》;

i) 按照《接口控制文件》进行接口控制;

j) 编制并实施《零件控制大纲》,提出并实施零部件的互换性要求;

k) 编制初步的《产品规范》、《工艺规范》和《材料规范》;

l) 完成新成品研制,提供成品试验件和装机件;

m) 组织进行试制生产;

n) 实施《试验与评定总计划》,进行各项试验;

o) 制定并贯彻《故障报告、分析和纠正措施系统(FRACAS)》的规定;

p) 编制《制造管理大纲》草案;

q) 提供设计定型用样机,完成设计定型试验;

r) 提供设计定型用全套资料,进行功能技术状态审核,完成产品设计定型;

s) 根据研制工作网络图进行细化,提出工作说明中合同双方所有工作、各项阶段技术审查和交付项目的时间进度表,制定研制工作二级网络图。

以上包括产品初样研制和正样研制的工作要求,在编写初样研制和正样研制的工作说明时,可根据需要进行剪裁。

4.2 双方需向对方交付的项目

规定双方向对方交付的项目(包括硬件和计算机软件、服务项目、资料项目等)及交付的时间。

4.3 技术审查要求

根据研制工作需要,提出在重要的工作节点和工程决策点进行阶段技术审查的要求,包括审查的内容、参加的单位等。

4.4 时间进度表

按武器装备研制生产项目的网络图和4.1至4.3条规定的主要事项,按时间顺序整理成研制生产工作的时间进度表。

5 说明事项

根据武器装备研制生产项目的实际情况,给出必要的其他附加说明。

附录

根据需要提供附录。

Ⅲ类工作说明

生产定型阶段的主要工作是通过武器装备的小批生产和部队试用,解决设计定型过程中的遗留问题,完善制造工艺、稳定产品质量,实现生产线的正常运转,并对产品批量生产条件进行全面考核,使其达到批量生产的标准。

生产定型阶段应开发完整的生产工艺和足够的工艺装备,不断开展系统工程管理和技术状态管理,开展综合保障工作,使武器系统投入使用时具有充分的保障能力。整理和提供生产定型的全套技术文件和技术资料,完成生产定型试验和生产定型。生产定型阶段的工作说明主要包括以下内容。

1 范围

简述工作说明的主要内容,不包括背景资料。

2 引用文件

列出所有在工作说明各要求部分引用过的文件的文件号和名称。这些文件可以包括标准及其他需要用来确认和阐明工作任务或可交付产品的参考文件。

3 定义

根据需要给出某些特定术语、专用名词和缩写词的定义。

4 要求

4.1 双方需完成的工作

应按照《合同工作分解结构》来确定双方应完成的工作,主要包括下列内容:

 a) 继续开展系统工程管理工作;
 b) 实施技术状态管理计划;
 c) 贯彻质量保证大纲;
 d) 实施可靠性大纲;
 e) 完善并贯彻制造管理大纲;
 f) 解决设计定型时遗留的技术问题;
 g) 完善工装、工艺,调整生产线;
 h) 贯彻故障报告、分析和纠正系统(FRACAS)要求;
 i) 为生产交付的产品做好各项综合保障工作,满足保障性要求;
 j) 通过物理技术状态审核,确定产品规范、工艺规范和材料规范及全套生产图样;
 k) 完成定型试验,提交全套生产定型文件,完成生产定型;
 l) 进行费用决算,确定生产成本和系统价格,修正寿命周期费用估算值;
 m) 本阶段交付项目及其时间进度表。

4.2 双方需向对方交付的项目

规定双方向对方交付的项目(包括硬件和计算机软件、服务项目、资料项目等)及交付的时间。

4.3 技术审查要求

根据研制工作需要,提出在重要的工作节点和工程决策点进行阶段技术审查的要求,包括审查的内容、参加的单位等。

4.4 时间进度表

按武器装备研制生产项目的网络图和4.1至4.3条规定的主要事项,按时间顺序整理成研制生产工作的时间进度表。

5 说明事项

根据武器装备研制生产项目的实际情况,给出必要的其他附加说明。

附录

根据需要提供附录。

Ⅳ类工作说明

生产阶段的主要工作是按照已批准的《产品规范》、《工艺规范》和《材料规范》及正式的全套生产图样组织武器装备的批量生产,贯彻实施《制造管理大纲》,实施技术状态管理,对生产过程中发现的缺陷进行纠正,稳定和不断提高武器装备质量。生产阶段的工作说明主要包括以下内容。

1 范围

简述工作说明的主要内容,不包括背景资料。

2 引用文件

列出所有在工作说明各要求部分引用过的文件的文件号和名称。这些文件可以包括标准及其他需要用来确认和阐明工作任务或可交付产品的文件。

3 定义

根据需要给出某些特定术语、专用名词和缩写词的定义。

4 要求

4.1 双方需完成的工作

包括下列内容:

a) 贯彻产品规范、工艺规范、材料规范,按全套生产图样组织批量生产;
b) 实施制造管理大纲;
c) 进行生产阶段系统工程管理;
d) 实施技术状态管理;
e) 贯彻质量保证大纲;
f) 实施综合保障计划;
g) 贯彻故障报告、分析和纠正措施系统(FRACAS)要求;
h) 进行批量产品的抽样鉴定试验和评估;
i) 交付项目及其进度表。

4.2 双方需向对方交付的项目

规定双方向对方交付的项目(包括硬件和计算机软件、服务项目、资料项目等）及交付的时间。

4.3 技术审查要求

根据研制工作需要，提出在重要的工作节点和工程决策点进行阶段技术审查的要求，包括审查的内容、参加的单位等。

4.4 时间进度表

按武器装备研制生产项目的网络图和4.1至4.3条规定的主要事项，按时间顺序整理成研制生产工作的时间进度表。

5 说明事项

根据武器装备研制生产项目的实际情况，给出必要的其他附加说明。

附录

根据需要提供附录。

V类工作说明

专项服务是在武器装备系统寿命周期的任何阶段都有可能需要进行的某项服务。专项服务的范围很广，从一项纯粹的研究课题、大部件或系统安装、外场服务到一项试验等。专项服务的工作说明要对完成的某项工作任务提出具体要求。如果要进行的工作是某个武器装备系统的一项试验，那么，在工作说明中必须规定做什么试验，写明试验目的和意义、具体的试验内容和技术要求、试验完成时间、要求承担单位提供的试验文件（如试验大纲、试验前准备状态检查记录、试验原始记录、试验报告、鉴定合格的证明文件等）、质量保证要求（如承担单位的检测设备应具有的准确度和精密度要求，以及其他必须提出的质量保证要求和技术要求）。如果工作说明是按照这种方式写成的，那么，承担单位就可以按要求自主地进行试验，只要他们准时完成试验并按时提供试验文件，且试验结果达到各项技术要求即可。

专项服务的工作说明主要包括以下内容。

1 范围

简述专项服务的主要内容、工作目的和意义。根据需要可纳入背景资料。

2 引用文件

列出所有在工作说明各要求部分引用过的文件的文件号和名称。这些文件可以包括标准及其他需要用来确认和阐明工作任务的参考文件。

3 定义

根据需要给出某些特定术语、专用名词和缩写词的定义。

4 要求

4.1 双方需完成的工作

要用准确和简明的措辞描述专项服务的具体任务及工作要求。由于承制方操作人员和检验人员都是依据合同和工作说明的内容进行工作的，订购方也不进行中间检查，所以在编写专项服务的工作说明时，内容和要求应足够具体和明确。具体要求如下：

  a) 准确地提出要做什么工作，工作中要满足什么样的要求；
  b) 需要什么样的工作结果和交付的资料；
  c) 明确规定各项工作的时间进度、定期进展报告的内容和格式；
  d) 明确验收条件。

4.2 双方需向对方交付的项目

规定双方向对方交付的项目(包括硬件和计算机软件、服务项目、资料项目等)及交付的时间。

4.3 技术审查要求

根据研制工作需要，提出在重要的工作节点和工程决策点进行阶段技术审查的要求，包括审查的内容、参加的单位等。

4.4 时间进度表

按武器装备研制生产项目的网络图和 4.1 至 4.3 条规定的主要事项，按时间顺序整理成研制生产工作的时间进度表。

5 说明事项

根据武器装备研制生产项目的实际情况，给出必要的其他附加说明。

附录

根据需要提供附录。

按照《武器装备研制合同暂行办法》和《武器装备研制合同暂行办法实施细则》编写，目次格式如下。

  1 范围

  2 引用文件

  2.1 国家军用标准和军用规范

  2.2 国家标准、有关专业标准

  2.3 上级有关规定和其他依据性文件

  3 要求

  3.1 设计制造要求

  3.2 试验鉴定要求

  3.3 项目管理要求

  3.4 工程专门综合要求

  3.5 综合保障要求

  3.6 质量保证大纲要求

3.7 资料要求

1.11 技术规范

按照《武器装备研制合同暂行办法》和《武器装备研制合同暂行办法实施细则》编写。

1 范围

包括主题内容、适用范围和分类。

2 引用文件

技术规范中各章所引用的标准和有关技术文件。

3 要求

规定研制项目满足预定用途所必需的要求,包括性能、设计、结构、可靠性、维修性、运输性、人的因素、安全性、材料、环境条件、电磁兼容、尺寸、重量、表面状况、接口、外观质量等要求。

4 质量保证规定

主要包括鉴定检验和质量一致性检验及相应的试验方法。鉴定检验的目的是验证设计、研制是否满足规范的要求。质量一致性检验的目的是确定生产过程中能否保证质量持续稳定。

5 交付准备

主要内容为封存、包装、装箱、运输、贮存和标志等项要求。

6 说明事项

不应规定要求,只应提供下列说明性信息:

a) 预定用途;
b) 分类;
c) 订购文件中应明确的内容;
d) 术语和定义;
e) 符号、代号和缩略语;
f) 其他。

技术规范包括系统规范、研制规范、产品规范、工艺规范、材料规范。在武器装备研制项目的各个阶段,可按照要求分别编制系统规范、研制规范、产品规范、工艺规范、材料规范。技术规范既是独立的技术文件,也是签订研制合同的一个附件。按照 GJB 6387—2008《武器装备研制项目专用规范编写规定》编写,目次格式如下:

1 范围

2 引用文件

3 要求

4 验证

5 包装、运输与贮存

6 说明事项

系统规范、研制规范、产品规范、工艺规范、材料规范的编写在 GJB 6387—2008 中有详细的说明,亦可见本书 1.12,1.13,1.29,3.2,3.3。对于软件研制项目,属系统规范范畴的系统规格说明、属研制规范范畴的软件需求规格说明、属产品规范范畴的软件产品规格说明,在 GJB 6387—2008 和 GJB 438B—2009 中有详细的编写说明,亦可见本书 2.2,2.13,2.18。

1.12 系统规范

系统规范按照 GJB 6387—2008《武器装备研制项目专用规范编写规定》编写。

系统规范描述系统的功能特性、接口要求和验证要求等;属系统规范范畴的软件规范(系统规格说明)描述软件系统的需求及合格性规定等。它们需与其装备研制项目的"主要作战使用性能"的技术内容协调一致。系统规范一般从论证阶段开始编制,随着研制工作的进展逐步完善,到方案阶段结束前批准定稿。批准的系统规范体现武器装备研制项目的功能基线,是技术状态控制的依据,未经原批准机关批准,不得更改。

在 GJB 6387—2008 中,系统规范、研制规范和产品规范的编写说明是一样的,详见本书 1.29《产品规范》的编写说明。区别在于系统规范、研制规范和产品规范的各章要素有些差别,见表 1.2。

表 1.2 系统规范、研制规范和产品规范的各章要素示例表

建议的章条标题	系统规范	研制规范	产品规范
1 范围	○	○	○
主题内容	●	●	●
实体说明	●	●	●
2 引用文件	○	○	○
3 要求	○	○	○
作战能力/功能	●	—	—
性能	●	●	●

（续）

建议的章条标题	系统规范	研制规范	产品规范
作战适用性	●	●	●
环境适应性	●	●	●
可靠性	●	●	●
维修性	●	●	●
保障性	●	●	●
测试性	●	●	●
耐久性	●	●	●
安全性	●	●	●
信息安全	●	●	●
隐蔽性	●	●	●
兼容性	●	●	●
运输性	●	●	●
人机工程	●	●	●
互换性	●	●	●
稳定性	—	●	●
综合保障	●	●	●
接口	●	●	●
经济可承受性	●	●	●
计算机硬件与软件	●	●	●
尺寸和体积	●	●	●
重量	●	●	●
颜色	●	●	●
抗核加固	●	●	—
理化性能	—	—	●
能耗	●	●	●
材料	—	●	●
非研制项目	●	●	●
外观质量	—	—	●
标志和代号	●	●	●
主要组成部分特性	—	—	●
图样和技术文件	—	—	●

40

(续)

建议的章条标题	系统规范	研制规范	产品规范
标准样件	—	—	●
4 验证	○	○	○
检验分类	●	●	●
检验条件	●	●	●
设计验证	●	●	—
定型(鉴定)试验	●	●	●
首件检验	—	—	●
质量一致性检验	—	—	●
包装检验	—	—	●
抽样	—	—	●
缺陷分类	—	—	●
检验方法	●	●	●
5 包装、运输与贮存	—	—	○
防护包装	—	—	●
装箱	—	—	●
运输和贮存	—	—	●
标志	—	—	●
6 说明事项	○	○	○
预定用途	●	●	●
分类	●	●	●
订购文件中应明确的内容	●	●	●
术语和定义	●	●	●
符号、代号和缩略语	●	●	●
其他	●	●	●

注1：●可能需要包含的要素；○章的规定标题；—不需包含的要素或标题。
注2：本表仅是一个示例，并没有包括系统规范、研制规范和产品规范各章中的所有要素，也不要求每项系统规范、研制规范和产品规范都必须包括本表中列出的各章的所有要素。每项系统规范、研制规范和产品规范可根据其规定实体的具体情况剪裁本表列出的各章的要素。
注3：第6章无条文时，该章应省略；第5章和第6章均无条文时，两章均应省略。

1.13 研制规范

研制规范按照 GJB 6387—2008《武器装备研制项目专用规范编写规定》编写。

研制规范描述系统级之下技术状态项目的功能特性、接口要求和验证要求等；属研制规范范畴的软件规范（软件需求规格说明）描述软件配置项的需求及合格性规定等。它们需与其装备研制项目的"研制总要求"的技术内容协调一致。研制规范一般从方案阶段开始编制，随着研制工作的进展逐步完善，到工程研制阶段详细设计开始前批准定稿。批准的研制规范体现武器装备研制项目的分配基线，是技术状态控制的依据，未经原批准机关批准，不得更改。

在 GJB 6387—2008 中，系统规范、研制规范和产品规范的编写说明是一样的，详见本书 1.29《产品规范》的编写说明。区别在于系统规范、研制规范和产品规范的各章要素有些差别，见表 1.2。

1.14 研制计划

按照 GJB 2993—1997《武器装备研制项目管理》要求，参照《系统工程管理指南》编写。

1 工程项目技术规划和控制

1.1 职责和权力

明确对项目技术工作负责的组织机构，规定资源控制与完成具体工作任务部门之间的联系方式，详细的工作委任要与费用/进度控制系统相协调，并包括工作完成情况的技术度量。明确工作职责和权限的更改要通知合同管理部门。

1.2 标准、程序和训练

明确工程项目应遵循的标准、程序，如果有必要，应制定培训计划，对相关人员进行必要的培训。

1.3 工程项目风险分析

应持续不断地对费用、进度和性能参数进行风险分析，通过风险分析，标明关键问题，进一步研究系统的验证、样机的制造、试验的规划、备品的研制，确定试验要求、技术性能测量参数和关键的里程碑。

按照本书 6.1《风险管理计划》编写风险管理计划，并将主要计划内容纳入本《研制计划》。

1.4 工作分解结构

按照GJB 2116—1994《武器装备研制项目工作分解结构》对研制项目进行工作分解,得到工作分解结构。

1.5 工程项目审查

按照GJB 2993—1997《武器装备研制项目管理》进行工程项目审查,提出审查的建议计划和进度。

1.6 技术审查

按照GJB 3273—1998《研制阶段技术审查》规划系统要求审查、系统设计审查、软件规格说明审查、初步设计审查、关键设计审查、测试准备审查、功能技术状态审核、物理技术状态审核、生产准备审查,并制定计划和进度。

1.7 技术性能度量

应制定技术性能度量计划,包括下述内容:

　a) 验证技术性能的概述;
　b) 关键技术状态项目(CI)清单及其WBS单元编号和规范号;
　c) 每个CI选定的度量参数,规范中描述这些参数及其定量要求条款的内容;
　d) 系统和分系统性能要求达标的进度安排;
　e) 验证性能要求达标的试验清单。

1.8 更改控制程序

应按照GJB 3206A—2010《技术状态管理》,制定技术状态管理计划,明确对产品设计更改的控制程序。

1.9 工程大纲综合

根据实际情况综合考虑可靠性、维修性、测试性、保障性、安全性等专业工程大纲,纳入研制计划。

1.10 接口控制

按照GJB 2737—1996《武器装备系统接口控制要求》进行接口控制,明确接口控制组织,制定接口控制程序,规定接口控制时间进度。

1.11 里程碑/进度

分析确定产品研制的里程碑/进度。

1.12 其他计划和控制

提出产品研制过程中必要的其他计划和控制程序。

2 系统工程过程

2.1 任务和要求分析

应从当前工艺技术水平、资源状况、寿命周期费用等限制条件出发,分析威胁、任务环境、任务目标、最低可接受的系统功能要求、技术性能的影响、系统目标值的影响。分析的结果是验证现有要求的合理性或提出更适合该任务的新要求。

2.2 功能分析

应进行功能分析,利用功能流程框图表示系统级使用和保障功能的逻辑顺序和相互关系,利用 N^2 图展示数据接口,利用时线分析表明时间关键功能的时间顺序。

2.3 要求分配

要求分配是将系统级要求层层分解,直到具体的硬件项目或软件程序能完全满足所需的功能或性能要求的程度。要求分配过程的最终结果是编制系统规范和研制规范。

2.4 权衡研究

在研制过程中进行权衡研究,对各种设计要求和工程专业要求进行综合和平衡,用于解决存在不止一种选择的场合提出的复杂问题,并为上级决策机构提供书面决策依据。

2.5 设计优化/效能兼容性

对设计优化与费用效能进行权衡。通过费用与性能的比较来评估备选方案,用于:

a) 支持确定经费可承受性、最佳任务费用和性能要求;
b) 支持将性能分配给最佳的功能结构;
c) 提供选择备选方案的准则;
d) 提供分析证据,证明设计能否在费用约束内满足用户的要求;
e) 支持产品和过程的验证。

2.6 综合

综合是指提出设计方案的过程。在系统工程过程中,综合就是将工程创造力和技术引导到建立最符合既定系统要求的设计方案上来。综合要考虑的是各种技术和研究成果及功能分析得出的要求,从影响设计方案的各个技术和工程专业领域汲取最新技术成果。

综合从利用功能分析结果提出可能的技术途径入手,为保障各技术途径,要提出一个或数个系统研制方案,然后,通过系统工程过程反复迭代,为每个系统方案综合出一个或数个设计方案。

2.7 技术接口兼容性

分析系统的功能和结构接口,确定接口的技术要求,并保证在最终设计中这些功能和结构接口的兼容性。

2.8 后勤保障分析

在整个研制过程中，按照 GJB 1371—1992《装备保障性分析》进行后勤保障分析。

2.9 生产性分析

生产性分析是指在满足性能和生产率要求的前提下，对备选的设计、材料、工艺和制造技术方案进行比较，以确定最经济地生产该产品用的制造工艺和材料。

生产性分析的目的是保证武器装备研制过程中，不仅能设计出具有良好生产性的产品，而且会形成适用于生产该产品的工艺和工装，使产品达到最佳的经济效果，以便降低产品成本，缩短研制周期，提高产品质量，节约原材料，提高劳动生产率，改善操作人员的工作条件。

生产性分析工作应贯穿于武器装备研制工作的全过程，每个阶段的分析重点不同，应按照 GJB 3363—1998《生产性分析》，由粗到细不断深化反复迭代，形成各研制阶段的生产性分析报告。在各研制阶段技术审查中，应提供产品设计的生产性分析资料，包括承制方取得良好生产性的措施，准备采用的生产方法、制造工艺与技术设备、材料等。

2.10 规范树/规范

规范树是按照系统的层次结构原理制定并赖以确定型号产品的所有硬件和软件项目技术规范之间的关系。

按照 GJB 6387—2008《武器装备研制项目专用规范编写规定》编写系统规范、研制规范、产品规范、工艺规范和材料规范。

2.11 文件

按照 GJB 2993—1997《武器装备研制项目管理》、GJB 3206A—2010《技术状态管理》、GJB 6387—2008《武器装备研制项目专用规范编写规定》、GJB 1362A—2007《军工产品定型程序和要求》、GJB 5882—2006《产品技术文件分类与代码》、GJB 5881—2006《技术文件版本标识及管理要求》等要求和研制单位有关技术文件管理规定，对产品研制过程中所有工作成果进行记录、上报和归档。

2.12 系统工程工具

说明产品研制过程中拟采用的系统工程工具。

3 工程专业/综合要求

3.1 综合设计/计划

规定 3.1.1 至 3.1.12 各工程专业的目的、活动定义、职责、进度和资源确定等内容。

目的：包括该专业的目的及其在系统工程过程中的作用范围。

活动定义：对完成规定功能所需的全部任务、系统工程要求输入的内容、提供给系统工程的预期成果等所做的概要说明。

职责：确定所有保障这一活动的组织或被这一活动保障的组织，他们负责的任务和权限，要特别强调系统工程组织和专业组织之间分析任务的分工。

进度：与系统研制、设计的主要里程碑和从系统工程过程中各保障组织指定输入有关的全部工作任务的时间和顺序。

资源确定：确定为了按进度完成工程任务，从本专业的角度出发，对整个系统工程过程提供保障所需要的具体硬件、软件、人员和设施。

3.1.1 可靠性

依据研制总要求和研制合同要求，按照 GJB 450A—2004《装备可靠性工作通用要求》，规定可靠性工程专业的目的、活动定义、职责、进度和资源确定等内容。

3.1.2 维修性

依据研制总要求和研制合同要求，按照 GJB 368B—2009《装备维修性工作通用要求》和 GJB 2547A—2012《装备测试性工作通用要求》，规定维修性和测试性工程专业的目的、活动定义、职责、进度和资源确定等内容。

3.1.3 人机工程

依据研制总要求和研制合同要求，按照 GJB 3207—1998《军事装备和设施的人机工程要求》和 GJB/Z 134—2002《人机工程实施程序指南》，规定人机工程专业的目的、活动定义、职责、进度和资源确定等内容。

3.1.4 安全性

依据研制总要求和研制合同要求，按照 GJB 900—1990《系统安全性通用大纲》，规定安全性工程专业的目的、活动定义、职责、进度和资源确定等内容。

3.1.5 标准化

依据研制总要求和研制合同要求，按照《武器装备研制生产标准化工作规定》和 GJB/Z 114A—2005《产品标准化大纲编制指南》，规定标准化工程专业的目的、活动定义、职责、进度和资源确定等内容。

3.1.6 生存性/易损性

军用系统易于受到地面或空间自然环境的损害，也易于被敌方地面部队、飞机或核武器所损害。生存性和易损性工程专家从论证阶段就要分析和评价这些自然的和人为的威胁，以确定满足系统生存性要求的设计途径和方法。应当依据元器件和原材料的承受能力、防护手段、系统结构、功能和控制等方面的情况来分析系统的易损性，并对备选方案的易损性进行评估，以得出减少易损性和改进生存性所需的设计准则。

另一个与系统生存性有关的问题是电磁脉冲,电磁脉冲是无线电射频能量的一种爆发,其影响范围取决于相对于观察点的高度和位置,电磁脉冲在核加固计划中必须考虑,见3.1.8。

3.1.7 电磁兼容性/电磁干扰

依据研制总要求和研制合同要求,按照GJB 1389A—2005《系统电磁兼容性要求》和GJB/Z 17—1991《军用装备电磁兼容性管理指南》等,规定电磁兼容性/电磁干扰工程专业的目的、活动定义、职责、进度和资源确定等内容。

3.1.8 电磁脉冲防护

依据研制总要求和研制合同要求,按照GJB 1389A—2005《系统电磁兼容性要求》等,规定电磁脉冲防护工程专业的目的、活动定义、职责、进度和资源确定等内容。

3.1.9 综合后勤保障

依据研制总要求和研制合同要求,按照GJB 3872—1999《装备综合保障通用要求》和GJB 6388—2008《装备综合保障计划编制要求》,规定综合后勤保障工程专业的目的、活动定义、职责、进度和资源确定等内容。

3.1.10 计算机资源寿命周期管理计划

依据研制总要求和研制合同要求,按照相关国家军用标准,规定计算机资源寿命周期管理的目的、活动定义、职责、进度和资源确定等内容。

3.1.11 生产性

依据研制总要求和研制合同要求,按照GJB 3363—1998《生产性分析》,规定生产性管理的目的、活动定义、职责、进度和资源确定等内容。

3.1.12 其他工程专业要求/计划

依据研制总要求和研制合同要求,按照相关国家军用标准,规定其他工程专业的目的、活动定义、职责、进度和资源确定等内容。

3.2 综合系统试验计划

规定综合系统试验的目的、试验项目、职责、进度和资源确定等内容。

3.3 保障活动的兼容性

3.3.1 系统费用效能

依据研制总要求和研制合同要求,按照GJB 1364—1992《装备费用—效能分析》,在装备寿命周期各阶段中采用费用—效能分析方法,为装备的论证、研制、生产、使用、维修和退役提供决策依据。

3.3.2 价值工程

通过选择产品、进行功能分析、收集信息、开发备选方案、备选方案成本分析、试验和验证等有组织的活动,以最低的总成本实现必要的功能。

3.3.3 全面质量管理/质量保证

按照 GJB 9001B—2009《质量管理体系要求》和 GJB 1406A—2005《产品质量保证大纲要求》,进行全面质量管理/质量保证。

3.3.4 材料和工艺

依据研制总要求和研制合同要求,按照 GJB/Z 215—2004《军工材料管理要求》,规定军工产品所需新材料的研制、选用、采购和已有材料改进的原则、程序与内容。

依据研制总要求和研制合同要求,按照 GJB/Z 106A—2005《工艺标准化大纲编制指南》编制《工艺标准化大纲》,开展工艺设计;按照 GJB 1269A—2000《工艺评审》开展研制过程工艺评审和生产过程重大工艺更改的工艺评审,规定工艺评审的基本要求、评审内容、组织管理和评审程序。

1.15 生产性分析报告(方案阶段)

按照 GJB 3363—1998《生产性分析》编写。

1 范围

2 引用文件

3 生产性分析目的

对产品设计进行生产性分析,在满足性能和生产率要求的前提下,对备选的设计、材料、工艺和制造技术方案进行比较,以确定最经济地生产该产品用的制造工艺和材料,确保承制方设计出具有良好生产性的产品。

4 生产性分析准则

承制方对论证阶段形成的《生产性分析准则》进行更新,提出更加具有可操作性的准则。

在方案阶段,应重点分析产品设计在满足产品性能要求的前提下对产品生产性的影响。

a) 设计简化。1)应力求使产品设计简单化、产品的几何形状尽可能简单,加工要求合理,尽可能做到在通用设备上能够加工、检验;2)尽量减少产品的品种规格,提高产品通用化、系列化、组合化(模块化)水平;3)提高产品的继承性,尽量利用已批生产产品的零部件;4)在可能的条件下优先选用无切削或少切削的加工工艺,如精锻、精铸、粉末冶金、冷挤压等;5)采用有利于降低装配费用的设计,如减少装配件中的零件数量或把一个零件的功能合并到另一个构件中去等;6)尽量采用设计制造一体化技术。

b) 材料选择。1)材料选择除依据其物理的、机械的和化学性能外,还应考虑材料的成形性、切削性及连接性,以及热处理、表面处理等因素;2)材料应有稳定的、充足的供应,避免或控制使用关键材料;3)尽量选用标准材料品种和规格;4)设计上应规定代用材料;5)优先选用低成本材料。

c) 设计灵活性。在产品研制过程中,设计师应与材料工程师、制造工程师紧密合作,以便使该项设计能够提供尽可能多的备选材料和备选工艺方法,以期获得良好的生产性。

d) 公差要求。1)应按产品的结构特点,承制厂现有的和规划中的生产条件,规定合理的制造公差;2)公差确定应与所选材料和加工工艺相符。

e) 技术数据的准确性。图样、技术规范所提供的数据应是有效的、准确的、清晰的、协调的、解释唯一的。

5 生产性分析工作内容

方案阶段生产性分析包括但不限于下列方面。

5.1 材料分析

a) 设计所需材料(包括备选材料)供应情况;
b) 材料标准化程度;
c) 材料交付周期。

5.2 制造方法分析

a) 规划中的制造技术研究项目可否实现;
b) 生产可行性风险分析完成状况;
c) 关键工艺验证计划的确切性;
d) 工装验证计划的确切性;
e) 试验设备验证计划的确切性;
f) 规划中的制造工艺是否可行。

5.3 设计过程分析

a) 结构件和材料标准化程度;
b) 新结构、新材料、新工艺应用状况;
c) 关键结构设计合理性证明程度;
d) 生产性权衡研究成果在设计中的反映情况;
e) 关键材料类型和数量状况;
f) 制造和装配限制情况;
g) 利用现存的和新的工艺资源的验证情况;
h) 管理部门的设置及其运作状况。

6 生产性分析结论

在对材料、制造方法和设计过程等方面进行生产性分析后，给出产品设计是否符合生产性要求的结论性意见。

1.16 研制方案

1 适用范围

说明该研制方案的适用范围，包括适用对象和适用阶段等。

2 研制依据

列出经过批复的研制依据，以及相关的国家军用标准和规范。

3 系统组成和工作原理

3.1 系统组成

简要说明系统的组成，在文字说明的基础上，可列表或图示说明。

3.2 系统工作原理

简要说明系统的工作原理，各组成部分完成的功能。

4 主要战术技术指标及使用要求

4.1 主要战术指标

按照研制总要求或研制合同，逐项列出主要战术指标。

4.2 主要技术指标

按照研制总要求或研制合同，逐项列出主要技术指标。

4.3 主要使用要求

按照研制总要求或研制合同，逐项列出主要使用要求。

5 总体技术方案

5.1 总体设计思路

描述总体设计原则、设计思路、技术方案等。

5.2 结构方案

按照研制总要求对结构的要求，进行结构设计，提出拟采取的结构设计方案。

5.3 硬件方案

提出拟采取的硬件设计方案。

5.4 软件方案（适用时）

提出拟采取的软件设计方案。

5.5 电源方案（适用时）

提出拟采取的电源设计方案。

5.6 接口方案
提出拟采取的接口设计方案。按照接口控制文件,明确功能接口和物理接口设计。

5.7 环境适应性设计措施
提出为适应工作环境拟采取的环境适应性设计措施。

5.8 可靠性设计措施
提出为实现可靠性要求拟采取的可靠性设计措施。

5.9 维修性设计措施
提出为实现维修性要求拟采取的维修性设计措施。

5.10 测试性设计措施
提出为实现测试性要求拟采取的测试性设计措施。

5.11 保障性设计措施
提出为实现保障性要求拟采取的保障性设计措施,规划保障资源,提出拟研制的保障设备。

5.12 安全性设计措施
提出为实现安全性要求拟采取的安全性设计措施。

5.13 电磁兼容性设计措施(适用时)
提出为实现电磁兼容性要求拟采取的电磁兼容性设计措施。

5.14 人机工程设计措施(适用时)
提出为实现人机工程要求拟采取的人机工程设计措施。

6 试验验证初步考虑
规划需要开展的试验验证工作,提出对产品进行试验验证的初步考虑,包括研制试验、设计定型(鉴定)试验和部队试用。

7 质量和标准化控制措施

7.1 质量控制措施
说明为完成研制任务,在研制过程中拟采取的质量控制措施。可从拟制的质量保证大纲(质量计划)中摘要质量工作内容。

7.2 标准化控制措施
说明为完成研制任务,在研制过程中贯彻落实标准化工作规定,拟采取的标准化控制措施。可从拟制的标准化大纲中摘要标准化工作内容。

8 研制进度安排

8.1 项目周期
说明项目研制所需总时间。

8.2 进度安排

从产品研制任务开始到结束,按照研制阶段和主要工作节点,说明时间进度安排。

9 研制风险分析

9.1 技术风险

主要考虑以下方面：

a) 引起技术风险的主要因素（包括指标量化、技术难度、研制难易等因素）；

b) 技术风险的表示方法（包括风险百分数、新技术项目采用比等因素）；

c) 技术风险的估算（包括高、中、低三类风险的估算）。

9.2 进度风险

主要考虑以下方面：

a) 引起进度风险的主要因素（包括预研工作和可行性论证是否充分、计划进度考虑不周、投资强度不够、战术技术指标更改以及其他因素）；

b) 进度风险的表示方法（可用完成研制任务的概率表示）；

c) 进度风险的估算（计算每个工序的平均完成时间、方差、期望完成时间、必须完成时间、松弛时间、关键路线、完成概率等。

9.3 经费风险

主要考虑以下方面：

a) 引起费用风险的主要因素（如费用评估和预测不准、进度后拖、物价上涨等）；

b) 费用风险的表示方法（可用费用风险度、研制总费用等）；

c) 费用风险的估算（包括各分系统的费用均值和方差,预定费用完成任务的概率、费用风险等）。

10 任务分工

按照工作分解结构,明确各项工作任务的责任单位。或者按照参与研制的单位,明确其承担的工作任务。

11 研制经费概算（可视情省略）

11.1 科研经费概算

对完成产品研制任务所需经费进行概算,提供概算明细表。

11.2 生产经费概算

对产品批量生产所需经费进行概算,提供概算明细表。

1.17 技术状态管理计划

按照GJB 3206A—2010《技术状态管理》编写。

1 引言

1.1 目的和范围
说明技术状态管理的目的和范围。

1.2 技术状态项说明
简要说明所适用的产品或技术状态项。

1.3 主要特点
概述技术状态管理计划的主要特点及实施方法。

2 引用文件
列出技术状态管理计划中所涉及到的标准化文件、规章制度等。给出所列文件的编号、名称、版次、发布机构等信息。

3 职责

3.1 技术状态管理人员、部门和机构
说明参与技术状态管理活动的人员、部门和机构,需要时,用简图说明。

3.2 技术状态管理人员、部门和机构的职责
说明各参与方在技术状态管理中的职责,包括在技术状态控制委员会中起到的作用。

3.3 技术状态管理与技术审查、定型工作的关系
说明技术状态管理职能与技术审查、定型工作等方面的有机联系。

4 技术状态管理重大事项
说明产品或技术状态项寿命周期的阶段划分,并按阶段说明技术状态管理重大事项的安排。重大事项包括成立技术状态控制委员会、确立技术状态基线(包括内部控制的基线)、准备用于项目技术审查或技术状态审核的技术状态文档等。

5 技术状态标识

5.1 技术状态项
列出选取的技术状态项。

5.2 技术状态基线所需的技术状态文档(规范树)
建立每一条技术状态基线所需的技术状态文档,需要时用图示方式来表示各技术状态文档之间的关系,例如用规范树来表示。

5.3 技术状态项及其下级产品的标识、技术状态文档的标识
说明标识制度,包括技术状态项及其下级产品的标识、技术状态文档的标识。

5.4 技术状态文档发放程序
说明技术状态文档的发放程序。

6 技术状态控制
6.1 技术状态更改分类
应明确技术状态更改的类别。技术状态更改一般分为Ⅰ类、Ⅱ类。Ⅰ类技术状态更改由订购方控制，Ⅱ类技术状态更改由承制方自行控制。除Ⅰ类之外的更改均属Ⅱ类技术状态更改。承制方可根据行业习惯细化技术状态更改类别，但应经订购方认可。当订购方和承制方对技术状态更改归类有分歧时，经双方充分协商后由订购方最后决定。下列更改均属Ⅰ类技术状态更改。

a) 更改涉及合同，影响合同中下列任一个或多个要素：1)合同经费；2)合同保证或担保；3)合同规定的交付要求；4)合同重大事件安排。

b) 更改涉及功能基线、分配基线或产品基线，影响下列任一要求：1)性能；2)可靠性、维修性、测试性、安全性、保障性、生存性、环境适应性、电磁兼容性等特性；3)重量、重心、惯性矩；4)接口特性；5)技术状态项及其零部件、组件的互换性；6)已交付的使用手册、维修手册；7)与保障设备、训练器材(装置)、保障软件、零备件等的兼容性；8)技能、人员配备、训练、生物医学因素或人机工程设计。

6.2 技术状态更改审批权限
明确技术状态更改的审批权限。

6.3 技术状态更改建议的处理程序
明确技术状态更改建议的提出、编制、评审、审批的程序。

6.4 偏离、超差申请的处理程序
明确偏离、超差申请的编制、审批、实施和纠正的程序。

6.5 技术状态更改通知的处理程序
明确技术状态更改建议批准后形成技术状态更改通知的编制、下发、实施和检查的程序。

7 技术状态记实
7.1 资料收集、记录、处理和保持程序
说明为形成技术状态记实报告所需资料的收集、记录、处理和保持的程序。

7.2 技术状态管理报告内容和形式
说明所有技术状态管理报告内容和形式的规定。

8 技术状态审核
8.1 技术状态审核的计划、程序和文档
说明功能技术状态审核和物理技术状态审核的计划、程序和文档。

8.2 技术状态审核报告的格式
说明功能技术状态审核报告和物理技术状态审核报告的格式要求等。

9 分承制方/供应商控制

说明承制方为保证分承制方或供应商符合 GJB 3206A—2010 规定所采取的方法。

10 数据管理

10.1 数据访问、传递、存储方法

说明在技术状态数据访问、传递、存储等方面所采取的方法。

10.2 数据保存计划

说明技术状态数据保存计划。

1.18 接口控制文件

按照 GJB 2737—1996《武器装备系统接口控制要求》编写。

1 范围

1.1 主题内容

主题内容起摘要作用,应简要说明接口控制文件的主题内容或目的。建议采用下列典型用语:

"本文件规定了××产品的接口内容。"

1.2 适用范围

主要说明接口控制文件的适用范围、应用领域等。建议采用下列典型用语:

"本文件适用于……。"

"本文件适用于……,也适用于……。"

2 引用文件

列出所引用的接口标准或文件。

3 要求

应规定涉及到的所有接口控制要求。

接口(interface),是对两个或者两个以上系统、分系统、设备或者计算机软件产品之间共同边界的功能特性、物理特性的要求。

接口控制(interface control),是标识、记载接口的功能特性和物理特性并控制其更改的过程。

接口控制文件(interface control document,ICD),规定系统、分系统或者设备之间功能和物理接口要求的控制图样或者其他文件。

3.1 物理接口

3.1.1 机械要求

规定产品的机械接口要求,包括外壳、附件、遮蔽、调整等。

3.1.2 主要工具

3.1.3 机械特性
规定产品的机械特性要求,包括重量、惯性矩及重心位置、轴、模式交换(数字/物理)等。

3.2 电子接口
规定产品的电子接口要求。
对于命令信号:规定格式、速率、标识等;
对于数据信号:规定无线电频率特性、格式、速率等;
对于计时信号:规定格式、时标、标识、记录等。
对于航空电子接口,按照 GJB 5439—2005《航空电子接口控制文件编制要求》执行。对于其他电子接口,可参照 GJB 5439—2005 执行。

3.3 电气接口
3.3.1 电力
规定产品所使用的电力类型、电压、电力分配图、保护等。

3.3.2 接口插座分配
规定产品所使用的电力的接口插座及其分配。

3.3.3 电磁兼容性
规定产品的电磁兼容性要求。

3.4 液压或气压接口
规定产品的液压或气压接口要求,包括类型、流速、温度、压力等。

3.5 软件
3.5.1 数据
规定数据的输入、输出、速率、精度等。

3.5.2 信息
规定信息的格式、内容、存储等。

3.5.3 协议
规定协议的权限、处理、确认、错误检测、恢复等。

3.6 硬件或软件
规定产品的硬件或软件要求。
接口:图形、标准和惯例;
定时和排序:控制和逻辑关系、数据传输、输入判断等。

3.7 环境
3.7.1 结构
规定产品的结构环境要求,包括振动、冲击、噪声、加载、动态模式形状等。

3.7.2 热
规定产品的热环境要求,包括温度范围、加热速率、热交换面等。

3.7.3 磁
规定产品的磁环境要求,包括磁力线密度、变化率等。

3.7.4 辐射
规定产品的辐射环境要求,包括辐射类型、射线密度、射线总量等。

3.7.5 环绕空间
规定产品的环绕空间要求,包括压力、温度、容量等。

3.7.6 空调
规定产品的空调(环境控制)要求,包括温度、流动速率等。

3.8 安全性
规定产品的安全性要求。

3.9 使用限制
规定产品的使用限制要求。

4 验证
应规定验证有关接口要求的正确性的要求。

4.1 质量保证

4.1.1 质量保证要求
规定产品的质量保证要求。

4.1.2 接口控制文件要求验证:矩阵
以矩阵形式,规定产品接口控制文件要求的验证要求。

4.2 工厂试验

4.2.1 设施要求
规定产品进行工厂试验时对试验设施的要求。

4.2.2 接收检查
规定产品接收检查的要求,包括接收条件、检查内容、检查方法等。

4.2.3 安装要求
规定产品进行工厂试验时对产品安装的要求。

4.2.4 测试约束条件
规定产品进行工厂试验时的测试约束条件。

4.2.5 测试顺序
规定产品进行工厂试验时的测试顺序。

4.2.6 装运准备
规定产品进行工厂试验后的装运准备要求。

1.19　试验与评定总计划

参考美国国防系统管理学院《系统工程管理指南》编写。

1　系统说明

1.1　任务描述

描述系统的任务。应与研制立项综合论证报告和研制总要求中的内容基本保持一致。

1.2　威胁评估

描述系统面临的威胁，主要包括系统预期的作战环境、敌进攻武器性能特点等。

1.3　效能测量

根据装备的主要性能指标、作战使用方式、打击目标特性和可能的对抗情况等建立效能评估指标体系，提出效能测量要求。

效能是指系统在全面考虑操作人员编制、原则和技术、生存力、易损性和威胁特性等作战使用环境的情况下成功完成任务能力的大小。

1.4　适用性测量

本节说明适用性评估指标体系，提出适用性测量要求。

适用性测量是指判断系统与作战使用环境充分结合的程度。适用性是指系统在考虑可用性、兼容性、运输性、互操作性、可靠性、利用率、维修性、安全性、人的因素、文件、训练、人力、保障性、后勤和环境的影响等因素的情况下投入作战使用的满意程度。

1.5　系统描述

简要描述系统预期提供的新的或改进的能力，说明关键功能，系统内部和外部接口及系统特点。

1.6　关键性能参数

说明产品的关键性能参数，即必须由设计实现的性能特征，包括使用和技术指标及其门限值的说明。

2　综合试验工作提要

2.1　试验管理过程

进行试验与评定管理，保证及时、有效、全面和完整地进行试验，并将试验结果用于产品改进。本节说明试验与评定策略，明确试验与评定的责任机构，确定保障试验与评定所需要生产件的数量，考虑可能影响试验与评定工作的进度、预算或其他资源方面的约束。

2.2 综合试验工作进度安排

可以用列表的方式,提供主要的研制试验和使用试验的周期以及它们与决策里程碑、试验件可用性和产品交付的关系。进度应反映配以合适时间安排的事件的实际顺序,以便能够编写文件并有必要的审查周期。

3 研制试验与评定概述

3.1 研制试验与评定工作概述

研制试验与评定的主要任务是确认技术是否满足研制总要求。

本节应包括每个主要研制试验周期的说明,简要叙述受试产品的技术状态、试验周期的目标和试验范围。为了简便起见,可以结合说明一些过去的试验与评定周期,并且不需要强调试验范围的定量。应包括已实现的目标和摘要性结论的描述。

3.2 后续研制试验与评定说明

说明计划安排的试生产鉴定试验与评定、生产鉴定试验与评定,以及系统或分系统重新试验的任何要求。

4 使用试验与评定概述

4.1 使用试验与评定概述

使用试验与评定的主要任务是确认使用效能和适用性是否满足研制总要求和部队使用要求。只要可行,使用试验与评定就应模拟威胁条件,并在模拟平时和战时这两种条件下由典型的操作人员使用和维修产品。本节说明使用试验与评定(早期使用评估、使用评估、初始使用试验与评定、后续使用试验与评定等)的目的、活动定义、职责、进度和资源确定等内容。

4.2 关键的使用问题

说明需要在使用试验与评定中进行验证的关键的使用问题。

4.3 后续使用试验与评定说明

说明计划安排的所有后续使用试验与评定要求。

4.4 实弹试验与评定说明

对于某些武器系统,包括在战斗中保护武器系统或其操作人员的装置,应进行实弹试验与评定。为提供与操作人员潜在伤害事故、易损性和杀伤力有关的信息,应使用属于生产技术状态的试验件进行实弹试验与评定。利用实弹试验与评定提供的数据可以确定系统在实际战斗环境下的性能和对攻击的敏感性。本节说明进行实弹试验与评定的目的、活动定义、职责、进度和资源确定等内容。

5 试验与评定资源提要

5.1 试验件

确定试验与评定所需的试验件的数量、类型、技术状态、提供渠道和交接方法等。

5.2 试验场地和装置

确定试验与评定所需的重要基地试验场、气候试验室、专用靶场、试验装置和仪器设备等。

5.3 试验保障设备

确定试验与评定所需的试验保障设备数量、类型、技术状态、提供渠道和交接方法等。

5.4 威胁系统

确定试验与评定所需的战场威胁模拟器、为了使用真实性需要的(模拟)敌方威胁飞机等威胁系统的数量、类型、技术状态、提供渠道和交接方法等。

5.5 试验目标

确定试验与评定所需的空中、地面、水面和水下目标(靶标)等的数量、类型、技术状态、提供渠道和交接方法等。

5.6 使用部队试验保障

确定试验与评定所需的使用部队试验保障条件。

5.7 模拟器、样机和试验台

确定试验与评定所需的模拟器、样机和试验台的数量、类型、技术状态、提供渠道和交接方法等。

5.8 专用要求

明确试验与评定所需的其他特殊的和专用的固定资产等要求,包括专用设备的安装和拆卸计划等。

5.9 试验与评定资金要求

提出试验与评定所需的资金要求,列出明细。

5.10 资源进度

确定试验与评定所需各项资源的时间进度。

5.11 人力/训练

确定试验与评定所需的人员及其调配和培训要求。

附录

提供必要的附录。

1.20 研制任务书

1 前言

阐明任务的来源(依据)及目的。

2 技术要求
2.1 产品用途与组成
阐明产品的用途与组成。
2.2 性能要求
应包括产品功能特性及技术参数,可靠性、维修性、安全性及电磁兼容性定量指标要求。
2.3 使用要求
应包括产品的操作、停放、安装、贮存、运输等要求。
2.4 环境要求
应包括力学环境、自然环境、电磁环境及其他特殊环境要求。
2.5 设计要求
应包括产品工作原理、电气结构要求、互换性要求、接口要求、零部件和材料要求以及安装、保护等要求。

3 质量保证与控制要求
3.1 质量要求
规定任务应达到的质量方面的要求。质量要求应符合任务所指产品的上层次产品的《质量保证大纲》的要求。
3.2 标准化要求
规定任务应达到的标准化方面的要求。标准化要求应符合任务所指产品的上层次产品《标准化大纲》的要求。
3.3 可靠性维修性测试性保障性安全性要求
规定任务应达到的可靠性、维修性、测试性、保障性、安全性方面的要求;可靠性、维修性、测试性、保障性、安全性要求应符合任务所指产品的上层次产品的《可靠性大纲》、《维修性大纲》、《测试性大纲》、《保障性大纲》、《安全性大纲》的要求。

4 其他要求及说明事项
应包括上述内容未包括的其他特殊要求及需要说明的有关事项。

5 验收与交付
应包括验收规则、程序及交付的产品、文件等方面的要求。

6 完成形式
说明完成任务的标志。

7 任务周期和研制经费
说明研制任务的时间周期、计划进度;说明完成研制所需的经费。

1.21 详细设计

1 适用范围

说明该研制方案的适用范围,包括适用对象和适用阶段等。

2 研制依据

列出经过批复的研制依据,以及相关的国家军用标准和规范。

3 系统组成和工作原理

3.1 系统组成

简要说明系统的组成,在文字说明的基础上,可列表或图示说明。

3.2 系统工作原理

简要说明系统的工作原理,各组成部分完成的功能。

4 主要战术技术指标及使用要求

4.1 主要战术指标

按照研制总要求或研制合同,逐项列出主要战术指标。

4.2 主要技术指标

按照研制总要求或研制合同,逐项列出主要技术指标。

4.3 主要使用要求

按照研制总要求或研制合同,逐项列出主要使用要求。

5 详细设计方案

5.1 总体设计

描述总体设计原则,设计思路,技术方案等。

5.2 结构设计

按照研制总要求对结构的要求,进行结构设计,提出拟采取的结构详细设计方案。

5.3 硬件设计

提出拟采取的硬件详细设计方案。

5.4 软件设计(适用时)

(适用时)提出拟采取的软件详细设计方案。

5.5 电源设计(适用时)

(适用时)提出拟采取的电源详细设计方案。

5.6 接口设计

提出拟采取的接口详细设计方案。按照接口控制文件,明确功能接口和物理接口设计。

5.7 环境适应性设计
提出为适应工作环境拟采取的环境适应性详细设计方案。
5.8 可靠性设计
提出为实现可靠性要求拟采取的可靠性详细设计方案。
5.9 维修性设计
提出为实现维修性要求拟采取的维修性详细设计方案。
5.10 测试性设计
提出为实现测试性要求拟采取的测试性详细设计方案。
5.11 保障性设计
提出为实现保障性要求拟采取的保障性详细设计方案,规划保障资源,提出拟研制的保障设备方案。
5.12 安全性设计
提出为实现安全性要求拟采取的安全性详细设计方案。
5.13 电磁兼容性设计(适用时)
(适用时)提出为实现电磁兼容性要求拟采取的电磁兼容性详细设计方案。
5.14 人机工程设计(适用时)
提出为实现人机工程要求拟采取的人机工程详细设计方案。
6 研制风险分析
6.1 技术风险
主要考虑以下方面:
a) 引起技术风险的主要因素(包括指标量化、技术难度、研制难易等因素);
b) 技术风险的表示方法(包括风险百分数、新技术项目采用比等因素);
c) 技术风险的估算(包括高、中、低三类风险的估算)。
6.2 进度风险
主要考虑以下方面:
a) 引起进度风险的主要因素(包括预研工作和可行性论证是否充分、计划进度考虑不周、投资强度不够、战术技术指标更改以及其他因素);
b) 进度风险的表示方法(可用完成研制任务的概率表示);
c) 进度风险的估算(计算每个工序的平均完成时间、方差、期望完成时间、必须完成时间、松弛时间、关键路线、完成概率等)。

1.22 设计计算报告

1 任务来源
1.1 计算对象
说明设计计算的对象。

1.2 计算目的

说明设计计算的目的。

2 引用文件

列出设计计算的依据和引用文件。

3 计算要求

3.1 已知参数和数据

详细说明已知参数和数据。

3.2 设计状态参数和数据

详细说明设计状态参数和数据。

3.3 待定参数和数据

提出设计计算的待定参数和数据。

4 计算内容

4.1 计算方法

以定理、公式、曲线、图表或程序等形式说明所采用的设计计算方法。

4.2 计算过程

依据所采用的设计计算方法,详细说明计算过程及相关数据。

4.3 计算结果

给出最终的计算结果。

5 计算结果分析和结论

5.1 计算结果分析

对计算结果进行分析,说明是否符合预期,是否与客观实际吻合。

5.2 结论

阐述对计算结果进行分析后的结论性意见。

6 其他

提供计算过程中使用的相关材料。

1.23 特性分析报告

按照 GJB 190—1986《特性分类》编写。

1 适用范围

说明特性分析报告的适用范围,包括适用对象和适用阶段等。

2 引用文件

列出进行特性分析所依据和引用的文件。

3 特性分析

根据产品特性(性能、参数和其他技术要求)的重要程度,将其分为关键特性、重要特性和一般特性。

关键特性是指如有故障,可能危及人身安全、导致武器系统或完成所要求使命的主要系统失效的特性。

重要特性是指虽不是关键特性,但如有故障,可能导致最终产品不能完成所要求使命的特性。

一般特性是指虽与产品质量有重要的关系,但如有故障,一般不会影响产品的使用性能的特性。

3.1 技术指标分析

依据产品预期的使命,对其规定的要求进行分析。分析内容如下:

a) 功能。分析该产品在执行任务期间规定完成的全部功能。
b) 持续工作时间。分析该产品每一项功能所要求的持续工作时间。
c) 环境条件。分析适合该产品使命要求的极端环境条件,产品可能承受的环境变化范围。
d) 维修性。分析产品在使用中维修的可能性以及产品在恶劣条件下能进行哪些维修。
e) 失效。分析产品是否允许部分或完全失效,失效对完成产品使命的影响。

3.2 设计分析

对产品能否承担其使命以及有效地完成其使命所需具有的质量指标进行分析:

a) 材料。分析材料性能对产品性能和质量的影响,所选择的材料对于保证完成其规定使命所起的作用。
b) 工艺要求。分析加工、装配、试验和检验过程对材料性能和保证产品质量的稳定性所带来的影响。除可观察到的影响外,还应注意那些不易观察和检测的影响。
c) 互换性。分析为了满足产品的互换性要求,哪些尺寸、参数以及公差最为重要。
d) 协调性。分析为了满足较高级装配件的需要而应提出的协调性要求。如装配件之间的尺寸、重量、电源要求等。
e) 寿命。分析哪些因素决定其寿命。
f) 失效。分析失效的类型及失效对产品性能、人身、财产的安全等方面造成的危害。
g) 安全。分析产品在正常使用、运输、贮存中能否对人身、财产的安全造成危害。

h) 裕度。分析产品是否采用裕度设计(如采用并联贮备设计时,可以适当降低其特性类别)。

3.3 选定检验内容

依据技术指标分析和设计分析所需保证的关键或重要特性以及该特性在零件或装配件上检验的可能性和经济性,进行综合分析后选定检验内容。

具备下列条件之一,可被选定为一个检验单元:

a) 最终产品;

b) 维护或修理最终产品所需的备件;

c) 从使用或安全的角度出发要求更换的产品;

d) 仅在使用条件下才能决定其性能的产品(即必须进行破坏性试验);

e) 在较高级装配后不能检验、修理和更换或需要高成本才能检验、修理和更换的产品。

4 关键件重要件清单

具有关键特性的产品称为关键件。具有重要特性的产品称为重要件。仅有一般特性的产品称为一般件。

根据特性分析结果,列出关键件重要件清单,并注明特性分类符号。

特性分类符号由特性类别代号、顺序号组成,必要时可增加补充代号。

特性类别代号用大写汉语拼音字母表示,关键特性为 G,重要特性为 Z,一般特性不规定。

顺序号用阿拉伯数字顺序表示在特性类别代号后,关键特性为 G1~G99,重要特性为 Z101~Z199,一般特性不规定。

补充代号用大写汉语拼音字母表示在顺序号后,A 表示产品单独销售时,该特性被分类为关键特性或重要特性,而在高一级装配中检验或试验时则为一般特性,B 表示装配时复验,C 表示工艺过程数据作为验收数据,D 表示要求特殊的试验或检验。

1.24 生产性分析报告(工程研制阶段)

按照 GJB 3363—1998《生产性分析》编写。

1 范围

2 引用文件

3 生产性分析目的

工程研制阶段生产性分析工作是标识所有硬件的关键特性,减少生产流程时间,减少材料和工时费用,确定最佳进度要求,改善检验和试验程序,减少专用生产工装和试验设备,以便顺利地转入试生产状态。

4 生产性分析准则

承制方对方案阶段形成的《生产性分析准则》进行更新,提出更加具有可操作性的准则。

5 生产性分析工作内容

应对下列技术资料进行分析评定,提出认可、不认可、需要修改的意见。

a) 技术规范,包括系统规范、研制规范、产品规范、工艺规范、材料规范等;

b) 图样,包括整机及零件、部件和组件结构图、安装图、随机工具图、地面设备图及各类工装图等;

c) 各类工艺文件资料;

d) 各类技术资料的更改文件;

e) 论证、设计、制造、试验等方面与生产性有关的其他技术文件。

在这一阶段需进行大量的工作,涉及到设计、材料、工艺、标准等各个方面,可参照 GJB 3363—1998《生产性分析》附录 A(参考件)列出的生产性分析细目进行,详细说明如下。

5.1 设计分析

a) 有没有考虑过备选设计方案?是否选择了最简单、最方便的生产方案?

b) 这项设计是否超过目前制造技术水平?

c) 能否使用经济工艺方法?

d) 是否已有现成的设计?

e) 是否规定使用专利产品、专利工艺?

f) 是偏于先进的,还是偏于保守的设计?

g) 如重新设计能否取消某些东西?

h) 是否有多余运动或动力浪费?

i) 这项设计能否进一步简化?

j) 能否使用较简单的制造工艺?

k) 能否将差别较小的几个零件改为同一个零件?

l) 能否较大程度地应用权衡方案?

m) 有无较低成本的零件可以完成同样的功能?

n) 可以使用其他装备设计的零件吗?

o) 能否减轻重量?

p) 是否有类似的而成本较低的设计?

q) 能否使这项设计获得更多的功能?

r) 对设计和功能而言,质量保证措施是否适当?

5.2 标准和规范分析

a) 这项设计能否较大程度地标准化？
b) 能否使用标准的切削工具？
c) 能否找到标准件作为备选的制造产品？
d) 可以取消或放松某些规范要求吗？
e) 能否较大程度地使用标准的硬件？
f) 能否较大程度地使用标准的量具？
g) 是否使用了非标准螺纹？
h) 能否较大程度地使用库存产品？
i) 包装规范能否放宽？
j) 标准、规范与计划的产品环境相符吗？

5.3 图样分析

a) 图样上尺寸是否适当、完整？
b) 公差是否现实、可生产，是否比功能要求严格？
c) 公差是否与多种制造工艺相符？
d) 表面粗糙度是否可以达到，是否比功能要求严格？
e) 零件的结构要素，如圆弧、圆角、倒角、弯曲半径、下陷、螺距、齿距、紧固件孔径、切削半径与锪窝等，是否标准化、典型化、规范化、通用化？
f) 螺栓、螺母、螺钉、铆钉的拧紧力矩要求是否合适？
g) 布线间隙、工具间隙、构件间隙、连接接头间隙是否符合要求？
h) 是否正确地引用所有必需的规范？
i) 胶粘剂、密封剂、复合材料、树脂、油漆、塑料、橡胶等非金属材料是否适当？
j) 是否有防止电化腐蚀和腐蚀流体聚集的措施？
k) 焊缝是否最少，容易接近？焊缝符号是否正确？
l) 对造成氢脆、应力腐蚀等设计问题或类似情况，是否可以避免？
m) 润滑液是否合适？
n) 污染控制是否合适？
o) 有寿命限制的材料是否已经标识？它们可以无困难地更换吗？
p) 是否有防无线电频率干扰的屏蔽措施？是否提供了电的和静电的连接通路？
q) 是否有备用的插头、接头？
r) 图样上是否已适当地标识出最大载荷、压力、热、彩色标记、功率及危害性？

s) 所有可能的构形方案是否都表示了？

5.4 材料分析

a) 是否选择了超出设计要求的材料？

b) 是否能在需求的时间内获得全部材料？

c) 特殊规格的材料和备选材料是否已经确定？来源是否可靠,并与有关的机构进行了协调？

d) 设计规范是否过分严格禁止使用新的备选材料？

e) 设计上是否规定了需大量机械加工或用专用的生产工艺才能得到的特殊形状？

f) 规定的材料是否难以或不可能经济地制造出来？

g) 规定的材料是否与要求的生产数量相符？

h) 设计上是否有充分的灵活性,以便可以使用多种工艺方法和多种材料,而又不降低最终产品的功能？

i) 能否使用较小规格的材料？

j) 能否减少材料的品种？

k) 能否使用较便宜的材料？

l) 能否使用另一种容易加工的材料？

m) 能否避免使用关键材料？

n) 在所有可能部位,是否规定了备选材料？

o) 所有材料和备选材料是否都与计划使用的制造工艺相符？

5.5 制造工艺分析

a) 设计是否包含不必要的机械加工要求？

b) 关于金属件的结构要素,如平面度、圆角半径、铸造类型等是否有合适规范？

c) 在锻造、铸造、机械加工和其他制造工艺中,是否有不必要的困难？

d) 设计规范是否过分地束缚生产人员于某一工艺过程？

e) 零件能否经济组装？

f) 制造是否有定位与夹紧措施？

g) 生产上是否需要昂贵的专用工装和设备？

h) 是否规定了最经济的生产方法？

i) 制造和搬运过程中,是否有专用的搬运装置或方法,以保护关键的和敏感的产品？

j) 专用的技艺、设备、设施是否有标识,并与有关单位协调一致？

k) 不使用专用设备和工具,零件是否容易拆卸、分解、重新组装或安装？

l) 这项设计是否与车间正常的生产流程相符？
m) 是否考虑了生产过程中测量困难？
n) 设备和工装清单是否齐全？
o) 专用设备是否齐备？
p) 能否使用较简单的工艺？
q) 是否使用了尺寸奇特的孔和半径？
r) 假如采用一次成型工艺，是否规定了备选工艺？
s) 能否使用紧固件代替攻丝？
t) 是否可以去掉一些机械加工表面？
u) 是否禁止使用经济的速度和进给量进行最后表面加工？
v) 被采用的工艺过程与生产数量的要求相符吗？
w) 在设计约束范围内，是否有备选工艺？
x) 是否采用了新的工艺并经过验证？
y) 工人和技术人员是否需要专门的技术培训？

5.6 连接方法分析

a) 在连接过程中，是否容易接近所有零件？
b) 在装配和进行其他连接操作时，是否会因空间狭窄或其他原因造成连接困难或根本不可能？
c) 是否能将两个或多个零件合并为一个零件？
d) 能否使用新研制的或另一种紧固件加快装配进度？
e) 能否把装配硬件规格的数量减至最少？
f) 能否更改设计以改善零件的装配与分解？
g) 能否更改设计以改善安装和维护？
h) 当规定采用热连接时，是否考虑热影响区？

5.7 涂覆材料和方法分析

a) 防护涂层规定得是否合适？
b) 从材料、防护措施、制造和装配等观点，是否考虑了防腐蚀问题？
c) 特殊的表面防护要求是否标识？解决方法是否已确定？
d) 能否取消特殊的涂层和表面处理？
e) 能否采用预涂覆材料？

5.8 热处理和清洗工艺分析

a) 规定的材料是否容易切削？
b) 热处理后是否规定了切削工艺？
c) 包括热处理、清洗工艺及它们与其他生产领域关系在内的生产各方面是否已经评审过了？

  d) 热处理规定合适吗？

  e) 安排的工艺路线与制造要求(如直线度、平面度等)是否一致？

5.9　安全分析

  a) 设计中是否规定了静电接地要求？

  b) 对易燃、易爆产品是否采取了必要的安全性防护措施？

  c) 加工诸如镁合金、铜铍合金等材料，是否考虑必要的安全措施？

  d) 设计中是否规定了防无线电频率干扰要求？

  e) 对放射性污染是否有防护措施？

5.10　环境要求分析

  a) 对满足湿、热和其他特殊环境要求是否有适当的措施？

  b) 适当的加热、冷却是否被标识并执行了？

5.11　检验和试验分析

  a) 检验和试验要求是否适当？

  b) 是否规定了超出实际要求的特殊检验设备？

  c) 能否用切实可行的方法检验产品？

  d) 预防高拒收率的情况或条件是否已标识？是否开始采取某些补救措施？

  e) 是否提供了必要的样机和模型？

  f) 专用的和标准的试验和检验设备是否到位、检定、校准、经过验证并与图样要求相符？

  g) 标准的和专用的量具是否齐备？

  h) 是否执行了无损检验方法？

  i) 按使用程序对功能产品检查、检验、试验和验证是否有适当的措施？

  j) 是否需要非标准化试验设备？

6　生产性分析结论

  通过生产性分析，对以下各个方面给出结论性意见：

  a) 产品结构、系统设计合理，装配可达性好、连接方便、设计补偿充分、适于批量生产要求；

  b) 图样尺寸齐全、协调，制造精度选择合理、经济；

  c) 互换性良好；

  d) 同类型零组件尺寸、规格、形状满足标准化、系列化、组合化(模块化)要求；

  e) 产品结构继承性好；

  f) 电子产品调试细则和仪器的合理性；

g) 承制方现有设备的加工能力与产品匹配;
h) 新结构、新材料、新工艺选用与承制方技术水平相适应。
对技术资料进行分析评定,提出认可、不认可、需要修改的意见。

1.25 研制试验大纲

按照 GJB 1362A—2007《军工产品定型程序和要求》编写。

1 编制大纲的依据

说明编制研制试验大纲的依据,主要包括研制总要求,通用规范,产品规范,有关试验规范等。

2 试验目的和性质

说明研制试验的目的和性质。研制试验(如静力试验、耐久试验、环境应力筛选、可靠性增长试验等)的目的通常是验证产品研制方案在某个方面的设计是否能够实现研制总要求规定的技术性能指标。

3 被试品、陪试品、配套设备的数量和技术状态

3.1 被试品的数量和技术状态

规定被试品的品种、数量和技术状态,规定提供渠道和交接方法。

3.2 陪试品的数量和技术状态

规定陪试品的品种、数量和技术状态,规定提供渠道和交接方法。

3.3 配套设备的数量和技术状态

规定配套设备的品种、数量和技术状态,规定提供渠道和交接方法。

4 试验项目、内容和方法

依据研制总要求或研制合同提出的产品功能性能要求和相关国家军用标准规定的试验方法,规定研制试验项目、内容和方法。可根据具体情况用文字逐项描述或使用表格形式。

5 主要测试、测量设备的名称、精度、数量

列表给出主要测试、测量设备的名称、精度、数量等信息,见表1.3。

表1.3 主要测试、测量设备

序号	型号和名称	精度	数量	提供单位

6 试验数据处理原则、方法和合格判定准则

6.1 试验数据处理原则
规定试验数据的处理原则。

6.2 试验数据处理方法
依据相关国家标准或国家军用标准,规定试验数据的处理方法。

6.3 试验数据合格判定准则
依据相关国家标准或国家军用标准,规定试验数据的合格判定准则。

7 试验组织、参试单位及试验任务分工
应规定试验组织的要求,通常,应根据试验规模组成试验领导组和必要的职能小组,具体负责试验的组织实施,明确参试单位及试验任务分工。

8 试验网络图和试验的保障措施及要求
按照项目研制计划和实际情况,制定试验计划,给出试验网络图。
应规定试验保障措施及要求。应规定试验场地及主要设施、仪器设备的保障等。

9 试验安全保证要求
应根据被试品的特点和使用要求,结合试验条件,给出必要的安全保证要求,防止试验过程中出现人身、装备和财产安全问题。

1.26 研制试验报告

按照GJB 1362A—2007《军工产品定型程序和要求》编写。

1 试验概况
概要描述试验情况,通常应有以下内容:
a) 试验任务来源、依据;
b) 被试品代号和名称;
c) 承试单位和参试单位名称;
d) 试验性质、目的和任务;
e) 试验地点、起止时间;
f) 试验组织机构的设立及其职责分工情况;
g) 试验实施计划的制定和落实情况;
h) 试验阶段划分,各阶段的起止时间、地点(地域)、主要工作和目的;
i) 是否完成试验大纲规定的任务等。

2 试验项目、步骤和方法

2.X (试验项目X)的步骤和方法
应按试验大纲的规定,简要叙述(试验项目X)的实施步骤和方法。

3 试验数据

提供各项试验所获得的实测数据(必要时可采用图表形式表示)。

4 试验中出现的主要技术问题及处理情况

描述试验中出现的主要技术问题及处理情况,包括问题现象(发生时间、试验项目、技术问题等)、问题原因、解决措施、验证情况等。

5 试验结果、结论

5.1 试验结果

提供各项试验的结果(必要时可采用图表形式表示),包括能够实现的功能或能够完成的任务及其完成的程度,未能实现的功能或未能完成的任务。

5.2 试验结论

阐述试验结论,明确指出是否符合预定的要求。

6 存在的问题和改进建议

6.X (存在的问题X)改进建议

对试验过程中出现的且尚未得到彻底解决的问题提出进一步改进的建议。

7 试验照片

7.1 试验样品的全貌、主要侧面照片

提供用于试验的试验样品的全貌、主要侧面照片。

7.2 主要试验项目照片

提供试验过程中拍摄的主要试验项目的照片,特别是反映装机状态、试验显示画面的照片。

7.3 试验中发生的重大技术问题的特写照片

提供试验过程中发生重大技术问题时的特写照片,特别是试验样品损伤、试验显示画面异常的照片。

8 主要试验项目的实时音像资料

提供主要试验项目的实时音像资料(目录),包括拍摄时间、试验项目名称、音像资料名称以及试验地点等信息。

1.27 验收测试规范

1 范围

1.1 主题内容

说明本验收测试规范的主题内容。一般表述为:

本验收测试规范(ATS)为(产品名称)验收测试规定了测试环境、测试方法和测试项目。

1.2 适用范围

说明本验收测试规范的适用范围。一般表述为：

本验收测试规范适用于(产品名称)的验收测试。

2 引用文件

列出制定验收测试规范的依据文件以及各章中引用的所有文件。

3 产品组成

简要说明产品的组成以及各组成部分的功能,在文字说明的基础上,可列表或图示说明。

4 测试环境

4.1 概述

对验收测试环境进行简要描述。

4.2 受试系统组成

说明受试系统的组成,在文字说明的基础上,可列表或图示说明。

4.3 配试系统组成

说明配试系统的组成,在文字说明的基础上,可列表或图示说明。示例：

为完成(产品名称)的验收测试,需配备×××、×××、×××等必要的激励源、测试仪器和辅材,通过电缆注入激励信号并进行测试。(产品名称)的验收测试所需测试设备清单见表1.4。

表1.4 (产品名称)的验收测试所需测试设备清单

序号	设备名称	型号	数量	测试精度	有效期	备注

4.4 测试环境框图

对搭建的整个测试环境,包括受试系统和配试系统,用框图表示。

5 测试方法

规定验收测试采用的测试方法,通常依据相关国家军用标准或产品规范制定。

6 测试项目

依据研制总要求或研制合同提出的产品功能性能要求和相关国家军用标准规定,规定验收测试项目。可根据具体情况用文字逐项描述或使用表格形式。

1.28 验收测试程序

1 范围

1.1 主题内容

说明本验收测试程序的主题内容。一般表述为：

本验收测试程序(ATP)为(产品名称)验收测试规定了测试环境、测试项目和测试步骤。

1.2 适用范围

说明本验收测试程序的适用范围。一般表述为：

本验收测试程序适用于(产品名称)的验收测试。

2 引用文件

列出制定验收测试程序的依据文件以及各章中引用的所有文件。

3 ATP 设计组成

简要说明产品 ATP 的组成及其完成的任务。

4 ATP 测试环境

4.1 概述

对产品测试环境进行简要描述。

4.2 受试系统组成

说明受试系统的组成,在文字说明的基础上,可列表或图示说明。

4.3 配试系统组成

说明配试系统的组成,在文字说明的基础上,可列表或图示说明。示例：

为完成(产品名称)的验收测试,需配备×××、×××、×××等必要的激励源、测试仪器和辅材,通过电缆注入激励信号并进行测试。(产品名称)的验收测试所需测试设备清单见表 1.5。

表 1.5 (产品名称)的验收测试所需测试设备清单

序号	设备名称	型号	数量	测试精度	有效期	备注

4.4 ATP 环境框图

对搭建的整个测试环境,包括受试系统和配试系统,用框图表示。

5 测试步骤

5.X （测试项目 X）

5.X.1 测试步骤

详细规定(测试项目 X)的每一步操作内容。

5.X.2 相关标准

说明(测试项目 X)依据的相关标准。

5.X.3 测试响应

依据产品研制总要求、产品研制方案和详细设计,规定(测试项目 X)所期望的测试响应,并给出测试记录表格,详见表1.6。

表1.6 (测试项目 X)测试记录

测试点	信号特征	正常值	实测值	合格结论	备注

1.29 产品规范

产品规范按照 GJB 6387—2008《武器装备研制项目专用规范编写规定》编写。

产品规范描述产品的功能特性、物理特性和验证要求等;属产品规范范畴的软件规范(软件产品规格说明)描述软件产品(含用于产品中的软件)的可执行软件、源文件、包装需求和合格性规定及软件支持信息等。它们需与其装备研制项目的"研制总要求"的技术内容协调一致。产品规范一般从工程研制阶段早期开始编制,随着研制工作的进展逐步完善,到产品正式生产前批准定稿。批准的产品规范体现武器装备研制项目的产品基线,是技术状态控制的依据,未经原批准机关批准,不得更改。

在 GJB 6387—2008 中,系统规范、研制规范和产品规范的编写说明是一样的,详细说明如下。区别在于系统规范、研制规范和产品规范的各章要素有些差别,见表1.2。

1 范围

1.1 主题内容

针对专用规范的实体,明确其主题内容。主题内容的典型表述形式为"本规范规定了××[标明实体的代号和(或)名称]的要求。"

1.2 实体说明

根据需要,简要描述专用规范所针对的实体在武器装备研制项目工作分解结构中的层次。必要时,可列出组成该实体的各个下一层次组成部分的代号和名称。

2 引用文件

a) 专用规范的第 2 章"引用文件"为可选要素,视专用规范有无引用文件而定。专用规范有引用文件时,应采用下述引导语,并在其下汇总列出引用文件一览表:

"下列文件中的有关条款通过引用而成为本规范的条款。所有文件均应注明日期或版本,其后的任何修改单(不包括勘误的内容)或修订版本都不适用于本规范。"

专用规范无引用文件时,应在"2 引用文件"下另起一行空两字起排"本章无条文。"字样。

b) 专用规范下列要求性内容中引用了其他文件时,则专用规范有引用文件,否则无引用文件:1)要求(第 3 章),验证(第 4 章),包装、运输与贮存(第 5 章);2)规范性附录;3)表和图中包含要求的段与脚注。

c) 专用规范下列资料性内容中提及的文件不属于引用文件,而应属于参考文献:1)专用规范的前言、引言、范围(第 1 章)、说明事项(第 6 章);2)资料性附录;3)条文的注、脚注和示例,表和图中的注与不包含要求的脚注。

引用文件的排列顺序一般为:国家标准,国家军用标准,行业标准,部门军用标准,企业标准,国家和军队的法规、条例、条令和规章,ISO 标准,IEC 标准,其他国际标准。国家标准、国家军用标准、ISO 标准和 IEC 标准按标准顺序号排列;行业标准、部门军用标准、企业标准、其他国际标准先按标准代号的拉丁字母顺序排列,再按标准顺序号排列。

每项引用文件均左起空两个字起排,回行时顶格排,结尾不加标点符号。

所引用的标准应依次列出其编号和名称。标准编号和标准名称之间空一个字的间隙。标准的批准年号一律用四位阿拉伯数字表示。标准的名称不加书名号。

所引用的国家和军队的法规性文件应依次列出其名称(加书名号)、发布日期、发布机关及发布文号,每项内容之间空一个字的间隙。

3 要求

3.1 作战能力/功能

作战能力是系统在一定条件下完成作战使命任务能力的综合反映和(或)度量,不涉及作战背景、作战应用、人员素质和心理状态等可变因素。作战能力的通用要素主要为:

a) 打击和拦截能力,包括攻击范围和拦截区域、电子干扰能力、武器通道数、反应时间、作战持续力(含载弹量)、单发命中概率等;

b) 作战保障能力,包括警戒、情报、指挥、控制、通信、导航、抗电子干扰能力、对核生化武器的防护能力等;

　　c) 特种保障能力,包括运输、补给、救生、侦察、测量、登陆与训练等;

　　d) 一体化联合作战能力,包括作战区域、作战方式与作战协同等。

　　功能是分系统(或设备)在一定条件下能够完成系统(或分系统)内与作战使用相关的某项或数项任务能力的反映和(或)度量,其组成要素由分系统(或设备)与系统(或分系统)作战使用的相关性确定。

　　本条规定:1)作战使命任务。根据作战需求,规定实体预期完成的任务、行动或活动。2)作战使用方式。根据作战使命任务,规定实体作战使用的指挥关系、协同方式、人员编成及各种状态与方式等。需要实体以一个以上的状态或方式运行时,还宜明确相应状态与方式,诸如空载、准备、战斗(工作)、训练、紧急备用、平时与战时等。宜采用表格描述状态与方式同各项要求间的关系。

　　注:产品规范中,本条为不需包含的要素。

3.2 性能

　　本条规定有关表征实体能力的指标要求,包括相应的参数值及其使用条件下的允许偏差,以表征实体应具备的能力。例如飞机的作战半径,雷达的射频工作频率,通信装备的地域覆盖能力,导弹的射程、命中精度和突防能力,舰船的稳性、航速和续航能力,火炮的口径与射程,坦克的装甲防护能力等。

　　适用时,还要规定实体在意外条件下所需具备的运行特征、防误操作措施,以及在紧急情况下保证连续运行所需要的各种预防措施。

3.3 作战适用性

　　本条规定实体投入战场使用的满意程度。它与可靠性、维修性、保障性、测试性、耐久性、安全性、兼容性、环境适应性及综合保障等因素有关,可从下列三大类参数中选择适用的参数。

　　a) 战备完好性,规定实体在平时和战时使用条件下,能随时开始执行预定任务的能力。这类参数通常有:1)可用度,规定实体在任一时刻需要和开始执行任务时,处于可工作或可使用状态的程度,例如固有可用度 A_i 与使用可用度 A_o;2)装备完好率,规定实体能够遂行作战或训练任务的完好装备数与实有装备数之比,例如资源准备完好率、技术准备完好率、待机准备完好率等;3)装备利用率,规定实体在规定的日历期间内所使用的平均寿命单位数或执行的平均任务次数,例如飞机的出动架次率、舰船的在航率、坦克的年使用小时数等。

　　b) 任务成功性,规定实体在开始时处于可用状态的情况下,在规定的任务剖面中的任一(随机)时刻,能够使用且能完成规定功能的能力。这类参数通常有:1)任务可靠度,即实体在规定的任务剖面条件下和规定的一个时间周期内完成基本任务功能的概率,诸如行驶可靠度、发射可靠度、飞行可靠度、运载可靠度、待命可靠度、贮存可靠度等;2)任务成功度,即实体在规定的任务剖面内完成规定任务的概率。

c) 服役期限,规定实体在规定条件下,从开始使用到退役的寿命单位数。这类参数通常有时间长度或循环次数等。

3.4 环境适应性

本条规定实体在其寿命周期预计可能遇到的各种环境作用下能实现其所有预定功能和性能和(或)不被破坏的能力。环境条件主要包括如下几种。

a) 自然环境,包括:1)气象条件,诸如温度、湿度、盐雾、砂尘、霉菌、雨、雷电、风、压力、雪、冰、霜等;2)水文条件,诸如水深、海流、潮汐、温度与密度、盐度、风浪、波高与周期、表层流速及流向等;3)地理条件,诸如经纬度、江河、湖泊、地形、森林、沼泽、桥梁、道路、海拔高度等。

b) 特殊环境,包括实体在未来战争中可能经受的由于使用核、化学、生物、电磁、光波与激光等武器所造成的环境效应。

c) 诱发环境,包括实体在作战、训练、试验、运输、贮存等过程中可能经受的冲击、振动、倾斜、摇摆、噪声、高温等。

3.5 可靠性

本条规定实体在无故障、无退化或不要求保障系统保障的情况下执行其功能的能力。实体的可靠性定量要求用相应的可靠性参数指标表示。可靠性参数宜按 GJB 1909 的规定选取。

确定可靠性指标时,应明确:

a) 寿命剖面;

b) 任务剖面;

c) 故障判别准则;

d) 维修方案;

e) 验证方法,如采用试验验证或使用验证,应包括置信水平、接收和拒收判据;

f) 达到指标的时间或阶段;

g) 其他假设或约束条件。

规定可靠性定量要求时,可用目标值和(或)门限值表示。

3.6 维修性

本条规定实体在规定的维修条件下和规定的维修时间内,按规定的程序和方法进行维修时,保持和恢复到规定状态的能力。实体的维修性定量要求用相应的维修性参数指标表示。维修性参数宜按 GJB 1909 的规定选取。

确定维修性指标时,应明确 3.5 中 a)至 g)的各项内容。

规定维修性定量要求时,可用目标值和(或)门限值表示。

3.7 保障性

本条规定实体的设计特性和计划的保障资源满足平时战备完好性和战时利用率要求的能力,并以相应的保障性设计参数与保障资源参数指标表示。

保障性设计参数及保障资源参数宜按 GJB 3872 的规定选取,指标从战备完好性要求导出。

规定保障性定量要求时,可用目标值和(或)门限值表示。

3.8 测试性

本条规定实体及时而准确地确定其状态(可工作、不可工作或性能下降),并隔离其内部故障的能力。实体的测试性参数宜按 GJB 1909 的规定选取。

确定测试性指标时,应明确与检测、隔离和报告故障等有关的诊断能力,其主要包括:

    a) 机内测试;

    b) 自动测试;

    c) 手工测试;

    d) 维修辅助手段和技术信息;

    e) 技术资料;

    f) 人员和培训;

    g) 其他。

规定测试性定量要求时,可以单个产品为对象确定相关的参数指标;条件具备时,可以系统为对象综合确定相关的参数指标,以满足系统的任务要求。

3.9 耐久性

本条规定实体在规定的使用、贮存与维修条件下,达到极限状态之前,完成规定功能的能力。实体的耐久性定量要求可视情采用下述多个适用的参数指标表示:有用寿命、经济寿命、贮存寿命、总寿命、首翻期与翻修间隔期限等。

确定耐久性指标时,应明确:

    a) 实体的类别及使用特点(例如具有耗损失效特征);

    b) 实体所采取的维修方案或贮存方案。

规定耐久性寿命参数的定量要求时,还应综合权衡实体的极限状态和经济性。

3.10 安全性

本条规定下述内容。

    a) 实体在规定条件下和规定时间内,以可接受的风险执行规定功能的能力。实体的安全性定量要求可用总事故风险参数指标表示。总事故风险参数指标由实体各类事故风险参数指标之和统计确定。风险参数指标不能量化时,采用风险分析方法对灾难、严重、轻度、轻微等四个危险严重性等级的事故发生概率作出预估。

b) 实体防止危害性事故发生的设计约束条件,主要包括:1)实体在保护自然环境、人员、设备及信息安全方面所应固有的安全性特征;2)"失效保险"和紧急操作的约束条件;3)健康与安全准则,包括考虑有害物质、废料与副产品的毒害效应、离子化辐射与非离子化辐射及其对环境造成的影响;4)软件预防无意识动作或非动作的措施;5)机械、电气设备所采用的探测报警、事故预防和化解措施等;6)核安全等特定的安全规则。

3.11 信息安全

本条规定下述内容。

a) 实体在警戒、情报、指挥、控制、通信和对抗等重要系统中,以可接受的风险执行规定功能的能力。实体信息的定量要求和定性要求可分别用信息泄露率参数指标和数据完整性(表明数据未遭受以非授权方式所做的篡改或破坏)要求表示。

b) 实体为确保信息安全的设计要求和措施,主要包括:1)密码保护,根据实体所涉信息的密级,采取相应级别的密码保护措施及密钥管理措施;2)安全保护,根据实体所涉信息的密级,采取加扰、屏蔽等安全防护措施,防止明信息流或纯密钥流输出;3)计算机安全,根据实体所涉信息的密级,对实体中配置的计算机机内软件和信息进行安全隔离,并采用存储管理、容错、防病毒、防入侵、防复制等保护措施;4)访问控制,限定数据系统的访问权和被访问权,采取必要的访问控制手段;5)信息交换控制,根据交换信息的密级,制定相应的加密协议和数据验收协议;6)人员控制,对涉密人员进行必要审查,确保人员可信。

3.12 隐蔽性

本条规定实体的物理场不易被敌方发现、跟踪、识别的能力。实体的隐蔽性定量要求可视实体的具体情况,以下述一个或数个物理场强度的参数指标表示:雷达波反射、电磁辐射、声辐射、光辐射、红外辐射、放射性辐射、磁特性、声目标强度、压场、流场、暴露率等。

确定隐蔽性要求时,应明确:

a) 实体与其相关物理场的技术状态;

b) 实体与其相关物理场的隐蔽或伪装措施。

3.13 兼容性

本条规定下述内容。

a) 实体与其处于同一系统或同一环境中的一个或多个其他实体互不干扰的能力,包括以下列相应参数指标表示的电磁兼容性定量要求、声兼容性定量要求和火力兼容性定量要求:1)根据实体的使用环境和 GJB 151、GJB 1389 等标准的要求,确定实体在规定频率范围内的电磁发射和敏感度的电磁兼容性定量要求;2)根据实体的使用环境和有关的噪声检验标准的要求,确定实体在规定频率范围内的噪声限值和抗背景噪声能力的声兼容性定量要求;3)根据实体的使用环境和武器、弹药的变动特性与空间状态,确定实体在规定的作战战术原则下所需的时间安全域和空间安全域的火力兼容性定量要求。

b) 实体与其所在系统内的其他实体同时存在或同时工作时,不对其他实体发生干扰的能力或能防止危害性事故发生的能力,以及实现这一能力所需的下列设计限制条件:1)实体在不同状态与方式下开启的时间特性及频率工作范围;2)实体对其周围人员、装备、燃油、电子器件危害的界限;3)实体对其天线布置、电缆敷设、线路排列、信号处理等方面的限制;4)实体在其布置、屏蔽、隔振、阻尼、隔声、消声、吸声等方面需要采取的措施;5)实体对各类报警装置选用的限制;6)实体对其周围武器的使用优先级别的确定;7)实体软硬件需要有效采取的安全控制措施等。

3.14 运输性

本条规定实体自行或借助牵引、运载工具,利用铁路、公路、水路、海上、空中和空间等任何方式有效转移的能力。实体的运输性要求可用实体为实施其有效输送而需要的运输方式、运输工具、流动路线、部署地点和装卸能力表示。

确定运输性要求时,应明确:

a) 采用的运输设施;

b) 实体要素和保障项目的限定条件。

3.15 人机工程

本条规定实体和与之相关的人与环境的要求,以及三者之间的相互关系、相互作用与相互协调的方式,以最优组合方案获取最佳综合效能。实体的人机工程要求,包括通用要求和专用要求。

根据实体的使用状况和 GJB 2873 等标准的要求,确定人机接口要求、人员工作环境(含照明、颜色、温度、湿度、噪声、冲击、振动等)要求和人员工作强度要求等人机工程通用要求。

对于可能引起特别严重后果的特定区域或特定实体的下述因素提出人机工程专用要求:

a) 操作十分灵敏或功效十分关键之处对操作者的约束,对操作者的信息处理能力与极限要求;

b) 正常和极端条件下可预见错误(例如关键信息的输入、显示、控制、维护与管理)的预防与纠正要求；

c) 实体处在特定环境(包括保障环境、训练环境和作战环境)下所需的特殊要求。

3.16 互换性

本条规定实体在尺寸和功能上与其他一个或多个产品(包括零部件)能够彼此互相替换的能力。实体的互换性要求可用实体实行产品(包括零部件)互换或代替的组装层次表示。

确定互换性要求时，应明确：

a) 实体的设计条件；

b) 完成实体规定层次的替换所需的时间。

3.17 稳定性

本条规定实体控制理化性能变化以满足其预定用途及预定寿命所必需的能力。实体的稳定性定量要求可用实体的抗老化、抗腐蚀、抗倾覆等参数指标表示。

确定稳定性定量要求时，应明确：

a) 实体的各种稳定性所对应的该实体的理化性能；

b) 实体的环境适应性；

c) 实体的贮存寿命与使用寿命。

3.18 综合保障

a) 本条规定在实体的寿命周期内，综合考虑装备的保障问题，确定保障性要求，影响装备设计，规划保障并研制保障资源，进行保障性试验与评价，建立保障系统等，以最低费用提供所需保障而反复进行的一系列管理和技术活动。实体的保障要求包括规划保障(含规划使用保障与规划维修)和设计接口；保障系统包括实体在其寿命周期内使用和维修所需的所有保障资源。

b) 规定实体的规划使用保障时，应明确：1)实体的使用保障方案，包括实体动用准备方案、运输方案、贮存方案、诊断方案、加注充填方案等，并应说明已知的或预计的保障资源约束条件；2)实体的使用保障计划，包括针对每项使用保障工作，说明所需的使用保障步骤以及资源。

c) 规定实体的规划维修时，应明确：1)实体的维修方案，包括维修级别的划分、维修原则、各威胁级别的维修范围，并应说明已知的或预计的保障资源约束条件；2)实体的维修计划，包括针对每项维修工作给出维修详细步骤，确定各维修级别上完成的维修工作以及所需的保障。

d) 规定实体的设计接口时，应依据实体的保障性设计参数和保障资源参数,提出实体的保障性设计和保障系统设计两者间的设计接口要求。

e) 规定实体的保障资源要求时,应明确:1)保障设备要求,提出保障实体的使用和维修所需通用保障设备和专用保障设备的类型、功能、性能、数量和编配关系等要求;2)供应保障要求,针对初始供应保障和后续供应保障,提出供应品的供应方法、贮存地点及分布,备品、备件和专用工具的提交要求等;3)包装、装卸、贮存和运输要求,参照GJB 1181的规定,提出关于实体及其保障设备、备品、供应品等的包装、装卸、贮存和运输的所需资源、过程、方法及设计等要求;4)计算机资源保障要求,提出保障实体中计算机系统的使用和维修所需的设施、硬件、软件、人力和人员等方面的约束条件,例如采用的计算机语言、软件开发环境等;5)技术资料要求,提出保障实体的使用和维修所需的技术资料的要求及有关约束条件;6)保障设施要求,提出与实体的研制方案和使用方式相适应的各类必需的建筑物与配套装置的要求及其相关约束条件;7)人力和人员要求,提出平时和战时保障实体的使用、维修与管理所需人员的数量及其文化程度、专业及技能等要求;8)训练和训练保障要求,提出训练要求、训练器材的种类及其数量要求、训练方式与训练计划等。

3.19 接口

本条规定下述内容。

a) 规定实体的外部接口和内部接口,即规定本实体与其他一个或数个实体之间,以及本实体内部各组成部分之间的共同边界上需要具备的诸多特性,诸如功能特性、电气电子特性、机械特性、介质特性、光学特性、信息特性、软件特性等。

规定接口时,应尽量采用标准接口或通用接口,必要时可采用专用接口。

规定接口时,应说明接口规格及要求,明确其作用或用途。可能时,量化地规定各个接口的要求。若不同的工作状态有不同的接口要求,则应对不同的工作状态提出相应的接口要求。每一外部、内部接口应以名称标明,且宜引用相应的标识文件(例如接口控制文件),并可采用外部、内部接口图作出说明。

接口要求也可制定为单独的文件,供本条引用。

b) 实体外部接口的主要内容包括:1)确定实体接口优先顺序;2)有关接口型式实现的要求;3)与实体相互配合所需要的各种接口特性。

c) 对由设计确定的内部接口,应说明设计确定所考虑的各种主要因素及接口型式;对由强制确定的内部接口,包括下列主要内容:1)需要执行的标准或文件的名称、版次及主要相关内容;2)有关接口型式实现的要求;3)与实体内部各组成部分相互配合所需要的各种接口特性。

3.20 经济可承受性

本条规定实体的寿命周期费用(包括论证费用、研制费用、采购费用、使用与保障费用和退役与处置费用)应在用户的经济承受能力之内,以影响设计权衡。

3.21 计算机硬件与软件

本条规定下述内容。

a) 实体对计算机硬件的要求,主要包括:1)处理器的最大许用能力;2)主存储器的能力;3)输入/输出设备的能力;4)辅助存储器的能力;5)通信/网络能力;6)故障检测、定位、隔离以及必要的冗余能力。

b) 实体对计算机软件的要求,主要包括:1)软件运行能力,包括响应时间、目标处理批数、数据处理精度、目标指示精度等;2)综合显示能力,以数据或标准图形符号的形式显示各种目标特性;3)运行周期时间,软件全功能、满负荷运行周期所需的时间;4)灵活性,当实体功能降级重组或某组成部分发生故障时,软件仍能支持实体降功能或全功能运行;5)实时性,不可重入的任务执行时间;6)可重用性,软件可在多种应用中加以利用的程度;7)可移植性,软件从一个计算机系统或环境转移到另一个计算机系统或环境的容易程度;8)可测试性,测试准则的建立及按准则对软件进行评价的程度;9)人机界面,用户与计算机之间的接口状态。

c) 实体对与计算机配套使用的相关设备的选择要求,例如服务器、适配器、控制器和路由器等。

3.22 尺寸和体积

本条规定实体在外形尺寸和体积上的限制性定量要求、允许偏差与配合要求。必要时还应规定实体的体积中心位置要求。

3.23 重量

本条规定实体在重量上的限制性定量要求与允许偏差要求。必要时还应规定实体的重心位置要求以及实体各组成部分的重量要求。

3.24 颜色

本条从安全性、警示性、隐蔽性、耐脏性、协调性、舒适性和美观性等方面的要求出发,规定实体颜色的限制性要求。可能时,规定对应的定量要求,例如孟塞尔明度。

3.25 抗核加固

本条规定可能在受核攻击的情况下执行关键任务的实体的抗核加固要求。

注:产品规范中,本条为不需包含的要素。

3.26 理化性能

本条规定实体的理化性能要求,诸如成分、浓度、硬度、强度、延伸率、热膨胀系数、电阻率以及其他类似性能等。

3.27 能耗

本条规定实体直接消耗能源的品种、参数及能耗指标。必要时还规定实体重要组成部分的能耗指标。

3.28 材料

本条依据实体的预定用途与性能,以及人体健康与环境保护的要求,规定实体所用材料的下列限制性要求或预防性措施要求:

 a) 性能要求,例如抗拉强度、硬度、冲击值、疲劳强度、工艺性等;
 b) 防腐性要求;
 c) 阻燃性要求;
 d) 防电化学腐蚀要求;
 e) 无毒或低毒要求;
 f) 时效性要求。

3.29 非研制项目

本条规定实体采用非研制项目(含标准零部件、组件)的要求。

3.30 外观质量

本条规定实体的表面粗糙度、波纹度、防护涂镀层、缺陷、锈蚀、毛刺、机械伤痕、裂纹、表面加工的均匀性、一致性等外观质量以及感官方面的要求。提出的要求应能确切反映对实体外观质量的需要,并能作为判断实体外观质量是否合格的依据。

3.31 标志和代号

本条规定实体的标志和代号的要求,包括:

 a) 标志的位置、内容及其顺序和制作方面的要求。标志的位置应明显。标志的内容主要包括:1)实体的型号或标记;2)制造日期或生产批号。
 b) 代号的编号方法、含义及印制要求。代号应简短,一般不超过 15 个字符。
 c) 适用时,功能或标识码专用代号(例如有颜色的文字、线条、圆点)的含义以及实体上打印或压印字符(例如标准合金牌号或条形码)的含义。

3.32 主要组成部分特性

必要时,本条下设若干下一层次的条,分别规定实体各主要组成部分的性能特性要求和物理特性要求,并明确说明构成各主要组成部分的零部件、组件在其交付和安装之后可能需要进行的检验。

3.33 图样和技术文件

本条包括类似于下述的说明性内容:"应对××(实体名称)提供下列生产

(含加工和装配)用的生产图样和技术文件(含编号及名称):"

3.34 标准样件

适用时,本条规定标准样件,说明标准样件所应展示的具体特性以及从该标准样件上能观察到这些特性的程度。标准样件应尽量少用,应只用来描述或补充描述下述品质和特性:由于没有详细的试验程序或设计数据而难以描述的;或难以用其他方式描述或准确表述的,例如皮毛的纹理、织物的颜色或木材的细度等。

4 验证

4.1 检验分类

a) 确定检验分类的基本原则

应根据实体的特点、约束条件、以往检验类似实体的实践经验等选择合适的检验类别及其组合。确定检验分类时应遵循以下原则:1)具有代表性,能反映实际的质量水平;2)具有经济性,有良好的效费比;3)具有快速性,能及时得出检验结果;4)具有再现性,在相同条件下能重现检验结果。

b) 检验分类的表述

确定的检验类别及其组合应采用下述表述形式:

"4.1 检验分类

本规范规定的检验分类如下:

a) ……(见4.×);

b) ……(见4.×);

c) ……(见4.×)。"

4.2 检验条件

本条规定进行各种检验的环境条件。当环境条件等对检验结果有明显的影响时,应规定检验条件,以保证检验结果的可靠程度和可比性,否则,可不作规定。

检验条件应采用下列表述形式:

"4.× 检验条件

除另有规定外,应按××(标明相应试验方法标准编号与章条号或本规范相应的章条号)规定的条件进行所有检验。"

或

"4.× 检验条件

除另有规定外,应在下列条件下进行所有检验:

a) ……;

b) ……;

c)……。"

4.3 设计验证

若需通过设计验证来验证设计方案是否满足实体技术要求,可采用模型和仿真验证、演示验证和系统联调试验等,本条则规定检验项目、检验顺序、受检样品数及合格判据。宜用表格列出检验项目、相应的规范第3章要求和第4章中检验方法的章条号。

注:产品规范中,本条为不需包含的要素。

4.4 定型(鉴定)试验

若选择了定型(或鉴定)试验,本条则规定检验项目、检验顺序、受检样品数及合格判据。宜用表列出定型(或鉴定)检验项目、相应的规范第3章要求和第4章中检验方法的章条号。

4.5 首件检验

若选择了首件检验,本条则规定检验项目、检验顺序、受检样品数及合格判据。宜用表列出首件检验项目、相应的规范第3章要求和第4章中检验方法的章条号。

4.6 质量一致性检验

若选择了质量一致性检验,本条则规定检验项目、检验顺序、受检样品数及合格判据。宜用表列出质量一致性检验项目、相应的规范第3章要求和第4章中检验方法的章条号。

质量一致性检验是否分组,分几个组,应视情确定。质量一致性检验组别划分的一般原则见GJB 0.2—2001的附录C。

4.7 包装检验

若需要对包装件进行检验,本条则规定检验项目、检验顺序、抽样方案、检验方法及合格判据。

4.8 抽样

若检验采用抽样,本条则确定:

a) 组批规则,包括组批条件、方法和批量。

b) 抽样方案,包括检查水平(IL)、可接受质量水平(AQL)或其他类型的质量水平,以及缺陷分类等;若采用非标准抽样方案,应包括置信度、质量水平和缺陷分类等。

c) 抽样条件(必要时),诸如过筛、筛选、磨合、时效条件等。

d) 抽样或取样方法(必要时)。

所规定的组批规则、抽样方案、抽样条件、抽样或取样方法应能保证样本与总体的一致性。

确定组批规则和抽样方案时应考虑实体的特点、风险的危害程度和成本。

4.9 缺陷分类

适用时,本条可包含缺陷分类,并按下述规定对分类的缺陷进行编码,以便在报告检验结果时引用:

a) 1～99 致命缺陷;

b) 101～199 严重缺陷;

c) 201～299 轻缺陷。

如需分更多的类,可用 301、401、501 等数列进行编码。若某一类的缺陷数量大于 99,则对超出部分用字母为后缀从头开始编码,如 101a、102a、103a 等。

4.10 检验方法

本条规定用于检验的方法,包括分析法、演示法、检查法、模拟法和试验法。若所用方法为分析法、演示法,本条标题也可改为"验证方法"。

若所用的检验方法已有适用的现行标准,则应直接引用或剪裁使用。若无标准可供引用,则应规定相应的检验方法。

检验方法的主要构成要素及其编排顺序一般如下:

a) 原理;

b) 检验用设备、仪器仪表或模型及其要求;

c) 被试实体状态,包括技术状态、配套要求及安装调试要求;

d) 检验程序;

e) 故障处理;

f) 结果的说明,包括计算方法、处理方法等;

g) 报告,如试验报告等。

5 包装、运输与贮存

专用规范的第5章"包装、运输与贮存"为可选要素,规定防护包装、装箱、运输、贮存和标志要求。若有适用的现行标准,则应直接引用或剪裁使用。若无标准可供引用,则应根据需要规定下述要求。

5.1 防护包装

规定防护包装要求,包括清洗、干燥、涂覆防护剂、裹包、单元包装、中间包装等要求。

5.2 装箱

规定装箱要求,包括包装箱,箱内内装物的缓冲、支撑、固定、防水,封箱等要求。

5.3 运输和贮存

规定运输和贮存要求,包括运输和贮存方式、条件,装卸注意事项等。

5.4 标志

规定标志要求，包括防护标志、识别标志、收发货标志、储运标志、有效期标志和其他标志，以及标志的内容、位置等。有关危险品的标志要求应符合国家有关标准或条例的规定。

6 说明事项

专用规范的第 6 章"说明事项"为可选要素，不应规定要求，只应提供说明性信息，其构成及编排顺序说明如下。

6.1 预定用途

提供与订购对象用途有关的信息。如果不能适用于某些特定的场合，应作相应说明。

6.2 分类

提供与订购对象分类有关的信息。只有当规范的技术要求随订购对象的型式、类别或等级的不同而不同时，才应设置"分类"。分类应简要说明依据和类别名称。

分类一般采用型式、类别或等级来表示，例如颜色、形状、重量、装载平台、品种规格、动力供给形式、温度等级、条件、组分、封装形式、额定值、工作方式、绝缘等级等。若规范包括多种等级的可靠性要求，则应注明其所包括的等级。

分类在所有版次的文本中宜保持不变，必须改用新的分类时，应列出新、旧类别名称对照表，并说明代替关系和代替程度。

6.3 订购文件中应明确的内容

当招标书、合同或其他订购文件中引用该规范时，该条应说明订购方在订购文件中选定该规范中需要选择的项目。选定的项目宜按其在规范中出现的顺序列出。

示例：

6.3 订购文件中应明确的内容

订购文件应规定下列内容：

a) 本规范的编号、名称；

b) 本规范中引用文件的版次（必要时）；

c) 型式、类型或等级；

d) 包装等级。

6.4 术语和定义

规范中有需要定义的术语时，可使用下述适合的引导语：

"下列术语和定义适用于本规范。"或"GJB ××××确立的以及下列术语和定义适用于本规范。"

除引用其他标准的术语外，每条术语作为一个单独的条文予以编号，当只有一条术语时，不编号。每条术语的条文应包括：
a) 术语的编号；
b) 术语；
c) 外文对应词（一般为英文，除专有名词外，均为小写）；
d) 许用的同义词（必要时）；
e) 拒用和被取代的术语（必要时）；
f) 定义。

每条术语的编号、术语、外文对应词依次排列，编号顶格排，编号、术语、外文对应词之间各空一个字的间隙。外文对应词后面无标点符号，一行书写不完需回行时，应顶格排。有许用的同义词或拒用和被取代的术语时，每个词另起一行空两个字起排。术语的定义另起一行空两个字起排，回行时顶格排。

示例：
6.4.1 串行器 serializer
　　　并串联变换器 parallel-serial converter
　　　动态转换器 dynamicizer
　　　功能装置，将一组同步信号变换为一个相应的时间序列信号。

6.5 符号、代号和缩略语

符号、代号和缩略语可单独设一节，也可与"术语和定义"合为一节，在适当的标题下列出理解标准所必要的符号、代号和缩略语清单或表。清单按符号、代号和缩略语的第一个字母顺序编排，不编号。每条空两个字起排，符号、代号或缩略语后跟一个破折号"——"，之后标明符号、代号的名称或缩略语的全称，必要时给出适当的说明。回行时顶格排。

6.6 其他

若有其他需要说明的事项或信息，则可根据具体内容确定相应标题，说明有关内容。

注：第5章和第6章均无条文时，两章均应省略。

1.30 技术说明书

按照 GJB 4771—1997《航空军工产品技术说明书编写基本要求》编写。

1 产品用途和功能

1.1 产品用途

简要说明产品（产品型号、名称）的用途。

1.2 产品功能

简要说明产品(产品型号、名称)的功能。

2 产品性能和数据

2.1 产品性能

详细说明产品的战术技术性能指标。

2.2 产品数据

详细说明产品的相关技术数据,包括有关的计算方式和特性曲线等。

3 产品组成、结构和工作原理

3.1 产品组成

说明产品由哪些部分组成,各组成部分完成的功能。产品组成应使用标准名称,且与实物一致。

3.2 产品结构

说明产品在结构上的特点、特征。可用外形图、装配图和照片等说明产品的主要情况。

3.3 工作原理

应从正确使用产品出发,用通俗易懂的文字和必要的原理图或其他示意图说明产品的工作原理。

4 产品技术特点

简要说明产品在技术上具有的特点。通常包括以下内容:

  a) 战术技术性能方面的特点;

  b) 技术体制方面的特点;

  c) 技术措施(途径、方案)方面的特点;

  d) 结构方面的特点;

  e) 采用新材料、新工艺方面的特点;

  f) 环境适应性方面的特点;

  g) 可靠性维修性测试性保障性安全性方面的特点;

  h) 其他特点。

5 产品配套及其交联接口关系

5.1 产品配套

详细说明产品的配套情况。

5.2 交联接口关系

详细说明产品组成部分与配套设备之间的交联接口关系(包括机械、电气、电子、管路等),并给出定量数据。

6 使用维修中注意事项

详细说明使用维修中的注意事项，特别是影响人身安全、设备安全或技术保密的注意事项。

7 附录、附图

提供为更好地理解掌握产品所需的有关附录和附图。

8 索引

在产品比较复杂、技术说明书内容较多时，提供索引以便于用户阅读。

1.31 使用维护说明书

1 概述

简要说明产品的用途、组成及在系统中与其他产品的关系等。

2 引用文件

列出直接引用的标准和文件，按国家标准、国家军用标准、行业标准、企业标准和文件的顺序，并按标准顺序号大小递增排列。

3 主要技术参数

说明产品的主要技术指标和使用环境条件。

4 设备组成、结构特征及其工作原理

从产品的使用出发，通过必要的简图（原理图或其他示意图）简要说明产品的组成、结构特征及其工作原理。一般包括以下内容：

    a) 产品结构组成及其工作原理、工作特征；

    b) 主要部件或功能单元的结构、作用及其工作原理；

    c) 各单元结构之间的机电连接、系统工作原理、故障告警系统；

    d) 辅助装置的功能结构及其工作原理、工作特征；

    e) 外型及安装尺寸（也可分开）；

    f) 重量。

5 安装及调试

说明产品在使用场地进行安装和调试的方法及其注意事项。一般包括以下内容：

    a) 开箱检查及注意事项；

    b) 设备安装前的准备、安装条件及安装的技术要求；

    c) 安装程序、方法及注意事项；

    d) 安装和调试后的验收试验项目、方法和判据；

    e) 试运行前的准备、试运行启动、试运行。

6 使用及操作

说明正确使用产品的方法和程序,一般包括以下内容:

a) 使用前的准备和检查;

b) 使用前和使用中的安全防护、安全标志及说明;

c) 启动及运行过程中的操作程序、方法、注意事项及容易出现的误操作的防范措施;

d) 运行中的检测和记录;

e) 开机与停机的操作程序、方法以及注意事项。

7 维护、保养

说明产品的维护、保养方法,一般包括以下内容:

a) 维护、保养时机;

b) 维护、保养项目和内容;

c) 维护、保养周期;

d) 维护、保养程序及方法。

8 故障检测、定位、隔离

一般包括以下内容:

a) 故障检测和定位方法;

b) 故障隔离措施;

c) 故障检测设备及使用说明。

9 故障分析与排除

一般包括以下内容:

a) 故障现象;

b) 原因分析;

c) 排除方法及注意事项。

推荐采用表 1.7 形式。

表 1.7 故障原因分析与排除方法

故障现象	原因分析	排除方法	备注

10 安全保护措施及注意事项

一般包括以下内容:

a) 安全保护措施及注意事项;

b) 出现故障时的处理程序和方法。

11 运输、贮存

产品的运输和贮存按照产品规范中的规定执行。一般包括：
a) 产品分解步骤、方法及注意事项；
b) 产品装箱方法；
c) 吊装、转载方式及要求；
d) 运输方式（铁路、公路或水运）；
e) 运输中的固定方法（可以用简图示意）、要求及注意事项；
f) 运输中固定所需的材料、附件（如铁丝、垫木、扒钉等）；
g) 安全要求。

12 其他

需要向用户说明的其他事项。

1.32 改 装 方 案

1 范围

1.1 主题内容

说明改装方案的主题内容。

1.2 适用范围

说明改装方案的适用范围，包括适用产品名称和适用阶段。

2 引用文件

2.1 依据文件

说明编制改装方案的依据文件，包括批复的研制总要求、产品规范、技术说明书、使用维护说明书等。

2.2 引用文件

说明编制改装方案的引用文件，包括国家标准、国家军用标准和规范等。

3 改装原则要求

3.1 对改装设备的要求

提出对改装设备的要求。示例：
a) 改装设备应通过环境试验、电磁兼容性试验和电源特性试验；
b) 改装设备的功能和性能应符合产品规范要求，经军检验收合格，满足装机条件；
c) 改装设备的标识应准确、清晰，符合有关规定；
d) 改装设备的用户技术资料，包括技术说明书、使用维护说明书、培训教材等，应同步配发部队。

3.2 对改装设计的要求

提出对改装设计的要求。示例：

a) 接口交联关系设计正确,保证改装设备正常工作并充分发挥战术技术性能;新增电缆或改进电缆的导线、接插件,应符合国家军用标准;

b) 总体布局设计合理,尽量利用原安装位置,确保与邻近设备在使用中不发生碰撞;并对装机平台的重量、重心变化影响尽量小,不破坏平台的操稳性能;

c) 强度刚度设计合理,确保改装设备安装固定牢靠;

d) 供电控制设计合理,确保平台供电及其控制的安全可靠;

e) 人机工程设计合理,方便维护修理和操作观察;

f) 在满足以上原则要求的前提下,改装设计应尽量减少改装施工的工作量。

3.3 对改装施工的要求

提出对改装施工的要求。示例：

a) 各类电缆的连接应正确可靠,敷设合理;

b) 注意施工安全,不要遗留多余物在平台上;

c) 地面通电试验前对改装工作进行仔细检查,确保通电安全。

4 改装设备简介

4.1 产品组成

说明产品由哪几个部分组成,可列表和图示。

4.2 主要功能

说明产品的主要功能。

4.3 主要性能

说明产品的主要性能。

4.4 接口关系

说明产品的接口关系,包括与平台现有设备之间的接口,以及产品各组成部分之间的接口。

5 改装技术方案

5.1 改装内容

概要说明改装工作内容。

5.2 改装设备变化情况

5.2.1 增装设备

说明在本次改装中需要增装的设备,增装设备数量较多时可列表。

5.2.2 换装设备

说明在本次改装中需要换装的设备,换装设备数量较多时可列表。

5.2.3 改进设备

说明在本次改装中需要改进的设备,改进设备数量较多时可列表。

5.2.4 取消设备

说明在本次改装中需要取消的设备,取消设备数量较多时可列表。

5.3 结构改装方案

5.3.1 总体结构布置

说明总体结构布置方案。描述产品各组成部分的安装位置及其安装方式。

5.3.2 强度分析

对强度进行分析,包括安装位置的结构强度和安装架强度等是否符合要求。

5.3.3 重量重心分析

对平台改装后的重量和重心进行分析,列表给出安装件的重量变化(与改装前相比,是增重还是减重)和安装位置,计算出平台重心的变化。

5.3.4 平台性能分析

对平台改装后的总体性能进行分析计算,与改装前进行对比。

5.3.5 操稳分析

对平台改装后的操作稳定性进行分析计算,与改装前进行对比。

5.4 电路改装方案

5.4.1 改装设备

描述改装设备的功能和主要电性能。

5.4.2 接口交联关系

描述改装设备与平台之间、改装设备内部之间的接口交联关系,给出接口交联关系图,对接插件和信号流进行说明。

5.4.3 电缆制造和敷设

对改装所需电缆的制造加工、改装电缆在平台上的敷设和焊接进行说明,描述电缆走向和安装固定方式、必要的焊接施工等。

5.4.4 供电方案分析

对改装设备的供电方案进行分析,说明改装设备所需电源种类和耗电量,平台可供电源和电量,对用电余量进行估算,确保用电安全。

5.4.5 电磁兼容性

对改装设备与平台已有设备的电磁兼容性进行分析。说明改装设备的电磁兼容性要求和已完成的电磁兼容性试验,说明改装电缆设计中采取的电磁兼容性设计措施(布线、屏蔽、接地等),说明改装设备与平台上已有的用频设备在频率上的兼容性等。

6 可靠性维修性测试性保障性安全性方案

6.1 可靠性方案
说明改装设备的可靠性指标,改装后对平台可靠性的影响,重点描述为确保平台可靠性采取的可靠性设计措施。

6.2 维修性方案
说明改装设备的维修性指标,改装后对平台维修性的影响,重点描述为确保平台维修性采取的维修性设计措施,如使用快卸接插件、便于拆卸的安装固定方式等。

6.3 测试性方案
说明改装设备的测试性指标,改装后对平台测试性的影响,重点描述为确保平台测试性采取的测试性设计措施,如使用机内自检(BIT)设计(加电自检、启动自检、周期自检)等。

6.4 保障性方案

6.4.1 人力和人员
对改装后保障所需人力和人员进行说明。

6.4.2 供应保障
对改装后的供应保障要求进行说明。

6.4.3 保障设备
对改装后所需保障设备(包括一线、二线保障设备)进行说明。

6.4.4 技术资料
对改装后所需提供的技术资料进行说明,通常包括技术说明书、使用维护说明书、产品图册、培训教材等。

6.4.5 训练与训练保障
对改装后的部队训练与训练保障进行说明。

6.4.6 计算机资源保障
对改装后所需计算机资源保障进行说明。

6.4.7 保障设施
对改装后所需保障设施要求进行说明。

6.5 安全性方案
说明改装设备的安全性指标,改装后对平台安全性的影响。说明平台重量、重心变化对操作稳定性的影响,平台外部改变(如加装天线、外部加装设备)导致气动特性变化对安全性的影响,确保结构安全、用电安全、运行安全等。

7 改装后检查与试验
7.1 改装后检查
7.1.1 设备安装检查
提出对改装设备安装情况(包括设备分机安装与固定、电缆敷设与固定、穿舱密封等)进行检查的要求,说明检查内容、检查方法和合格判据。
7.1.2 线路导通检查
提出对改装设备电缆(特别是供电控制关系)进行导通检查的要求,说明检查内容、检查方法和合格判据。
7.2 改装后试验
7.2.1 单设备通电试验
在平台其他设备断电条件下,对改装设备进行通电试验,说明试验内容、试验方法、合格判据。
7.2.2 全系统通电试验
在改装设备通电试验正常的情况下,逐个对平台其他设备加电,进行通电试验,说明试验内容、试验方法、合格判据,最后实现全系统通电。
7.2.3 电磁兼容性定性试验
在平台所有设备通电情况下,进行电磁兼容性定性试验检查,说明试验内容、试验方法、合格判据,确保所有设备兼容工作。
7.3 改装验收
在完成改装后的各项试验后,改装工作组向部队(或其他用户)提出改装验收要求,说明验收试验内容、试验方法和合格判据。
7.4 部队试验试用
通过改装验收后,由部队或用户单位进行试验试用。说明试验试用时间、试验试用内容、试验试用方法和合格判据。

8 改装标识
说明完成平台改装后需要在平台、改装设备上添加的执行标识和平台履历书、设备履历书上的执行标识。

9 改装试验试用后的恢复
说明改装设备在完成试验试用后是否必须进行恢复工作。如果需要恢复,说明恢复的工作内容和要求。

10 改装进度安排
10.1 项目周期
说明改装所需的总时间。

10.2 进度安排
说明改装进度安排,包括时间节点和工作内容。

11 改装风险分析
11.1 技术风险
对改装工作在技术上存在的风险进行分析,指出可能存在的风险。

11.2 进度风险
对改装工作在进度上存在的风险进行分析,指出哪些工作内容可能出现延误以及延误的时间。

11.3 经费风险(可省略)
对改装工作在经费上存在的风险进行分析,指出哪些工作内容可能在经费上超概算。

12 任务分工
12.× (单位×)任务
说明参与改装的(单位×)的工作任务。

13 改装经费概算(可省略)
13.1 科研改装经费概算
提供科研改装所需经费的概算,列出明细。

13.2 批量改装经费概算
提供批量改装所需经费的概算,列出明细。

附录
改装器材清单
列表给出改装所需器材清单,包括器材名称、器材型号、器材数量、提供单位、提供方式等信息。

改装结构布局图
提供改装结构布局图,突出标识改装设备在平台上的位置。

改装交联关系图
提供改装交联关系图。

1.33 设计定型试验申请报告

按照 GJB 1362A—2007《军工产品定型程序和要求》编写。

1 研制工作概况
简要说明研制依据、研制过程、已完成的研制工作内容。

2 样品数量

说明已试制的样品数量和拟提交进行设计定型试验的样品数量。

3 技术状态

说明试制样品的技术状态,包括功能特性(产品的性能指标和设计约束条件,如战术技术指标、使用保障特性等)、物理特性(产品的形体特征,如组成、尺寸、表面状态、形状、配合、公差、重量等)。

4 研制试验或承研单位鉴定试验情况

说明已完成的研制试验或鉴定试验情况,包括试验时间、试验地点、试验依据、试验项目、试验结果等。

5 对设计定型试验的要求和建议

提出对设计定型试验的要求和建议,包括设计定型试验时间要求,试验项目、内容要求,试验保障措施要求和试验安全保证要求等。

1.34 设计定型基地试验大纲

按照GJB/Z 170.5—2013《军工产品设计定型文件编制指南 第5部分:设计定型基地试验大纲》编写。

1 任务依据

定型试验年度计划或上级下达的试验任务等有关文件。通常应列出相关文件下达的机关、文号、文件名称等。

2 试验性质

设计定型试验。

3 试验目的

考核军工产品的主要战术技术指标是否满足研制总要求的相关规定,为军工产品能否设计定型提供依据。

4 试验时间和地点

明确试验的时间和地点(地域、空域、海域)。

5 被试品、陪试品数量及技术状态

5.1 被试品

主要包括:

  a) 被试品的名称、种类、数量、提供单位;

  b) 被试品的技术状态。

5.2 陪试品

主要包括:

a) 陪试品的名称、种类、数量、提供单位；
b) 陪试品的技术状态。

6 试验项目、方法及要求

设计定型基地试验大纲应按照试验项目逐项描述，每项试验一般包括：试验名称、试验目的、试验条件、试验方法、数据处理方法、试验结果评定准则等。当某项试验方案所占篇幅较长时，可增加附录进行补充和说明。

6.1 试验名称
试验项目的名称。

6.2 试验目的
综合性试验项目一般应描述试验目的。

6.3 试验环境与条件要求
主要包括：
a) 试验环境要求（如：地理、气象、水文、电磁环境等）；
b) 试验条件要求（如：战术应用条件、试验保障条件等）；
c) 被试品和陪试品技术要求和数量要求；
d) 其他试验条件要求。

6.4 试验方法
设计定型基地试验大纲对试验方法要求如下：

a) 明确获取军工产品性能（或效能）的定量或定性数据采用的技术途径，对实现过程提出技术要求。

b) 规定抽样方法（样本量）、信息获取方法和信息处理方法，对影响试验结果的因素给出明确要求；

c) 对于相关定型试验标准中已有试验方法的，按标准中方法执行；

d) 对于相关定型试验标准中无试验方法的，需制定新的试验方法，或虽有试验方法但根据实际情况需要调整的，应在"有关问题说明"一节中对新的试验方法或调整的内容作出简要技术说明；

e) 对于不具备试验条件或无法开展实装试验的项目，可通过建立试验覆盖性模型或采用其他方法进行验证，并说明采用的方法和依据。

f) 试验方法表述应清晰明确，文字准确精炼，内容简明扼要。能用文字表述清楚的，尽量使用文字表述，必要时也可使用简略图表。

6.5 数据处理方法
给出数据处理所采用的主要数学模型和统计评估方法。当数学模型和处理过程比较复杂时，可增加附录进行补充说明，也可根据需要对数据处理方法汇总描述。

6.6 试验结果评定准则

给出试验结果评定的准则,要求如下:
a) 对于定量考核的试验项目,依据研制总要求制定合格判据;
b) 对于定性考核的试验项目,依据研制总要求或产品使用要求制定合格判据,判据应具有可操作性;
c) 对于可靠性维修性测试性保障性安全性试验项目,应依据有关标准和要求制定故障判据。

7 测试测量要求

明确试验测试参数的类型和精度要求。根据需要可汇总描述。

8 试验的中断处理与恢复

8.1 试验中断处理

试验过程中出现下列情形之一时,承试单位应中断试验并及时报告二级定委,同时通知有关单位:
a) 出现安全、保密事故征兆;
b) 试验结果已判定关键战术技术指标达不到要求;
c) 出现影响性能和使用的重大技术问题;
d) 出现短期内难以排除的故障。

8.2 试验恢复处理

承研承制单位对试验中暴露的问题采取改进措施,经试验验证和军事代表机构或军队其他有关单位确认问题已解决,承试单位应向二级定委提出恢复或重新试验的申请,经批准后,由原承试单位实施试验。

9 试验组织及任务分工

列出试验组织单位和参试单位,明确试验组织形式、任务分工。参试单位一般包括试验保障单位、被试品和陪试品研制生产单位、其他参试装备的研制生产单位以及军内相关单位等。

10 试验保障

主要包括试验保障单位、试验保障内容和要求等。通常,试验相关的软件、技术文件、资料等应配套齐全。应规定试验场地及主要设施、仪器设备的保障;规定相关技术保障和人员培训等。

11 试验安全

一般包括对人员、装备、设施、信息及周边环境等的安全要求。

12 有关问题说明

对试验大纲中需要得到确认的技术问题,试验实施中需要有关机关协调解决或研制单位配合解决的问题,以及其他需要说明的问题进行说明。一般包括:

a) 试验方法与定型试验标准差异的说明；
b) 采信其他试验项目数据的说明；
c) 其他需要说明的问题。

13 试验实施网络图

以网络图形式表现相关试验项目的实施和完成周期。试验实施网络图一般在附录中给出。

14 附录

附录主要是对试验大纲正文内容的补充和说明，可根据试验要求的不同进行增减。

1.35 设计定型部队试验大纲

按照GJB/Z 170.7—2013《军工产品设计定型文件编制指南 第7部分：设计定型部队试验大纲》编写。

1 任务依据

一般包括：部队试验年度计划或下达部队试验任务的有关文件，以及被试品研制总要求。通常应列出相关文件的下达单位、文号和文件名称等。

示例：
××式坦克部队试验任务依据
a) 总参谋部、总装备部装计〔20××〕×××号《关于下达二○××年科研产品新装备部队试验试用计划事》的通知；
b) 装陆〔20××〕×××号《××式坦克研制总要求》。

2 试验性质

设计定型试验。

3 试验目的

一般包括：
a) 接近实战或实际使用条件下，考核被试品作战使用性能和部队适用性（含编配方案、训练要求等），为其能否设计定型提供依据；
b) 为研究装备作战使用、编制、人员要求、后勤保障以及科研、生产等提供技术支撑。

示例：
×××地空导弹武器系统部队试验目的：
在接近实战或实际使用的条件下，考核×××地空导弹武器系统的作战使用性能和部队适用性（含编配方案、训练要求等），为其能否设计定型提供依据。同时为研究装备的作战使用、编制、人员要求、后勤保障以及为科研和生产等积累资料。在作战使用性能方面，重点考核×××地空导弹武器系统的工作性能及协调性，导弹的弹道特性、控制性能和武器系统的制导精度，武器系统的单发杀伤概率，武器系统的战术使用性能，武器系统的抗干扰性能；在部队适用性方面，重点考核×××地空导弹的可用性、可靠性、维修性、保障性、兼容性、机动性、安全性、人机适应性和生存性等。

4 被试品、陪试品及主要测试仪器设备

4.1 被试品

明确被试品及主要配套产品的全称、数量和技术状态要求，以及提供渠道、交接条件和交接方式等。

示例：

被试品：××式主战坦克××台、××式坦克抢救车××台，随车工具、备品、附件和随车技术文件齐全，配置到规定的技术状态。在部队试验开始前一周由承研单位与承试部队进行车辆交接。交接时由承试部队进行技术状况检查，清点随车技术文件、工具、备品、附件等，符合有关规定后办理交接手续。

4.2 陪试品

明确陪试品的全称、数量和质量要求，以及提供渠道、交接条件和交接方式等。

示例1：

陪试品：炮兵测地车××台、履带式炮兵侦察车××台、火炮声探测系统和气象雷达探测系统各××套，技术状况完好，由承试部队按计划保障。

示例2：

陪试品：×××侦查设备××套、×××制导设备××套、×××应答机××套，技术状况完好，由承研承制单位提供。

4.3 主要测试仪器设备

明确主要测试仪器设备的名称（代号）、数量、精度和计量检定要求，以及提供渠道、交接条件和交接方式等。当主要测试仪器设备种类较多时，可用表格列出。

示例：

参试的主要测试仪器和试验设备见表1.8，由承研单位提供。参加试验的测试仪器和试验设备均应校验合格，并在有效期内，符合试验测试要求和试验环境要求，精度应能保证被测参数精度要求。

表1.8　主要测试仪器和试验设备

序号	名称	型号/规格	精度	单位	数量
1	水银温度计	0℃～100℃	±0.5℃	支	5
2	气压计	500Pa～1200Pa	±1.0hPa	支	10
3	计时器(秒表)	100μs～1s	±1μs	块	20
…	…	…	…	…	…

5　试验条件与要求

一般包括：

a) 部队试验的起止时间以及试验地区(地域、海域、空域)。如试验分多个阶段或在多个地区进行,应分别列出。

b) 战术条件和要求。可参考同类装备军事训练大纲中关于战术技术训练的相关规定设置试验的战术条件。对战术条件有特殊要求时,应具体说明。

c) 环境条件和要求。一般为试验地区在试验期间的地理、气象、水文、电磁等条件。对环境条件有特殊要求时,应具体说明。

d) 人员条件和要求。一般为承试单位具有代表性的人员。对人员有特殊要求时,应具体说明。

e) 试验强度和弹药消耗。一般应规定试验期间被试品的工作时间及强度、弹药消耗等方面的要求。

示例：

×××两栖装甲突击车部队试验条件与要求：

a) 试验时间和地区:20××年××月至20××年××月,在陆军第××集团军机械化步兵第××师战术训练场(××地区)和××海训场进行。

b) 战术条件和要求:符合军事训练大纲中规定的战术技术训练条件,此外还应模拟×××野战条件下的×××进攻和防御,蓝方电磁环境为×××,电子干扰强度×××；红方电磁环境为×××,电子干扰强度×××等。

c) 环境条件和要求:试验地区的自然地理条件及其在试验期间的气象条件。在开展陆上机动性能试验时,应包括××个上坡和××个下坡、弯道数不少于××个;气温应在38℃上下,相对湿度在75%左右,气压应保持在×××Pa～×××Pa范围,能见度在××m以上,风速在××m/s以下。海上试验时海况条件应达到××级风××级浪。

d) 试验人员条件和要求:试验任务应当由具有代表性的人员承担,驾驶员应具备××级(含)以上驾驶员等级,车长应具备××级(含)以上无线电手等级,炮手应具备××级(含)以上射手等级,参与维修保障试验的修理工应具备××级(含)以上专业技术等级。

　　e)试验消耗:单车试验不少于××摩托小时(海训时间不少于××摩托小时),消耗××mm穿甲弹××发、××mm机枪弹××发。

6 试验模式和试验项目

6.1 试验模式

　　部队试验通常采用先分系统、后全系统开展试验的模式进行。应明确被试品的作战、训练任务剖面及应力条件等。

　　示例1:

　　某型轮式步兵战车部队试验按照先单车试验、后组成基本作战单元试验的模式进行。单车先进行机动性能、指挥通信性能、火力性能试验,而后与×××抢救车和×××抢修车组成装备系统开展试验,最后与×××主战坦克、×××装甲输送车、装甲步兵等一起构成作战单元开展协同试验。

　　示例2:

　　某型发烟车部队试验按照先进行单车试验、后编队发烟试验的模式进行。单车先进行发烟车展开时间试验、撤收时间试验、起动时间试验、环境适应性试验、人机工程试验、烟幕尺寸测试试验、低温下雾油/红外干扰发烟量试验等。而后编队开展静止发烟和行进发烟试验。

6.2 试验项目

6.2.1 试验项目设置

　　试验项目设置一般应考虑研制总要求明确的作战使用性能、典型作战任务剖面、同类装备训练大纲、部队适用性以及承试部队可能达到的试验条件等因素。

6.2.2 试验项目规定的内容

　　当试验项目数量较多时,可分为若干试验项目大类,在各试验项目大类下分别列出具体的部队试验项目。当试验项目数量较少时,可对各项目逐一进行描述。对于各试验项目,一般应规定以下内容:

　　a)试验目的;

　　b)试验条件和要求;

　　c)试验内容;

　　d)试验记录;

　　e)评判准则;

　　f)其他。

示例1：

×××发烟车部队试验共进行展开撤收试验、人机工程试验、环境适应性试验、×××试验等××大类××个试验项目。其中展开撤收试验主要包括发烟车展开时间试验和发烟车撤收时间试验两个试验项目，人机工程试验主要包括×××试验、×××试验、×××试验等试验项目。

1. 发烟车展开撤收试验

a) 发烟车展开时间试验

1) 试验目的：检验被试发烟车展开的方便性、快捷性；

2) 试验条件和要求：试验人员提前就位，至少重复3次试验，计时器应提前进行校准；

3) 试验内容：将发烟车行驶至发烟地点，指挥员下达展开装备口令，计时员开始计时，操作人员对装备进行必要的检查和准备，使发烟车处于待机状态。试验人员按规定完成操作，向指挥员报告展开完毕，计时员停止计时，测得展开时间；

4) 试验记录：由资料收集人员记录展开时间情况，并按规定填写附表；

5) 评判准则：平均展开时间在××min内合格。

b) 发烟车撤收时间试验

……

示例2：

(××飞机)发现与跟踪目标试验

a) 试验目的：检验武器装备对典型目标的搜索发现、稳定跟踪、敌我识别能力及操作过程的方便性、适应性；

b) 试验条件和要求：按试验大纲要求，确定校飞飞行诸元、校飞架次、目标进入次数、应答机工作频率、制导设备工作状态及记录处理要求；按使用维护要求对被试装备进行维护调整，排除故障及隐患，使校飞前处于良好状态；录取设备与制导设备对接良好；按实际校飞状态组织进行校飞操作控制程序合练，确保试验操作准确无误；

c) 试验内容：校飞时地面导航点应与制导设备和校飞飞机保持联络；过程中录取设备提前和退后考核处理段××km～××km对校飞数据进行记录；每架次校飞过程中不得调整被试武器装备参数，如果不能满足飞行条件时，应中止试验；校飞结果按该型号校飞大纲固定的统计处理方法进行处理；

d) 试验记录：由资料收集人员按要求记录并填写表格，内容包括：搜捕跟踪目标方式；目标(高度、速度、航向、机型)；开始搜捕目标距离；发现目标距离；自动跟踪距离；丢失目标距离；气象资料(包括天气、能见度、气温、湿度、气压、风

速、风向等)等;

e) 评判准则:搜索发现、稳定跟踪、敌我识别能力应达到规定的要求;操作应方便、适应性强。

7 试验流程

基本流程一般包括:

a) 场库保管及其相关勤务;
b) 技术检查与准备;
c) 机动(行军、运输、航行、行驶等及相关技术保障);
d) 展开与完成相关准备;
e) 基本指挥与操作,执行战斗、训练任务及相关技术保障;
f) 撤收。

针对被试品的特点和部队试验的具体目的,部队试验的总体流程可依具体试验项目有所不同。通常按先单机(单装或分系统),后全系统(或多件装备),再组成战斗结构(或作战单元)开展试验的流程进行。

对于比较复杂的试验项目,可进一步给出具体流程。

示例:

×××步兵战车部队试验采用先单车试验、后组成基本作战单元试验、穿插进行装备保障试验的程序实施。试验总体流程见图1.1。

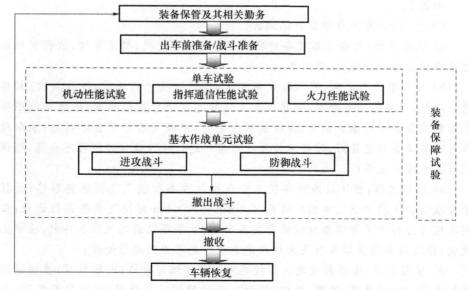

图1.1 ××步兵战车部队试验总体流程

其中,机动性能试验流程见图1.2。

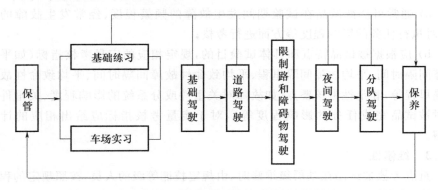

图1.2 ××步兵战车机动性能试验流程

8 考核内容
8.1 作战使用性能
重点考核被试品在接近实战或实际使用条件下,能否完成规定任务及完成规定任务的程度。根据具体装备特点和试验目的,规定相应的定量考核指标(如试验项目完成率和完成试验项目的满意度等)和定性考核要点(包括使用方便性、功能完备性和设计合理性等)。

示例:

对×××地空导弹作战使用性能的考核内容主要包括:武器装备各系统件的工作协调性及配套性;对典型目标的搜索发现、稳定跟踪、敌我识别能力;反应时间是否满足要求;射击指挥系统的显示功能及规程的合理性;各种抗干扰、电子对抗措施的有效性;对付多目标能力;行军与越野能力;夜战性能等。

8.2 部队适用性
8.2.1 可用性
重点考核被试品在受领任务的任意时间点上,处于能够使用并执行任务状态的程度,要求如下:

a) 通常可从被试品在需要时能否正常工作和使用,在预定环境下能否按照预定作战强度执行作战任务等方面进行考核;

b) 应根据被试品特点和具体试验目的,规定相应的定量考核指标(如使用可用度、可达可用度、完好率等)和定性考核要点,对于定量考核指标应给出相应的计算模型。

8.2.2 可靠性
重点考核被试品在规定条件下和规定时间内完成预定功能的概率,即被试

品无故障工作的能力,要求如下:

a) 通常可从被试品在试验期间发生故障的频繁程度、经常发生故障的部位,对执行任务的影响程度等方面进行考核;

b) 应根据被试品特点和具体试验目的,规定相应的定量考核指标(如平均故障间隔时间、平均故障间隔里程、平均致命性故障间隔时间、平均致命性故障间隔里程等)和定性考核要点(如故障对关重件或分系统的影响程度、关重件故障对被试品完成任务的影响程度等),对于定量考核指标应给出相应的计算模型。

8.2.3 维修性

重点考核被试品在基层级维修时,由规定技能等级的人员,按照规定的程序和方法,使用规定的资源进行维修时,恢复其规定状态的能力,要求如下:

a) 通常可从被试品故障修复时间,对修理人员数量和技能要求,维修的可达性、互换性,检测诊断的方便性、快速性,防差错措施与识别标记,维修安全性等方面进行考核;

b) 应根据被试品特点和具体试验目的,规定相应的定量考核指标(如平均修复时间、维修率、主要部件拆卸更换时间等)和定性考核要点(如维修可达性、维修人员要求、检测诊断方便性、安全性等),对于定量考核指标应给出相应的计算模型。

8.2.4 保障性

重点考核被试品设计特性和计划保障资源能够满足平时战备完好性和战时使用要求的能力,要求如下:

a) 通常可从被试品是否便于保障,保障时间、保障资源的适用性等方面进行考核;

b) 应根据被试品特点和具体试验目的,规定相应的定量考核指标(如战斗准备时间、再次出动准备时间、平均维护保养工时等)和定性考核要点(如保障设备的适用性、使用维护说明书等相关技术资料的适用性等),对于定量考核指标应给出相应的计算模型。

8.2.5 兼容性

重点考核被试品和相关装备(设备)同时使用或相互服务而互不干扰的能力,要求如下:

a) 通常可从被试品同平台多机协调工作、子系统之间协调工作时互不干扰的能力等方面进行考核;

b) 应根据被试品特点和具体试验目的,规定相应的定性考核要点(如电磁兼容性、计算机兼容性、物理兼容性和环境适应性等)。

8.2.6 机动性

重点考核被试品自行或借助牵引、运载工具,利用铁路、公路、水路、海上和空中等方式或途径,有效转移的能力,要求以下:

a) 通常可从被试品通过各种载体的运输能力、行军和战斗状态相互转换的速度和便捷性等方面进行考核;

b) 应根据被试品特点和具体试验目的,规定相应的定性考核要点(如陆路输送能力等)。

8.2.7 安全性

重点考核被试品不出现可能造成人员伤亡、职业病或引起设备损坏和财产损失,以及环境破坏等情况的能力,要求如下:

a) 通常可从被试品安全报警装置设置的合理性、使用和维修过程中造成装备或设备损坏、对人员造成伤害的可能性与危害程度等方面进行考核;

b) 应根据被试品特点和具体试验目的,规定相应的定性考核要点(如报警装置设置合理性、逃生装置设置合理性等)。

8.2.8 人机工程

重点考核被试品影响使用人员操作武器装备有效完成作战任务的程度,要求如下:

a) 通常可从被试品使用人员使用操作的方便性、工作的可靠性、工作环境的舒适性等方面,是否满足作战使用和勤务要求等方面进行考核;

b) 应根据被试品特点和具体试验目的,规定相应的定性考核要点(如装置设置合理性、布局合理性、工作舒适性等)。

8.2.9 生存性

重点考核被试品及其乘员回避或承受人为敌对环境,完成规定任务而不遭受破坏性损伤或人员伤亡的能力,要求如下:

a) 通常可从被试品主(被)动防御、规避、修复、自救、互救以及人员逃逸等方面进行考核;

b) 应根据被试品特点和具体试验目的,规定相应的定性考核要点(如主动防御装置设置合理性、自救装置设置合理性等)。

示例1:

应从如下方面对×××自行火炮部队适用性进行考核(节选):

维修性:根据试验日志和故障与维修记录表中的信息,统计计算主要部件(包括动力舱、炮塔、火炮身管、单块履带板与整条履带、负重轮等)的更换时间(精确到 min),并定性评价维修的方便性,以及检测诊断的方便性等。

保障性:根据试验日志和保障活动记录表中的信息,统计单车战斗准备时间,并定性评价保障工作量大小和难易程度,以及所提供保障资源(随车工具、备品、附件及使用维护说明书等)的适用程度。单车战斗准备时间取单车从战备储存状态转为战斗状态过程中,完成规定使用保障活动所用时间的平均值。

示例2:

对×××地空导弹部队适用性的考核内容主要包括:对典型目标的搜索发现、稳定跟踪、敌我识别操作过程的方便性、适应性;火力转移操作的方便性、快捷性;展开与撤收时间;被试品工作运行、操作、维修、保障、控制和运输期间人员作业达到的安全、可靠、高效的程度;对人员的数量、技能、训练和保障要求;可靠性;维修性;保障性;环境适应性;生存性;安全性等。

9 试验数据采集、处理的原则和方法

9.1 试验数据采集

应针对具体试验目的和项目,规定试验过程中必须采集的数据、处理的原则和方法。

试验过程中,一般应采集试验基本信息(包括试验项目及内容、试验时间和地点、试验条件、参试人员情况、被试品状态、陪试品状态、试验过程及结果等)、被试品故障与维修信息、被试品保障信息、被试品缺陷信息等。

数据的采集与记录,通常采用使用仪器(设备)采集信息、填写数据表格、文字记录试验情况等方式进行。

应及时记录、填写各种数据、拍摄影像资料,确保数据记录真实可靠、内容全面、格式规范,符合存档要求。

各种数据应注明所属试验项目名称、条件、日期,由试验负责人和记录人员共同签署。

示例1:

×××雷达部队试验过程中,必须及时、准确、完整地采集、记录如下信息(必要时应采集视频和图像信息):

a) 装备试验过程基本信息。装备试验过程中,填写试验日志,记录试验过程的基本信息,作为考核被试品作战使用性能和部队适用性、计算各评价指标、撰写部队试验报告等的基本依据。

b) 装备故障与维修信息。装备发生故障时,及时、准确地记录故障与维修信息,填写故障与维修信息记录表。故障与维修信息可为考核评价被试品的维修性等提供基础数据。

c) 装备保障信息。装备试验过程中,在对被试品进行使用保障与维修保障活动时,及时、准确地记录保障活动有关信息,填写保障活动记录表。保障信息是考核评价被试品保障性和维修性等的基本依据。

d) 缺陷信息。装备试验过程中,发现装备在作战使用性能和部队适用性方面存在的缺陷时,填写缺陷报告表。缺陷信息是定性评价被试品作战使用性能和部队适用性的基本依据。

示例2：

×××军用小型无人机系统部队试验记录的内容主要包括：

a) 试验项目名称；
b) 试验时间、地点；
c) 试验地区的海拔高度；
d) 气象条件(包括天气、温度、相对湿度、气压、风向、风速等)；
e) 被试品的型号和技术状态,以及试验过程中发现的主要问题及处理方法；
f) 测量仪器名称、型号、检定日期和精度；
g) 主要参试人员姓名、职务(职称)；
h) 规定的试验数据。

示例3：

×××火箭炮部队试验在实施各项试验时应记录以下数据：

a) 各项试验参试人员的组成与分工；
b) 各项试验起止时间、持续时间、间隔时间等；
c) 各项试验的地点；
d) 各项试验时间的天气实况；
e) 各项试验的具体情况；
f) 各项试验中参试人员的体会、感受。

9.2 试验数据处理的原则和方法

应指定专人定期对所采集的数据进行分类、整理和存档,不得随意取舍。由承试部队组织有关人员对试验数据进行分析、计算,以便做出科学、公正、客观的评价。

10 试验评定标准

10.1 作战使用性能评定

一般包括：

a) 达到规定的定量指标要求；
b) 使用方便；
c) 功能完备；
d) 设计合理。

10.2 部队适用性评定

一般包括：

a) 可用性方面，被试品在试验期间经常处于完好状态；

b) 可靠性方面，被试品在试验期间发生的故障不影响试验任务的完成，可靠性达到规定的指标；

c) 维修性方面，被试品在试验期间发生的故障，能够由相应级别的维修机构在规定时间内修复；

d) 保障性方面，被试品随装设备、工具、备附件齐全、适用；随装技术资料内容完整、准确，能有效指导被试品使用与维护；作战准备、技术检查和维护保养方便、快捷；

e) 兼容性方面，被试品自扰、互扰程度符合规定要求，被试品之间及其与规定的作战体系内其他装备之间能够协调工作；

f) 机动性方面，被试品能通过规定的运输方式实施快速机动；装、卸载及固定方便、安全、可靠；对各种地形的适行能力强；行军和战斗状态相互转换速度快、方便便捷；

g) 安全性方面，被试品安全标识醒目，可有效避免使用与维修过程中的人员伤亡或设备损坏；对环境危害程度低；

h) 人机工程方面，被试品操作使用方便、空间布局合理、人机界面友好，工作环境满足作战使用要求；

i) 生存性方面，被试品主（被）动防御、规避、诱骗装置设置合理；自救、互救、修复能力强；人员逃逸装置设置合理；

j) 其他相关评定标准。

11 试验中断、中止与恢复

11.1 中断

规定试验中断的条件。通常，在试验中由于条件发生变化不能满足试验要求时，应中断试验。待条件满足时再继续试验。当某项试验中断前的试验条件没有超出规定的条件范围时，中断前的试验有效，否则应重新进行该项试验。

11.2 中止

规定试验中止的条件。通常，当出现下列情况之一时，按规定报批后，可中止试验：

a) 试验中被试品因技术状况或质量问题危及安全，或不能保证试验的安全进行；

b) 根据部分试验结果判定，被试品主要作战使用性能已达不到研制总要求规定的标准；

c) 被试品可靠性差，维修工作量大，使试验无法正常进行；
d) 因不可抗拒因素而丧失继续试验的条件。

11.3 恢复

规定试验恢复的条件。通常，承研单位对试验中暴露的问题采取改进措施，经试验验证和相关单位确认问题已解决，或不可抗拒因素已消失，按规定报批后可恢复试验。

12 试验组织与分工

规定试验组织与分工要求。部队试验由承试部队组织实施，承研承制单位配合。通常，承试部队应根据试验规模组成试验领导组和必要的职能小组（如计划协调组、装备保障组和后勤保障组等），具体负责试验的组织实施、政治思想、安全保密、技术和后勤保障等。承研承制单位负责提供试验所需技术资料、备件以及专用工具、仪器和设备等，并协助承试部队开展人员培训和提供技术保障。

示例：

×××指控系统部队试验由机械化步兵第××师组织实施，×××厂、××研究所等相关单位配合。机械化步兵第××师成立专门的试验机构和试验分队，建立健全试验领导组、计划协调组、装备保障组和后勤保障组等，负责试验的组织实施、政治思想、安全保密、装备和后勤保障。由总师单位×××研究所负责协调××厂、×××研究所等承研承制单位提供试验所需技术资料、备件以及专用工具、仪器和设备等，并协助承试部队开展人员培训和提供技术保障。

13 试验报告要求

试验报告的编制内容和要求，参照 GJB/Z 170.8—2013。

14 试验保障

应提出部队试验所需的软件、技术文件等保障要求，并明确提供单位。

应提出相关陆地或海上试验场地、空域、航区及主要设施、仪器设备的保障要求，并明确责任单位。

应提出相关兵力、弹药、通信、气象、航空、航海、运输、机要及后勤等保障要求，并明确责任单位。

应提出相关装备保障要求及提供保障的单位。

应规定试验人员培训要求，包括培训的时机、内容、培训单位等。

示例：

a) 技术文件及资料保障。《××式坦克使用维护说明书》、《××式坦克保障方案》等技术文件和资料应配套齐全，由承研承制单位提供。

b) 技术保障。部队试验中,承研单位应提供试验用维修专用工具、备件、备品、野战维修保障设备,并提供必要的技术指导。

c) 人员培训。部队试验前,承研单位应根据部队试验实施计划,协助承试部队对参试人员进行培训。培训内容主要包括:被试品的构造与原理、使用操作、维护修理等。

15 安全要求

应根据被试品的特点和使用要求,结合试验条件,规定必要的安全措施和保密要求等。

示例:

a) 应在现场设置安全设施。观察(指挥)应在安全区或设置掩体。在炮位位置的掩体应能保障试验中出现最恶劣事故时人员安全。被试品、参试弹药、人员的掩体宜相互隔离。试验时,应根据具体情况在场区周围设置警戒,防止无关人员进入场区。

b) 执行射击指挥和阵地操作的规定和被试品说明书、维护保养说明书的规定。被试品附近宜少放弹药,分组射击时摆放数量不超过一组。

c) 应严格落实保密条例的有关规定,严防失、泄密事件的发生。

1.36 设计定型试验大纲编制说明

按照 GJB 1362A—2007《军工产品定型程序和要求》和 GJB 6177—2007《军工产品定型部队试验试用大纲通用要求》编写。

1 编制依据

说明编制设计定型试验大纲的依据,主要包括研制总要求,通用规范,产品规范,有关试验规范等。

2 确定大纲主要内容的理由

说明确定设计定型试验大纲主要内容的理由。对于有明确规定的试验项目、内容和方法,可简要说明依据文件;对于没有明确规定的试验项目、内容和方法,应详细说明理由。

3 对试验项目及考核内容进行剪裁的依据和理由

当试验项目及考核内容与相关国家标准、国家军用标准不一致,进行了剪裁时,应说明对试验项目及考核内容进行剪裁的依据和理由。

4 编制过程

概要介绍编制过程,包括编制起止时间,组织和参与编制的单位,以及征求意见、修改等情况。

1.37 设计定型基地试验报告

按照 GJB/Z 170.6—2013《军工产品设计定型文件编制指南 第 6 部分:设计定型基地试验报告》编写。

1 被试品全貌照片

照片应能够反映出被试品的全貌、外形特点,背景应简洁。

2 试验概况

主要包括:

a) 编制依据(任务下达的机关和任务编号,批复的试验大纲,相关国家标准、国家军用标准、试验数据等);

b) 试验起止时间和地点(整个试验或某个试验段的起止时间和地点);

c) 被试品名称、代号、数量、批号(编号)及承研承制单位;

d) 陪试品名称、数量;

e) 试验目的和性质;

f) 试验环境与条件;

g) 试验大纲规定项目的完成情况;

h) 试验中动用和消耗的装备情况;

i) 参试单位和人员情况;

j) 其他需要说明的事项。

3 试验内容和结果

应包含试验大纲规定的全部试验项目,并给出试验结果。要求如下:

a) 对每个试验项目都应简述其试验的目的、试验条件、试验方法和试验结果。必要时,可给出数据处理过程。

b) 对试验项目中被试品出现的问题进行统计。

c) 对可靠性维修性测试性保障性安全性试验项目,依据有关故障判据进行故障统计。

4 试验中出现的主要问题及处理情况

主要包括:

a) 问题现象;

b) 问题处理情况;

c) 试验验证情况。

5 结论

主要包括:

a) 指标综合分析。依据研制总要求对被试品的试验结果进行综合对比评定,并附战术技术指标符合性对照表,示例见表1.9。

表1.9 产品主要战术技术指标符合性对照表

序号	指标章节号	要求	实测值	数据来源	考核方式	符合情况

注1:指标章节号沿用研制总要求(或研制任务书、研制合同)原章节号。
注2:要求是指战术技术指标及使用性能要求。
注3:数据来源栏填写实测值引自的相关报告、文件,如基地试验报告、仿真试验报告等。
注4:考核方式栏可填试验验证、理论分析、数学仿真/半实物仿真、综合评估等。

b) 总体评价。对被试品是否可以通过设计定型基地试验给出结论性意见。

6 存在问题与建议

根据试验中发现的问题,进行综合分析与评价,并给出产品存在的主要问题及改进建议。

7 附件

一般包括:

a) 战术技术指标符合性对照表;
b) 试验中出现的问题汇总表;
c) 必要的试验数据图表;
d) 典型试验场景(如主要毁伤效果、主要故障特写等)照片等。

1.38 设计定型部队试验报告

按照GJB/Z 170.8—2013《军工产品设计定型文件编制指南 第8部分:设计定型部队试验报告》编写。

1 试验概况

简述部队试验的总体情况,一般包括:

a) 任务来源、依据及代号;
b) 被试品名称(代号);
c) 承试单位和参试单位;
d) 试验性质、目的和任务;
e) 试验地点(地区)、起止时间;
f) 试验组织机构及其职责;
g) 试验实施计划的制定和落实情况;

h) 试验阶段划分；

i) 试验大纲规定任务的完成情况等。

示例：

根据总参谋部、总装备部装计〔20××〕×××号《关于下达＜二〇××年新型装备部队试验试用计划＞通知》，以及军区装计〔20××〕×××号文件、集团军装甲〔20××〕×××号文件、《×××轮式步兵战车部队试验大纲》，对×××轮式步兵战车开展部队试验。

本次部队试验任务由××军区第××军××师承担，目的是在接近实战或实际使用的条件下，考核×××轮式步兵战车的作战使用性能和部队适用性，为其设计定型提供依据。试验时间从20××年××月××日至20××年××月××日，在××地区开展。

××师成立试验领导小组，由师长任组长，参谋长和装备部部长任副组长，作训科长、装甲科长、军械科长、宣传科长、油料科长为组员。下设计划协调组、数据管理组、试验分队、装备及后勤保障组等职能小组。分别负责试验计划的拟制、组织实施、厂家协调、技术保障，数据的收集、分析、整理、存档等工作。

本次部队试验按照试验大纲要求和试验计划安排，于20××年××月××日至20××年××月××日在××水域进行了水上试验，共完成了××个试验项目；20××年××月××日至20××年××月××日在××地区海域进行了海上试验，共完成了××个试验项目；20××年××月××日至20××年××月××日在××地区进行了陆上试验，共完成了××个试验项目。

本次部队试验完成了试验大纲规定的全部任务。

2 试验条件说明

2.1 环境条件

a) 对试验期间经历的环境条件（主要包括地理、气象、水文、电磁条件等）进行客观描述；

b) 对不符合试验大纲要求的试验环境条件进行重点说明，并给出原因。

示例：

（×××步兵战车部队试验）环境条件：试验期间均在白天进行，天气主要为晴，道路多为碎石路和土路；在×××水域进行的×××试验项目，水深1.2m，为硬质地河床；试验地区海拔高度为3500m，气温低于−20℃，该条件比试验大纲所规定的"海拔不低于3000m以及气温不低于−10℃"要求更为苛刻；未模拟野战条件下的进攻和防御战术，其原因是×××等。

2.2 被试品、陪试品、测试仪器和设备

a) 对试验期间被试品、陪试品、测试仪器和设备的基本情况（主要包括名

称、数量、技术状态、工作时间或消耗情况等)进行客观描述；

b) 对不符合试验大纲要求的被试品、陪试品、测试仪器和设备的情况进行重点说明，并给出原因。

示例：

(×××无人机部队试验)被试品、陪试品、测量仪器和设备：被试品××架，全为正样机；实际试验时间××飞行小时，维护保养时间××h；陪试品符合大纲要求；测试仪器和设备基本符合试验大纲的要求，但××气压计的精度略低。

2.3 承试部队

对承试部队的基本情况(主要包括部队番号，使用兵力和装备，参试人员数量、技术水平、培训及考核情况等)进行客观描述。内容较多时，可采用表格形式描述。

示例：

(×××雷达部队试验)承试部队：承试部队×××，使用兵力×××，装备×××；参试人员的类别×××，数量×××，专业×××，分工×××，编组×××；承试人员的技术水平×××，培训与考核情况×××。

2.4 其他条件

对其他需要说明的条件(如试验大纲规定的技术文件、部队试验保障等)进行客观描述。对不符合试验大纲要求的其他条件进行重点说明，并给出原因。

示例：

(×××水面舰艇部队试验)其他条件：技术文件有×××，基本齐全配套，但所提供的保障方案中关于××部分有个别内容与被试品技术状态不完全一致；由×××承制单位提供的技术保障有×××，保障设备有×××，保障措施有×××，保障人员有×××，备品备件有×××。

3 试验项目、结果和必要的说明

3.1 试验项目概况

a) 从总体上归纳部队试验项目概况(包括试验项目大类、试验项目数量等)，与"试验概况"部分内容应协调一致，避免重复描述。

b) 试验项目应当与试验大纲保持一致。当试验项目较多时，应采用表格形式描述。

示例：

(××式坦克部队试验)共开展驾驶、通信、射击、战术运用以及装备保障5大类××个试验项目。具体试验项目见表1.10。

表 1.10 部队试验项目表

项目大类	试验项目	项目大类	试验项目
驾驶试验	基础驾驶	通信试验	电台使用
	障碍物和限制路驾驶		网路通信对抗
	…		…

3.2 各项试验的过程简述、必要的说明及结果

试验过程简述一般包括：试验步骤、试验条件、试验的主要内容、试验方法等。对于各项试验项目的实施过程及结果通常应逐一描述。

示例：

(×××自行高炮部队试验)系统反应时间试验

试验用×××炮。自行高炮处于停止状态，搜索雷达发射机置于寂静状态。目标机按高度××m、速度××m/s、捷径××m的航路单向进入，临近飞行。当目标飞行到航前约××km时，搜索雷达转入非寂静状态，进行自动截获和跟踪。记录从车长制订目标至可以射击的时间。系统反应时间平均值雷达工作方式为××s，红外工作方式××s。

各项试验项目的结果，应按照试验大纲规定的顺序编写，必要时采用图表形式表示。对试验结果描述应遵循以下要求：

a) 试验结果重点包括：使用效果，能够实现的功能或能够完成的任务及完成程度，未能实现的功能或未能完成的任务，出现的故障和存在的问题；

b) 当某项试验数据较多，不易采用文字形式表述时，可采用图表形式给出；

c) 试验中出现的故障与问题应在对应的试验项目中简要阐述，一般包括对故障和问题的描述及原因分析、采取的措施和建议等。

示例：

(×××步兵战车部队试验)基础驾驶试验

出现的故障及处理情况有：车辆易发生脱轨现象。当车辆履带一侧倾斜角达到××时，地面附着力较小时，车辆容易发生脱轨现象，平均修复时间平均需要××h～××h，同时当车辆发生脱轨现象时，诱导轮容易断裂。建议更改设计。

3.3 未完成试验项目的原因及处理情况

对于未按部队试验大纲完成的试验项目，应给出具体原因及处理情况。

示例：

(×××装甲指挥车部队试验)通信综合练习

由于被试品与其他装备的软件系统不兼容，除语音通信以外的指控系统试

验项目未能进行实际试验,大纲中规定的通信综合练习试验项目(全功能信道综合练习、专项通信对抗、战斗指挥车指挥信息系统综合联系等)均没有进行。由于没有合适的电子地图,现有电子地图比例尺太小,定位、导航试验项目没有进行。

4 对被试品的评价
4.1 作战使用性能评价
根据部队试验大纲给出的定量考核指标和评定标准,以试验数据为依据,评价被试品作战使用性能是否达到规定要求。

定性评价被试品(含分系统、配套产品等)的使用方便性、功能完备性和设计合理性。

4.2 部队适用性评价
针对部队试验大纲规定的考核内容、定量考核指标和定性评价要点,分别从可用性、可靠性、维修性、保障性、兼容性、机动性、安全性、人机工程和生存性等方面给出相应的评价结论。具体方面可根据被试品特点进行增减。

各项评价结论应以试验数据为基础,按照部队试验大纲提供的评定标准(或参考现役同类装备信息)进行评价。

各项评价内容应重点分析对被试品作战使用的影响程度。

4.2.1 可用性
重点评价被试品在试验期间处于能够执行任务状态的程度。可通过对使用可用度的计算,定量评价被试品可用性是否达到规定要求,无法定量评价时可进行定性评价。

示例:

(×××坦克部队试验)可用性评价:

此次部队试验的总天数为101d,试验期间总时间为 $77\times24h\times5+24\times24h\times3=10968h$。发生脱轨时,需花费 2h~4h 进行修复;蓄压器损坏在有配件情况下,需花费 1h~3h 进行更换。根据试验日志和故障报告表中采集的数据,计算出试验期间不能工作时间总和为2428h,依据试验大纲,有:

使用可用度=1-(试验期间不能工作时间总和/试验期间总时间)×100%=1-(2428/10968)×100%=77.86%

4.2.2 可靠性
通过统计被试品在试验期间的故障时间和数量等信息,重点评价各分系统、重要部件等发生故障后对被试品完成任务的影响程度。

示例:

(×××坦克部队试验)可靠性评价:

采集故障报告表中记录的信息，剔除由于使用原因造成的故障，得出如下数据信息：

水上消耗摩托小时各单车总和为209.1h，水上故障总数为45个，根据计算公式：

平均故障间隔时间（水上）＝装备试验期内水上工作摩托小时总数／水上故障总数＝209.1h/45＝4.646h；

陆上消耗摩托小时各单车总和为596.9h，陆上故障总数为68个，根据计算公式：

平均故障间隔时间（陆上）＝装备试验期内陆上工作摩托小时总数／陆上故障总数＝596.9h/68＝8.777h；

水上致命性故障总数为16个，根据计算公式：

平均致命性故障间隔时间（水上）＝装备试验期内水上工作摩托小时总数／水上致命性故障总数＝209.1h/16＝13.07h；

陆上致命性故障总数为24个，根据计算公式：

平均致命性故障间隔时间（陆上）＝装备试验期内陆上工作摩托小时总数／陆上致命性故障总数＝596.9h/24＝24.87h。

平均故障间隔时间（综合传动装置）＝装备试验期内摩托小时总数／综合传动装置故障总数＝806h/40＝20.15h。

总的来说，该型装备总体故障率较高，尤其是综合传动装置所发生的故障约占到了总故障数的35.4%，严重影响了装备正常使用。

4.2.3 维修性

通过统计被试品在试验期间的维修时间、维修次数、维修人员数量和技术等级以及维修难易程度等信息，重点评价维修可达性、检测诊断的方便性和快速性、零部件的标准化和互换性、防差错措施与识别标记、维修安全性、维修难易程度、维修人员要求等是否达到规定的要求。

示例：

（×××坦克部队试验）维修性评价：

试验期间修复性维修总时间为156h，试验期间故障总数为113个，根据计算公式：

试验中拆装动力舱、炮塔、轮胎、减震器和夜视仪各1次，所用时间分别为：××min、××min、××min、××min和××min；拆装球笼2次，平均时间××min；拆装收发信机，平均时间××min。维修或排除各类故障11次，平均排除时间××min。

总的来说，该型装备及配套保障装备检测诊断的方便性有明显提高，除个别部位外,装备维修的方便性好。

维修性方面出现的重要问题:综合传动装置拆卸时间过长,为××h。

4.2.4 保障性

通过统计被试品在试验期间的维护保养、使用保障和维修保障等信息,重点评价保障资源的适用性(主要包括保障设备、技术资料、保障设施等)、保障人员要求、保障工作量大小及难易程度等方面是否达到规定的要求。

示例:

(×××坦克部队试验)保障性评价:

该型装备出车前准备平均时间××min,回场后保养平均时间××min,战斗准备平均时间××min。

由于采用了具有自动检测功能的电气系统,工作量较××轮式装甲装备稍小,难易程度相当,工厂及随车装备提供的保障资源基本能满足训练要求,适用度较好。

保障性方面出现的重要问题:配备的吊具不匹配,无法承受起该型装备综合传动装置的重量。

4.2.5 兼容性

重点评价被试品和其相关装备(设备)同时使用或相互服务而互不干扰的能力,主要包括成系统试验时全系统的匹配性和协调性、在实际自然环境和电磁环境下正常使用的程度、与现役装备间的互连、互通和互操作程度等方面。

示例:

(×××坦克部队试验)兼容性评价:

该型装备话音功能部分能够满足与自身及其他作战体系的互通要求,但由于指挥车与其他3台装备的指挥软件不兼容,不能实现话音通信以外的其他通信功能,要满足设计要求还需要进一步改进指挥软件系统。

4.2.6 机动性

重点评价被试品进行兵力机动的能力,主要包括通过各种载体的运输能力、对各种地形的适行能力、行军和战斗状态间相互转换的速度和便捷性等方面。

示例:

(×××坦克部队试验)机动性评价:

从试验情况来看,该型装备及配套保障装备整体机动能力较强,底盘部分的越野性和适应能力较强。车体宽度与铁路平车宽度相当,适用于铁路机动输送。能满足实施陆路快速机动和运输要求的能力。

4.2.7 安全性

重点评价被试品实际使用的安全程度,主要包括有关注意事项和警示标志的设置情况、可能造成人员伤亡、设备损坏或财产损失的程度,以及危害环境程度等方面。

示例:

(×××坦克部队试验)安全性评价:

该型装备自身安全性能较好,根据试验日志和缺陷报告表中记录的信息,结合部队训练的实际情况,车辆发生故障,多数情况能自动报警,因此认为安全报警装置较为合理,在使用和维修过程中造成装备或设备损坏、对人员造成伤害的可能性较小、危害性程度较小。但是某些部位设计不合理,存在安全隐患。如蓄压器盖焊接不牢,在试验过程中,发生一起蓄压器盖冲开故障,存在安全隐患;滑板收放速度很慢,特别是在登陆过程中,容易影响驾驶员的观察和火力打击,不利于登陆作战。

4.2.8 人机工程

重点评价被试品在人机环境方面是否达到规定的要求,主要包括使用操作方便性、人机界面友好性、人机环境适应性和舒适性、工作可靠性、对操作使用人员工作能力要求等方面。

示例:

(×××坦克部队试验)人机工程评价:

通过试验发现,该型装备人机工程良好。较以往的同类装备,有了较大的改进和提高。主要表现在(节选):

a) 信息终端

被试品信息终端显示面板设计简单明了,便于操作,显示内容丰富,便于观察和及时了解全车基本信息,准确性和快捷性都有可很大的提高。

b) 驾驶员舱

驾驶员舱空间较大,乘员舒适性提高。各控制面板设计布局较好,操作方便快捷。各操纵装置位置设计合理,人机适应性好,加油踏板与制动踏板操纵轻便灵活,舒适度较好。

4.2.9 生存性

重点评价被试品在不损失任务能力的前提下,避免或承受敌方打击或各种环境干扰的能力,主要包括主动防御、规避、诱骗、修复等的能力以及自救、互救及人员逃逸能力等方面。

示例:

(×××坦克部队试验)生存性评价:

该型装备的生存性能较好,而陆上较弱。根据装备缺陷报告中记录的信息,通过试验,有 1 辆车在濒海训练时在海上失去了动力,尔后由牵引车牵回;试验期间共发生 6 起履带脱轨故障;教练射击时出现 3 次并列机枪卡弹;履带脱轨后需要 2h~4h 进行修复,其余海上故障需要上陆时才能视情修理。

5 问题分析和改进建议

概括说明部队试验整个过程中暴露的问题。

示例:

×××飞机在整个部队试验过程中,发现较为突出的问题共××个,这些问题严重影响了××飞机作战性能的发挥。其中×××方面的问题××个,×××方面的问题××个,等等。

对出现的问题逐一进行分析,并提出改进建议,主要包括:

a) 问题描述。描述问题的基本情况,包括处于被试品的部位、主要现象、后果、发生时机、次数、有无规律等。可使用图表、照片等形式在报告中予以反映。

b) 产生原因。通常从使用(维修)操作、设计、产品质量等角度加以分析描述。

c) 问题处理。描述对问题采取的措施和效果。

d) 改进建议。对未解决的问题应阐明其对作战使用的影响,并提出改进建议。

示例:

问题:起落架及轮舱液压系统漏油

主要表现:经过一段时间的使用(50 次起降)之后,起落架及轮舱可见多处漏油点,漏油痕迹明显。

主要原因:原因之一是管路与管路之间留有空隙过小,飞行过程中的振动会导致管路间相互刮磨,长时间的刮擦就会导致管路破损;原因之二是部件上的密封圈的老化、失效导致泄漏。这主要与密封圈所处的恶劣环境有关。液压油本身就具有强腐蚀性,系统长期工作后油温会很高,这加速了油液的氧化变酸,同时液压系统高达×××的压力,这些不利因素都会缩短密封圈的寿命,使其老化、失效。

对部队使用造成的影响:由于漏油增加了起落架和轮舱维护保养的难度和频率,液压油的消耗需要及时的补充;另外,漏油可能增加起落架的故障概率,造成隐患。

问题处理情况和结果:重新规范管路的走向和布局,减少因为震动和摩擦造成的相互刮磨;改用质量更高、寿命更长的密封圈,延缓其老化的速度。

提出改进或补充试验的建议:建议在管路布局更改和更换密封圈后,进行相应试验,观察改进效果。

6 试验结论
根据试验结果给出是否通过设计定型部队试验的结论性意见。

示例:

本次试验过程完全符合《×××设计定型部队试验大纲》的要求,试验条件适当,试验过程规范,试验项目完整、有效;被试品的作战使用性能和部队适用性均基本达到相关指标的要求;在本次试验过程中没有发现被试品存在严重的设计缺陷,被试品存在的一些一般性问题,在承制方的配合下进行了改进,效果较好,遗留问题也已拟定了有效、可行的解决方案。通过试验过程、结果和存在问题的综合分析,认为:产品满足作战使用性能和部队适用性要求,通过部队试验。

7 关于部队编制、训练、作战使用和技术保障等方面的意见和建议
7.1 对列装部队的类型及编配的意见和建议
结合承试部队基本情况(如承担过的任务、具备的经验等)以及完成预定目标的情况,对被试品列装部队的类型、配发标准和编配方案等提出意见和建议。

示例:

一是建议改变目前的编制模式,由每个建制火箭炮营编制×个火箭炮连和×个指挥连调整为编制×个火箭炮连和×个指挥连,将每个火箭炮连由×门制改为×门制,保持火箭炮总数不变。这样,既减少了军官编制岗位,又便于部队平时组织训练和战时火力运用。二是建议将大纲提出的每门新型火箭炮武器系统编制×人,调整为编制×人。主要是出于减员操作的考虑,防止战场意外情况导致无法完成战斗任务。

7.2 对部队训练的意见和建议
针对被试品特点,从训练内容、方法、周期、考核、保障等方面对部队训练提出意见和建议。

示例1:

针对本次试验中出现的×××问题,建议承接部队应在装备列装前充分运用技术骨干的优势,根据技术资料中×××、×××、×××等内容,加强对新装备的×××训练,采用×××方法,充分发挥装备战术技术性能。

示例2:

针对本次试验中出现的×××问题,建议承接部队应在训练中以先单车后连排,先×××后×××等的顺序进行,在×××过程中加强人员的调控,必须严格管理,在防止人为因素造成装备的损坏和故障的发生。

7.3 对作战使用的意见和建议

根据被试品作战使用性能和试验情况,从使用条件和适用范围等方面对被试品作战使用提出意见和建议。

示例:

在本次试验过程中,我们发现,该型装备在×××条件下(范围内)×××能力(性能)相对较差(表现得不够稳定),经分析是×××因素所致,建议加强×××部分配置(建议应该在×××条件下(范围内)使用,而不适宜在×××条件下(范围内)使用)。

7.4 对维修和保障人员编配的意见和建议

针对被试品特点,对被试品维修和保障人员的编配方案提出意见和建议。

示例:

建议改变目前的编制模式,由每个建制营编制××名××等级××专业的人员调整为编制××名××等级××专业的人员,既便于提高人员利用率,又提升了工作质量。

7.5 对训练装备、后勤和技术保障的意见和建议

针对技术文件资料、维修和保障设备的编配要求和数量,对训练装备、后勤和技术保障等方面提出意见和建议。

示例1:

在本次试验过程中,只具备×××,没有×××,导致训练难度比较大,严重影响了训练的进程。建议加强配备×××条件(设施,设备,装备),增加(减少)×××对×××的要求。

示例2:

在本次试验过程中,×××与部队实配的×××不相匹配,主要是×××。建议加强装备部件的匹配性、×××等,切实提高保障能力。

7.6 对装备使用管理的意见和建议

针对装备的启封、封存、保养、使用等管理方法和要求,提出意见和建议。

示例1:

在本次试验过程中,需要每××进行一次保养,与技术资料要求不一致。建议将保养间隔期由×××调整为×××,以确保与技术资料要求相吻合。

示例2:

在本次试验过程中,×××方法(要求)起到了重要的作用,避免了×××问题的发生。建议应该在完善×××方法(要求)的基础上,加强对×××的管理。

1.39 重大技术问题攻关报告

按照 GJB/Z 170.10—2013《军工产品设计定型文件编制指南 第 10 部分：重大技术问题攻关报告》编写。

1 产品概述

主要包括：产品名称、产品组成和用途。其中对于复杂产品的组成可采用列表形式表示。

2 重大技术问题综述

应说明研制过程各阶段出现的重大技术问题基本情况。

3 重大技术问题攻关情况

3.1 基本情况

主要包括：

a) 问题发生时间；

b) 问题发生地点；

c) 问题发生时的环境条件；

d) 问题发生时的使用或试验情况；

e) 问题现象；

f) 必要时应提供照片。

3.2 问题定位

应说明采用故障树（FTA）等方法进行问题分析定位的过程和结果。

3.3 机理分析

主要包括：

a) 问题原因的机理分析；

b) 仿真或试验复现情况。

3.4 解决措施及验证情况

主要包括：

a) 解决措施：根据机理分析采取的解决措施；

b) 验证情况：解决措施的试验验证情况。

4 结论

对研制过程中暴露的所有重大技术问题是否全部归零的结论。

5 附件

必要时应以附件形式提供试验报告等专项报告。

1.40 质量问题报告

按照 GJB 1362A—2007《军工产品定型程序和要求》编写。

1 质量问题概况

应包括质量问题描述(质量问题发生的时间、地点、经过、现象、性质、严重程度)、质量问题对产品及系统性能(质量)的影响、质量问题的技术难度。

2 原因分析

说明对质量问题的详细分析情况,按照逻辑或者时间顺序说明分析过程,必要时可进行试验与验证,确定质量问题是属于产品设计或制造本身的问题,或是生产、试验条件问题,或是其他因素(如原材料、对外协作)造成的问题,最后给出明确的分析结果。

3 采取的措施

说明为解决该质量问题,研制单位已采取的各种有针对性的解决措施及其效果。

4 结论性意见

在承研承制单位对质量问题采取改进措施,经试验验证和军事代表机构或军队其他有关单位确认问题已经完全解决,或已部分解决且难以进行进一步改进,军厂双方经过研究分析和充分协商后所提出的对该质量问题的处理意见。如军厂双方的意见有不一致的部分,可分别阐述各自的观点和意见。

为保证质量问题处理的彻底性与正确性,要求质量问题处理要达到"归零"的要求,也就是对在设计、生产、试验、使用中出现的质量问题,从技术上和管理上分析产生的原因、机理,并采取纠正措施、预防措施,以避免问题重复发生。在技术上,要按照"定位准确、机理清楚、问题复现、措施有效、举一反三"的五条要求逐项落实;在管理上,要按照"过程清楚、责任明确、措施落实、严肃处理、完善规章"的五条要求逐项落实。

附件

提供质量问题的原始记录,并提供为验证原因分析的准确性和解决措施的有效性所做的检测、试验的原始数据记录和试验结果报告等。

1.41 价值工程和成本分析报告

按照 GJB/Z 170.16—2013《军工产品设计定型文件编制指南 第16部分:

价值工程和成本分析报告》编写。

1 概述

简述研制工作中与价值工程和成本分析相关的情况,主要包括研制产品的组成,研制工作人力、物力、财力的投入,大型试验情况等。

2 价值工程评估

价值工程的涵义是对军工产品的功能和寿命周期费用进行系统分析,在满足战术技术指标和使用要求的前提下,谋求最小耗费的管理过程。

2.1 工作目标

研制总要求确立的研制经费和产品目标价格,以及承研承制单位对其进行分解的情况。

2.2 主要工作内容

根据确定的工作目标,对研制技术方案及其技术途径进行成本分析、制定价值工程实施方案、分阶段实施及检查等工作的情况。

2.3 评估

承研承制单位通过实施价值工程,对工作目标实现的程度进行评估。

3 成本分析

成本分析主要对军工产品从试制、生产、使用、维修和保障所需的费用进行分析和预测。

3.1 研制费用的数据统计

承研承制单位应按系统、按年度对各项研制费用进行完善的数据统计,并对各项成本因素进行详细的定量分析和结构分析。数据统计应根据研制周期内实际发生的直接费用及相关分摊费用进行统计。

3.2 研制经济性分析

主要包括:

a) 结合军工产品性能进行产品使用的效费比分析;

b) 与国内相关产品研制费用的比较分析。

3.3 军工产品后续购置的经济性预测

应采用类比分析等方法,对军工产品购置价格进行分析预测。可结合国防科研生产能力建设规划,分析承研承制单位未来预计的最大生产能力,同时应考虑到使用方可能的装备采购能力和周期,给出不同订购数量及购置周期下的产品订购价格,提出购置的经济性批量和价格的意见。

3.3.1 单位产品成本价格构成预测

单位产品成本价格构成预测一般以表格形式给出,见表1.11。

表1.11 单位产品成本价格构成预测

承研承研单位： 金额单位：万元

序号	产品名称	配套数量	制造成本					期间费用			定价成本	利润	价格	工时定额	备注
			直接材料费	直接人工	制造费用	军品专项费用	小计	管理费用	财务费用	小计					
	合计														
一															
1															
2															
二															
1															
2															
总计															

3.3.2 原材料消耗定额预测分析

按照技术配套表确定的项目，进行原材料消耗定额预测分析。一般以表格形式给出，见表1.12。

表1.12 直接材料预测分析表

金额单位：万元

序号	产品名称	投产数量	原材料	外协件	外购配套件	燃料动力费	备注
	合计						
一							
1							
2							

3.3.3 专项费用汇总分析

按技术配套表确定的项目，进行专项费用汇总分析。军工专项费用主要由专用工装成本分摊、专项试验费用、专用测算设备费用等构成。其中：工装成本方面，与其他可比军工产品相比，根据军工产品研制生产中将采用工装的数量、种类，包括外购与自制成本的变化情况，得出工装费用增减的结论；专项试验费用方面，与其他可比军工产品相比，根据专项试验的种类、次数、外部条件的变化情况，得出专项试验费用增减的结论。专项费用汇总一般以表格形式给出，见表1.13。

表 1.13 专项费用汇总表

金额单位:万元

序号	项目	上批报价	本批报价	备注
	合计			
一	订货起点净损失			
	质量筛选损失			
二	专项试验费			
三	理化试验费			
	测试试验费			
	工艺试验费			
四	跟产技术服务费			
五	五万元以下零星仪器设备			
六	油封、包装费			
	运输费			
	售后服务费			
	工具、备附件、资料费			
七	工装费			
	会议费			
	专家咨询费			
	工艺及生产定型费			
	复产鉴定费			
	试生产费			
八	其他			

3.3.4 费用分配汇总分析

按照技术配套表确定的项目,进行费用分配汇总分析。一般以表格形式给出,见表 1.14。

表 1.14 费用分配汇总表

金额单位:万元

序号	产品或任务名称	计算期制度总工时	计算期计划任务总工时	费用分配					备注
				燃料动力费	工资及附加费	制造费用	管理费用	财务费用	
	合计								

计算期制度总工时：指在进行订购价格预测中预计的产品启动生产至交付的周期作为计算期，按照《军品价格管理办法》规定制度工时的计算方法计算的期间制度总工时。

计算期计划任务总工时：指在进行订购价格预测中预计的产品启动生产至交付的周期作为计算期，按照研制生产单位任务情况计算的期间任务总工时。

3.4 军工产品后续使用、维修经济性预测

按照使用、维修保障方案和预期寿命，预测军工产品的使用期限内必要的费用支出。

4 有关问题的说明和建议

对于研制、后续购置、使用和维修过程中需要协调解决的经济问题，以及前文未明示的情况、其他需要说明的问题，可以在本节进行简要的叙述。

1.42 生产性分析报告（设计定型阶段）

按照 GJB 3363—1998《生产性分析》编写。

1 范围
2 引用文件
3 生产性分析目的

在设计定型阶段对设计图样和产品规范进行较大修改时，进行相应的生产性分析，以便顺利地转入试生产状态。

4 生产性分析准则

承制方对工程研制阶段形成的《生产性分析准则》进行更新，提出基本完善的具有可操作性的准则。

5 生产性分析工作内容

依据 GJB 3363—1998《生产性分析》，按照方案阶段和工程研制阶段生产性分析内容，重新进行生产性分析工作。具体内容可见本书 1.15《生产性分析报告（方案阶段）》和 1.24《生产性分析报告（工程研制阶段）》。

在对设计、材料、工艺、标准等各个方面进行生产性分析后，按照下述章节安排分别说明分析情况和分析结果。

5.1 设计分析

5.2 标准和规范分析

5.3 图样分析

5.4 材料分析

5.5 制造工艺分析

  5.6　连接方法分析
  5.7　涂覆材料和方法分析
  5.8　热处理和清洗工艺分析
  5.9　安全分析
  5.10　环境要求分析
  5.11　检验和试验分析
6　生产性分析结论
对修改后的设计图样和产品规范进行生产性分析后,给出产品设计是否符合生产性要求,产品能否设计定型的结论性意见。

1.43　改 装 总 结

参照 GJB 1362A—2007《军工产品定型程序和要求》编写。
1　改装任务来源
改装任务来源应包括:
  a) 上级装备研制管理部门下达的批准改装的文件(含文件号、文件名称、正式命名的装备名称)或任务安排;
  b) 承担改装的单位、完成的时间要求;
  c) 完成改装的数量等。
2　改装内容和改装过程
2.1　产品概述
2.1.1　产品用途
简要说明产品的使命任务和地位作用等内容,如系配套产品,则介绍在系统中的定位、属性、用途。
2.1.2　产品组成
简要说明产品的组成(包括硬件组成和软件组成)以及各部分的功能等内容,可简要介绍工作原理。
2.1.3　产品特点
简要说明产品的作战使用特点和性能特点,其中表述性能特点时,宜说明采用了何种关键技术,达到了何种性能指标。
2.1.4　产品使用模式
简要说明产品的典型使用模式。
2.2　改装内容
简要说明改装工作内容。改装内容较多时,可列表说明在本次改装中需要增装的设备、换装的设备、改进的设备和取消的设备。

2.3 改装过程

在叙述改装过程时,要把主要时间节点及其对应的事件交待清楚。

2.3.1 论证阶段

简要说明论证阶段主要时间节点及其对应的事件。

2.3.2 方案阶段

简要说明方案阶段工作内容,包括时间节点、主要工作及完成情况、主要成果、转阶段评审情况等内容。

2.3.3 工程研制阶段

简要说明工程研制阶段工作内容,包括时间节点、主要工作及完成情况、主要成果、转阶段评审情况等内容。

2.3.4 鉴定阶段

简要说明鉴定(定型)阶段工作内容,包括时间节点、主要工作及完成情况、主要成果等内容。

3 试验试用情况

简述平台联试情况及部队试验试用情况。包括试验时间、试验地点、组织单位、参加单位、样品数量、试验条件、试验内容、合格判据、试验结果、存在问题等。

因为试验大纲和试验报告有专门的文件,这里可以简述,但要把问题讲清楚,特别是试验结果。

4 出现的重大技术问题及解决情况

4.X （重大技术问题 X）

4.X.1 问题描述

清晰叙述改装和试验过程中出现的重大技术问题的基本情况。

重大技术问题主要是指改装过程中出现的影响安全的问题、产品功能和主要战术技术指标无法实现的问题、反复出现的影响改装进度的问题以及其他对改装工作产生重大影响的技术问题。

4.X.2 原因分析

概要描述分析查找原因情况。

4.X.3 纠正措施

针对原因分析,说明已采取的纠正措施。

4.X.4 验证情况

简要描述纠正措施的验证归零情况,包括验证时间、验证地点、试验项目、验证结果等。

5 主要的配套成品、设备、材料的定型、鉴定和质量供货情况

5.1 主要配套成品的定型、鉴定情况和质量供货情况

列表说明主要配套成品的种类、数量、生产厂家,并说明已定型、鉴定的种类、数量、型号规格、采用的标准号等;有军检验收的军品种类、数量;经质量体系认证的生产厂家的种类、数量等,同时说明供货保障情况。

5.2 主要配套设备的定型、鉴定情况和质量供货情况

列表说明主要配套设备的种类、数量、生产厂家,并说明已定型、鉴定的种类、数量、型号规格、采用的标准号等;有军检验收的军品种类、数量;经质量体系认证的生产厂家的种类、数量等,同时说明供货保障情况。

5.3 主要配套材料的定型、鉴定情况和质量供货情况

列表说明改装所需主要配套材料的种类、数量、型号规格、采用的标准号、生产厂家等,同时说明质量保证和供货来源情况。

6 产品可靠性维修性测试性保障性安全性情况

6.1 产品可靠性情况

简要说明产品可靠性指标,产品在试验试用过程中的表现情况,说明产品改装后对平台(系统)可靠性的影响。

6.2 产品维修性情况

说明产品维修性指标,在改装方案设计方面采取的维修性设计措施,产品在试验试用过程中的表现情况(故障检测时间、产品拆装时间等),是否便于维修。

重点说明产品在基层级进行维修,由具有规定技能等级的人员,使用规定的程序、方法和资源进行维修时,恢复到规定状态的能力。主要包括:

a) 定量评价。1)维修时间,指被试品保持或恢复到工作状态所需的时间;2)维修率,指规定期限内的累计维修时间与使用时间之比;3)所需的维修人员数量和技能等级等。

b) 定性评价。1)维修的可达性,即维修产品时接近维修部位的难易程度;2)检测诊断的方便性和快速性,如需维修单元是否有故障显示,显示方式、位置是否有效;3)零部件的标准化和互换性,需要经常维修的单元,是否设计成最快捷的维修方式;4)防差错措施与识别标记;5)工具操作空间和工作场地的维修安全性,如是否有会损伤人员、装备的结构;6)人机工程要求,维修过程中是否有因过热的热源、高压、作业空间限制等而不可应急维修者;7)是否有难于检查的维修错误,如暗夜维修、零件安装错误等;8)影响维修人员数量、技术等级和专业以及所需维修检测设备的易修性;9)维修的难易程度;10)维修保障的完备程度;

11) 与维修行动有关的人力因素等。

6.3 产品测试性情况

简要说明产品测试性指标,产品设计采取的测试性设计措施(如机内自检、自检结果指示或显示等),产品在试验试用过程中的表现情况(故障检测时间、故障隔离时间、虚警率等)。

6.4 产品保障性情况

简要说明产品保障性评估结果,说明在下列方面是否能够满足可用性和战时使用要求。

    a) 保障设备的完备、齐套情况,主要包括:1)测试、测量和检测设备;2)训练和训练保障设备;3)维修、维护设备和工具;4)装卸设备和工具;5)配件与修理件等。
    b) 备附件的供应满足率。
    c) 技术资料的完整、准确和适用性。
    d) 计算机资源保障。
    e) 保障设施。
    f) 人员要求。
    g) 运输要求。
    h) 训练要求。
    i) 软件保障性。
    j) 保障工作量及难易程度。
    k) 与部队对现役装备管理、保障要求符合的程度评价等。

6.5 产品安全性情况

概括说明改装过程中按照安全性工作计划开展的安全性工作项目,包括设计与分析、试验与评价等,给出产品安全性评估结果,说明是否达到产品安全性要求。

通常在进行其他部分试验的同时,通过观察产品的使用和维修来评价产品在模拟战场环境条件下实际使用的安全程度,主要包括:

    a) 可能造成部队使用人员死亡、伤害、职业疾病的程度;
    b) 可能造成设备或财产损坏或损失的程度;
    c) 可能造成危害环境的程度;
    d) 使用注意事项和警示标志、提示等便于使用者观察、理解和明确的程度等。

7 贯彻标准化大纲情况

7.1 标准的选用、实施情况

说明在改装设计和施工中选用并贯彻实施了哪些标准(国家标准、国家军用标准、行业标准等)。
7.2 标准化程度评价
对改装图样和技术文件的完整性、准确性、协调性等作出的评价,并给出改装所使用器材的标准化系数、标准化效果分析、标准化程度评价结论。
8 改装工艺性、经济性评价
8.1 改装工艺性评价
一般包含改装器材试制情况、工艺主要考核项目及试验情况、试制过程中主要解决的关键工艺、工艺文件的编制及配套情况、工艺装备和专用(检测、试验)设备配套情况、生产质量情况、工艺考核结论意见等,可根据改装复杂程度酌情裁减。
8.2 改装经济性评价
一般包含改装经济性设计情况、经济性评价等内容,可视情增加科研改装成本计算、批量成本估算等内容。
9 改装要求满足情况及产品性能达标情况
9.1 改装要求满足情况
简要说明改装实施是否按照规定程序进行,实施结果是否满足改装要求。
9.2 产品性能达到情况
对照批准的研制总要求(研制合同、研制任务书),以表格形式列出产品的主要战术技术指标及使用要求、实测值、数据来源、符合研制总要求情况等,见表1.15。

表 1.15 主要战术技术指标符合性对照表

序号	项目	要求	实测值	数据来源	考核方式	符合情况

10 尚存问题及解决措施
10.1 尚存问题
10.1.X (产品尚存问题 X)及解决措施
应将产品或改装工作尚存在的主要问题、对装备的影响、拟采取的解决措施及完成的期限讲清楚。
10.2 应继续完成的工作
简要说明鉴定(定型)后应继续完成的工作,包括工作内容、责任单位、完成时限等。
11 结论性意见
综述改装单位对改装项目能否鉴定的自我评价,典型用语示例:

综上所述,××(改装项目名称)已按照批复的改装方案完成了全部的改装工作,经过平台通电试验、鉴定(定型)试验表明:改装总体布局合理,平台重量、重心基本保持不变;改装设备安装固定牢靠,改装件强度刚度满足要求;供电控制和接口交联关系正确,可以保证改装设备正常工作并充分发挥战术技术性能;人机工程设计合理,便于维护修理和操作观察;改装所需元器件、原材料有稳定的供货来源;改装所需图样和技术文件齐全,符合标准化要求;改装设计和实施单位通过了 GJB 9001 质量体系认证,质量体系运行有效。(改装项目名称)已符合技术鉴定的要求,申请技术鉴定。

1.44 研制总结(设计定型用)

按照 GJB/Z 170.4—2013《军工产品设计定型文件编制指南 第 4 部分:研制总结》编写。

1 研制任务来源

简述产品研制任务形成的基本情况,内容应包含研制任务背景和立项批复、研制总要求(或研制任务书、研制合同等)下达的时间、机关、文号、文件名称等。

2 产品概述

2.1 使命任务及作战使用要求

主要包括:

a) 产品的使命任务;

b) 典型作战使用模式等。

2.2 产品组成及主要功能

主要包括:

a) 产品组成;

b) 产品主要功能;

c) 反映产品特点的主要战术技术指标。

2.3 研制任务分工

简述研制任务分工的基本情况。

3 研制过程

3.1 方案阶段

主要包括:

a) 阶段起止时间;

b) 主要工作及完成情况;

c) 主要成果;

d) 阶段评审情况等。

3.2 工程研制阶段

主要包括：

a) 阶段起止时间；

b) 主要工作及完成情况；

c) 主要成果（含产品研制数量）；

d) 主要试验内容及完成情况；

e) 转阶段评审情况等。

工程研制阶段可进一步根据产品特点按不同子阶段描述，或按照产品状态、试验阶段进行描述。

工程研制阶段应列出主要科研试验项目（可采取表格形式）。对于重要试验可叙述试验目的、依据、简要经过（时间、地点、参试装备及状态）、出现的问题及处理情况、试验结论等。

3.3 设计定型阶段

简要介绍设计定型阶段的主要工作情况。如产品技术状态发生变更的，应当进行阐述。

3.4 关键技术攻关情况

叙述产品研制过程中涉及的关键技术、难点及攻关情况。

4 设计定型试验情况

4.1 基地试验

主要包括：

a) 定委批复试验大纲的文号及时间；

b) 试验时间及地点；

c) 承试单位及参试单位；

d) 参试样品及数量；

e) 试验项目、目的、试验环境与条件、试验结果；

f) 试验结论；

g) 概述试验基地提出的意见、建议和处理情况等。

4.2 部队试验

主要包括：

a) 定委批复试验大纲的文号及时间；

b) 试验时间及地点；

c) 试验部队及参试单位；

d) 参试产品及数量；

e) 主要试验内容；

  f) 试验结论及产品评价；

  g) 概述试验部队提出的改进意见、建议和处理情况等。

4.3 软件定型测评

  主要包括：

  a) 交付测评版本和最终版本号；

  b) 测评依据（批复的测评大纲的文号及时间）；

  c) 测评时间；

  d) 测评机构；

  e) 主要测试内容；

  f) 测评结果；

  g) 概述发现缺陷、影响分析及回归测试结果等。

5 出现的技术问题及解决情况

对工程研制、基地试验、部队试验和软件定型测评中出现的技术问题及解决情况以表格形式列出，见表1.16。

对影响安全、主要战技指标、部队使用以及其他对研制工作产生重大影响的技术问题应当逐项详细说明。

表1.16 出现问题汇总表

序号	问题描述	原因分析	解决措施	试验验证情况	备注

6 主要配套产品的定型（鉴定）情况及质量、供货保障情况

概要介绍主要配套成品、设备、零部件、元器件、原材料、软件的种类、数量、生产厂家，其中已定型（鉴定）的种类、数量，经过质量管理体系认证的研制生产厂家情况，供货保障情况；国外进口配套设备、零部件、元器件、原材料、软件的供货保障情况；国外进口电子元器件规格控制比例、数量控制比例、经费控制比例以及使用紫色、橙色、黄色等级的进口电子元器件比例，若存在超标，还需说明申请特批情况。

以表格形式列出直接配套、能够独立考核的成品、设备，主要的零部件、元器件，以及新研原材料等的明细，见表1.17。

表1.17 主要配套成品、设备、零部件、元器件、原材料、软件明细

序号	名称	类别	数量	定型级别	新研或外购情况	定型或鉴定情况	配套单位	质量、供货保障情况

注1：类别栏填写产品是属于配套成品、设备、零部件、元器件、原材料中哪一类；
注2：新研或外购情况栏填写新研、外购、外协、联合研制等。

7 产品可靠性、维修性、测试性、保障性、安全性情况

7.1 可靠性情况
主要包括：
a) 可靠性要求；
b) 可靠性设计情况；
c) 可靠性试验情况；
d) 可靠性数据分析及处理情况；
e) 评估结论。

7.2 维修性情况
主要包括：
a) 维修性要求；
b) 维修性设计情况；
c) 维修性试验情况；
d) 维修性数据分析及处理情况；
e) 评估结论。

7.3 测试性情况
主要包括：
a) 测试性要求；
b) 测试性设计情况；
c) 测试性试验情况；
d) 测试性数据分析及处理情况；
e) 评估结论。

7.4 保障性情况
主要包括：
a) 保障性要求；
b) 保障性设计情况；
c) 保障性试验情况；
d) 保障性数据分析及处理情况；
e) 评估结论。

7.5 安全性情况
主要包括：
a) 安全性要求；
b) 安全性设计情况；
c) 安全性试验情况；

d) 安全性数据分析及处理情况；
e) 评估结论。

7.6 其他
根据二级定委要求，可增加环境适应性、电磁兼容性等相关内容。

8 贯彻产品标准化大纲情况

8.1 标准的贯彻实施情况
主要包括：
a) 标准化大纲编制、实施情况；
b) 实施相关标准情况；
c) 产品设计图样与相关技术文件的完整性、正确性、统一性；
d) 尚未贯彻标准以及无标准可依的元器件、原材料、配套产品等的说明清单。

8.2 通用化、系列化、组合化情况
主要包括：对直接配套成品、设备、保障资源，主要零部件、元器件，以及新研原材料的通用化、系列化、组合化情况的总体评价。

8.3 标准化程度评价
主要包括：
a) 标准化系数；
b) 标准化效益情况；
c) 标准化程度评价结论等。

9 产品质量、工艺性、经济性评价

9.1 产品质量评价
主要包括：
a) 产品质量保证大纲的制订与贯彻情况；
b) 质量管理体系的建立与运行情况；
c) 质量问题的归零情况等。

9.2 产品工艺性评价
主要包括：
a) 工艺设计及工艺文件编制情况；
b) 工艺装备和专用（检测、试验）设备配套情况；
c) 产品试制、试生产情况；
d) 生产质量工艺保证措施；
e) 关键性生产工艺攻关情况；
f) 工艺满足保证产品质量和小批量生产条件的情况。

9.3 产品经济性评价

主要包括：

a) 价值工程工作实施情况；

b) 研制成本核算情况；

c) 目标价格符合性情况；

d) 寿命周期费用分析。

10 产品达到的战术技术性能

10.1 产品战术技术指标达到情况

对照批准的研制总要求(研制合同、研制任务书)，以表格形式列出产品的主要战术技术指标及使用要求、实测值、数据来源、符合研制总要求情况，见表1.18。

表1.18 产品主要战术技术指标符合性对照表

序号	指标章节号	要求	实测值	数据来源	考核方式	符合情况

注1：指标章节号沿用研制总要求（或研制任务书、研制合同）原章节号。
注2：要求是指战术技术指标及使用性能要求。
注3：数据来源栏填写实测值引自的相关报告、文件，如基地试验报告、仿真试验报告等。
注4：考核方式栏可填试验验证、理论分析、数学仿真/半实物仿真、综合评估等。

10.2 承试单位提出的意见、建议及解决情况

逐项描述承试单位提出的意见、建议及解决情况。

11 产品尚存问题及解决措施

针对产品尚存问题进行逐条分析，主要包括：

a) 问题描述

b) 原因分析；

c) 对部队使用的影响；

d) 解决措施和时间节点；

e) 责任单位。

必要时应列表说明，见表1.19。如果无遗留问题，此条亦应保留，可填写"无"。

表1.19 产品尚存问题及解决措施

序号	问题描述	原因分析	对部队使用的影响	解决措施	时间节点	责任单位

注1：产品所有尚存问题均应列入表中。
注2：解决措施指采取的工作内容和步骤。

12　对产品设计定型的意见

按《军工产品定型工作规定》中第三章第二十一条规定的六条标准，逐条叙述，明确给出是否具备设计定型条件，申请批准设计定型的结论以及其他需要说明的问题和建议。典型用语为：

综上所述，××产品经过研制试验和设计定型试验表明，其战术技术性能达到了批复的研制总要求（战术技术指标要求）；研制过程中，贯彻了通用化、系列化、组合化要求；设计定型资料完整、准确、协调、规范，图、文与实物相符，满足 GJB 1362A—2007《军工产品定型程序和要求》和 GJB/Z 170—2013《军工产品设计定型文件编制指南》的规定；软件已通过定型测评，源程序和相关文档资料齐套、数据齐全，满足《军用软件产品定型管理办法》和 GJB 438B—2009《军用软件开发文档通用要求》的要求；配套的设备已进行了独立考核并通过了设计定型，元器件、原材料有稳定的供货来源；承制单位通过了 GJB 9001 质量体系认证，质量体系运行有效。该产品已具备设计定型条件，申请设计定型。

1.45　设计定型录像片解说词

设计定型录像片是根据《军工产品定型工作规定》和 GJB 1362A—2007 用于设计定型审查和定委全会审议的、介绍军工产品设计定型有关情况的录像片。主要分为：

a) 一级定委会用录像片。由二级定委组织制作，用于向一级定委全会以及一级定委专家咨询委员会介绍军工产品设计定型有关情况，以下简称Ⅰ类录像片。

b) 二级定委会用录像片。由承研承制单位制作，用于向二级定委全会介绍军工产品设计定型有关情况，以下简称Ⅱ类录像片。

c) 二级定委设计定型审查会用录像片，由承研承制单位制作，用于向设计定型审查会介绍军工产品设计定型有关情况，也可用于二级定委全会、一级定委专家咨询委员会，以下简称Ⅲ类录像片。

设计定型录像片的编制一般包括解说词编写、脚本设计、声像摄制和后期编辑。GJB/Z 170.18—2013《军工产品设计定型文件编制指南 第 18 部分：设计定型录像片》规定了军工产品设计定型录像片的编制内容和要求。军工产品鉴定录像片的编制可参照执行。这里仅介绍设计定型录像片解说词的编写。

Ⅰ类录像片解说词字数应控制在 950 字以内（不含标点符号），重大装备经一级定委办公室同意后，可适当增加。

1 任务来源及主要作战使命

任务来源主要介绍军工产品立项批准的部门和时间、研制总要求批准部门和时间以及主要研制单位。主要作战使命介绍承担的主要作战任务、应用环境、作战使用方式、装载平台或配套武器系统等。

示例：

20××年××月国务院、中央军委（或总装备部）批准×××装备立项研制，20××年××月总装备部批准×××装备研制总要求。（如果属于专项工程，加"该装备是×××工程项目。"）××单位为×××装备总设计师单位。该装备是×××，主要用于×××，承担×××任务，打击×××。

2 系统组成及主要战术技术指标

系统组成通常介绍构成全系统单独批准定型或单独命名的部分。主要战术技术指标描述反映该型装备完成作战使命最主要和最具特点的战术技术指标，应从研制总要求中适当选取。指标值的单位采用国家法定计量单位的中文名称。如长度用毫米、厘米、米、千米等；重量用千克、吨等。要求单位、符号前后一致。

示例：

该装备由×××、……、×××组成。

主要战术技术指标

指标名称：指标值单位

……

3 设计定型试验情况

一般包括基地试验和部队试验两部分。

a）基地试验主要介绍定型试验时间、承试单位、主要试验科目、主要试验结果、试验结论（可介绍试验情况及与研制总要求指标对比情况，不进行项目水平评价）。对软件产品主要描述软件定型测评情况和结果。

b）部队试验主要介绍试验时间、承试部队、试验项目、部队评价，结论以定性评价为主。最后应说明有无定型遗留问题及解决情况。

示例：

20××年××月，×××装备在某试验基地进行了设计定型基地试验。按照设计定型试验大纲，进行了×××试验。试验中发射××枚，命中目标××枚，×××。20××年××月，×××装备在×××部队进行了设计定型部队试验，按照部队试验大纲，进行了×××试验，部队反映×××。试验结果表明，×××装备满足主要战术技术指标要求，无（有）定型遗留问题。

4　设计定型审查结论

二级定委对一级军工产品的设计定型审查(建议)结论。

示例：

×××定委审查认为，×××装备通过了设计定型试验考核，主要战术技术指标和使用性能已达到研制总要求；产品图样、技术文件完整、正确，文实相符，符合设计定型标准和要求；具备设计定型条件。建议一级定委批准×××装备设计定型。

Ⅱ类录像片解说词控制在1800字以内(不含标点符号)，Ⅲ类录像片解说词字数应控制在4000字以内(不含标点符号)，特殊情况解说词经二级定委办公室同意后，可适当增加。

1　任务来源及主要作战使命

任务来源主要介绍军工产品立项批准的部门和时间、研制总要求批准部门和时间以及主要研制单位。主要作战使命介绍承担的主要作战任务、应用环境、作战使用方式、装载平台或配套武器系统等。

示例：

20××年××月国务院、中央军委(或总装备部)批准×××装备立项研制，20××年××月总装备部批准×××装备研制总要求。(如果属于专项工程，加"该装备是×××工程项目。")×××单位为×××装备总设计师单位。该装备是×××，主要用于×××，承担×××任务，打击×××。

2　系统组成及主要战术技术指标

系统组成通常介绍构成全系统单独批准定型或单独命名的部分。主要战术技术指标描述反映该型装备完成作战使命最主要和最具特点的战术技术指标，应从研制总要求中适当选取。指标值的单位采用国家法定计量单位的中文名称。如长度用毫米、厘米、米、千米等；重量用千克、吨等。要求单位、符号前后一致。

示例：

该装备由×××、……、×××组成。

主要战术技术指标

指标名称：指标值单位

……

3　研制过程及关键技术攻关情况

简要描述装备研制的任务分工和研制过程中的主要节点及关键技术攻关情况。

示例：

任务分工：

参加×××装备研制的单位中,×××单位负责×××;×××单位负责×××;……。

主要研制过程:

20××年××月,×××装备通过方案评审。

20××年××月,×××装备通过设计评审。

20××年××月,完成原理样机,20××年××月,完成初样样机,20××年××月,完成正样样机。

20××年××月,在×××地进行科研试验,包括×××。

……

关键技术攻关情况:

研制过程中解决的关键技术主要包括×××。

4 设计定型试验情况

一般包括基地试验和部队试验两部分:

a)基地试验应介绍试验基地试验大纲的批复时间和批准单位、试验基地试验时间段、承试单位、主要试验项目、主要试验结果,试验中出现的问题及其原因、问题归零情况。对软件产品主要描述软件定型测评情况和结果,包括软件定型测评大纲批准单位、测评时间、测评单位、测试的内容和代码量、测试用例数量、发现的错误种类和数量、测评结论及软件错误归零情况等。

b)部队试验应介绍部队试验大纲的批复时间和批准单位、部队试验时间段、试验单位、试用情况、试验结论及建议。

试验结论描述试验结果与研制总要求战术技术指标对比情况,说明是否符合研制总要求,说明装备各组成部分的定型(鉴定)审查情况,以及有无定型遗留问题及解决情况。

示例:

20××年××月,×××装备在某试验基地进行了设计定型基地试验。按照×××部批准的设计定型试验大纲,进行了×××试验。试验中发射××枚,命中目标××枚,×××。针对试验中出现的×××问题,采取×××措施,问题已全部归零。20××年××月,×××装备在×××部队进行了设计定型部队试验,按照×××部批准的部队试验大纲,进行了×××试验,部队认为×××。试验结果表明,×××装备满足主要战术技术指标要求,无(有)定型遗留问题。

5 设计定型审查结论或设计定型建议

Ⅱ类录像片中该部分标题为"设计定型审查结论"。内容引用二级定委组织的设计定型审查会的审查结论。

Ⅲ类录像片中该部分标题为"设计定型建议"。内容主要描述产品符合设计定型标准和要求的程度。

1.46　总体单位对设计定型的意见

按照 GJB 1362A—2007《军工产品定型程序和要求》编写。

1　产品研制任务的由来

产品研制任务的由来应包括：上级装备研制管理部门下达的批准研制装备的文件(含文件号、文件名称、正式命名的装备名称)；承担研制装备的单位、完成的时间要求；完成研制成果的形式、数量等。

2　产品参加系统联试情况

描述产品参加总体单位组织的系统联试情况，包括联试时间、联试地点、联试单位和人员、联试内容、联试结果、联试过程中出现的技术问题及其解决情况等。

3　设计定型阶段产品出现问题的解决情况

主要指设计定型试验中的环境鉴定试验、可靠性鉴定试验、电磁兼容性试验和试验基地(飞行和发射)试验、部队试用中的遗留问题监督检查和解决情况。

4　产品现状

描述产品的战术技术指标是否达到已批准的要求：若均已达到，可采用下列典型语句："目前，产品的战术技术性能已达到批准的战术技术指标要求"；若有某项未达到要求，用"目前，产品的战术技术性能除××项未达到要求外，其余均已达到批准的战术技术指标要求"；描述产品是否有遗留问题：若无遗留问题，可采用下列典型语句："遗留问题已全部解决"或"没有任何遗留问题"；若有遗留问题，已有解决办法，可用"遗留的问题已有解决办法，可望在××(时间)解决"。

5　对产品设计定型的意见

明确提出总体单位对产品设计定型的意见，建议采用下述典型语句：

综上所述，×××产品经过研制试验和设计定型试验表明，其战术技术性能达到了批复的研制总要求(战术技术指标要求)；研制过程中，贯彻了通用化、系列化、组合化要求；设计定型资料完整、准确、协调、规范，图、文与实物相符，满足 GJB 1362A—2007《军工产品定型程序和要求》；软件已通过定型测评，源程序和相关文档资料齐套、数据齐全，满足《军用软件产品定型管理办法》和 GJB 438B—2009《军用软件开发文档通用要求》的要求；配套的设备已进行了独立考核并通过了设计定型,元器件、原材料有稳定的供货来源;承研单位通过了GJB 9001质量体系认证,质量体系运行有效。没有遗留问题(或遗留问题已有解决措施),同意提交××(产品型号名称)设计定型。

1.47 军事代表对军工产品设计定型的意见

按照GJB/Z 170.9—2013《军工产品设计定型文件编制指南 第9部分:军事代表对军工产品设计定型的意见》编写。

1 概述

主要包括:

a) 研制任务来源;

b) 工作依据;

c) 质量监督工作起始时间;

d) 简述承担质量监督任务的组织机构、单位与分工。

2 研制过程质量监督工作概况

根据GJB 3885和GJB 3887的要求,简要介绍军事代表在军工产品研制过程中开展质量监督工作的概况,主要包括研制过程质量监督工作的主要内容、方法和重点。

3 对研制工作的基本评价

对承制单位在研制过程中的质量控制情况进行全面、系统的评价,并力求具体、准确、清晰,必要时可附图、表。

3.1 质量管理体系运行情况

根据GJB 5713和GJB 9001的要求,对装备承制单位资格审查和质量管理体系建立及运行情况进行评价。

3.2 技术状态管理情况

根据GJB 5709的要求,对技术状态管理情况进行评价。主要包括技术状态的标识、控制、纪实与审核的情况,以及软件配置管理等情况。

3.3 研制过程受控情况

根据GJB 3885的要求,对研制过程受控情况进行评价。主要包括分级分阶段设计评审、工艺评审和产品质量评审等情况。

3.4 关重特性分析情况

根据GJB 190和GJB 3885等要求,对承制单位提供的关重件(特性)、关键工序分析和验证以及电子元器件的使用、审查等情况进行评价。

3.5 设计定型样机检验情况

对设计定型样机检验的情况及评价。

3.6 技术质量问题处理情况

根据 GJB 5711 的要求,对技术质量问题处理情况的评价。主要包括工程研制阶段和设计定型阶段暴露的主要问题的处理、归零等情况,附表的格式见表 1.20。

表 1.20 研制过程技术质量问题解决情况一览表

序号	问题描述	原因分析	解决措施	验证情况	归零情况	备注
1						
2						
…						
n						

4 对产品设计定型的意见

对产品性能、承制单位状况、图样与技术文件质量等情况进行综合评价,主要包括:

a) 产品性能是否达到研制总要求规定的战术技术指标和作战使用要求;

b) 设计图样及相关文件资料是否完整、准确、规范;

c) 产品配套是否齐全、质量可靠并有稳定的供货来源;

d) 应独立考核的配套产品是否已完成逐级考核并完成定型(鉴定)审查;

e) 承制单位是否建立了质量管理体系,是否具备国家认可的装备研制生产资质;

f) 产品是否具备设计定型条件,是否同意提交设计定型。

5 问题与建议

针对存在的问题或不足,提出进一步完善、改进的意见或建议。

1.48 设计定型申请

按照 GJB/Z 170.3—2013《军工产品设计定型文件编制指南 第 3 部分:设计定型申请》编写。

1 研制任务来源

简述产品研制任务形成的主要情况。一般包括:研制任务背景,立项批复、研制总要求(或研制任务书、研制合同等)下达的时间、机关、文号、文件名称等。

2 产品简介

简述产品的基本情况。一般包括:产品的使命任务(或主要用途)、组成,主要承研承制单位及分工情况等。

3 产品研制概况

简述产品研制过程。一般包括:方案阶段、工程研制阶段、设计定型阶段等工作阶段的起止时间、主要工作内容及完成情况,研制过程中出现的重大技术质量问题及归零情况等。

产品如包含配套软件,则应单独叙述软件研制情况。

4 设计定型试验概况

简述设计定型基地试验、部队试验及配套软件定型测评的概况。

a) 基地试验和部队试验概况,主要包括:试验依据、承试单位、试验时间、试验地点、试验项目、试验结论等,试验中暴露的主要问题、意见建议及处理情况等;

b) 配套软件定型测评概况,主要包括:测评依据、测评机构、测评时间、主要测试内容、测评结论及版本号,发现的重大缺陷及回归测试结论等。

5 符合研制总要求和规定标准的程度

依据设计定型试验的结论,概述产品符合研制总要求(或研制任务书、研制合同等)和规定标准的程度。如采用科研试验得出的结论,应当予以说明;对于产品的主要战术技术指标符合性,应当列表说明。表格形式见表 1.21,表格可列在文中,也可视情以附表形式给出。

表 1.21　产品主要战术技术指标符合性对照表

序号	指标章节号	要求	实测值	数据来源	考核方式	符合情况

注1:指标章节号沿用研制总要求(或研制任务书、研制合同)原章节号。
注2:要求是指战术技术指标及使用性能要求。
注3:数据来源栏填写实测值引自的相关报告、文件,如基地试验报告、仿真试验报告等。
注4:考核方式栏可填试验验证、理论分析、数学仿真/半实物仿真、综合评估等。

6 存在的问题和解决措施

产品尚存在的问题及处理意见,如无问题亦应明确指出。

7 设计定型意见

总结评价产品是否具备设计定型的条件。视产品复杂程度可按条叙述,或综合概述。主要包括:

a) 产品达到研制总要求和规定标准的情况。概述产品达到批准的研制总要求和规定标准的情况,结论应与第 5 章一致。

b) 产品符合通用化、系列化、组合化要求的情况。对直接配套成品、设备、保障资源、主要零部件、元器件以及新研原材料符合全军装备体制、装备技术体制和通用化、系列化、组合化的情况进行总体评价。

c) 产品设计图样(含软件源程序)和相关文件资料的完整性、准确性情况。对产品设计图样(含软件源程序)和技术文件的完整性、准确性、适用性等进行评价。

d) 产品配套及考核情况。简要说明产品配套是否齐全,能独立考核的配套设备、部件、器件、原材料、软件等是否完成逐级考核,关键工艺是否已通过考核。

e) 配套的设备、部件、器件、原材料质量及供货情况。评价配套的设备、部件、器件、原材料的质量是否可靠,是否具有稳定的供货来源;产品选用进口电子元器件的使用比例、安全性等是否符合相关规定要求。

f) 承研承制单位具备国家认可的装备研制生产资格情况。说明承研承制单位具备的装备研制生产资格,质量管理体系运行是否有效等。

g) 给出产品是否具备设计定型条件的结论性意见,提出设计定型申请。

示例:

×××产品已达到批准的战术技术指标和使用要求;配套成品、设备、保障资源,主要零部件、元器件以及新研原材料满足通用化、系列化、组合化的要求;产品设计图样与相关文件资料完整、齐套、准确、统一、协调;产品配套齐全,配套的二级产品×个,三级及三级以下产品××个,均已完成定型(鉴定),关键工艺已通过考核;主要配套成品、设备、零部件、元器件、原材料质量可靠,有稳定的供货保障,国外进口电子元器件规格比为×%,数量比为×%,数费比为×%,没有使用红色等级进口电子元器件,使用紫色、橙色、黄色等级进口电子元器件比例为×%,符合军定〔2011〕70 号等文件中对全军装备研制五年计划确定的主要装备的要求;产品配套软件已通过定型测评,版本固定,符合《军用软件产品定型管理办法》要求;产品研制过程质量受控,出现的技术质量问题均已归零,无遗留问题;×××(承制单位)具备国家认可的武器装备研制生产资格(许可证号:×××),质量管理体系运行有效。

根据《军工产品定型工作规定》、《军用软件产品定型管理办法》和相关国军标,×××(承制单位)、×××(军事代表机构)一致认为×××产品(含软件)符合设计定型标准和要求,特申请×××产品设计定型。

8 附件

根据 GJB 1362A—2007 中 5.6.3 "申请报告附件" 规定,设计定型申请一般包括以下附件:

a) 产品研制总要求(或研制任务书等);
b) 产品研制总结;
c) 军事代表机构质量监督报告;
d) 质量分析报告;
e) 价值工程和成本分析报告;
f) 标准化工作报告;
g) 可靠性、维修性、测试性、保障性、安全性评估报告;
h) 设计定型文件清单;
i) 二级定委规定的其他文件。

以上附件可根据二级定委要求视情裁剪。

1.49 设计定型审查意见书

按照GJB/Z 170.2—2013《军工产品设计定型文件编制指南 第2部分:设计定型审查意见书》编写。

1 审查工作简况

主要包括:组织设计定型审查的依据、审查时间、审查地点、参加单位、代表数量、审查工作的程序及内容等,并附审查意见汇总表。

2 产品简介

主要包括:产品的使命任务(或主要用途)、组成、主要承研承制单位及分工情况、技术特点等。

3 产品研制概况

简要叙述产品研制过程。包括方案阶段、工程研制阶段、设计定型阶段等工作阶段的起止时间、主要工作内容及完成情况。

4 设计定型试验概况

4.1 基地试验

主要包括:试验依据、承试单位、试验时间及地点、主要试验内容、试验结论、主要意见与建议等。

4.2 部队试验

主要包括:试验依据、承试部队、试验时间及地点、主要试验内容、试验结论及对产品的评价、主要意见与建议等。

4.3 软件定型测评

主要包括:测评依据、测评机构、测评时间、主要测试内容、测评结论及定型版本号等。

5 主要问题及解决情况
5.1 工程研制阶段
主要包括:工程研制阶段出现的影响安全、主要战术技术指标、研制进度等的技术质量问题及归零情况。
5.2 设计定型阶段
主要包括:设计定型阶段出现的故障总数量、主要问题及归零情况。

6 产品战术技术指标达到情况
依据设计定型试验结论,对照研制总要求,以表格形式给出产品主要战术技术指标要求及使用要求、实测值、数据来源、考核方式及符合情况。具体格式参见示例。

表格可列在文中,也可视情以附表的形式给出,见表1.22。

表1.22 产品主要战术技术指标符合性对照表

序号	指标章节号	要 求	实测值	数据来源	考核方式	符合情况

注1:指标章节号沿用研制总要求(或研制任务书、研制合同)原章节号。
注2:要求是指战术技术指标及使用性能要求。
注3:数据来源栏填写实测值引自的相关报告、文件,如基地试验报告、仿真试验报告等。
注4:考核方式栏可填试验验证、理论分析、数学仿真/半实物仿真、综合评估等。

7 设计定型文件审查情况
主要包括:审查的依据、方式、文件的类别和数量,以及对设计定型文件的完整性、规范性、准确性的总体评价。

8 配套设备、原材料、元器件保障情况
主要包括:

a) 产品配套是否齐全,能独立考核的配套设备、部件、器件、原材料、软件等是否完成逐级考核,关键工艺是否完成考核;

b) 配套设备、部件、器件、原材料的质量是否可靠,是否具有稳定的供货来源;

c) 产品选用进口电子元器件的使用比例、安全性等,与相关规定要求的符合情况。

9 小批量生产条件准备情况
对于需要进行小批量生产的产品,应当概述试制和小批量生产的准备情况。

10 存在问题的处理意见
产品尚存在的问题及其处理意见。如无问题亦应明确指出。若存在不符合

项目,应单独说明原因,并分析对产品使用的影响。
11 对生产定型条件和时间的建议
对于需要进行生产定型的产品,应当提出生产定型的条件和时间建议。
12 产品达到设计定型标准和要求的程度及审查结论意见
依据《军工产品定型工作规定》和 GJB 1362A—2007 中相关要求,对以下内容给出审查意见:

a) 产品性能是否达到批准的研制总要求和规定的标准;

b) 产品是否符合全军装备体制、装备技术体制和通用化、系列化、组合化要求;

c) 设计图样(含软件源程序)和相关文件资料是否完整、准确,软件文档是否符合相关规定;

d) 产品配套是否齐全,能独立考核的配套设备、部件、器件、原材料、软件等是否已完成逐级考核,关键工艺是否已通过考核;

e) 配套产品质量是否可靠,是否具有稳定的供货来源;

f) 承研承制单位是否具备国家认可的装备研制生产资格。

对于大型装备,可按条目分节描述;对于配套产品可合并描述;含配套软件的产品应当给出软件(含版本号)是否满足《军用软件产品定型管理办法》的结论性意见;对于出现过重大技术质量问题的产品,应当概述其归零结论;对于尚存在遗留问题的产品应给出是否影响定型工作的结论,不存在遗留问题的亦应明确说明。

给出审查结论,通常采用以下方式:

a) 产品符合军工产品设计定型标准和要求,通过设计定型审查,建议批准设计定型;

b) 产品不符合军工产品设计定型标准和要求,建议产品研制单位解决存在的问题后,重新申请设计定型。

1.50 部队试用申请报告

按照 GJB 1362A—2007《军工产品定型程序和要求》编写。

1 试生产工作概况
对试生产全过程进行概括介绍。

2 产品技术状态和质量情况
明确产品技术状态,说明试生产产品的质量情况。

3 工艺和生产条件基本情况

说明已通过考核的工艺和生产条件基本情况。主要包括：

a) 生产工艺流程；

b) 工艺指令性文件和全套工艺规程；

c) 工艺装置设计图样；

d) 工序、特殊工艺考核报告及工艺装置一览表；

e) 关键和重要零部件的工艺说明；

f) 产品检验记录；

g) 承研承制单位质量管理体系和产品质量保证的有关文件；

h) 元器件、原材料等生产准备的有关文件。

4 检验验收情况

明确检验验收标准，说明试生产过程中、最终检验验收情况。

5 对部队试用的要求和建议

主要从以下几方面提出要求和建议：

a) 考核内容和方法；

b) 试用条件与要求；

c) 试用必须采集的资料、数据；

d) 试用保障。

1.51 部队试用大纲

按照 GJB 6177—2007《军工产品定型部队试验试用大纲通用要求》编写。

1 任务依据

说明试用任务依据。任务依据通常是部队试用年度计划或试用任务书。

2 试用目的

部队试用目的通常是：在部队正常使用条件下，通过部队试用，考核被试品的质量稳定性和满足部队作战使用与保障要求的程度，为其能否生产定型提供依据。同时为研究装备的作战使用、装备编制、人员要求、训练要求、后勤保障以及装备的科研和生产等积累资料。

3 试用项目

试用项目应包括被试品作战、训练任务剖面的主要方面。

4 考核内容和方法

通常根据被试品的作战使命、性能特点和使用要求，结合部队作战训练、装备管理和维修工作的实际确定考核内容。

独立软件产品部队试用项目、考核内容,应根据被试品的使用要求,按有关法规、规定和国家军用标准确定。部队试用项目通常包括:
 a) 软件的功能;
 b) 软件的使用性能;
 c) 软件的安全性;
 d) 软件的易用性;
 e) 软件的适用性;
 f) 其他。

应规定部队试用方法。将被试品及陪试品列入部队正常训练。结合作战任务,依据作战预案,成建制地组织训练。通常根据质量考核要求,加大训练强度。大型复杂装备的试用周期应包括春、夏、秋、冬四个季节。

5 试用条件与要求

试用条件与要求包括以下方面:
 a) 试用时间、试用地区;
 b) 试用的战术条件和要求;
 c) 试用的地理、地形条件和要求;
 d) 试用的气象条件和要求;
 e) 试用的水文条件和要求;
 f) 试用的电磁条件和要求;
 g) 其他特殊要求。

6 被试品及陪试品数量、质量与编配方案

应规定被试品及陪试品的数量、质量与编配方案。

7 试用必须采集的资料、数据及处理的原则和方法

应规定试用必须采集的资料、数据及处理的原则和方法。

8 被试品的评价指标、评价方法及说明

应规定评价被试品质量稳定性和对部队作战使用与保障要求的满足程度的指标、评价方法,并加以必要的说明。

9 试用保障

应规定试用保障的要求。通常,试用相关的软件、技术文件、资料等应配套齐全。应规定相关陆地或海上试用场地、空域、航区及主要设施、仪器设备的保障;规定相关通信、气象、航空、航海、运输、兵力、机要及后勤保障等;规定相关技术保障和人员培训等。

10 试用的其他要求及有关说明

应根据被试品的特点和使用要求,结合试用条件,给出必要的其他要求。对

需要说明的有关问题进行说明。

按照GJB 1362A—2007《军工产品定型程序和要求》编写,目次格式如下,内容与上述内容基本一致。

1 试用目的和性质
2 试用内容、项目、方法
3 试用条件与要求
4 试用产品的数量、质量、批次、代号和技术状态
5 试用应录取和收集的资料、数据及处理的原则和方法
5.1 试用应录取和收集的资料、数据
5.2 试用数据处理原则
5.3 试用数据处理方法
6 试用产品的评价指标、评价模型、评价方法及说明
7 试用部队、保障分队的编制和要求
8 试用的其他要求及有关说明

1.52 部队试用大纲编制说明

按照GJB 6177—2007《军工产品定型部队试验试用大纲通用要求》编写。

1 编制依据

说明编制部队试用大纲的依据,主要包括研制总要求,通用规范,产品规范,有关试验规范等。

2 确定大纲主要内容的理由

说明确定部队试用大纲主要内容的理由。对于有明确规定的试验项目、内容和方法,可简要说明依据文件;对于没有明确规定的试验项目、内容和方法,应详细说明理由。

3 对试用项目及考核内容进行剪裁的依据和理由

当试用项目及考核内容与相关国家标准、国家军用标准不一致,进行了剪裁时,应说明对试用项目及考核内容进行剪裁的依据和理由。

4 编制过程

概要介绍编制过程,包括编制起止时间,组织和参与编制的单位,以及征求意见、修改等情况。

1.53 部队试用报告

按照GJB 6178—2007《军工产品定型部队试验试用报告通用要求》编写。

1 试用概况

试用概况部分通常应有以下内容：
a) 试用任务来源、依据及代号；
b) 被试品代号和名称；
c) 承试单位和参试单位名称；
d) 试用性质、目的和任务；
e) 试用地区、起止时间；
f) 试用组织机构的设立及其职责分工情况；
g) 试用实施计划的制定和落实情况；
h) 试用阶段划分，各阶段的起止时间、地点（地域）、主要工作和目的；
i) 是否完成试用大纲规定的任务等。

2 试用条件说明

2.1 基本要求

应从试用的宏观角度说明试用的总体条件，内容通常包括对环境条件、被试品、陪试品、测试仪器和设备、承试部队及其他有关条件的说明，并重点阐明：
a) 试用条件是否符合或接近实际的作战使用环境和条件；
b) 是否在模拟战场环境条件（战术背景）下的试用；
c) 是否按编配方案编配使用人员，具有相应的组织机构；
d) 是否是被试品成系统的试用；
e) 是否按被试品列装部队后可能的作战使用原则、遂行作战任务的完整流程和想定条件进行的试用；
f) 被试品是否进行了完成作战任务手段的试用，如以射击为完成作战任务手段的装备，是否进行了实弹射击试用；
g) 是否完成了试用大纲要求的特定条件下的试用等。

2.2 环境条件

主要包括：
a) 气象条件；
b) 地形条件；
c) 海域海况条件；
d) 模拟战场环境条件；
e) 其他特定条件等。

2.3 被试品

主要包括：
a) 被试品的名称、型号、研制和生产单位；

b) 被试品的种类、数量、主要参数、技术状态、工作时间或消耗情况;
　　c) 被试品是否符合其试用大纲和规程规定的试用应具备条件的情况等。
2.4　陪试品、测试仪器和设备
　　主要包括:
　　a) 陪试品、试用仪器和设备的名称、型号(规格)和数量;
　　b) 陪试品、试用仪器和设备的技术状态、工作时间或消耗情况;
　　c) 陪试品、试用仪器和设备是否符合其试用大纲和规程规定的试用应具备条件的情况等。
2.5　承试部队
　　主要包括:
　　a) 承试部(分)队番号、使用兵力和装备;
　　b) 承试人员的类别、数量、专业、分工和编组情况;
　　c) 承试人员的军政素质、技术水平和身体条件;
　　d) 承试人员的培训及培训结束时的考核情况;
　　e) 承试部(分)队、人员和器材的定位情况;
　　f) 试用中途更换部(分)队和人员情况等。
2.6　其他条件
　　主要包括:
　　a) 试用大纲和规程规定的技术文件是否齐全;
　　b) 试用保障情况;
　　c) 其他需说明的条件等。
3　试用项目、结果和必要的说明
　　应按试用大纲规定的试用项目分类,简要叙述各项试用的实施情况和结果,阐明是否符合预定的要求,并作必要的说明。应有以下内容:
　　a) 试用的具体项目;
　　b) 各项试用的过程简述(含步骤、内容和方法等);
　　c) 各项试用的结果(必要时也可采用图表形式表示):1)使用效果;2)能够实现的功能或能够完成的任务及其完成的程度;3)未能实现的功能或未能完成的任务;4)出现的故障和存在的问题;5)是否符合预定的要求;
　　d) 各项试用必要的说明;
　　e) 没有完成的试用项目应说明原因和处理情况等。
4　对被试品的评价
4.1　作战使用性能评价
　　根据被试品各项作战使用性能试用项目的特点和要求,及有关军事训练与

考核大纲的规定,对被试品的各项作战使用性能是否满足规定指标和要求分别作出评价,主要内容应包括:

  a) 完成要求的作战使用性能的程度;
  b) 达到相关军事训练与考核大纲规定要求的程度;
  c) 使用的方便性;
  d) 功能的完备性;
  e) 设计的合理性;
  f) 与战术技术指标的符合程度等。

4.2 部队适用性评价
4.2.1 可用性

评价被试品在受领任务的任意时间点上,处于能够使用并能够执行任务状态的程度。评价指标一般用百分率表示,即被试品能够执行其任务的时间百分率,无法定量评价时可进行定性评价。评价依据主要包括:

  a) 被试品在需要时能否正常工作和使用;
  b) 被试品能否在预期的战时环境中按预定的强度执行作战任务等。

4.2.2 可靠性

定量评价被试品在规定的条件下和规定的时间内执行其预定功能的概率和能力,即不发生故障的程度,主要包括:

  a) 整个试用过程故障时间和数量的统计;
  b) 按组成被试品的各分系统或对任务的影响程度所进行的故障分类。

4.2.3 维修性

评价被试品在基层级进行维修,由具有规定技能等级的人员,使用规定的程序、方法和资源进行维修时,恢复到规定状态的能力。主要包括:

  a) 定量评价。1)维修时间,指被试品保持或恢复到工作状态所需的时间;2)维修率,指规定期限内的累计维修时间与使用时间之比;3)所需的维修人员数量和技能等级等。

  b) 定性评价。1)维修的可达性,即维修产品时接近维修部位的难易程度;2)检测诊断的方便性和快速性,如需维修单元是否有故障显示,显示方式、位置是否有效;3)零部件的标准化和互换性,需要经常维修的单元,是否设计成最快捷的维修方式;4)防差错措施与识别标记;5)工具操作空间和工作场地的维修安全性,如是否有会损伤人员、装备的结构;6)人机工程要求,维修过程中是否有因过热的热源、高压、作业空间限制等而不可应急维修者;7)是否有难于检查的维修错误,如暗夜维修、零件安装错误等;8)影响维修人员数量、技术等级和专业以及所需维修检测设备的易修性;9)维修的难易程度;10)维修保障的完备程度;

11) 与维修行动有关的人力因素等。

4.2.4 保障性

评价被试品在下列方面能够满足被试品可用性和战时使用要求的程度：

a) 保障设备的完备、齐套情况，主要包括：1)测试、测量和检测设备；2)训练和训练保障设备；3)维修、维护设备和工具；4)装卸设备和工具；5)配件与修理件等。

b) 备附件的供应满足率。

c) 技术资料的完整、准确和适用性。

d) 计算机资源保障。

e) 保障设施。

f) 人员要求。

g) 运输要求。

h) 训练要求。

i) 软件保障性。

j) 保障工作量及难易程度。

k) 与部队对现役装备管理、保障要求符合的程度评价等。

4.2.5 兼容性

评价被试品和其相关装备（设备）同时使用或相互服务而不互相干扰的能力，主要包括：

a) 成系统试用时全系统的匹配性、协调性；

b) 在实际的自然环境、电磁环境下正常使用的程度；

c) 与现役装备间的互连、互通和互操作；

d) 在其设计的所有气候条件下和规定的时限内，由穿戴全套个人防护服的人员操作、维修和补给的能力等。

4.2.6 机动性

评价被试品进行兵器机动的能力，主要包括：

a) 通过各种载体的运输能力，即靠人背马驮、牵引、自行或者载体，通过铁路、公路、水路、管道、海洋和航空等方式调运的能力；

b) 实际使用中对各种地形的适行能力；

c) 行军和战斗状态间相互转换的速度和便捷性；

d) 机动对其作战使用性能的影响程度等。

4.2.7 安全性

通常在进行其他部分试用的同时，通过观察被试品的使用和维修来评价被试品在模拟战场环境条件下实际使用的安全程度，主要包括：

a) 可能造成部队使用人员死亡、伤害、职业疾病的程度；
b) 可能造成设备或财产损坏或损失的程度；
c) 可能造成危害环境的程度；
d) 使用注意事项和警示标志、提示等便于使用者观察、理解和明确的程度等。

可采用规定的危险严重性等级和危险可能性等级进行综合评价。

4.2.8 人机工程

评价被试品在人机环境方面是否满足作战使用和勤务要求,主要包括：
a) 在野战环境条件下使用时人机环境的舒适性和适应性程度；
b) 对部队操作人员、维修人员、保障人员工作能力的要求程度；
c) 上述作业人员的工作负荷和疲劳率；
d) 信息量、信息速率和作业速率是否超过极限；
e) 设计原因使作业人员出现差错的程度等。

4.2.9 生存性

评价被试品在不损失任务能力的前提下,避免或承受敌方打击或各种环境干扰的能力,主要包括：
a) 主动防御、规避、诱骗、修复等的能力；
b) 自救能力。

5 问题分析和改进建议

试用中发现的各种问题,解决的措施及结果,应详细填写在相应的试用问题统计表中,可以文字、图表或照片的形式逐一在报告中予以反映。通常包括以下内容：
a) 根据对试用实施情况和试用结果的综合分析,从训练和实战使用出发,指出被试品存在的主要问题；
b) 说明上述问题的处理情况及结果；
c) 指出问题的产生属责任原因或技术原因；
d) 评估上述问题对被试品质量和部队使用的影响程度；
e) 从训练和实战使用出发,提出被试品改进设计、保障和管理或补充试用的建议；
f) 简要说明陪试品、测试仪器和设备出现的问题、排除的故障、备份件的更换和参数的调整等情况。

6 试用结论

应根据试用实施情况、试用结果综合评价及存在问题,依据被试品的研制总要求、试用大纲、试用规程、试用实施计划等相关技术文件,给出综合的试用结

论,通常应:

　　a) 对被试品是否满足部队训练和作战使用要求作出综合结论;
　　b) 提出被试品能否设计定型的建议。

7 关于编制、训练、作战使用和技术保障等方面的意见和建议

　　通过按初步计划的编配方案、作战使用训练和技术保障方法及要求等进行上述作战使用性能和部队适用性试用,探索并提出被试品列装后,使装备的作战使用性能和部队适用性达到最佳状态的编配方案、作战使用训练和技术保障、管理方法及要求等方面的意见和建议。主要包括:

　　a) 被试品列装后需装备的部队类型、等级和部队装备的标准及数量等装备编配方案的意见和建议;
　　b) 装备部队训练(含装备使用和保障人员在训练过程中所使用的程序、规程、方法、训练设施和设备)的意见和建议;
　　c) 装备作战使用(含使用条件和适用范围)的意见和建议;
　　d) 平时和战时使用、维修和保障装备系统所需的人员数量、类型、专业及其应具备的技能和等级、人员分工和要求等人员编配方案的意见和建议;
　　e) 训练装备、后勤和技术保障(含技术文件资料、维修和保障设备的编配要求和数量、与训练设施和设备的采购和安装有关的保障计划)等方面的意见和建议;
　　f) 装备的启封、封存、保养、使用等管理方法和要求方面的意见和建议;
　　g) 其他需说明的使用要求和注意事项等。

附件

　　在报告正文基本内容中,有关需要详细说明的内容和试用的具体数据等,可用附件的形式给出。当需要给出附加信息,帮助理解试用报告的有关内容时,也可以附件的形式列出有关条文的参考性资料。附件内容通常包括:

　　a) 被试品的研制总要求摘要及有关文件;
　　b) 试用大纲及实施计划;
　　c) 战役战术作业想定等有关试用资料;
　　d) 试用人员编组及分工情况;
　　e) 经整理汇总和统计处理的试用数据和试用结果图表;
　　f) 未在正文中给出的试用问题统计表(内容包括试用中发现的各种问题、解决的措施及结果);
　　g) 被试品全貌和主要侧面照片,主要试用场面照片,试用中发生的重大技术问题的特写照片;
　　h) 目标靶标和目标区域照片,被击毁目标的残骸照片等(必要时列出);
　　i) 全面反映试用各阶段各项目试用情况的素材录相带和必要的文字说明

材料；
    j）试用磁带（必要时列出）；
    k）对试用中出现的重大问题的处理报告；
    l）主要试用设备的测试精度及最新标定后的有效日期；
    m）不宜写在正文中的公式和有关推导、证明；
    n）其他需要说明的问题或参考性资料等。

按照 GJB 1362A—2007《军工产品定型程序和要求》编写，目次格式如下。
1 试用工作概况
2 主要试用项目及试用结果
3 试用中出现的主要问题及归零情况
3.X（试用中出现的主要问题X）及归零情况
4 试用结论及建议
4.1 试用结论
4.2 试用建议
4.2.1 关于产品改进的意见和建议
4.2.2 关于产品编制的意见和建议
4.2.3 关于训练的意见和建议
4.2.4 关于作战使用的意见和建议
4.2.5 关于技术保障的意见和建议
附件1 产品全貌
附件2 产品试用前后主要技术性能测试记录
附件3 产品试用结果综合
附件4 产品试用期间故障

1.54 技术状态更改建议

按照 GJB 3206A—2010《技术状态管理》编写。

1 更改建议的标识号

标出更改建议的标识号。每一份技术状态更改建议都应有标识，并保证标识的唯一性。

2 更改建议提出的单位、日期

记录更改建议提出的单位和日期。

3 更改的类别

明确技术状态更改的类别。

技术状态更改一般分为Ⅰ类、Ⅱ类。Ⅰ类技术状态更改由订购方控制,Ⅱ类技术状态更改由承制方自行控制。除Ⅰ类之外的更改均属Ⅱ类技术状态更改。承制方可根据行业习惯细化技术状态更改类别,但应经订购方认可。当订购方和承制方对技术状态更改归类有分歧时,经双方充分协商后由订购方最后决定。

下列更改均属Ⅰ类技术状态更改。

a) 更改涉及合同,影响合同中下列任一个或多个要素:1)合同经费;2)合同保证或担保;3)合同规定的交付要求;4)合同重大事件安排。

b) 更改涉及功能基线、分配基线或产品基线,影响下列任一要求:1)性能;2)可靠性、维修性、测试性、安全性、保障性、生存性、环境适应性、电磁兼容性等特性;3)重量、重心、惯性矩;4)接口特性;5)技术状态项及其零部件、组件的互换性;6)已交付的使用手册、维修手册;7)与保障设备、训练器材(装置)、保障软件、零备件等的兼容性;8)技能、人员配备、训练、生物医学因素或人机工程设计。

4 更改的迫切程度

说明技术状态更改的迫切程度,包括不进行更改的影响和更改可以为产品带来的改进。

5 更改的型号、技术状态项的名称、编号

说明更改的型号、技术状态项的名称和编号。

6 受影响的其他技术状态项的名称、编号

列出所有受到技术状态更改影响的其他技术状态项的名称和编号。

7 受影响的技术状态文档的名称、编号

列出所有受到技术状态更改影响的技术状态文档的名称和编号。

8 受影响的产品的范围

列出受到技术状态更改影响的产品的范围,包括在制品、制成品、在役品等。

9 更改理由简要说明

简要说明必须进行技术状态更改的理由。

10 更改内容

逐条列出技术状态更改的内容。

11 更改带来的影响

指出技术状态更改带来的影响,包括对战术技术指标、作战使用性能、综合保障、研制进度等的影响。

12 更改所需费用估算

对技术状态更改所需费用进行估算,列出明细。

13 更改实施方案

提出技术状态更改的具体实施方案,含实施日期。

附录

1.55 偏离(超差)申请

按照GJB 3206A—2010《技术状态管理》编写。

1 偏离(超差)申请的标识号

标出偏离(超差)申请的标识号。每一份偏离(超差)申请都应有标识,并保证标识的唯一性。

2 申请单位、日期

记录偏离(超差)申请提出的单位和日期。

3 偏离(超差)的级别

偏离(超差)的级别一般分为严重级和轻度级,严重级之外的属轻度级。涉及下列任一项的偏离、超差均属严重级:

 a) 功能特性、使用特性;

 b) 功能接口或物理接口;

 c) 互换性;

 d) 形状、重量、重心;

 e) 可靠性、维修性、测试性、保障性、安全性、生存性、环境适应性和电磁兼容性等特性;

 f) 影响人员健康与安全;

 g) 造成严重后果的其他方面。

除特殊情况外,一般不能申请严重级偏离、超差,以及影响服役使用或维修的偏离、超差。

4 技术状态项名称、编号

说明偏离(超差)的技术状态项的名称和编号。

5 受影响的技术状态文档名称、编号

列出所有受到偏离(超差)影响的技术状态文档的名称和编号。

6 受影响的产品范围和数量

列出受到偏离(超差)影响的产品的范围和数量。

7 偏离(超差)原因简要说明

简要说明必须偏离(超差)的理由。

8 偏离(超差)内容

逐项列出偏离(超差)的内容。

9 偏离(超差)带来的影响

指出偏离(超差)带来的影响,包括对综合保障、交货进度等的影响。

10 实施日期

提出偏离(超差)的实施日期。

附录

提供必要的附录,特别是能够说明必须偏离(超差)的资料。

1.56 技术通报

按照 GJB 4757—1997(GJBz 20376—1997)《武器装备技术通报编制规范》编写。

1 目的、依据

清晰说明制发技术通报的目的和依据。

2 适用范围

准确说明技术通报的适用范围。涉及到的产品名称、型号、批次、序号、数量、去向等具体事项可列表说明。

3 实施方法、要求和时限

具体说明技术通报的实施方法、要求和时限。负责组织落实的单位和需使用部门配合的工作要明确,工艺、检测方法及技术要求要详细,完成时限要清楚。若需要对使用部门进行技术培训,应明确培训方法、时间和要求。

4 改(加)装件的结构说明

应提供改(加)装件的结构说明,必要时可附图表。

5 所用器材和工装设备

明确所用器材和工装设备(可列表),并说明供应单位和供应方法。

6 对武器装备技术状态和运输、贮存的影响

说明贯彻落实技术通报后对武器装备技术状态的影响及其运输、贮存要求,一般应说明陆运、海运、空运的包装,放置要求或所要采取的措施。

7 对使用与维修的要求

说明贯彻落实技术通报后对武器装备的使用与维修有哪些变化,详细说明新增设备、机件或系统在使用维护中检查、监控的时机、方法、技术标准以及使用维护注意事项。

8 有关技术资料的更改

详细说明武器装备有关技术资料的更改内容,并以原技术资料相同版本印刷更改的内容,随同技术通报发往使用单位。

9 注意事项

具体说明在技术通报执行前、执行过程中、执行后,应提请执行者和使用维护人员注意的有关事项。

10 执行标识

说明在技术通报执行完成后,在《产品履历书》中按照相关要求填写执行记录,必要时同时在武器装备上进行标识。

11 附件

提供必要的附件,特别是有助于技术通报实施的资料。

1.57 生产定型试验申请报告

按照 GJB 1362A—2007《军工产品定型程序和要求》编写。

1 试生产情况

说明产品试生产概况,包括生产批次、生产批量、时间节点和生产过程有关生产准备、生产、生产质量评审等主要工作。

2 产品质量情况

说明试生产产品的质量情况,包括产品试生产总量、产品合格率、一次交验合格率等内容,以及不合格品的处置情况。

3 技术问题改进及解决情况

3.1 对设计定型提出的有关问题的改进及解决情况

说明设计定型时提出的有关问题的改进及解决情况,包括问题描述、原因分析、解决措施和验证归零情况。

3.2 对设计定型阶段尚存问题的改进及解决情况

说明设计定型阶段尚存问题的改进及解决情况,包括问题描述、原因分析、解决措施和验证归零情况。

3.3 对部队试用中发现问题的改进及解决情况

说明部队试用中发现问题的改进及解决情况,包括问题描述、原因分析、解决措施和验证归零情况。

4 产品检验验收情况

说明产品检验验收情况,包括验收时间、验收地点、验收依据、验收项目、验收结果等。

5 对试验的要求和建议

提出对生产定型试验的要求和建议,包括生产定型试验时间要求,试验项目、内容要求,试验保障措施要求和试验安全保证要求等。

1.58 生产定型试验大纲

按照 GJB 1362A—2007《军工产品定型程序和要求》编写,目次格式和编写说明与本书 1.25《研制试验大纲》相同,参见 1.25《研制试验大纲》。

1.59 生产定型试验报告

按照 GJB 1362A—2007《军工产品定型程序和要求》编写,目次格式和编写说明与本书 1.26《研制试验报告》相同,参见 1.26《研制试验报告》。

1.60 价值工程分析和成本核算报告

1 概述

介绍产品的基本情况,如产品型号名称,研制生产情况。

介绍价值工程分析和成本核算的目的和任务。

2 研制成本

2.1 成本核算的依据和方法

2.1.1 成本核算的依据

说明成本核算是按照下述文件规定进行的:

a)《军工科研事业单位财务制度》,财政部,1996 年;

b)《国防科研项目计价管理办法》,财政部、国防科学技术工业委会员,1995 年;

c)《军品价格管理办法》,中国人民解放军总参谋部、国防科学技术工业委员会、国家计划委员会、财政部,1996 年。

2.1.2 成本核算的方法

说明成本核算的方法,同时采用完全成本法和制造成本法核算,以满足国防科研项目、军民品成本管理和核算的特殊要求。

2.2 成本组成及费用

简要说明研制成本和期间费用的组成及相应的费用,通常包括:

a) 直接材料费；

b) 直接工资费；

c) 其他直接支出（包括：设计费，试验费，外协费，专用设备、仪器购置费，专用工艺装备费，零星技术措施费，样品样机购置费，技术基础费）；

d) 研制费用；

e) 管理费用；

f) 财务费用；

g) 经营费用。

各种费用的构成在《军工科研事业单位财务制度》中有明确规定，可参见本书1.41《价值工程和成本分析报告》中的简要说明。

2.3 成本核算

2.3.1 直接材料费核算

说明对直接材料费进行核算的结果及其合理性，特别是分析采购的价格昂贵器材费用的合理性。

2.3.2 直接工资费核算

说明对直接工资费进行核算的结果及其合理性。

2.3.3 其他直接支出

2.3.3.1 设计费核算

说明对设计费进行核算的结果及其合理性。

2.3.3.2 试验费核算

说明对试验费进行核算的结果及其合理性。

2.3.3.3 外协费核算

说明对外协费进行核算的结果及其合理性。

2.3.3.4 专用设备、仪器购置费核算

说明对专用设备、仪器购置费进行核算的结果及其合理性。

2.3.3.5 专用工艺装备费核算

说明对专用工艺装备费进行核算的结果及其合理性。

2.3.3.6 零星技术措施费核算

说明对零星技术措施费进行核算的结果及其合理性。

2.3.3.7 样品样机购置费核算

说明对样品样机购置费进行核算的结果及其合理性。

2.3.3.8 技术基础费核算

说明对技术基础费进行核算的结果及其合理性。

2.3.4 研制费用核算
说明对研制费用进行核算的结果及其合理性。
2.3.5 管理费用核算
说明对应分摊的管理费用进行核算的结果及其合理性。
2.3.6 财务费用核算
说明对应分摊的财务费用进行核算的结果及其合理性。
2.3.7 经营费用核算
说明对应分摊的经营费用进行核算的结果及其合理性。
3 生产成本核算
3.1 制造成本
根据《军品价格管理办法》的有关规定,对制造成本进行核算。包括:
  a) 直接材料;
  b) 直接工资和其他直接支出;
  c) 制造费用;
  d) 军品专项费用(含专用工装费、专用测试仪器设备费、专项试验费和其他专项费用)。
3.2 期间费用
根据《军品价格管理办法》的有关规定,对期间费用进行核算。包括:
  a) 管理费用;
  b) 财务费用。
3.3 工时
介绍根据《军品价格管理办法》的有关规定,对工时进行核算。
4 寿命周期费用分析
对产品使用阶段、退役阶段的费用进行分析,提出寿命周期费用估算值。
4.1 使用阶段费用分析
根据对研制成本和生产成本的核算,运用 GJB/Z 20456 提供的方法,对产品使用阶段的费用进行分析。
4.2 退役阶段费用分析
根据对研制成本和生产成本的核算,运用 GJB/Z 20456 提供的方法,对产品退役阶段的费用进行分析。
5 评价意见
对产品研制生产过程中开展价值工程和成本控制工作给出评价意见。
6 存在的问题及改进工作的建议
指出在价值工程和成本控制方面存在的问题,并提出相应的改进建议。

1.61 生产性分析报告(生产定型阶段)

按照 GJB 3363—1998《生产性分析》编写。

1 范围

2 引用文件

3 生产性分析目的

保证在武器装备研制过程中,承制方不仅能设计出具有良好生产性的产品,而且会形成适用于生产该产品的工艺和工装,使产品达到最佳的经济效果,以便降低产品成本,缩短研制周期,提高产品质量,节约原材料,提高劳动生产率,改善操作人员的工作条件。

在武器装备研制过程中,通过对多种结构、工艺、材料方案的比较、权衡及量化分析,在满足产品性能的前提下达到下述目标。

  a) 应达到最大(高)程度的因素:1)设计简化;2)使用经济的材料;3)使用经济的制造技术;4)材料和结构件的标准化;5)投产前设计合理性程度;6)工艺方法的可重复性;7)产品的可检查性;8)允许使用的材料和工艺方法。

  b) 应达到最小(低)程度的因素:1)采购时间;2)切屑、碎片和浪费;3)使用关键材料;4)能源消耗;5)专门的生产试验;6)专门的试验系统;7)关键工艺的使用;8)污染;9)生产人员的技艺水平;10)单件成本;11)生产中的设计更改;12)受限制使用的产品和工艺;13)使用未取得生产权的专利产品;14)没有备选方案的单一材料和单一工艺。

4 生产性分析准则

承制方对设计定型阶段形成的《生产性分析准则》进行进一步优化更新,提出完善的《生产性分析准则》。

5 生产性分析工作内容

5.1 对生产过程和方法的分析

对生产过程和方法进行分析,以进一步减少制造成本,缩短生产周期和提高产品质量。本条详细说明对生产过程和方法的分析过程及分析结果。

5.2 备选材料的分析

对备选材料进行分析,提出应用备选材料的方案。

5.3 工艺设计更改分析

对工艺设计进行分析,研究提出降低成本的工艺设计更改措施。

5.4 工程更改建议分析

对改善生产性的工程更改建议进行分析评价,确定可实施的工程更改建议。

5.5　新的制造技术分析

对国内外新的制造技术进行分析评价,将切实可行的新的制造技术应用到产品生产过程。

6　生产性分析结论

提出对产品生产过程进行优化的合理化建议和实施措施。

1.62　试生产总结

按照 GJB 1362A—2007《军工产品定型程序和要求》编写。

1　产品试生产主要过程

概要介绍产品试生产的主要过程,包括生产批次、生产批量、时间节点和生产过程有关生产准备、生产、生产质量评审等主要工作。

2　产品工艺和生产条件考核、部队试用、生产定型试验情况

2.1　产品工艺和生产条件考核情况

说明产品工艺和生产条件考核情况,包括考核时间、考核组成员、考核内容(生产工艺流程,工艺指令性文件和全套工艺规程,工艺装置设计图样,工序、特殊工艺考核报告及工艺装置,关键和重要零部件的工艺说明,产品检验记录,承研承制单位质量管理体系和产品质量保证的有关文件,元器件、原材料等生产准备的有关文件)和考核结论性意见。

2.2　产品部队试用情况

说明部队试用情况,包括试用依据及代号、承试单位和参试单位、试用地点、起止时间、试用项目和试用结论等内容。

2.3　产品生产定型试验情况

说明产品生产定型试验情况,包括试验依据、承试单位和参试单位、试验地点、起止时间、试验项目和试验结论等内容。

3　设计定型时提出的和试生产过程中出现的技术问题及解决情况

3.1　设计定型时提出的技术问题及解决情况

说明设计定型时提出的技术问题及解决情况,包括技术问题描述、原因分析、解决措施和验证归零情况。

3.2　试生产过程中出现的技术问题及解决情况

说明试生产过程中出现的技术问题及解决情况,包括技术问题描述、原因分析、解决措施和验证归零情况。

4　设计定型文件更改和增补情况

4.1 设计定型文件更改情况

说明根据需要对设计定型文件进行更改的情况,包括更改原因、更改内容、涉及范围及其效果等。

4.2 设计定型文件增补情况

说明根据需要对设计定型文件进行增补的情况,包括增补原因、增补内容、涉及范围及其效果等。

5 试生产产品质量情况

说明试生产产品的质量情况,包括产品试生产总量、产品合格率、一次交验合格率等内容,以及不合格品的处置情况。

6 批量生产条件

从人员、设备、材料、方法、环境和测量等方面说明批量生产条件。

7 对产品生产定型的意见

根据产品是否符合下列生产定型标准和要求,提出对产品生产定型的意见:

a) 具备成套批量生产条件,工艺、工装、设备、检测工具和仪器等齐全,符合批量生产的要求,产品质量稳定;

b) 经工艺和生产条件考核、部队试用、生产定型试验,未发现重大质量问题,出现的质量问题已得到解决,相关技术资料已修改完善,产品性能符合批准设计定型时的要求和部队作战使用要求;

c) 生产和验收的技术文件和图样齐全,符合生产定型要求;

d) 配套设备和零部件、元器件、原材料、软件等质量可靠,并有稳定的供货来源;

e) 承研承制单位具备有效的质量管理体系和国家认可的装备生产资格。

1.63 生产定型录像片解说词

按照《产品定型录像片制作要求》编写。

1 任务来源及主要作战使命

第一段主要说明任务来源,表述为:

某年某月总装备部批准某装备立项研制,某年某月总装备部批准某装备研制总要求。某单位为武器系统总设计师单位。

1998年总装备部成立之前,武器装备研制程序与现在不同,应根据实际批准程序编写解说词。表述为:

某年某月总参谋部批准某装备主要作战使用性能,某年某月原国防科工委批准某装备立项研制,某年某月总参谋部、原国防科工委批准某装备研制任务书。某单位为武器系统总设计师单位。

本段中还应对重点工程项目加以说明,如:"该装备是×××工程项目。"

第二段主要说明装备的主要作战使命。介绍装备的定义或功能,承担的主要作战任务或打击对象,应用环境、装载平台或配套的武器系统等。

2 系统组成、主要战术技术指标及生产纲领

第一段介绍系统组成。介绍系统组成,通常是指单独批准定型或单独命名的部分。编制录像片时配合画面反映组成结构。

第二段介绍主要战术技术指标。表述为:

主要战术技术指标:

战术技术指标名:指标值 计量单位

每一型装备的战术技术指标很多,录像片中介绍的战术技术指标是反映该型装备完成作战使命最主要和最具特点的指标,应从研制总要求中适当选取。指标值的计量单位使用汉字。

第三段介绍生产纲领。主要介绍生产定型情况、要求达到的生产能力。

3 试生产、部队试用及定型试验情况(含定型遗留问题及解决情况)

主要介绍试生产时工艺、工装设计,生产线建设或改造情况和其他生产保障条件建设情况,关键原材料落实情况,形成的生产能力,生产条件鉴定等。部队试用的单位,主要试用科目,定性评价。承担定型试验的单位,试验时间、地点、主要项目,试验结论。

在这部分内容中,可以反映装备主要性能的试验情况和结果。本部分内容可介绍试验情况及与研制总要求指标对比情况,不进行项目水平评价。

4 定型结论

表述为:××定委审查认为,……,具备生产定型条件,建议一级定委批准××生产定型。

定型结论应按定型条例的要求把主要内容表述清楚。

在定型结论中不应有关于项目水平的评价内容。

1.64 军事代表对军工产品生产定型的意见

按照 GJB 1362A—2007《军工产品定型程序和要求》编写。

1 试生产概况

说明产品试生产概况,包括生产批次、生产批量、时间节点和生产过程有关生产准备、生产、生产质量评审等主要工作。

2 试生产产品质量情况和试生产批验收情况

说明试生产产品的质量情况和验收情况,包括产品试生产总量、产品合格率、一次交验合格率等内容,以及不合格品的处置情况。

3 工艺问题解决情况

说明试生产过程中发现的主要工艺问题及解决情况,包括工艺问题描述、原因分析、解决措施和验证归零情况。

4 产品图样技术文件及工艺、工装审查情况

说明产品图样技术文件及工艺、工装审查情况,包括对生产工艺流程,工艺指令性文件和全套工艺规程,工艺装置设计图样,工序、特殊工艺考核报告及工艺装置一览表,关键和重要零部件的工艺说明,产品检验记录,元器件、原材料等生产准备的有关文件,承研承制单位质量管理体系和产品质量保证的有关文件等进行审查的情况和结论。

5 对生产定型的意见及提高质量保证能力的建议

明确提出军事代表机构对生产定型的意见及提高质量保证能力的建议。

1.65 生产定型申请报告

按照 GJB 1362A—2007《军工产品定型程序和要求》编写。

1 产品试生产概况及生产纲领

说明产品试生产概况及生产纲领,包括生产批次、生产批量、时间节点和生产过程有关生产准备、生产、生产质量评审等主要工作。

2 试生产产品质量情况

说明试生产产品的质量情况,包括产品试生产总量、产品合格率、一次交验合格率等内容,以及不合格品的处置情况。

3 试生产过程中解决的主要生产技术问题

说明试生产过程中出现的主要生产技术问题及解决情况,包括生产技术问题描述、原因分析、解决措施和验证归零情况。

4 工艺和生产条件考核、部队试用、生产定型试验情况

4.1 工艺和生产条件考核情况

说明产品工艺和生产条件考核情况,包括考核时间、考核组成员、考核内容(生产工艺流程,工艺指令性文件和全套工艺规程,工艺装置设计图样,工序、特殊工艺考核报告及工艺装置,关键和重要零部件的工艺说明,产品检验记录,承研承制单位质量管理体系和产品质量保证的有关文件,元器件、原材料等生产准备的有关文件)和考核结论性意见。
4.2 部队试用情况
说明部队试用情况,包括试用依据及代号、承试单位和参试单位、试用地点、起止时间、试用项目和试用结论等内容。
4.3 生产定型试验情况
说明产品生产定型试验情况,包括试验依据、承试单位和参试单位、试验地点、起止时间、试验项目和试验结论等内容。
5 设计定型和部队试用提出的技术问题的解决程度
5.1 设计定型时提出的技术问题及解决程度
说明设计定型时提出的技术问题及解决情况,包括技术问题描述、原因分析、解决措施和验证归零情况。
5.2 部队试用提出的技术问题的解决程度
说明部队试用提出的技术问题及解决情况,包括技术问题描述、原因分析、解决措施和验证归零情况。
6 产品批量生产条件形成的程度
从人员、设备、材料、方法、环境和测量等方面说明批量生产条件形成的程度。
7 生产定型意见
简要说明生产定型审查会概况,包括审查会时间、地点、主持单位、审查组成、审查会议程等,给出生产定型审查会形成的审查意见。

附:申请报告附件

申请报告后应提供以下附件。
a) 产品试生产总结;
b) 军事代表机构质量监督报告;
c) 质量分析报告;
d) 价值工程分析和成本核算报告;
e) 工艺标准化工作报告;
f) 可靠性、维修性、测试性、保障性、安全性评估报告;
g) 生产定型文件清单;
h) 二级定委规定的其他文件。

1.66 生产定型审查意见书

按照GJB 1362A—2007《军工产品定型程序和要求》编写。
1 审查工作简况
主要包括组织生产定型的依据,审查的时间、地点,参加审查的单位和人数,审查工作内容。
2 产品简介
2.1 产品主要用途
简要说明产品(产品型号、名称)的主要用途,包括作战使命、主要功能等。
2.2 产品主要组成
简要说明产品(产品型号、名称)的主要组成(部件组成或功能组成)。
2.3 战术技术特点
简要说明产品的战术技术特点,含关键技术的应用、技术体制等。
3 试生产工作概况
说明试生产工作概况,包括试生产历程、批量、数量,试生产产品质量、检验验收情况。
4 工艺和生产条件考核、部队试用、生产定型试验、标准化工作概况
4.1 工艺和生产条件考核概况
说明工艺和生产条件考核情况,包括工艺、工装及其评估,质量保证体系情况及其评估。
4.2 部队试用概况
说明部队试用依据、试用产品数量、试用单位、试用地点、试用时间、试用情况及试用结论。
4.3 生产定型试验概况
说明生产定型试验依据、试验产品数量、试验单位、试验地点、试验时间、试验情况及试验结论。
4.4 标准化工作概况
说明工艺标准化大纲贯彻落实情况,包括标准化目标、标准化系数及其效果等。
5 达到生产定型标准和符合部队作战使用要求的程度
以表格的形式对比说明设计定型时的战术技术指标和实际达到的战术技术性能。含产品可靠性、维修性、测试性、保障性、安全性要求和实际达到的性能。战术技术性能指标对照表见表 1.23。

表 1.23 战术技术性能指标对照表

序号	项目	设计定型时的指标	达到的情况	结论	备注

表格填写说明:

"序号"栏:用阿拉伯数字顺序填写;

"项目"栏:一般按批准的主要战术技术指标的项目及顺序填写;

"设计定型时的指标"栏:填写设计定型时的战术技术指标;

"达到的情况"栏:根据产品具体检验和试验结果填写。对定量指标,进行定量描述,采用"优于××"或"典型值为××"表示;对定性指标,填写实际达到的情况,采用"能××"或"具有××功能"的典型用语,不能只填写"达到";

"结论"栏:对每一个项目进行评价,如实填写:"达到"、"未达到"。

"备注"栏:说明试验验证场合,是试验室试验还是部队试验试用,(如有)可提供试验报告编号。

6 审查结论意见

审查意见按照 GJB 1362A—2007《军工产品定型程序和要求》第 6.12.2 条的规定给出,主要包括:

a) 生产单位是否具备成套批量生产条件,工艺、工装、设备、检测工具和仪器等是否齐全,是否符合批量生产的要求,产品质量是否稳定;

b) 经工艺和生产条件考核、部队试用、生产定型试验,是否发现重大质量问题,出现的质量问题是否已得到解决,相关技术资料是否已修改完善,产品性能是否符合批准设计定型时的要求和部队作战使用要求;

c) 生产和验收的技术文件和图样是否齐备,是否符合生产定型要求;

d) 配套设备和零部件、元器件、原材料、软件等质量是否可靠,是否有稳定的供货来源;

e) 承研承制单位是否具备有效的质量管理体系和国家认可的装备生产资格。

审查结论的典型用语为:

a) 产品符合军工产品生产定型标准和要求,建议批准生产定型;

b) 产品不符合军工产品生产定型标准和要求,建议产品生产单位解决存在问题后,重新申请生产定型。

审查组成员对审查结论有不同意见时,应以书面形式提出,作为附件附在审查结论意见之后,一并上报军工产品定型委员会。

对于航空军工产品,可按照 GJB 3845—1999《航空军工产品定型审查报告编写要求》第 5.2 条编写,目次格式如下:

审查工作概况

1 试生产简要情况

2 主要功用和特点

2.1　主要用途

　2.2　主要战术技术特点

　2.3　主要组成

3　主要战术技术性能

4　工艺、工装和质量保证体系情况

5　主要技术问题解决情况

5.X（主要技术问题X）及其解决情况

6　生产定型试用/试验情况

　6.1　生产定型试用情况

　6.2　生产定型试验情况

7　生产定型审查意见及结论

1.67　各种配套表明细表汇总表和目录

按照GJB/Z 170.17—2013《军工产品设计定型文件编制指南 第17部分：各种配套表明细表汇总表和目录》编写。

1　配套表

配套表是为军工产品的某个特定用途,确定配套项目及数量的设计文件。各种配套表主要包括：

　　a) 产品配套表；

　　b) 备附件及工具配套表；

　　c) 其他配套表。

1.1　产品配套表

1.1.1　编制要求

主要包括：

a) 产品配套表应正确反映产品(含系统、分系统、设备)在生产、验收、交付时需要进行配套的项目及数量。

b) 产品配套表应对组成系统、分系统、设备的所有配套项目逐项进行编制,不能合并、省略。

c) 有特殊要求时,可对某一复杂配套项目进行分解,分解后的子项目也应逐项进行编制。

d) 产品配套表应与明细表协调一致。配套关系简单、研制生产单位单一的产品,可以用明细表代替产品配套表的,可不进行产品配套表的编制。

1.1.2 编制格式

产品配套表的表格栏目主要包括：序号、产品代号、产品名称、配套数量、承研单位、承制单位、备注等，编制格式见表1.24。

表1.24 ××产品配套表

序号	配套产品代号	配套产品名称	配套数量	承研单位	承制单位	备注

1.1.3 编制顺序

产品配套表应以军工产品的组成关系、功能用途等约定顺序，从上往下编制，不留空行。一般应以项目的产品代号（或图号），按从小到大顺序编制。

1.1.4 编制规则

主要包括：

a) 序号：填写所列项目的顺序号，从"1"开始，不留空号；因特殊要求进行分解的子项目序号，用项目"序号"+"."+"子项目序号"形式顺序编制，子项目序号也从"1"开始；

b) 产品代号：填写所列项目的产品代号、标准号、规格型号等；

c) 产品名称：填写所列项目的规范名称；

d) 配套数量：填写所列项目在单位产品中的配套数量，有多种配套情况时，应填写基本配套数量；

e) 承研单位、承制单位：填写所列项目的承研单位、承制单位全称或规范的简称（如有多个研制生产厂家的，在备注中说明）；

f) 备注：填写所列项目的其他有必要填制的内容或需要补充说明的事项。

1.2 备附件及工具配套表

1.2.1 编制要求

主要包括：

a) 备附件及工具配套表应正确反映产品在生产、验收、交付时，随单位产品配套的成套备件、附件及工具的品种、数量；

b) 在产品配套表中已包含全套备附件及工具详细内容（在备注中列出）的，可不再单独进行备附件及工具配套表的编制。

1.2.2 编制格式

备附件及工具配套表的表格栏目主要包括：序号、代号、名称（型号规格）、数量、存放位置、承研单位、承制单位、备注等内容，编制格式见表1.25。

表 1.25　××备附件及工具配套表

序号	代号	名称(型号规格)	数量	存放位置	承研单位	承制单位	备注

1.2.3　编制顺序

备附件及工具配套表按备件、附件、工具分节进行编制，节前节后空一行。每节以项目的产品代号为序，或以其他约定的顺序，从小到大，从上往下编制，不留空行。

1.2.4　编制规则

主要包括：

a) 序号：填写所列项目的顺序号，从 1 开始，不留空号；

b) 代号：填写所列项目的产品代号、标准号等；

c) 名称(型号规格)：填写所列项目的规范名称、规格型号等；

d) 数量：填写所列项目的配套数量；

e) 存放位置：必要时，填写所列项目的存放位置(备件箱号、位号等)；

f) 承研单位、承制单位：填写所列项目的承研单位、承制单位全称或规范的简称；

g) 备注：填写所列项目的其他有必要填制的内容或需要补充说明的事项。

1.3　其他配套表

为满足军工产品其他使用要求，可编制其他配套表。如：地面设备配套表、保障设备配套表、包装器材配套表、成套安装件配套表等。

其他配套表应正确反映产品(系统、分系统等)为特定用途而需要配套的项目及数量。

其他配套表的编制格式、编制顺序、编制规则参照产品配套表的要求执行。

2　明细表

明细表是表示军工产品组成项目和数量的基本设计文件。

2.1　编制要求

明细表应正确反映产品的详细组成情况，做到配套数量正确，配套关系协调。

2.2　编制格式

明细表的表格栏目主要包括：序号、幅面、代号、名称、所属装配图代号、所属装配图数量、总数量、页次、备注等内容，编制格式见表 1.26。

表1.26　×××明细表

序号	幅面	代号	名称	所属装配图		总数量	页次	备注
				代号	数量			

2.3　编制顺序

编制顺序应遵循下列要求：

a) 按组成单位产品的全部设计文件、分系统、设备、整件、部件、零件、成套件、借用件、外购件、材料等项目逐项进行编制。

b) 一般应以文件、分系统、设备、整件、部件、零件、成套件、借用件、外购件、标准件、材料、辅料、备附件及工具等分节进行编制。节间应留出空行，并列出节名。

c) 文件、整件、部件、零件、借用件应按代号递增顺序编制；设备、外购件、标准件、材料、辅料应按产品类别、产品标准的顺序及规格，由小到大的顺序进行编制。

2.4　编制规则

主要包括：

a) 序号：填写每页中表格的行号。每页从1开始，节名行、空行也应编号。

b) 幅面：填写项目设计文件的幅面大小。

c) 代号：填写所列项目的产品代号、标准号等。

d) 名称：填写所列项目的名称、型号、规格。同一型号规格的项目分别装入不同对象时，应分行填写。同一名称的项目较多时，可将名称作为小节名单独占一行，随后按型号规格逐项填写。

e) 所属装配图代号、数量：填写所列项目装入所属部件的图号及装入该图号的单套配套数量。装入本级的，不填。

f) 总数量：填写所列项目装入本级所属部件的总数量（部件配套基数×单套部件配套数量）。同一型号规格的项目装入两个以上部件时（含本级），还应单独占一行对总数量进行汇总。

g) 页次：所属零部件图样按明细表进行配套并成册装订时，填写所属零部件图样的页次号。

h) 备注：填写所列项目的生产单位、关重特性、项目代号等必要的信息。

3　汇总表

汇总表是将军工产品的各种零件、部件、组件、元器件等按规定要求进行分类汇总的设计文件。汇总表主要包括：

a) 标准件、外购件汇总表；

b) 电子元器件汇总表；

c) 关键件、重要件汇总表；
   d) 寿命件、易损易耗件汇总表；
   e) 其他汇总表。

3.1 标准件、外购件汇总表

3.1.1 编制要求

主要包括：

   a) 应正确反映单套产品所必须的全部标准件、外购件的品种、规格及数量；
   b) 应按标准件、外购件的不同规格逐项进行编制，不能合并、省略；
   c) 应与产品的明细表协调一致，并应做到汇总项目齐全，汇总方法合理，汇总数量正确；
   d) 需要分册时，优先分为标准件汇总表、外购件汇总表两份文件进行编制。

3.1.2 编制格式

标准件、外购件汇总表的表格栏目主要包括：序号、代号、名称（型号规格）、所属装配图代号、所属装配图数量、总数量、生产厂家、备注等内容，编制格式见表1.27。

表1.27　××标准件、外购件汇总表

序号	代号	名称（型号规格）	所属装配图		总数量	生产厂家	备注
			代号	数量			

3.1.3 编制顺序

编制顺序应遵循下列要求：

   a) 按标准件、外购件分篇进行编制，篇名前后各空两行；
   b) 按标准件、外购件的产品类别分节进行编制，节名前后各空一行；
   c) 按标准件、外购件的标准顺序号及型号规格号，由小到大逐项进行编制；同一名称的项目较多时，可将名称作为小节名单独占一行，随后按型号规格逐项填写，项与项之间应空一行；
   d) 每项标准件、外购件在产品上分散在多个明细表中使用时，按每个明细表各占一行进行编制，并另起一行进行总数量的汇总。

3.1.4 编制规则

主要包括：

   a) 序号：填写每页中表格的行号。每页从1开始，篇名行、节名行、空行、汇总行也应编号。
   b) 代号：填写所列标准件、外购件的标准号。
   c) 名称（型号规格）：填写所列项目的名称、型号、规格。

d) 所属装配图代号、数量:填写所列项目装入产品的下一级明细表的图号及装入该图号的单位产品配套数量。装入本级的,不填。

e) 总数量:填写所列项目装入本级或下一级明细表的总数量(下一级明细表配套基数×单位产品配套数量)。同一型号规格的标准件、外购件装入多个下一级明细表时(含本级),还应对总数量进行求和,作为该项标准件、外购件的总数量,并单独占一行填写。

f) 生产厂家:填写所列项目的生产厂家的全称或规范简称,标准件可不填。

g) 备注:填写所列项目的其他必要信息。

3.2 电子元器件汇总表

3.2.1 编制要求

主要包括:

a) 应正确反映单位产品所必须的全部国产、进口电子元器件品种规格、数量、参考单价、费用等。

b) 按国产电子元器件、进口电子元器件的不同规格逐项进行编制,不能合并、省略;

c) 应与产品的配套表、外购件汇总表协调一致;

d) 应按《关于在装备定型工作中加强电子元器件使用情况审查事》的要求,对电子元器件的规格国产比例、数量国产比例、费用国产比例、数费比、进口电子元器件安全等级等情况进行统计分析,并编制统计分析页。电子元器件统计分析页由电子元器件规格/数量/费用统计表格、电子元器件国产比例表格、进口电子元器件安全等级分析表格、说明事项、标题栏五部分组成,一页写不下时可分页。其格式见表1.28。

表1.28 电子元器件统计分析页的格式

电子元器件 规格 数量 费用统计	国产			进口			总计		
	规格	数量	费用	规格	数量	费用	规格	数量	费用
微电子器件	A1	B1	C1	D1	E1	F1	X1	Y1	Z1
光电子器件	A2	B2	C2	D2	E2	F2	X2	Y2	Z2
真空电子器件	A3	B3	C3	D3	E3	F3	X3	Y3	Z3
化学与物理电源	A4	B4	C4	D4	E4	F4	X4	Y4	Z4
特种元器件	A5	B5	C5	D5	E5	F5	X5	Y5	Z5
机电组件	A6	B6	C6	D6	E6	F6	X6	Y6	Z6
通用元件	A7	B7	C7	D7	E7	F7	X7	Y7	Z7
其他	A8	B8	C8	D8	E8	F8	X8	Y8	Z8
合 计	A	B	C	D	E	F	X	Y	Z

(续)

电子元器件 规格 数量 费用统计	国产			进口			总计		
	规格	数量	费用	规格	数量	费用	规格	数量	费用
电子元器件国产比例	规格国产比例			数量国产比例			费用国产比例	数费国产比例	
微电子器件	A1/X1			B1/Y1(=BY1)			C1/Z1(=CZ1)	BY1/CZ1	
光电子器件	A2/X2			B2/Y2(=BY2)			C2/Z2(=CZ2)	BY2/CZ2	
真空电子器件	A3/X3			B3/Y3(=BY3)			C3/Z3(=CZ3)	BY3/CZ3	
化学与物理电源	A4/X4			B4/Y4(=BY4)			C4/Z4(=CZ4)	BY4/CZ4	
特种元器件	A5/X5			B5/Y5(=BY5)			C5/Z5(=CZ5)	BY5/CZ5	
机电组件	A6/X6			B6/Y6(=BY6)			C6/Z6(=CZ6)	BY6/CZ6	
通用元件	A7/X7			B7/Y7(=BY7)			C7/Z7(=CZ7)	BY7/CZ7	
其他	A8/X8			B8/Y8(=BY8)			C8/Z8(=CZ8)	BY8/CZ8	
合计	A/X			B/Y(=BY)			C/Z(=CZ)	(BY)/(CZ)	

进口电子元器件 安全等级分析	红色		紫色		橙色		黄色		绿色		总计	
	规格	数量	规格	数量	规格	数量	规格	数量	规格	数量	规格	数量
微电子器件	G1	H1	I1	J1	K1	L1	M1	N1	O1	P1	D1	E1
光电子器件	G2	H2	I2	J2	K2	L2	M2	N2	O2	P2	D2	E2
真空电子器件	G3	H3	I3	J3	K3	L3	M3	N3	O3	P3	D3	E3
化学与物理电源	G4	H4	I4	J4	K4	L4	M4	N4	O4	P4	D4	E4
特种元器件	G5	H5	I5	J5	K5	L5	M5	N5	O5	P5	D5	E5
机电组件	G6	H6	I6	J6	K6	L6	M6	N6	O6	P6	D6	E6
通用元件	G7	H7	I7	J7	K7	L7	M7	N7	O7	P7	D7	E7
其他	G8	H8	I8	J8	K8	L8	M8	N8	O8	P8	D8	E8
合计	G	H	I	J	K	L	M	N	O	P	D	E
使用比例(%)	G/X	H/Y	I/X	J/Y	K/X	L/Y	M/X	N/Y	O/X	P/Y	D/X	E/Y

说明事项:
(标题栏)

表格中的名词解释如下:

国产电子元器件:是指国内生产的电子元器件。

进口电子元器件:是指原产地在境外的电子元器件。

电子元器件:是指为武器装备配套的电子元件和电子器件,包括微电子器件、光电子器件、真空电子器件、化学与物理电源、特种元器件、机电组件与通用元件等。

微电子器件：主要包括：数字集成电路、模拟集成电路、混合集成电路、半导体器件等。

光电子元器件：主要包括：激光器件、红外器件、光电器件、光纤器件、光学器件、夜视器件等。

真空电子器件：主要包括：速调管、行波管、磁控管、回旋管、特种光源、高功率微波源等。

化学与物理电源：主要包括：原电池、蓄电池、燃料电池等。

特种元器件：主要包括：惯性器件、传感器、声表面波器件等。

机电组件：主要包括：微特电机、继电器、接触器等。

通用元件：主要包括：电阻器、电容器、电感器、电位器、开关、连接器、复合元件、集成无源元件、压电晶体等。

其他电子元器件：是指上述电子元器件之外的电子元器件及器材，如保险元器件、电声器件、电子五金、电子元器件专用材料等。

规格国产比例：是指武器装备使用国产电子元器件规格数与使用全部电子元器件规格数的比值。

数量国产比例：是指武器装备使用国产电子元器件的数量与使用全部电子元器件数量的比值。

费用国产比例：是指武器装备使用国产电子元器件的费用与使用全部电子元器件费用的比值。

数费国产比例（简称数费比）：是指数量国产比例与费用国产比例的比值。

填写表格说明如下：

A1～A8：填写微电子器件、光电子元器件等每类国产电子元器件的规格数。

B1～B8：填写微电子器件、光电子元器件等每类国产电子元器件的总数量。

C1～C8：填写微电子器件、光电子元器件等每类国产电子元器件的总费用。

D1～D8：填写微电子器件、光电子元器件等每类进口电子元器件的规格数。

E1～E8：填写微电子器件、光电子元器件等每类进口电子元器件的总数量。

F1～F8：填写微电子器件、光电子元器件等每类进口电子元器件的总费用。

X1～X8：填写微电子器件、光电子元器件等每类电子元器件的规格数，$Xi=Ai+Di$。

Y1～Y8：填写微电子器件、光电子元器件等每类电子元器件的总数量，$Yi=Bi+Ei$。

Z1～Z8：填写微电子器件、光电子元器件等每类电子元器件的总费用，$Zi=Ci+Fi$。

A：填写全部国产电子元器件的总规格数，$A=A1+A2+\cdots+A8$。

B：填写全部国产电子元器件的总数量，$B=B1+B2+\cdots+B8$。

C：填写全部国产电子元器件的总费用，$C=C1+C2+\cdots+C8$。

D：填写全部进口电子元器件的总规格数，$D=D1+D2+\cdots+D8$。

E：填写全部进口电子元器件的总数量，$E=E1+E2+\cdots+E8$。

F：填写全部进口电子元器件的总费用，$F=F1+F2+\cdots+F8$。

X：填写全部电子元器件的总规格数，$X=X1+X2+\cdots+X8$。

Y：填写全部电子元器件的总数量，$Y=Y1+Y2+\cdots+Y8$。

Z：填写全部电子元器件的总费用，$Z=Z1+Z2+\cdots+Z8$。

A1/X1～A8/X8、A/X：填写 A_i 与 X_i、A 与 X 的比值，用百分比表示，不要小数点后数字。

B1/Y1～B8/Y8、B/Y：填写 B_i 与 Y_i、B 与 Y 的比值，用百分比表示，不要小数点后数字。

C1/Z1～C8/Z8、C/Z：填写 C_i 与 Z_i、C 与 Z 的比值，用百分比表示，不要小数点后数字。

BY1/CZ1～BY8/CZ8、BY/CZ：填写 BY_i 与 CZ_i、BY 与 CZ 的比值，用小数表示，小数点后取 2 位数字。

G1～G8、I1～I8、K1～K8、M1～M8、O1～O8：填写安全等级为"红色"、"紫色"、"橙色"、"黄色"、"绿色"的每类进口电子元器件规格数。

H1～H8、J1～J8、L1～L8、N1～N8、P1～P8：填写安全等级为"红色"、"紫色"、"橙色"、"黄色"、"绿色"的每类进口电子元器件总数量。

G、I、K、M、O：填写安全等级为"红色"、"紫色"、"橙色"、"黄色"、"绿色"的各类进口电子元器件的总规格数。

H、J、L、N、P：填写安全等级为"红色"、"紫色"、"橙色"、"黄色"、"绿色"的各类进口电子元器件总数量。

G/X、I/X、K/X、M/X、O/X、D/X：填写 G、I、K、M、O、D 与 X 的比值，用百分比表示，不要小数点后数字。

H/Y、J/Y、L/Y、N/Y、P/Y、E/Y：填写 H、J、L、N、P、E 与 Y 的比值，用百分比表示，不要小数点后数字。

说明事项：填写其他需要说明的事项。

分析统计结果为"0"用空格表示。整行全为空格的可整行删除。

3.2.2 编制格式

电子元器件汇总表的表格栏目主要包括：序号、代号、名称（型号规格）、数量、参考单价、费用、厂商、安全等级、备注等内容，编制格式见表 1.29。

表 1.29　××电子元器件汇总表

序号	代号	名称（型号规格）	数量	参考单价	费用	厂商	安全等级					备注
							红	紫	橙	黄	绿	

3.2.3　编制顺序

编制顺序应遵循下列要求：

a) 按国产电子元器件、进口电子元器件分篇进行编制，篇名前后各空两行；

b) 一般应按微电子器件、光电子器件、真空电子器件、化学与物理电源、特种元器件、机电组件、通用元件等 7 个类别分节进行编制，节名前后各空一行；

c) 每个类别按电子元器件的标准号及型号规格号，由小到大逐项进行编制；

d) 每节加一行小计，统计出本节的规格数、总数量、总费用；对于进口电子元器件还应统计出对应各安全等级（红、紫、橙、黄、绿）的规格数、总数量、总费用；

e) 对于禁限用进口电子元器件，要在备注中列出国产替代方案或建议。

3.2.4　编制规则

主要包括：

a) 序号：填写每类型电子元器件的顺序号。每类中的各种规格从 1 开始。

b) 代号：填写所列电子元器件的标准号、产品代号等。

c) 名称(型号规格)：填写所列电子元器件的名称、型号、规格。

d) 数量：填写所列电子元器件的单机用量(单位军工产品的总用量)。

e) 参考单价：填写所列电子元器件的市场参考单价。

f) 费用：填写所列电子元器件的单机用量与市场参考单价的乘积。

g) 厂商：填写所列电子元器件的生产厂家或供应商家的规范简称。

h) 安全等级：填写所列进口电子元器件的安全等级(在对应的安全等级栏中填单机用量)，国产电子元器件不填。

i) 备注：填写所列项目的其他必要信息。

3.3　关键件、重要件汇总表

3.3.1　编制要求

主要包括：

a) 应正确反映组成产品的所有关键件、重要件；

b) 应与产品的明细表、图样、特性分析报告协调一致。

3.3.2 编制格式

关键件、重要件汇总表的表格栏目主要包括：序号、代号、名称（型号规格）、数量、关重特性、备注等内容，编制格式见表1.30。

表1.30 ××关键件、重要件汇总表

序号	代号	名称（型号规格）	数量	关键特性、重要特性	备注

3.3.3 编制顺序

编制顺序应遵循下列要求：

a) 按关键件、重要件分节进行编制，节名前后各空两行；

b) 按自制件在前，外购件在后的顺序进行编制；

c) 自制件按零部件图号由小到大逐项进行编制，外购件按型号规格由小到大逐项进行编制。

3.3.4 编制规则

主要包括：

a) 序号：填写每页中表格的行号，每页从1开始；

b) 代号：填写所列零部件的图号，外购件的标准号、产品代号等；

c) 名称（型号规格）：填写所列关键件、重要件的名称、型号、规格；

d) 数量：填写所列项目的单套数量；

e) 关键特性、重要特性：填写所列项目的特性项目及参数；

f) 备注：填写所列项目的其他必要信息。

3.4 寿命件、易损易耗件汇总表

3.4.1 编制要求

主要包括：

a) 应正确反映产品的所有寿命件、易损易耗件；

b) 应与产品的明细表、维修性分析报告协调一致。

3.4.2 编制格式

寿命件、易损易耗件汇总表的表格栏目主要包括序号、代号、名称（型号规格）、数量、寿命周期、易损易耗模式、备注等内容，编制格式见表1.31。

表1.31 ××寿命件、易损易耗件汇总表

序号	代号	名称（型号规格）	数量	寿命周期	易损易耗模式	备注

3.4.3 编制顺序

编制顺序应遵循下列要求：

a) 按寿命件、易损易耗件分节进行编制，节名前后各空两行；

b) 自制件按零部件图号由小到大逐项进行编制，外购件按类型规格由小到大逐项进行编制。

3.4.4 编制规则

主要包括：

a) 序号：填写每页中表格的行号。每页从 1 开始。

b) 代号：填写所列零部件的图号，外购件的标准号、产品代号等。

c) 名称（型号规格）：填写所列寿命件、易损易耗件的名称、型号、规格。

d) 数量：填写所列项目的单套数量。

e) 寿命周期：填写所列项目的寿命（时间、里程、次数等）。

f) 易损易耗模式：填写所列项目的典型失效模式。

g) 备注：填写所列项目的其他必要信息。

3.5 其他汇总表

为满足其他统计使用要求，可编制其他汇总表。如：零部件汇总表、整件汇总表、借用件汇总表、通用件汇总表等。

其他汇总表应与产品的各级明细表协调一致。

其他汇总表的编制格式、编制顺序、编制规则参照标准件、外购件汇总表的要求执行。

4 目录

目录是按不同用途归集或筛选，并按一定顺序排列，用以表述文件品种和数量的设计文件。各种目录主要包括：

a) 设计定型文件目录（含设计定型文件总目录）；

b) 设计定型文件盖章目录；

c) 用户资料目录（或使用文件汇总表，随机资料目录，使用文件清单）；

d) 其他目录。

4.1 设计定型文件目录

4.1.1 编制要求

主要包括：

a) 应能正确表述军工产品设计定型的全部设计定型文件，以及配套产品的设计定型文件。

b) 未包括配套产品的设计定型文件目录的，还应编制设计定型文件总目录。设计定型文件总目录包括军工产品本级的设计定型文件及全部配套产品的设计定型文件。

4.1.2 编制格式

设计定型文件目录的表格栏目主要包括:序号、文件代号、文件名称、页数、册号、承研单位、备注等内容,编制格式见表1.32。设计定型文件总目录编制格式与设计定型文件目录编制格式相同。

表1.32 ×××设计定型文件目录

序号	文件代号	文件名称	页数	册号	承研单位	备注

4.1.3 编制顺序

军工产品本级的设计定型文件在前,配套产品的设计定型文件在后,一般应分节进行编制;本级产品及配套产品设计定型文件的编制顺序按 GJB 1362A—2007 有关规定执行。编制顺序一般为:

a) 定型申报类文件(GJB 1362A—2007 7.2.1 条之 a)、b)、c)等);
b) 研究试验类文件(GJB 1362A—2007 7.2.1 条之 d)~m)、r)等);
c) 图样和技术文件(GJB 1362A—2007 7.2.1 条之 q)、s)~u)等);
d) 软件文档(GJB 1362A—2007 7.2.1 条之 n)、o)、p)等);
e) 其他(相册、录像片等)(GJB 1362A—2007 7.2.1 条之 v)、w)等);
f) 配套产品的成套设计定型文件。

4.1.4 编制规则

主要包括:

a) 序号:填写所列文件的顺序号,从 1 开始,不留空号;
b) 文件代号:填写所列文件的文件代号;
c) 文件名称:填写所列文件的准确名称;
d) 页数:填写所列文件的总页数或图样张数;
e) 册号:填写所列文件在全套定型文件中的册号;
f) 承研单位:填写所列项目的承研单位的规范简称;
g) 备注:填写其他有必要说明的事项。

4.2 设计定型文件盖章目录

设计定型文件盖章目录按二级定委的要求进行编制,一般包括图样、技术文件、软件文档等。设计定型文件盖章目录的编制格式、编制顺序、编制规则参照设计定型文件目录的要求执行。

4.3 用户资料目录

4.3.1 编制要求

用户资料目录应正确表述军工产品出厂时应随单位产品配套的全部随机文件。一般包括使用说明书、技术说明书、原理图、维修手册、履历本、质量文件等。

注：用户资料目录也称为"使用文件汇总表"、"随机资料目录"、"使用文件清单"、"成套应用文件清单"等。

4.3.2 编制格式

用户资料目录表格的栏目主要包括序号、幅面、文件代号、文件名称、页数、份数、备注等内容，编制格式见表1.33。

表1.33 ××用户资料目录

序号	幅面	文件代号	文件名称	页数	份数	备注

4.3.3 编制顺序

军工产品本级的用户资料在前，配套产品的用户资料在后。用户资料较多时应按配套产品分节进行编制。产品本级及配套产品的用户资料的编制顺序一般为：

a) 使用文件；
b) 设计文件（使用说明书、技术说明书、原理图、维修手册等）；
c) 履历书；
d) 质量证明文件；
e) 其他（教学录像片等）。

4.3.4 编制规则

主要包括：

a) 序号：填写所列文件的顺序号，从1开始；
b) 幅面：填写所列文件的幅面大小；
c) 文件代号：填写所列文件的文件标识代号；
d) 文件名称：填写所列文件的准确名称；
e) 页数：填写所列文件的总页数或图样张数；
f) 份数：填写所列文件的配套份数；
g) 备注：填写其他有必要说明的事项。

4.4 其他目录

为满足其他统计使用要求,可编制其他目录。如：设计文件目录、软件文档目录、引用文件目录、借用文件目录等。

其他目录应与产品的全套设计文件协调一致。

其他目录的编制格式、编制顺序、编制规则参照设计定型文件目录的要求执行。

注：设计文件目录、引用文件目录、借用文件目录也称为设计文件汇总表、引用文件汇总表、借用文件汇总表。

5 格式与签署

各种配套表、明细表、汇总表和目录由封面、扉页、签署页、表格页、统计分析页等要素组成。表格页、统计分析页由表格和标题栏组成。通常,表格居中(或在上),标题栏在上下两端(或在下)。

5.1 封面、扉页、签署页

各种配套表、明细表、汇总表和目录的封面、扉页、签署页按 GJB/Z 170.1—2013 要求执行。

5.2 统计分析页

电子元器件汇总表的统计分析页按 3.2.1d)的要求编制。其他配套表、明细表、汇总表和目录一般不需要编制。

5.3 表格

各种配套表、明细表、汇总表、目录表格的行高、列宽、字体、字号应与成套设计文件协调一致。

5.4 标题栏

各种配套表、明细表、汇总表、目录的标题栏与产品的成套设计文件协调一致。

5.5 签署

各种配套表、明细表、汇总表和目录的签署要求按表1的规定执行。编制、校对、审核由设计单位的设计、工艺、成本、采购等有关人员签署,标审由标准化人员签署,会签由质量人员和军事代表签署,批准由项目技术负责人签署。

5.6 文件标识

各种配套表、明细表、汇总表和目录的文件标识号为"产品代号(图号)"＋"文件简号"。文件简号参考表1.34的规定执行并与成套设计文件协调一致。

表1.34 各种配套表、明细表、汇总表和目录的文件简号及签署要求

序号	名称	文件简号	签署要求					
			编制	校对	审核	标审	批准	会签
1	产品配套表	CP	●	●	●	●	●	●
2	备附件及工具配套表	BH	●	●	●	●	●	●
3	其他配套表	TB	●	○	●	●	●	—
4	明细表	MX	●	●	●	●	●	—
5	标准件、外购件汇总表	WG	●	●	●	●	●	●
6	电子元器件汇总表	WG	●	●	●	●	●	●
7	关键件、重要件汇总表	GH	●	●	●	●	●	●
8	寿命件、易损易耗件汇总表	TB	●	○	●	●	●	●
9	其他汇总表	TB	●	○	●	●	●	●
10	设计定型文件目录	WM	●	○	●	●	●	●
11	设计定型文件盖章目录	WM	●	●	●	●	●	●
12	用户资料目录	WM	●	●	●	●	●	●
13	其他目录	WM	●	○	●	●	●	—

注1:"●"表示必须签署,"○"表示必要时签署,"—"表示不需要签署;
注2:文件简号仅供参考,具体由行业标准规定。

第2章 软件文档

2.1 运行方案说明

按照 GJB 438B—2009《军用软件开发文档通用要求》编写。
1 范围
1.1 标识
本条应包含本文档适用系统的完整标识,适用时,包括其标识号、名称、缩略名、版本号和发布号。
1.2 系统概述
本条应概述本文档所适用的系统的用途。它还应描述系统的一般特性;概述系统开发、运行和维护的历史;标识项目的需方、用户、开发方和保障机构等;标识当前和计划的运行现场;列出其他有关文档。
1.3 文档概述
本条应概述本文档的用途和内容,并描述与它的使用有关的保密性方面的要求。
2 引用文档
本章应列出引用文档的编号、标题、编写单位、修订版及日期,还应标识不能通过正常采购活动得到的文档的来源。
3 现行系统或状态
3.1 背景、目标和范围
本条应描述现行系统或状况的背景、任务或目标和范围。
3.2 运行策略和约束
本条应描述适用于现行系统或状况的运行策略和约束。
3.3 现行系统或状况的描述
本条应给出现行系统或状况的描述,标识出不同运行状态或方式的差异(例如常规、维护、培训、降级、紧急事件、备选场点、战时、平时)。可以仅用状态描述系统,也可以仅用方式,或用方式中的状态、状态中的方式、或其他有效的方式描述系统。如果系统不是以多种状态或方式运行,本条应如实陈述,而不需要进行人为的区分。描述的内容如下:

a) 运行环境及其特性；

b) 主要的系统部件及这些部件之间的互连；

c) 与外部系统或过程的接口；

d) 现行系统的能力/功能；

e) 描述输入、输出、数据流、手工和自动处理的图表和相应的说明，使用户能够充分理解现行系统和状态；

f) 性能特性，如：速度、吞吐量、容量、频率；

g) 质量属性，如：功能性、可靠性、易用性、效率、维护性、可移植性；

h) 安全性、保密性和紧急情况下运行连续性的规定。

3.4 用户或相关人员

本条应描述现行系统用户的类型和当前状态下所涉及到的人员，（若适用）包括：组织结构、培训/技能、职责、活动，以及彼此之间的交互。

3.5 保障方案

本条应概述现行系统的保障方案，若适用，应包括：保障机构，设施，设备，支持软件，修复/替换准则，维护等级和周期，以及存储、分发和供应方法。

4 更改理由和实质

4.1 更改理由

本条应：

a) 描述需要新建或修改的用户需要、威胁、任务、目标、环境、接口、人员或其他要求新的系统或修改系统的因素；

b) 与新的系统或修改系统相比，简述现行系统存在的差距。

4.2 所需更改的说明

本条应简述能满足 4.1 中所标识因素的新建的或修改的能力/功能、处理、接口或其他所需的更改。

4.3 更改的优先级别

本条应指出所需更改优先级别。例如把每个更改标识为基本的、期望的或可选的，对期望的和可选的更改给出优先级别。

4.4 考虑但未纳入的更改

本条应指出曾考虑过，但未包含在 4.2 中的更改，说明未包括它们的理由。

4.5 假设和约束

对于适用于本章所标识的更改，本条应标识有关假设和约束。

5 新系统或修改后系统的方案

5.1 背景、目标和范围

本条应描述新系统或修改后系统的背景、任务或目标以及范围。

5.2 运行策略和约束
本条应描述适用于新系统或修改后系统的运行策略和约束。

5.3 新系统或修改后系统的描述
本条应提供对新系统或修改后系统的描述,标识出不同运行状态或方式的差异(例如常规、维护、培训、降级、紧急事件、备选场点、战时、平时)。可以仅按状态描述系统,也可以仅按方式、方式中的状态、状态中的方式、或其他有效的方式描述系统。如果系统不是以多种状态和方式运行,本条应如实陈述,而不需要进行人为的区分。(若适用)描述包括内容如下:

a) 运行环境及其特性;
b) 主要系统部件及这些部件之间的互连;
c) 与外部系统或过程的接口;
d) 新系统或修改后系统的能力/功能;
e) 描述输入、输出、数据流、手工和自动处理的图表和相应的说明,使用户能够充分理解新系统或修改后系统;
f) 性能特性,如:速度、吞吐量、容量、频率;
g) 质量属性,如:功能性、可靠性、易用性、效率、维护性、可移植性;
h) 安全性、保密性和紧急情况下运行连续性的规定。

5.4 用户/受影响人员
本条应描述新系统或修改后系统的用户类型。若适用,则包括:组织结构、培训/技能、职责、相互之间的交互。

5.5 保障方案
本条应简述新系统或修改后系统的保障方案,(若适用)应包括:保障机构、设施、设备、支持软件、维修/更换标准、维护等级和周期,以及存储、分配和供应方法。

6 运行场景
本章应描述一个或几个运行场景,举例说明新系统或修改后系统的作用、与用户的交互、与其他系统的接口和为该系统标识的所有状态或方式。(若适用)场景应包括:事件、动作、激励源、信息、交互等。可以使用其他媒体(如视频)等来描述这些信息中的部分或全部。

7 影响综述

7.1 运行影响
本条应描述预计对用户、需方、开发方和保障机构的运行影响。这些影响包括:与计算机操作中心接口的变更;过程的变更;新数据源的使用;输入到系统中的数据在数量、类型和时序上的变更;数据保留需要的变更;以及在平时、警戒时期、战时或紧急情况等条件下新的运行方式。
7.2 组织影响
本条应描述预计对用户、需方、开发方和保障机构的组织方面的影响。这些影响包括：职责的修改；职责或岗位的增加或撤销；培训或重新培训的需要；在各种运行方式下人员在数量、技能级别、岗位标识符和地点等方面的变更。
7.3 开发期间的影响
本条应描述预计在系统开发工作中产生的，对用户、需方、开发方和保障机构的各种影响。这些影响包括：关于新系统的会议/讨论；数据库的开发和修改；培训；新系统和现有系统的并行运行；新系统测试期间的影响；以及帮助或监控开发所需的其他活动。
8 分析建议系统
8.1 优点概述
本条应对新系统或修改后系统的优点提供定性和定量的概述，包括：新增的功能、增强的功能、改善的性能，(若适用)以及这些优点与在 4.1 中所述不足的关系。
8.2 缺点/限制概述
本条应对新系统或修改后系统的缺点或约束进行定性和定量概述，(若适用)包括：降级或缺少的功能、降级或达不到期望的性能、高于期望的计算机硬件资源的使用、非期望的运行影响、与用户假设的冲突以及其他约束条件。
8.3 考虑的替代方案和权衡
本条应标识和描述对系统或其特性所考虑的主要的替代方案、对这些方案所做的权衡以及作出决策的依据。
9 注释
本章应包括有助于了解文档的所有信息(例如背景、术语、缩略语或公式)。

2.2 系统/子系统规格说明

按照 GJB 438B—2009《军用软件开发文档通用要求》编写。
1 范围
1.1 标识
本条应包含本文档适用的系统的完整标识，适用时，包括其标识号、名称、缩略名、版本号和发布号。
1.2 系统概述
本条应概述本文档所适用的系统的用途。它还应描述系统的一般特性；概述系统开发、运行和维护的历史；标识项目的需方、用户、开发方和保障机构等；标识当前和计划的运行现场；列出其他有关文档。

1.3 文档概述

本条应概述本文档的用途和内容，并描述与它的使用有关的保密性方面的要求。

2 引用文档

本章应列出引用文档的编号、标题、编写单位、修订版及日期，还应标识不能通过正常采购活动得到的文档的来源。

3 需求

3.1 要求的状态和方式

如果要求系统在多种状态或方式下运行，并且不同的状态或方式具有不同的需求，则应标识和定义每一状态和方式。状态和方式的例子包括：空闲、就绪、活动、事后分析、训练、降级、紧急情况、后备、战时和平时等。可以仅用状态描述系统，也可以仅用方式、或用方式中的状态、状态中的方式、或其他有效的方式描述系统。如果不需要多种状态和方式，应如实陈述，而不需要进行人为的区分；如果需要多种状态和/或方式，应使本规格说明中的每个需求或每组需求与这些状态和方式相对应，对应关系可以在本条或本条所引用的附录中，通过表格或通过其他方式加以指明，也可以在该需求出现的章条中加以说明。

3.2 系统能力需求

为详细说明与系统各个能力相关的需求，本条可分为若干子条。"系统能力需求"中的"能力"为一组相关需求，可用"功能"、"主题"、"目标"或其他适合表示需求的词替代。

3.2.X （系统能力）

本条应标识必需的每一系统能力，并详细说明与该能力有关的需求。如果系统能力可以更清晰地分解成若干子能力，则应分条对子能力进行说明。该需求应指出所需的系统行为，包括适用的参数，如响应时间、吞吐时间、其他时限约束、时序、准确性、容量、优先级别、连续运行需求和在基本运行条件下允许的偏差；适当时，需求还应包括在异常条件、非许可条件或超限条件下所需的行为，错误处理需求和任何为保证在紧急时刻运行的连续性而引入到系统中的规定。在确定与系统所接收的输入和系统所产生的输出有关的需求时，应考虑在 3.3.X 给出的要考虑的主题列表。

3.3 系统外部接口需求

3.3.1 接口标识和接口图

本条应标识所需的系统外部接口。每个接口标识应包括其项目唯一的标识符,并应用名称、序号、版本、以及(适用时)引用文档指明接口的实体(系统、配置项和用户等)。该标识应说明哪些实体具有固定的接口特性(要给出这些接口实体的接口需求),哪些实体正被开发或修改(这些实体已有各自的接口需求)。可用一个或多个接口图表来描述这些接口。

3.3.X （接口的项目唯一的标识符）

本条(从 3.3.2 开始)应通过项目唯一的标识符标识系统的外部接口,简要地标识接口实体,根据需要分条描述为实现该接口而提出的系统的需求。该接口所涉及的其他实体的接口特性应以假设的形式描述,或以"当(未涵盖的实体)这样做时,系统将……"的形式描述,而不作为针对其他实体的需求。本条可引用其他文档(如数据字典、通信协议标准和用户接口标准)代替在此所描述的信息。若适用,需求应包括下列内容,它们以任何适合于需求的顺序提供,并应从接口实体的角度说明这些特性之间的区别(例如关于数据元素的大小、频率或其他特性的不同期望值):

a) 系统应分配给接口的优先级别。

b) 关于要实现的接口类型的要求(如实时数据传送、数据的存储和检索等)。

c) 系统必须提供存储、发送、访问和接收的单个数据元素的所要求的特征,如 1)名称/标识符,含项目唯一的标识符,非技术(自然语言)名称,数据元素名称,技术名称(如代码或数据库中的变量或字段名),缩写名或同义名;2)数据类型(字母、数字、整数等);3)大小和格式(如,字符串的长度和标点符号);4)计量单位(如,m 等);5)可能值的范围或枚举(如 0～99);6)准确性(正确程度)和精度(有效数字位数);7)优先级别、时序、频率、容量、序列和其他约束条件,如:数据元素是否可更新、业务规则是否适用;8)保密性约束;9)来源(设置/发送实体)和接收者(使用/接收实体)。

d) 系统必须提供存储、发送、访问和接收的数据元素组合体(记录、消息、文件、数组、显示和报表等)所要求的特征,如 1)名称/标识符,含项目唯一的标识符,非技术(自然语言)名称,技术名称(如代码或数据库中的变量或字段名),缩写名或同义名;2)数据元素集合体中的数据元素及其结构(编号、次序和分组);3)媒体(如磁盘、光盘等)和媒体中数据元素/数据元素集合体的结构;4)显示和其他输出的视听特性(如颜色、布局、字体、图标和其他显示元素、蜂鸣声和亮度等);5)数据元素集合体之间的关系(如排序/访问特性);6)优先级别、时序、频率、容量、序列和其他的约束条件,如:数据元素集合体是否可被修改、业务规则是否适用;7)保密性约束;8)来源(设置/发送实体)和接收者(使用/接收实体)。

e) 系统必须使用的接口的通信方法所要求的特征,如 1)项目唯一的标识符;2)通信链接/带宽/频率/媒体及其特性;3)消息格式化;4)流控制(如序列编号和缓冲区分配);5)数据传送速率,周期性/非周期性,传输间隔;6)路由、寻址、命名约定;7)传输服务,包括优先级别和等级;8)安全性/保密性方面的考虑(如加密、用户鉴别、隔离、审核等)。

f) 系统必须使用的接口的协议所要求的特征,如 1)项目唯一的标识符;2)协议的优先级别/层次;3)打包,包括分段和重组、路由、寻址;4)合法性检查、错误控制和恢复过程;5)同步,包括连接的建立、保持和终止;6)状态、标识、任何其他的报告特征。

g) 其他所需的特征,如接口实体的物理兼容性(尺寸、公差、负荷和接插件兼容性等)、电压等。

3.4 系统内部接口需求

本条应指明系统内部接口的需求。如果所有内部接口留到设计时或在系统部件的需求规格说明中规定,那么应如实说明。如果提出这样的需求,则可考虑在 3.3 条中列出的主题。

3.5 系统内部数据需求

如果提出了系统内部数据的需求,则本条应指明这些需求,其中包括对系统中数据库和数据文件的需求。如果所有有关内部数据的决策都留待设计时或留待系统部件的需求规格说明中给出,则需在此说明。如果要给出这种需求,则可考虑在 3.3.X c)和 3.3.X d)中列出的主题。

3.6 适应性需求

若有适应性需求,则本条应指明要求系统提供的、与安装有关的数据(如现场的经纬度)和要求系统使用的、根据运行需要可能变化的运行参数(如指示与运行有关的目标常量或数据记录的参数)。

3.7 安全性需求

若有安全性需求,则本条应描述有关防止对人员、财产、环境产生意外危险或把此类危险减少到最低的系统需求,其中包括:危险物品使用的限制;为运输、处理、存储的目的而对爆炸物品进行分类;异常中止/异常出口规定;气体检测和报警设备;电力系统接地;排污;防爆等。

3.8 保密性需求

若有保密性需求,则本条应指明维持保密性的系统需求,包括:系统运行的保密性环境、提供的保密性的类型和程度、系统必须经受住的保密性的风险、减少此类风险所需的安全措施、系统必须遵循的保密性政策、系统必须具备的保密性责任、保密性认证/认可必须满足的准则等。

3.9 系统环境需求

若有系统环境需求,则本条应指明与系统运行必需的环境有关的需求。对软件系统而言,运行环境包括支持系统运行的计算机硬件和操作系统(其他有关计算机资源方面的需求在下一条描述)。对硬软件系统而言,运行环境包括系统在运输、贮存和操作过程中必须经受的环境条件,如自然环境条件(风、雨、温度、地置位置)、诱发环境(运动、撞击、噪声、电磁辐射)和对抗环境(爆炸、辐射)。

3.10 计算机资源需求

3.10.1 计算机硬件需求

本条应描述系统使用的或引入到系统中的计算机硬件需求,其中包括:各类设备的数量,处理器、存储器、输入/输出设备、辅助存储器、通信/网络设备、其他所需的设备的类型、大小、能力(容量)及其他所要求的特征。

3.10.2 计算机硬件资源利用需求

本条应描述系统的计算机硬件资源利用方面的需求,如,最大许可使用的处理器能力、存储器容量、输入/输出设备能力、辅助存储器容量和通信/网络设备能力。这些要求(例如表示为每个计算机硬件资源能力的百分比)还应包括测量资源利用时所要求具备的条件。

3.10.3 计算机软件需求

本条应描述系统必须使用或引入系统的计算机软件的需求,如操作系统、数据库管理系统、通信/网络软件、实用软件、输入和设备模拟器、测试软件和制造用软件。应提供每个软件项的正确名称、版本和引用文档。

3.10.4 计算机通信需求

本条应描述系统必须使用的或引入系统的计算机通信方面的需求,如连接的地理位置、配置和网络拓扑结构、传输技术、数据传输速率、网关、要求的系统使用时间、传送/接收数据的类型和容量、传送/接收/响应的时间限制、数据量的峰值和诊断功能。

3.11 系统质量因素

若提出质量因素方面的需求,则本条应描述系统的这些需求,其中包括:功能性、可靠性、易用性、效率、维护性、可移植性以及其他属性等的定量需求。

3.12 设计和构造的约束

若有设计和构造的约束,则应描述约束系统设计和构造的那些需求。对硬软件系统而言,应包括强加于系统的物理需求,这些需求可通过引用适当的标准和规范来指定。需求包括:

a) 特殊系统体系结构的使用或对体系结构方面的需求,例如需要的子系统;标准部件、现有部件的使用;政府/需方提供的资源(设备、信息、软件)的使用。

b) 特殊设计或构造标准的使用;特殊数据标准的使用;特殊编程语言的使用;技艺需求和生产技术。

c) 系统的物理特性(如重量限制、尺寸限制、颜色、保护罩);部件的可交换性;从一地运输到另一地的能力;由单人或一组人携带或架设的能力。

d) 能够使用和不能使用的物品;处理有毒物品的需求;系统产生电磁辐射的允许值范围。

e) 铭牌、部件标记、系列号和批次号的标记、其他标识标记的使用。

f) 为支持在技术、威胁、任务等方面预期的发展或变化而必须提供的灵活性和可扩展性。

3.13 人员需求

若有人员相关需求,则本条应描述与使用或支持系统的人员有关的需求,包括人员的数量、技能等级、责任期、培训需求以及其他的信息,如:要提供的工作站数量、嵌入的帮助和培训等方面的需求;适当时还应包括对系统的人素工程需求。这些需求包括对人员在能力与局限性方面的考虑;在正常和极端条件下可预测的人为错误,以及人为错误造成特别严重影响的特定区域。例如对高度可调的工作站、错误消息的颜色和持续时间、关键指示器或键的物理位置以及听觉信号的使用需求。

3.14 培训需求

若有培训相关需求,则本条应描述有关培训方面的需求。

3.15 保障需求

若有综合保障相关需求,则本条应描述有关综合保障方面的系统需求,其中包括系统维护、软件保障、系统运输方式、对现有设施的影响和对现有设备的影响。

3.16 其他需求

若有其他需求,则本条应描述在以上各条中没有涉及到的其他系统需求,其中包括在其他合同文件中没有涉及的系统文档的需求,如规格说明、图表、技术手册、测试计划、测试规程和安装说明材料。

3.17 包装需求

若有包装需求,则本条应描述需交付的系统及其部件在包装、加标签和处理方面的需求,适当时可引用适用的军用规范和标准。

3.18 需求的优先顺序和关键性

(若适用)本条应描述本规格说明中各需求的优先次序、关键性或所赋予的指示其相对重要性的权重。例如标识对安全性和保密性关键的需求,以便进行特殊处理。如果所有需求具有相等的权重,本条应如实说明。

4 合格性规定

本章应定义一组合格性方法,并为第 3 章中的每个需求指定为确保需求得到满足所应使用的方法。可用表格形式表述该信息,或为第 3 章中的每个需求注明所使用的方法。合格性方法包括:

a) 演示:依靠可见的功能操作,直接运行系统或系统的一部分,而不需要使用仪器、专用测试设备或进行事后分析。

b) 测试:使用仪器或其他专用测试设备运行系统或系统的一部分,以便采集数据供事后分析使用。

c) 分析:处理从其他合格性方法获得的积累数据。

d) 审查:对系统部件、文档等进行目视检查。

e) 特殊的合格性方法。任何针对系统的特殊合格性方法,如专用工具、技术、过程、设施、验收限制、飞行模型或飞行航迹等。

5 需求可追踪性

本章对系统规格说明不适用;对子系统规格说明,应描述:

a) 从本规格说明中的每个子系统需求,到它所涉及的系统需求的可追踪性。该可追踪性也可以通过对第 3 章中的每个需求进行注释的方法加以描述。

注:每一个层次的系统细化都可能导致需求不能直接追踪到较高层次。例如一个系统体系结构设计建立了两个子系统,可能导出关于两个子系统如何接口的需求,而这些接口需求在系统需求中并没有被涵盖。这样的需求可以被追踪到类似于"系统实现"这样的一般需求,或被追踪到导致它们产生的系统设计决策。

b) 从已分配给本规格说明所覆盖的子系统的每一个系统需求,到所涉及的子系统需求的可追踪性。分配给子系统的所有系统需求都应加以说明。追踪到《接口需求规格说明》中所包含的子系统需求时,可引用《接口需求规格说明》。

6 注释

本章应包括有助于了解文档的所有信息(例如背景、术语、缩略语或公式)。

2.3 接口需求规格说明

按照 GJB 438B—2009《军用软件开发文档通用要求》编写。

1 范围

1.1 标识

本条应包含本文档所适用的系统、接口实体和接口的完全标识,适用时,包括其标识号、名称、缩略名、版本号和发布号。

1.2 系统概述

本条应概述本文档适用的系统和软件的用途。它还应描述系统与软件的一般特性；概述系统开发、运行和维护的历史；标识项目的需方、用户、开发方和保障机构等；标识当前和计划的运行现场；列出其他有关文档。

1.3 文档概述

本条应概述本文档的用途和内容，并描述与它的使用有关的保密性方面的要求。

2 引用文档

本章应列出引用文档的编号、标题、编写单位、修订版及日期，还应标识不能通过正常采购活动得到的文档的来源。

3 需求

3.1 接口标识和接口图

对1.1条中标识的每一个接口，本条应包含项目唯一的标识符，(若适用)应通过名称、编号、版本和文档引用来指明接口实体(系统、配置项、用户等)。该标识应声明哪些实体具有固定的接口特性(要给出这些接口实体的接口需求)；说明哪些实体正在开发或修改之中(这些实体已有各自的接口需求)。可通过一张或多张接口图来描述这些接口。

3.X （接口的项目唯一的标识符）

本条(从3.2开始)应通过项目唯一的标识符来标识接口，应简要地标识接口实体。根据需要可分条描述为实现该接口而提出的一个或多个接口实体的需求。如果一个实体的接口特性未包含在本文档中，但是描述对该接口实体的需求时需要提到其接口特性，这些特性应作为假定予以陈述，或以"当[未涵盖的实体]这么做时，[所指定的实体]将……"的形式描述，而不作为本文档没有涵盖的实体的需求。本条可引用其他文档(例如数据字典、通信协议标准、用户接口标准)代替在此所描述的信息。若适用，需求应包括如下内容，并以适合于需求的任何顺序给出，还应从接口实体的角度说明这些特性之间的区别(例如关于数据元素的大小、频率或其他特性的不同期望值)：

 a) 接口实体必须分配给该接口的优先级。

 b) 关于要实现的接口类型的要求(例如实时数据传送、数据的储存和检索等)。

 c) 接口实体必须提供、储存、发送、存取、接收的各个数据元素所要求的特征，例如1)名称/标识符，含项目唯一的标识符，非技术(自然语言)名称，数据元素名称，技术名称(如在代码或数据库中的变量名或字段名)，缩略名或同义名；

2)数据类型(字母、数字、整数等);3)大小和格式(如:字符串的长度和标点符号);4)计量单位(如:m 等);5)可能值的范围或枚举(如:0～99);6)准确性(正确程度)和精度(有效数字位数);7)优先级别、时序、频率、容量、序列以及其他约束条件(例如数据元素是否可以被更新、业务规则是否适用);8)保密性约束;9)来源(建立/发送的实体)和接收者(使用/接收的实体)。

d) 接口实体必须提供、存储、发送、访问、接收的数据元素组合体(记录、消息、文件、数组、显示、报表等)所要求的特征,例如 1)名称/标识符,含项目唯一的标识符、非技术(自然语言)名称、技术名称(如在代码或数据库中的记录名或数据结构名)、缩略名或同义名;2)包中的数据元素及其结构(编号、顺序和成组情况);3)介质(例如磁盘)以及在介质上数据元素/包的结构;4)显示和其他输出的视听特性(例如颜色、布局、字体、图标和其他显示元素、蜂鸣音和亮度);5)包之间的关系,如排序/存取特性;6)优先级、定时、频率、容量、定序及其他约束,例如包是否可以被更新、业务规则是否适用;7)保密性约束;8)来源(建立/发送的实体)和接收者(使用/接收的实体)。

e) 接口实体必须使用的接口的通信方法所要求的特征,如:1)项目唯一的标识符;2)通信链接/带宽/频率/介质及其特性;3)消息格式;4)流控制(如序列编号和缓冲区分配);5)周期/非周期传送的数据传送速率,传输间隔;6)路由、寻址、命名约定;7)传输服务,包括优先权和等级;8)安全性/保密性考虑,如加密、用户鉴别、隔离和审核。

f) 接口实体必须使用的接口的协议所要求的特征,如:1)项目唯一的标识符;2)协议的优先级别/层次;3)打包,包括拆包和重新打包、路由和寻址;4)合法性检查、错误控制和恢复过程;5)同步,包括建立连接、保持和终止;6)状态、标识及任何其他报告的特性。

g) 其他所要求的特征,例如接口实体的物理兼容性(尺寸、公差、负载和接插件的兼容性等)、电压等。

3.Y 需求的优先顺序和关键性

(若适用)本条应描述本文档中各需求的优先次序、关键性或所赋予的指示其相对重要性的权重。例如标识对安全性或保密性关键的需求,以便进行特殊处理。如果所有需求具有相等的权重,本条应如实说明。

4 合格性规定

本章应定义一组合格性方法,并为第 3 章中的每个需求指定为确保需求得到满足所应使用的方法。可用表格形式表述该信息,或为第 3 章中的每个需求注明所使用的方法。合格性方法可以包括:

a) 演示。依靠可见的功能操作,直接运行接口实体,而不需要使用仪器、专用测试设备或进行事后分析。

b) 测试。使用仪器或专用测试设备,运行接口实体,以便采集数据供事后分析使用。

c) 分析。处理从其他合格性方法获得的积累数据。例如对测试结果进行简约、解释或推断。

d) 审查。对接口实体、文档等进行目视检查。

e) 特殊的合格性方法。任何针对接口实体的特殊合格性方法,例如专用工具、技术、规程、设施、验收限制。

5 需求可追踪性

对系统级接口实体,本章不适用。对每一个子系统级或更低级接口实体,本章应包含:

a) 从本规格说明中实体的每个需求,到该需求所涉及的系统(或子系统)需求的可追踪性(也可以通过对第 3 章中的每一个需求进行注释来提供可追踪性)。

注:每个层次的系统细化都可能导致不能直接追踪到较高层次需求的需求。例如创建多个 CSCI 的系统体系结构设计,可能导出关于这些 CSCI 如何接口的需求,而这些接口需求在系统需求中并没有涵盖。这样的需求可以被追踪到类似于"系统实现"这样的一般需求,或被追踪到导致它们产生的系统设计决策上。

b) 从分配给本接口实体的和影响到这个规格说明中某个接口的每个系统(或子系统)需求,到本规格说明中涉及到它的接口需求的可追踪性。

6 注释

本章应包括有助于了解文档的所有信息(例如背景、术语、缩略语或公式)。

2.4 系统/子系统设计说明

按照 GJB 438B—2009《军用软件开发文档通用要求》编写。

1 范围

1.1 标识

本条应描述本文档所适用的系统的完整标识,适用时,包括其标识号、名称、缩略名、版本号和发布号。

1.2 系统概述

本条应概述本文档所适用的系统的用途。它还应描述系统的一般特性;概述系统开发、运行和维护的历史;标识项目的需方、用户、开发方和保障机构等;

标识当前和计划的运行现场；列出其他有关文档。

1.3 文档概述

本条应概述本文档的用途和内容，并描述与它的使用有关的保密性方面的要求。

2 引用文档

本章应列出引用文档的编号、标题、编写单位、修订版及日期，还应标识不能通过正常采购活动得到的文档的来源。

3 系统级设计决策

本章根据需要可分条描述系统级设计决策，即系统行为的设计决策（忽略其内部实现，从用户角度出发描述系统将怎样运转以满足需求）和其他对系统部件的选择与设计产生影响的决策。如果所有这些决策在需求中已明确指出或推迟到系统部件的设计时给出，则应如实说明。对应于指定为关键性需求（如安全性或保密性需求）的设计决策，应在专门的章条中加以叙述。如果设计决策依赖于系统状态或方式，应指明这种依赖关系。应给出或引用理解这些设计所需要的设计约定。系统级设计决策例子如下：

a）有关系统接收的输入和产生的输出的设计决策，包括与其他系统、配置项和用户的接口（在 4.3.X 标识了在本文档中所要考虑的主题）。如果《接口设计说明》中给出部分或全部该类信息，在此可以引用。

b）对每个输入或条件进行响应的系统行为的设计决策，包括系统执行的动作、响应时间和其他性能特性、所模拟的物理系统的描述、所选择的方程式/算法/规则、对不允许的输入或条件的处理。

c）系统数据库/数据文件如何呈现给用户的设计决策（在 4.3.X 标识了本文档中所要考虑的主题）。如果《数据库设计说明》中给出部分或全部该类信息，在此可以引用。

d）为满足安全性和保密性需求所选用的方法。

e）硬件或硬软件系统的设计和构造选择，如物理尺寸、颜色、形状、重量、材料和标志。

f）为了响应需求而作出的其他系统级设计决策，如为提供所需的灵活性、可用性和可维护性而选择的方法。

4 系统体系结构设计

注：为简明起见，本章的描述是按照"系统是由硬件配置项（HWCI）、计算机软件配置项（CSCI）、手工操作所组成"进行的，对于"系统由子系统组成，子系统由 HWCI、CSCI、手工操作组成，或其他适当变化"的情况宜加以适当解释。

4.1 系统部件

本条应：

a) 标识所有系统部件(硬件配置项、软件配置项和手工操作)，并为每个部件指定一个项目唯一的标识符。

注：数据库可作为一个 CSCI 或 CSCI 的一部分进行处理。

b) 说明部件之间的静态关系。根据所选择的设计方法学，可能会给出多重关系。

c) 陈述每个部件的用途，并标识分配给部件的系统需求和系统级设计决策(作为一种变通，可在 5a)中给出需求的分配)。

d) 标识已知的每个部件的开发状态/类型，如新开发的部件、对已有部件按原样进行重用的部件、对已有设计按原样进行重用的部件、要再工程的已有设计或部件、为重用而开发的部件、计划用于第 N 构建版的部件等)。对于现有设计或部件，应给出其标识信息，如名称、版本、文档引用和地点等。

e) 对已确定用于该系统的每个计算机系统或其他计算机硬件资源的集合，描述其计算机硬件资源(如处理器、存储器、输入/输出设备、辅存器、通信/网络设备)。适当时，每一描述应标识出使用该资源的配置项，对使用该资源的每个计算机软件配置项说明资源使用分配情况(如给计算机软件配置项 1 分配 20%的资源，给计算机软件配置项 2 分配 30%的资源)，说明在什么条件下测量资源的使用情况，说明该资源的特性。具体内容包括 1)计算机处理器描述，适当时应包括制造商名称和型号、处理器速度/能力、指令集体系结构、适用的编译程序、字长(每个计算机字的位数)、字符集标准(如 ASCⅡ或 EBCDIC)和中断能力等;2)存储器描述，适当时应包括制造商名称和型号、存储器大小、类型、速度和配置(如 256K 高速缓冲存储器、16MB RAM);3)输入/输出设备描述，适当时应包括制造商名称和型号、设备类型和设备的速度/能力;4)外存描述，适当时应包括制造商名称和型号、存储器类型、安装存储器的数量和存储器速度;5)通信/网络设备，如调制解调器、网卡、集线器、网关、电缆、高速数据线、这些部件或其他部件的集合体的描述，适当时应包括制造商名称和型号、数据传送速率/能力、网络拓扑结构、传输技术和使用的协议;6)适当时，每个描述还应包括：增长能力、诊断能力、与本描述相关的其他的硬件能力。

f) 给出系统的规格说明树，即用图示标识和表示已计划的系统部件的规格说明之间的关系。

4.2 执行方案

本条应描述系统部件之间的执行方案。用图示和说明表示部件之间的动态关系，即系统运行期间它们是如何交互的,(若适用)包括：执行控制流,数据流,动态控制序列、状态转换图、时序图、部件的优先级别、中断处理、时序/序列关系、异常处理、并发执行、动态分配/去除分配、对象、进程、任务的动态创建/删除,以及动态行为的其他方面。

4.3 接口设计
4.3.1 接口标识和图表
本条应用项目唯一的标识符标识每个接口,并用名称、编号、版本、文档引用指明接口实体(如系统、配置项和用户等)。该标识应描述哪些实体具有固定接口特性(给出这些实体的接口需求)、哪些实体正被开发或修改(这些实体已有各自的接口需求)。应提供一个或多个接口图表来描述这些接口。

4.3.X (接口的项目唯一的标识符)
本条(从 4.3.2 开始)应用项目唯一的标识符标识接口,简要地描述接口实体,并根据需要分条描述接口实体单方或双方的接口特性。如果某个接口实体未在本文中提及(如,一个外部系统),而在本文描述接口实体时需要提到其接口特性,则这些特性应作为假设予以陈述,或以"当[未涵盖实体]这样做时,[本文提及的实体]将……"的形式描述。本条可引用其他文档(例如数据字典、协议标准、用户接口标准)代替本条的描述信息。若适用,本设计说明应包括以下内容,它们可以任何适合于要提供的信息的顺序给出,并应从接口实体角度,说明这些特性之间的区别(例如关于数据元素的大小、频率或其他特性的不同期望值):

  a) 接口实体分配给接口的优先级别。
  b) 要实现的接口的类型(如实时数据传送、数据的存储和检索等)。
  c) 接口实体将提供、存储、发送、访问、接收的各个数据元素的特征,如:1)名称/标识符,含项目唯一的标识符,非技术(自然语言)名称,数据元素名称,技术名称(如代码或数据库中变量或字段名),缩写名或同义名;2)数据类型(字母、数字、整数等);3)大小和格式(如字符串长度和标点符号);4)计量单位(如 m);5)可能值的范围或枚举(如 0~99);6)准确度(正确程度)和精度(有效数字位数);7)优先级别、时序、频率、容量、序列、其他约束,如数据元素是否可被更新、业务规则是否适用;8)保密性约束;9)来源(设置/发送实体)和接收者(使用/接收实体)。
  d) 接口实体提供、存储、发送、访问、接收的数据元素组合体(记录、消息、文件、数组、显示、报告等)的特征,如 1)名称/标识符,含供追踪用的项目唯一的标识符,非技术(自然语言)名称,技术名称(如代码或数据库中的记录或数据结构),缩写名或同义名;2)数据元素集合体中的数据元素及其结构(编号、次序、分组);3)媒体(如盘)和媒体中数据元素/集合体的结构;4)显示和其他输出的视听特性(如颜色、版面设计、字体、图标和其他显示元素、蜂鸣声、亮度);5)数据元素集合体之间的关系,如排序/访问特性;6)优先级别、时序、频率、容量、序列、其他约束,如集合体是否可被修改、业务规则是否适用;7)保密性约束;8)来源(设置/发送实体)和接收者(使用/接收实体)。

e) 接口实体为该接口使用的通信方法的特征,如 1)项目唯一的标识符;2)通信链路/带宽/频率/媒体及其特性;3)消息格式化;4)流控制(如序列编号和缓冲区分配);5)数据传送速率,周期性/非周期性,传输间隔;6)路由、寻址、命名约定;7)传输服务,包括优先级别和等级;8)安全性/保密性方面的考虑,如加密、用户鉴别、隔离、审核。

f) 接口实体为该接口使用的协议的特征,如 1)项目唯一的标识符;2)协议的优先级别/层次;3)打包,包括:分段和重组、路由、寻址;4)合法性检查、错误控制和恢复过程;5)同步,包括:连接的建立、保持、终止;6)状态、标识和其他报告特征。

g) 其他特征,如接口实体的物理兼容性(尺寸、公差、负荷、电压和接插件兼容性等)。

5 需求的可追踪性

本章应描述:

a) 从本设计说明中标识的每个系统部件到相应的系统需求之间的可追踪性(该可追踪性也可在 4.1 中提供)。

b) 从每个系统需求到相应的系统部件之间的可追踪性。

6 注释

本章应包括有助于了解文档的所有信息(例如背景、术语、缩略语或公式)。

2.5 接口设计说明

按照 GJB 438B—2009《军用软件开发文档通用要求》编写。

1 范围

1.1 标识

本条应描述本文档所适用的系统、接口实体和接口的完整标识,适用时,包括其标识号、名称、缩略名、版本号和发布号。

1.2 系统概述

本条应概述本文档所适用的系统和软件的用途。它还应描述系统与软件的一般特性;概述系统开发、运行和维护的历史;标识项目的需方、用户、开发方和保障机构等;标识当前和计划的运行现场;列出其他有关文档。

1.3 文档概述

本条应概述本文档的用途和内容,并描述与它的使用有关的保密性方面的要求。

2 引用文档

本章应列出引用文档的编号、标题、编写单位、修订版及日期,还应标识不能通过正常采购活动得到的文档的来源。

3 接口设计

3.1 接口标识和接口图

对于1.1中所标识的每个接口,本条应描述赋予该接口的项目唯一的标识符,适当时应使用名称、编号、版本和文档引用等标识接口实体(系统、配置项、用户等)。该标识应说明哪些实体具有固定的接口特性(要给出这些接口实体的接口需求),哪些实体正被开发或修改(这些实体已有各自的接口需求)。适当时,可使用一个或多个接口图来描述这些接口。

3.X （接口的项目唯一的标识符）

本条(从3.2开始编号)应通过项目唯一的标识符标识接口,应简要标识接口实体,并且应根据需要分条描述接口实体的单方或双方的接口特性。如果一指定的接口实体没有在IDD中提及(例如一个外部系统),而在本文档描述接口实体时需要提到其接口特征,则这些特征应作为假设予以陈述、或以"当[未涵盖的实体]这样做时,[所指定的实体]将……"的形式描述。本条可引用其他文档(例如数据字典、协议标准、用户接口标准)代替本条的描述信息。若适用,本设计说明应包括以下内容,可以任何适合于该信息的顺序提供,并应从接口实体角度,说明这些特性之间的区别(例如关于数据元素的大小、频率或其他特性的不同期望值):

a) 接口实体分配给接口的优先级别。

b) 要实现的接口的类型(如实时数据传送、数据的存储和检索等)。

c) 接口实体必须提供、存储、发送、访问、接收的各个数据元素的特征,如1)名称/标识符,含项目唯一的标识符,非技术(自然语言)名称,数据元素名称,技术名称(如代码或数据库中的变量或字段名),缩写名或同义名;2)数据类型(字母、数字、整数等);3)大小和格式(如字符串的长度和标点符号);4)计量单位(如 m);5)可能值的范围或枚举(如0～99);6)准确度(正确程度)和精度(有效数字位数);7)优先级别、时序、频率、容量、序列、其他的约束条件,如:数据元素是否可被更新、业务规则是否适用;8)保密性约束;9)来源(设置/发送实体)和接收者(使用/接收实体)。

d) 接口实体应提供、存储、发送、访问、接收的数据元素组合体(记录、消息、文件、显示、报表等)的特征,如 1)名称/标识符,含项目唯一的标识符,非技术(自然语言)名称,技术名称(如代码或数据库中的记录或数据结构),缩写名或同义名;2)数据元素集合体中的数据元素及其结构(编号、次序、分组);3)媒体(如盘)和媒体中数据元素/数据元素集合体的结构;4)显示和其他输出的视听特性(如颜色、布局、字体、图标和其他显示元素、蜂鸣声、亮度等);5)数据元素集合体之间的关系,如排序/访问特性;6)优先级别、时序、频率、容量、序列、其他的约束条件,如数据元素集合体是否可被修改、业务规则是否适用;7)保密性约束;8)来源(设置/发送实体)和接收者(使用/接收实体)。

e) 接口实体将为接口使用的通信方法的特征,如 1)项目唯一的标识符;2)通信链接/带宽/频率/媒体及其特性;3)消息格式化;4)流控制(如序列编号和缓冲区分配);5)数据传送速率,周期性/非周期性,传输间隔;6)路由、寻址、命名约定;7)传输服务,包括优先级别和等级;8)安全性/保密性方面的考虑,如:加密、用户鉴别、隔离、审核等。

f) 接口实体将为接口使用的协议的特征,如 1)项目唯一的标识符;2)协议的优先级别/层次;3)打包,包括分段和重组、路由、寻址;4)合法性检查、错误控制和恢复过程;5)同步,包括连接的建立、维护、终止;6)状态、标识、任何其他报告特征。

g) 其他特性,如接口实体的物理兼容性(尺寸、公差、负荷、电压和接插件兼容性等)。

4 需求的可追踪性

本章应描述:

a) 从本文档中每个接口实体到相应的系统或计算机软件配置项需求之间的可追踪性。

b) 从影响本文档接口的每个系统或计算机软件配置项需求到相应接口实体之间的可追踪性。

5 注释

本章应包括有助于了解文档的所有信息(例如背景、术语、缩略语或公式)。

2.6 软件研制任务书

按照 GJB 438B—2009《军用软件开发文档通用要求》编写。

1 范围
1.1 标识

本条应描述本文档所适用的系统和软件的完整标识,适用时,应描述其标识号、名称、缩略名、版本号和发布号。

1.2 系统概述

本条应概述本文档适用的系统和软件的用途。它还应描述系统与软件的一般特性；概述系统开发、运行和维护的历史；标识项目的需方、用户、开发方和保障机构等；标识当前和计划的运行现场；列出其他有关文档。

1.3 文档概述

本条应概述本文档的用途和内容，并描述与它的使用有关的保密性方面的要求。

2 引用文档

本章应列出引用文档的编号、标题、编写单位、修订版及日期，还应标识不能通过正常采购活动得到的文档的来源。

3 运行环境要求

3.1 硬件环境

本条应描述 CSCI 运行必需的硬件环境的要求，包括：

a) 宿主机和目标机的型号、主要性能指标及资源配置和分配；

b) 通用外设的种类、数量、型号、规格及主要性能指标；

c) 专用外设的种类、数量、性能及接口情况。

3.2 软件环境

本条应描述 CSCI 运行必需的软件环境的要求，应包括：

a) 系统的组成；

b) 对操作系统、监控软件、语言、数据库等的类型、版本及编程要求；

c) 软件工具的种类、版本及应用的主要功能。

4 技术要求

4.1 功能

本条可分条描述需要由软件产品完成的所有功能、工作模式、容错要求、特殊要求（如对某些意外的适应能力）及应急措施和可扩展要求。

4.2 性能

本条应描述对软件的精度、实时性、时间、占用存储空间的开销及余量等性能指标要求。

4.3 输入/输出

本条应描述本软件所有输入/输出信息的来源、格式、数量、频度、顺序、值域、精度、接收方法及信号发生的最短时间间隔，发送方法及发送对象，中断信号数量、优先级，需要时给出与其他软件的接口，以及对于嵌入式软件程序的固化地址。

4.4 数据处理要求

本条应列出所有处理需要的条件,说明数据参数的处理精度、处理速度、传递关系、并行关系和最大信息量情况(最大数据容量、最大数据流通率、允许最长中断排队长度及处理时间等),规定对冗余信息的处理准则。用表格的形式列出所有参数,并说明每个参数的名称、量纲、数据精度及对软件的使用要求等。

4.5 接口

本条应描述与各种外部接口之间的关系。

4.6 固件

需要时,本条应描述程序的固化地址、安装和操作要求。

4.7 关键性要求

4.7.1 可靠性

本条按需要可分成若干条描述软件可靠性指标及可靠性要求;描述软件的容错、冗余要求及建议,并提出与操作员有关的容错要求;描述软件的健壮性要求,如对系统瞬时掉电、受外界干扰、接口故障(非法输入、常 0/1 故障)等的适应能力,提出局部软、硬件失效时的降级设计要求。

4.7.2 安全性

本条按需要可分成若干条描述软件安全性要求,如关键功能至少要由两个独立的程序模块共同完成,"监视时钟"(看门狗)的设置要求,软件(程序)多余物的处理,程序块的隔离,内存未用空间和未采用中断的处理,对关键数据、变量的保护和校核等;描述安全性关键功能软件的标识、控制、检测和故障识别;描述软件失控、加电检测控制顺序出现异常造成的可接受的最低安全性水平;描述关于系统的某些故障模式和软件的故障对策要求。若适用,描述不允许出现的故障模式。

4.7.3 保密性

本条应描述保密性要求,如口令、密码、访问控制、数据加密等。

5 设计约束

本条应描述约束软件设计的那些要求,一般应包括如下内容:

a) 软件的数学模型、规则、计算公式、参数名称、符号和重用要求;
b) 软件的编程语言和编程规则;
c) 软件的开发工具和环境要求;
d) 软件的测试工具和环境要求;
e) 软件的重用性和可移植性要求。

6 质量控制要求
6.1 软件关键性等级
本条应描述各 CSCI 的关键等级、规模等级和相应的要求。
6.2 标准
本条应描述软件开发等应遵循的标准。
6.3 文档
本条应描述应有的开发文档清单以及对它们的评审要求。
6.4 配置管理
本条应描述软件的配置管理要求。
6.5 测试要求
本条应描述软件测试的要求;必要时规定软件测试的特殊要求,如软件必须由第三方独立测试等。
6.6 对分承制方的要求
当存在软件分承制方时,本条应描述对分承制方的要求。

7 验收和交付
本章应描述如下内容:
a) 软件的验收准则,包括验收程序和验收环境;
b) 软件的交付形式、数量、装载媒体等;
c) 应交付的文档清单;
d) 需要时,软件的版权保护要求。

8 软件保障要求
本章应描述在软件移交后的有关软件维护、培训等技术保障要求。

9 进度和里程碑
本章应描述项目的进度要求、里程碑和需要需方参加的评审等。

10 注释
本章包括有助于了解文档的所有信息(例如背景、术语、缩略语或公式)。

2.7 软件开发计划

按照 GJB 438B—2009《军用软件开发文档通用要求》编写。

1 范围
1.1 标识
本条应描述本文档所适用的系统和软件的完整标识,适用时,包括其标识号、名称、缩略名、版本号和发布号。

1.2 系统概述

本条应概述本文档所适用的系统和软件的用途。它还应描述系统与软件的一般特性;概述系统开发、运行和维护的历史;标识项目的需方、用户、开发方和保障机构等;标识当前和计划的运行现场;列出其他有关文档。

1.3 文档概述

本条应概述本文档的用途和内容,并描述与它的使用有关的保密性方面的要求。

1.4 与其他计划之间的关系

本条应描述本计划和其他项目管理计划的关系。

2 引用文档

本章应列出引用文档的编号、标题、编写单位、修订版及日期,还应标识不能通过正常采购活动得到的文档的来源。

3 策划背景概述

本章按需要可分为若干条,并应对后续章条描述的策划提供背景信息,主要包括如下方面的概述:

    a) 所要开发系统、软件的需求和约束;

    b) 项目文档的需求和约束;

    c) 项目在系统寿命周期中的位置;

    d) 所选用的工程项目/获取策略或其他方面对它的需求或约束;

    e) 项目进度安排及资源的需求与约束;

    f) 其他需求和约束,例如项目的保密性、方法、标准、硬件和软件开发的相互依赖关系等。

4 软件开发活动的总体实施计划

如果项目的不同构建版或不同软件要求不同的策划,就应在下述相应条中注明这些区别。除下面规定的内容外,每条应标识适用的风险/不确定性和它们的处理计划。

4.1 软件开发过程

本条应描述要采用的软件开发过程,软件生存周期模型的定义和选择。计划的内容应覆盖合同(或软件研制任务书)中涉及该方面要求的所有条款,应包括已标识的计划的构建版,合适时,包括各构建版的目标以及每个构建版要执行的软件开发活动。

4.2 软件开发总体计划

4.2.1 软件开发方法

本条应描述或引用所使用的软件开发方法,包括为支持这些方法所使用的手工的和自动的工具以及规程的描述。该方法应覆盖合同(或软件研制任务书)中涉及该方面要求的所有条款。如果在本文档方法所适用的活动中,对软件开发方法有更好的描述,则可直接引用。

4.2.2 软件产品标准

本条应描述或引用在表达需求、设计、编码、测试用例、测试过程和测试结果方面要遵循的标准。这些标准应覆盖合同(或软件研制任务书)中涉及该方面要求的所有条款。如果这些标准在本文档标准所适用的活动中有更好的描述,则可直接引用。

4.2.3 可重用的软件产品

4.2.3.1 采用可重用软件产品

本条应描述标识、评价和采用可重用软件产品所遵循的方法,包括查找这些产品的范围和进行评价的准则,并应覆盖合同(或软件研制任务书)中涉及该方面要求的所有条款。在制定或更新计划时对已选定的或候选的可重用的软件产品应加以标识和说明,适用时还应给出与使用有关的优缺点和限制。

4.2.3.2 开发可重用软件产品

本条应描述开发可重用软件产品的可能性及所遵循的方法,并应覆盖合同(或软件研制任务书)中涉及该方面要求的所有条款。

4.2.4 关键需求的处理

本条描述安全性保证、保密性保证和其他关键需求保证的处理所遵循的方法,并应覆盖合同(或软件研制任务书)中涉及该方面要求的所有条款。

4.2.5 计算机硬件资源的利用

本条应描述分配计算机硬件资源和监控其使用情况所遵循的方法,应覆盖合同(或软件研制任务书)中涉及该方面要求的所有条款。

4.2.6 决策理由的记录

本条应描述记录决策理由所遵循的方法。在保障机构对项目作出关键决策时,这些决策理由有用。在记录决策理由的地方应对"关键决策"进行解释,并应覆盖合同(或软件研制任务书)中涉及该方面要求的所有条款。

4.2.7 需方评审所需访问

本条应描述为评审软件产品和活动,让需方或授权代表访问开发方和分承制方设施所遵循的方法,并应覆盖合同(或软件研制任务书)中涉及该方面要求的所有条款。

5 详细的软件开发活动实施计划

如果项目的不同构建版或不同软件需要不同的计划,则应在相应小条说明这些差异。每项活动的论述应包括应用于以下方面的途径(方法/规程/工具):

a) 所涉及的分析性任务或其他技术性任务；
b) 结果的记录；
c) 适用时与交付有关的准备。

该论述还应标识存在（适用）的风险和不确定因素，以及处理它们的计划。

本章中的各小条都应覆盖合同（或软件研制任务书）中涉及的该方面要求的所有条款。

5.1 项目策划和监控

本条应描述软件开发策划、CSCI 测试策划、系统测试策划、软件安装策划、软件移交策划、计划的跟踪和修订应遵循的途径。策划（包括重新策划）工作宜基于估计，包括规模、工作量、关键计算机资源等估计。本条也包括进度的导出方法等。

5.2 软件开发环境建立

本条应描述在建立、控制、维护软件开发环境所遵循的途径，包括软件工程环境（含软件测试环境）、软件开发库、软件开发文件和非交付软件。

5.3 系统需求分析

本条应描述参与用户要求分析、运行方案和系统需求所遵循的途径。

5.4 系统设计

本条应描述参与系统级设计决策、系统体系结构设计所遵循的途径。

5.5 软件需求分析

本条应描述软件需求分析所遵循的途径。

5.6 软件设计

本条应描述 CSCI 级设计决策、CSCI 体系结构设计和 CSCI 详细设计所遵循的途径。

5.7 软件实现和单元测试

本条应描述软件实现、单元测试的准备、单元测试的执行、修改和回归测试，以及分析和记录单元测试的结果所遵循的途径。

5.8 单元集成和测试

本条应描述单元集成与测试的准备、单元集成与测试的执行、修改与回归测试，以及分析和记录单元集成与测试的结果所遵循的途径。

5.9 CSCI 合格性测试

本条应描述 CSCI 合格性测试的独立性、在目标计算机系统上进行的测试、CSCI 合格性测试的准备、CSCI 合格性测试的预演、CSCI 合格性测试的执行、修改与回归测试、分析并记录 CSCI 合格性测试的结果所遵循的途径。

5.10 CSCI/HWCI 集成与测试

本条应描述参与 CSCI/HWCI 集成和测试的准备、CSCI/HWCI 集成和测试的执行、修改和回归测试,以及分析与记录 CSCI/HWCI 集成和测试结果所遵循的途径。

5.11 系统合格性测试

本条应描述在系统合格性测试的独立性、在目标计算机系统上进行测试、系统合格性测试准备、系统合格性测试的预演、系统合格性测试的执行、修改和回归测试、分析与记录系统合格性测试结果等方面参与系统合格性测试所遵循的途径。

5.12 软件使用准备

本条应描述可执行软件的准备、为用户现场准备版本说明、用户手册的准备、在用户现场的安装所遵循的途径。

5.13 软件移交准备

本条应描述可执行软件的准备、源文件的准备、为保障现场准备版本说明、已建成的 CSCI 设计和有关信息的准备、系统或子系统设计说明的更新、保障手册的准备以及移交到指定的保障现场所遵循的途径。

5.14 软件验收支持

本条应描述支持需方进行软件验收测试和评审、交付软件产品以及提供培训和支持所遵循的途径。

5.15 软件配置管理

本条应描述软件配置管理所遵循的途径,可引用《软件配置管理计划》。

5.16 软件产品评价

本条应描述过程中的和最终的软件产品的评价、软件产品评价记录(包括所记录的具体条目)、软件产品评价的独立性所遵循的途径。

5.17 软件质量保证

本条应描述软件质量保证所遵循的途径,可引用《软件质量保证计划》。

5.18 纠正措施

本条应从问题报告/更改报告以及纠正措施系统两方面来描述纠正措施所遵循的途径。其中问题报告/更改报告应包括要记录的具体条目。

5.19 联合评审

本条应分别描述联合技术评审和联合管理评审所遵循的途径。

5.20 风险管理

本条应描述风险管理,包括已知风险和相应对策所遵循的途径。

5.21 测量与分析

本条应描述软件测量和分析所遵循的途径及使用的测度。

5.22 保密性

本条应描述保密性活动所遵循的途径。

5.23 分承制方管理

本条应描述分承制方管理所遵循的途径。

5.24 与软件独立验证和确认（IV&V）机构的联系

本条应描述与软件独立验证和确认（IV&V）机构的联系所遵循的途径。

5.25 与相关开发方的协调

本条应描述与相关开发方的协调所遵循的途径。

5.26 项目过程的改进

本条应描述项目过程的改进所遵循的途径。

5.27 未提及的其他活动

本条应描述以上条中未提及的其他活动所遵循的途径。

6 进度表和活动网络图

本章应给出：

a) 进度表。该表应标识每个构建版的活动，给出每个活动的开始时间、草稿和最终交付产品就绪的时间，其他里程碑及每个活动的完成时间。

b) 活动网络图。该图应描述活动之间的顺序关系和依赖关系，标识对项目施加最大时间限制的活动。

7 项目组织和资源

7.1 项目组织

本条应描述本项目要采用的组织结构，包括涉及的组织机构、机构之间的关系、每个机构执行所需活动的权限和职责。

7.2 项目资源

本条应描述适用于本项目的资源，可包括：

a) 人力资源，应包括1)估计此项目应投入的人力(人时数)；2)按职责（如管理、软件工程、软件测试、软件配置管理、软件产品评估、软件质量保证等）分解所投入的人力；3)每个人员的技术级别、地理位置和涉密程度。

b) 为适应合同（或软件研制任务书）中的工作，开发人员工作的地理位置、要使用的设施、保密区域和设施的其他特征。

c) 合同（或软件研制任务书）中工作需要的，且由需方提供的设备、软件、服务、文档、数据及设施，并给出何时需要上述各项的进度表。

d) 其他所需的资源，包括获得资源的计划、需要的日期、每个资源项的可用性（就绪的时间）。
8 注释
本章应包括有助于了解文档的所有信息（例如背景、术语、缩略语或公式）。

2.8 软件配置管理计划

按照 GJB 438B—2009《军用软件开发文档通用要求》编写。

1 范围

1.1 标识

本条应描述本文档所适用的系统和软件的完整标识，适用时，包括其标识号、名称、缩略名、版本号和发布号。

1.2 系统概述

本条应概述本文档所适用的系统和软件的用途。它还应描述系统与软件的一般特性；概述系统开发、运行和维护的历史；标识项目的需方、用户、开发方和保障机构等；标识当前和计划的运行现场；列出其他有关文档。

1.3 文档概述

本条应概括本文档的用途和内容，并描述与它的使用有关的保密性方面的要求。

1.4 与其他计划之间的关系

本条应描述本计划和其他项目管理计划的关系。

2 引用文档

本章应列出引用文档的编号、标题、编写单位、修订版及日期，还应标识不能通过正常采购活动得到的文档的来源。

3 组织和职责

本条应描述软件配置管理机构的组成及各级软件配置管理机构的职责和权限；说明与软件配置管理相关的人员（如项目经理、部门软件配置管理组组长）在软件配置管理中的职责；描述上述人员之间的关系。适用时，本条还应描述需方及用户等与软件配置管理机构之间的关系。

4 软件配置管理活动

本章应描述配置标识、配置控制、配置状态记实、配置审核以及软件发行管理和交付等方面的软件配置管理活动的需求。

4.1 配置标识

本条应描述基线与配置项的标识方案；详细描述本项目的每一基线，包括基线的名称、基线的项目唯一的标识符、基线的内容和基线预期的建立时间等。本条还应详细描述本项目的每一软件配置项,包括配置项名称、配置项的项目唯一的标识符及其受控时间等,若为基线软件配置项,则还应列出其所属的基线名称。

4.2 配置控制

本条应描述如下内容:

a) 在本计划所描述的软件生存周期各个阶段使用的更改批准权限的级别。

b) 对已有配置项的更改申请进行处理的方法,其中包括 1)详细说明在本计划描述的软件生存周期各个阶段提出更改申请的规程;2)描述实现已批准的更改申请(如源代码、目标代码和文档等的修改)的方法;3)描述软件配置管理库控制的规程,其中包括例如库存软件控制、对于使用基线的读写保护、成员保护、成员标识、档案维护、修改历史以及故障恢复等规程;4)描述配置项和基线变更、发布的规程以及相应的批准权限。

c) 当与不属于本软件配置管理计划适用范围的软件和项目存在接口时,本条应描述对其进行配置控制的方法。如果这些软件的更改需要其他机构在配置管理组评审之前或之后进行评审,则本条应描述这些机构的组成、他们与配置管理组的关系以及他们相互之间的关系。

d) 与特殊产品(如非交付的软件、现有软件、用户提供的软件和内部支持软件)有关的配置控制规程。

4.3 配置状态记实

本条应:

a) 描述对配置项状态信息收集、验证、存储、处理和报告等方法;

b) 描述应定期提供的报告及其分发方法;

c) 适用时,描述所提供的动态查询的能力;

d) 适用时,记录用户说明的特殊状态,同时描述其实现手段。

4.4 配置审核

本条应描述:

a) 在本项目软件生存周期的特定点上要进行的软件配置审核;

b) 每次审核所包含的软件配置项;

c) 标识和解决在配置审核期间发现的问题的规程。

4.5 软件发行管理和交付

本条应描述:

a) 控制有关软件发行管理和交付的规程和方法;

b) 确保软件配置项完整性的规程和方法;

c) 确保一致且完整地复制软件产品的规程和方法;

d) 按规定要求进行交付的规程和方法。

5 工具、技术和方法

本章应描述为支持特定项目的软件配置管理所使用的软件工具、技术和方法,指明它们的用途,并在开发者权限的范围内描述其用法。

6 对供货单位的控制

供货单位包括软件销售单位或软件分承制方。本章应描述对这些供货单位将提供软件的配置进行控制的管理规程,从而保证所获取的软件(包括可重用软件)能满足规定的软件配置管理需求。管理规程应该规定在本计划的执行范围内控制供货单位的方法;还应解释用于确定供货单位的软件配置管理能力的方法以及监督他们遵循本软件配置管理计划需求的方法。

7 进度表

本章应描述软件配置管理活动日程,应保证与本项目的开发计划和质量保证计划一致。

8 注释

本章应包括有助于了解文档的所有信息(例如背景、术语、缩略语或公式)。

2.9 软件质量保证计划

按照GJB 438B—2009《军用软件开发文档通用要求》编写。

1 范围

1.1 标识

本条应描述本文档所适用的系统和软件的完整标识,适用时,包括其标识号、标题、缩略名、版本号和发行号。

1.2 系统概述

本条应概述本文档所适用的系统和软件的用途。它还应描述系统与软件的一般特性;概述系统开发、运行和维护的历史;标识项目的需方、用户、开发方和保障机构等;标识当前和计划的运行现场;列出其他有关文档。

1.3 文档概述

本条应概述本文档的用途和内容,并描述与它的使用有关的保密性方面的要求。

1.4 与其他计划之间的关系

本条应描述本计划和其他项目管理计划的关系。

2 引用文档

本章应列出引用文档的编号、标题、编写单位、修订版及日期,还应标识不能通过正常采购活动得到的文档的来源。

3 组织和职责

本章应描述本项目软件质量保证负责人在项目中的职责和权限;相应的高层经理与软件质量保证紧密配合的项目经理的职责;部门内部软件质量保证组的职责;部门内部软件质量保证组与项目软件质量保证组的关系。

4 标准、条例和约定

本章应列出软件开发过程中要用到的标准、条例和约定,并描述监督和保证其实施的措施。

5 活动审核

本章应描述对项目活动进行审核的方法和依据,列出项目定义的活动以及相应的活动审核,包括被审核的项目活动、该活动的工作产品、审核方法和依据、责任人、计划的审核时间、审核记录的名称等。

6 工作产品审核

本章应描述进行工作产品审核的方法和依据,列出项目过程应产生的工作产品和质量记录,以及需要由软件质量保证人员负责审核的工作产品和相应的产品审核活动,包括被审核的工作产品、审核方法和依据、责任人、计划的审核时间、审核记录的名称等。

7 不符合问题的解决

本章应描述过程评审和产品审核的结果的记录以及形成记录的方法,并描述处理在评审和审核中出现的不符合问题的规程。

8 工具、技术和方法

本章应描述用以支持特定软件项目质量保证工作的工具、技术和方法,描述它们的用途和用法。

9 对供货单位的控制

供货单位包括软件销售单位或软件分承制方。本章应描述对这些供货单位进行控制的规程,从而保证所获取的软件(包括可重用软件产品)能满足规定的需求。

10 记录的收集、维护和保存

本章应描述要保存的软件质量保证活动的记录,并指出用于汇总、保存和维护这些记录的方法和设施,并指明要保存的期限。

11 注释

本章应包括有助于了解文档的所有信息(例如背景、术语、缩略语或公式)。

2.10 软件安装计划

按照 GJB 438B—2009《军用软件开发文档通用要求》编写。

1 范围

1.1 标识

本条应描述本文档适用的系统和软件的完整标识，适用时，包括其标识号、名称、缩略名、版本号和发布号。

1.2 系统概述

本条应概述本文档适用的系统和软件的用途。它还应描述系统与软件的一般特性；概述系统开发、运行和维护的历史；标识项目的需方、用户、开发方和保障机构等；标识当前和计划的运行现场；列出其他有关文档。

1.3 文档概述

本条应概述本文档的用途和内容，并描述与它的使用有关的保密性方面的要求。

1.4 与其他计划之间的关系

本条应描述本计划和其他项目管理计划的关系。

2 引用文档

本章应列出引用文档的编号、标题、编写单位、修订版及日期，还应标识不能通过正常采购活动得到的文档的来源。

3 安装概述

3.1 说明

本条应提供安装规程的总体说明，为文档的其他各部分提供一个参考框架。总体说明包括软件安装地点列表、安装进度和安装方法。

3.2 联系地点

本条应为咨询与安装有关的问题提供联系地点的组织名称、办公室代号/代码、电话号码等。

3.3 保障材料

本条应列出安装所需保障材料的类型、来源、数量，包括磁带、盘组、计算机打印纸和专用表格等。

3.4 培训

本条应列出并描述开发方对操作和使用安装在现场的软件的人员所制定的培训计划，内容包括：一般定向培训、课堂培训和实习培训。

3.5 任务

本条应列出并描述在软件安装过程中所涉及的各项任务，每项任务的描述应标识出执行该任务的组织，通常要么是用户、计算机操作人员，要么是开发方。任务列表应包括如下内容：

a) 安装的总体策划、协调、准备工作；
b) 安装小组的人员配备；
c) 安装小组住宿、交通、办公设施的安排；
d) 确保在需要时可获得的用于安装的手册；
e) 确保安装前所完成的其他必要的准备工作；
f) 计划并开展的培训活动；
g) 为培训所选择的学员；
h) 为安装提供的所需的计算机支持和技术帮助；
i) 为当前系统的转换所做的准备。

3.6 人员

本条应描述安装过程中所需人员的数量、类型、技术水平，其中包括轮班操作和办事人员的需求。

3.7 保密性

本条应概述系统有关的保密性方面的考虑。

4 为软件中心操作员提供特定现场信息

本章适用于以下情况：软件安装在计算机中心、或其他集中式的或网络的软件装置上，用户可通过终端或采用批量输入/输出方式进行访问。如果不采用此类安装，本章应注明"不适用"。

4.X 现场名

本条应描述一个或一组现场，当多个现场的信息基本相同时，可合在一起进行说明。

4.X.1 进度表

本条应描述安装期间要完成任务的进度表。按照每个任务的开始日期和完成日期的时间顺序描述，并加以必要的说明。

4.X.2 软件清单

本条应描述为支持安装所需软件的详细清单。（若适用）使用软件名称、标识号、版本号、发布号、配置、保密类别来标识这些软件。同时应标识这些软件是现场应具备的，还是为安装而交付的，并标识仅仅为了方便安装要使用的所有软件。

4.X.3 设施

本条应详细描述安装期间所需的物理设施和食宿供应,(若适用)应包括以下内容:

a) 所需的教室、工作场所、培训辅助工具、每天的工作时间、工作天数、轮班安排;

b) 必须运行的且可用的硬件设备;

c) 安装小组的交通和食宿安排。

4.X.4 安装小组

本条应描述安装小组的组成,确定每个小组成员的任务。

4.X.5 安装规程

本条应描述完成安装的逐步规程。可引用其他文档,如操作员手册,在适当的地方包含有"警告"或"注意"标记作为安全提示。(若适用)安装规程应包括如下内容:

a) 软件的安装;

b) 安装后软件的检验;

c) 用现场专用的数据初始化数据库和其他软件;

d) 现行系统的转换,可能涉及到现行系统与转换后系统并行运行;

e) 对操作手册和用户手册中的规程的演示。

4.X.6 数据更新规程

本条应描述安装期间应遵循的数据更新规程。如果数据更新过程与一般的更新或处理规程相同,可以引用其他文档,如操作员手册。

5 软件用户的现场专用信息

本章应描述关于软件用户的安装计划。当涉及多种类型的用户时,例如不同地点的用户、执行不同功能的用户或属于不同组织的用户,应为每一类用户单独编写一章(从第5章到第N章),并针对每一用户使用合适的章标题。

5.X 现场名

本条应标识一个或一组现场,再分条对其进行描述。当这些地点的信息基本相同时,可合在一起进行描述。

5.X.1 进度表

本条应给出安装期间用户所完成任务的进度表。按照每个任务的开始日期和完成日期的时间顺序描述,并加以必要的说明。

5.X.2 安装规程

本条应描述完成安装的逐步规程,可参考其他文档,如用户手册,在适当的地方包含有"警告"或"注意"标记作为安全提示。(若适用)安装规程应包括如下内容：
 a) 如果操作员未曾执行过 4.X.5 条下的任务，则在此执行该项任务；
 b) 初始化用户的特定数据；
 c) 设置查询和其他用户输入；
 d) 进行样本处理；
 e) 生成样本报告；
 f) 从现行系统进行转换，可能涉及到现行系统与转换后系统并行运行；
 g) 对用户手册中的过程作演练性运行。

5.X.3 数据更新规程

本条应分条描述安装期间要遵循的用户数据更新规程。如果数据更新规程与一般的更新或处理规程相同，可以引用其他文档，如用户手册和本文档的第 4 章等。

6 注释

本章应包括有助于了解文档的所有信息（例如背景、术语、缩略语或公式）。

2.11 软件移交计划

按照 GJB 438B—2009《军用软件开发文档通用要求》编写。

1 范围

1.1 标识

本条应描述本文档所适用的系统和软件的完整标识，适用时，包括其标识号、名称、缩略名、版本号和发布号。

1.2 系统概述

本条应概述本文档所适用的系统和软件的用途。它还应描述系统与软件的一般特性；概述系统开发、运行和维护的历史；标识项目的需方、用户、开发方和保障机构；标识当前和计划的运行现场；列出其他有关文档。

1.3 文档概述

本条应概述本文档的用途和内容，并描述与它的使用有关的保密性方面的要求。

1.4 与其他计划之间的关系

本条应描述本计划和其他项目管理计划的关系。

2 引用文档

本章应列出引用文档的编号、标题、编写单位、修订版及日期，还应标识不能通过正常采购活动得到的文档的来源。

3 软件保障资源

3.1 设施

本条应描述支持可交付软件所需的设施。这些设施包括：特殊的建筑、房间、实物模型、诸如升降地板或电缆的建筑特征、支持保密性需求的建筑特征（屏蔽层、地下室等）、支持安全性需求的建筑特征（烟雾报警器、安全灯等）、特殊电源需求等。本条还应描述每项设施的用途。若适用，可采用图表形式。

3.2 硬件

本条应标识和描述支持可交付软件所需的硬件和相应的文档。硬件包括：计算机、外围设备、硬件模拟器、激发器、仿真器、诊断设备和非计算机设备。硬件的描述应包括：

a) 具体的型号、版本与配置；

b) 选择硬件的理由；

c)（若适用）每项所涉及的用户/操作员手册或使用说明；

d) 每个硬件和文档的状态标识，可分为需方所提供的、应交付给保障机构的、保障机构已有的、保障机构应得到的或其他的状态；

e) 如果某项必须具备，则应给出当前供货来源信息，包括该项现在是否可获得和交付时是否有可能获得；

f) 关于制造商提供的支持、许可证、资料权限等信息，包括该项当前是否由制造商支持，是否期望在交付时能得到支持，能否给予保障机构许可证以及这种许可证的限期等都应加以说明；

g) 保密性方面的考虑、限制或其他权益条款。

3.3 软件

本条应标识和描述支持可交付软件所需的软件和相应的文档。软件包括：计算机辅助软件工程（CASE）工具、CASE工具中的数据、编译程序、测试工具、测试数据、模拟器、仿真器、实用程序、配置管理工具、数据库和数据文件以及其他软件。软件的描述应包括：

a)（若适用）特定名称、标识号、版本号、发布号及配置；

b) 选择该软件的理由；

c) 每个软件和文档的状态标识，可分为需方所提供的、应交付给保障机构的、保障机构已有的、保障机构应得到的或其他的状态；

d) 如果某项必须具备，则要给出当前供货来源信息，包括该项现在是否可获得和交付时是否有可能获得；

e) 关于卖方提供的支持、许可证、资料权限等信息，包括该项当前是否由卖方支持、是否期望在交付时得到支持，能否给予保障机构许可证以及许可证的限

期等,都应加以说明;

g) 保密性方面的考虑、限制或其他权益条款。

3.4 其他文档

本条应标识支持可交付软件所需的其他文档。例如可交付软件的计划、报告、规格说明、设计说明、测试用例/测试过程、测试报告、用户/操作员手册和保障手册等。本条应提供:

a) (若适用)名称、标识号、版本号和发布号;

b) 每个文档包含在清单中的理由;

c) 每个文档的状态标识,可分为需方所提供的、应交付给保障机构的、保障机构已有的、保障机构应得到的或其他的状态;

d) 如果某个文档必须具备,说明从何处获取;

e) 有关许可证和资料权限的信息;

f) 保密性方面的考虑、限制或其他权益条款。

3.5 人员

本条应描述支持可交付软件所需的人员,包括预期的人员数量、技能和专长的类型与级别、保密性认可。(若适用)可以实际参与项目开发的人员为基础来安排所需人员。

3.6 其他资源

本条应标识用来支持可交付软件所需的其他资源,包括磁带和磁盘等消耗品,估计所需资源的类型和数量。

3.7 各组成部分之间的相互关系

本条应标识 3.1~3.6 所标识的各组成部分之间的关系,可用图表形式来表示这些关系。

4 推荐的规程

本章应根据需要分条描述为支持可交付的软件和相关的保障环境,开发方希望向保障机构推荐的规程,包括建议和经验教训。

5 培训

本章可分成若干条来描述开发方关于软件交付支持人员的培训计划,包括:

a) 培训进度安排、培训持续时间和培训地点。

b) 描述课程培训和实习培训。

c) 如下方面的准备(直接规定或引用):1)熟悉运行软件和目标计算机;2)熟悉支持软件和宿主系统。

6 预期的更改区域

本章应描述可交付软件预期的更改区域。

7 移交计划

本章应根据需要分条描述开发方把可交付软件移交给保障机构的计划，包括：

　　a) 向保障机构移交可交付软件而执行的各项活动，这些活动可能包括策划/协调会议，要交付给保障机构的各个项的准备，软件保障环境的包装、运输、安装和检测，运行软件的包装、运输、安装和检测，以及支持人员的培训。

　　b) 每项活动的角色与职责。

　　c) 执行移交活动所需的资源以及这些资源的来源。

　　d) 实施移交活动的进度表和里程碑。进度表和里程碑应与合同（或软件研制任务书）中的总进度一致。

　　e) 在保障环境中安装和检测可交付项的规程。

8 注释

本章应包括有助于了解文档的所有信息（例如背景、术语、缩略语或公式）。

2.12 软件测试计划

按照 GJB 438B—2009《军用软件开发文档通用要求》编写。

1 范围

1.1 标识

本条应描述本文档所适用的系统和软件的完整标识，适用时，包括其标识号、名称、缩略名、版本号和发布号。

1.2 系统概述

本条应概述本文档所适用的系统和软件的用途。它还应描述系统与软件的一般特性；概述系统开发、运行和维护的历史；标识项目的需方、用户、开发方和保障机构等；标识当前和计划的运行现场；列出其他有关文档。

1.3 文档概述

本条应概述本文档的用途和内容，描述与它的使用有关的保密性方面的要求。

1.4 与其他计划的关系

本条应描述本计划(STP)与其他项目管理计划之间的关系(若有)。

2 引用文档

本章应列出引用文档的编号、标题、编写单位、修订版及日期，还应标识不能通过正常采购活动得到的文档的来源。

3 测试依据

本章应列出软件测试应遵循的依据。

4 软件测试环境

本章应分为如下小条描述每个预期测试现场的软件测试环境,也可引用软件开发计划中有关资源方面的描述。

4.X （测试现场名称）

4.X.1 软件项

（若适用）本条应按名称、编号和版本,描述在测试现场的测试活动所需的软件项(如操作系统、编译程序、通信软件、有关的应用软件、数据库、输入文件、代码检查程序、动态路径分析程序、测试驱动程序、预处理程序、测试数据产生程序、测试控制软件、其他专用测试软件、后处理器程序)。本条还应描述每个软件项的用途,说明它的介质(磁带、磁盘等),标识那些期望现场提供的软件项,标识与软件项有关的保密处理或其他保密性问题。

4.X.2 硬件和固件项

（若适用）本条应按名称、编号和版本,描述在测试现场的软件测试环境中使用的计算机硬件、接口设备、通信设备、测试数据整理设备、另外的外围设备(磁带机、打印机、绘图议)、测试消息生成器、测试计时设备、测试事件记录仪等装置和固件项。本条应描述每项的用途,陈述所需每项的使用时间与数量,标识那些期望现场提供的项,标识与这些硬件及固件项有关的保密处理或其他保密性问题。

4.X.3 其他项

（若适用）本条应描述网络拓扑图,或 4.X.1 和 4.X.2 中未包含的其他项。

4.X.4 其他材料

本条应描述在测试现场执行测试所需的任何其他材料。这些材料可包括手册、软件清单、被测试软件的介质、测试用数据的介质、输出的样本清单和其他表格或说明。本条应标识需交付给现场的项和期望现场提供的项。（若适用)本描述应包括材料的类型、布局和数量。本条还应标识与这些材料有关的保密处理或其他保密性问题。

4.X.5 所有者的特性、需方权利和许可证

本条应描述与软件测试环境中每个元素有关的所有者的特性、需方权利与许可证等问题。

4.X.6 安装、测试和控制

本条应描述开发方为执行以下各项工作的计划,可能需要测试现场人员共同合作：

a) 获取和开发软件测试环境中的每个元素；
b) 使用前,安装与测试软件测试环境中的每个项；
c) 控制与维护软件测试环境中的每个项。

4.X.7 测试环境的差异性分析和有效性说明

本条应描述拟建立的测试环境与需求环境之间的差异。如果存在环境差异,应说明在该测试环境下测试结果的有效性。

4.X.8 参与组织

本条应描述参与现场测试的组织以及他们的角色与职责。

4.X.9 人员及分工

本条应描述在测试期间测试现场所需人员的姓名、技术水平和职责分工,需要他们的日期与时间以及特殊需要,例如为保证大规模测试工作的连续性与一致性,需要轮班操作以及关键技能的保持能力。

4.X.10 人员培训

本条应描述测试前和测试期间要进行的人员培训。此信息应与 4.X.9 所给出的人员需求有关。培训可包括用户使用说明、操作员使用说明、维护和控制组使用说明和对全体人员定向培训的简述。如果培训量大,可单独制定一个计划,而在此引用。

4.X.11 要执行的测试

本条应通过引用第 5 章来标识测试现场要执行的测试。

5 测试标识

5.1 一般信息

5.1.1 测试级

本条应描述要执行的测试的级别,例如 CSCI 级或系统级。

5.1.2 测试类别

本条应描述要执行的测试的类型或类别(例如功能测试、性能测试、容量测试)。

5.1.3 一般测试条件

本条应描述适用于所有测试或一组测试的条件,例如:"每个测试应包括额定值、最大值和最小值";"每个类型的测试应使用真实数据";"应测量每个 CSCI 执行的规模与时间",并陈述要执行的测试程度和对所选测试程度的原理。测试程度应表示为占某个已妥善定义总量的百分比或其他抽样方法(如离散操作条件或取值,或者样本的数量),还应包括再测试/回归测试所遵循的途径。

5.1.4 测试进展

本条应阐明在渐进测试或累积测试情况下,计划的测试顺序或进展。

5.1.5 数据记录、整理和分析

本条应标识并描述在本 STP 中标识的测试期间和测试之后要使用的数据的记录、整理和分析规程。(若适用)这些规程包括记录测试结果、将原始结果处理为适合评价的形式、以及保留数据整理与分析结果等可能用到的手工、自动和半自动技术。

5.2 计划执行的测试
5.2.X （测试项）
5.2.X.Y （测试项的项目唯一的标识符）

本条应使用项目唯一的标识符标识一个测试项，并为该测试提供下述测试信息(根据需要可引用 4.1 中的一般信息)：

a) 测试对象；

b) 测试级；

c) 测试类型或类别；

d) 需求规格说明中所规定的合格性方法；

e) 本测试涉及的 CSCI 需求的标识符和(若适用)软件系统需求标识符(此信息亦可在第 6 章中提供)；

f) 特殊需求(例如设备连续工作 48 小时、武器模拟、测试程度、特殊输入或数据库的使用)；

g) 要记录的数据的类型；

h) 要采用的数据记录/整理/分析的类型；

i) 假设与约束，例如由于系统或测试条件诸如时间、接口、设备、人员、数据库等原因而对测试产生的预期限制；

j) 与测试有关的安全性和保密性考虑。

6 测试进度

本章应包含或引用实施本计划中所标识测试的进度表。包括：

a) 描述已安排测试的现场和将执行测试的时间框架的图表。

b) 每个测试现场的进度表，(若适用)它可按时间顺序描述以下所列活动与事件，根据需要可增加支持性说明：1)现场测试的时间和分配给测试主要部分的时间；2)现场测试前，用于建立软件测试环境和其他设备、进行系统调试、定向培训和熟悉工作所需的时间；3)测试所需的数据库/数据文件值、输入值和其他运行数据等的收集；4)实施测试，包括计划中的再测试；5)软件测试报告(STR)的准备、评审和批准。

7 测试终止条件

本章应描述被测软件的评价准则和方法，以及可以结束测试的条件。

8 需求的可追踪性

本章应描述：

a) 从本计划所标识的每个测试到它所涉及的 CSCI 需求和（若适用）软件系统需求的可追踪性（此可追踪性亦可在 5.2.X.Y 中提供，而在此引用）。

b) 从本测试计划所覆盖的每个 CSCI 需求和（若适用）软件系统需求到涉及它的测试的可追踪性。这种可追踪性应覆盖所有适用的软件需求规格说明（SRS）和相关接口需求规格说明（IRS）中的 CSCI 需求；对于软件系统，还应覆盖所有适用的系统/子系统规格说明（SSS）及相关系统级 IRS 中的系统需求。

9 注释

本章应包括有助于了解文档的所有信息（例如背景、术语、缩略语或公式）。

2.13 软件需求规格说明

按照 GJB 438B—2009《军用软件开发文档通用要求》编写。

1 范围

1.1 标识

本条应描述本文档所适用系统和软件的完整标识，适用时，包括其标识号、名称、缩略名、版本号和发布号。

1.2 系统概述

本条应概述本文档所适用的系统和软件的用途。它还应描述系统与软件的一般特性；概述系统开发、运行和维护的历史；标识项目的需方、用户、开发方和保障机构等；标识当前和计划的运行现场；列出其他有关文档。

1.3 文档概述

本条应概述本文档的用途和内容，描述与它的使用有关的保密性方面的要求。

2 引用文档

本章应列出引用文档的编号、标题、编写单位、修订版及日期，还应标识不能通过正常采购活动得到的文档的来源。

3 需求

3.1 要求的状态和方式

如果要求 CSCI 在多种状态或方式下运行，并且不同的状态或方式具有不同的需求，则应标识和定义每一状态和方式。状态和方式的例子包括：空闲、就绪、活动、事后分析、训练、降级、紧急情况、后备、战时和平时等。可以仅用状态描述 CSCI，也可仅用方式、用方式中的状态、状态中的方式、或其他有效的方式描述 CSCI。如果不需要多种状态和方式,应如实陈述,而不需要进行人为的区分;如果需要多种状态和/或方式,应使本规格说明中的每个需求或每组需求与这些状态和方式相对应,对应关系可以在本条或本条所引用的附录中,通过表格或其他方法加以指明,也可以在该需求出现的章条中加以说明。

3.2 CSCI 能力需求

为详细说明与 CSCI 各个能力相关的需求,本条可分为若干子条。"CSCI 能力需求"中的"能力"为一组相关需求,可用"功能"、"主题"、"对象"、或其他适合表示需求的词替代。

3.2.X （CSCI 能力）

本条应标识必需的每一 CSCI 能力,并详细说明与该能力有关的需求。如果该能力可以更清晰地分解成若干子能力,则应分条对子能力进行说明。需求应详细说明所需的 CSCI 行为,包括适用的参数,如响应时间、吞吐时间、其他时限约束、时序、精度、容量、优先级别、连续运行需求和在基本运行条件下允许的偏差;适当时,需求还应包括在异常条件、非许可条件或超限条件下所需的行为,错误处理需求和任何为保证在紧急时刻运行的连续性而引入到 CSCI 中的规定。在确定与 CSCI 所接收的输入和 CSCI 所产生的输出有关的需求时,应考虑在 3.3.X 给出的要考虑的主题列表。

3.3 CSCI 外部接口需求

本条可分为若干个小条来规定关于 CSCI 的外部接口的需求(若有)。本条可引用一个或多个接口需求规格说明(IRS)或包含这些需求的其他文档。

3.3.1 接口标识和接口图

本条应标识所需要的 CSCI 外部接口(即,与涉及共享、提供或交换数据的其他实体的关系)。每一个接口的标识应包括项目唯一的标识符,(若适用)应通过名称、编号、版本、引用文档来指明接口实体(系统、配置项、用户等)。该标识应声明哪些实体具有固定的接口特性(要给出这些接口实体的接口需求);说明哪些实体正在开发或修改之中(这些实体已有各自的接口需求)。应该通过一张或多张接口图来描述这些接口。

3.3.X （接口的项目唯一的标识符）

本条(从 3.3.2 开始)应通过项目唯一的标识符来标识 CSCI 外部接口,应简要地标识接口实体。视需要可分小条描述为实现该接口提出的该 CSCI 的需求。该接口所涉及的其他实体的接口特性应作为假定予以描述,或以"当[未涵盖的实体]这么做时,本 CSCI 应该……"的形式加以叙述,而不作为针对其他实体的需求。本条可引用其他文档(例如数据字典、通信协议标准、用户接口标准)代替在此所描述的信息。若适用,需求应包括如下内容,并以任何适合于需求的

顺序给出,还应从接口实体的角度说明这些特性之间的区别(例如对数据元素的大小、频率或其他特性的不同期望值):

  a) CSCI 必须分配给该接口的优先级。

  b) 对要实现的接口类型的要求(例如实时数据传送、数据的储存和检索等)。

  c) CSCI 必须提供、储存、发送、存取、接收的各个数据元素所要求的特征,如 1)名称/标识符,含项目唯一的标识符,非技术(自然语言)名称,数据元素名称,技术名(如在代码或数据库中的变量名或字段名),缩略名或同义名;2)数据类型(字母、数字、整数等);3)大小和格式(如:字符串的长度和标点符号);4)计量单位(如:m 等);5)可能值的范围或枚举(如:0~99);6)准确性(正确程度)和精度(有效数字位数);7)优先级别、定时、频率、容量、序列以及其他约束条件(例如数据元素是否可以被更新、业务规则是否适用);8)保密性约束;9)来源(设置/发送实体)和接收者(使用/接收实体)。

  d) CSCI 必须提供、存储、发送、访问、接收的数据元素组合体(记录、消息、文件、数组、显示、报表等)所要求的特征,如 1)名称/标识符,含项目唯一的标识符,非技术(自然语言)名称,技术名称(如在代码或数据库中的记录名或数据结构名),缩略名或同义名;2)包中的数据元素及其结构(编号、顺序和成组情况);3)介质(例如磁盘)以及在介质上数据元素/包的结构;4)显示和其他输出的视听特性(例如颜色、布局、字体、图标和其他显示元素、蜂鸣音和亮度);5)包之间的关系,如排序/存取特性;6)优先级、时序、频率、容量、序列及其他约束,例如包是否可以被更新、业务规则是否适用;7)保密性约束;8)来源(设置/发送实体)和接收者(使用/接收实体)。

  e) CSCI 必须使用的接口的通信方法所要求的特征。1)项目唯一的标识符;2)通信链接/带宽/频率/介质及其特性;3)消息格式;4)流控制(如序列编号和缓冲区分配);5)周期/非周期传送的数据传送速率,传输间隔;6)路由、寻址、命名约定;7)传输服务,包括优先权和等级;8)安全性/私密性考虑,如加密、用户鉴别、隔离和审核。

  f) CSCI 必须使用的接口的协议所要求的特征,如:1)项目唯一的标识符;2)协议的优先级别/层次;3)打包,包括拆包和重新打包、路由和寻址;4)合法性检查、错误控制和恢复过程;5)同步,包括建立连接、保持和终止;6)状态、标识及任何其他报告的特性。

  g) 其他所需要的特征,例如接口实体的物理兼容性(尺寸、公差、负载和接插件的兼容性等)、电压等。

3.4　CSCI 内部接口需求

本条应描述施加于 CSCI 内部接口的需求（若有）。如果所有内部接口都留待设计时再描述，那么应在此如实陈述。如指定了这样的需求，应考虑本文档的 3.3 条中描述的主题。

3.5　CSCI 内部数据需求

本条应描述施加于 CSCI 内部数据的需求（若有），包括对 CSCI 中数据库和数据文件的需求（若有）。如果关于内部数据的所有决策都留待设计时再考虑，那么应在此如实陈述。如果施加了这样的需求，那么本文档的 3.3.X c)和 3.3.X d)条应列出需考虑的主题。

3.6　适应性需求

本条应描述关于 CSCI 将提供的与安装有关的数据（如场地的经纬度或场地所在地的赋税代码）的需求（若有），应指定对要求 CSCI 使用的运行参数（如指明与运行有关的目标常数或数据记录的参数）的需求，这些运行参数可以根据运行需要而改变。

3.7　安全性需求

本条应描述关于防止或尽可能降低对人员、财产和物理环境产生意外危险的 CSCI 需求（若有）。例子包括：CSCI 必须提供的安全措施，以便防止意外动作（例如意外地发出一个"自动导航关闭"命令）和无动作（例如发出"自动导航关闭"命令失败）。本条还应包括关于系统的核部件的 CSCI 需求（若有），若适用应包括预防意外爆炸以及与核安全规则保持一致等方面的需求。

3.8　保密性需求

本条应描述与维护保密性有关的 CSCI 需求（若有）。（若适用）这些需求应包括：CSCI 必须在其中运行的保密性环境、所提供的保密性的类型和级别、CSCI 必须经受的保密性风险、减少此类风险所需的安全措施、必须遵循的保密性政策、CSCI 必须具备的保密性责任、保密性认证/认可必须满足的准则等。

3.9　CSCI 环境需求

本条应描述 CSCI 的运行环境需求（若有）。如在其上运行 CSCI 的计算机硬件和操作系统（对计算机资源的其他需求见 3.10）。

3.10　计算机资源需求

3.10.1　计算机硬件需求

本条应描述针对本 CSCI 必须使用的计算机硬件的需求（若有）。（若适用）这些需求应包括：各类设备的数量；处理机、存储器、输入/输出设备、辅助存储器、通信/网络设备及所需其他设备的类型、大小、容量和其他所需的特征。

3.10.2 计算机硬件资源使用需求

本条应描述本 CSCI 的计算机硬件资源使用需求(若有),例如最大允许利用的处理机能力、内存容量、输入/输出设备的能力、辅助存储设备容量和通信/网络设备的能力。这些需求(例如陈述为每一个计算机硬件资源能力的百分比)应包括测量资源使用时所处的条件(若有)。

3.10.3 计算机软件需求

本条应描述本 CSCI 必须使用或必须被并入本 CSCI 的计算机软件的需求(若有)。例子包括:操作系统、数据库管理系统、通信/网络软件、实用软件、输入和设备仿真软件、测试软件和制造软件。要列出每一个这样的软件项的正确名称、版本和参考文档。

3.10.4 计算机通信需求

本条应描述本 CSCI 必须使用的计算机通信方面的需求(若有)。例子包括:要连接的地理位置;配置和网络拓扑;传输技术;数据传送速率;网关;要求的系统使用时间;被传送/接收的数据的类型和容量;传送/接收/响应的时间限制;数据量的峰值;以及诊断特性。

3.11 软件质量因素

本条应描述合同(或软件研制任务书)规定的或由较高一级规格说明派生出的软件质量因素方面的 CSCI 需求(若有)。例子包括:有关 CSCI 功能性、可靠性、易用性、效率、维护性、可移植性和其他属性的定量要求。

3.12 设计和实现约束

本条应描述约束 CSCI 的设计和实现的那些需求(若有)。这些需求可引用相应的商用或军用标准和规范来指定。例子包括关于以下各方面的需求:

a) 使用一个特定的 CSCI 体系结构,或针对体系结构的要求,例如所要求的数据库或其他软件单元;使用标准的或现有的部件;或使用由政府/需方提供的资源(设备、信息或软件);

b) 使用特定的设计或实现标准;使用特定的数据标准;使用特定的编程语言;

c) 为支持在技术、威胁或使命方面预期的增长或变化,必须提供的灵活性和可扩展性。

3.13 人员需求

本条应描述与使用或支持本 CSCI 的人员有关的 CSCI 需求(若有),包括人员的数量、技术水平、责任期限、培训要求或其他信息。例子包括要求允许多少用户同时工作,以及嵌入的帮助和培训等方面的需求;还应包括施加于 CSCI 的人素工程需求(若有)。(适用时)这些需求应包括对人的能力和局限性的考虑,在正常和极端条件下可预见的人为错误,以及人为错误影响特别严重的那些特定场合。例子包括对出错消息的颜色和持续时间的要求、对关键指示器或按钮的物理位置的要求,以及对听觉信号的使用要求。

3.14 培训需求

本条应描述与培训有关的 CSCI 需求(若有)。

3.15 软件保障需求

本条应描述与软件保障考虑有关的 CSCI 需求(若有)。这些考虑可以包括:对系统维护、软件保障、系统运输方式、补给系统的要求、对现有设施的影响和对现有设备的影响。

3.16 其他需求

本条应描述上述各条未能覆盖的其他 CSCI 需求(若有)。

3.17 验收、交付和包装需求

本条应描述为了交付而对 CSCI 进行包装、加标记和处理(例如用 8 道磁带提交,该磁带以确定的方式加以包装并贴上标签)的需求(若有)。(若适用)可引用适当的标准。

3.18 需求的优先顺序和关键程度

(若适用)本条应描述本文档中诸需求的优先顺序、关键程度、或所赋予的指明其相对重要性的权值。例子包括,指明那些被认为对安全性或保密性至关重要的需求,以便将这些需求作特殊处理。如果全部需求同等重要,本条应如实陈述。

4 合格性规定

本章应描述所定义的合格性方法,并为第 3 章中的每个需求指定为确保需求得到满足所要使用的方法。可用表格形式表述该信息,或为第 3 章中的每个需求注明所使用的方法。合格性方法可以包括:

a) 演示。不需要使用仪器、专用测试设备或进行事后分析,而是依靠可见的功能操作,直接运行本 CSCI 或本 CSCI 的一部分。

b) 测试。使用仪器或其他专用测试设备,运行本 CSCI 或本 CSCI 的一部分,采集数据供事后分析使用。

c) 分析。处理从其他合格性方法获得的累积数据。例如对测试结果进行约简、解释或推断。

d) 审查。对 CSCI 代码、文档等进行目视检查。

e) 特殊的合格性方法。任何针对 CSCI 的特殊合格性方法,例如专用工具、技术、规程、设施、验收限制。

5 需求可追踪性

本章应描述：

a) 从本规格说明中的每一个 CSCI 需求，到所涉及的系统（或子系统，若合适）需求的可追踪性（也可以通过对第 3 章中的每一个需求进行注释来提供可追踪性）。

注：每一个层次的系统细化都可能导致需求不能直接被追踪到较高层次。例如一个系统体系结构设计建立了多个 CSCI，可能导出关于这些 CSCI 如何接口的需求，而这些接口需求在系统需求中并没有被涵盖。这样的需求可以被追踪到类似于"系统实现"这样的一般需求，或被追踪到导致它们产生的系统设计决策。

b) 从已分配给本 CSCI 的每一个系统需求（或子系统需求，若合适），到所涉及的 CSCI 需求的可追踪性。分配给本 CSCI 的全部系统/子系统需求都应加以说明。追踪到包含在 IRS 中 CSCI 需求时，可引用那些 IRS。

6 注释

本章应包括有助于了解文档的所有信息（例如背景、术语、缩略语或公式）。

2.14 软件设计说明

按照 GJB 438B—2009《军用软件开发文档通用要求》编写。

1 范围

1.1 标识

本条应描述本文档所适用系统和软件的完整标识，适用时，包括其标识号、名称、缩略名、版本号和发布号。

1.2 系统概述

本条应概述本文档所适用系统和软件的用途。它还应描述系统与软件的一般特性；概述系统开发、运行和维护的历史；标识项目的需方、用户、开发方和保障机构等；标识当前和计划的运行现场；列出其他有关文档。

1.3 文档概述

本条应概述本文档的用途和内容，描述与它的使用有关的保密性方面的要求。

2 引用文档

本章应列出引用文档的编号、标题、编写单位、修订版及日期，还应标识不能通过正常采购活动得到的文档的来源。

3 CSCI 级设计决策

本章应根据需要分条给出 CSCI 级设计决策，即 CSCI 行为设计的决策（忽略其内部实现，从用户角度出发描述系统将怎样运转以满足需求）和其他影响组成该 CSCI 的软件单元的选择与设计的决策。如果在需求中所有这些决策是明确的，或者这些决策要推迟到 CSCI 的软件单元的设计时指出，则本章应如实陈述。针对关键性需求（如对安全性或保密性关键的需求）作出的设计决策，应在专门的章条中加以叙述。如果设计决策依赖于系统状态或方式，则应指明这一依赖性。本条应给出或引用理解这些设计所需的设计约定。CSCI 级设计决策的例子如下：

a) 关于 CSCI 将接收的输入和将产生的输出的设计决策，包括与其他系统、HWCI、CSCI 和用户的接口（本文档的 4.3.X 条指出本说明要考虑的主题）。如果这一信息的全部或部分已在接口设计说明（IDD）中给出，则可以直接引用。

b) 有关响应每个输入或条件的 CSCI 行为的设计决策，包括 CSCI 要执行的动作、响应时间和其他性能特性，模型化的物理系统的说明，选定的方程式/算法/规则，以及对不允许的输入或条件进行的处理。

c) 有关数据库/数据文件如何呈现给用户的设计决策（本文档的 4.3.X 条标识了本说明要考虑的主题）。如果这一信息的全部或部分在数据库设计说明（DBDD）中给出，则可直接引用。

d) 为满足安全性和保密性需求所选择的方法。

e) 为满足需求所做的其他 CSCI 级设计决策，例如为提供所需的灵活性、可用性和可维护性所选择的方法。

4 CSCI 体系结构设计

本章应分为以下几条描述 CSCI 体系结构设计。如果设计的全部或部分依赖于系统的状态或方式，此依赖性应予指明。如果设计信息在多于一个条中出现，它只需被提供一次，而在其他条中引用。本条应提供或引用为了理解设计所需要的设计约定。

4.1 CSCI 部件

本条应描述：

a) 构成该 CSCI 的所有软件单元。应赋予每个软件单元一个项目唯一的标识符。

注：软件单元是 CSCI 设计中的一个元素；例如 CSCI 的一个主要分支、该主要分支的一个组成部分，一个类、对象、模块、函数、例程或数据库。软件单元可以出现在层次结构的不同层上，且又可以由其他软件单元组成。在设计中，软件单元与实现它们的代码和数据实体（例程、过程、数据库、数据文件等），或与包含

这些实体的计算机文件之间,可以有、也可以没有一对一的对应关系。一个数据库可被处理为一个 CSCI 也可被处理为一个软件单元。SDD 可以采用与所使用设计方法相一致的任何名字来称呼软件单元。

b) 软件单元的静态(如,由……组成)关系。根据所选择的软件设计方法学,可以给出多种关系(例如采用面向对象的设计方法时,本条既可给出类和对象结构,也可给出 CSCI 的模块和过程结构)。

c) 每个软件单元的用途,指明分配给它的 CSCI 需求和 CSCI 级设计决策(需求的分配也可在第 6 章 a)中提供)。

d) 每个软件单元的开发状态/类型(如新开发、按原样重用已有的设计或软件、再工程的已有的设计或软件、为重用而要开发的软件等,为构建版 N 计划的软件)。针对现有的设计或软件,本说明应提供标识信息,例如名字、版本、文档引用、库等。

e) CSCI(若适用,针对每个软件单元)计划使用的计算机硬件资源(例如处理机能力、内存能力、输入/输出设备能力、辅存能力以及通信/网络设备能力)。本说明应覆盖 CSCI 的资源使用需求中、影响该 CSCI 的系统级资源分配中、以及在软件开发计划(SDP)的资源使用测量策划中包含的全部计算机硬件资源。如果针对指定计算机硬件资源的所有使用数据都在同一处提供,例如在 SDD 中提供,那么本条可直接引用。对每个计算机硬件资源,应包括如下信息:1)得到满足的 CSCI 需求或系统级资源分配;2)使用数据基于的假设和条件(如典型用法、最坏情况用法、特定事件的假定);3)影响使用的特殊考虑(如虚存、覆盖、多处理器的使用情况、操作系统、库软件的开销或其他实现开销的影响);4)所使用的测度的单位(如处理器能力的百分比、周期/秒、内存字节数、千字节/秒);5)进行评估或测量的级别(如软件单元,CSCI 或者可执行程序)。

f) 标识实现每个软件单元的软件放置在哪个程序库中。

4.2 执行方案

本条应说明软件单元间的执行方案,可采用图表和描述,来说明软件单元间的动态关系,即 CSCI 运行期间软件单元间的相互作用情况,(若适用)应包括执行控制流程、数据流、动态控制序列、状态转换图、时序图、单元间的优先关系、中断处理、时序/排序关系、例外处理、并发执行、动态分配与去除分配、对象/进程/任务的动态创建/删除、以及动态行为的其他方面。

4.3 接口设计

4.3.1 接口标识和接口图

本条应说明赋予每个接口的项目唯一的标识符,(若适用)应通过名称、编号、版本及文档引用来标识接口实体(软件单元、系统、配置项、用户等)。该标识应说明哪些实体具有固定的接口特性（从而把接口需求分配给这些接口实体）；说明哪些实体正在开发或修改（这些实体已有各自的接口需求）。（若适用）应通过接口图来描述这些接口。

4.3.X （接口的项目唯一的标识符）

本条（从4.3.2开始）应通过项目唯一的标识符来标识接口，应简要地标识接口实体，根据需要可分条描述单方或双方接口实体的特性。如果一指定的接口实体未包含在本SDD中（例如一个外部系统），而描述接口实体需要提到其接口特性时，这些特性应作为假设予以陈述、或以"当[未涵盖的实体]这样做时，[所指定的实体]将……"的形式描述。本条可引用其他文档（如数据字典、协议标准、用户接口标准）代替在此所描述的信息。（若适用）本设计说明应包括以下内容，以任何适合于所提供的信息的顺序提供，并应从接口实体角度说明这些特性之间的区别（例如关于数据元素的大小、频率或其他特性的不同期望值）：

a) 接口实体分配给接口的优先级。

b) 要实现的接口类型（例如实时数据传输、数据的存储和检索等）。

c) 接口实体将提供、存储、发送、访问、接收的各个数据元素的特征。1）名称/标识符，含项目唯一的标识符，非技术（自然语言）名称，数据元素名称，技术名称（如在代码或数据库中的变量名或字段名），缩略名或同义名；2）数据类型（字母、数字、整数等）；3）大小与格式（如字符串的长度和标点符号）；4）计量单位（如 m 等）；5）可能值的范围或枚举（如0～99）；6）准确性（正确程度）和精度（有效数位数）；7）优先级、定时、频率、容量、序列以及其他约束条件（例如数据元素是否可以被更新、业务规则是否适用）；8）保密性约束；9）来源（建立/发送的实体）和接受者（使用/接收的实体）。

d) 接口实体将提供、存储、发送、访问、接收的数据元素组合体（记录、消息、文件、数组、显示、报表等）的特征，1）名称/标识符，含项目唯一的标识符，非技术（自然语言）名称，技术名称（如在代码或数据库中的记录名或数据结构名），缩略名或同义名；2）数据元素组合体中的数据元素及其结构（编号、顺序和分组情况）；3）介质（例如磁盘）以及介质上数据元素/数据组合体的结构；4）显示和其他输出的视听特性（例如颜色、布局、字体、图标和其他显示元素、蜂鸣声和亮度）；5）数据组合体之间的关系，如排序/存取特性；6）优先级、定时、频率、容量、序列及其他约束，例如数据组合体是否可被更新、业务规则是否适用；7）保密性约束；8）来源（建立/发送的实体）和接受者（使用/接收的实体）。

e) 接口实体用于接口的通信方法的特征。1）项目唯一的标识符；2）通信链接/带宽/频率/介质及其特性；3）消息格式；4）流控制（如序列编号和缓冲区分配）；5）数据传输率、周期或非周期、传输间隔；6）路由、寻址及命名约定；7）传输服务,包括优先级和等级;8)安全性/保密性考虑(如加密、用户鉴别、隔离和审核)。

  f) 接口实体用于接口的协议的特征。1)项目唯一的标识符;2)协议的优先级别/层次;3)打包,包括分段与重组、路由和寻址;4)合法性检查、错误控制和恢复过程;5)同步,包括连接的建立、保持和终止;6)状态、标识和其他报告特性。

  g) 其他特性,例如接口实体的物理兼容性(尺寸、公差、负荷、电压和接插件的兼容性等)。

5 CSCI 详细设计

5.X （软件单元的项目唯一的标识符,或者一组软件单元的标志符）

  本条应通过项目唯一的标识符来标识软件单元,并对该单元进行说明。(若适用)该说明应包括下列信息。本条也可以指定一组软件单元,然后再分小条对它们分别进行标识和说明,包含其他软件单元的软件单元可引用那些软件单元的说明,而无需在此重复。

  a) (若有)单元设计决策,例如所使用的算法(如果此前尚未选定)。

  b) 该软件单元设计中的任何约束、限定或非常规特征。

  c) 如果使用的编程语言不同于该 CSCI 所指定的语言,则应指出并说明使用它的理由。

  d) 如果该软件单元包含过程性命令或由过程性命令组成(例如数据库管理系统(DBMS)中用于定义表单和报表的菜单选择,用于数据库访问和操纵的在线 DBMS 查询,用于代码自动生成的图形用户接口(GUI)构造器的输入,操作系统的命令或 Shell 脚本),应列出这些过程性命令,并引用解释它们的用户手册或其他文档。

  e) 如果该软件单元包含、接收或输出数据,(若适用)应对它的输入、输出及其他数据元素和数据元素组合体进行说明。本文档的 4.3.X 条提供了(若适用)应包括的主题。软件单元的局部数据应与软件单元的输入或输出数据分开来描述。如果该软件单元是一个数据库,应引用相应的数据库设计说明(DB-DD);接口特性可以在这里提供、也可以引用第 4 章或相应的接口设计说明(IDD)。

  f) 如果该软件单元包含逻辑,则给出该软件单元所用到的逻辑,(若适用)应包括1)该软件单元执行启动时,其内部起作用的条件;2)将控制传递给其他软件单元的条件;3)对每个输入的响应以及响应时间,包括数据转换、重命名以及数据传输操作;4)在软件单元运行期间的操作顺序和动态控制序列,包括顺序控制的方法;该方法的逻辑和输入条件,例如时序变异、优先级分配等;进出内存的数据传输；对离散输入信号的感知，以及该软件单元内中断操作之间的时序关系；5)异常和错误处理。

6 需求可追踪性

本章应包含：

a) 从本 SDD 所标识的每个软件单元，到分配给它的 CSCI 需求的可追踪性（这一可追踪性也可以在 4.1 条中提供）。

b) 从每个 CSCI 需求，到被分配这些需求的软件单元的可追踪性。

7 注释

本章应包括有助于了解文档的所有信息（例如背景、术语、缩略语或公式）。

2.15 数据库设计说明

按照 GJB 438B—2009《军用软件开发文档通用要求》编写。

1 范围

1.1 标识

本条应描述本文档所适用系统和软件的完整标识，适用时，包括其标识号、名称、缩略名、版本号和发布号。

1.2 数据库概述

本条应简要描述本文档所适用数据库的用途。它应描述该数据库的一般特性；概述其开发、使用和维护的历史；标识项目的投资方、需方、用户、开发方和保障机构；标识当前和计划的运行现场；列出其他有关文档。

1.3 文档概述

本条应概述本文档的用途和内容，并描述与它的使用有关的保密性方面的要求。

2 引用文档

本章应列出引用文档的编号、标题、编写单位、修订版及日期，还应标识不能通过正常采购活动得到的文档的来源。

3 数据库级设计决策

本章应视需要分条给出数据库级设计决策，即数据库的行为设计决策（忽略其内部实现，从用户角度出发描述数据库将怎样运转以满足需求）以及其他影响数据库进一步设计的决策。如果所有这些决策在系统需求或 CSCI 需求中均是明确的，本章应如实陈述。对应于指定为关键性需求（例如对安全性或保密性需求）的设计决策，应在专门的章条中加以叙述。如果一个设计决策依赖于系统状态或方式，应指明这一依赖性。如果设计决策的部分或全部在定制的或商用的数据库管理系统(DBMS)中进行了描述,本章可以直接引用。本章应给出或引用理解设计所需的设计约定。数据库级设计决策的例子如下:

a) 关于数据库将接收的查询或其他输入以及它将产生的输出(显示、报表、消息、响应等),包括与其他系统、HWCI、CSCI 及用户的接口的设计决策(本文档的 5.X.d 条指出这项说明应考虑的主题)。如果这一信息的全部或部分在接口设计说明(IDD)中给出,那么可以直接引用。

b) 有关响应每个输入或查询时数据库行为的设计决策,包括数据库将执行什么动作,响应时间和其他性能特性,所选择的方程式/算法/规则,处理和对不允许的输入的处理。

c) 有关数据库/数据文件如何呈现给用户的设计决策(本文档的 4.X 条标识了这项说明应考虑的主题)。

d) 有关所使用的数据库管理系统(包括名称、版本/发布版)以及为适应需求的变更而引入到数据库内部的灵活性类型的设计决策。

e) 有关数据库应提供的可用性、安全性、保密性和操作连续性的等级和类型的设计决策。

f) 有关数据库的分布(例如客户/服务器)、主数据库文件的更新和维护的设计决策,包括维护一致性、建立同步/重建同步和维持同步、强制完整性和业务规则。

g) 有关备份与恢复的设计决策,包括数据和处理的分布策略,备份和恢复过程中允许的动作,以及对新技术或非标准技术(如视频和声音等)的特殊考虑。

h) 关于重新打包、排序、索引、同步以及一致性的设计决策,包括自动磁盘管理和自动空间回收、优化策略、存储与空间大小以及数据库的规模与继承数据捕获等方面的考虑。

4 数据库详细设计

注:本文档用"数据元素集合"一词来代表在一指定的设计级别(例如概念设计、内部设计、逻辑设计、物理设计)上具有结构(数据元素的编号/次序/分组)的任何实体、关系、模式、字段、表、数组等,用"数据元素"一词来代表在该级别上不具有结构的任何关系、属性、字段、单元(cell)、数据元素等。

4.X (数据库设计级别的名称)

本条应标识数据库设计级别,并用所选择的设计方法的术语描述数据库的数据元素和数据元素集合。(若适用)这些信息应包括如下内容,它们可按任何适合于所提供信息的顺序提供:

a) 数据库设计中各个数据元素的特征。1)名称/标识符,含项目唯一的标识符,非技术(自然语言)名称,数据元素名称,技术名称(如在数据库中字段名),缩略名或同义名;2)数据类型(字母、数字、整数等);3)大小和格式(如字符串的长度和标点符号);4)计量单位(如 m 等);5)可能值的范围或枚举(如 0～99);6)准确性(正确程度)和精度(有效数位数);7)优先级别、定时、频率、容量、排序以及其他约束条件(例如数据元素是否可以被更新、业务规则是否适用);8)保密性约束;9)来源(建立/发送的实体)和接受者(使用/接收的实体)。

b) 数据库设计中的数据元素组合体(记录、消息、文件、数组、显示、报表等)的特征。1)名称/标识符,含项目唯一的标识符,非技术(自然语言)名称,技术名称(如在代码或数据库中的记录名或数据结构名),缩略名或同义名;2)数据元素组合体中的数据元素及其结构(编号、顺序和分组);3)介质(如磁盘)以及在介质上数据元素/数据元素组合体的结构;4)显示和其他输出的视听特征(如颜色、布局、字体、图标和其他显示元素、蜂鸣音和亮度);5)数据元素组合体之间的关系,如分类/存取特征;6)优先级、定时、频率、容量、序列及其他约束,例如数据元素组合体是否可以被更新、业务规则是否适用;7)保密性约束;8)来源(建立/发送的实体)和接受体(使用/接收的实体)。

5 用于数据库访问或操纵的软件单元的详细设计

5.X （软件单元的项目唯一的标识符,或者一组软件单元的标志符)

本条应该通过项目唯一的标识符来标识软件单元,并且对该单元进行说明。(若适用)这一说明应包括下列信息。本条也可以指定一组软件单元,然后再分条对它们分别进行标识和说明。包含其他软件单元的软件单元,可以引用那些软件单元的说明,而无需在此重复。

    a) (若有)单元设计决策,例如所使用的算法等,如果此前尚未选定。

    b) 该软件单元设计中的任何约束、限定或非常规特征。

    c) 所采用的不同于为该 CSCI 所指定语言的编程语言及使用它的理由。

    d) 如果该软件单元包含过程性命令或是由其组成(例如数据库管理系统(DBMS)中用于定义表和报表的菜单选择,用于数据库访问和操纵的在线 DBMS 查询,对用于代码自动生成的图形用户接口(GUI)构造器的输入,给操作系统的命令或 Shell 脚本),应列出这些过程性命令,并引用解释它们的用户手册或其他文档。

    e) 如果该软件单元包含、接收或输出数据,(若适用)应对它的输入、输出以及其他数据元素和数据元素集合进行说明。该软件单元的局部数据应该单独描述,不应该和输入或输出数据混在一起。接口特性可以在此提供,也可以引用接口设计说明(IDD)。如果一指定的接口实体本 DBDD 没有覆盖(例如一个外部系统),但是其接口特性在本 DBDD 描述软件单元时需要提到,则这些特性应作为假设进行描述,或以"当[未提及实体]这样做时,[软件单元]将……"的形式进行描述。本条可引用其他文档(例如数据字典、协议标准、用户接口标准)代替本条的信息描述。(若适用)设计说明应包括如下内容,以适合于所提供信息的任何顺序给出,并应从接口实体角度指出这些特性之间的区别(例如对数据元素的大小、频率或其他特性的不同期望值)。1)接口的项目唯一的标识符;2)(若适用)用名称、编号、修订以及文档引用来标识接口实体(软件单元、配置项、用户等);3)接口实体分配给接口的优先级;4)要实现的接口类型(如实时数据传输、数据的存储和检索等);5)接口实体将提供、储存、发送、访问、接收的各个数据元素的特征(本文档中的 4.X.a 条标识出了在本说明中需要包含的内容);6)接口实体将提供、存储、发送、访问、接收的数据元素组合体(记录、消息、文件、数组、显示、报表等)的特征(本文档中的 4.X.b 条,标识了本说明中需要包含的内容);7)接口实体将用于该接口的通信方法的特征,例如项目唯一的标识符;通信链接/带宽/频率/介质和它们的特征;消息格式;流控制(如序列编号和缓冲区分配);数据传输率、周期的或非周期的、以及传送间隔;路由、寻址、命名约定;传输服务,包括优先级与等级;安全性/保密性考虑,如加密、用户鉴别、隔离和审核;8)接口实体将用于该接口的协议的特征,如项目唯一的标识符;协议的优先级别/层次;打包,包括分段与重组、路由及寻址;合法性检查、错误控制和恢复过程;同步,包括连接的建立、保持和终止;状态、标识及任何其他报告特征;9)其他特性,例如接口实体的物理兼容性(尺寸、公差、负荷、电压和接插件的兼容性等)。

f) 如果软件单元包含逻辑,给出其要使用的逻辑,(若适用)应包括 1)该软件单元执行启动时,其内部起作用的条件;2)该软件单元将控制传递给其他软件单元的条件;3)对每个输入的响应以及响应时间,包括数据转换、重命名以及数据传输操作;4)软件单元运行期间的操作顺序和动态控制序列,包括:顺序控制的方法;该方法的逻辑和输入条件,例如时序变化、优先级分配等;进出内存的数据传输;对离散输入信号的感知,以及该软件单元内中断操作之间的时序关系;5)异常和错误处理。

6 需求可追踪性

本章应描述:

a) 从本 DBDD 所涵盖的每个数据库或其他软件单元,到它所处理的系统需求或 CSCI 需求的可追踪性。

b) 从已分配给本 DBDD 所涵盖的数据库或其他软件单元的每个系统或 CSCI 需求,到处理该需求的数据库或其他软件单元的可追踪性。

7 注释

本章应包括有助于了解文档的所有信息(例如背景、术语、缩略语或公式)。

2.16 软件测试说明

按照GJB 438B—2009《军用软件开发文档通用要求》编写。

1 范围

1.1 标识

本条应描述本文档所适用系统和软件的完整标识,适用时,包括其标识号、名称、缩略名、版本号和发布号。

1.2 系统概述

本条应概述本文档所适用系统和软件的用途。它还应描述系统与软件的一般特性;概述系统开发、运行和维护的历史;标识项目的需方、用户、开发方和保障机构等;标识当前和计划的运行现场;列出其他有关文档。

1.3 文档概述

本条应概述本文档的用途和内容,描述与它的使用有关的保密性方面的要求。

2 引用文档

本章应列出引用文档的编号、标题、编写单位、修订版及日期,还应标识不能通过正常采购活动得到的文档的来源。

3 测试准备

本章应分为以下几条。适用时应包括用"警告"或"注意"所标志的安全提示,以及保密性考虑。

3.X （测试的项目唯一的标识符）

3.X.1 硬件准备

本条应描述测试工作所需的硬件准备规程。有关这些规程,可以引用已发布的操作手册。(若适用)应提供以下内容:

a) 用名称和(若适用)编号标识要使用的特定硬件;
b) 任何开关装置和用于连接硬件的电缆;
c) 说明硬件、互联控制和数据路径的一个或多个图示;
d) 使硬件处于就绪状态的分步的操作说明。

3.X.2 软件准备

本条应描述准备被测项、相关软件以及测试数据的必要规程。有关这些规程,可以引用已发布的软件手册。(若适用)应提供下述信息:

a) 测试中要使用的特定软件；
　　b) 测试项的存储介质(如磁带、磁盘)；
　　c) 任何相关软件(如模拟器、测试驱动程序、数据库)的存储介质；
　　d) 加载软件的说明,包括所需的顺序；
　　e) 多个测试用例共同使用的软件初始化说明。
3.X.3　其他测试前准备
　　本条应描述进行测试前所需的其他人员活动、准备工作或规程。
4　测试说明
　　本章应分为以下几条。适用时应包括用"警告"或"注意"所标志的安全提示,以及保密性考虑。
4.X　(测试的项目唯一的标识符)
　　本条应用项目唯一的标识符标识一个测试,并分为以下几条。当所需信息与以前提供的信息重复时,此处可进行引用。
4.X.Y　(测试用例的项目唯一的标识符)
4.X.Y.1　涉及的需求
　　本条应标识测试用例所涉及的 CSCI 需求或系统需求(此信息亦可在 5.a)中提供)。
4.X.Y.2　先决条件
　　本条应描述执行测试用例前必须具备的先决条件,(若适用)应提供以下内容：
　　a) 软件配置和硬件配置；
　　b) 测试开始之前需设置或重置的标志、初始断点、指针、控制参数或初始数据；
　　c) 运行测试用例所需的预置硬件条件或电气状态；
　　d) 计时测量所用的初始条件；
　　e) 模拟环境的调整；
　　f) 测试用例特有的其他特殊条件。
4.X.Y.3　测试输入
　　本条应描述测试用例所需的测试输入,(若适用)应提供以下内容：
　　a) 每一测试输入的名称、用途和说明(例如取值范围、准确性)；
　　b) 测试输入的来源与选择测试输入的方法；
　　c) 测试输入是真实的还是模拟的；
　　d) 测试输入的时间或事件序列；
　　e) 控制输入数据的方式,如1)最小/合理数量的数据类型和值测试各被测项;2)为了检验过载、饱和及其他"最坏情况"的影响,用各种有效数据类型和值测试被测各项;3)为了检验对非常规输入的适当处理,用无效数据类型和值试验被测各项;4)如需要允许再测试。

4.X.Y.4 预期的测试结果

本条应标识测试用例的所有预期测试结果。(若适用)应提供中间结果和最终结果。

4.X.Y.5 评价结果的准则

本条应标识用于评价测试用例的中间和最终结果的准则。(若适用)应对每一测试结果提供以下信息:

a) 输出可能变化但仍能接受的范围或准确性;
b) 构成可接受的测试结果的输入和输出条件的最少组合或选择;
c) 用时间或事件数表示的允许的最大/最小测试持续时间;
d) 可以发生的中断、停机或其他系统突变的最大次数;
e) 允许的处理错误严重程度;
f) 当测试结果不确定时,进行再测试的条件;
g) 输出解释为"输入测试数据、测试数据库/数据文件或测试过程不规范"的条件;
h) 允许的表达测试的控制、状态和结果的指示方式,以及表明下一个测试用例(或许是辅助测试软件的输出)准备就绪的指示方式;
i) 以上未提及的其他准则。

4.X.Y.6 测试规程

本条应定义测试用例的测试规程。测试规程应定义为以执行步骤顺序排列的、一系列独立编号的步骤。为便于文档维护,可以将测试规程作为附录并在此条引用。每个测试规程的适当详细程度依赖于被测试软件的类型。对于某些软件,每次击键可以是一个单独的测试规程步骤;而对于大多数软件,每一步骤可以包括逻辑相关的一串击键或其他动作。详略程度应有利于确定预期结果并把它们与实际结果进行比较。(若适用)每一测试规程应提供:

a) 每一步骤所需的测试操作员的动作和设备操作,(若适用)包括以下方面的命令,如1)初始化测试用例并运用测试输入;2)检查测试条件;3)进行测试结果的中期评价;4)记录数据;5)停机或中断测试用例;6)如果需要,要求数据转储或其他帮助;7)修改数据库/数据文件;8)如果不成功,重复测试用例;9)根据测试用例的要求,应用替代方式;10)终止测试用例。

b) 对每一步骤给出预期结果与评价准则。

c) 如果测试用例涉及多个需求,应标识测试规程步骤与需求之间对应关系

(亦可在第 5 章中提供此信息)。

　　d) 程序停止或指示了错误发生后要采取的动作,如 1)对指示器的关键数据进行记录,以便于引用;2)停止或暂停对时间敏感的测试支撑软件和测试仪器;3)对测试结果有关的系统和操作员的记录进行收集。

　　e) 归约和分析测试结果所采用的规程,(若适用)应完成 1)检测是否已产生了输出;2)标识由测试用例所产生数据的介质和位置;3)对输出进行评价,并以此作为测试序列继续的基础;4)按照预期的输出,对测试输出进行评价。

4.X.Y.7　假设和约束

　　本条应描述所做的任何假设,以及系统或测试条件给测试用例带来的约束或限制,如时间、接口、设备、人员与数据库/数据文件的限制。如果对指定的限制和参数,放弃或例外处理得到批准的话,应对它们加以标识,并指出它们对测试用例的影响与效果。

5　需求的可追踪性

　　本条应描述:

　　a) 从软件测试说明中的测试用例到它所涉及的系统或 CSCI 需求的可追踪性。若一个测试用例涉及多个需求,应包含从每一组测试规程步骤到所涉及的需求的可追踪性(亦可在 4.X.Y.1 中提供)。

　　b) 从本软件测试说明所提及的每项系统或 CSCI 需求到涉及它们的测试用例的可追踪性。对于 CSCI 测试,是从 CSCI 的软件需求规格说明(SRS)和有关接口需求规格说明(IRS)中的每项 CSCI 需求到涉及它们的测试用例的可追踪性。对于系统测试,是从系统的系统/子系统规格说明(SSS)及有关 IRS 中的每项系统需求到涉及它们的测试用例的可追踪性。如果一个测试用例涉及多项需求,则可追踪性应指明涉及每项需求的特定测试规程步骤。

6　注释

　　本章应包括有助于了解文档的所有信息(例如背景、术语、缩略语或公式)。

2.17　软件测试报告

　　按照 GJB 438B—2009《军用软件开发文档通用要求》编写。

1　范围

1.1　标识

　　本条应描述本文档所适用系统和软件的完整标识,适用时,包括其标识号、名称、缩略名、版本号和发布号。

1.2 系统概述

本条应概述本文档适用系统和软件的用途。它还应描述系统与软件的一般特性；概述系统开发、运行和维护的历史；标识项目的需方、用户、开发方和保障机构等；标识当前和计划的运行现场；列出其他有关文档。

1.3 文档概述

本条应概述本文档的用途与内容，并描述与它的使用有关的保密性方面的要求。

2 引用文档

本章应列出引用文档的编号、标题、编写单位、修订版及日期，还应标识不能通过正常采购活动得到的文档的来源。

3 测试结果概述

3.1 对被测试软件的总体评估

本条应：

a) 根据本报告中的测试结果，给出该软件的总体评估。

b) 描述测试中发现的所有遗留的缺陷、限制或约束。可用问题/更改报告形式，给出缺陷信息。

c) 对每个遗留的缺陷、限制或约束，应描述 1)对软件和系统性能的影响，包括对未得到满足的需求的标识；2)对其进行纠正时，软件和系统设计受到的影响；3)推荐的纠正方案/方法。

3.2 测试环境的影响

本条应给出测试环境与操作环境的差异及这种差异对测试结果的影响进行的评估。

3.3 改进建议

本条应对被测试软件的设计、操作或测试提供改进建议，并描述每个建议及其对软件的影响。

4 详细测试结果

注："测试"一词是指一组相关测试用例的集合。

4.X （测试的项目唯一的标识符）

4.X.1 测试结果总结

本条应描述对测试结果进行的总结，并应描述与该测试相关联的每个测试用例的完成状态（例如"所有结果都如预期的那样"，"遇到的问题"，"与要求有偏差"等），可用表格的形式给出。当完成状态不是"所预期的"时，本条应引用 4.X.2 或 4.X.3 提供详细信息。

4.X.2 遇到的问题

4.X.2.Y （测试用例的项目唯一的标识符）

本条应用项目唯一的标识符标识遇到问题的测试用例,并提供以下内容：

a) 简述所遇到的问题；

b) 标识所遇到问题的测试规程步骤；

c) (若适用)对相关问题/更改报告和备份数据的引用；

d) 改正这些问题所重复的规程或步骤的次数及每次得到的结果；

e) 再测试时,是从哪些回退点或测试步骤恢复测试的。

4.X.3 与测试用例/规程的不一致

4.X.3.Y （测试用例的项目唯一的标识符）

本条应用项目唯一的标识符标识出现一个或多个偏差的测试用例,并提供：

a) 偏差说明(例如出现偏差的测试用例的运行情况和偏差性质,如替换了所要求的设备、未能遵循规定的步骤等)。

b) 偏差理由；

c) 偏差对测试用例有效性影响的评估。

5 注释

本章应包括有助于了解文档的所有信息(例如背景、术语、缩略语或公式)。

2.18 软件产品规格说明

按照GJB 438B—2009《军用软件开发文档通用要求》编写。

1 范围

1.1 标识

本条应描述本文档所适用系统和软件的完整标识,适用时,包括其标识号、名称、缩略名、版本号和发布号。

1.2 系统概述

本条应概述本文档所适用系统和软件的用途。它还应描述系统与软件的一般特性；概述系统开发、运行和维护的历史；标识项目的需方、用户、开发方和保障机构等；标识当前和计划的运行现场；列出其他有关文档。

1.3 文档概述

本条应概述本文档的用途与内容,并描述与它的使用有关的保密性方面的要求。

2 引用文档

本章应列出引用文档的编号、标题、编写单位、修订版及日期,还应标识不能通过正常采购活动得到的文档的来源。

3 需求

本章应分为以下几条，以实现软件交付，并建立另一软件实体要成为该CSCI的有效拷贝所应满足的需求。

3.1 可执行软件

本条应通过引用附带的或其他形式提供的电子媒体，给出CSCI的可执行软件，包括在目标计算机上安装和运行该软件所需的批处理文件、命令文件、数据文件或其他软件文件。为使软件实体成为该CSCI可执行软件的有效拷贝，它必须与这些文件精确匹配。

3.2 源文件

本条应通过引用附带的或其他形式提供的电子媒体，给出CSCI的源文件，包括重新生成CSCI可执行软件所需的批处理文件、命令文件、数据文件或其他文件。为使软件实体成为该CSCI源文件的有效拷贝，它必须与这些文件精确匹配。

3.3 包装需求

（若有）本条应描述CSCI拷贝的包装和标记方面的需求。

4 合格性规定

本条应描述用于证明指定软件实体是CSCI有效拷贝所使用的方法。例如针对可执行文件所使用的方法可以是，确定3.1条中引用到的每个可执行文件在当前所述软件中是否有相同命名的对等实体，并且可通过按位比较、校验和、或其他方法表明每个这样的对等实体和对应的可执行文件是相同的；针对源文件所使用的方法可以是与3.2条中引用的源文件进行比较。

5 软件支持信息

5.1 "已建成"软件设计

本条应包含描述"已建成"CSCI的设计信息，或引用包含此信息的一个附录或其他可交付的文档。（若适用）此信息应与软件设计说明（SDD）、接口设计说明（IDD）和数据库设计说明（DBDD）所要求的信息相同。如果这些文档或其等价物要随"已建成"CSCI交付，本条应引用这些文档；否则，此信息应在本文档中提供。本条也可以引用源代码清单中的头文件、注释和代码提供的信息，此处无需重复提供。如果SDD、IDD或DBDD是以附录的形式提供，无需改变其条号与页码。

5.2 编译/建立规程

本条应描述从源文件创建可执行文件和准备向固件或其他分布媒体中加载可执行文件所要使用的编译/建立规程，或引用描述此信息的附录。本条应指定

263

所用的编译程序/汇编程序,包括版本号;其他所需的软、硬件,包括版本号;要使用的设置、选项或约定;编译/汇编、连接和建立 CSCI 和包含 CSCI 的软件系统的规程,包括对不同现场、配置、版本的变更等。CSCI 级之上的建立规程可以在某个 SPS 中给出,而在其他 SPS 中引用。

5.3 修改规程

本条应描述修改 CSCI 应遵循的规程。(若适用)包括或引用下述信息:

a) 保障设施、设备和软件,以及它们的使用规程;
b) CSCI 所使用的数据库/数据文件,以及使用与修改它们的规程;
c) 要遵循的设计、编码、及其他约定;
d) (若有)与上述不同的编译/建立规程;
e) 要遵循的集成与测试规程。

5.4 计算机硬件资源使用

本条应描述"已建成"CSCI 对计算机硬件资源(如处理器能力、内存容量、输入/输出设备能力、辅存容量和通信/网络设备能力)的实际使用情况,并应覆盖包括在 CSCI 使用需求中的、影响 CSCI 的系统级资源分配中的、或软件开发计划中的所有计算机硬件资源。如果指定的计算机硬件资源的所有使用数据出现在一个地方,如在某个 SPS 中,则本条可以引用它。针对每一计算机硬件资源,应包括:

a) 得到满足的 CSCI 需求或系统级资源分配(到 CSCI 需求的可追踪性可在 6.c)中提供);
b) 使用数据所基于的假设和条件(例如典型用法、最坏情况用法、特定事件的假设);
c) 影响使用的特殊考虑(例如虚存的使用、覆盖、多处理器或操作系统开销的影响、库软件或其他的实现开销等);
d) 所采用的测度的单位(例如处理器能力百分比、每秒周期、存储器字节数、每秒千字节等);
e) 已进行的估计或测量的级别(例如软件单元、CSCI 或可执行程序)。

6 需求的可追踪性

本章应描述:

a) 从每一 CSCI 源文件到它所实现的软件单元的可追踪性;
b) 从每一软件单元到实现它的源文件的可追踪性;
c) 从 5.4 中指定的每一计算机硬件资源使用测量到它所涉及的 CSCI 需求的可追踪性(此可追踪性也可在 5.4 中提供);
d) 从有关计算机硬件资源使用的每一 CSCI 需求到 5.4 中指定的使用测量

的可追踪性。
7 注释
本章应包括有助于了解文档的所有信息（例如背景、术语、缩略语或公式）。

2.19 软件版本说明

按照 GJB 438B—2009《军用软件开发文档通用要求》编写。

1 范围
1.1 标识
本条应描述本文档所适用系统和软件的完整标识，适用时，包括其标识号、名称、缩略名、版本号和发布号。本条还应标识本文档预期的接受者，该标识影响所发布软件的内容（例如源代码可能不向所有的接受者发布）。
1.2 系统概述
本条应概述本文档所适用系统和软件的用途。它还应描述系统与软件的一般特性；概述系统开发、运行和维护的历史；标识项目的需方、用户、开发方和保障机构等；标识当前和计划的运行现场；列出其他有关文档。
1.3 文档概述
本条应概述本文档的用途和内容，并描述与它的使用有关的保密性方面的要求。

2 引用文档
本章应列出引用文档的编号、标题、编写单位、修订版及日期，还应标识不能通过正常采购活动得到的文档的来源。

3 版本说明
3.1 发布的材料清单
（若适用）本条应按标识号、标题、缩略名、日期、版本号和发布号，列出构成所发布软件的所有物理媒体（例如列表、磁带、磁盘）和有关的文档。本条还应给出适用于这些项的保密性考虑、处理它们的安全措施（例如对静电和磁场的关注）和关于复制与许可证条款的说明及约束。
3.2 软件内容清单
（若适用）本条应按标识号、标题、缩略词语、日期、版本号和发布号列出构成所发布软件版本的所有计算机文件，还应给出适用的保密性考虑。
3.3 更改说明
本条应列出自上一个版本后引入当前软件版本的所有更改。如果使用了更改类别，则更改应按这些类别进行划分。（若适用）本条应标识与每一更改相关的问题报告、更改建议和更改通告，以及(若有)每一更改对系统运行和其他软硬件接口产生的影响。本条不适用于初始软件版本。

3.4 适应性数据

本条应标识或引用包含在软件版本中所有现场专用的数据。对于第一版之后的软件版本，本条应描述对适应性数据做的更改。

3.5 有关的文档

(若适用)本条应按标识号、标题、缩略名、日期、版本号和发布号列出与所发布软件有关但未包含在其中的所有文档。

3.6 安装说明

(若适用)本条应提供或引用以下信息：

a) 安装软件版本的说明；

b) 为使该版本可用而应安装的其他更改的标识，包括未包含在软件版本中的场地唯一的适应性数据；

c) 与安装有关的保密性和安全性提示；

d) 判定版本是否正确安装的规程；

e) 安装中遇到问题后的求助联系地点。

3.7 可能的问题和已知的错误

本条应描述软件版本在发布时，可能发生的问题和已知的错误、解决问题与错误要采取的步骤、以及用于识别、避免、纠正问题与错误的说明(直接或通过引用)，或其他处理措施。给出的信息应适合于软件版本说明(SVD)的预期接受者(例如用户机构可能需要避免错误的建议，保障机构则需要改正错误的建议)。

4 注释

本章应包括有助于了解文档的所有信息(例如背景、术语、缩略语或公式)。

2.20 软件用户手册

按照GJB 438B—2009《军用软件开发文档通用要求》编写。

1 范围

1.1 标识

本条应描述本文档所适用系统和软件的完整标识，适用时，包括其标识号、名称、缩略名、版本号和发布号。

1.2 系统概述

本条应概述本文档所适用系统和软件的用途。它还应描述系统与软件的一般特性；概述系统开发、运行和维护的历史；标识项目的需方、用户、开发方和保障机构等;标识当前和计划的运行现场;列出其他有关文档。

1.3 文档概述

本条应概述本文档的用途和内容,并描述与它的使用有关的保密性方面的要求。

2 引用文档

本章应列出引用文档的编号、标题、编写单位、修订版及日期,还应标识不能通过正常采购活动得到的文档的来源。

3 软件综述

3.1 软件应用

本条应简要说明软件预期的用途,并应描述对软件使用所期望的能力、运行改进和受益情况。

3.2 软件清单

本条应标识使软件运行而必须安装的所有软件文件,包括数据库和数据文件。标识应包含每一文件的保密性考虑以及紧急时刻继续或恢复运行所需的软件的标识。

3.3 软件环境

本条应描述用户安装并运行该软件所需的硬件、软件、手工操作和其他的资源。(若适用)包括以下方面:

a) 应提供的计算机设备,包括需要的内存数量、辅存数量及外围设备(如打印机和其他的输入/输出设备);

b) 应提供的通信设备;

c) 应提供的其他软件,例如操作系统、数据库、数据文件、实用程序和其他的支持系统;

d) 应提供的表格、规程或其他的手工操作;

e) 应提供的其他设施、设备或资源。

3.4 软件组织和操作概述

本条应从用户的角度出发,简要描述软件的组织与操作。(若适用)描述应包括:

a) 从用户的角度,概述软件逻辑部件和每个部件的用途/操作。

b) 用户可能期望的性能特性,如 1)可接受的输入的类型、数量、速率;2)软件产生的输出类型、数量、准确性和速率;3)典型的响应时间和影响它的因素;4)典型的处理时间和影响它的因素;5)限制,例如可追踪的事件数目;6)预期的错误率;7)预期的可靠性。

c) 该软件执行的功能与接口系统、组织或位置之间的关系。

d) 为管理软件而能够采取的监控措施(例如口令)。

3.5 意外事故及运行的备用状态和方式

(若适用)本条应说明在紧急时刻以及在不同运行状态和方式下用户处理软件的差异。

3.6 保密性

本条应概述与本软件相关的保密性考虑,适用时还应包括对软件或文档进行非授权复制的警告信息。

3.7 帮助和问题报告

本条应标识联系方式、获得帮助和报告软件使用中遇到的问题所应遵循的规程。

4 软件入门

4.1 软件的首次用户

4.1.1 熟悉设备

需要时,本条应描述以下内容:

a) 打开与调节电源的规程;

b) 可视化显示屏幕的大小与能力;

c) 光标形状,如果出现了多个光标如何标识现行的光标,如何定位光标和如何使用光标;

d) 键盘布局和不同类型键与点击设备的功能;

e) 需要特殊的操作顺序时关闭电源的规程。

4.1.2 访问控制

本条应概述对用户可见的软件的访问与保密性方面的特征。(若适用)本条应包括以下内容:

a) 如何获得与何处获得口令;

b) 如何在用户的控制下添加、删除或更改口令;

c) 与用户生成的输出报告及其他媒体的存储和加标记有关的保密性考虑。

4.1.3 安装和设置

本条应描述在指定的设备上访问或安装软件、执行该安装、配置该软件、删除或覆盖以前的文件或数据、以及输入软件操作参数所必须执行的规程。

4.2 启动

本条应提供开始工作的逐步的规程,包括任何可用的选项。本条还应提供遇到问题时用于问题确定的检查单。

4.3 停止和挂起

本条应描述用户如何停止或中断软件的使用,以及如何判断是否为正常结束或停止。

5 使用指南

本章应向用户提供使用软件的规程。如果规程太长或太复杂,按本章相同的条结构添加第 6 章,第 7 章等,标题含义与所选择的章有关。文档的组织依赖于被文档化的软件的特性。例如一种办法是根据用户工作的组织、他们被分配的位置、他们的工作现场和他们必须完成的任务来划分章。对其他的软件而言,第 5 章可以为菜单指南,第 6 章为使用的命令语言指南,第 7 章为功能指南。在 5.3 中给出详细的规程。依赖于软件的设计,可根据逐个功能,逐个菜单,逐个事务或其他方式来组织各子条。在合适的地方应包含用"警告"或"注意"标记的安全提示。

5.1 能力

为了提供软件使用概述,本条应简述事务、菜单、功能或其他的处理相互之间的关系。

5.2 约定

本条应描述软件使用的任何约定,例如显示中使用的颜色、使用的警告铃声、使用的缩略词语表和使用的命名或编码规则。

5.3 处理过程

5.3.X (软件使用方面)

本条的标题应标识出被描述的功能、菜单、事务或其他的过程。(若适用)本条应描述并给出以下方面的选项与实例,包括:菜单、图标、数据项表、用户输入、可能影响软件与用户的接口的其他软硬件的输入、输出、诊断或错误消息、报警、以及能提供联机描述或使用说明信息的帮助工具。给出的信息格式应适合于软件的特性。描述应使用一致的风格,例如对菜单的描述应保持一致,对事务描述应保持一致。

5.4 有关的处理

本条应标识并描述任何关于未被用户直接调用,并且在 5.3 中也未描述的由软件执行的批处理、脱机处理或后台处理,并应说明支持这种处理的用户的责任。

5.5 数据备份

本条应描述创建和保留备份数据的规程,这些备份数据在发生错误、缺陷、误动作或事故时可以用来代替主要的数据拷贝。

5.6 错误、故障和紧急情况下的恢复

本条应给出从发生错误或故障中重启或恢复的详细规程,以及确保紧急事件下运行连续性的详细规程。

5.7 消息

本条应列出完成用户功能时可能发生的所有错误消息、诊断消息等,或引用列出这些消息的附录,并应标识和描述每一条消息的含义以及消息出现后要采取的动作。

5.8 快速参考指南

合适时,本条应为使用该软件提供或引用快速参考卡或页。(若适用)快速参考指南应概括常用的功能键、控制序列、格式、命令或软件使用的其他方面。

6 注释

本章应包括有助于了解文档的所有信息(例如背景、术语、缩略语或公式)。

2.21 软件输入/输出手册

按照 GJB 438B—2009《军用软件开发文档通用要求》编写。

1 范围

1.1 标识

本条应描述本文档所适用系统和软件的完整标识,适用时,包括其标识号、名称、缩略名、版本号和发布号。

1.2 系统概述

本条应概述本文档所适用系统和软件的用途。它还应描述系统与软件的一般特性;概述系统开发、运行和维护的历史;标识项目的需方、用户、开发方和保障机构等;标识当前和计划的运行现场;列出其他有关文档。

1.3 文档概述

本条应概述本文档的用途和内容,并描述与它的使用有关的保密性方面的要求。

2 引用文档

本章应列出引用文档的编号、标题、编写单位、修订版及日期,还应标识不能通过正常采购活动得到的文档的来源。

3 软件综述

3.1 软件应用

本条应简要说明软件预期的使用,并应描述对软件的使用所期望的能力、运行改进和受益。

3.2 软件清单

(若有)本条应标识为了访问本手册所描述的软件,由用户负责申请的软件文件,包括数据库和数据文件。该标识应包含对每份文件的保密性考虑,以及在紧急时刻为继续或恢复运行所必须的软件的标识。
3.3 软件环境
本条应描述访问和使用该软件所需的硬件、软件、手工操作和其他的资源。本条应基于这样的假定：该软件安装在计算机中心或其他集中式或网络环境中；用户必须访问和使用该环境中的软件。（若适用）包括以下方面的标识：

a) 必须提供的计算机设备，例如终端、打印机或其他输入/输出设备；
b) 必须提供的通信设备；
c) 必须提供的其他软件，例如网络软件；
d) 必须提供的格式、规程或其他的手工操作；
e) 必须提供的其他设施、设备或资源。

3.4 软件组织和操作概述
本条应从用户的角度出发，简要描述软件的组织与操作。（若适用）描述应包括：

a) 从用户的角度概述软件逻辑部件，包括用户可访问的数据库和数据文件、数据库管理系统（DBMS）、通信路径和每个部件用途/操作。
b) 用户可能期望的性能特征，如1)可接受的输入的类型、数量、速率；2)软件能够产生的输出的类型、数量、准确性和速率；3)典型的响应时间和影响因素；4)典型的处理时间和影响因素；5)限制，如对何种数据可被查询以及从何处查询的约束；6)预期的错误率；7)预期的可靠性。
c) 该软件执行的功能与接口系统的关系，以及与输入源或输出接受者的组织或站点的关系。
d) 为管理软件而采取的监控措施（例如口令）。

3.5 意外事故及运行的备用状态和方式
（若适用）本条应说明在紧急时刻以及在不同运行状态和方式下用户处理该软件时的差异。

3.6 保密性
本条应概述与本软件相关的保密性考虑，适用时还应包括对软件或文档进行非授权复制的警告信息。

3.7 帮助和问题报告
本条应标识联系方式、获得帮助和报告软件使用中遇到的问题所遵循的规程。

4 使用软件
4.1 启动规程
本条应包含启动该软件所必须遵循的规程，包含有作业请求表和控制语句的样例。
4.2 输入描述
4.2.1 输入条件
本条应描述在准备软件的每种类型或类别的输入时需遵守的前提条件。（若适用）应包括：

a) 输入的原因，例如正常的状态报告，更新数据的需求；
b) 输入的频率，例如每月，根据要求；
c) 输入源，例如被授权生成输入的组织或站点；
d) 输入的媒体，例如磁带；
e) 在输入的同时要求给出的其他有关输入；
f) 其他适用的信息，例如优先级、保密性考虑。

4.2.2 输入格式
本条应说明在准备软件的输入时使用的布局格式，并应解释在每种格式的不同条和不同行输入的信息。

4.2.3 组成规则
本条应描述在准备软件的输入时应遵守的规则和约定，还应说明语法规则、标点符号的用法等。（若适用）规则应包括以下内容：

a) 输入字符的长度，例如最多 100 个字符；
b) 格式约定，例如所有的输入项必须左对齐；
c) 标记方法，例如指示软件的主要数据集合的标识符的用法；
d) 次序，例如输入中各项的顺序和位置；
e) 标点符号，例如指示输入、数据组和字段的开始和结束的空格符与符号（斜线、星号、字符组合等）的使用；
f) 制约，例如禁止使用特别字符或参数集的规则。

4.2.4 输入词汇
本条应解释在准备软件的输入时必须使用的合法字符组合或编码。附录可提供含有这些编码的有序列表。

4.2.5 输入样例
本条应提供实例说明和解释软件可接受的每一输入类型或类别。（若适用）应包括以下输入类型信息：

a) 表示输入起点的首部；
b) 输入的文本或主体；
c) 表示输入结束的结束符；
d) 输入中可被忽略的部分；

e) 输入中可被重复的部分。

4.3 输出描述
4.3.1 一般描述
（若适用）本条应为每一类型或类别输出提供以下信息：

a) 生成输出的原因；

b) 输出频率，例如每月，根据要求；

c) 可得到的基本输出的任何修改或变异；

d) 媒体，例如打印输出、显示屏幕、磁带；

e) 输出出现的地点，例如在计算机所在地域或远程地域；

f) 其他特点，例如优先级、保密性考虑、补充输出信息的有关输出。

4.3.2 输出格式
本条应描述和解释从该软件输出的每一类型或类别的布局。（若适用）应解释下列方面：

a) 保密性标志；

b) 可能出现在首部的数据；

c) 可能出现在输出的正文主体或文本中的信息；

d) 可能出现在尾部的数据；

e) 其他特性，例如特殊符号的含义。

4.3.3 输出样例
本条应描述软件每一类型或类别的输出。（若适用）每个样例的描述应提供：

a) 每一列、每个条目的含义与使用；

b) 来源，例如是从数据库抽取的还是由计算得到的；

c) 特征，例如何时可忽略、值的范围、计量单位。

4.3.4 输出词汇
本条应描述出现在输出中所有编码或缩略语，这些词汇与4.2.4中描述的输入中所使用的不同。

4.4 输出的使用
本条应按运行范围或接收输出的活动来描述输出的使用。

4.5 恢复和错误纠正规程
本条应列出软件产生的错误代码，给出它们的含义，描述用户应采取的纠正动作。本条还应包含用户应遵守的重启、恢复和紧急事件下连续性运行方面的规程。

4.6 通信诊断

本条应描述针对通信确认和问题识别与分类方面用户可用的诊断规程。

5 查询规程

5.1 数据库/数据文件格式

本条应提供能被查询的数据库/数据文件的内容与格式的用户视图。（若适用）应为每个数据元素提供以下信息：

a) 数据元素名；

b) 同义名；

c) 定义；

d) 格式；

e) 取值范围和值的枚举；

f) 计量单位；

g) 数据项名、缩略名和编码。

5.2 查询能力

本条应标识和描述软件提供的预排程序的查询能力和特别的查询能力。

5.3 查询准备

本条应提供对查询准备的说明。

5.4 控制指令

本条应提供抽取查询请求响应所需要的运行序列和其他动作的指令。这些指令应包括计算机系统或软件所要求的控制语句。

6 用户终端处理规程

本章应分条向用户提供使用终端完成处理的信息。如果规程太长或太复杂，按本章相同的条结构添加第 7 章，第 8 章等，标题含义与所选择的章有关。文档的组织依赖于被文档化的软件的特性。例如一种办法是根据用户工作的组织、他们被分配的位置、他们的工作现场或他们必须完成的任务来划分章。对其他的软件而言，第 6 章可以为菜单指南，第 7 章为使用的命令语言指南，第 8 章为功能指南。在 6.2 至 6.5 中给出详细的规程。根据软件的设计，可根据逐个功能、逐个菜单、逐个事务或其他方式来组织各子条。在合适的地方应包含用"警告"或"注意"标记的安全提示。

6.1 可用的能力

本条应用一般术语描述通过终端操作进行数据检索、显示和更新能力。

6.2 访问规程

本条应提供启动软件运行以及访问软件等步骤顺序和适用的规则。

6.3 显示、更新和检索的规程

本条应分条提供通过使用终端产生检索、显示和更新所需的逐步的规程。（若适用）每个规程应包含操作名、输入格式和响应样例。

6.4 恢复和错误纠正规程

本条应标识可被显示出的出错消息，给出它们的含义，并描述用户应采取的纠正动作。本条还应包含用户应遵守的重启、恢复和紧急事件下连续性运行方面的规程。

6.5 结束规程

本条应提供结束处理所需的步骤顺序。

7 注释

本章应包括有助于了解文档的所有信息（例如背景、术语、缩略语或公式）。

2.22 软件中心操作员手册

按照 GJB 438B—2009《军用软件开发文档通用要求》编写。

1 范围

1.1 标识

本条应描述本文档所适用系统和软件的完整标识，适用时，包括其标识号、名称、缩略名、版本号和发布号。

1.2 系统概述

本条应概述本文档所适用系统和软件的用途。它还应描述系统与软件的一般特性；概述系统开发、运行和维护的历史；标识项目的需方、用户、开发方和保障机构等；标识当前和计划的运行现场；列出其他有关文档。

1.3 文档概述

本条应概述本文档的用途和内容，并描述与它的使用有关的保密性方面的要求。

2 引用文档

本章应列出引用文档的编号、标题、编写单位、修订版及日期，还应标识不能通过正常采购活动得到的文档的来源。

3 软件综述

3.1 软件应用

本条应简要说明软件预期的使用，并应描述对软件的使用所期望的能力、运行改进和受益。

3.2 软件清单

本条应描述为使本软件运行所必须安装的数据库和数据文件等，包括对每个文件的保密性考虑，并标明在紧急情况下继续操作或恢复操作所需的软件。

3.3 软件环境

本条应描述安装和操作本软件所需要的硬件、软件、手工操作和其他资源。（如适用）应包括如下内容：

a) 必须提供的计算机设备，包括内存数量、辅助存储数量、外围设备（例如终端、打印机以及其他输入/输出设备）等；

b) 必须提供的通信设备；

c) 必须提供的其他软件，例如网络软件、操作系统、数据库、数据文件、实用程序、该软件引用、创建或更新的永久文件、在紧急情况下恢复操作所需的数据库/数据文件；

d) 必须提供的表格、规程或其他手工操作；

e) 必须提供的其他设施、设备或资源。

3.4 软件组织和操作概述

本条应从操作员的视角概述软件的组织和操作。（如适用）应包括：

a) 软件的逻辑部件，并从操作员的视角简要说明每个部件的用途/操作。

b) 能够对软件进行的输入/访问的类型，以及软件对每种类型的响应。

c) 软件所产生的报告和其他输出，包括对每个输出的保密性考虑。

d) 软件的典型运行时间和影响它的因素。

e) 把软件操作组织成若干运行，（如适用）应使用图表来描述不同操作之间是如何关联的。如果运行集依时间段或周期分组，应给出对每天、每周等必需的每个已集成操作集；如果运行可以逻辑上依组织层次分组（例如总部处理、现场处理等），应给出每个组织层次能够执行的运行组。

f) 各种系统的限制、操作标准的豁免、面向特定支持领域的信息（例如库、小型计算机和远程处理支持、与其他系统的接口），或者所处理的其他特殊方面。

g) 概要描述软件的通信功能和处理情况，（若适用）应包括系统所使用的通信网络图。

3.5 意外事件和运行的备用状态和方式

（如适用）本条应说明在紧急时刻以及在不同运行状态和方式下软件操作的差异。

3.6 保密性

本条应概述与本软件相关的保密性考虑，适用时还应包括对软件或文档进行非授权复制的警告信息。

3.7 帮助和问题报告

本条应标识联系方式、获得帮助和报告软件使用中遇到的问题所应遵循的规程。

4 安装和设置

本章应描述在设备上安装、配置本软件,删除或覆盖旧版本的文件或数据,输入软件运行所需的参数时必须执行的规程。在必要的位置,用"警告"或"注意"标记给出安全提示。

5 运行描述

本章分条描述要执行的运行。在必要的位置用"警告"或"注意"标记给出安全提示。

5.1 运行清单

本条应列出要执行的运行列表,标识构成每个运行的软件和作业,应包括对每个运行的用途的概要说明,并使列表与本章其他部分包含的运行描述相关联。

5.2 阶段划分

本条应描述将软件分成逻辑运行系列的可接受的阶段划分。一个运行可以分阶段,以便能手工或半自动地校验中间结果,向用户提供中间结果用于其他目的;或者当提交高优先级作业时,允许逻辑暂停。对于大多数系统,最基本的阶段划分是编辑、文件更新和报告准备。

5.3 诊断规程

本条应提供软件诊断的设置和执行的规程,包括用于确认和问题定位的规程,还应说明诊断软件的所有参数(输入和输出)、代码和取值范围。

5.4 错误信息列表

本条应列出本软件所产生的错误信息输出,以及每个信息的含义和对应的纠正规程。

5.5 每个运行的说明

从 5.5.1 开始编号,分小条描述运行情况。

5.5.X （运行名或标识）的运行描述

本条应标识一个运行,并应分为以下几条来描述该运行。

5.5.X.1 控制输入

本条应提供启动运行所需的作业控制语句的运行流列表。

5.5.X.2 运行管理信息

本条应描述管理运行所需要的信息,(如适用)应包括:

a) 外围设备和资源需求；

b) 保密性考虑；

c) 启动方法，例如根据请求、在另一个运行之后、或在预定时间；
d) 估计的运行时间；
e) 所需的周转时间；
f) 消息和响应；
g) 采用检查点的规程；
h) 运行标准的放弃。

5.5.X.3 输入—输出文件
本条应给出作为运行的输入的、或在运行中创建或更新的文件或数据库的信息，包括名称、保密性要求、记录媒体、保存时间和处置方法等信息。

5.5.X.4 输出报告
本条应给出关于运行中产生的报告的信息。（若适用）每个报告应包括下面的信息：报告标识符、产品控制号、报告控制符、标题、保密性要求、媒体（例如硬盘、磁带等）、报告的卷数、报告副本的数量以及副本的分发情况。

5.5.X.5 再版输出报告
本条应提供关于计算机产生的报告此后以其他方法进行再版的信息。（若适用）每份报告应包括以下信息：报告标识、保密性要求、再版技术、纸张大小、装订方法、副本数量和副本的分发情况。

5.5.X.6 用于运行重启/恢复和连续性的规程
本条应给出操作人员在系统失效后进行系统重启/恢复，以及在紧急事件中保持运行连续性应遵循的操作规程。

6 注释
本章应包括有助于了解文档的所有信息（例如背景、术语、缩略语或公式）。

2.23 计算机编程手册

按照 GJB 438B—2009《军用软件开发文档通用要求》编写。

1 范围
1.1 标识
本条应描述本文档所适用的计算机系统的制造商名、型号和其他标识信息。
1.2 系统概述
本条应概述本文档所适用的计算机系统的用途。
1.3 文档概述
本条应概述本文档的用途和内容，并描述与它的使用有关的保密性方面的要求。

2 引用文档

本章应列出引用文档的编号、标题、编写单位、修订版及日期,还应标识不能通过正常采购活动得到的文档的来源。

3 软件编程环境

3.1 系统配置

本条应描述计算机系统的部件和配置情况。

3.2 操作信息

本条应描述计算机系统的操作特性、能力和限制,(若适用)应包括:

a) 时钟周期;
b) 字长;
c) 内存容量和特性;
d) 指令集的特性;
e) 中断能力;
f) 操作方式(例如批处理、交互、特权、非特权等);
g) 操作寄存器;
h) 错误指示器;
i) 输入/输出特性;
j) 特殊特性。

3.3 编译、汇编和连接

本条应描述在计算机系统上执行编译与汇编所需要的设备(例如磁带、磁盘、其他外围设备)。(若适用)按名字与版本号标识编辑程序、连接程序、连接编辑程序、编译程序、汇编程序、交叉编译程序、交叉汇编程序和其他实用程序,并引用适当的文档来描述它们的用法。对所有加载、执行、记录结果所需的特殊标志或指令要着重强调。

4 编程信息

4.1 编程特征

本条应描述计算机指令集体系结构的编程特征,(若适用)包括:

a) 数据表示法(例如字节、字、整型、浮点、双精度等);
b) 指令格式和寻址方式;
c) 专用寄存器和专用字(例如堆栈指针、程序计数器等);
d) 控制指令(例如分支、跳转、子程序和过程调用指令、特权指令以及其操作模式);
e) 子程序和过程(例如不可重入、可重入、宏代码例程、变元表、参数传递约定);
f) 中断处理;

g) 定时器与时钟；
h) 内存保护特征（例如只读内存）；
i) 其他的特征，例如指令或数据的高速缓存的体系结构。

4.2 程序指令

本条应描述计算机系统的每条指令，(若适用)每条指令应包括：
a) 使用方法；
b) 语法；
c) 条件码集合；
d) 执行时间；
e) 机器码格式；
f) 记忆码约定；
g) 其他特性。

4.3 输入和输出控制

本条应描述输入和输出控制信息，(若适用)包括：
a) 描述输入和输出控制的编程；
b) 计算机内存的初始加载和校验；
c) 串行和并行数据通道；
d) 离散的输入和输出；
e) 接口部件；
f) 外围设备的设备号、操作码以及内存单元。

4.4 其他编程技术

本条应描述与计算机系统有关的附加的、受限的或专用的编程技术（例如微程序控制节的简述）。

4.5 编程示例

举例说明上面的编程特征，包括正确使用计算机系统的各类指令的实例。

4.6 错误检测和诊断功能

本条应描述与计算机系统相关的错误检测和诊断特征，包括条件码、溢出和寻址异常中断、输入和输出错误状态指示器等。

5 注释

本章应包括有助于了解文档的所有信息(例如背景、术语、缩略语或公式)。

2.24 计算机操作手册

按照 GJB 438B—2009《军用软件开发文档通用要求》编写。

1 范围
1.1 标识
本条应描述本文档所适用的计算机系统的制造商名、型号和其他标识信息。
1.2 计算机系统概述
本条应概述本文档所适用的计算机系统的用途。
1.3 文档概述
本条应概述本文档的用途和内容，并描述与它的使用有关的保密性方面的要求。

2 引用文档
本章应列出引用文档的编号、标题、编写单位、修订版及日期，还应标识不能通过正常采购活动得到的文档的来源。

3 计算机系统操作
3.1 计算机系统的准备和关机
3.1.1 加电和断电
本条应描述计算机系统加电和断电的操作规程。
3.1.2 启动
本条应描述计算机系统的启动规程，包括：设备设置和操作前的准备规程；为引导计算机系统而装入软件和数据的规程；自检和启动计算机系统的典型命令；初始化文件、变量或其他参数的规程。
3.1.3 关机
本条应描述保存数据文件、其他信息和终止计算机系统操作的关机规程。

3.2 操作规程
3.2.1 输入和输出规程
本条应分小条描述适用计算机系统的输入和输出媒体（例如磁盘、磁带等），以及对这些媒体进行读和写的规程；概述操作系统的控制语言，并列出交互消息和响应规程（例如使用的终端、口令、关键字）。
3.2.2 监视规程
本条应描述监视运行中的计算机系统所遵循的规程，包括故障和失效指示；应描述可用的指示器，对这些指示器的解释和遵循的例程及专用监视规程。
3.2.3 恢复规程
本条应描述每次发生故障时所采用自动和人工恢复的规程（例如给出计算机系统转储的详细指令）。本条还应叙述在异常或操作中断之后，操作员为使计算机系统重新启动所采取的步骤，以及记录失效信息的规程。

3.2.4 脱机规程
本条应描述对计算机系统所有相关的脱机设备进行操作的规程。

3.2.5 其他规程
本条应描述操作员要遵循的其他规程(例如计算机系统报警、计算机系统安全性考虑、切换到冗余的计算机系统、以及在紧急情况下保证操作连续性的其他措施等)。

3.3 问题处理规程
本条应标识3.1、3.2所描述的操作步骤中可能发生的问题,应描述产生的错误信息或其他指示,并应描述每个信息所对应的自动或手动纠正规程,(若适用)包括故障隔离的评价技术的详细描述,关闭计算机的条件,联机干涉或异常结束的规程,操作中断或异常结束后采取的重新启动计算机系统的操作步骤,以及记录有关故障信息的规程。

4 诊断特征
4.1 诊断特征概述
本条应概述计算机系统的诊断特征,包括错误信息语法和故障隔离的分级结构。本条还应描述每个诊断特征的目的。

4.2 诊断规程
4.2.X (诊断规程名)
从4.2.1条开始编号,分别标识每个诊断规程,并叙述它的用途。应包括:
a) 执行每个规程所需的硬件、软件或固件;
b) 执行每个规程所需的每一步指令;
c) 诊断信息及采取的相应动作。

4.3 诊断工具集
4.3.X (诊断工具名)
从4.3.1条开始编号,用名称和编号来标识每一个诊断工具,并描述该工具和它的应用。

注:诊断工具可以包括硬件、软件、固件或它们的组合。

5 注释
本章应包括有助于了解文档的所有信息(例如背景、术语、缩略语或公式)。

2.25 固件保障手册

按照GJB 438B—2009《军用软件开发文档通用要求》编写。

1 范围

1.1 标识

本条应描述本文档所适用软件、系统和固件设备的完整标识,适用时,包括其标识号、名称、缩略名、版本号和发布号,以及每个固件设备的制造商名和型号。

1.2 系统概述

本条应概述本文档所适用系统和软件的用途。它还应描述系统与软件的一般特性;概述系统开发、运行和维护的历史;标识项目的需方、用户、开发方和保障机构等;标识当前和计划的运行现场;列出其他有关文档。

1.3 文档概述

本条应概括本文档的用途和内容,并描述与它的使用有关的保密性方面的要求。

2 引用文档

本章应列出引用文档的编号、标题、编写单位、修订版及日期,还应标识不能通过正常采购活动得到的文档的来源。

3 固件编程指令

3.X （被编程固件设备的标识符）

本条应描述系统中要使用的被编程固件设备的项目唯一的标识符,并应分为以下几条。

3.X.1 预编程设备的综述

本条应:

a) 按制造商名和型号标识被编程固件设备。

b) 提供固件设备的完整物理描述,(若适用)包括:1)内存大小、类型、速度和配置;2)操作特征(例如访问时间、电源需求、逻辑层次);3)管脚功能描述;4)逻辑接口(例如寻址方式、芯片选择);5)使用的内部和外部标识方式;6)时序图。

c) 描述运行限制和环境限制,固件设备可能受其影响且仍保持满意的运行。

3.X.2 写入设备的软件

本条应按项目唯一的标识符标识写入设备的软件。

3.X.3 编程设备

本条应描述对固件设备进行编程和再编程要使用的设备。(若适用)它包含用于设备擦除、加载、验证、标记等的计算机设备、通用设备和专用设备。应按制造商名、型号和能唯一标识设备的其他信息来标识每台设备。设备的描述应包括它的用法、用途和主要能力。

3.X.4 编程软件

本条应描述对固件设备进行编程和再编程要使用的软件。(若适用)它包含用于设备擦除、加载、验证、标记等的软件。应按供应商名、软件名、版本号/发布号和能唯一标识软件项的其他信息,标识每个软件项。每个软件项的描述应包括它的用法、用途和主要能力。

3.X.5 编程规程

本条应描述对固件设备进行编程和再编程要使用的规程。(若适用)它包含设备擦除、加载、验证、加标记要使用的规程。本条还应标识每个规程必需的所有的设备、软件以及采用的保密性措施。

3.X.6 安装和修复规程

本条应包含固件设备的安装、替换和修复的规程。本条还应包括固件设备的撤除和替换规程、设备寻址方式与实现、主板布局的描述以及保证紧急时刻运行连续性的规程。在合适的地方应包含用"警告"或"注意"标记给出的安全提示。

3.X.7 供应商信息

本条应包括或引用供应商提供的固件设备、编程设备和编程软件的有关信息。

4 注释

本章应包括有助于了解文档的所有信息(例如背景、术语、缩略语或公式)。

2.26 软件研制总结报告

按照 GJB 438B—2009《军用软件开发文档通用要求》编写。

1 范围

1.1 标识

本条应描述本文档所适用系统和软件的完整标识,适用时,包括其标识号、名称、缩略名、版本号和发布号。

1.2 系统概述

本条应概述本文档所适用系统和软件的用途。它还应描述系统与软件的一般特性;概述系统开发、运行和维护的历史;标识项目的需方、用户、开发方和保障机构等;标识当前和计划的运行现场;列出其他有关文档。

1.3 文档概述

本条应概括本文档的用途和内容,并描述与它的使用有关的保密性方面的要求。

2 任务来源与研制依据

本章应描述任务的来源情况,描述该任务的研制依据。

3 软件概述

本章应说明软件用途,主要功能、性能要求,软件运行依附的设备的外部逻辑关系,软件系统内部多个计算机软件配置项之间的构成关系,及其开发语言、开发平台、运行平台、代码规模、软件版本、软件关键性等级等信息。

4 软件研制过程

4.1 软件研制过程概述

本条应概述软件研制过程开展情况,描述软件参加系统联试、试验考核等情况,以及功能和性能指标、软件需求(含接口需求)、软件设计、软件代码等的重大变更情况。

4.2 系统要求分析和设计

应描述系统要求分析和设计采用的设计、验证方法,工作产品的主要内容。

4.3 软件需求分析

应描述软件需求分析采用的分析、验证方法,工作产品的主要内容。

4.4 软件设计

应描述软件设计采用的设计、验证方法,工作产品的主要内容。

4.5 软件实现和单元测试

应描述软件实现和单元测试采用的方法、测试结论。

4.6 软件集成与测试

应描述软件集成与测试采用的方法、测试结论。

4.7 CSCI 合格性测试

应描述 CSCI 合格性测试采用的方法、测试结论。

4.8 CSCI/HWCI 集成和测试

应描述 CSCI/HWCI 集成和测试采用的方法、测试结论。

4.9 其他

应描述需方试验试用、随所属设备或系统参加考核试验等阶段工作过程的主要活动。

5 软件满足任务指标情况

本条应说明软件任务所要求的功能和性能指标,并根据软件测评和软件试验的结果,逐项说明指标的满足情况。

6 质量保证情况

6.1 质量保证措施实施情况

本条应描述质量保证措施实施情况,包括:质量保证组织的成立、质量保证制度的建立以及软件研制各个阶段中的各项质量保证活动等。

6.2 软件重大技术质量问题和解决情况

本条应描述软件重大技术质量问题和解决情况,包括:联试、考核试验、需方试用、软件测评过程中暴露出的主要问题,说明故障现象、故障产生的机理、解决措施、验证情况等。

7 配置管理情况

7.1 软件配置管理要求

本条应说明需方对软件配置管理的要求以及分承制对软件配置管理的要求。

7.2 软件配置管理实施情况

本条应说明需方、分承制方在研制过程中的软件配置管理制度和措施的落实情况。特别是系统集成和测试、需方试验试用、随所属设备或系统参加考核试验阶段的配置管理工作落实情况。

7.3 软件配置状态变更情况

本条应说明软件、文档、数据等配置项版本变更历程,说明每条基线配置情况和适用条件,并标明软件研制工作结束时,软件各配置项的状态或产品基线的状态。

8 测量和分析

本条可使用图表给出对开发期间产生的数据汇总和分析,包括:
a) 进度执行情况的数据,如按时、提前或延迟,以及原因;
b) 费用使用情况,如计划费用与实际费用;
c) 工作量情况,如计划工作量和实际工作量(开发、配置管理、质量保证或按阶段统计);
d) 生产效率,如程序的平均生产率,文档的平均生产率;
e) 产品质量,如设计、编码、测试等阶段的错误率,或缺陷分布情况,原因分析。

9 结论

本条应评述软件工程化实施情况,说明软件功能和性能指标是否满足软件任务的要求,给出软件是否可以交付需方使用的结论。

10 注释

本章应包括有助于了解文档的所有信息(例如背景、术语、缩略语或公式)。

2.27 软件配置管理报告

按照GJB 438B—2009《军用软件开发文档通用要求》编写。

1 范围
1.1 标识
本条应描述本文档所适用的系统和软件的完整标识，适用时，包括其标识号、名称、缩略名、版本号和发布号。
1.2 系统概述
本条应概述本文档所适用的系统和软件的用途。它还应描述系统与软件的一般特性；概述系统开发、运行和维护的历史；标识项目的需方、用户、开发方和保障机构等；标识当前和计划的运行现场；列出其他有关文档。
1.3 文档概述
本条应概括本文档的用途和内容，并描述与其使用有关的保密性考虑。

2 引用文档
本章应列出引用文档的编号、标题、编写单位、修订版及日期，还应标识不能通过正常采购活动得到的文档的来源。

3 软件配置管理情况综述
本章应描述软件配置管理活动进展，与软件配置管理计划的偏差；软件配置管理活动与规程是否相符；对不符合项所采取的措施；完成软件配置管理工作的工作量等。

4 软件配置管理基本信息
本章应概述软件配置管理的基本信息，包括项目负责人、各级软件配置管理机构组成人员和负责人、软件配置管理所用的资源（如计算机、软件和工具）等。

5 专业组划分及权限分配
本章应列出项目专业组的划分、各专业组的成员以及各成员的权限分配，如专业组可分为项目负责人、开发组、测试组、质量保证组、配置管理组等，权限可分为读出、增加、替换、删除等。

6 配置项记录
本章应列出项目的所有配置项，包括配置项目名称、配置项最后发布日期、配置项控制力度（控制力度可分为基线管理、非基线管理（受到管理和控制））、配置项版本变更历史、配置项变更累计次数等内容。

7 变更记录
本章应列出软件研制过程中的所有变更，包括变更申请单号、变更时间、变更内容、变更申请人、批准人、变更实施人等内容。

8 基线记录
本章应列出项目的所有基线，包括基线名称、基线最后一版发布日期、基线版本变更历史、基线变更累计次数、最后一版基线的内容及版本号等内容。

9 入库记录

本章应列出配置项的入库记录,包括入库时间、入库单号、入库原因、入库申请人和批准人等。

10 出库记录

本章应列出配置项的出库记录,包括出库时间、出库单号、出库原因、批准人和接受人等。

11 审核记录

本章应列出软件研制过程中所进行的软件配置审核,包括配置审核记录单、审核时间、审核人、发现的不合格项数量、已关闭的不合格项数量、其他审核说明等。

12 备份记录

本章应列出软件研制过程中所做的配置库备份,包括备份时间、备份人、备份目的地、内容和方式等。

13 测量

本章应列出软件配置管理计划的版次数、配置状态记录份数、软件入库单份数、软件出库单份数、变更申请单份数、被批准的变更申请单份数、配置管理报告份数、配置审核记录份数、配置管理员工作量等。

14 注释

本章应包括有助于了解文档的所有信息(例如背景、术语、缩略语或公式)。

2.28 软件质量保证报告

按照GJB 438B—2009《军用软件开发文档通用要求》编写。

1 范围

1.1 标识

本条应描述系统和软件的完整标识,适用时,包括其标识号、标题、缩略名、版本号和发行号。

1.2 系统概述

本条应概述本文档适用的系统和软件的用途。它还应描述系统与软件的一般特性;概述系统开发、运行和维护的历史;标识项目的需方、用户、开发方和保障机构等;标识当前和计划的运行现场;列出其他有关文档。

1.3 文档概述

本条应概括本文档的用途和内容,并描述与其使用有关的保密性考虑。

2 引用文档

本章应列出引用文档的编号、标题、编写单位、修订版及日期,还应标识不能通过正常采购活动得到的文档的来源。

3 软件研制概述

本章应逐项说明软件研制所经历的各项活动及其完成情况,包括软件需求分析、软件设计、软件实现和软件测试等。

4 软件质量保证情况

本章应逐项说明在保证软件质量方面所开展的各项工作及其完成情况,包括分析、评审、审查、测试、试验、软件质量保证、质量归零等。

5 软件配置管理情况

本章应描述软件配置管理活动的情况,包括与软件配置管理计划的偏差、配置管理活动与规程是否相符、对不符合项所采取的措施以及软件配置状态变化等。

6 第三方评测情况

适用时,本章应描述第三方评测工作情况和质量评价结论。

7 注释

本章应包括有助于了解文档的所有信息(例如背景、术语、缩略语或公式)。

2.29 软件定型测评大纲

按照GJB 6921—2009《军用软件定型测评大纲编制要求》编写。

1 范围

1.1 标识

列出文档的标识、标题、所适用的被测软件的名称与版本,以及文档中采用的术语和缩略语。

1.2 文档概述

概述文档的主要内容和用途。

1.3 委托方的名称与联系方式

描述此次定型测评任务委托方的名称、地址、联系人及联系电话。

1.4 承研单位的名称与联系方式

描述被测软件承研单位的名称、地址、联系人及联系电话。

1.5 定型测评机构的名称与联系方式

描述完成此次定型测评任务的测评机构的名称、地址、联系人及联系电话。

1.6 被测软件概述

概述被测软件的等级、使命任务、结构组成、信息流程、使用环境、安装部署、主要战术技术指标、软件规模与开发语言等。

2 引用文件

列出编制文档所引用的相关法规、标准以及被测软件研制总要求或系统研制总要求、软件需求规格说明等技术文档,包括各引用文件的标识、标题、版本、日期、颁布/来源单位等信息。

3 测试内容与方法

3.1 测试总体要求

遵循《军用软件产品定型管理办法》及二级定委的有关规定,根据被测软件研制总要求或系统研制总要求、软件需求规格说明及其他等效文档,结合被测软件的级别及其质量要求,提出此次定型测评的范围、测试级别、测试类型、测试策略等总体要求。

定型测评的测试级别一般为配置项测试和系统测试,必要时可增加单元测试、部件测试;测试类型一般包括文档审查、功能测试、性能测试、安装测试、接口测试、人机交互界面测试,必要时可增加代码审查、逻辑测试、可靠性测试、安全性测试、强度测试、恢复性测试等测试类型。如果此次定型测评不能进行个别要求的测试类型,应对不能进行测试的原因给予说明。

3.2 测试项及测试方法

根据测试总体要求设计测试项,一般按测试级别、测试对象、测试类型、测试项顺序分节进行描述。测试对象应列出与测试级别对应的被测软件对象(如软件系统、软件配置项、软件部件或软件单元)名称。若测试只包含一个测试级别、一个测试对象或一个测试类型,则相应条标题可剪裁。

测试项可进一步分解为多级子测试项,每个测试项或子测试项均应进行命名和标识。针对每个测试项或子测试项,一般应描述其测试内容、测试方法、测试充分性要求、测试约束条件、评判标准等。

示例:按测试级别、测试对象、测试类型、测试项、测试子项顺序描述测试项结构如下:

3.2.U 配置项测试

3.2.U.V 文字处理软件

3.2.U.V.W 功能测试

3.2.U.V.W.X 编辑文字/WORD_FUN_Edit

3.2.U.V.W.X.Y 输入字符/WORD_FUN_Edit_InputChar

3.2.U.V.W.X.Y.Z 输入 ASCII 码字符/WORD_FUN_Edit_InputChar_ASCII

3.3 测试内容充分性及测试方法有效性分析

对每个测试项或子测试项,应建立其与软件研制总要求或系统研制总要求、软件需求规格说明及其他等效文档之间的追踪关系,建议采用表格的形式进行描述。

对设计的测试项进行充分性分析,对采用的测试方法进行有效性分析,并就测试内容是否满足《军用软件产品定型管理办法》及二级定委相关规定要求,是否覆盖被测软件研制总要求或系统研制总要求、软件需求规格说明及其他等效文档规定的书面和隐含要求作出说明。

3.4 软件问题类型及严重性等级

对此次定型测评采用的软件问题分类方法作简要描述,宜按文档问题、程序问题、设计问题、其他问题等进行分类,并加以说明。

对此次定型测评采用的软件问题严重性等级划分方法作简要描述,宜按照 GJB 2786 中的规定进行分类,并加以说明。

4 测评环境

4.1 软硬件环境

对此次定型测评所需的软硬件环境进行描述。

a) 整体结构。描述测评工作所需的软硬件环境的整体结构,如需建立网络环境,还需描述网络的拓扑结构和配置。

b) 软硬件资源。描述测评工作所需的系统软件、支撑软件以及测评工具等,包括每个软件项的名称、版本、用途等信息;描述测评工作所需的计算机硬件、接口设备和固件项等,包括每个硬件设备的名称、配置、用途等信息。如果测评工作需用非测评机构的软硬件资源,应加以说明。

4.2 测评场所

描述执行测评工作所需场所的地点、面积以及安全保密措施等,如果测评工作需在非测评机构进行,应加以说明。

4.3 测评数据

描述测评工作所需的真实或模拟数据,包括数据的规格、数量、密级等。

4.4 环境差异影响分析

描述 4.1、4.2、4.3 中的软硬件环境及其结构、场所、数据与被测软件研制总要求或系统研制总要求、软件需求规格说明及其他等效文档要求的软硬件环境、使用场所、数据之间的差异,并分析环境差异可能对测评结果产生的影响。

5 测评进度

描述主要测评活动的时间节点、提交的工作产品。

6 测评结束条件

描述此次定型测评进行的最多测试轮次和结束条件。

7 软件质量评价内容与方法

描述此次定型测评的软件质量评价内容和评价方法。

8 定型测评通过准则

描述被测软件通过此次定型测评的准则。

9 配置管理

描述此次定型测评过程中的配置管理范围、活动、措施和资源。

10 质量保证

描述此次定型测评过程中的质量保证范围、活动、措施和资源。

11 测评分包

此部分为可选要素。描述分包的测评内容、测评环境、质量与进度要求，分包单位承担军用软件定型测评的资质、相关人员的技术资历，测评总承包单位对分包单位测评过程的质量监督、指导措施等。

12 测评项目组成员构成

描述测评项目组的岗位构成，各岗位的职责，以及各岗位的人员与分工。

13 安全保密与知识产权保护

描述此次定型测评的安全保密和知识产权保护措施。

14 测评风险分析

从时间、技术、人员、环境、分包、项目管理等方面对完成此次定型测评任务的风险进行分析，并提出应对措施。

15 其他

此部分为可选要素，描述其他需要说明的内容。

2.30 软件定型测评报告

按照 GJB 6922—2009《军用软件定型测评报告编制要求》编写。

1 范围

1.1 标识

列出文档的标识、标题、所适用的被测软件的名称与版本，以及文档中采用的术语和缩略语。

1.2 文档概述

概述文档的主要内容和用途。

1.3 委托方的名称与联系方式
描述此次定型测评任务委托方的名称、地址、联系人及联系电话。

1.4 承研单位的名称与联系方式
描述被测软件承研单位的名称、地址、联系人及联系电话。

1.5 定型测评机构的名称与联系方式
描述完成此次定型测评任务的测评机构的名称、地址、联系人及联系电话。

1.6 被测软件概述
概述被测软件的等级、使命任务、结构组成、信息流程、使用环境、安装部署、主要战术技术指标、软件规模与开发语言等。

2 引用文件
列出编制此文档依据的相关法规、标准以及被测软件研制总要求或系统研制总要求、定型测评大纲等技术文档,包括各引用文件的标识、标题、版本、日期、颁布/来源单位等信息。

3 测评概述

3.1 测评过程概述
按时间顺序,从接受测评任务、测试需求分析、测试策划、编制测评大纲、测试设计与实现、测试执行、回归测试、质量评价、编写测评报告、测评总结以及各阶段评审等方面,对此次定型测评的实际过程作简要说明。如果存在分包情况,应简要说明分包单位的资质及其承担的测评工作情况。

3.2 测评环境说明

3.2.1 软硬件环境
对此次定型测评实际采用的软硬件环境进行描述:

a) 整体结构。描述测评工作实际采用的软硬件环境的整体结构,如果建立了网络环境,还需描述网络的拓扑结构和配置。

b) 软硬件资源。描述测评工作实际采用的系统软件、支撑软件以及测评工具等,包括每个软件项的名称、版本、用途等信息;描述测评工作实际采用的计算机硬件、接口设备和固件项等,包括每个硬件设备的名称、配置、用途等信息。如果测评工作实际采用了非测评机构的软硬件资源,应加以说明。如果存在分包情况,应说明分包单位实际采用的软硬件环境。

3.2.2 测评场所
描述测评工作实际采用场所的地点、面积以及安全保密情况等,如果测评工作在非测评机构进行,应加以说明。

如果存在分包情况,应说明分包单位实际采用的测评场所。

3.2.3 测评数据

描述测评工作实际采用的真实或模拟数据,包括数据的规格、数量、密级、提供单位及提供时间等。

如果存在分包情况,应说明分包单位实际采用的测评数据。

3.2.4 环境差异影响分析

描述 3.2.1、3.2.2、3.2.3 中实际采用的软硬件环境及其结构、场所、数据与定型测评大纲、被测软件研制总要求或系统研制总要求、软件需求规格说明及其他等效文档要求的软硬件环境、使用场所、数据之间的差异,并分析环境差异对测评结果的影响。

3.3 测评方法说明

对此次定型测评实际采用的测评方法、测评工具等作简要描述。如果存在分包情况,应简要说明分包单位实际采用的测评方法、测评工具等。

4 测试结果

4.1 测试执行情况

按测试轮次顺序,对每轮测试的被测对象、版本、测试级别、测试类型、测试项数量、设计的测试用例数量、实际执行的测试用例数量、通过的测试用例数量、未通过的测试用例数量、未执行的测试用例数量等信息作详细统计。

对于未执行的测试用例,应说明:

a) 未执行测试用例的原因;

b) 未执行的测试用例涉及的测试内容;

c) 在何处用何方法已验证或可验证这些测试用例。

将实际执行的测试范围、测试级别、测试类型、测试项与定型测评大纲中规定的相应内容作对比,如有差异,应说明原因。

4.2 软件问题

对此次定型测评中实际发现软件问题的数量、类型、严重性等级、纠正情况在各测试轮次、被测对象版本、测试级别、测试类型中的分布情况作详细统计。

如果测评工作正常结束后被测软件中仍有问题遗留,应对遗留问题的数量、状况、严重程度、影响、风险、处理结果等作具体说明。

4.3 测试的有效性、充分性说明

对照定型测评大纲,根据测试需求分析、测试策划、测试设计与实现、测试执行、测评总结等阶段的实施情况以及发现的软件问题,对测试的有效性、充分性进行分析说明。

5 评价结论与改进建议
5.1 评价结论
根据定型测评大纲中的相关规定,对照被测软件研制总要求或系统研制总要求、软件需求规格说明及其他等效文档规定的书面要求和隐含要求,结合测试结果,对被测软件的质量作全面评价。对被测软件满足研制总要求的情况、是否通过定型测评给出明确的结论。
5.2 改进建议
结合测评的具体情况,提出对被测软件质量的改进建议。
6 其他
此部分为可选要素,描述其他需要说明的内容。

第3章 工 艺 文 件

3.1 工艺总方案

1 范围

说明工艺总方案的主题内容和适用范围。

2 引用文件

列出编制工艺总方案的依据文件以及各章中引用的所有文件。

3 关键试制工艺的工艺性分析、全部过程工艺工作量估计

3.1 关键试制工艺

说明产品研制生产过程中所需的所有关键试制工艺。可列表说明,详见表3.1。

表3.1 关键试制工艺

序号	工艺名称	列入关键试制工艺的理由	备注

3.2 关键试制工艺的工艺性分析

3.2.X （关键试制工艺 X)的工艺性分析

按照 GJB 3363—1998《生产性分析》和 GJB 1269A—2000《工艺评审》的要求,对(关键试制工艺 X)进行工艺性分析。

3.3 全部过程工艺工作量估计

对全部过程工艺的工作量进行估计,逐项说明并汇总给出总的估计。

4 自制件和外购件建议

4.1 建议的自制件清单

经过分析研究,给出建议的自制件清单,详见表3.2。

表3.2 建议的自制件清单

序号	自制件名称	数量	工艺要求	备注

4.2 建议的外购件清单

经过分析研究,给出建议的外购件清单,详见表3.3。

表3.3　建议的外购件清单

序号	外购件名称	数量	工艺要求	备注

5　工艺设备购置或改造建议

经过分析研究,提出产品研制生产过程中所需购置或改造的工艺设备建议,可列表说明,详见表3.4。

表3.4　建议购置或改造的工艺设备清单

序号	工艺设备名称	数量	技术要求	购置或改造

6　专用工装和非标准设备的选择原则及控制数

提出专用工装和非标准设备的选择原则及控制数,并说明理由。

7　关键技术项目及其解决方案,试验件的选择

7.1　关键技术项目及其解决方案

经过分析研究,提出产品研制生产过程中需要解决的关键技术项目,并提出解决方案。

7.2　选择的试验件项目

经过分析研究,提出需要进行试验的试验件项目清单,详见表3.5。

表3.5　试验件项目清单

序号	试验件名称	数量	试验名称	技术要求

8　新工艺、新材料试验意见

8.1　新工艺试验意见

提出对产品研制生产过程中采用的新工艺进行试验的意见。

8.2　新材料试验意见

提出对产品研制生产过程中采用的新材料进行试验的意见。

9　关键器材项目

经过分析研究,提出产品研制生产过程中的关键器材项目清单。

10 对产品试制计划进度安排的建议

根据产品研制进度要求和产品试制工作量的估计,提出对产品试制计划进度安排的建议,说明理由。

11 其他特殊项目的要求

如果有的话,提出对其他特殊项目的要求。

3.2 工 艺 规 范

按照 GJB 6387—2008《武器装备研制项目专用规范编写规定》编写。

1 范围

本章直接规定本规范的主题内容,典型表述形式为"本规范规定了×××[标明实体的代号和(或)名称]的要求。"。

2 引用文件

引用文件为可选要素,其编排规则在 GJB 6387—2008 中有详细规定,亦可参见本书 1.29《产品规范》第 2 章编写说明。

3 要求

3.1 一般要求

3.1.1 环境要求

本条规定实体加工的环境要求,主要包括:

a) 施工场地的具体要求;

b) 施工场地的温度、湿度及通风的特殊要求;

c) 施工场地的电源、气源及光源的特殊要求;

d) 施工场地周围的环境保护措施。

3.1.2 安全防护要求

本条规定实体加工的安全防护要求,主要包括:

a) 需规定的安全措施,包括对可能危及人身、产品及设备安全操作,提出相应的各种预防措施及应急处理方法;

b) 需配置的防护设施,包括防爆、防火;防核辐射、热辐射、光辐射、电磁辐射;防静电、水淹及有害气体等所需的各种报警装置及设施。

3.1.3 人员要求

本条规定实体加工人员的要求,主要包括:

a) 技术工种人员需经培训的主要内容;

b) 特种工艺人员需经专门考试的项目及应获得的等级资格证书。

3.2 控制要求
3.2.1 工艺材料控制
本条规定专用工艺涉及的材料的要求,包括:
a) 材料的性能和应控制的关键特性及其公差等;
b) 有毒材料及易燃材料的限制要求。

3.2.2 工艺设备与工艺装备控制
本条规定专用工艺涉及的设备与装备的要求,包括设备与装备的性能,应控制的关键特性及其设计极限等。列出或说明为保证工艺产生的效果符合规定要求所必需的工艺设备与工艺装备的名称、型号与规格(或代号)等,包括较为特殊的仪器、仪表和专用工具等。

3.2.3 零件控制
本条规定重要零件完工后的表面状态、形位公差(含直线度、圆度、平面度和圆柱度等)和尺寸公差的要求(可引用有关的图样目录),以及检验合格后的标记要求。除图样另有规定外,本条应明确重要零件生产及检验所采用的各类工艺标准和验收标准。

3.2.4 制造控制
a) 依据相应专用规范(指研制规范、产品规范或材料规范,下同)所含实体的设计要求及承制单位应具备的基本条件,提出实体制造大纲。制造大纲的主要内容包括:1)制造过程中各个阶段和各道工序的组织管理计划要求;2)工艺方案和工艺规程等工艺技术保障要求;3)物资计划、资源组织和物资仓库管理等物资供应保障要求;4)制造所需的水、电、气、汽、起重、运输及劳动保护、消防、安全等后勤保障要求。

b) 规定相应专用规范所含实体的制造工艺过程和工艺参数等重要要求的标准或重要的工艺规程。

c) 规定相应专用规范所含实体必需的制造工序,各道工序的操作要求和完工要求,建立工艺路线图(表)。

d) 规定相应专用规范所含实体的加工质量要求,包括与所需要的加工质量标准相关的必要要求、缺陷的消除要求和最终产品的外观要求。

e) 当相应专用规范所含实体中的全部零件或某些零件的精确设计需要控制时,应明确与其有关的全部生产图样目录(包括下一层次的),并按其进行制造与组装。

3.2.5 包装控制
a) 规定相应专用规范所含实体的包装形式和防护要求,包括完工后的中间产品及最终产品能在运输和贮存过程中有效避免环境的和机械的损伤。

b) 规定每包装件上应清楚地作出耐久的标记并有下列说明：1) 采用的工艺规范编号；2) 承制方全称；3) 制造日期；4) 中间产品工件号或最终产品名称；5) 订制单编号；6) 数量。

c) 规定相应专用规范所含实体防护包装的工艺规程，其主要工艺有：1) 清洁、干燥；2) 涂覆防护剂；3) 裹包、单元包装、中间包装。

d) 规定相应专用规范所含实体装箱的工艺规程，其主要工艺有：1) 包装箱制造；2) 箱内内装物的缓冲、支撑、固定与防水；3) 封箱。

4 验证

4.1 检验分类

a) 确定检验分类的基本原则

应根据相应专用规范所含实体采用各种专用工艺形成的中间结果或最终结果的形态特点，选择合适的检验类别及其组合。确定检验分类时应遵循以下原则：1) 具有代表性，能反映实际的质量水平；2) 具有经济性，有良好的效费比；3) 具有快速性，能及时评判检验结果；4) 具有再现性，能重复演示原工艺过程。

b) 检验分类的表述

确定的检验类别及其组合应采用下述表述形式：

  4.1 检验分类

    本规范规定的检验分类如下：

      a) ……（见 4.×）；

      b) ……（见 4.×）；

      c) ……（见 4.×）。

4.2 检验条件

本条规定对各种专用工艺形成的中间结果和最终结果的检验应具备的基本条件。

4.3 工艺设计评审

本条规定工艺设计评审要求，工艺评审的重点包括工艺总方案、工艺说明书等指令性文件，关键件、重要件、关键工序的工艺文件，特种工艺文件，采用的新工艺、新技术、新材料和新设备，批量生产的工序能力等。若采用工艺设计评审，本条则规定评审项目、评审顺序、评审内容及合格判据。宜用表列出评审项目、相应的规范第 3 章要求和第 4 章中检验方法的章条号。

4.4 完工后检验

若选择对完工后的成品进行检验，本条则规定检验项目、检验顺序、受检样品数及合格判据。宜用表列出完工检验项目、相应的规范第 3 章要求和第 4 章中检验方法的章条号。

4.5 检验方法

本条规定对规范第 3 章中各项要求进行检验所用的各种方法。若所用的检验方法已有适用的现行标准,则应直接引用或剪裁使用。若无标准可供引用,则应规定相应的检验方法。

检验方法的主要构成要素及其编排顺序一般如下:

a) 原理;
b) 检验用设备、仪器仪表或模型及其要求;
c) 被试实体状态,包括技术状态、配套要求及安装调试要求;
d) 检验程序;
e) 故障处理;
f) 结果的说明,包括计算方法、处理方法等;
g) 报告,如试验报告等。

工艺设计评审的方法按 GJB 1269A—2000 的有关规定。

5 包装、运输与贮存

本章无条文。

6 说明事项

说明事项为可选要素,不应规定要求,只应提供说明性信息,其构成及编排顺序如下:

6.1 预定用途

6.2 分类

6.3 订购文件中应明确的内容

6.4 术语和定义

6.5 符号、代号和缩略语

6.6 其他

上述构成均为可选要素。各项构成应按 GJB 0.2—2001 中 6.12.2~6.12.6 的规定编写,亦可参见本书 1.29《产品规范》第 6 章编写说明。

3.3 材料规范

按照 GJB 6387—2008《武器装备研制项目专用规范编写规定》编写。

1 范围

本章直接规定本规范的主题内容,典型表述形式为"本规范规定了×××[标明实体的代号和(或)名称]的要求。"

2 引用文件

引用文件为可选要素,其编排规则在 GJB 6387—2008 中有详细规定,亦可参见本书1.29《产品规范》第 2 章编写说明。

3 要求

3.1 状态特征

本条规定材料完全满足其预定用途所应具有的特定状态,诸如:

a) 材料牌号、名称;
b) 成分;
c) 供应状态;
d) 其他。

3.2 物理及化学性能

本条规定材料完全满足其预定用途所应具有的物理及化学性能指标,诸如:

a) 密度;
b) 热性能;
c) 电性能;
d) 磁性能;
e) 光学性能;
f) 抗氧化性能;
g) 耐腐蚀性能;
h) 黏度;
i) 其他。

3.3 力学性能

本条规定材料完全满足其预定用途所应具有的力学性能指标,诸如:

a) 硬度;
b) 拉伸性能(各种温度);
c) 压缩性能;
d) 冲击性能;
e) 持久和蠕变性能;
f) 弹性性能;
g) 断裂性能;
h) 其他。

3.4 工艺性能

本条规定材料完全满足其预定用途所应具有的工艺性能指标,诸如:

a) 成形性能;

b) 施工性能;
c) 适用期;
d) 其他。

3.5 环境适应性
本条规定材料完全满足其预定用途所应具有的环境适应性指标,诸如:
a) 耐高低温性能;
b) 耐盐雾性能;
c) 防霉性能;
d) 耐湿热性能;
e) 其他。

3.6 组织
本条规定材料完全满足其预定用途所应具有的组织结构要求,诸如:
a) 高倍组织;
b) 低倍组织;
c) 其他。

3.7 外形、尺寸及重量
本条规定材料完全满足其预定用途所应具有的外形、尺寸及重量要求。

3.8 稳定性
本条规定材料完全满足其预定用途并能超过其预定寿命所应具有的贮存寿命和抗老化要求。

3.9 毒性
本条规定有毒物品的限制性要求和应采取的安全防护措施以及销毁要求,以保证实体的使用与安全、人员健康和保护环境。

4 验证

4.1 检验分类
a) 确定检验分类的基本原则

应根据材料的特点、约束条件、以往检验类似实体的实践经验等确定检验类别及其组合。确定检验分类时应遵循以下原则:1) 具有代表性,能反映实际的质量水平;2) 具有经济性,有良好的效费比;3) 具有快速性,能及时得出检验结果;4) 具有再现性,在相同条件下能重现检验结果。

b) 检验分类的表述

确定的检验类别及其组合应采用下述表述形式:

4.1 检验分类

本规范规定的检验分类如下:

a)……(见 4.×);
　　b)……(见 4.×)。

4.2　检验条件

　　本条规定进行各种检验的环境条件。当环境条件等对检验结果有明显的影响时,应规定检验条件,以保证检验结果的可靠程度和可比性,否则,可不作规定。

　　检验条件应采用下列表述形式:

4.×　检验条件

　　除另有规定外,应按×××(标明相应试验方法标准编号与章条号或本规范相应的章条号)规定的条件进行所有检验。

　　或:

4.×　检验条件

　　除另有规定外,应在下列条件下进行所有检验:

　　a)……;
　　b)……;
　　c)……。

4.3　定型(或鉴定)试验

　　若选择了定型(或鉴定)试验,本条则规定检验项目、检验顺序、受检样品数及合格判据。宜用表列出定型(或鉴定)检验项目、相应的规范第3章要求和第4章中检验方法的章条号。

4.4　首件检验

　　若选择了首件试验,本条则规定检验项目、检验顺序、受检样品数及合格判据。宜用表列出首件检验项目、相应的规范第3章要求和第4章中检验方法的章条号。

4.5　质量一致性检验

　　若选择了质量一致性检验,本条则规定检验项目、检验顺序、受检样品数及合格判据。宜用表列出质量一致性检验项目、相应的规范第3章要求和第4章中检验方法的章条号。

　　质量一致性检验是否分组,分几个组,应视情确定。质量一致性检验组别划分的一般原则见GJB 0.2—2001的附录C。

4.6　包装检验

　　若需要对包装件进行检验,本条则规定检验项目、检验顺序、抽样方案、检验方法及合格判据。

4.7 抽样

若检验采用抽样,本条则确定:

a) 组批规则,包括组批条件、方法和批量;

b) 抽样方案,包括检查水平(IL)、可接受质量水平(AQL)或其他类型的质量水平,以及缺陷分类等;或采用非标准抽样方案,应包括置信度、质量水平和缺陷分类等;

c) 抽样条件(必要时),诸如过筛、筛选、磨合、时效条件等;

d) 抽样或取样方法(必要时)。

所规定的组批规则、抽样方案、抽样条件、抽样或取样方法应能保证样本与总体的一致性。

确定组批规则和抽样方案时应考虑材料的特点、风险的危害程度和成本。

4.8 缺陷分类

适用时,本条可包含缺陷分类及其编码,以便在报告检验结果时引用。应按下述规定对分类的缺陷进行编码,以便在报告检验结果时引用:

a) 1~99 致命缺陷;

b) 101~199 严重缺陷;

c) 201~299 轻缺陷。

如需分更多的类,可用 301、401、501 等数列进行编码。若某一类的缺陷数量大于 99,则对超出部分用字母为后缀从头开始编码,如 101a、102a、103a 等。

4.9 检验方法

本条规定对规范第 3 章中材料各种特性要求进行检查、测定、试验、分析所用的各种方法。若所用的检验方法已有适用的现行标准,则应直接引用或剪裁使用。若无标准可供引用,则应规定相应的检验方法。

检验方法的主要构成要素及其编排顺序一般如下:

a) 原理;

b) 检验用设备、仪器仪表或模型及其要求;

c) 被试实体状态,包括技术状态、配套要求及安装调试要求;

d) 检验程序;

e) 故障处理;

f) 结果的说明,包括计算方法、处理方法等;

g) 报告,如试验报告等。

5 包装、运输与贮存

专用规范的第 5 章"包装、运输与贮存"为可选要素,规定防护包装、装箱、运输、贮存和标志要求。若有适用的现行标准,则应直接引用或剪裁使用。若无标准可供引用,则应根据需要规定下述要求。
5.1 防护包装
规定防护包装要求,包括清洗、干燥、涂覆防护剂、裹包、单元包装、中间包装等要求。
5.2 装箱
规定装箱要求,包括包装箱,箱内内装物的缓冲、支撑、固定、防水、封箱等要求。
5.3 运输和贮存
规定运输和贮存要求,包括运输和贮存方式、条件,装卸注意事项等。
5.4 标志
规定标志要求,包括防护标志、识别标志、收发货标志、储运标志、有效期标志和其他标志,以及标志的内容、位置等。有关危险品的标志要求应符合国家有关标准或条例的规定。
6 说明事项
说明事项为可选要素,不应规定要求,只应提供说明性信息,其构成及编排顺序如下:
6.1 预定用途
6.2 分类
6.3 订购文件中应明确的内容
6.4 术语和定义
6.5 符号、代号和缩略语
6.6 其他
上述构成均为可选要素。各项构成应按 GJB 0.2—2001 中 6.12.2～6.12.6 的规定编写,亦可参见本书 1.29《产品规范》第 6 章编写说明。

3.4 工艺设计工作总结

1 范围
说明工艺设计工作总结的主题内容和适用范围。
2 引用文件
列出编制工艺设计工作总结的依据文件以及各章中引用的所有文件。
3 产品概述
3.1 产品结构
简要说明产品的结构,包括结构形式、尺寸、外观形状等,并提供结构图。

3.2　主要技术要求

简要说明产品的主要技术要求,特别是涉及工艺设计的技术要求。

3.3　产品工艺项目

简要说明产品的工艺项目,可列表给出。

4　工艺实施方案

根据产品主要技术要求、产品结构设计要求,详细描述针对各工艺项目采取的工艺实施方案。

5　存在的技术难点(或技术关键)及其工艺解决措施

说明在工艺设计过程中遇到的技术难点(或技术关键),详细描述采取的工艺解决措施。针对不同的技术难点(或技术关键)分别说明。

6　工艺过程结果,产品(样品)质量状态,符合性

说明采取各种工艺措施后总的工艺过程结果,产品(样品)质量状态是否符合产品研制总要求和质量管理要求。

7　最终达到的技术效益、经济效益及推广前景

说明最终达到的技术效益、经济效益及推广前景。

3.5　工艺评审报告

1　评审项目名称、产品(图号、型号)

直接说明评审项目名称,给出产品型号、图号。

2　被评审主要工艺文件编号、标识

列出被评审主要工艺文件的名称、编号、标识。

3　主要技术概述(程序、流程、重点、难点、攻关)

概述主要工艺技术,说明程序、流程、重点、难点及攻关措施。

4　应用阶段达到技术水平

评价主要工艺应用阶段达到的技术水平,是否满足工艺设计要求和产品研制总要求。

5　评审组评审过程

客观描述评审组进行工艺评审的过程,包括主持单位、评审时间、评审地点(城市名或研制单位名称)、评审内容等。

6　评审意见与评审结论

评审组经过评审,形成评审意见与评审结论。

7　改进建议

针对存在的工艺问题,评审组提出改进建议。

8 评审组

列表给出评审组专家名单,详见表 3.6。

表 3.6 评审组专家名单

评审组职务	姓名	工作单位	职称/职务	专业	签字
组长					
组员					

9 评审提出问题、改进措施及跟踪验证

说明对工艺评审中提出问题所采取的改进措施和跟踪验证情况。

3.6 工 艺 总 结

1 范围

说明工艺总结的主题内容和适用范围。

2 引用文件

列出编制工艺总结的依据文件以及各章中引用的所有文件。

3 产品概述

3.1 产品结构

简要说明产品的结构,包括结构形式、尺寸、外观形状等,并提供结构图。

3.2 主要技术要求

简要说明产品的主要技术要求,特别是涉及工艺设计的技术要求。

3.3 产品工艺项目

简要说明产品的工艺项目,可列表给出。

4 试制加工工作概况

4.1 结构件加工

分别说明各结构件加工的工艺实施过程。

4.2 特种工艺

分别说明采取的各特种工艺实施过程。

4.3 电子装联

4.3.1 电路板组装件的焊接

分别说明电子(电气、机电)产品中各电路板组装件的焊接工艺过程。

4.3.2 组件的装配

说明电子(电气、机电)产品中组件的装配工艺过程。

5 对元器件原材料和成品的质量控制情况

分别说明产品试生产过程中对元器件、原材料和成品的质量控制情况。

6 互换性及尚不能互换件的说明

对产品的互换性进行说明,包括产品互换的规定层次(LRU级、SRU级或零部件级)以及在规定层次互换所需的时间。互换性是指产品在尺寸和功能上与其他一个或多个产品(包括零部件)能够彼此互相替换的能力。

对产品中所有尚不能互换件进行说明,列出尚不能互换件的清单,说明理由,提出处理建议。

7 对设计部门的图样和文件资料的评价意见

对设计部门的图样和文件资料进行工艺性审查,提出评价意见和改进建议。

8 复杂件、关键件工艺攻关情况

分别对复杂件、关键件工艺攻关情况进行说明,包括复杂件或关键件的名称、技术难点、工艺难点、工艺攻关措施及其解决情况。

9 生产线工艺、工装及加工设备的有效性

分别说明产品生产线工艺、工装及加工设备的有效性,提出评价意见和调整建议。

10 工艺评审情况

说明产品研制生产过程中开展工艺评审(工艺总方案评审,工艺说明书评审,关重件、关键工序工艺文件评审,特殊过程工艺文件评审,新工艺新技术新材料新设备评审等)的情况,包括评审时间、评审地点(城市名或研制单位名称)、主持单位、评审内容、评审结论等。

11 产品成本控制说明

说明产品成本控制情况,包括工艺设计和工艺管理工作对节约制造过程中的能耗、物耗,降低产品成本的情况等。

12 结论

对产品研制生产过程中开展的全部工艺工作给出结论性的意见,亦可同时提出进一步改进的建议。

3.7 工艺和生产条件考核报告

考核工作简况

简要说明产品工艺和生产条件考核情况,包括考核时间、考核组成员、考核依据和考核工作内容等。

1 生产工艺流程

说明对生产工艺流程的考核情况,包括对生产工艺流程的客观描述,对生产工艺流程的合理性进行评价,指出生产工艺流程存在的问题,提出改进建议。

2 工艺指令性文件和全套工艺规程

说明对工艺指令性文件和全套工艺规程的考核情况,包括对工艺指令性文件和全套工艺规程的客观描述(编制了××个工艺指令性文件、××个工艺规程),对工艺指令性文件和全套工艺规程的齐套性、正确性和协调性进行评价,指出工艺指令性文件和全套工艺规程存在的问题,提出改进建议。

3 工艺装置设计图样

说明对工艺装置设计图样的考核情况,包括对工艺装置设计图样的客观描述(说明图样数量并列出清单),对工艺装置设计图样的齐套性、正确性和协调性进行评价,指出工艺装置设计图样存在的问题,提出改进建议。

4 工序、特殊工艺考核报告及工艺装置一览表

分别说明对工序、特殊工艺的考核情况,包括工序的合理性,关键工序确定的正确性,关键工序目录的完整性;特殊工艺的必要性,特殊工艺文件的正确性及工艺流程、工艺参数、工艺控制要求的合理性,特殊工艺试验和检测的项目、要求及方法的正确性等。

对工艺装置一览表进行评价,是否完整、准确、规范。

5 关键和重要零部件的工艺说明

阐述对关键和重要零部件工艺说明的考核情况,包括关键和重要零部件工艺说明的完整性、正确性、协调性、规范性,工艺文件中对关键和重要零部件是否有明显的标识,关键和重要零部件的工艺流程和方法以及质量控制要求的合理性、可行性,关键和重要零部件工艺说明的更改是否经过验证并严格履行审批程序等。

6 产品检验记录

说明对产品检验记录的考核情况,包括产品检验记录是否完整、准确,签署是否完整,检验人员是否具有资质等。

7 承研承制单位质量管理体系和产品质量保证的有关文件

说明对承研承制单位质量管理体系和产品质量保证有关文件的考核情况,包括承研承制单位通过质量管理体系认证的时间,质量管理体系运行的有效性,产品质量保证有关文件的有效性、合理性等。

8 元器件、原材料等生产准备的有关文件

分别说明对元器件、原材料等生产准备的有关文件的考核情况,包括文件齐套性、正确性,元器件、原材料复验和筛选情况等。

9 工艺和生产条件考核结论性意见

考核组对产品工艺和生产条件进行全面考核后,形成结论性意见,并提出改进建议。

第4章 标准化文件

4.1 标准化大纲

按照GJB/Z 114A—2005《产品标准化大纲编制指南》编写。

1 概述

概述部分应说明大纲编制依据、适用范围,概略描述研制产品的基本情况和特点,一般包括下列内容:

a) 任务来源;
b) 产品用途;
c) 产品主要性能;
d) 研制类型和特点;
e) 产品组成和特点;
f) 产品研制对标准化的要求;
g) 配套情况。

2 标准化目标

根据需要和可能,标准化目标可以选择下列适当形式进行表述:

a) 定量的直接目标;
b) 定量的间接目标;
c) 定性的直接目标;
d) 定性的间接目标。

示例1:(定量的直接目标)通过组织通用化设计或实施标准,节省研制经费××,缩短设计或研制周期××等。

示例2:(定量的间接目标)通过贯彻实施近500项标准,保证显像管的MTBF达到15000h,产品的直通率达到95%。

示例3:(定性的直接目标)通过贯彻实施规定的可靠性、维修性、环境适应性等标准提高装备的总体质量和效能。

示例4:(定性的间接目标)通过贯彻实施相关标准,保证产品质量达到进口元器件国内组装的水平。

3 标准实施要求
3.1 一般要求
应规定产品研制时实施标准的一般要求,主要包括下列内容:

a) 贯彻实施标准的原则,包括 GJB/Z 69 规定的标准选用和剪裁的有关要求;

b) 实施标准的程序、审批、会签和更改等要求;

c) 实施标准的时效性要求,例如实施标准的年限、版本界定、新旧版标准代替的规定和要求;

d) 对实施标准进行监督的要求;

e) 处理实施中各类问题的原则或程序等。

3.2 重大标准实施要求
应根据战术技术指标要求和贯彻实施标准一般要求,对产品研制有关的重大标准进行全面的综合分析,提出"重大标准贯彻实施方案"。

"重大标准"主要是指:

a) 涉及面宽、难度大的标准;

b) 经费投资大的标准;

c) 组织和协调复杂的标准;

d) 影响战术技术指标实现的标准;

e) 与安全关系密切的标准;

f) 对提高产品通用化、系列化、组合化程度及节约费用等有重大影响的标准。

"重大标准贯彻实施方案"主要包括下列内容:

a) 贯彻实施涉及的范围及效果分析;

b) 贯彻实施的重点内容及剪裁意见;

c) 贯彻实施的主要工作程序和内容;

d) 贯彻实施前的技术准备和物质准备;

e) 主要难点及解决途径;

f) 计划和经费安排的建议;

g) 有关问题的协调要求。

必要时,可单独编制若干份"重大标准贯彻实施方案"。

3.3 标准选用范围
"标准选用范围"是特定产品研制时对设计人员选用标准的推荐性规定。其中所列标准通过产品图样和技术文件的采用才能作为直接指导生产或验收的依据。

"标准选用范围"应列入下列标准：
a) 法律、法规和研制合同及其他相关文件规定执行的标准；
b) 与保证产品战术技术指标和性能有关的标准；
c) 产品研制全过程设计、制造、检验、试验和管理等各方面所需的标准。

列入的标准应是现行有效的。

"标准选用范围"视管理方便可作为产品标准化大纲的附录，也可作为独立文件。

"标准选用范围"应实施动态管理，随着研制进展，及时补充需要的或调整其中不合适的标准项目，保持其有效性。

3.4 标准件、元器件、原材料选用范围

标准件、元器件、原材料选用范围是特定产品研制时，对设计人员选用标准件、元器件、原材料的品种规格的推荐性规定，其目的是减少品种规格，提高产品"三化"水平。

编制标准件、元器件、原材料选用范围应根据产品研制要求和资源情况，遵循下列原则：
a) 推荐采用经鉴定合格、质量稳定、有供货来源、满足使用要求的品种规格；
b) 限制或有条件地采用正在研制或尚未定型的品种规格，必要时补充限制要求；
c) 在满足产品研制要求的前提下最大限度地压缩品种规格的数量。

标准件、元器件、原材料选用范围中所列各项目一般包括下列要素：
a) 标准编号；
b) 标准名称；
c) 推荐或限制的品种规格；
d) 生产工厂；
e) 选用(限用)相应品种规格的说明和指导意见。

标准件、元器件、原材料选用范围可综合编制，也可按标准件、元器件、原材料分别编制；视管理方便和习惯，标准件、元器件、原材料选用范围可作为产品标准化大纲的附录，也可作为独立文件。

标准件、元器件、原材料选用范围实施动态管理，随着研制进展，要及时补充需要的或调整其中不合格的品种规格，保持其有效性。

4 产品通用化、系列化、组合化设计要求和接口、互换性要求
4.1 产品通用化、系列化、组合化设计要求

"三化"设计要求既要体现国家关于标准化的方针政策，又要和产品研制条

件相适应。主要包括下列内容：
a) 贯彻订购方提出的"三化"要求及开展"三化"设计的一般要求；
b) 论证并采用下一层次通用或现有设备、部组件要求；
c) 论证并提出新研产品是否纳入系列型谱及修订系列型谱的意见；
d) 对采用现有产品进行可行性分析及试验验证的要求；
e) 应用"三化"产品数据库的要求；
f) 对研制方案和设计进行"三化"评审的要求。

应针对不同层次的产品提出不同重点的"三化"设计要求：
a) 对系统、分系统层次产品应重点分析和提出采用下一层次现有分系统、设备的要求以及是否纳入系列型谱标准的方案；
b) 对设备层次产品应重点分析和提出采用通用模块、通用零部件、通用结构形式和尺寸参数的要求以及是否纳入相应系列型谱的方案。

产品"三化"设计要求一般由标准化工作系统和标准化机构会同设计部门讨论提出。

4.2 接口、互换性要求

4.2.1 接口标准及其要求

应根据产品使用特性和订购方提出的要求，明确产品设计时应贯彻实施的接口标准及其要求。主要包括下列内容：
a) 机械接口标准；
b) 电气接口标准；
c) 软件接口标准；
d) 信息格式标准；
e) 人机界面接口标准等。

4.2.2 互换性标准及其要求

应根据产品研制生产和使用维修的需要及订购方的要求，明确产品设计时应贯彻实施的互换性标准及其要求，主要包括下列内容：
a) 计量单位制规定；
b) 零件尺寸公差等制造互换性标准；
c) 各类机械联接结构互换性标准；
d) 对单件配制等非互换性制造方法的限制要求等。

5 型号标准化文件体系要求

建立型号标准化文件体系要求一般包括下列内容：
a) 型号标准化文件体系表；
b) 型号标准化文件项目表。

5.1 型号标准化文件体系表

型号标准化文件体系表应符合下列要求：

a) 完整性，即型号标准化文件体系能满足型号标准化工作管理和技术的需要，满足研制各阶段、各方面标准化工作的需要；

b) 动态性，即型号标准化文件体系要随产品研制阶段适时形成新的文件；已形成的文件要随研制深入修改完善；

c) 协调性，即型号标准化文件体系中的文件在项目、内容和要求等方面要做到和相关文件协调一致。

型号标准化文件体系表的构建程序如下：

a) 在研制的方案阶段，根据产品复杂程度和研制生产需要，进行型号标准化文件的需求分析。需求分析包括管理和技术两个方面，覆盖从方案阶段到设计定型阶段对标准化文件的需求。还应根据现有资源条件分析直接采用现有文件或制定新文件的可能性、紧迫性；

b) 在需求分析的基础上编制初步的型号标准化文件体系表；

c) 初步的型号标准化文件体系表作为安排文件编制和组织实施的根据。随着研制进展，调整和补充编制需要的文件，逐步形成满足产品定型和生产需要的型号标准化文件体系；

d) 每一项需要新编制的型号标准化文件应作为研制各阶段标准化工作内容（见第 7 章）纳入型号标准化文件制定计划。

型号标准化文件体系表的表述形式参见表 4.1。

5.2 型号标准化文件项目表

根据确定的型号标准化文件体系表编制型号标准化文件项目表，型号标准化文件项目表一般包括下列内容：

a) 文件名称；

b) 文件作用；

c) 文件界面和适用范围；

d) 文件主要内容；

e) 与相关文件的协调说明等。

6 图样和技术文件要求

图样和技术文件要求一般包括下列内容：

a) 图样和技术文件的完整性、正确性、统一性要求；

b) 图样和技术文件的管理要求。

6.1 完整性、正确性、统一性要求

6.1.1 完整性要求

应按研制生产全过程和设计、试验、装配、验收、出厂包装、运输各方面的需要,对图样成套性有关标准进行合理剪裁,制定产品图样及技术文件成套性要求项目表。

表 4.1 型号标准化文件体系表

文件类别	序号	文件名称	方案阶段	工程研制阶段 初样	工程研制阶段 试样正样	设计定型阶段
管理文件	1	型号标准体系表	○	→	→	→
	2	型号标准化工作年度计划	○	○	○	○
	3	型号标准化研究课题计划	○	○	○	—
	4	型号标准化文件制定计划	○	○	○	○
	5	标准制(修)定建议	○	○	—	—
	6	型号标准化过程管理规定	○	→	→	→
	7	型号标准化公文、批复、函件	○	○	○	○
	8	型号标准化工作系统管理规定	○	—	—	—
技术文件	1	标准化方案论证报告	○			
	2	产品标准化大纲	●	→	→	→
	3	工艺标准化综合要求	—	○	○	→
	4	大型试验标准化综合要求	—	○	→	→
	5	设计文件编制标准化要求				
	6	设计定型标准化要求	—	—	—	○
	7	产品设计"三化"方案与要求	○			
	8	标准选用范围	○	→	→	→
	9	标准件选用范围	○	→	→	→
	10	原材料选用范围	○	→	→	→
	11	元器件选用范围	○	→	→	→
	12	大型试验标准选用范围	—	○	→	→
	13	标准实施规定	○	○	○	○
	14	重大标准实施方案	○			
	15	标准实施有关问题管理办法	○	○	○	○
	16	新旧标准对照表	○	○	○	○
	17	新旧标准过渡办法	—	○	○	○
	18	技术要素的统一化规定	○			
	19	设计定型标准化审查报告				●

(续)

文件类别	序号	文件名称	方案阶段	工程研制阶段		设计定型阶段
				初样	试样正样	
评审文件	1	标准化评审申请报告	○	○	○	○
	2	标准化评审结论和报告	○	○	○	○
	3	图样和技术文件标准化检查记录	—	○	○	○
	4	标准化效果分析评估报告	—	—	—	○
信息资料	1	标准化工作总结(阶段小结)	○	○	○	○
	2	标准化问题处理记录	—	○	○	○
	3	标准实施信息	—	○	○	○
	4	标准化文件更改信息	—	○	○	○
	5	标准化声像资料	—	○	○	○

注:●表示应编制并单独成册;○表示根据需要编制,可单独成册,也可与其他文件合并编制;→表示需要进行动态管理;—表示不需编制

6.1.2 正确性要求

要对图样和技术文件的正确性和协调性提出要求。

6.1.3 统一性要求

应提出图样和技术文件统一的编制要求。例如:
a) 图样绘制标准和要求、CAD 文件交换格式要求;
b) 图样统一的编号的方法(隶属编号还是分类编号);
c) 图样及技术文件内容构成及编写要求;
d) 图样及技术编号的构成、格式和字符数字等。

当采用 CAD 和传统常规设计联用时,应提出使两者保持统一协调的要求,例如界面相关数据和符号、代号的统一协调要求。

6.2 管理要求

6.2.1 管理的协调性

要对在不同时间、用各种方法编制的各类图样和技术文件的管理提出协调性要求,例如要针对图样和技术文件的编制是采用计算机辅助设计(CAD)或传统常规设计,还是两者联用等实际情况提出相应的管理要求。

6.2.2 借用件管理要求

应对借用件作出管理规定。其主要内容包括:

a) 被借用文件的最低要求；
b) 借用的合法性程序和登记；
c) 借用文件相关标识；
d) 被借用文件更改时通知借用方的规定等。

6.2.3 更改管理要求

应按技术状态管理、图样及技术文件管理等标准规定的更改类别对下列相关要求作出规定：

a) 更改程序；
b) 审批权限；
c) 更改方法和更改文件的格式与使用；
d) 更改文件的传递；
e) 更改实施和善后处理等。

6.2.4 审批会签要求

应根据文件的性质、涉及的范围和重要性设置不同的审签层次，明确逐级审签的要求。应规定设计部门内部、外部会签的项目、军事代表会签项目，会签单位和会签顺序等。

对于推行计算机辅助设计和管理的单位，应对网上审签的授权、限制、签署方式等作出规定。

7 标准化工作范围和研制各阶段的主要工作

7.1 标准化工作范围

标准化工作范围主要是指涉及的工作领域（例如标准化工作涉及的质量、计量、环境、可靠性等专业领域）及工作的广度和深度（例如为实施标准组织事先研究或攻关等）。在确定研制各阶段标准化工作的内容时应充分考虑涉及的工作范围。

7.2 产品研制各阶段的主要工作

产品研制各阶段标准化工作内容可结合产品的具体情况参照表4.2，进行适当剪裁和作必要的分解或综合后形成具体的工作项目，并落实到研制各阶段的工作计划中。

表4.2 产品研制各阶段标准化主要工作内容

研制阶段	主要工作内容
方案阶段	1. 编制方案阶段工作计划 1) 研究课题计划 2) 文件制定计划 3) 年度工作计划等

(续)

研制阶段	主要工作内容

	2. 进行标准化目标分析,确定标准化目标和要求
	3. 研究提出型号标准化文件体系表和标准体系表
	4. 组织提出标准实施一般要求、管理办法和重大标准实施方案
	5. 组织提出产品"三化"设计要求,评审研制方案中的"三化"方案
	6. 编制标准选用范围,标准件、元器件、原材料选用范围
	7. 组织标准化方案论证,编制产品标准化大纲
	8. 提出缺项标准制(修)订建议
	9. 起草标准化管理文件、技术文件
	   1) 标准化过程管理规定
	   2) 设计文件编制要求等
	10. 组织标准化文件评审
	11. 编写方案阶段标准化工作小结

工程
研制
阶段
	1. 编制工程研制阶段工作计划
	   1) 研究课题实施计划
	   2) 文件制定计划
	   3) 年度工作计划
	2. 编制或补充完善各类型号标准化文件
	   1) 各种大纲支持文件
	   2) 工艺标准化综合要求
	   3) 组织协调实施中有关问题
	3. 组织"三化"方案实施,监督和检查
	   检查"三化"要求的落实,推动、协调和检查"三化"方案的实施
	4. 开展图样和技术文件的标准化检查,记实和反馈标准实施的信息
	5. 组织标准实施和产品标准化大纲实施评审,参与组织"三化"方案实施的评审
	6. 进行工程研制阶段标准化工作小结

设计
定型
(鉴定)
阶段
	1. 制定设计定型阶段工作计划
	2. 编制设计定型阶段相关文件
	   1) 设计定型标准化要求
	   2) 修订提出设计定型用标准选用范围,标准件、元器件、原材料选用范围
	   3) 修订型号标准化文件
	3. 全面检查型号标准化工作
	   1) 全面检查标准实施情况
	   2) 检查产品"三化"工作
	   3) 督促"三化"设计试验验证
	   4) 分析与评估标准化效果

(续)

研制阶段	主要工作内容
	4. 进行设计定型图样和技术文件标准化检查
	5. 进行产品标准化大纲终结评审,编写"设计定型(鉴定)标准化审查报告",参与设计定型
	6. 对型号标准化工作进行全面总结

8 标准化工作协调管理要求

对复杂的系统、分系统,一般应编制标准化工作协调管理要求。

标准化工作协调管理一般应包括下列内容:

a) 标准化工作协调的原则要求;

b) 标准化文件协调程序和传递路线;

c) 标准化文件在系统内审批、会签或备案的范围和权限;

d) 标准化文件更改在系统内审批、会签或备案的范围和权限及传递要求等。

4.2 标准化工作报告

按照 GJB/Z 170.11—2013《军工产品设计定型文件编制指南 第 11 部分:标准化工作报告》编写。

1 概述

简述产品基本情况和产品标准化目标,一般包括:

a) 产品研制任务来源;

b) 产品概况(含用途、组成、主要性能、研制情况和配套情况等);

c) 简要说明"产品标准化大纲"提出的标准化目标、工作原则和要求等。

2 型号标准化工作系统组建及工作情况

2.1 组建情况

简要说明型号标准化工作系统的组建情况,可包括组织架构、人员职责、管理制度及运行情况等。

2.2 工作情况

简要说明型号标准化工作系统的工作情况,主要包括:

a) 建立型号标准化文件体系情况,包括型号标准化技术文件、管理文件、评审文件和信息资料等,如产品标准化大纲、工艺标准化综合要求、设计文件编制要求、型号标准化文件体系表或型号标准化文件清单等。

b) 开展重要标准化问题协调工作情况。

c) 组织标准宣贯工作情况，包括宣贯的内容、次数、规模、对象、取得的效果等。

d) 标准化评审工作情况。根据 GJB/Z 113，对产品研制过程中，型号标准化工作系统或相应标准化机构开展标准化评审工作总体情况进行说明。如，评审次数、评审内容、评审效果、评审后对遗留问题的处理等。

e) 图样和技术文件标准化检查工作情况。

3 型号标准体系建立情况

3.1 标准体系表编制情况

简述型号标准体系表的编制情况。可从需求分析、编制原则、结构框架、项目明细、动态管理以及在型号研制中的应用等方面进行描述。

3.2 标准选用情况

简述标准的选用情况，包括编制"标准选用范围"的原则要求和主要工作等。可对如可靠性、维修性、电磁兼容性、软件工程化、试验验证等重要方面标准的选用情况予以说明。

4 标准贯彻实施情况

4.1 重大标准贯彻实施情况

"重大标准"一般是指：

a) 影响战术技术指标实现的标准；

b) 影响互连、互通、互操作的标准；

c) 对提高产品通用化、系列化、组合化程度及节约费用有重大影响的标准；

d) 重要接口标准；

e) 与安全性关系密切的标准；

f) 关键性工艺的标准；

g) 贯彻实施涉及面宽、难度大的标准；

h) 贯彻实施经费投入大的标准；

i) 贯彻实施组织和协调复杂的标准。

应说明组织编制"重大标准实施方案"情况，贯彻实施这些重大标准的主要工作程序、内容和剪裁情况，以及贯彻实施这些标准所取得的效果等。

可举例说明标准贯彻实施过程中遇到的主要困难、采取的解决措施、有关问题协调处理的要求及情况等。

4.2 标准件、元器件、原材料选用情况

应说明编制"标准件、元器件、原材料选用范围"的原则、要求、主要工作和研制过程动态管理情况，以及标准件、元器件、原材料标准执行情况等。可举例描述开展进口标准件国产化研究情况，新材料、新型标准件攻关情况等。根据

GJB/Z 114,可以附录形式给出"标准件、元器件、原材料选用范围"。

4.3 图样和技术文件的规范性和统一性评价情况

应说明图样和技术文件的规范性和统一性等情况及其质量保证情况。

5 产品"三化"设计与实现情况

应说明组织设计人员开展"三化"方案论证、"三化"设计及其试验验证的具体情况,进行"三化"检查和评审或必要时建立"三化"产品数据库的工作情况等。对"三化"设计的最终结果进行具体描述,如精简品种规格情况等。

6 产品标准化程度评估

可从以下几个方面评估产品标准化程度:

a) 采用的标准件、元器件、原材料合理简化产品品种、规格的数量;
b) 计算标准化系数,并说明计算公式和方法;
c) 产品"三化"设计水平评价。

计算标准化系数时,宜分别计算产品标准化件数系数 K_j、标准化种数系数 K_z 和重复系数 K_c。

a) 标准化件数系数 K_j 的计算

$$K_j = \frac{\sum b_j + \sum t_j + \sum w_j}{\sum j} \times 100\%$$

式中 $\sum b_j$ ——产品标准零件、部件、整(组)件总件数;

$\sum t_j$ ——产品中通用(借用)零件、部件、整(组)件总件数;

$\sum w_j$ ——产品中外购零件、部件、整(组)件总件数;

$\sum j$ ——产品中全部零件、部件、整(组)件总件数。

b) 标准化种数系数 K_z 的计算

$$K_z = \frac{\sum b_z + \sum t_z + \sum w_z}{\sum z} \times 100\%$$

式中 $\sum b_z$ ——产品标准零件、部件、整(组)件总品种数;

$\sum t_z$ ——产品中通用(借用)零件、部件、整(组)件总品种数;

$\sum w_z$ ——产品中外购零件、部件、整(组)件总品种数;

$\sum z$ ——产品中全部零件、部件、整(组)件总品种数。

c) 重复系数 K_c 的计算

$$K_c = \frac{\sum j}{\sum z}$$

7 存在的问题及解决措施

应说明产品设计定型时是否还存在标准化方面的问题,以及建议采取的解决措施。

8 结论

应对产品研制过程中的标准化工作做出总体性自我评价,包括:
a) 标准化工作是否实现了"产品标准化大纲"提出的各项要求;
b) 是否满足设计定型的要求等。

4.3 标准化审查报告

按照GJB/Z 170.12—2013《军工产品设计定型文件编制指南 第12部分:标准化审查报告》编写。

1 审查工作概况

应说明审查的项目,简要描述审查的组织、方式和概况等。

2 审查意见

根据产品标准化大纲以及标准化工作报告的具体内容,重点审查型号标准化工作系统履职情况,型号标准体系建立情况,标准贯彻实施情况,产品通用化、系列化、组合化(以下简称"三化")工作情况和水平,标准化程度评估结果等,并给出评价意见。一般包括:

a) 是否按要求建立了型号标准化工作系统,工作系统的组成是否合理,工作是否全面有效;
b) 标准化文件体系是否完备配套,包括型号标准化技术文件、型号标准化管理文件、型号标准化评审文件和型号标准化信息资料等;
c) 是否编制了《标准选用范围》和《标准件、元器件、原材料选用范围》,采标目录的正确性、充分性、协调性等;
d) 是否建立了合理实用的型号标准体系;
e) 重大标准剪裁的合理性以及实施的有效性等;
f) 评价产品"三化"设计方案及实施效果等;
g) 设计定型图样和技术文件是否规范、统一,以及是否满足设计定型要求等;
h) 确认标准化系数,给出产品标准化程度评估。

3 审查建议

对存在的主要问题提出改进的措施和建议等。

4 审查结论

主要应说明以下两方面内容：

a)"产品标准化大纲"中规定的标准化目标和标准化要求是否实现；

b) 从标准化方面论述研制工作是否具备了设计定型的条件。

说明：对于相对简单的产品，仅需形成"标准化审查意见与结论"。应对设计定型图样及技术文件完整性、准确性、协调性、型号标准体系建设情况、标准贯彻实施情况，"三化"水平，以及产品标准化程度等方面做出简要的总体性评价，并对《产品标准化大纲》中规定的标准化目标和标准化要求是否实现给出结论性意见。相关内容可纳入《设计定型审查意见书》。示例：

a) 全套设计定型图样和技术文件完整、准确、协调、规范，签署完备；

b) 制定了××项急需标准，建立的标准体系基本满足项目需求；

c) 有效开展了产品"三化"设计，符合产品"三化"要求；

d) 标准化系数达到××％，标准化程度较高；

e) 标准选用合理，重大标准实施正确有效；

f) 严格贯彻执行了《×××(产品名称)标准化大纲》，实现了规定的标准化目标和各项标准化要求。

4.4 工艺标准化大纲(工艺标准化综合要求)

按照 GJB/Z 106A—2005《工艺标准化大纲编制指南》编写。

1 范围

说明本工艺标准化大纲(工艺标准化综合要求)的适用范围，包括产品代号(型号)、产品名称及其研制阶段。

2 引用文件

列出在制定工艺标准化大纲(工艺标准化综合要求)过程中引用的主要资料，包括标准、法规、文件和资料等。

3 产品概述

3.1 编制依据

说明工艺标准化大纲(工艺标准化综合要求)的编制依据。

3.2 产品用途

概要介绍产品的用途。

3.3 产品组成

概要介绍产品的组成部分。

3.4 工艺特点
概要介绍产品的工艺特点。

4 工艺、工装标准化目标及工作范围
4.1 目标
根据型号的总目标及性能、费用、进度、保障性等项要求，制定具体型号的工艺、工装标准化目标。通常可考虑下列内容：

a) 保证产品质量和产品标准化大纲目标的实现；
b) 工艺标准化要达到的水平；
c) 采用国际标准和国外先进标准的目标；
d) 引进产品工艺标准的国产化目标；
e) 预计要达到的工装标准化系数及其效果；
f) 建立一个先进、配套、适用的工艺、工装标准体系。

4.2 工作范围
根据型号的工艺、工装标准化目标和各项具体要求，确定工艺、工装标准化的工作范围。通常可考虑下列内容：

a) 提出工艺、工装标准的选用范围；
b) 制定(修订)型号所需的工艺、工装标准，完善工艺、工装标准体系；
c) 制定工艺、工装标准化文件；
d) 实施工艺、工装标准，协调实施过程中的问题；
e) 开展工装通用化、系列化、组合化工作；
f) 进行工艺文件和工装设计文件的标准化检查；
g) 开展工艺文件定型的标准化工作；
h) 其他有关的工艺、工装标准化工作。

5 实施标准要求
应根据型号的需求和本单位的实际情况，提出具体的实施要求。通常可考虑下列内容：

a) 一般情况下，应将需实施的工艺、工装标准限制在"标准选用范围(目录)"内，对超范围选用作出规定，并要求办理必要的审批手续；
b) 对法律、法规及规范性文件规定强制执行的标准，以及型号研制生产合同和型号文件规定执行的标准，提出强制执行的要求，并提出具体实施方案；
c) 组织制定重要工艺、工装标准的实施计划，包括技术和资源准备；
d) 对需实施的标准，必要时提出具体的实施要求，如剪裁、优选、限用、压缩品种规格等；

e) 制定新旧标准替代实施细则,提出在新旧标准过渡期间保证互换与协调的措施;

f) 组织新标准的宣贯和培训;

g) 根据"标准选用范围(目录)",配齐实施标准所需的有关资料;

h) 组织检查工艺、工装标准的实施情况和转阶段的标准化评审;

i) 编写重要标准实施总结报告。

6 工装的"三化"要求

应根据产品生产的特点,结合本单位的实际情况,提出具体的工装"三化"要求。通常可考虑下列内容:

a) 根据型号工艺总方案,提出工装的"三化"目标。

b) 在工程研制阶段,将工程的"三化"目标转化为具体实施方案。根据样机试制数量少、时间紧、变化大的特点,提出最大限度减少专用工装数量的原则;根据样机制造的需要和工厂工装的实际情况,提出采用现有和通用工装以及采用组合夹具的要求和清单;对专用工装的设计提出采用通用零部件的要求。开展工装的"三化"设计工作,将具体实施方案落实到工装设计图样中。

c) 在设计定型阶段,检查和总结工装"三化"工作,提出改进措施;

d) 在生产(工艺)定型阶段,针对批量生产的特点,综合考虑"三化"的效果和加工效率,调整工装"三化"方案。根据产品"三化"程度,提出继续扩大采用现有和通用工装的要求,开展工装的"三化"设计工作;在生产(工艺)定型阶段后期,检查和总结工装的"三化"对批量生产的适应性,做必要的修改调整后,最终固化工装的"三化"成果。

7 工艺文件、工装设计文件的完整性、正确性、统一性要求

为保证工艺文件和工装设计文件的完整、正确、统一,通常可考虑下列内容:

a) 按产品研制阶段分别提出工艺文件、工装设计文件的完整性要求;

b) 制定(或引用)工艺文件、工装设计文件格式及编号方法的规定;

c) 制定(或引用)工艺文件、工装设计文件的编制、签署、更改、归档等规定;

d) 对工艺文件、工装设计文件进行标准化检查。

8 应完成的主要任务、工作项目

应依据型号的研制生产要求和本单位的实际,列出各阶段应完成的主要任务和工作项目,见表4.4。

表 4.4 产品研制各阶段工艺标准化的主要任务和工作项目

研制阶段	主要任务	工作项目
工程研制阶段	制定工艺标准化综合要求及其支持性文件并组织实施	1. 制定工艺标准化综合要求； 2. 编制工艺、工装标准体系表； 3. 编制工艺、工装标准选用范围（目录）； 4. 制定有关工艺文件、工装设计文件的标准化要求； 5. 提出制定（修订）标准的项目和计划建议； 6. 组织制定新的型号专用工艺、工装标准； 7. 开展工装"三化"设计工作； 8. 开展对工艺文件、工装设计文件的标准化检查； 9. 收集资料，做好贯标的技术和物质准备； 10. 做好阶段工艺标准化工作总结和评审
设计定型阶段	配合设计定型，为制定工艺标准化大纲做准备	1. 全面检查工艺、工装标准的实施情况； 2. 配合设计定型，对图样和技术文件中有关工艺、工装标准的生产可行性进行检查并提出意见； 3. 对工艺标准化综合要求进行总结和评审，为转化为工艺标准化大纲做准备
生产（工艺）定型阶段	制定并实施工艺标准化大纲，做好工艺定型标准化工作	1. 以工艺标准化综合要求为基础，进一步修改和补充，形成工艺标准化大纲； 2. 修订工艺、工装标准选用范围（目录）； 3. 提出工艺定型标准化方案和相关标准化要求； 4. 对定型工艺文件和工装设计文件进行标准化检查； 5. 继续开展工装"三化"设计工作； 6. 协调和处理工艺定型出现的标准化问题； 7. 全面检查工艺、工装标准的实施情况，编制生产（工艺）定型标准化审查报告； 8. 总结生产（工艺）定型标准化工作并做好阶段评审

4.5 工艺标准化工作报告

按照 GJB/Z 113—1998《标准化评审》编写。
1 概述
应概略描述产品的基本情况和工艺特点，说明工艺标准化工作目标和范围。一般包括下列内容：
　　a) 任务来源和文件的编制依据，包括承研单位名称、完成装备研制的时间要求、研制成果的形式(软件/硬件)、数量、工艺方案、设计定型标准化审查报告等；

b) 产品的概况，包括用途、构成和工艺特点等；

c) 工艺、工装标准化目标和工作范围，应说明《工艺标准化大纲》中拟定的标准化目标及提出的各项要求。

2 执行《武器装备研制生产标准化工作规定》的情况

说明按照《武器装备研制生产标准化工作规定》，建立型号标准化工作系统情况；在型号研制各阶段，按系统、分系统、设备组织开展工艺标准化工作情况。

a) 标准体系建立和标准制定情况

应说明建立和完善工艺、工装标准体系的情况。并说明根据型号研制的情况，对急需标准的转化、修订及制定情况等。可用列表的方式表述。

b) 工装的"三化"要求实现过程

参见 GJB/Z 106A，应根据产品生产的特点，结合单位的实际情况，提出具体的工装"三化"要求。工作报告中应说明如何将具体实施方案落实到工装设计图样中，在设计定型后对工装"三化"工作采取的改进措施，进行的"三化"检查和评审，督促"三化"设计试验验证开展的相关工作等。可举典型事例重点说明遇到的主要问题、采取的解决措施、协调处理的过程等。

c) 编制工艺文件和工装设计文件的情况

应说明编制工艺文件和工装设计文件的情况，包括对工艺文件和工装设计文件的需求分析情况、对现有文件的直接采用情况及编制的新标准化文件情况。可以列表的方式附在工作报告后。

d) 标准化评审工作情况

根据 GJB/Z 113，应说明在产品生产过程中，生产单位标准化人员开展标准化评审工作的总体情况。例如评审次数、评审内容、评审效果、评审后遗留问题的处理等。

3 《工艺标准化大纲》的基本情况或实施情况

说明对《工艺标准化大纲》的编制情况。可以从是否符合 GJB/Z 106A 及相关法规的要求，能否满足"研制总要求(研制任务书或技术协议书)"中规定的标准化目标和要求，是否正确规划和指导了研制中工艺制造工作等方面进行说明。

参见 GJB/Z 106A，应说明对各项实施标准要求的实现过程，主要包括：

a) 编制工艺、工装标准选用范围的原则和要求、开展的主要工作以及实施动态管理的过程；

b) 标准件、元器件、原材料的选用情况；

c) 实施工艺、工装标准总体情况，开展的宣贯、培训工作，实施过程中遇到的主要问题、采取的解决措施、协调处理的过程等；

d）采用国际标准和国外先进标准情况,包括采用的数量、剪裁情况等;
e）引进产品工艺标准的国产化情况;
f）生产过程质量保证、质量监督的标准化情况;
g）计量、测试的标准化情况。

可举典型事例重点说明。

4 取得的成绩和效益分析

综述工艺、工装达到工艺标准化大纲中提出的标准化要求的符合程度,给出工艺标准化系数,并对采用了标准化技术所带来的经济效益进行分析和预测。

可从以下几个方面说明工艺标准化工作的效益:
a）采用的标准件、元器件、原材料合理简化产品品种、规格的数量;
b）工装"三化"设计的程度和效果,对加工效率的影响;
c）标准化工作对降低生产成本所做的贡献;
d）标准化工作对缩短生产周期所做的贡献;
e）标准化工作对生产过程质量保证所做的贡献等。

5 存在的问题及解决措施

应对设计定型遗留标准化问题的协调和处理情况进行逐条说明,是否都已经解决了,如何解决的;对没有解决的问题说明原因,以及建议采取的措施。

应说明产品生产定型时是否还存在标准化方面的问题,以及建议协调处理的办法。可以列表的方式,详细叙述问题。例如工艺文件是否有不符合相关标准的规定;未贯彻执行的标准项目、原因及应采取的建议措施等。

6 结论和建议

6.1 结论

应对产品生产过程中的工艺标准化工作做出总体性的自我评价,包括:
a）工艺标准化工作是否实现了"工艺标准化大纲"提出的各项要求;
b）是否满足生产定型的要求等。

6.2 工作建议

对下一阶段的工艺标准化工作提出建议。

4.6 工艺标准化审查报告

按照《武器装备研制生产标准化工作规定》编写。

1 范围

说明工艺标准化审查报告的主题内容和适用范围。

概略描述产品的研制任务来源、产品基本情况和工艺特点,说明标准化工作目标和范围。

2 引用文件

给出工艺标准化审查报告各章的引用文件一览表。

3 标准及标准化要求的实施情况

对标准及标准化要求的实施情况给出评价意见。可以从是否编制了《工艺、工装标准选用范围》和《标准件、元器件、原材料选用范围》,在实施标准过程中有无"欠使用"、"过使用"、"使用不当"的现象,"重大标准"的选用和剪裁情况,采标目录的正确性、充分性、协调性,生产过程质量保证、质量监督的标准化情况,计量、测试的标准化情况等方面进行评价。

对标准体系表建立及标准制修订情况给出评价意见。可以从建立和完善工艺、工装标准体系的情况,对急需标准的转化、修订及制定情况等方面进行评价。

4 工艺文件、工装设计文件的完整性、正确性及统一性评价

对编制工艺文件和工装设计文件的情况进行评价。

参见 GJB/Z 113,对不同时期、用各种方式编制的各类图样和技术文件开展的管理和标准化评审工作给出评价意见。可以在图样及工艺文件的完整性、统一性、协调性以及是否满足生产定型的要求等方面进行评价。

5 工装"三化"水平评价,标准化系数计算

对工装的"三化"水平给出评价意见。可以从工装"三化"的具体要求在工装设计图样中的落实情况、设计定型后工装"三化"工作采取的改进措施、进行的"三化"检查和评审等方面进行评价。

对工艺标准化系数进行计算,给出计算结果。

6 标准化效益分析评估

对新产品达到的工艺标准化程度和所获得的标准化效益给出评价意见。

7 存在的问题及改进的措施

说明产品生产定型时是否还存在工艺标准化方面的问题,提出有针对性的改进措施建议。

8 审查结论

工艺标准化审查结论主要应说明以下两方面内容:

a) 工艺标准化工作是否满足"研制总要求(研制任务书或技术协议书)"中应贯彻实施的标准和标准化要求,以及《工艺标准化大纲》中的规定;

b) 从工艺标准化方面论述研制生产工作是否具备转入下阶段工作的条件,并可提出需要解决的问题或改进建议等。

第5章 质量文件

5.1 质量保证大纲(质量计划)

按照 GJB 1406A—2005《产品质量保证大纲要求》编写。

1 范围

大纲的适用范围一般包括:
a) 所适用的产品或特殊的限制;
b) 所适用的合同范围;
c) 所适用的研制或生产阶段。

2 质量工作原则与质量目标

2.1 质量工作原则

组织应制定质量工作总原则,一般包括:
a) 产品质量工作总要求;
b) 技术上应用或借鉴其他产品的程度;
c) 采用新技术的比例;
d) 技术状态管理的要求;
e) 设计的可制造性。

2.2 质量目标

组织应制定质量目标,一般包括:
a) 对产品或合同规定的质量特性满意程度;
b) 可靠性、维修性、保障性、安全性和测试性指标等;
c) 顾客满意的重要内容。

3 管理职责

大纲应明确各级各类相关人员的职责、权限、相互关系和内部沟通的方法,以及有关职能部门的质量职责和接口的关系,并作为整个产品保证工作系统的一部分。

4 文件和记录的控制

大纲应对研制、生产全过程中文件和记录的控制作出规定。当控制要求与组织的质量管理体系文件要求一致时,可直接引用。

成套资料应符合 GJB 906 的规定。
5 质量信息的管理
大纲中应明确规定为达到产品符合规定要求所需要的信息,以及实施信息的收集、分析、处理、反馈、存储和报告的要求。对发现的产品质量问题应按要求实施质量问题归零,并充分利用产品在使用中的质量信息改进产品质量。

6 技术状态管理
组织应针对具体产品按 GJB 3206A 的要求策划和实施技术状态管理活动,明确规定技术状态标识、控制、记实和审核的方法和要求。技术状态管理活动应从方案阶段开始,在产品的全寿命周期内,应能准确清楚地表明产品的技术状态,并实施有效的控制。

6.1 技术状态标识
技术状态标识的任务包括:
a) 选择技术状态项;
b) 确定各技术状态项在不同阶段所需的技术状态文件;
c) 标识技术状态项和技术状态文件;
d) 建立技术状态基线;
e) 发放经正式确认的技术状态文件并保持其原件。

6.2 技术状态控制
技术状态控制的任务包括:
a) 制定控制技术状态更改、偏离许可和让步的管理程序与方法;
b) 控制技术状态更改、偏离许可和让步;
c) 确保已批准的技术状态更改申请,及偏离许可、让步申请得到准确实施。

6.3 技术状态记实
技术状态记实的任务包括:
a) 记录并报告各技术状态项的标识号、现行已批准的技术状态文件及其标识号;
b) 记录并报告每一项技术状态更改从提出到实施的全过程情况;
c) 记录并报告技术状态项的所有偏离许可和让步的状况;
d) 记录并报告技术状态审核的结果,包括不符合的状况和最终处理情况;
e) 记录并维持已交付产品的版本信息及产品升级的信息;
f) 定期备份技术状态记实数据,维护数据的安全性。

6.4 技术状态审核
每一个技术状态项都应进行功能技术状态审核和物理技术状态审核。
应成立技术状态审核组,审核组成员应有代表性和相应的资质。承制方应采取必要措施配合开展技术状态审核。

在正式的技术状态审核之前,承制方应自行组织内部的技术状态审核。

7 人员培训和资格考核

根据产品的特点,大纲应规定对参与研制、生产、试验的所有人员进行培训和资格考核的要求。当关键加工过程不能满足要求,工艺、参数或所需技能有较大改变,或加工工艺较长时间未使用时,应规定对有关人员重新进行培训和考核的要求。

8 顾客沟通

大纲应规定与顾客沟通的内容和方法,一般包括：
a) 产品信息,包括产品质量信息；
b) 问询、合同或订单的处理,包括对其修改；
c) 顾客反馈,包括抱怨及其处理方式。

9 设计过程质量控制

9.1 任务分析

组织应对产品任务剖面进行分析,以确认对设计最有影响的任务阶段和综合环境,通过任务剖面分析,确定可靠性、维修性、保障性、安全性、人机工程等各种定量和定性因素,并将结论纳入规范作为设计评审的标准。

9.2 设计分析

组织应遵循通用化、系列化、组合化的设计原则,对性能、质量、可靠性、费用、进度、风险等因素进行综合权衡,开展优化设计。通过设计分析研究,确定产品特性、容差以及必要的试验和检验要求。

9.3 设计输入

组织应确定产品的设计输入要求,包括产品的功能和性能、可靠性、维修性、安全性、保障性、环境条件等要求,以及有关的法令、法规、标准等要求。

设计输入应形成文件并进行评审和批准。

组织应编制设计规范和文件,以保证设计规范化。设计规范和文件应符合国家和国家军用标准的要求。为使设计采用统一的标准、规范,在进行设计前,应编制文件清单,供设计人员使用。

9.4 可靠性设计

大纲应规定按可靠性大纲,实施可靠性工作项目。

9.5 维修性设计

大纲应规定按维修性大纲,实施维修性工作项目。

9.6 测试性设计

大纲应规定按测试性大纲,实施测试性工作项目。

9.7 保障性设计
大纲应规定按保障性大纲,实施保障性工作项目。

9.8 安全性设计
大纲应规定按安全性大纲,实施安全性工作项目。

9.9 元器件、零件和原材料的选择和使用
大纲应规定按 GJB 450A 工作项目 308 和工作项目 309 中的规定选择和使用元器件、零件和原材料。

按 GJB/Z 35 的要求开展元器件降额设计。

9.10 软件设计
大纲应规定按 GJB 437、GJB 438B、GJB 439、GJB 2786A 和 GJB/Z 102 的要求对软件的开发、运行、维护和引退进行工程化管理并按 GJB 5000 的规定进行软件的分级、分类,对软件整个生存周期内的管理过程和工程过程实施有效的控制。

9.11 人机工程设计
大纲应规定编制人机工程大纲的要求,在保证可靠性、维修性、安全性的条件下,能确保操作人员正常、准确的操作。

9.12 特性分析
大纲应按 GJB 190 的原则进行特性分析,确定关键件(特性)和重要件(特性)。

9.13 设计输出
大纲应规定设计输出的要求,一般包括:
a) 满足设计输入的要求;
b) 包含或引用验收准则;
c) 给出采购、生产和服务提供的适当信息;
d) 规定并标出与产品安全和正常工作关系重大的设计特性如操作、贮存、搬运、维修和处置的要求;
e) 根据特性分类,编制关键件、重要件项目明细表,并在产品设计文件和图样上作相应标识。

设计输出文件在放行前应得到批准。

9.14 设计评审
大纲应根据产品的功能级别和管理级别,按 GJB 1310 的有关要求,规定需实施分级、分阶段的设计评审。当合同要求时,应对顾客或其代表参加评审的方法作出规定。

如需要,应进行专项评审或工艺可行性评审。

9.15 设计验证

大纲应规定所要进行的设计验证项目及验证方法。在整个研制过程中,应能保证对各项验证进行跟踪和追溯。

在转阶段或靶场试验前,应对尚未经过试验验证的关键技术、直接影响试验成功和危及安全的问题,组织同行专家和专业机构的人员进行复核、复算等设计验证工作。

9.16 设计确认/定型(鉴定)

大纲应依据所策划的安排,明确规定确认的内容、方式、条件和确认点以及要进行鉴定的技术状态项目,根据使用环境,提出要求并实施。

对需要定型(或鉴定)的产品,按 GJB 1362A 及有关产品定型(或鉴定)工作规定的要求完成定型(或鉴定)。

9.17 设计更改的控制

大纲应规定按 GJB 3206A 实施设计更改控制的具体要求。

10 试验控制

大纲应制定实施试验综合计划,该计划包括研制、生产和交付过程中应进行的全部试验工作,以保证有效地利用全部试验资源,并充分利用试验的结果。

大纲应规定按 GJB 450A、GJB 1407、GJB 368B、GJB 1032 的要求进行可靠性研制试验、可靠性鉴定试验、可靠性增长试验、维修性验证试验和环境应力筛选试验,以及按 GJB 1452 的规定进行大型试验质量管理的要求。

11 采购质量控制

11.1 采购品的控制

大纲应按 GJB 939、GJB 1404 和 GJB/Z 2 要求规定采购所需要的文件,内容包括:

a) 对具有关键(重要)特性的采购产品,应规定适当的控制方式;
b) 选择、评价和重新评价供方的准则,以及对供方所采用的控制方法;
c) 适用时,对供方大纲或其他大纲要求的确认及引用;
d) 满足相关质量保证要求(包括适用于采购产品的法规要求)所采用的方法;
e) 验证采购产品的程序和方法;
f) 向供方派出常驻或流动的质量验收代表的要求。

采购信息所包含的采购要求应是充分与适宜的。

大纲应规定采购新研制产品的质量控制要求、使用和履行审批的手续,以及各方应承担的责任。

需要时,对供方的确认应征得顾客或其代表的同意。

11.2 外包过程的控制

大纲应规定在产品实现过程中,对所有外包过程的控制要求,一般包括:

a) 正确识别产品在实现过程中所需要的外包过程;

b) 针对具体的外包过程如:设计外包、试制外包、试验外包和生产外包等过程,制定相应的控制措施和方法;

c) 对外包单位资格的要求;

d) 对外包单位能力的要求(包括设施和人员要求);

e) 对外包产品进行验收的准则;

f) 对外包单位实行监督的管理办法等。

12 试制和生产过程质量控制

大纲应对试制、生产、安装和服务过程作出规定,包括:

a) 过程的步骤;

b) 有关的程序和作业指导书;

c) 达到规定要求所使用的工具、技术、设备和方法;

d) 满足策划安排所需的资源;

e) 监测和控制过程(含对过程能力的评价)及产品(质量)特性的方法,包括规定的统计或其他过程控制方法;

f) 人员资格的要求;

g) 技能或服务提供的准则;

h) 适用的法律法规要求;

i) 新产品试制的控制要求。

12.1 工艺准备

在完成设计资料的工艺审查和设计评审后应进行工艺准备,一般包括:

a) 按产品研制需要提出工艺总方案、工艺技术改造方案和工艺攻关计划并进行评审;

b) 对特种工艺应制定专用工艺文件或质量控制程序;

c) 进行过程分析,对关键过程进行标识、设置质量控制点及规定详细的质量控制要求;

d) 工艺更改的控制及有重大更改时进行评审的程序;

e) 试验设备、工艺装备和检测器具应按规定检定合格;

f) 有关的程序和作业指导书。

在工艺文件准备阶段,按 GJB 1269A—2000 的有关要求,实施分级、分阶段的工艺评审。

12.2 元器件、零件和原材料的控制

大纲应规定器材(含半成品)的质量控制要求及材料代用程序,确保:

a) 合格的元器件、零件、原材料和半成品才可投入加工和组装。

b) 外购、外协的产品应经进厂复验、筛选合格,附有复验合格证或标记,方可投入生产。使用代用料时,应履行批准手续。

c) 在从事成套设备生产时,贮存的装配件和器材应齐全并作出适当标记。

d) 经确认易老化或易受环境影响而变质的产品应加以标识、并注明保管有效日期。

e) 元器件选用、测试、筛选符合规定的要求。

12.3 基础设施和工作环境

大纲应明确针对具体产品或服务的基础设施、工作场所等方面的特殊要求。

当工作环境对产品或过程的质量有直接影响时,大纲应规定特殊的环境要求或特性,如:清洁室空气中的粒子含量、生物危害的防护等。

12.4 关键过程控制

大纲应规定按工艺文件或专用的质量控制程序、方法,对关键过程实施质量控制的要求。

12.5 特殊过程控制

大纲应根据产品特点,明确规定过程确认的内容和方式,适用时可包括:

a) 规定对过程评审和批准的准则;

b) 对设备的认可和人员资格的鉴定;

c) 使用针对具体过程的方法和程序;

d) 必要的记录,如:能证实设备认可、人员资格鉴定、过程能力评定等活动的记录;

e) 再次确认或定期确认的时机。

12.6 关键件、重要件的控制

按 GJB 909 的有关规定。

12.7 试制、生产准备状态检查

按 GJB 1710 的有关规定。

12.8 首件鉴定

应按 GJB 908 的有关规定对首件进行鉴定。

12.9 产品质量评审

大纲中应明确按 GJB 907 的有关规定,对产品质量进行评审的程序,以及对评审中提出的问题,由谁负责处理、保存评审记录和问题处理记录的要求。

12.10 装配质量控制
大纲应规定对装配质量进行控制的要求,包括编写适宜的装配规程或作业指导书等。

12.11 标识和可追溯性
按 GJB 726 的有关规定对产品标识和有可追溯性要求的产品进行控制。

按 GJB 1330 有关规定对批次管理的产品进行标识和记录。

12.12 顾客财产
大纲应规定对顾客提供的产品如材料、工具、试验设备、工艺装备、软件、资料、信息、知识产权或服务的控制要求。包括:

a) 验证顾客提供产品的方法;

b) 顾客提供不合格产品的处置;

c) 对顾客财产进行保护和维护的要求;

d) 损坏、丢失或不适用产品的记录与报告的要求。

12.13 产品防护
在贮存、搬运或制造过程中,对器材(含半成品)或产品应采取必要的防护措施,并明确规定:

a) 按 GJB 1443 的要求,对搬运、贮存、包装、防护和交付等活动进行控制;

b) 确保不降低产品特性,安全交付到指定地点的要求。

12.14 监视和测量
12.14.1 一般要求
大纲应规定对产品进行监视和测量的要求与方法。包括:

a) 所采用的过程和产品(包括供方的产品)进行监视和测量的方法与要求;

b) 需要进行监视和测量的阶段及其质量特性;

c) 每一个阶段监视和测量的质量特性;

d) 使用的程序和接收准则;

e) 使用的统计过程控制方法;

f) 测量设备的准确度和精确度,包括其校准批准状态;

g) 人员资格和认可;

h) 要求由法律机构或顾客进行的检验或试验;

i) 产品放行的准则;

j) 检验印章的控制方法;

k) 生产和检验共用设备用作检验手段时的校验方法;

l) 保存设备使用记录,以便发现设备偏离校准状态时,能确定以前测试结果的有效性。

12.14.2 过程检验

大纲应按 GJB 1442 的要求,依据检验程序对试制和生产过程进行过程检验,做好原始记录。

12.14.3 验收试验和检验

在加工装配完成后,应进行验收试验和检验:

a) 验收试验和检验的操作应按批准的程序、方法进行;

b) 验收试验和检验结束后,均应提供产品质量和技术特性数据;

c) 在试验和检验中发生故障,均应找出原因并在采取措施后重新进行试验和检验。

12.14.4 例行试验(典型试验)

应按规定进行例行试验,并实施必要的监督,以保证产品性能、可靠性及安全性满足设计要求,根据环境条件的敏感性、使用的重要性、生产正常变化与规定公差之间的关系、工艺变化敏感程度、生产工艺(过程)的复杂性和产品数量确定所需测试的产品,并征得顾客的认可。

12.14.5 无损检验

应按 GJB 466 和 GJB 593 的有关规定对无损检验进行控制。

12.14.6 试验和检验记录

大纲应规定保存试验、检验记录的要求,并根据试验和检验的类型、范围及重要性确定记录的详细程度。记录应包括产品的检验状态,必要的试验和检验特性证明、不合格品报告、纠正措施及抽样方案和数据。

12.15 不合格品的控制

大纲应规定对不合格品进行识别和控制的要求,以防止其非预期使用或交付。有关不合格品的标识、评价、隔离、处置和记录执行 GJB 571 的规定。

12.16 售后服务

当合同有要求时,大纲应按协议或合同要求组织技术服务队伍到现场,指导正确安装、调试、使用和维护,及时解决出现的问题。

5.2 质量分析报告

按照 GJB/Z 170.15—2013《军工产品设计定型文件编制指南 第 15 部分:质量分析报告》编写。

1 概述

简述产品名称、代号、任务来源、主要用途、组成及功能,研制过程(研制节点)和研制技术特点,产品质量保证特点,产品质量保证概况,试验验证情况,配套情况和其他需要说明的情况。
2 质量要求
简要说明质量目标、质量保证原则和产品质量保证大纲要求及产品质量保证相关文件。
3 质量控制
3.1 质量管理体系
根据 GJB 9001B—2009 和 GJB 5708—2006,对本单位或质量师系统指导产品研制的质量管理体系建立、运行及改进等情况进行说明,主要包括：

a) 管理体系:质量管理体系建立、运行及持续改进情况。应说明体系运行的有效性和保持产品可靠性、维修性、保障性、测试性、安全性、环境适应性等工作的过程。

b) 文件体系:程序文件、作业文件、军工产品质量系列保证文件的编制情况、执行情况和文件持续改进情况。

c) 监督体系:对质量管理体系运行的监督情况。应对重大活动进行测量,提交建立相应记录备查。

3.2 研制过程质量控制
3.2.1 技术状态控制
根据 GJB 3206A—2010 和 GJB 5709—2006,对产品论证、方案、工程研制和设计定型阶段技术状态管理,技术状态项目和基线的确定,技术状态标识、控制、纪实、评价和审核等活动的开展情况进行说明,主要包括：

a) 技术状态标识:简述产品技术状态基线的确定和相应标识符号(包括用以标识每个技术状态项目、技术状态文件、技术状态文件更改建议,以及偏离许可与让步的标识号)的选择情况。

b) 技术状态控制(分解、传递、文件控制):简述在技术状态文件正式确立后,对技术状态项目的更改(包括技术状态文件更改以及对技术状态产生影响的偏离和超差)进行评价、协调、批准或不批准以及实施活动情况。

c) 技术状态纪实:简述对已确定的技术状态文件、建议更改状况和已批准更改的执行状况所做的正式记录和报告情况。

d) 技术状态评价:简述对已建立的技术状态基线进行技术成熟度评价和技术状态实现情况。应提交技术状态技术成熟度评价报告备查。

e) 技术状态审核:简述对产品是否符合技术状态标识而开展的审查情况(包括要进行技术状态审核的技术状态项目清单及其与装备研制进度的关系,所使用的审核程序、审核报告的形式等)。

f) 偏离许可情况:简述是否经书面批准,允许一定数量或在一定时间内,产品可以不符合规范、图纸或其他文件所规定的特性或设计要求情况(包括偏离许可申请的编号,标题,型号名称、技术状态项目名称及其编号,申请单位名称及申请日期,受影响的技术状态标识文件,偏离许可的内容,实施日期,有效范围,偏离许可带来的影响及相应的措施等)。

3.2.2 设计质量控制

根据 GJB 1310A—2004 和 GJB 2366A—2007,对依据产品质量保证大纲进行的产品设计分析、设计报告、阶段评审和试验验证以及设计更改控制等情况进行说明,主要包括：

a) 设计分析：简述对产品性能、质量、可靠性、费用、进度、风险等因素进行综合权衡和优化设计情况,以及产品特性、容差、必要的试验和检验要求等；

b) 设计报告：简述对设计和开发的输入进行验证的情况,说明是否满足设计和开发输入要求；

c) 阶段评审：简述方案阶段、工程研制阶段、定型阶段设计评审情况,以及各阶段评审要点和评审归零情况；

d) 试验验证：简述设计验证项目及验证方法情况(重点包括涉及关键技术、直接影响试验成功和危及安全等的项目)；

e) 设计更改：简述识别设计和开发的更改评审情况(包括评价更改对产品组成部份和已交付产品的影响等)。

3.2.3 工艺质量控制

根据 GJB 467A—2008 和 GJB 1269A—2000,对在研制过程中依据产品质量保证大纲进行的工艺设计、工艺控制、工艺验证、工艺技术状态的一致性等情况进行说明,主要包括：

a) 工艺设计：简述根据管理级别和产品研制程序,分级、分阶段工艺评审情况；

b) 工艺控制：简述根据管理级别和产品研制程序,分级工艺控制情况,工艺更改是否按程序批准；

c) 关键工序：简述关键工序的识别和关键工序的控制情况；

d) 特殊工艺：简述特殊工艺的工艺设计过程及质量特性控制情况；

e) 工艺验证：简述工艺设计的符合性验证情况；

f) 工艺文件：简述工艺文件的规范性、齐套性和可控性情况；

g) 不合格品处理：简述对不合格品的处理情况(包括鉴别、标识、隔离、审理、处置、记录等一系列活动)。

3.2.4 外协、外购产品质量控制

根据 GJB 939—1990,对外协/外购产品设计、生产(或研制)、检验验收等过

程质量控制情况进行说明,主要包括:

a) 外协/外购单位资质:简述外协/外购单位是否建立质量管理体系及其运行有效性情况,是否具备军品研制资质和保密资质;

b) 技术状态控制(分解、传递、文件控制):简述主承制方如何对外协/外购单位技术状态标识实施控制,相关技术状态是否受控;

c) 产品交接验收:简述对外协/外购单位产品检查、确认、质量评审、制定验收文件情况;

d) 技术资料完整性及归档:简述外协/外购单位的图样、技术条件、试验文件、工程更改文件、目录(清单)和必要的软件等资料的归档情况;

e) 不合格品处理:简述外协/外购单位建立不合格品审理系统,制定并实施鉴别、隔离、控制、审查和分级处理不合格品程序情况。

3.2.5 元器件及原材料质量控制

根据 GJB 546A—1996 和 GJB 3404—1998,对电子元器件和原材料的质量及其生产设施、过程的质量控制情况进行说明,主要包括:

a) 元器件和原材料的使用与元器件优选目录的符合性(有无超目录使用及审批情况):简述是否严格按优选目录选择元器件,超目录选择是否按程序上报并批准;

b) 元器件和原材料的合格检验及元器件筛选:简述元器件是否按有关技术标准规定进行筛选,对未经筛选或经筛选但不满足要求的元器件的处理情况,以及筛选技术条件情况;

c) 元器件和原材料的失效分析:简述元器件和原材料的失效分析情况,失效分析是否由指定元器件失效分析机构进行,并提交失效分析报告备查;

d) 不合格品处理:简述对元器件和原材料的不合格品鉴别、隔离、控制、审查与分级处理情况。

3.2.6 文件及技术资料质量控制

根据 GJB 906—1990,对产品研制过程有关文件,包括图样和技术文件等文件资料质量控制情况进行说明,主要包括:

a) 设计文件:简述图样、技术文件、设计计算文件、产品试验文件、工程更改文件、汇总目录(清单)、必要的软件资料等的质量控制情况;

b) 工艺文件:简述工艺总体方案(协调方案)、工艺规范(生产说明书)、工艺规程(卡片)、关键工序、重要工序目录等的质量控制情况;

c) 质量保证文件:简述合格器材供应单位名单(定点供应厂商名单)、质量保证规范、标准质量证明文件(履历本、合格证、鉴定证书)、质量(故障)分析报告、质量信息反馈等的资料齐套性情况;

d) 产品规范:简述产品规范的编制策划、编制过程控制、最终评审的质量控制情况;

e) 作业指导书:简述作业指导书的编制策划、编制过程控制、最终评审的质量控制情况;

f) 调试/试验文件:简述调试/试验文件的编制策划、编制过程控制、最终评审的质量控制情况;

g) 外来文件:简述外来文件的质量控制情况;

h) 文件更改记录:简述文件更改的质量控制和记录情况。

3.2.7 关键件和重要件质量控制

根据 GJB 909A—2005,对产品实现过程的关键件和重要件质量控制情况进行说明,主要包括:

a) 关键特性、重要特性分析:简述对关键特性、重要特性(包括技术指标分析、FMECA 分析、设计分析并选定检验单元)分析情况;

b) 产品特性分类:简述根据特性重要程度,实施分类(关键特性,重要特性和一般特性)的过程情况;

c) 关键件、重要件标识:简述根据特性分类,对关键件、重要件的标识策划和质量控制情况;

d) 关(键)重(要)工序:简述关键、重要特性构成工序的识别和质量控制情况;

e) 关键件、重要件控制:简述关键件、重要件分析、记录和质量控制情况。

注:关(键)重(要)工序即产品生产过程中,对产品质量起决定性作用,需要严密控制的工序。一般包括,加工难度大,质量不稳定,原材料昂贵、出废品后经济损失较大的工序,关键外购器材入厂验收工序等。

3.2.8 产品标识和可追溯性质量控制

根据 GJB 726A—2004,对产品研制、生产过程中产品的标识和追溯情况进行说明,主要包括:

a) 产品标识:简述对产品名称、型号、图(代)号等可追溯性策划和质量控制情况;

b) 分类编码:简述对产品进行分类编码策划和质量控制情况;

c) 电子标识及管理:简述对产品进行电子标识及管理策划和质量控制情况。

3.2.9 计量检验质量控制

根据 GJB 1309—1991 和 GJB 2712—1996,对执行检验、测量和试验设备的质量控制情况和产品检验程序控制情况进行说明,主要包括:

a) 产品关键参数量值传递关系:简述产品关键参数的识别、量值传递过程和质量控制情况;

b) 专用测试设备:简述对专用测试设备进行计量策划和质量控制情况;

c) 通用测试设备:简述对通用测试设备进行计量策划和质量控制情况;

d) 工艺/工装:简述对工艺/工装进行计量检定策划和质量控制情况;

e) 大型试验的计量保证:简述对大型试验的计量保证策划、设备检定和质量控制情况;

f) 不合格处理:简述计量检验质量控制过程中出现不合格项的处理情况。

3.2.10 大型试验质量控制

根据 GJB 1452A—2004,对产品大型试验的质量控制情况进行说明,主要包括:

a) 试验质量策划:简述大型试验的识别过程、质量控制项目、质量控制点和控制措施,质量职责和权限落实,以及试验过程质量控制情况;

b) 试验风险分析:简述试验过程中技术难点、风险识别、风险分析和评估,以及故障预案安全保障措施的策划情况;

c) 试验现场质量控制:简述试验现场质量控制的策划和措施落实情况;

d) 试验数据处理:简述试验实施过程完成后在撤离试验现场前,汇集、整理试验记录和全部原始数据,保证数据完整性和真实性情况;

e) 试验报告:简述试验结束后,试验总结报告的质量控制情况;

f) 持续改进:简述试验过程中出现故障的分析、处理和验证情况;

g) 不合格项处理:简述大型试验质量控制过程中出现不合格项的处理情况。

3.2.11 软件质量控制

根据 GJB 439—1988、GJB 2786A—2009、GJB 4072A—2006、GJB 5000A—2008、GJB 5236—2004 和《军用软件产品定型管理办法》,对软件产品策划、开发、验证、测试、改进、更改、评审、配置和质量管理情况进行说明,主要包括:

a) 软件质量策划:说明软件质量控制实施机构及其责任和权限,软件管理、工具、设施、技术等具体要求,按规定对软件的问题和缺陷进行检测、报告、分析与修改、评审和审查的情况;

b) 软件配置管理:简述软件配置管理情况(可列出标识软件产品项目、控制和实现修改、维护和存贮软件版本等的方法);

c) 软件基线管理:简述软件基线的构建和版本控制情况;

d) 软件成熟度评价:简述软件技术成熟度评价策划,软件功能模块技术成熟度评价,软件技术成熟度质量控制情况;

e) 软件测试验证:简述软件测试验证策划、测试大纲和测试细则评审、测试验证实施和质量控制情况;

f) 软件持续改进:简述软件持续改进的内容和项目,说明对软件持续改进的质量控制;

g) 不合格项处理:简述软件质量控制过程中出现不合格项的处理情况。

3.2.12 质量信息管理

根据 GJB 1686A—2005,对利用各种手段采集产品质量数据的有关活动进行说明,并对产品质量数据应用情况,产品质量信息收集、传递、处理、贮存和使用等的管理活动情况,以及 FRACAS 系统的运行情况等进行说明。

4 质量问题分析与处理

4.1 重大和严重质量问题分析处理

对产品出现的重大质量问题情况,技术(管理)归零工作情况,解决措施验证情况进行说明,在设计定型审查时应提供质量问题归零报告(或处理单)及归零评审证书备查。主要包括:

a) 问题描述:问题出现的时间、地点,呈现的典型特征以及带来的后果;

b) 原因分析:说明原因分析的过程、问题产生的机理;

c) 问题复现:通过试验或其他验证方法,问题是否再现或得到确认,验证定位的准确性和机理分析的正确性;

d) 纠正措施:针对问题采取了哪些措施,措施是否经过验证;

e) 举一反三:是否把质量问题信息反馈给本型号、本单位,并通报其他型号、其他单位,是否开展有无可能发生类似模式或机理的问题检查,并采取预防措施;

f) 归零情况:针对发生的质量问题,是否从管理上按"过程清楚、责任明确、措施落实、严肃处理、完善规章"和技术上按"定位准确、机理清楚、问题复现、措施有效、举一反三"的要求逐项落实,并形成管理归零报告和相关文件等。

4.2 质量数据分析

根据 GJB 5711—2006,对产品在研制期间出现的质量问题,列出《质量问题汇总表》。根据 GJB/Z 127A—2006 进行质量稳定性分析,并以适当的形式(例如图表)表征研制各阶段主要质量问题的原因(按人、机、料、法、环、测),分析说明产品技术参数与研制总要求或技术条件的符合性情况。

4.3 遗留质量问题及解决情况

明确产品有无性能特性研制遗留问题,凡有遗留质量问题的产品应详细说明情况并明确解决措施、完成时限和责任单位。主要包括:

a) 问题描述:简述遗留问题的典型特征及后果;

b) 原因分析:对遗留问题的成因进行分析;

c) 问题风险:简述问题的风险识别、风险分析和评估以及主要难点;

d) 后续措施:简述后续措施策划情况、责任人和时间进度安排。

4.4 售后服务保证质量风险分析

根据 GJB 5707—2006,对承制单位产品售后技术服务策划的质量保证及风险进行分析,一般包括:

a) 技术培训质量保证风险;

b) 技术资料提供质量保证风险;

c) 备件供应质量保证风险;

d) 现场技术支持质量保证风险;

e) 质量问题处理质量保证风险;

f) 信息收集与处理质量保证风险;

g) 装备大修规划质量保证风险;

h) 其他可能预见的质量保证风险。

5 质量改进措施与建议

说明产品研制过程中发现质量问题的改进情况,包括体系运行、管理制度、技术改进、检验验收等,以及其他改进建议。

6 结论

主要包括:

a) 产品研制过程是否符合军工产品研制程序,经过各项试验考核,产品各项指标是否满足研制总要求(研制合同、研制任务书);

b) 产品质量管理体系受控情况、研制过程是否质量受控;

c) 设计文件是否完整、正确、协调,是否与产品设计定型技术状态一致,是否符合定型标准要求;

d) 对产品研制过程中暴露的设计和产品质量问题,采取措施或解决措施的有效性;

e) 产品原材料、元器件、外购件及外协件是否定型、定点,供货是否有保证,是否满足小批量试生产和部队使用要求;

f) 是否全面贯彻了进口电子元器件控制要求,进口电子元器件是否具有稳定的供货渠道、替代计划及风险分析;

g) 是否全面贯彻了质量保证大纲要求,产品质量是否具备设计定型条件,给出可否设计定型的结论意见。

7 质量问题汇总表

按照质量问题汇总表的格式收集相关质量问题数据,质量问题汇总表见表 5.1。

表 5.1 质量问题汇总表

序号	产品名称	产品编号	所属(分)系统	故障日期	研制阶段	质量问题(故障)概述及定位	原因分析	原因分类1/原因分类2	是否批次性问题	纠正措施及举一反三情况	责任单位	归零结果	外协(外购)厂家	备注

5.3 配套产品、原材料、元器件及检测设备的质量和定点供应情况

1 范围

说明本技术文件的主题内容和适用范围。

2 引用文件

列出编写本技术文件的依据文件以及各章中引用的所有文件。

3 产品简介

简要说明产品的组成、工作原理,在系统工作分解结构中的地位等情况。

4 配套产品的质量和定点供应情况

说明本产品所有配套产品(含软件)的质量和定点供应情况。可列表说明,详见表 5.2。

表 5.2 配套产品(含软件)的质量和定点供应情况

序号	配套产品名称	配套产品型号	配套数量	研制生产单位	鉴定(定型)时间

5 配套原材料、元器件的质量和定点供应情况

说明本产品的配套原材料、元器件的品种、数量及其质量和定点供应情况。对于总数不多的情况,可在文件正文中列表说明;对于总数较多的情况,可作为附录。

6 配套检测设备的质量和定点供应情况

说明本产品的所有配套检测设备,逐项说明其质量和定点供应情况。可列表说明,详见表 5.3。

表 5.3 配套检测设备的质量和定点供应情况

序号	检测设备名称	检测设备型号	使用场所	研制生产单位	鉴定(定型)时间

7 结论性意见

通过上述统计分析,给出关于配套产品、原材料、元器件及检测设备的质量和定点供应情况的结论性意见,通常表述为:

产品配套齐全,能独立考核的配套设备、部件、器件、原材料、软件已完成逐级考核,质量可靠,并有稳定的供货来源。

5.4 质量管理报告

按照 GJB 907A—2006《产品质量评审》要求编写。

1 范围

说明质量管理报告的主题内容和适用范围。

2 引用文件

列出编制质量管理报告的依据文件以及各章中引用的所有文件。

3 产品生产过程简介

概要介绍产品生产过程,包括生产批次、生产批量、时间节点和生产过程有关生产准备、生产、生产质量评审等主要工作。

4 质量保证大纲执行情况

说明研制生产过程中质量保证大纲执行情况,应对照编制并通过评审的《质量保证大纲》,逐项说明实际执行情况,具体内容可按照下述章节编写,编写说明参见本书 5.2《质量分析报告》第 6 章。

4.1 质量保证大纲的编制

4.2 质量工作原则与质量目标

4.3 管理职责

4.4 文件和记录的控制

4.5 质量信息的管理

4.6 技术状态管理

4.7 人员培训和资格考核

4.8 顾客沟通

4.9 设计过程质量控制(可省略)

4.10 试验控制

4.11 采购质量控制

4.12 试制和生产过程质量控制

5 试制和生产过程质量控制情况

5.1 工艺准备

说明工艺准备情况,一般包括:

a) 工艺总方案、工艺技术改造方案和工艺攻关计划编制与评审情况;

b) 针对特种工艺制定的专用工艺文件或质量控制程序情况;

c) 进行过程分析的情况,对关键过程进行标识、设置质量控制点及规定详细的质量控制要求情况;

d) 工艺更改的控制情况及工艺有重大更改时的评审情况;

e) 试验设备、工艺装备和检测器具的检定情况;

f) 有关程序和作业指导书的编制情况。

说明按 GJB 1269A—2000 的有关要求进行各阶段的工艺评审情况。

5.2 元器件、零件和原材料的控制

说明元器件、零件和原材料的控制情况,包括:

a) 元器件、零件、原材料和半成品的检验情况;

b) 外购、外协的产品进厂复验、筛选情况,使用代用料时的审批情况;

c) 成套设备生产时,贮存的装配件和器材的齐套性及其标识情况;

d) 易老化或易受环境影响而变质的产品的标识情况;

e) 元器件选用、测试、筛选符合规定要求的情况。

5.3 基础设施和工作环境

说明产品研制生产所需的基础设施、工作场所等方面的特殊要求情况。

5.4 关键过程控制

说明按工艺文件或专用的质量控制程序、方法,对关键过程实施质量控制的情况。

5.5 特殊过程控制

说明根据产品特点对特殊过程进行控制的情况,包括对特殊过程的评审和批准、对设备的认可和人员资格的鉴定、针对特殊过程的方法和程序、特殊过程的记录等情况。

5.6 关键件、重要件的控制

说明按 GJB 909 的有关规定对关键件、重要件的控制情况。

5.7 试制、生产准备状态检查

说明按 GJB 1710 的有关规定对试制、生产准备状态检查情况。

5.8 首件鉴定

说明按 GJB 908 的有关规定对首件进行鉴定的情况。

5.9 产品质量评审
说明按 GJB 907 的有关规定对产品质量进行评审的情况,以及对评审中所提出问题的处理、记录情况。

5.10 装配质量控制
说明对装配质量进行控制的情况,包括装配规程或作业指导书编写情况、装配过程中执行情况等。

5.11 标识和可追溯性
说明按 GJB 726 的有关规定对产品标识和有可追溯性要求的产品进行控制的情况。

说明按 GJB 1330 有关规定对批次管理的产品进行标识和记录的情况。

5.12 顾客财产
说明对顾客提供的产品如材料、工具、试验设备、工艺装备、软件、资料、信息、知识产权或服务的控制情况,包括:

a) 顾客提供产品的验证情况;
b) 顾客提供不合格产品的处置情况;
c) 对顾客财产进行保护和维护的情况;
d) 损坏、丢失或不适用产品的记录与报告的情况。

5.13 产品防护
说明在制造、搬运、贮存、包装、防护和交付等活动中,按 GJB 1443 的要求,对器材(含半成品)或产品采取必要的防护措施的情况,以及确保不降低产品特性,安全交付到指定地点的情况。

5.14 监视和测量
说明对产品进行监视和测量的情况,包括一般要求、过程检验、验收试验和检验、例行试验(典型试验)、无损检验、试验和检验记录等情况。

5.15 不合格品的控制
说明按 GJB 571 的规定,对不合格品进行标识、评价、隔离、处置和记录,以防止其非预期使用或交付的情况。

5.16 售后服务
说明按协议或合同要求组织技术服务队伍到现场,指导正确安装、调试、使用和维护,及时解决出现的问题等售后服务情况。

6 产品技术状态更改控制情况

6.1 设计更改及其控制情况
说明产品设计定型后,针对产品使用过程中存在的问题、技术发展要求或产品三化要求等,对产品进行设计更改的情况;以及设计更改时,依据

GJB 3206A—2010 对产品设计更改进行控制的情况。

6.2 工艺更改及其控制情况

说明产品设计定型后,由于设计更改进行相应的工艺更改,或者为了解决工艺问题和优化工艺等原因,对产品进行工艺更改的情况;以及工艺更改时,依据 GJB 3206A—2010 对产品工艺更改进行控制的情况。

6.3 技术文件更改及其控制情况

说明产品设计定型后,由于设计更改或工艺更改,对产品技术文件更改的情况;以及技术文件更改时,依据 GJB 3206A—2010 或研制单位技术文件管理规定对产品技术文件更改进行控制的情况。

7 产品性能符合技术指标情况

说明产品性能符合技术指标情况。应对照批准的研制总要求、生产定型技术状态,以表格形式对比说明产品的战术技术性能要求以及实际达到的水平(生产定型试验结果),实际水平应给出实测值。战术技术性能指标对照表见表 5.1。

8 产品质量情况

说明投产产品的质量情况,特别是对产品可靠性、维修性、测试性、保障性、安全性、电磁兼容性、环境适应性、人机工程等情况进行说明。

对产品生产数据和部队使用情况进行统计分析,给出产品检验验收合格率、一次交验合格率、顾客满意度等数据。

9 质量问题及归零情况

9.X （质量问题 X）

9.X.1 问题描述

清晰叙述(质量问题 X)的基本情况,包括质量问题发生的时间、地点、经过、现象、性质、严重程度,质量问题对产品及系统性能(质量)的影响、质量问题的技术难度。

9.X.2 原因分析

说明对(质量问题 X)的原因分析情况,按照逻辑或者时间顺序说明分析过程,确定质量问题是属于产品设计或制造本身的问题,或是生产、试验条件问题,或是其他因素(如原材料、对外协作)造成的问题,最后给出明确的分析结果。

9.X.3 纠正措施

说明为解决(质量问题 X),生产单位已采取的各种有针对性的解决措施。注意纠正措施应与质量问题的原因相对应,以便阅读者更容易地理解和掌握情况。

9.X.4 归零情况

简要描述纠正措施验证情况和质量问题归零情况,包括验证时间、验证地点、试验项目、验证结果、技术归零和管理归零情况等。

对于尚未完全归零的质量问题,应详细说明已开展的工作、未完全归零的原因,并明确解决措施、归零时限和责任单位,提请作为遗留问题。

10 专项评审结论

10.X （专项评审 X）

10.X.1 评审过程

说明(专项评审 X)的评审过程,包括时间、地点、主持单位、参加单位与人员、评审工作内容等。

10.X.2 评审结论

提供(专项评审 X)的评审意见。注意必须与(专项评审 X)评审会上形成的评审意见保持一致,不得有遗漏或故意删减,特别是评审会上与会专家指出的问题和改进建议。

11 产品质量结论

对产品质量给出结论性意见,内容主要包括:

a) 说明研制生产过程是否符合军工产品研制程序;

b) 说明质量管理体系受控情况,包括研制生产过程是否质量受控,技术文件是否完整、准确、协调、规范,是否符合标准化要求;

c) 说明研制生产过程中暴露的产品设计和质量问题是否已得到有效解决;

d) 说明产品经过各项试验试用考核,功能和性能是否满足研制总要求和部队使用要求;

e) 说明原材料、元器件、外购件及外协件是否定型(鉴定)、定点,供货是否有可靠的保证,是否满足批量生产和部队使用要求。

最后,明确提出是否具备生产定型(鉴定)条件,给出可否申请生产定型(鉴定)的结论。

第6章 风险管理文件

6.1 风险管理计划

1 范围
2 引用文件
3 产品概述
3.1 功能特点
描述产品的功能特点。
3.2 任务要求
描述产品的任务要求。
3.3 在工作分解结构中的位置
描述产品在工作分解结构中所处位置。
3.4 研制阶段
描述产品所处的研制阶段。
4 风险管理策略和方法
综述风险管理方法,包括风险管理工作现状和项目的风险管理策略的说明。美国《国防部采办风险管理指南》提供的风险管理策略示例:

a) 风险管理的基本策略是识别技术性和非技术性的关键风险区和风险事件,并在其成为问题,造成严重的费用、进度或性能影响之前采取有效措施进行处理。

b) 风险处理措施主要是加大建模与仿真、技术演示和样机试验的力度。

c) 风险管理工作由政府和承包商联合组成的产品综合组负责进行。

d) 采用完善的评估方法来识别和分析那些对满足项目目标至关重要的过程和产品,制定风险处理方案以降低风险,监督所选用的风险处理方案的效果。

e) 配置充分的资源实施选定的风险处理方案。风险管理工作成败的关键在于有无必要的资源去实施选定的风险处理方案。

f) 风险信息由风险管理信息系统的产品综合组用标准风险信息表收集。

g) 项目的所有审查都要审查风险信息,只要得到了新的风险信息,项目管理办公室和承包商都要进行一次审查,弄清是否出现了新的风险,目标是始终注视那些可能对项目产生严重影响的区域。

5 组织机构

说明风险管理组织,逐个明确风险管理活动参与人员的职责,包括组织者、支持者和参与者的职能定位、任务分工及其各自的责任和能力要求。风险管理组织不是一成不变的,要根据项目所在寿命周期阶段作出相应的规定。

6 风险管理过程和程序

说明项目所采用的风险管理过程,包括风险规划、风险评估、风险处理和风险监控等,并对这些过程环节作基本解释,同时要介绍过程中每种管理职能的适用对象。如有可能,应尽量概括通用,使项目的风险管理组织在进行项目风险管理时有一定的灵活性,但又要足够具体,保证有一种通用的协调的风险管理方法。

6.1 风险规划

规定风险规划过程,并提出如何完成这一过程的指导意见;规定持续风险管理计划和该风险管理计划之间的关系;就风险管理计划的更新和需遵守的批准过程提出指导意见。

6.2 风险评估

规定对关键风险区和风险过程检验的评估过程和程序,以识别和记录相关的风险;概述每个风险区的分析过程从而确定风险等级。本节可包括:

a) 评估过程的概述和范围;
b) 信息源;
c) 需报告的信息及报告格式;
d) 如何保存风险信息的说明;
e) 评估的技术和手段。

6.3 风险处理

阐述可被用来确定和评价各种风险处理方案的程序;明确有助于实施风险处理过程的工具;就使用各种风险处理方案处理具体风险提出指导意见。

6.4 风险监控

规定监控各种已识别风险事件需遵守的过程和程序;规定按照什么准则来选择需报告的风险和报告频次;就指标的选择问题提出指导意见。

7 风险管理信息系统、文件及报告

规定风险管理信息系统的结构、规则和程序,用于记录风险管理过程的结果;规定需要编写的风险管理文件和报告,规定报告的格式和频次,并明确编写职责。

6.2 风险分析报告

按照 GJB 5852—2006《装备研制风险分析要求》编写。

1 范围

2 引用文件

3 产品概述

3.1 功能特点

描述被分析对象的功能特点。

3.2 任务要求

描述被分析对象的任务要求。

3.3 在工作分解结构中的位置

描述被分析对象在工作分解结构中所处位置。

3.4 研制阶段

描述被分析对象所处的研制阶段。

4 风险分析过程

4.1 风险分析概述

描述风险分析过程。

风险分析过程如图 6.1 所示。一般分为三个步骤,即风险识别、风险发生的可能性及后果严重性分析、风险排序。

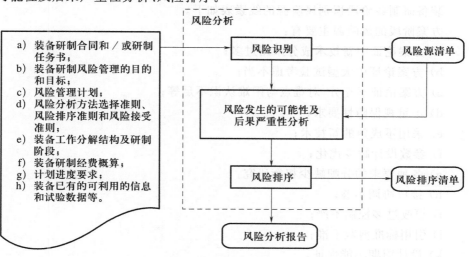

图 6.1 风险分析过程

4.2 风险识别

风险识别是对装备研制的各个方面,特别是关键技术过程进行考察研究,从而识别和记录风险源的过程,即确定风险源。识别风险源是风险分析工作的基础。识别风险源的输入是:

a) 装备研制技术风险、进度风险和费用风险的判据;
b) 相似装备的经验、教训及有关数据;
c) 工程模型、样机研制及试验结果或预测数据;
d) 其他可利用的信息;
e) 专家意见等。

风险识别应参考相似装备的研制经验,发挥专家和集体智慧。装备研制风险识别可采用如下方法(不限于此):

a) 检查单法。根据经验和可获得的信息,将装备研制可能的风险源列在检查单上,检查装备研制是否存在检查单中所列出的或类似的风险源并统计汇总。

b) 流程图法。给出装备研制的工作流程、各个阶段之间的相互关系,帮助风险识别人员分析和了解装备研制的具体环节,通过对装备研制流程的分析,发现和识别存在风险的环节。

c) 头脑风暴法。采用会议的方式,与会者提出自己的意见,充分交流,互相启迪,总结归纳形成结论。

d) 反复函询法。将风险识别有关的问题征求专家意见,并将返回意见经过整理、归纳,将结果反馈给专家,再次征求意见,如此反复直到专家的意见稳定。

装备研制各阶段识别风险源的线索表如下。

方案阶段的风险源主要有:

a) 方案论证中新技术成分采用过多;
b) 方案论证中大型试验考虑不当;
c) 方案论证不充分,对难点与困难认识不足等;
d) 不重视保障性要求;
e) 采用不成熟的新技术;
f) 参数设计缺少优化;
g) 各种要求的分配缺少权衡研究;
h) 接口协调不够;
i) 更改过多控制不严;
j) 引用标准剪裁不准;
k) 设计周期不能保证;
l) 未及早制定切实可行的费用目标;

m) 进度目标不切实际,难以实现;
n) 资源供应不能满足进度要求;
o) 权衡研究未考虑进度问题;
p) 方案阶段未充分考虑各种影响因素;
q) 方案论证未经不同方案对比和优选;
r) 未开展工艺可行性分析;
s) 技术风险对费用和进度的影响不够等。

工程研制阶段的风险源主要有:
a) 权衡不周,分配不当;
b) 未进行各种专门的设计分析(如应力和应力－强度分析、最坏情况分析、潜在分析、FMECA、FTA、安全性分析等);
c) 元器件选择使用不当;
d) 生产定点不当与多变;
e) 产品特点分析不够;
f) 设计提出过高的工艺要求,制造能力达不到;
g) 未有或未实施适宜的设计准则、规范和程序;
h) 设计评审不充分;
i) 未在项目的早期启动试验规划、编制试验计划(包括主系统、分系统的所有研制试验和鉴定试验);
j) 试验方案不能保证取得可信的结果;
k) 设计提出过高的人员技能和要求;
l) 不成熟或未经验证的技术在生产前尚不能得到充分的改进或验证;
m) 采用新技术、新工艺或新的工作流程,生产工艺过程未进行验证;
n) 对特殊过程的过程参数未进行鉴定或验证;
o) 加工工艺不稳定,经常更改;
p) 设施、设备不能满足工艺要求;
q) 无适宜的专用工装、工具,不能防止加工中出差错;
r) 手工操作,未采用自动化或半自动化的加工和测试手段;
s) 采购产品未经过充分验证和筛选;
t) 产品测试性不满足要求;
u) 没有建立和保持强有力的技术状态管理系统,随意更改设计;
v) 设计采用未成熟技术;
w) 设计分析缺少工具与指南;
x) 设计人员知识结构不适应;

y) 疏忽可生产性设计;
z) 设计工具落后,先进设计工具应用不够;
aa) 未对试验中出现问题做深入分析,留下隐患;
bb) 预算周期内投资进程不稳定或资金不能及时到位;
cc) 冗余性能能力占去过多费用,即所作出的费用—性能权衡不够适宜;
dd) 研制后期才发现问题需要工程更改,增加费用、拖延进度;
ee) 技术风险对费用和进度的影响考虑不够等。

设计定型和生产定型阶段的风险源主要有:
a) 技术状态疏于管理;
b) 制造缺乏最佳途径分析;
c) 制造计划缺乏人员培训规划和具体实施措施;
d) 质量计划和检验要求及有关评审程序未纳入制造计划;
e) 工艺方案不够完善;
f) 没有制定合理经济的工艺路线;
g) 工艺规程编制脱离现场实际;
h) 专用工艺装备和设备不完善;
i) 缺乏工艺技术验证;
j) 缺乏对工艺人员和工人的培训;
k) 忽视工艺评审;
l) 工艺文件准备不充分;
m) 对采购质量控制不严;
n) 工艺更改失控;
o) 多余物控制不严;
p) 对不合格品未及时采取措施;
q) 工艺装备及设备不适应产品设计的需要;
r) 试验未考虑最终使用环境,未考虑使用周期的极端情况和最恶劣的环境条件;
s) 重大更改或改型后未进行验证;
t) 定型试验不充分;
u) 技术风险对费用和进度的影响考虑不够等。

风险识别的输出是风险源清单,为风险发生的可能性及后果严重性分析提供信息输入,至少应包括风险源名称、风险源编号、风险发生的原因和风险可能导致的后果等项目。风险源清单格式见表6.1。

表 6.1　风险源清单

装备型号名称：			装备研制阶段：		
序号	风险源	风险源编号	风险发生的原因	风险可能导致的后果	备注

注：风险源编号由装备代号＋研制阶段代码＋数字编码三部分内容组成

编写　　　　日期　　　　审核　　　　日期　　　　第　页　共　页

4.3　风险发生可能性及后果严重性等级划分准则

描述风险发生可能性等级及后果严重性等级划分的准则。

风险发生的可能性及后果严重性分析是对识别出来的风险特别是重大风险进一步分析，确定每一个风险事件发生的可能性，判定后果严重性和关键过程对预期目标偏离的程度。

风险发生的可能性及后果严重性分析方法有：

风险评价指数法。由熟悉装备每个风险区及产品分解结构的风险问题的专家，在进行风险识别的基础上，分析风险发生的可能及其后果严重性，确定风险等级及风险处理的优先次序。

故障模式影响及危害性分析(FMECA)。确定所有可能的故障，根据对每一个故障模式的分析，确定故障模式的影响，找出单点故障，并按故障模式的严酷度及其发生概率确定其危害性。FMECA 分两个步骤完成，即故障模式及影响分析(FMEA)和危害性分析(CA)。具体方法按 GJB/Z 1391—2006 的规定。

故障树分析(FTA)。是一种逻辑因果关系图，描述系统中各种事件之间的因果关系，将拟分析的重大风险作为"顶事件"，"顶事件"的发生是由于若干"中间事件"的逻辑组合所导致，"中间事件"又是由各个"底事件"逻辑组合所导致。这样自上而下地按层次进行因果逻辑分析，逐层找出风险发生的必要而充分的所有原因和原因组合。具体方法按 GJB/Z 768A 的规定。

可靠性预计。根据以往积累的信息，运用自下而上综合的方法对未来的产品的可靠性进行预先计算的过程。可靠性预计作为风险分析的一种方法，找出需要重点关注的单元和环节并确定其影响程度，进行定量分析，作为进行风险处理的依据。具体方法按 GJB 813 的规定。

建模与仿真。在计算机上或实体上建立系统的有效模型，虚拟地复制产品或过程，并在较容易获得和易于操作的真实环境中模仿这些产品或过程，采用建模和仿真发现系统或过程存在的问题，可作为分析风险问题的有力手段。

4.4　风险排序准则

描述风险排序准则。

风险排序是对风险发生可能性及后果严重性的综合量化结果进行排序,找出关键和重要的风险。除考虑综合影响外,对于发生的可能性大或后果影响严重的风险应给予特别的关注。风险排序清单是风险处置的依据。

风险排序方法有专家多次投票法、专家会签法、两两比较法、风险评价指数排序法等。可按照 GJB 5852—2006 描述的方法进行风险排序。

以风险评价指数排序法为例加以说明。从风险发生可能性的大小及可能造成后果的严重性进行综合度量。以风险评价指数量化排序结果的示例如图 6.2 所示,图中风险指数(R)为严重性和可能性的乘积。纵坐标是风险发生的可能性,横坐标是风险的后果严重性。以可能性和严重性的等级乘积表示风险指数,指数越高,风险越大。

可能性	风险指数 R				
5	5	10	15	20	25
4	4	8	12	16	20
3	3	6	9	12	15
2	2	4	6	8	10
1	1	2	3	4	5
	1	2	3	4	5 严重性

图 6.2 风险排序图

4.5 风险接受准则

描述风险接受准则。已排序的风险应按照风险接受准则确定其可接受或不可接受。按照风险评价指数排序法进行风险排序所确定的风险接受准则示例见表 6.2。

表 6.2 风险接受准则示例

风险指数	风险级别	说明
R≥20	最大风险	不可接受风险
15≤R<20	高风险	不可接受风险
10≤R<15	中等风险	不可接受风险
4≤R<10	低风险	可接受风险
R<4	最小风险	可接受风险

5 分析结果

5.1 风险源清单

列出风险源清单(内容较多时,可作为附件 A1)。

5.2 风险排序清单

列出风险排序清单(内容较多时,可作为附件 A2)。

综合考虑风险发生的可能性及后果的严重性,根据风险接受准则,对已识别的风险按照采取措施的优先次序排序,排序结果列入风险排序清单。推荐的风险排序清单格式见表6.3。

表6.3 风险排序清单

装备型号名称: 承研承制单位:

排序	风险源编号	最大风险	高风险	中等风险	低风险	最小风险	风险类型	备注
		*	*	*	*	*	**	

注1:风险源编号与表6.1一致。
注2:(*)根据风险接受准则适当地标记风险指数值。
注3:(**)指出风险类型,例如技术、费用或进度

编写　　　　日期　　　　审核　　　　日期　　　　第　页　共　页

5.3 高风险项目处置措施建议

必要时可对高风险项目提出处置措施建议。

6 分析结论

总结风险分析工作,得出结论和建议。

附件 A1 风险源清单

附件 A2 风险排序清单

6.3 技术成熟度评价计划

按照 GJB 7689—2012《装备技术成熟度评价程序》编写。

1 评价目的

描述开展技术成熟度评价的背景和目的。

2 评价组织

说明技术成熟度评价各相关方的组成和职责。

技术成熟度评价组织包括评价方、专家组和被评方。

a) 评价方是组织评价的装备主管部门或其授权的单位;

b) 专家组是评价方成立的,由具备相应资质人员组成的,为技术成熟度评价提供支撑的技术组织;

c) 被评方是承担装备科研项目的单位(或部门)。

3 工作内容和进度安排

说明开展技术成熟度评价各阶段的工作内容、进度安排、责任主体、工作成果等。

6.4 技术成熟度评价工作计划

按照 GJB 7689—2012《装备技术成熟度评价程序》编写。

1 评价工作概况

简要描述开展技术成熟度评价的背景、主要目的以及被评方的工作要求。

2 进度安排和责任人

依据评价计划,以表的形式详细说明被评方承担各项工作的进度安排和责任人,见表 6.4。

表 6.4 技术成熟度评价工作安排

评价工作内容		负责人	参与人	起止时间	交付成果	备注
1. 制定评价工作计划						
2. 确定关键技术	2.1 构建技术分解结构					
	2.2 编写关键技术清单报告					
3. 编写评价准则	3.1 编写具体化等级定义					
	3.2 编写具体化等级条件					
4. 判定成熟度等级	4.1 自评技术成熟度等级					
	4.2 编写技术成熟度自评报告					

6.5 关键技术清单报告

按照 GJB 7689—2012《装备技术成熟度评价程序》编写。

1 概况

1.1 装备研制目标

描述装备研制任务来源、主要技术指标、应用背景等。

1.2 总体进展情况

描述目前取得的主要成果及达到的技术指标要求,简要介绍设计、制造及试验完成情况。

2 技术分解结构

以列表或框图给出技术分解结构,并标注出选取的关键技术。

技术分解结构是指实现装备最终功能和性能须具备的,具有层次结构的装备技术集合。构建技术分解结构的一般方法为:

a) 参考 GJB 2116—1994《武器装备研制项目工作分解结构》所规定的工作分解结构,分析系统主要功能构成,梳理项目的分系统、部件级产品构成;

b) 确定实现系统、分系统和部件级产品的技术;

c) 围绕产品组成单元和总体技术单元,建立各级产品技术的关联性;

d) 结合评价需求确定技术分解结构的分解层次。

技术分解结构见表 6.5。

表 6.5 技术分解结构

分解层次	技术分解结果名称	是否关键技术
1		
1.1		
1.1.1		
1.1.1.1		
1.1.1.2		
……		
2		
2.1		
2.1.1		
2.1.1.1		
2.1.1.2		
……		
N		
N.1		
N.1.1		
N.1.1.1		
N.1.1.2		
……		

3 关键技术清单

以列表的形式给出关键技术清单,见表6.6。

表6.6 关键技术清单样式

编号	技术分解结构代码	技术名称	技术简介	入选理由

注1:技术分解结构代码栏填写技术分解结构代码,与表6.5保持一致;
注2:技术名称栏填写关键技术名称,与表6.5保持一致;
注3:技术简介栏简要描述技术应用目标、预期产品功能性能、构成、使用环境、研制进展情况等内容;
注4:入选理由栏按照选取准则描述入选理由。

6.6 技术成熟度评价准则

按照GJB 7689—2012《装备技术成熟度评价程序》编写。

1 具体化等级定义

根据GJB 7688—2012《装备技术成熟度等级划分及定义》,结合装备研制要求和特点,逐级给出具体化等级定义的内容,样式见表6.7。

表6.7 具体化等级定义

等级	等级定义	具体化等级定义	备注

注1:等级栏填写技术成熟度等级;
注2:等级定义栏依据GJB 7688—2012给出;
注3:具体化等级定义栏依据GJB 7688—2012,结合装备研制要求和特点给出;
注4:备注栏结合项目特点,具体化等级定义说明。

GJB 7688—2012给出了装备技术成熟度的等级划分及定义,见表6.8。

表 6.8 技术成熟度的等级划分及定义

等级	等级定义
1	提出基本原理并正式报告
2	提出概念和应用设想
3	完成概念和应用设想的可行性验证
4	以原理样品或部件为载体完成实验室环境验证
5	以模型样品或部件为载体完成相关环境验证
6	以系统或分系统原型为载体完成相关环境验证
7	以系统原型为载体完成典型使用环境验证
8	以实际系统为载体完成使用环境验证
9	实际系统成功完成使用任务

注1:5级的试验环境能体现使用环境典型特征,可验证技术的基本功能和性能;
注2:6级的试验环境接近于使用环境,可验证技术的主要功能和性能;
注3:7级的试验环境能体现使用环境中可预测、可规范的内容,可验证技术的主要功能和性能。

2 具体化等级条件
2.X (关键技术X名称)

根据 GJB 7688—2012《装备技术成熟度等级划分及定义》,结合技术要求和特点,给出具体化等级条件的内容,样式见表 6.9。

表 6.9 具体化等级条件

关键技术名称		等级	备注
序号	等级条件	具体化等级条件	

注1:关键技术名称栏填写关键技术 X 的名称,应与表6.6关键技术清单保持一致;
注2:等级栏填写关键技术的技术成熟度等级;
注3:等级条件栏依据 GJB 7688—2012 附录 A 给出;
注4:具体化等级条件栏依据 GJB 7688—2012 附录 A,结合装备技术要求和特点给出;
注5:备注栏对不适用的等级条件进行理由说明。

装备技术成熟度的等级条件详见 GJB 7688—2012 附录 A。

6.7 技术成熟度评价(自评)报告

按照 GJB 7689—2012《装备技术成熟度评价程序》编写。

1 概况

1.1 装备研制目标

描述装备研制任务来源、主要技术指标、应用背景等。

1.2 总体进展情况

描述目前取得的主要成果及达到的技术指标要求,简要介绍设计、制造及试验完成情况。

2 评价实施情况

2.1 评价目的和范围

简要描述评价背景、目的和范围。

2.2 评价人员

简要描述评价人员组成,具体名单可视情作为附录。

2.3 评价过程

简要描述工作过程。

3 关键技术信息

3.1 技术分解结构

列表或框图形式给出技术分解结构,并标注出选取的关键技术。列表形式的详细内容宜以附录形式给出。

3.2 关键技术清单

以列表的形式给出关键技术清单。

3.3 关键技术研发信息

3.3.X （关键技术X名称）

3.3.X.1 技术描述

描述系统及分系统对于关键技术的相关任务要求,该技术与系统其他部件的关系,预期产品的技术指标等。

3.3.X.2 设计情况

描述完成的设计内容(可按技术成熟度等级条件内容),说明当前达到的技术状态。

3.3.X.3 试制情况

描述完成的制造方面的内容,例如关键工艺可行性和稳定性、材料保障情况等,并说明信息来源或依据。

3.3.X.4 验证情况

描述完成的验证内容,重点说明性能验证结果及验证完整性,对比当前试验环境与最终应用环境的差别,并说明信息来源或依据。

3.3.X.5 其他

其他与关键技术研发相关的内容,如人员培养、基础设施建设等。

4 评价准则

以列表形式给出所采用的技术成熟度等级定义以及等级条件。等级条件的详细内容宜以附录形式给出。

5 技术成熟度评价

5.X （关键技术 X 名称）

5.X.1 综述

给出等级结论,并简要说明理由。

5.X.2 确定等级的分析说明

针对等级结论,说明等级条件的满足情况。以表或文本形式给出 2 个等级（结论和高一级）的条件满足说明,样式见表 6.10。

表 6.10 技术成熟度等级条件满足情况说明

序号	关键技术名称		技术成熟度等级	
	是否满足	具体化等级条件	满足情况说明	评价支撑信息

注1:"是否满足"栏给出明确的结论;
注2:具体化等级条件是指经评审通过的《技术成熟度评价准则》中的具体化等级条件;
注3:满足情况说明栏简述支撑材料对于该条细则要求的完成情况;
注4:评价支撑信息栏给出评价支撑信息的文件编号。

6 总结

汇总各关键技术的等级结论,并对评价结果进行评述,提出后续工作设想或建议。

附录

技术分解结构(表格形式)、评价准则、评价支撑信息清单、评价过程记录等宜以附录形式给出的内容(自评报告需附评价工作计划)。

6.8 技术成熟计划

1 目的

1.1 项目的目的

简要概述项目任务、状态、采用技术等。

1.2 技术成熟计划的目的

描述技术成熟计划的目的和内容,并将其与项目状态和所有重大决策联系起来。如目的是为了阐述:1)解决产品技术成熟所需的活动和进度;2)技术成熟度评价方法与其他独立技术评审之间的关系;3)实施产品研制项目的管理计划;……。

2 技术评价

2.1 前期独立技术评审情况

描述前期已开展的独立技术评审情况,说明技术评审时间、地点、主持单位、参会单位和人数、评审意见和建议。

2.2 前期技术成熟度评价情况

描述前期已开展的技术成熟度评价情况,给出关键技术和相应技术成熟度等级的列表,对各项关键技术的技术成熟度等级进行汇总说明,包括关键技术名称、对应的技术成熟度等级以及必要的支持信息。

2.3 技术成熟度等级定义

描述技术成熟度等级定义。

通用的技术成熟度等级共分9个级别,其中1级最低,9级最高,层层递进。具体的等级划分见表6.8。

2.4 技术继承性

描述产品的技术继承性,以前在其他项目上开展过的研究工作,或者预先研究工作已突破的关键技术。

2.5 当前项目活动和技术成熟情况

按照前期技术成熟度评价结果,以及之后的最新研究成果,描述当前项目的活动和技术成熟情况。

2.6 技术成熟度管理

描述拟采取的技术成熟度管理措施。例如将组建一个技术成熟度管理工作组对技术成熟过程进行监督,包括:

　　a) 监督技术成熟计划中所涉及的技术试验和工程工作的计划和完成情况;
　　b) 使用风险评估和价值工程方法识别和评估额外的技术发展需求;
　　c) 审批技术问题。

3 技术成熟计划

3.1 技术成熟需求

描述尚不满足产品研制总要求的技术成熟需求。

3.2 全寿命周期效益

描述通过技术成熟计划可以获得的全寿命周期效益。

3.3 具体技术的成熟计划
3.3.X （关键技术 X 的成熟计划）

描述×××（关键技术 X）的成熟计划，说明关键技术名称、当前技术状态、技术成熟目标、技术开发方法、主要工作内容（关键步骤、关键点、性能指标和成本等）。

4 技术成熟进度表

列表给出技术成熟进度表，见表 6.11。

表 6.11 关键技术的技术成熟进度表

关键技术	日历年度											
	2014				2015				2016			
×××（关键技术 1 名称）												
×××（关键技术 2 名称）												
…												

5 技术成熟经费预算

列表给出技术成熟经费预算表，见表 6.12。

表 6.12 技术成熟经费预算表

关键技术	当前技术开发费用（万元）	额外技术成熟费用（万元）
×××（关键技术 1 名称）		
×××（关键技术 2 名称）		
…		

附录

根据需要将有关资料作为附录提供，如技术成熟度评价识别的技术风险；技术成熟度等级的计算等。

第7章 可靠性文件

7.1 可靠性要求

按照 GJB 450A—2004《装备可靠性工作通用要求》、GJB 1909A—2009《装备可靠性维修性保障性要求论证》编写。

1 范围
2 引用文件
3 概述

主要说明装备可靠性要求论证的作用、目标和意义等。

4 装备的使命和任务

说明装备的使命和任务,主要包括新研装备担负的主要任务和辅助任务及其使用环境条件,论述现有装备在战备完好性、任务成功性、持续性和部署性等方面的不足和缺陷,以及国内外相似装备可靠性现状分析。

5 装备使用方案、设计方案和保障方案

使用方案、设计方案和保障方案是进一步确定可靠性要求的依据。使用方案主要说明装备将如何使用和使用时的组织机构、人员安排,还应包括装备的寿命剖面和任务剖面;设计方案简述装备的基本组成,列出为完成使用任务,装备必要的功能清单和相应的分系统清单;保障方案说明对保障工作的总体设想。它由满足功能的保障要求、与设计方案及使用方案相协调的各保障要素方案组成。

6 故障定义和判断准则

给出故障定义和判断准则,说明在试验过程中对故障原因和后果进行分类所需的指导原则。故障分类的结果将用来评价装备的可靠性。

7 装备可靠性定性定量要求及约束条件

列出装备的可靠性定性和定量要求,可靠性定量要求参数及其计算方法,装备形成初始作战能力和保障能力的时机和状态等。

确定装备可靠性定性要求一般原则是:

a) 应根据装备的类型、技术复杂程度、使用与维修要求等提出；

b) 应综合反映装备战备完好性、任务成功性、维修人力费用和保障费用四个方面的目标；

c) 装备可靠性定性要求应明确,保证设计中更好地落实。

确定装备可靠性定量要求的原则主要有：

a) 在确定可靠性要求时,应全面考虑使用要求、费用、进度、技术水平及相似产品的可靠性水平等因素；

b) 在选择可靠性参数时,应全面考虑装备的使命任务、类型特点、复杂程度及参数是否能且便于度量等因素；

c) 在满足系统战备完好性和任务成功性要求的前提下,选择的可靠性参数数量应尽可能最少且参数之间相互协调；

d) 可靠性要求应由系统战备完好性要求导出,按 GJB 3872 和 GJB 1909A 的规定,协调权衡确定可靠性、维修性和保障系统及其资源等要求,以满足系统战备完好性要求；

e) 任务可靠性要求应由装备的任务成功性要求导出；

f) 在确定可靠性要求的过程中,应充分权衡基本可靠性和任务可靠性要求,以最终满足系统战备完好性和任务成功性要求；

g) 在确定可靠性要求时,必须同时明确故障判据和验证方法；

h) 订购方可以单独提出关键分系统和设备的可靠性要求,对于订购方没有明确规定的较低层次产品的可靠性要求,由承制方通过可靠性分配的方法确定。

对可靠性要求有影响的约束条件主要有：

a) 平时战备训练的环境条件,包括使用、维修、贮存和运输等环境条件；

b) 作战环境条件,包括自然环境、核生化环境、电子环境、复杂电磁环境等；

c) 与装备保障有关的指挥、控制、通信和情报系统之间的接口；

d) 标准化和互用性的总体要求；

e) 装备寿命周期费用分析结论,特别是使用和保障费用方面的估算结果；

f) 装备形成初始作战使用能力和保障能力的时机和状态；

g) 风险和进度。

可靠性参数可分为以下四类：

a) 基本可靠性参数,如反映使用要求的平均维修间隔时间(MTBM)、用于设计的平均故障间隔时间(MTBF)等；

b) 任务可靠性参数,如平均致命性故障间隔时间(MTBCF)、任务可靠度 $R(t)$ 等；

c) 耐久性参数,如使用寿命(首次翻修期、翻修间隔期限)、贮存寿命等；

d) 贮存可靠性参数,如贮存可靠度等。

装备可靠性要求论证时,应至少提出如下可靠性定性要求:

a) 不易用定量指标来描述的可靠性要求,如紧固件应可靠的锁紧要求、大型装备的门窗开启和关闭时应锁紧可靠的要求;

b) 有关使用操作的可靠性要求,如操纵件位置准确性的要求,操纵件与人的因素有关的设计要求;

c) 对具体产品的可靠性设计要求,如某一功能应有冗余的要求、某一产品应进行某种热设计的要求、采用某种元器件应有降额设计的要求等;

d) 对危及或可能危及到装备安全的故障提出的保护或预防措施要求;

e) 软件可靠性要求应高于所嵌入硬件的可靠性要求;

f) 其他的可靠性定性要求。

8 装备可靠性要求确定的过程和分析方法

列出确定装备可靠性要求的过程、所用的分析方法和理由。

9 装备可靠性要求可验证性分析

列出装备可靠性要求可验证性分析的结果,包括验证的参数、验证时机和方法等。

可验证性分析是确定提出的各项可靠性指标能否得到验证的过程。通过可验证性分析,应明确如下主要内容:

a) 待验证参数的定义和内涵,包括试验时应记录的数据、如何利用数据计算参数量值的方法。

b) 装备的故障判断准则。包括关联和非关联(责任和非责任)故障判断准则,任务成功的准则和严重故障(任务故障)判断准则等。有耐久性要求的装备,应明确极限状态(耐久性损坏)的判断准则。

c) 验证试验方案。根据 GJB 899A 和有关标准规定的原则确定试验方案时,应明确指标的统计含义,说明所提指标是用置信下限(或上限)还是均值来度量;应规定检验的统计准则,包括试验的判决风险、样本数、试验总时间、置信水平等。当有多种任务剖面时,还应明确试验剖面,规定试验剖面的持续时间、各分系统的试验时间、综合环境试验条件等,试验剖面的设计应与任务剖面相协调。

d) 对不能或不适宜用统计试验方案验证的参数提出评估验证的要求,有的指标可采用演示试验的方法进行验证,有的指标(如小子样的成功概率)可利用不同层次的数据通过建模仿真或其他综合的方法进行评估。

e) 装备可靠性使用要求的验证应在装备实际使用条件下通过使用试验来验证。在不具备使用验证条件的情况下,可利用定型试验期间收集的数据和装备设计过程中的数据,利用仿真等技术进行分析评估,以评估使用要求的实现情况。

10 装备可靠性专项经费预计分析

通过寿命周期费用影响的费用分析,列出装备可靠性专项经费需求分析结果、支付进度和要求等。

7.2 可靠性工作项目要求

按照 GJB 450A—2004《装备可靠性工作通用要求》编写。

1 范围

2 引用文件

3 可靠性工作项目选择原则

制定可靠性工作项目选择原则。可靠性工作项目的选择取决于具体产品的情况,考虑的主要因素有:

 a) 产品要求的可靠性水平;
 b) 产品的类型和特点;
 c) 产品的复杂程度和关键性;
 d) 产品新技术含量;
 e) 费用、进度及所处阶段等。

4 可靠性工作项目选择权衡分析

说明可靠性工作项目选择权衡分析过程。

表 7.1 可靠性工作项目应用矩阵表说明了各工作项目的适用阶段,为初步选择工作项目提供了一般性的指导。

表 7.1 可靠性工作项目应用矩阵表

GJB 450A 条款编号	工作项目编号	工作项目名称	论证阶段	方案阶段	工程研制与定型阶段	生产与使用阶段
5.1	101	确定可靠性要求	√	√	×	×
5.2	102	确定可靠性工作项目要求	√	√	×	×
6.1	201	制定可靠性计划	√	√	√	√
6.2	202	制定可靠性工作计划	△	√	√	√
6.3	203	对承制方、转承制方和供应方的监督和控制	△	√	√	√

(续)

GJB 450A 条款编号	工作项目编号	工作项目名称	论证阶段	方案阶段	工程研制与定型阶段	生产与使用阶段
6.4	204	可靠性评审	√	√	√	√
6.5	205	建立故障报告、分析和纠正措施系统	×	△	√	√
6.6	206	建立故障审查组织	×	△	√	√
6.7	207	可靠性增长管理	×	√	√	○
7.1	301	建立可靠性模型	△	√	√	○
7.2	302	可靠性分配	△	√	√	○
7.3	303	可靠性预计	△	√	√	○
7.4	304	故障模式、影响及危害性分析	△	√	√	△
7.5	305	故障树分析	×	√	√	△
7.6	306	潜在通路分析	×	×	√	○
7.7	307	电路容差分析	×	×	√	○
7.8	308	制定可靠性设计准则	△	√	√	○
7.9	309	元器件、零部件和原材料的选择与控制	×	△	√	√
7.10	310	确定可靠性关键产品	×	△	√	○
7.11	311	确定功能测试、包装、贮存、装卸、运输和维修对产品可靠性的影响	×	△	√	○
7.12	312	有限元分析	×	△	√	○
7.13	313	耐久性分析	×	△	√	○
8.1	401	环境应力筛选	×	△	√	√
8.2	402	可靠性研制试验	×	△	√	○
8.3	403	可靠性增长试验	×	△	√	○
8.4	404	可靠性鉴定试验	×	×	√	○
8.5	405	可靠性验收试验	×	×	△	√
8.6	406	可靠性分析评价	×	×	√	√
8.7	407	寿命试验	×	×	√	△

(续)

GJB 450A 条款编号	工作项目 编号	工作项目名称	论证 阶段	方案 阶段	工程研制与 定型阶段	生产与 使用阶段
9.1	501	使用可靠性信息收集	×	×	×	√
9.2	502	使用可靠性评估	×	×	×	√
9.3	503	使用可靠性改进	×	×	×	√

注:√表示适用;△表示可选用;○表示仅设计更改时适用;×表示不适用。

为了选择适用的工作项目,应对工作项目的适用性,可采用"工作项目重要性系数分析矩阵"的方法(见表7.2),得出各工作项目的重要性系数,重要性系数相对高的工件项目就是可选择的适用项目。表7.2中每一因素的加权系数通过打分确定(取值为1~5),一般,对复杂的产品,大多数可靠性工作项目的加权系数取值为4~5,不太复杂的产品可取1~3。例如航天航空的关键产品,FRACAS、FMECA、SCA、元器件零部件原材料选择与控制、ESS、可靠性鉴定试验等工作项目加权系数一般取5;对机械类的关键产品,FRACAS、FMECA、FEA、耐久性分析等工作项目加权系数一般取5。确定了考虑因素并选取了加权值后,将每一个工作项目的加权值连乘,然后按表中的方法计算每一工作项目的重要性系数。

5 可靠性工作项目与其他工程的协调

说明可靠性工作项目与综合保障、维修性、测试性、安全性等相关工程确定的工作项目协调、结合进行等情况。

表7.2 工作项目重要性系数分析矩阵

工作 项目	加权系数(1~5)							乘积[a]	重要性 系数[b]
	复杂 程度	关键性	产品类型 及特点	新技术 含量	使用 环境	所处 阶段	…		
101									
102									
…									

[a] 乘积=各因素加权系数的连乘;
[b] 重要性系数:假设乘积值最大的工作项目重要性系数为10(或20、30),则

$$\text{其他工作项目的重要性系数} = \frac{\text{该工作项目乘积}}{\text{最大乘积}} \times 10(\text{或}20、30)$$

6 可靠性工作项目主要实施内容

明确可靠性工作项目要求的细节,以确保可靠性工作项目的实施效果。

7.3 可靠性计划

按照 GJB 450A—2004《装备可靠性工作通用要求》编写。

1 范围

2 引用文件

3 总体要求和安排

说明装备可靠性工作的总体要求和安排。

4 管理和实施机构及其职责

分别确定可靠性工作的管理与实施机构及其职责。应明确订购方完成的工作项目及其要求、主要工作内容、进度安排以及实施单位等。

5 论证工作安排

说明可靠性要求、可靠性工作项目要求的论证工作的安排。

6 信息工作要求与安排

说明可靠性信息工作的要求与安排。

可靠性信息包括装备论证、研制、生产和使用期间产生的有关可靠性数据、报告及文件等。可靠性信息工作的主要要求有：

a) 可靠性信息应作为装备质量信息的重要内容按 GJB 1686 的规定实施统一管理；

b) 应明确装备寿命周期各阶段对可靠性信息的要求，并通过利用或完善现有的信息系统，建立故障报告、分析和纠正措施系统(FRACAS)，有效地收集、记录、分析、处理和反馈可靠性信息；

c) 有关可靠性信息应按 GJB 1775、GJB 3837 等标准的要求，规定信息单元的名称和代码；

d) 订购方和承制方相互提供的可靠性信息及其要求均应在相应的合同中明确，其中可靠性工作报告的格式应符合 GJB/Z 23 的规定。

7 对承制方监督与控制工作安排

明确订购方对承制方(或承制方对转承制方和供应方)可靠性工作实施监督与控制等工作安排。主要包括下述内容：可靠性定量与定性要求及验证方法；对转承制方可靠性工作项目的要求；对转承制方可靠性工作实施监督和检查的安排；转承制方执行 FRACAS 的要求；承制方参加转承制方产品设计评审、可靠性试验的规定；转承制方或供应方提供产品规范、图样、可靠性数据资料和其他技术文件等要求。

8 评审工作要求与安排

明确需要进行的可靠性评审,提出对评审工作的要求和安排,即在制定可靠性评审计划,提供有关评审的文件和资料,与作战性能、安全性、维修性、综合保障等评审的协调情况,形成文件的评审结果等方面的要求。

可靠性评审主要包括订购方内部的可靠性评审和按合同要求对承制方、转承制方进行的可靠性评审,还应包括承制方和转承制方进行的内部可靠性评审。

9 使用可靠性评估与改进工作要求与安排

明确对使用可靠性信息收集、使用可靠性评估、使用可靠性改进三个工作项目的要求与安排。

10 工作进度

明确可靠性各项工作的计划进度。

7.4 可靠性工作计划(可靠性大纲)

按照 GJB 450A—2004《装备可靠性工作通用要求》编写。

1 范围

2 引用文件

3 可靠性要求

说明订购方提出的产品可靠性定量、定性要求。

4 可靠性工作项目

明确产品的可靠性工作项目的要求,至少应包含合同规定的全部可靠性工作项目。

5 实施细则

明确各个可靠性工作项目的实施细则,如工作项目的目的、内容、范围、实施程序、完成形式和对完成结果检查评价的方式。

6 可靠性工作管理机构及职责

明确可靠性工作管理机构及其职责。

7 可靠性工作实施机构及职责

明确可靠性工作实施机构及其职责。

8 可靠性工作与其他工作协调的说明

说明可靠性工作与其他相关工作的协调要求,主要包括:

a) 可靠性工作应与综合保障、维修性、测试性、安全性、质量管理等相关的工作相协调,并尽可能结合进行,减少重复;

b) 承制方从可靠性工作获得的信息应能满足有关保障性、维修性、安全性等分析工作的输入要求,应明确这些接口关系,例如与保障性分析计划(见 GJB 1371)中规定的各项分析工作的输入与输出关系等。

9 实施计划所需相关数据资料

9.1 数据资料种类及来源

明确进行可靠性工作所需数据资料种类、获取途径。

9.2 数据资料应用程序

明确进行可靠性工作所需数据资料的收集、传递、分析、处理、反馈的程序。

10 可靠性评审安排

明确需要进行的可靠性评审,提出对评审工作的要求和安排,即在制定可靠性评审计划,提供有关评审的文件和资料,与作战性能、安全性、维修性、综合保障等评审的协调情况,形成文件的评审结果等方面的要求。

11 关键问题

11.1 关键问题种类及其对可靠性工作的影响

确定关键问题,分析关键问题对可靠性要求实现的影响。

11.2 关键问题的解决方法或途径

针对关键问题,提出解决方法或技术途径。

12 可靠性工作进度安排

明确可靠性工作进度安排,使其与研制阶段决策点保持一致。

13 相应的保证条件与资源

说明保证计划得以实施所需的组织、人员和经费等资源的配备。

7.5 可靠性模型

按照 GJB 450A—2004《装备可靠性工作通用要求》、GJB 813—1990《可靠性模型的建立和可靠性预计》编写。

1 范围

2 引用文件

3 定义产品

3.1 概述

在拟定可靠性模型时应该按照对产品了解的程度尽可能全面表述产品性能要求。随着产品设计阶段向前推移,诸如环境条件、结构设计、应力水平等方面的信息越来越多,产品定义也应该不断修改和充实,从而保证可靠性模型的精确程度不断提高。

建立基本可靠性模型时,产品的定义是简单的,即构成产品的所有单元(包括冗余或代替工作的单元)建立串联模型。建立任务可靠性模型,情况就比较复杂。

根据可靠性定义,产品完成任务的可靠性要求必须包括:

a) 规定产品性能

应该规定每种状态下的产品性能和失效判据。

b) 规定条件

规定在执行任务过程中产品各单元所遇到的环境和工作应力。还应规定各单元的占空因数或工作周期及后勤周期。占空因数是单元工作时间与总任务时间之比。工作周期应当描述预期的持续时间,以及从产品分配给操作者直到损坏或返回后勤的某一时间周期及在这个期间内的一系列事件。后勤周期应当描述维修、运输、贮存等事件的预期持续时间及顺序。

c) 规定任务时间

必须对产品工作的时间做出明确的定量规定。对于在任务的不同阶段,以不同的工作模式进行工作,或者只有在必要条件下才使用某些分系统的复杂产品来说,要给每一下级单元规定工作时间要求。如果不能确切地规定工作时间,则需要规定在任务期限内成功地工作的概率。

d) 定义产品单元的可靠性变量

可靠性变量是用来描述任务可靠性框图中的每个单元完成其功能所需要的时间、周期或事件。

3.2 步骤

3.2.1 确定产品的任务或工作模式

a) 确定任务

说明产品的任务,有的产品可以用于完成多项任务。

b) 确定工作模式

功能工作模式:一种功能工作模式执行一种特定的功能。

代替工作模式:当产品有不止一种方法完成某一特定功能时,它就是具有代替工作模式。

在拟定数学模型之前,必须先规定要求。必须编写出一个文字说明,说明完成任务需要的条件。任务可靠性框图则是说明完成任务需要什么的一种图形。当要求不是单一的,可能需要拟定几个任务可靠性模型,以适应不同的要求。

3.2.2 规定产品及其分系统的性能参数及容许界限

应该编制一个清单或图表。参数清单应该是全面的,即对所考虑的整个产品做全面规定。应该规定这些参数的允许上、下限。

3.2.3 确定产品的物理限和功能接口

说明产品的物理限和功能接口。

物理限应包括:最大尺寸;最大重量;安全规定;人的因素限制;材料性能极限;其他。

功能接口是指被考虑的产品只要包括或依赖于另一产品,产品的相互关系在兼容性方面就必须协调一致。

3.2.4 确定构成任务失败的条件

应确定和列出构成任务失败的条件。

在某些情况下,虽然出现失效,但是仍然可以在某种程度上完成任务。在这种情况下,确定仍然可以完成任务的项目是有意义的。

3.2.5 确定产品的寿命剖面

应确定产品的寿命剖面,全面描述从产品接收至它退出使用期的所有事件和环境。这个剖面描述每一事件预期的时间间隔、环境、工作模式(包括备用模式)。最重要的是任务剖面和环境剖面。

a) 任务剖面说明与产品特定的使用过程有关的事件和条件。为了恰当地描述产品的多重或多阶段任务能力,需要有多重多阶段任务剖面。

b) 环境剖面描述与操作、事件或功能有关的特定的固有和诱导环境(标称的和最坏的情况)。产品可能不止用于一种环境。

在任务可靠性模型中对环境条件的处理:

a) 当产品用于不同的环境条件其任务可靠性模型都相同,但在不同的环境条件下产品各个单元的失效率不同。

b) 当产品有几个工作阶段时,可拟定单独任务可靠性模型,包括对于不同环境条件的考虑,然后将结果综合到一个总的可靠性模型中。

4 确定产品可靠性框图

应确定产品可靠性框图,通过简明扼要的直观方法,表现出产品在每次使用能完成任务的条件下,所有单元之间的相互依赖关系。为了编制可靠性框图,需要深入地了解产品任务及使用过程中的要求。绘制可靠性框图时,应注意下述要求:

a) 框图的标题和任务

每个可靠性框图应该有一个标题,该标题包括产品的标志、任务说明或使用过程要求的有关部分。完成任务的规定应确切地说明:在规定条件下,计算出来的可靠性特征量对框图所示的产品及其性能的意义和作用。

b) 限制条件

每个可靠性框图应该包括所有规定的限制条件。这些限制条件影响框图表达形式的选择、用于分析的可靠性参数或可靠性变量,以及拟定框图时所用的假设或简化形式。这些条件一旦被确定下来,就应该在整个分析过程中遵守。

c) 方框的顺序和标志

框图中的方框按一个逻辑顺序排列,这个顺序表示产品操作过程中事件发生的次序。每个方框都应该加以标志。对只包含少数几个方框的框图可以在每个方框内填写全标志。对含有许多方框的框图应该将统一的编码标志填入每个方框。统一标志系统应能保证将可靠性框图中的方框追溯到可靠性文件中规定的相应硬件(或功能)而不致发生混淆。编码应以单独一张清单加以规定。

d) 方框代表性和可靠性变量

可靠性框图的绘制应该使产品中每一个单元或功能都得到表现。每一个方框应该只代表一个功能单元。所有方框应该按需要以串联、并联、贮备或其他组合方式进行连接。

应给每个方框确定可靠性变量。

e) 未列入模型单元

产品中没有包括在可靠性模型里的硬件或功能单元必须以单独的一张清单加以规定,对没有列入可靠性模型的每项工作单元应该说明理由。

f) 方框图中的假设

在绘制可靠性框图时,应采用技术假设或一般假设。

技术假设对每一个产品或每一种工作模式来说,可能是不同的。技术假设应按规定的条件加以确定。一般假设适合于所有可靠性框图。若本条下列一般假设已经得到引证,就不需要再列出对可靠性框图规定的一般假设。

可靠性框图采用的一般假设如下:1) 在分析产品可靠性时必须考虑方框代表的单元或功能的可靠性特征值;2) 所有连接方框的线没有可靠性值,不代表与产品有关的导线和连接器。导线和连接器单独放入一个方框或作为另一个单元或功能的一部分;3) 产品的所有输入在规范极限之内;4) 用框图中一个方框表示的单元或功能失效就会造成整个产品的失效,有代替工作模式的除外;5) 就失效概率来说,用一个方框表示的每一单元或功能的失效概率是相互独立的;6) 当软件可靠性没有纳入产品可靠性模型时,应假设整个软件是完全可靠的;7) 当人员可靠性没有纳入产品可靠性模型时,应假设人员完全可靠,而且人员与产品之间没有相互作用问题。

5 确定可靠性数学模型

按照已建立的系统可靠性框图,根据常用的可靠性模型所对应的数学公式,建立系统的可靠性数学模型,以表示系统及其组成单元之间的可靠性函数关系。

应该确保数学模型中各单元的可靠性数据与其对应的任务阶段相匹配。

6 运行比

建立系统任务可靠性模型时,如果各组成单元工作时间与系统的任务时间不同,要根据其任务时间对任务可靠性数学模型加以修正。

7.6 可靠性分配

按照GJB 450A—2004《装备可靠性工作通用要求》,GJB/Z 23—1991《可靠性和维修性工程报告编写一般要求》编写。

1 范围

2 引用文件

3 待分配的可靠性指标及其来源

确定进行分配的可靠性指标值及其来源。

系统可靠性分配的参数分为两类:第一类是描述系统基本可靠性的参数,常用的有:故障率 λ、平均故障间隔时间 MTBF 等;第二类是描述系统任务可靠性的参数,常用的有:任务可靠度 R_m、平均严重故障间隔时间 MTBCF 等。可靠性分配的指标可以是规定值,作为可靠性设计的依据;也可以是最低可接受值,作为论证的依据。

4 系统组成及特点

说明系统组成及特点,包括系统的使用环境、技术成熟度等所有能够对系统可靠性造成影响的因素以及系统现有的设计信息、相似系统的信息等。

5 货架产品及单独有可靠性指标要求的产品清单及其可靠性水平

最好用表格形式说明货架产品及单独有可靠性指标要求的产品清单及其可靠性水平。

6 分配原则

说明可靠性分配原则。一般应遵循以下原则:

a) 分配时应综合考虑系统下属各功能级产品的复杂度、重要度、技术成熟度、任务时间的长短以及实现可靠性要求所花费的代价及时间周期等因素。

b) 分配到同一层次产品的划分规模应尽可能适当,以便于权衡和比较。

c) 应根据产品特点和使用要求,确定采用哪一种可靠性参数进行分配。

d) 应按规定值进行可靠性分配。分配时应适当留有余地,以便在系统增加功能或局部改进设计时,不必再重新进行分配。

7 分配余量的确定及其理由

应根据实际情况给分配指标增加一定余量,说明确定余量值的理由。

8 不直接参加分配部分的可靠性影响

对系统中未参加分配部分的可靠性进行分析,确定其对系统可靠性的影响。

9 有关说明

对专家评分值的处理说明(评分分配法)或相似产品的相似程度及其可靠性数据来源(评分分配法)的说明等。

10 分配方法的选择及影响选择的各种因素

确定分配方法,说明选择的理由。

工程上适用的基本可靠性分配方法包括评分分配法、比例组合分配法、层次分析分配法等;工程上适用的任务可靠性分配方法包括AGREE分配法、直接分配法等。

11 最终分配结果

根据确定的分配层次以及在每个层次应用的分配方法,计算通过这些方法分配的可靠性结果。

7.7 可靠性预计

按照GJB 450A—2004《装备可靠性工作通用要求》、GJB 813—1990《可靠性模型的建立和可靠性预计》编写。

1 范围

2 引用文件

3 产品的可靠性指标

根据合同或协议要求,说明所预计产品的可靠性指标。

4 产品的组成及工作原理

利用功能方框图和文字简要说明所预计产品的组成结构及其功能关系。包括产品的功能和任务、组成及其接口、所处研制阶段、工作条件、产品工作模式及不同工作模式下产品的组成成分、产品工作模式和任务的对应关系、产品的工作时间和故障判据。

5 产品的可靠性模型

根据产品定义,绘制产品可靠性框图,建立产品可靠性数学模型,包括基本可靠性模型和任务可靠性模型。

6 选择预计的方法

根据产品所处研制阶段及其拥有的信息量,选择适当的可靠性预计方法,并说明选择这些方法的理由。

7 预计的假设条件

说明预计的假设条件。在进行可靠性预计时,除非特殊说明,寿命分布一般假设为指数分布,故障之间是相互独立的。

8 数据来源及数据的有效性

说明预计中使用的数据及其来源,对数据的有效性进行分析。

9 可靠性预计过程

分别说明产品基本可靠性、任务可靠性预计过程。

10 预计结果

给出产品可靠性预计结果。以方案对比为目的的可靠性预计要对比多个方案的可靠性预计值,选出可靠性最优的方案;以评价产品可靠性水平为目的的可靠性预计要判断预计值是否达到了产品成熟期的可靠性规定值。其中,基本可靠性预计结果一般应达到规定值或目标值的1.2倍以上。如果产品的组成部分有可靠性分配值,则应列出这些组成部分的可靠性预计结果,并与其可靠性分配值比较,以评价产品各组成部分是否达到了可靠性分配所确定的要求。

11 薄弱环节分析及结论

依据预计结果,分析产品可靠性设计中存在的薄弱环节。

12 改进措施与建议

针对发现产品可靠性设计中的薄弱环节,提出相应的改进措施与建议。

7.8 故障模式、影响及危害性分析

按照GJB/Z 1391—2006《故障模式、影响及危害性分析指南》,GJB/Z 23—1991《可靠性和维修性工程报告编写一般要求》编写。

1 范围

2 引用文件

3 概述

3.1 基本情况

说明实施FMECA的目的、产品所处的寿命周期阶段、分析任务的来源等基本情况。

3.2 基本准则和假设

实施 FMECA 的前提条件、基本准则和假设的有关说明。

3.3 分析方法

说明选用的 FMECA 分析方法;说明 FMEA、CA 表的选用或剪裁;说明初始约定层次及最低约定层次的选取原则。

3.4 故障判据

明确故障判据定义。

a) 故障判据的依据如下:1) 产品在规定的条件下和规定时间内,不能完成规定的功能;2) 产品在规定的条件下和规定时间内,某些性能指标不能保持在规定的范围内;3) 产品在规定的条件下和规定时间内,引起对人员、环境、能源和物资等方面的影响超出了允许范围;4) 技术协议或其他文件规定的故障判据。

b) 定义故障判据的原则:

故障判据是判别产品故障的界限。它一般是由承制方和订购方共同根据产品的功能、性能指标、使用环境等允许极限进行确定的。

c) 定义故障判据的注意事项:

应对产品的组成、功能及技术要求和进行 FMECA 工作的目的等有清晰的理解,进而针对特定产品准确地给出故障判据的具体内容(包含功能界限和性能界限等),以避免 FMECA 工作的随意性和模糊性。

3.5 其他有关解释和说明

解释和说明编码体系、严酷度定义、数据的来源和依据等(装备常用的严酷度类别见表 7.3)。

表 7.3 装备常用的严酷度类别

严酷度类别	严酷度定义
Ⅰ类(灾难的)	引起人员死亡或产品(如飞机、导弹、坦克及舰船等)毁坏及重大环境损害
Ⅱ类(致命的)	引起人员严重伤害、或重大经济损失或导致任务失败、产品严重毁坏及严重环境损害
Ⅲ类(中等的)	引起人员中等程度伤害、或中等程度的经济损失、或导致任务延误或降级、产品中等程度损坏或中等程度的环境损害
Ⅳ类(轻度的)	不足以导致人员伤害、或轻度经济损失或产品轻度损坏及环境损害,但它会导致非计划性维护或修理

4 功能原理

概要介绍产品的功能原理,并指明本次分析所涉及的系统、分系统及其相应的功能。

5 系统定义

产品的功能分析、绘制功能框图和任务可靠性框图。

6 表的格式及其填写说明

根据表7.4的内容选用不同的FMECA方法,对硬件设计的"故障模式及影响分析(FMEA)表"、"危害性分析(CA)表"分别选用表7.5、表7.6;对"过程FMECA表"选用表7.7。

表7.4 在产品寿命周期各阶段选用的FMECA方法

	论证与方案阶段	工程研制阶段（含设计定型）	生产阶段	使用阶段
方法	功能FMECA	功能FMECA；硬件FMECA；软件FMECA；DMECA；过程FMECA	过程FMECA	硬件FMECA；软件FMECA；DMECA；过程FMECA
目的	分析研究产品功能设计的缺陷与薄弱环节,为产品功能设计的改进和方案的权衡提供依据	分析研究产品硬件、软件、过程和生存性与易损性设计的缺陷与薄弱环节,为产品的硬件、软件、工艺和生存性与易损性设计的改进提供依据	分析研究产品工艺过程的缺陷和薄弱环节,为产品工艺设计的改进提供依据	分析研究产品使用过程中实际发生的故障、原因及其影响,为提高产品使用可靠性和进行产品的改进、改型或新产品的研制提供依据

6.1 FMEA表的格式及其填写说明

设计FMEA的实施一般是通过填写FMEA表格进行的,对硬件设计的"故障模式及影响分析(FMEA)表"选用表7.5。

表7.5中"初始约定层次产品"处填写"初始约定层次"的产品名称;"约定层次产品"处填写正在被分析的产品紧邻的上一层次产品;"任务"处填写"初始约定层次产品"所需完成的任务,若"初始约定层次"具有不同的任务,则应分开填写FMEA表;表中其他各栏的填写说明见表中相应栏目的描述和本节有关内容。

表 7.5 故障模式及影响分析（FMEA）表

审核　　　　　　　　　　　任　　务　　　　　　　　　　第　页·共　页
批准　　　　　　　　　　　分析人员　　　　　　　　　　填表日期

初始约定层次产品 约定层次产品 代码	产品或功能标志	功能	故障模式	故障原因	任务阶段与工作方式	故障影响			严酷度类别	故障检测方法	设计改进措施	使用补偿措施	备注
						局部影响	高一层次影响	最终影响					
(1)	(2)	(3)	(4)	(5)	(6)	(7)	(8)	(9)	(10)	(11)	(12)	(13)	(14)
对每一产品采用一种编码体系进行标识	记录被分析产品或功能的名称与标志	简要描述产品所具有的主要功能	根据故障模式分析的结果，依次填写每一产品的所有的故障模式	根据故障原因分析的结果，依次填写每一故障模式的所有故障原因	根据任务剖面依次填写故障发生的任务阶段与该阶段内产品的工作方式	根据故障影响分析的结果，依次填写每一个故障模式的局部、高一层次和最终影响并分别填入第(7)栏～第(9)栏			根据最终影响分析的结果，按每个故障模式确定其严酷度类别	根据产品故障模式、原因、影响等分析结果，依次填写故障检测方法	根据故障检测、影响分析等结果依次填写设计改进使用补偿措施	使用补偿措施	简要记录对其他栏的注释和补充说明

表 7.6 危害性分析（CA）表

审核　　　　　　　　　　　任　　务　　　　　　　　　　第　页·共　页
批准　　　　　　　　　　　分析人员　　　　　　　　　　填表日期

初始约定层次产品 约定层次产品 代码	产品或功能标志	功能	故障模式	故障原因	任务阶段与工作方式	严酷度类别	故障模式概率等级或故障数据源	故障率 λ_p (1/h)	故障模式频数比 α_j	故障影响概率 β_j	工作时间 t (h)	故障模式危害度 C_{mj}	产品危害度 C_r	备注
(1)	(2)	(3)	(4)	(5)	(6)	(7)	(8)	(9)	(10)	(11)	(12)	(13)	(14)	(15)

实施 PFMECA 与设计 FMECA 一样,其主要工作是通过填写"过程 FMECA 表(见表 7.7)进行的。

表 7.7 过程 FMECA 表

产品名称(标识)(1)			生产过程(3)			审核			第 页·共 页				
所属装备/型号(2)			分析人员			批准			填表日期				

工序名称	工序功能/要求	故障模式	故障原因	故障影响			严酷度S	发生概率O	探测度D	风险优先数RPN	改进措施	责任部门	改进措施执行情况	措施执行后的RPN			备注
				下道工序影响	组件影响	装备影响								S	O	D	RPN	
(4)	(5)	(6)	(7)	(8)	(9)	(10)	(11)	(12)	(13)	(14)	(15)	(16)	(17)	(18)	(19)	(20)	(21)	(22)

表 7.7 中各序号及相关栏的填写说明如下。

(1):"产品名称(标识)"指被分析产品的名称与标识(如产品代号、工程图号等);

(2):"所属装备/型号"指被分析的产品安装在哪一种装备上,如果该产品被多个装备选用,则应一一列出;

(3):"生产过程"指被分析产品工艺过程的名称(如××加工、××装配等);

(4):"工序名称"指被分析的过程名称,该名称应与"工艺过程流表"中的各"工序流程"的名称相一致;

(5):"工序功能/要求"指被分析的过程或作业的功能(如车、铣、钻、焊接、装配等),并记录被分析对象的相关过程/作业编号。如果过程包括许多具有不同故障模式的作业(例如装配),则可以把这些作业以独立项目逐一列出;

(6):"故障模式"工艺故障模式(简称故障模式)是指不能满足过程要求和/或设计意图的缺陷;

(7):"故障原因"故障模式原因是指该故障模式为何发生;

(8)~(10):"故障影响"工艺故障模式影响是指该故障模式对下道工序/后续的工序和/或最终产品的影响。故障影响可分为对下道工序、组件和装备的影响。对下道工序/后续工序而言:故障模式影响应该用过程/工序特性进行描述;对最终产品而言:故障模式影响应该用产品的特性进行描述;

(11)~(14):"严酷度(S)"、"发生概率(O)"、"探测度(D)"、RPN 指风险优先数(RPN)是故障模式严酷度(S)、故障模式发生概率(O)和故障模式探测度(D)的乘积。RPN 是对故障模式风险等级的评价,它反映了对故障模式发生的可能性及其后果严重性的综合度量。若 RPN 值越大,则该故障模式的危害性越大。故障模式严酷度(S):是指过程中的某个故障模式可能产生的最严重的影响程度;故障模式发生概率(O):是指某个故障模式发生的可能性;故障模式探测度(D):是描述在过程控制中故障模式被探测发现的可能性;

(15):"改进措施"指任何改进措施均应按严酷度、发生率和探测度的顺序减少级别为出发点。一般不论 RPN 的大小如何,对严酷度为 9 或 10 的项目应通过现有的设计措施、或过程控制或预防/改进措施等,以满足降低该风险的要求。在所有的状况下,若某故障模式的后果可能对制造/组装人员产生危害时,应该采取预防/改进措施,以排除、减轻、控制或避免该故障模式的发生。对某故障模式确无改进措施,则在此栏应填写"无",但不能均填"无";

(16):"责任部门"指负责改进措施实施的部门或个人,以及预计完成的日期;

(17):"改进措施执行情况"指在实施措施后,简要记录具体措施情况和生效日期;

(18)~(21):"措施执行后的 RPN"指当确认了预防/改进措施后,应估计并记录执行措施后的 RPN 结果,并进行评审。如果有必要考虑进一步的措施,还要按上述有关步骤重复进行,其重点应该在持续改进上;

(22):"备注"指记录对其他栏的注释和补充。

6.2 CA 表的格式及其填写说明

对硬件设计的"危害性分析(CA)表"选用表 7.6。

在表 7.6 中,第(1)~(7)栏的内容与 FMEA 表(见表 7.5)中对应栏的内容相同。第(8)栏记录在危害性分析时所采用的故障数据(含故障率数据和故障模式频数比数据)的来源,当采用定性危害性分析方法时,此栏记录故障模式概率等级;第(9)~(14)栏记录危害度计算的相关数据及计算结果;第(15)栏记录对其他栏的注释和补充。

7 结论与建议

除阐述结论外,还应包括为排除或降低故障影响已经采取的措施,对无法消除严酷度为Ⅰ类和Ⅱ类单点故障模式的说明、可能的设计改进和使用补偿措施的建议,以及执行措施后的效果说明。

8 FMECA 清单

"可靠性关键产品清单"(见表 7.8);"严酷度为Ⅰ类和Ⅱ类的单点故障模式清单"(见表 7.9)。

表 7.8 可靠性关键产品清单

名称: 填表: 审核: 批准: 共 页·第 页

填表日期:

序号	产品名称	关键故障模式	最终故障影响	严酷度等级	危害度等级	设计改进措施	使用补偿措施	实施部门	实施情况	备注

表7.9 严酷度为Ⅰ类和Ⅱ类的单点故障模式清单

名称：　　　填表：　　　审核：　　　批准：　　　共　页·第　页

填表日期：

序号	产品名称	故障模式	最终故障影响	严酷度等级	危害度等级	设计改进措施	使用补偿措施	故障模式未被消除原因	备注

9 附件

包括FMEA表、CA表和危害性矩阵图等。

7.9 故障树分析

GJB/Z 768A—1998《故障树分析指南》编写。

1 范围

2 引用文件

3 产品描述

说明产品的功能原理、系统定义、运行状态、系统边界定义等。

4 FTA约定

说明进行FTA时的若干基本假设，系统故障的定义和判据，顶事件的定义和描述等。

5 故障树建造

建立故障树的图形表示，并进行简化、规范化和模块分解。

6 故障树定性分析

进行故障树定性分析，计算故障树的最小割集。若采用CAD软件，则补充说明软件名称及其开发单位等。

7 故障树定量分析

进行故障树定量分析，计算故障树顶事件发生概率，分析故障树重要度等。若采用CAD软件，则补充说明软件名称，开发单位等。对数据的来源要进行说明。

8 分析结论和建议

根据故障树定性分析和定量分析结果，确定出哪些底事件或最小割集是产品最为薄弱的环节，即定为可靠性关键项目，并针对这些项目提出相应的改进措施或建议。

9 附件

附件包括可靠性数据表及数据来源说明,系统资料(如原理图,功能方框图,可靠性框图等),其他的补充资料。

7.10 潜在通路分析

按照 GJB 450A—2004《装备可靠性工作通用要求》编写。

根据所分析的对象,潜在分析可分为:针对电路的潜在电路分析(SCA)、针对软件的潜在分析和针对液管路、气管路的潜在通路分析。

以针对电路的潜在电路分析(SCA)为例,说明如下:

1 范围

2 引用文件

3 分析任务

需要明确的事项包括:分析内容、任务输入、指标要求、完成形式和任务进度。

4 收集和处理数据

4.1 数据收集

对数据收集情况进行说明。收集数据的基本原则:

a) 收集的数据必须是最反映当前设计实际技术状态的数据;

b) 要尽可能全面收集到能准确表达任务要求和设计意图的资料;

c) 对原理设计进行潜在电路分析时,要收集原理设计图;

d) 对物理实现进行潜在电路分析时,要收集直接用于生产制造的图纸或物理连接数据以及有关元器件的电气参数。

4.2 数据审核

对数据审核情况进行说明。数据审核的范围包括以下几个方面:

a) 任务要求和设计意图。主要是审核设计意图与任务要求的一致性,上下级的技术任务书、接口、软件等有关文件(文字资料)相互的一致性。

b) 原理设计。审核每个设计意图对应的原理设计的正确性;图纸上的注解是否完整、准确,元器件符号是否正确,各种图纸和说明书是否一致,图纸表达的接口电路是否符合任务书中规定的约定。

c) 物理实现。包含对电气连接及元器件和电缆线电气参数进行审核两部分。

电气连接审核物理实现中各元器件的连接关系是否与原理设计保持一致。

元器件和电缆线电气参数审核主要是审核这些电气参数对分析人员是否

足够。

4.3 数据预处理

说明对数据进行预处理的过程和结果。预处理的主要工作是对分析电路进行简化处理,突出待分析功能的电路。

5 网络森林生成或路径追踪

确定或输入用于分析的电路图或网表及各种设置数据、生成并绘制网络森林或进行路径追踪。

6 应用潜在电路分析线索表进行分析

6.1 潜在功能分析检查

说明潜在功能分析检查的内容和结果。主要内容包括:

a) 设备的功能是否按意图完成?

b) 一切功能与接地是否都与各电源匹配?

c) 启动一种功能时是否有所需电源?

d) 各接地连接是否协调一致?

e) 连接的电源是否来自不同的电源母线,即是否有潜在的电源到电源的连接?

f) 是否有任何功能可以在粗心大意的情况下被启动或者在不正确的时刻启动?

g) 无意中断开或闭合一个电源通路或能源通路时是否产生不希望发生的效应?

h) 是否有无意中形成的电源通路或能源通路能同时启动多种功能?

6.2 设计检查

6.2.1 潜在路径

说明潜在路径检查的内容和结果。主要内容包括:

a) 信号是否明显地通往不需要的地方?信号之间是否有明显的极性反转或相位反转?

b) 运算放大器能否无意识地被推向饱和?

c) 数字装置的推挽电路引线输出端是否连接在一起?

d) 含有对称性的电路是否有不对称的元件或通路?

e) 同一电路是否有混合的多个接地点?

f) 数字电路、继电器或电爆管是否在同一地线上?

g) 捆扎在一起的不同电源之间的绝缘是否不足?

h) 电源与其有关的地线是否位于不同的基准点?

i) 是否有不希望有的电容器放电通路?

j) 在状态或开关电路改变过程中是否有瞬时不希望发生的电流通路？

6.2.2 潜在时序

说明潜在时序检查的内容和结果。主要内容包括：

a) 在加电过程中，电路是否经受到不需要的模式或虚假输出？
b) 有共用信号源共同负载的数字信号是否先分开而后又合并？
c) 串行的数字装置是否由不同的电源供电？
d) 数字装置的噪声电平极限是否已超过？
e) 数字电路的电容电阻网络特性，例如脉冲宽度和开关速率等是否符合要求？
f) 大的阻容时间常数是否会造成开关电路升降时间过长？
g) 在开关改变状态过程中是否有瞬时不希望有的电流通路？
h) 继电器绕组是否有抑制瞬态电流的措施？
i) 晶体管－晶体管逻辑电路(TTL)装置的高输出阻抗是否造成电阻、电容时间常数过大？
j) 晶体管－晶体管逻辑电路(TTL)装置的输入(瞬时或非瞬时)是否有接地通路能使装置通电？
k) 是否有任何装置的接通、断开，或开、关的定时造成应用中发生不希望有的电路动作？
l) 开关电路是否有定时空隙(先断后通)或重叠(先通后断)？
m) 指令信号线是否与电源线邻近？
n) 导线的电容是否造成导线所传信号过大的"歪斜失真"？

6.2.3 潜在指示

说明潜在指示检查的内容和结果。主要内容包括：

a) 指示器所监测的是否为功能的指令信号而非功能本身？
b) 指示器电路的正常工作是否要依靠它所监测的功能？
c) 一个负载是否会产生不希望有的功能？
d) 一个按压式测试电路是否会激活系统？

6.2.4 潜在标志

说明潜在标志检查的内容和结果。主要内容包括：

a) 是否每一标志都协调无误？
b) 标志是否指示真实功能？

7 分析结论

7.X 潜在问题 X

7.X.1　(潜在问题 X)描述

描述(潜在问题 X)所在的设备、印制电路板及元器件,问题现象,激励条件等内容。

7.X.2　(潜在问题 X)危害性

说明(潜在问题 X)的危害性,即对本设备、分系统、总体危害的严酷度。

7.X.3　(潜在问题 X)改进措施建议

为了消除(潜在问题 X)而提出相应的电路改正措施建议。

7.11　电路容差分析

按照 GJB 450A—2004《装备可靠性工作通用要求》、GJB/Z 89—1997《电路容差分析指南》编写。

1　范围
2　引用文件
3　电路描述

说明电路的功能、关键性以及电路原理图或者详细电路图。

4　电路特性的极限要求

说明电路特性参数的允许偏差极限要求,以及容差分析的环境温度条件。

5　容差分析考虑的设计参数

说明在容差分析过程中需要考虑的设计参数名称、标识、标称值(或者均值),以及偏差量(或者均方差)及其数据来源。

6　容差分析方法选择

说明所选择的容差分析方法和选择原因。

7　容差分析过程

说明容差分析的整个过程,列出必要的计算公式和计算结果。当采用仿真方法时,应该给出仿真结果的曲线或者图形。

8　分析结论

给出容差分析是否合格的结论,当容差分析不合格时,给出相应的改进建议。

7.12　可靠性设计准则

按照 GJB 450A—2004《装备可靠性工作通用要求》编写。

1　范围
2　引用文件

3 产品概述

说明产品层次和结构特性,以及影响可靠性的因素与问题,明确可靠性设计准则覆盖的产品层次范围,以及产品对象组成类别。

产品层次范围是指型号、系统、分系统、设备、部件、元器件等,不同层次产品的可靠性设计准则是不同的;产品对象组成类别包括电子类产品、机械类产品、机电类产品、软件产品以及这些类别的各种组合等,不同类别的可靠性设计准则是不同的。

4 可靠性设计准则

将产品的可靠性设计准则以"××产品可靠性设计准则"条款形式输出。这些条款从诸如简化设计、耐环境设计、冗余设计等多种不同的方面对可靠性设计提出具体的要求。可靠性设计准则可根据需要分为通用部分和专用部分。

可靠性设计准则主要包括以下方面:
a) 采用成熟的技术和工艺;
b) 简化设计;
c) 合理选择、正确使用元器件、零部件和原材料;
d) 降额设计准则,元器件降额准则,应参照 GJB/Z 35 制定;
e) 容错、冗余和防差错设计;
f) 电路容差设计;
g) 防瞬态过应力设计;
h) 热设计准则,电子产品应参照 GJB/Z 27 制定;
i) 环境防护设计(包括工作与非工作状态);
j) 电磁兼容设计;
k) 与人的因素有关的设计;
l) 软件可靠性设计准则,参照 GJB/Z 102 制定。

7.13 元器件、零部件和原材料选择与控制

按照 GJB 450A—2004《装备可靠性工作通用要求》编写。

1 范围

2 引用文件

3 控制要求

根据研制产品的特点提出控制要求,主要考虑以下因素:任务的关键性、元器件和零部件的重要性(就成功地完成任务和减少维修次数来说)、维修方案、生产数量、元器件、零部件和原材料的质量、新的元器件所占百分比以及供应和标

准状况等。

4 标准化要求

明确在元器件、零部件和原材料的选择与控制工作中标准化方面的要求。如标准件选用要求、国产化要求、货架产品级别要求、必要的试验要求等。

5 优选目录

应制定元器件、零部件及原材料的优选目录,并经订购方认可。对于超出优选目录的,应规定批准控制程序。必须首先考虑采用标准件,当标准件不能满足要求时,才可考虑采用非标准件。当采用新研元器件和原材料时,必须经过试验验证,并严格履行审批手续。

6 禁止和限制使用的种类和范围

根据产品设计的要求,最好以相应表格的形式确定元器件、零部件和原材料禁止和限制使用的种类和范围。

7 应用指南(包括降额准则或安全系数)

制定相应的应用指南作为设计人员必须遵循的设计指南,包括元器件的降额准则和零部件的安全系数、关键材料的选取准则等。只有在估计了元器件的实际应力条件、设计方案以及这种偏离对产品性能影响是可以接受的条件下,才允许这种偏离。可靠性、安全性、质量控制、维修性及耐久性等有关分析将从不同的角度对元器件、零部件、原材料提出不同的要求,应权衡这些要求,制定恰当的选择和控制准则。

8 试验和筛选的要求与方法

提出元器件、零部件和原材料试验和筛选的要求,选择试验和筛选方法,并说明选择理由。

在设计时就要考虑元器件的淘汰、供货和替代问题,以避免影响使用、保障及导致费用的增加。

9 参加信息交换网的要求

根据订购方及有关方面对提供信息的要求,确定提供信息的层次、数量和加入有关信息交换网的约定。

7.14 可靠性关键项目

按照GJB 450A—2004《装备可靠性工作通用要求》编写。

1 范围
2 引用文件

3 可靠性关键项目的判别准则

明确可靠性关键项目的判别准则。通常根据如下判别准则来确定可靠性关键项目：

a）其故障会严重影响安全、不能完成规定任务及维修费用高的项目，价格昂贵的项目本身就是可靠性关键项目；

b）故障后得不到用于评价系统安全、可用性、任务成功性或维修所需的必要数据的项目；

c）具有严格性能要求的新技术含量较高的项目；

d）其故障引起装备故障的项目；

e）应力超出规定的降额准则的项目；

f）具有已知使用寿命、贮存寿命或经受诸如振动、冲击和加速度环境的项目或受某种使用限制需要在规定条件下对其加以控制的项目；

g）要求采取专门装卸、运输、贮存或测试等预防措施的项目；

h）难以采购或由于技术新难以制造的项目；

i）历来使用中可靠性差的项目；

j）使用时间不长，没有足够证据证明是否可靠的项目；

k）对其过去的历史、性质、功能或处理情况缺乏整体可追溯性的项目；

l）大量使用的项目。

4 可靠性关键项目的确定方法

说明可靠性关键项目的确定方法。应通过 FMECA、FTA 或其他分析方法来确定可靠性关键项目。

5 可靠性关键项目清单

列出可靠性关键项目清单，应包括硬件和软件。

6 可靠性关键项目控制方法

应明确提出可靠性关键项目的控制方法，如工艺过程控制、特殊检测程序等，确保一切有关人员（如设计、采购、制造、检验和试验人员）都能了解这些项目的重要性和关键性。

应确定每一个可靠性关键项目故障的根源，确定并实施适当的控制措施，这些措施包括：

a）应对所有可靠性关键的功能、项目和程序的设计、制造和试验文件作出标记以便识别，保证文件的可追溯性；

b）与可靠性关键项目有关的职能机构（如器材审理小组、故障审查组织、技术状态管理部门、试验评审小组等）应有可靠性职能代表参加；

c）应跟踪所有可靠性关键项目的鉴定情况；

d) 要监视可靠性关键项目的试验、装配、维修及使用问题。
7 可靠性关键项目试验要求
应明确提出可靠性关键项目的试验要求,如过应力试验等。

7.15 测试、包装、贮存、装卸、运输和维修对产品可靠性的影响

按照 GJB 450A—2004《装备可靠性工作通用要求》编写。
1 范围
2 引用文件
3 功能测试、包装、贮存、装卸、运输和维修的条件
　　明确进行产品功能测试、包装、贮存、装卸、运输和维修工作必备的条件。
4 功能测试、包装、贮存、装卸、运输和维修对产品可靠性的影响分析
4.1 功能测试对产品可靠性的影响分析
　　应制定和实施试验分析程序,分析和确定功能测试对产品设计和可靠性的影响。
4.2 包装对产品可靠性的影响分析
　　应制定和实施试验分析程序,分析和确定包装对产品设计和可靠性的影响。
4.3 贮存对产品可靠性的影响分析
　　应制定和实施试验分析程序,分析和确定贮存对产品设计和可靠性的影响。
4.4 装卸对产品可靠性的影响分析
　　应制定和实施试验分析程序,分析和确定装卸对产品设计和可靠性的影响。
4.5 运输对产品可靠性的影响分析
　　应制定和实施试验分析程序,分析和确定运输对产品设计和可靠性的影响。
4.6 维修对产品可靠性的影响分析
　　应制定和实施试验分析程序,分析和确定维修程序及方法对产品设计和可靠性的影响。
5 分析结论
　　通过以上影响分析得出结论,即受包装、贮存、装卸和运输过程影响的产品和对产品主要特性的影响程度;定期现场检查和测试的程序、贮存可靠性评价的方法和步骤,包括测试产品的数量和可接受的性能水平;具体的修复方法和步骤。
6 改进措施建议
　　根据分析结论对设计提出改进措施和建议,针对确定允许测试的次数,确定

包装、贮存、装卸、运输要求和修复计划提出改进措施和建议,针对预计产品的故障率和设计权衡提供支持信息等。

7.16 有限元分析

按照 GJB 450A—2004《装备可靠性工作通用要求》编写。

1 范围

2 引用文件

3 分析对象

说明分析对象。对安全和任务关键的机械结构件和产品应尽量实施有限元分析,如:

a) 新材料和新技术的应用;

b) 严酷的环境负载条件;

c) 苛刻的热或机械载荷等。

4 分析方法

提出分析方法及要求,并说明选择理由。关键是正确建立产品的结构和材料对负载或环境响应的模型。

5 分析步骤

说明分析步骤。有限元分析的具体实施可分为三个阶段。前处理阶段,主要内容有几何建模、材料定义、单元定义、网格划分、添加边界条件及载荷等;计算阶段,一般进行强度分析、刚度分析、热分析和振动分析;后处理阶段,对计算输出的结果进行必要的处理,将计算结果以彩色云图、曲线、列表、动画等形式显示或输出。

6 分析结论

给出分析结论,确定承载结构和材料的薄弱环节及产品的过热部分。

7 设计改进措施建议

根据分析结论,提出设计改进措施和建议。

7.17 耐久性分析

按照 GJB 450A—2004《装备可靠性工作通用要求》编写。

1 范围

2 引用文件

3 分析对象

说明分析对象。应对关键零部件或已知的耐久性问题进行耐久性分析。

4 分析方法

提出分析方法及相关要求,并说明选择理由。

耐久性设计与分析的主要方法有工程分析方法、安全寿命设计与分析方法、损伤容限设计与分析方法,腐蚀环境下的耐久性设计与分析方法和基于磨损特征耐久性设计与分析方法等。针对产品的不同研制阶段、产品的耗损特征、产品是否为新研产品,在不同情况下选用不同的设计与分析方法,还可同时采用几种方法。

5 分析过程

依据耐久性设计与分析的基本步骤,描述实施的全过程。

5.1 工作与非工作寿命要求

明确产品的耐久性工作寿命(使用寿命、首翻期)和非工作寿命(贮存寿命)。

5.2 载荷和环境应力

根据产品的寿命剖面和任务剖面确定产品的载荷/环境应力及其作用的时间。

5.3 特性识别

5.3.1 结构特性识别

根据设计资料,识别产品的结构特性。

5.3.2 材料特性识别

根据设计资料,识别产品的材料特性,通常采用手册中的一般材料特性;若考虑采用特殊材料,则需进行专门试验。

5.3.3 工艺特性识别

根据设计资料,识别产品的工艺特性。

5.3.4 强度特性识别

根据设计资料,识别产品的强度特性。

5.4 可能发生耗损故障的故障部位和故障机理

根据工作经验和故障模式、机理及影响分析(FMMEA)结果,对产品的可能故障部位进行分析,确定其中的耗损故障部位及其耗损特征(疲劳、腐蚀、磨损等),分析故障机理。

5.5 预期时间内的故障判据

明确预期时间内的故障判据。

5.6 寿命计算

根据选择的耐久性设计与分析方法对产品的耐久性关键件和非耐久性关键

件进行耐久性分析,得到当前设计方案下的产品寿命(使用寿命、贮存寿命)。

耐久性关键件和非耐久性关键件的选取可以根据下述原则进行综合分析与判断:

  a) 应力水平的高低与受力情况;
  b) 应力集中严重程度;
  c) 影响结构安全使用的程度;
  d) 修理和更换费用;
  e) 材料的疲劳、断裂性能及抗腐蚀能力;
  f) 在载荷/环境谱作用下疲劳裂纹扩展速率的高低;
  g) 借鉴以往同类产品(结构)的耐久性试验结果以及维修情况记录;
  h) 损伤结构的剩余强度水平;
  i) 损伤对结构功能影响的程度。

6 分析结论

给出分析结论,识别出与过早出现耗损故障有关的设计问题。

7 设计改进措施建议

根据分析结论,提出设计改进措施和建议。

7.18 环境应力筛选

按照 GJB 450A—2004《装备可靠性工作通用要求》编写。

1 范围

2 引用文件

3 受筛产品说明及清单

说明受筛产品的技术状态,列出受筛产品清单。

4 筛选设备要求

说明对筛选设备的要求,如对进行温度循环的试验箱在安装、热源位置、控制箱温的装置、提供循环气流的装备等方面应满足的要求,振动激励装备的要求等。

5 检测仪器仪表及其精度说明

说明检测仪器仪表及其精度。进行筛选所用检测仪器仪表应能满足对受筛产品的功能和性能检测要求,应能提供全部环境应力条件的连续监测。其精度至少不大于被测参数允差的1/3,所有检测仪表应有计量合格证明,并在有效期范围之内。

6 筛选方法

确定具体筛选方法及以下相关指标要求，并说明选择理由。

6.1 应力类型和水平

确定施加环境应力类型、水平、简要过程、承受应力的时间。

6.2 通/断电要求

明确通电和进行性能检测的具体设置要求。

6.3 检测要求

说明受筛产品性能检测要求，应注意以下几点：

a) 受筛产品安装在温度箱或振动台上后，在开始筛选前，应进行全面的功能性能检测并做好记录，以确认受筛选的产品的完好性。此后受筛产品不能再进行如清洗、涂覆、加固等工艺处理。

b) 筛选中要检测性能时，无论是在温度箱还是振动台上安装好后，要连接好各种检测线路和测试仪表，保证接触良好，避免施加振动应力或测试中仪表移动后出现接触不良造成的虚假故障。

c) 筛选期间功能性能检测项目可适当简化，但不能影响发现故障的能力。筛选期间应详细记录故障出现时的应力、时间、故障模式和修复情况。

d) 产品筛选后，应进行全面的功能性能检测并作好记录。

6.4 无故障要求

明确无故障检验运行要求。当在无故障检验运行阶段进行温度循环时，应考虑以下情况：

a) 因是继续进行温度循环，温度循环参数不变，但应从此刻记录无故障循环数。

b) 若开始后，连续10个循环不再出现故障，则认为完成无故障运行。

c) 若出现故障，则尚允许修复，只要以后有10个循环能连续无故障，仍可认为完成无故障运行。

d) 若在经过10个循环后还出现故障，则认为受筛产品没完成筛选。

当无故障检验运行阶段进行随机振动时，要考虑以下情况：

a) 只有通过了温度循环筛选的产品才能进行随机振动。

b) 按国军标要求对受筛产品进行安装。

c) 按规定的输入量值使产品振动，并使产品通电工作，检测其功能和性能，注意有否故障。

7 性能检测项目

明确在筛选全过程中需进行的性能检测项目，并对相关要求作必要的说明。

8 筛选过程及故障记录

说明筛选的全过程,并记录所有故障,记录内容包括故障模式、故障时的环境应力条件、时间、以及采取的改正措施。

9 实施和监督部门及其职责

明确实施筛选工作、监督部门人员设置及其职责。

7.19 可靠性增长试验大纲

按照GJB 450A—2004《装备可靠性工作通用要求》、GJB 1407—1992《可靠性增长试验》编写。

1 范围

2 引用文件

3 试验目的

说明可靠性增长试验的目的。即通过对受试产品施加环境应力和(或)工作应力来激发产品设计和(或)工艺缺陷,并加以分析定位、采取设计和工艺改进措施而使产品的固有可靠性水平得到切实的提高。

4 受试产品说明及要求

4.1 受试产品说明

4.1.1 受试产品组成

说明受试产品的组成。应列表说明各组成部分名称、型号。

4.1.2 受试产品功能

依据研制总要求、技术协议书或产品规范,说明受试产品的功能和性能。

4.2 受试产品要求

4.2.1 受试产品技术状态

明确受试产品技术状态要求。试验的受试产品应代表定型产品的技术状态,已通过了环境试验。

4.2.2 受试产品数量

明确受试产品的数量要求。受试产品应从生产产品中随机抽取,其数量由订购方确定。

5 试验设备及检测仪器的说明和要求

5.1 试验设备的说明和要求

明确试验设备的能力、精度及检定要求。试验设备应能保证产品和保持试验所需的综合环境条件,并按照有关规定进行定期核查和检定。

5.2 检测仪器的说明和要求

明确检测仪器的能力、精度及检定要求。所有检测仪器应满足以下要求：

a) 其精确度至少应为被测参数容差的三分之一；

b) 其标定应能追溯到国家最高计量标准；

c) 能够适应所测量的环境条件。

6 试验方案

确定可靠性增长试验方案,包括确定增长模型、产品初始可靠性水平、增长率及增长目标值等。

6.1 产品初始可靠性水平

确定产品初始可靠性水平。

6.2 可靠性增长起始时间

确定可靠性增长起始时间。

6.3 增长率

确定增长率。增长率的确定应综合考虑研制计划、经费及技术水平等。

6.4 计划的可靠性增长曲线

试验开始前,先选定增长模型,根据增长模型绘制一条试验计划曲线,作为监控试验的依据。

6.5 试验截尾

说明试验结束的条件。

a) 当试验进行到规定的总试验时间,利用试验数据估计的 MTBF 值已达到试验大纲要求时,可以结束试验；

b) 如果试验过程中一直没有出现故障,可以假设其寿命服从指数分布而在另外某一时间结束试验；

c) 当试验进行到规定的总试验时间,而利用试验数据估计的 MTBF 值达不到大纲的要求时,应立即停止试验,并及时做好以下工作:1) 承制方应对纠正措施进行全面的分析,以确定纠正措施的有效性；2) 组织专家对准备采取的措施方案进行评审；3) 在征得订购方同意后,进行下一阶段工作。

7 试验条件

7.1 标准大气条件

说明标准大气条件。

7.2 试验环境条件

应根据受试产品现场使用和任务环境特征确定可靠性试验的综合环境条件及其与时间的关系。

7.2.1 电应力
电应力应包括产品的通断电循环、规定的工作模式及工作周期、规定的输入标称电压及其最大允许偏差。

7.2.2 温度应力
温度应力剖面应真实地模拟受试产品在使用中经历的实际环境。确定温度应力时，至少应考虑以下因素：

a) 起始温度(热浸、冷浸)；
b) 工作温度(范围、温度变化率和持续时间)；
c) 每一任务剖面的温度变化情况；
d) 冷却气流(设备功耗、拥挤情况及冷却空气流动情况)。

7.2.3 湿度应力
试验循环期间对湿度一般不加控制，只在需要时(如预计现场使用中会出现冷凝、结霜或结冰等)，才在试验循环的适当阶段喷入水蒸气，以模拟使用中经历的环境条件。

7.2.4 振动应力
振动应力量值和剖面应按产品的现场使用类别、产品的安装位置和预期使用情况确定。在确定实际振动应力时，至少应考虑以下因素：

a) 振动类型；
b) 频率范围；
c) 振动量值；
d) 施加振动的方向和方式。

8 性能、功能的检测要求
应将产品规范或试验大纲规定的性能参数合格范围作为受试产品在可靠性试验期间的性能基准。试验前后均应在规定的标准大气条件下对受试产品进行测试。对试验前、试验期间、试验后的性能、功能测试提出检测要求，如检测内容、检测方式和检测时机、次数等。

9 故障判据、故障分类和故障统计
明确故障判据、故障分类和故障统计方案及相关要求。

10 试验数据的收集、记录和处理的要求
明确试验过程中需要收集的数据，同时给出相应的记录表格，提出数据处理的程序和要求。

11 预防性维修的要求
明确可靠性增长试验期间，进行产品使用期间规定的和已列入批准的试验大纲中预防性维修的有关要求。

12 试验进度安排

明确试验日程安排和阶段划分,包括试验大纲审查的日程安排。

13 故障分析、改进设计情况

说明故障分析、改进设计情况。对试验过程中出现的故障,进行故障模式和故障机理分析。故障处理应按试验程序的规定进行,一般是:故障记录;故障定位;故障机理分析;故障复现;纠正措施及其验证情况。

14 受试产品的最后处理

明确试验用产品的处理意见。可靠性增长试验后的产品一般不能再用于其他试验,也不能作为产品交付。

15 组织机构及试验管理的规定

明确试验的组织机构、各类人员的设置,并规定相应的职责。

16 其他有关事项

对试验大纲中其他章节中尚不明确的事项进行规定,以保证试验大纲的完整性和严密性。

7.20 可靠性增长试验报告

按照 GJB 1407—1992《可靠性增长试验》编写。

1 试验内容和目的

说明试验目的、试验内容,说明试验过程。

2 试验依据

说明试验依据,即可靠性增长试验大纲、研制总要求,试验与评定总计划,产品规范等。

3 试验的日历时间和地点

说明试验的日历时间和试验地点。

4 试验的样本量、样机状态及累积试验时间

说明试验的样本量及选取情况,受试样机的技术状态,依据可靠性增长模型、工程经验及设备规范决定的累积试验时间。

5 试验中所使用的环境条件说明

说明试验中使用的环境条件,即对电、温度、湿度、振动等试验环境剖面进行说明。

6 试验中所使用的试验装置及测试仪表的说明

说明用于此次试验的试验装置的能力及测试仪表的种类及精度要求及检定情况,包括输入电压、温度和振动的监控措施。

7 应力施加方法说明

根据综合环境试验剖面的要求,对电、温度、湿度和振动应力的施加时间、大小变化速率等实施控制情况进行说明。

8 试验中发生的故障次数、故障分类及故障处理情况

根据试验期间的值班记录、产品故障记录、所采取的纠正措施等,进行故障统计、分类,说明故障处理情况。

9 可靠性评估方法及结果

试验结束后,应用选定的可靠性增长模型对试验数据进行评估和分析,得出可靠性评估结果。

10 其他需要说明的有关事项

说明试验大纲中其他有关事项内容、试验中需补充说明的问题。

7.21 可靠性鉴定(验收)试验方案

按照 GJB 899A—2009《可靠性鉴定和验收试验》编写。

1 试验目的

明确试验的目的。

2 试验对象及数量

根据装备特点确定可靠性鉴定(验收)试验受试产品,原则上,研制总要求中有可靠性指标要求的产品应进行可靠性鉴定(验收)试验。一般能按系统组合进行可靠性鉴定(验收)试验的产品应按系统组合进行试验。当仅对系统的一部分进行可靠性鉴定(验收)试验时,应按受试部分的可靠性指标构成新的可靠性指标,进行验证试验。在确定受试产品的同时应确定受试产品的数量。

3 统计试验方案、判决风险的确定原则

按照受试产品的具体特点选择可靠性鉴定(验收)试验的统计方案,可以根据 GJB 899A—2009 附录 A 确定统计方案。对于改进改型产品,建议采用短时高风险的统计方案;对于新研制的产品,建议采用较低风险的统计方案。

4 综合环境条件的确定原则

根据 GJB 899A—2009 附录 B 的方法确定装备的综合环境条件。装备的综合环境条件确定后,按照受试产品在装备上的安装位置选择其可靠性鉴定(验收)试验的综合环境条件。

5 试验场所的确定原则

说明试验场所的确定原则。

可靠性鉴定试验和可靠性验收试验的试验场所选择要求略有不同。

可靠性鉴定试验场所按下列优先顺序选取和在相应条件下进行,并经订购方认可:

a) 在独立于承制方的有资质的实验室中进行,实验室应按 GJB 2725 建立质量体系,并通过认可;

b) 在订购方委托的有资质的实验室监督下,在承制方实验室进行试验。

可靠性验收试验场所按下列优先顺序选取和在相应条件下进行,并经订购方认可:

a) 在独立于承制方的有资质的实验室中进行,实验室应按 GJB 2725 建立质量体系,并通过认可;

b) 在订购方的监督下,在承制方实验室进行试验。

6 评审点的设置

在可靠性鉴定(验收)试验方案中应明确试验方案的评审、试验大纲的评审、受试产品到达试验现场、试验完成情况评审等关键节点。

7 试验进度

明确试验的日程安排。

8 其他要求

在可靠性鉴定(验收)试验方案中还应提出试验的组织管理、受试产品技术状态、试验设施状态以及测试设备状态等要求。

7.22 可靠性鉴定(验收)试验大纲

按照 GJB 899A—2009《可靠性鉴定和验收试验》编写。

1 试验目的和适用范围

明确试验的目的、对象以及试验验证的可靠性指标。

2 引用标准和文件

列出试验执行的全部标准和相关文件,特别应注意要引用包含技术指标、合格判据的研制总要求、成品技术协议书等技术文件。

3 受试产品说明和要求

说明受试产品的功能与用途、组成、在装备中的安装位置、技术状态和数量等。

4 试验统计方案

说明试验所使用的统计方案及相关参数。

5 综合环境条件

根据受试产品在装备中的安装位置,明确试验所用的综合环境条件和工作条件。

6 试验设施和测试设备要求

明确试验设施和测试设备的能力、精度及检定要求。

试验设施和仪器应能保证产品和保持试验所需的综合环境条件,并按照有关规定进行定期核查和检定。

所有试验设施和仪器应满足以下要求:
a) 其精确度至少应为被测参数容差的三分之一;
b) 其标定应能追溯到国家最高计量标准;
c) 能够适应所测量的环境条件。

7 受试产品检测项目及合格判据

明确试验过程中产品的检测要求。包括检测内容、检测方式和检测时机及合格判据等,一般检测内容应能够覆盖产品研制总要求或成品技术协议书中对该产品在使用中的主要性能要求。

对于在综合环境条件下不能检测的项目,应该定时暂停试验的某个应力或综合应力进行检测,甚至可以在承试方和订购方的监控下,返回承制方对受试产品进行检测。但在进行可靠性鉴定(验收)试验时,检测次数应该大于试验方案中在接收条件下允许出现的最大故障次数。

8 故障判据、分类和统计原则

8.1 故障判据

在试验过程中,出现下列任何一种状态时,应判定受试产品出现故障:
a) 在规定的条件下,受试产品不能工作;
b) 在规定的条件下,受试产品的性能检测结果不满足规定要求;
c) 在试验过程中,受试产品的机械、结构部件或元器件发生松动、破裂、断裂或损坏。

8.2 故障分类

可靠性试验过程中出现的故障可分为关联故障和非关联故障,关联故障应进一步分为责任故障和非责任故障。

a) 非责任故障

试验过程中,只有下列情况可判为非责任故障:1) 误操作引起的受试产品故障;2) 试验装置及测试仪表故障引起的受试产品故障;3) 超出产品工作极限的环境条件和工作条件引起的受试产品故障;4) 修复过程中引入的故障。

b) 责任故障

除可判定为非责任的故障外,其他所有故障均判定为责任故障,如:1) 由于设计缺陷或制造工艺不良而造成的故障;2)由于元器件潜在缺陷致使元器件失效而造成的故障;3)间歇故障;4)超出技术规范正常范围的调整;5)试验期间所有非从属性故障原因引起的出现故障征兆(未超出性能极限)而引起的更换;6)无法证实的异常情况。

8.3 故障统计原则

试验过程中,只有责任故障才能作为判定受试产品合格与否的根据。责任故障可参照下述原则进行统计:

a) 当可证实多种故障模式由同一原因引起时,整个事件计为一次故障;

b) 有多个元器件在试验过程中同时失效时,在不能证明是一个元器件失效引起了另一些失效时,每个元器件的失效计为一次独立的故障;若可证明是一个元器件的失效引起的另一些失效时,则所有元器件的失效合计为一次故障;

c) 可证实是由于同一原因引起的间歇故障,若经分析确认采取纠正措施经验证有效后将不再发生,则多次故障合计为一次故障;

d) 多次发生在相同部位、相同性质、相同原因的故障,若经分析确认采取纠正措施经验证有效后将不再发生,则多次故障合计为一次故障;

e) 已经报告过的由同一故障原因引起的故障,由于未能真正排除而再次出现时,应和原来报告过的故障合计为一次故障;

f) 在故障检测和修理期间,若发现受试产品中还存在其他故障而不能确定为是由原有故障引起的,则应将其视为单独的责任故障进行统计。

9 试验前有关工作

应明确进行此次试验前,承试方和承制方及订购方应完成的工作内容,包括在此之前应完成的试验项目、应成立的组织机构、应编写的试验文件、试验设施能力调查、受试产品的安装和测试要求及试验前准备工作评审要求等。

10 试验过程中的监测及记录要求

应明确试验过程中受试产品的检测要求和试验设施的监测要求,同时应给出相应的记录表格。

11 故障的报告和处理要求

明确在试验过程中发生故障后应按何种方式进行报告,应填写哪些记录以及故障的处理程序。

12 有关问题的说明

应对其他章节中尚不明确的事项进行规定,以保证试验大纲的完整性和严密性。例如受试产品中的有寿件更换要求等。

7.23 可靠性鉴定(验收)试验程序

按照 GJB 899A—2009《可靠性鉴定和验收试验》编写。

1 试验设施和测试设备

必要时给出试验设施的连接示意图,说明试验所使用的试验设施和测试设备的型号、生产厂、能力、检定周期以及检定有效期等。

2 综合环境条件及其施加方式

对综合环境条件进行描述,规定每种试验应力的施加方式和时机。

3 试验检测

明确试验中的检测时机、检测内容、记录方式和合格判据。

4 试验开始前有关工作

明确进场检查、试验设施能力调查、夹具振动测定、受试产品的安装、试验前检测等工作内容。

5 试验实施步骤

将可靠性试验分解成操作步骤,明确试验设施的运行程序、受试产品的工作要求和检测要求。

6 故障处理程序

明确试验过程中受试产品发生故障时的操作步骤。

7 试验设施故障处理程序

规定在试验过程中试验设施发生故障时的处理要求。

7.24 可靠性鉴定(验收)试验报告

按照 GJB 899A—2009《可靠性鉴定和验收试验》编写。

1 试验内容、目的和结论

说明试验目的,简述试验内容,明确本次试验结论。

2 试验依据

说明试验依据,即可靠性鉴定(验收)试验大纲、可靠性鉴定(验收)试验程序、研制总要求、试验与评定总计划、产品规范等。

3 试验时间、地点及参试人员

说明试验时间、地点及参试人员。

4 受试产品说明

说明受试产品的功能与用途、组成、在装备中的安装位置、技术状态和数量等。

5 试验统计方案

说明试验所使用的统计方案及相关参数。

6 综合环境条件及应力施加方法说明

对综合环境条件进行描述,分别说明各种工作应力(电应力、温度应力、湿度应力、振动应力或其他工作应力等)的施加方式和时机。

7 试验设施和仪器情况

说明试验设施和测试设备的能力、精度及检定要求。

试验设施和仪器应能保证产品和保持试验所需的综合环境条件,并按照有关规定进行定期核查和检定。

8 试验前准备工作情况

对可靠性鉴定(验收)试验大纲中试验前有关工作、可靠性鉴定(验收)试验程序中试验开始前有关工作的执行情况进行说明。

9 试验过程描述

对试验过程进行描述。

10 试验中发生的故障次数、故障分类及故障处理情况

根据试验期间的值班记录、产品故障记录、所采取的纠正措施等,根据鉴定试验大纲中的故障判据、故障分类及统计原则,进行故障统计、分类,说明故障处理情况。

11 可靠性评估结论

对试验数据进行评估和分析,得出可靠性评估结论。

12 存在的问题和建议

依据评估和分析,得出的可靠性鉴定(验收)试验结论,提出设计中存在的有关设计问题及改进建议。

13 其他需要说明的有关事项

说明试验大纲、试验程序中的其他有关事项,及试验中需补充说明的问题。

7.25 可靠性鉴定(验收)试验总结

按照GJB 899A—2009《可靠性鉴定和验收试验》编写。

1 试验依据

列出本次试验执行的所有标准和文件。

2 组织机构

说明试验的管理和实施机构设置、参试人员及其职责。

3 试验方案

说明试验方案,包括受试产品、统计方案、综合环境条件的确定,试验工作进度等情况。

4 试验过程

说明试验过程情况:

a) 全套试验装置,包括受试产品和试验监控设备在内的接线图;

b) 以图表形式对试验开始前的温度测定要求进行说明,对建立监控所需的稳定温度进行说明与分析;

c) 时间、温度和综合应力环境周期及其他方面的量值与容差,包括加载周期、温度、振动应力与持续时间、输入电压;

d) 测量的性能参数,测量频率,所使用的方法;

e) 试验期间记录的数据(使用报告格式或试验日志的格式);

f) 测量性能参数时的环境条件。

5 故障情况

根据试验期间的值班记录、产品故障记录,进行故障统计、分类,说明故障及其处理情况。即对"可靠性鉴定(验收)试验故障报告表"(见表 7.10)、"可靠性鉴定(验收)试验故障分析报告表"(见表 7.11)的总结、分析情况。

表 7.10 可靠性鉴定(验收)试验故障报告表

故障报告表编号		填表日期	
故障产品名称、型号		故障发现时间	
承制单位			
LRU 故障检测与隔离方式			
受试产品累计试验循环数: 受试产品累计试验时间:			
故障时试验应力	温度: ℃; 湿度: %; 振动: g^2/Hz 电应力:直流 伏; 交流 伏		
故障现象描述:			
承试方 签字:	承制方 签字:	承试方军代表 签字:	承制方军代表 签字:

表 7.11　可靠性鉴定(验收)试验故障分析报告表

故障分析报告表编号		填表日期	
故障件名称、型号		故障报告表编号	
承试单位		故障分析单位	
故障模式：			
故障原因：			
分析说明：			
承试方 签字：	承制方 签字：		承制方军代表 签字：

6　纠正措施

说明按照故障处理程序要求对故障进行纠正,并对纠正措施进行验证的情况。即"可靠性鉴定(验收)试验故障纠正措施报告表"(见表 7.12)纠正措施一栏中详细描述采取的措施内容,包括更改设计的内容,效果一栏中详细描述纠正措施验证的情况。

表 7.12　可靠性鉴定(验收)试验故障纠正措施报告表

故障纠正措施报告表编号		填表日期	
故障报告表编号		故障分析报告表编号	
故障件名称、型号		实施技术文件号	
实施单位		实施日期	
纠正措施：			
效果：			
遗留问题说明：			
承试方 签字：	承制方 签字：		承制方军代表 签字：

7　试验结论

试验结束后,对试验数据进行评估和分析,得出可靠性试验结论。

8 试验总结

依据验证试验方案、大纲、程序,对验证试验的全过程进行总结,得出评价结论。

7.26 可靠性维修性测试性保障性安全性评估报告

按照 GJB/Z 170.13—2013《军工产品设计定型文件编制指南 第 13 部分:可靠性维修性测试性保障性安全性评估报告》编写。

主管可靠性、维修性、测试性、保障性、安全性工作的人员按照 GJB 450、GJB 368、GJB 2547、GJB 3872、GJB 900 规定的工作项目开展相关工作,按照 GJB/Z 170.13—2013 的编制要求,可分别形成《可靠性评估报告》、《维修性评估报告》、《测试性评估报告》、《保障性评估报告》和《安全性评估报告》,也可汇总形成《可靠性维修性测试性保障性安全性评估报告》。

1 概述

1.1 产品概述

主要包括:

a) 产品用途;

b) 产品组成。

1.2 工作概述

主要包括:

a) 研制过程简述;

b) 可靠性维修性测试性保障性安全性工作组织机构及运行管理情况;

c) 可靠性维修性测试性保障性安全性文件的制定与执行情况。

2 可靠性维修性测试性保障性安全性要求

逐条列出研制总要求(或研制任务书、研制合同)中的可靠性维修性测试性保障性安全性的定量与定性要求。

3 可靠性维修性测试性保障性安全性设计情况

3.1 可靠性设计情况

主要包括:

a) 可靠性建模、指标预计与分配,应按 GJB 813、GJB/Z 108、GJB/Z 299 执行;

b) 故障模式及影响分析,应按 GJB/Z 1391 执行;

c) 可靠性设计采取的主要技术措施及效果;

d) 其他可靠性工作项目完成情况。

3.2 维修性设计情况

主要包括：

a) 维修性建模，应按 GJB/Z 145 执行；

b) 维修性指标预计与分配，应按 GJB/Z 57 执行；

c) 维修性设计采取的主要技术措施及效果；

d) 其他维修性工作项目完成情况。

3.3 测试性设计情况

主要包括：

a) 测试性建模、指标预计与分配，应按 GJB 2547 及相关标准执行；

b) 测试性设计采取的主要技术措施及效果；

c) 其他测试性工作项目完成情况。

3.4 保障性设计情况

主要包括：

a) 保障性分析，应按 GJB 3872 及相关标准执行；

b) 保障性设计采取的主要技术措施及效果；

c) 其他保障性工作项目完成情况。

3.5 安全性设计情况

主要包括：

a) 安全性分析，应按 GJB 900 及相关标准执行；

b) 安全性设计采取的主要技术措施及效果；

c) 其他安全性工作项目完成情况。

4 可靠性维修性测试性保障性安全性试验情况

4.1 科研试验

概括总结工程研制阶段可靠性维修性测试性保障性安全性的科研试验情况。主要包括：试验时间、试验地点、试验条件、被试品数量及技术状态、试验组织单位、试验承试单位、试验项目、试验数据、数据分析与处理、试验结论以及存在的问题与解决情况等。

4.2 设计定型试验

概括总结设计定型阶段（含基地试验、部队试验、软件定型测评）可靠性维修性测试性保障性安全性的定型试验情况。主要包括：试验时间、试验地点、试验条件、被试品数量及技术状态、试验组织单位、试验承试单位、试验项目、试验数据、数据分析与处理、试验结论以及存在的问题与解决情况等。

5 评估

设计定型试验有明确结论的可直接采用，没有明确结论的以设计定型试验的试验数据为主要支撑,经军方认可,结合科研试验结果,根据相关标准、故障判据和设计规范,对可靠性维修性测试性保障性安全性要求进行定性与定量评估,并对设计保障、控制措施等进行综合评估。

6 存在的问题及建议

对尚存问题进行详细说明,并提出改进建议。

7 结论

给出是否满足设计定型要求的结论意见。

8 附件

必要时以附件形式提供试验报告等专项报告。

7.27 使用期间可靠性信息收集计划

按照GJB 450A—2004《装备可靠性工作通用要求》编写。

1 范围

2 引用文件

3 信息收集和分析的部门、单位和人员及其职责

建立严格的信息管理和责任制度。明确规定信息收集与核实、信息分析与处理、信息传递与反馈的部门、单位及其人员的职责。

4 信息收集工作的管理与监督要求

明确信息收集工作的管理与监督要求,如定期对可靠性信息的收集、分析、存储、传递等工作进行评审的安排。

5 信息收集的范围、方法和程序

对可靠性评价及改进工作的信息需求进行分析,确定可靠性信息收集的范围、内容、方法和程序等。使用期间可靠性信息一般包括装备在使用、维修、贮存和运输等过程中产生的信息,主要有工作小时数、故障和维修信息、监测数据、使用环境信息等。

6 信息分析、处理、传递的要求和方法

明确信息分析、处理、传递的程序。对使用和维修保障单位提出要求并规定程序,完整、准确地收集使用期间的可靠性信息。

7 信息分类与故障判别准则

明确可靠性信息分类的方法与故障判别准则。

8 信息审核、汇总的安排

按规定的方法、方式、内容和时限,分析和存储可靠性信息,定期进行信息审核、汇总。

7.28 使用期间可靠性信息分类与编码

按照 GJB 1775—1993《装备质量与可靠性信息分类和编码通用要求》编写。

1 范围

2 引用文件

3 信息分类

在进行使用期间可靠性信息需求分析的基础上,依据该类武器装备制定的有关质量与可靠性信息分类和编码的标准,合理地进行信息分类。

4 信息单元的设置

依据该类武器装备制定的有关质量与可靠性信息分类和编码的标准,其中对所需设置的信息单元的要求和规定进行信息单元的设置,在满足信息需求的前提下,尽量减少信息单元的数量。

4.1 与故障有关的信息单元

与产品故障有关的信息单元至少应有:

故障模式,即故障现象。故障的表现形式,如超差代用,修补等。

故障发现日期,即发现故障的日历时间(年、月、日)。

故障发现时机,指故障是在什么情况或状态下发现的,如在检查中、使用中、维护中等。

故障前工作时间,即产品故障前的累计工作时间。

故障判明方法,即鉴别或查出故障所采取的措施或手段。

故障原因,即导致故障发生的因素,如虚焊、老化等。

故障影响,故障对产品的使用、功能或状态所导致的结果。一般分为对产品本身、高一层次和最终影响三级。

故障处理,即对故障产品所采取的措施,如换件、调整、修复等。

故障责任,指引起故障的责任单位或责任人。如果是产品本身问题引起的故障,责任单位为产品的承制单位;如果是产品使用不当引起的故障,责任单位为使用单位。

4.2 与维修有关的信息单元

与产品维修有关的信息单元至少应有:

维修类别,即分为预防性维修和修复性维修。通常定时维修、视情维修属预防性维修,故障修理属修复性维修。

维修级别,即按产品维修时所处场所划分的等级,如基层级、中继级和基地级。

维修内容,即使产品保持或恢复到规定状态所进行的活动,即维修活动,它包括所需的一系列基本维修作业。

维修程度,即指产品维修的效果,包括维护程度和修理程度,而修理程度可进一步分为完全修复、基本修复和未修复。

维修日期,即完成产品维护或修理的日历时间(年、月、日)。

维修时间,即对产品进行一次维护或修理所花费的总时间。

维修工时,即对产品进行一次维护或修理所花费的总人时数。

维修费用,即对产品进行一次维护或修理所花费的总费用。

维修单位,即承担产品维护或修理任务的单位。

维修人员级别,即对产品进行维护或修理的人员的技术级别。

4.3 与使用环境有关的信息单元

与使用环境有关的信息单元至少应有与产品工作有关的任务环境,如气候条件(包括温度、湿度等)、机械条件(包括振动、冲击等)等。

4.4 与××有关的信息单元

根据信息需求分析的结果,设置与××有关的信息单元。

5 信息项的预置

依据该类武器装备制定的有关质量与可靠性信息分类和编码的标准,其中对预置信息项的要求和规定,对所设置的信息单元预置一系列的信息项,并对信息项的含义给予明确的表述。为便于编码,要把描述每一信息单元所预置的一系列信息项,按一定的规律和原则进行分类和排序。

6 信息编码

依据该类武器装备制定的有关质量与可靠性信息分类和编码的标准,其中对采用的代码类型和结构、编码的方法等的要求和规定进行信息编码,并符合具体型号装备编制的代码手册。设计的代码要具有唯一、简单、合理、适用等特性,并具有可扩充能力。各类代码之间要协调、兼容。对直接用数字或字母表示的信息项一般不需要编码。

6.1 产品故障信息代码

对故障信息编码主要是指对描述故障的信息项进行编码。

有关故障信息的代码主要有故障模式代码、故障发现时机代码、故障判明方法代码、故障原因代码、故障影响代码、故障处理代码、故障责任代码等。

应分别根据各类武器装备的情况,按所设置的信息单元,对一系列预置的信息项进行分类和排序,如果预置的信息项不多,也可以只排序。

根据信息分类和排序的情况选择代码的类型、结构和编码的方法。

信息项不超过33个时,一般采用一位码,由一个大写汉语拼音字母(I和O

除外)和(或)阿拉伯数字 1 至 9 构成。

信息项较多时,如描述"故障模式"的一系列信息项,应在进行合理地分类、排序基础上再选择代码的类型、结构和编码方法,一般采用多位码,如 3 位数字码。

有关故障信息的代码应该标准化,对于各类武器装备,应分别做出统一的规定。

6.2 产品维修信息代码

对维修信息编码主要指对描述有关维修的信息项进行编码。

有关维修信息的代码主要有维修类别代码、维修级别代码、维修内容代码、维修程度代码等。有关维修信息代码,一般采用一位字母码,由一个大写汉语拼音字母(I 和 O 除外)构成。

6.3 产品使用环境信息代码

按照 GJB 1775 要求,参照具体型号装备编制的代码手册,设置产品使用环境信息代码。

6.4 产品××信息代码

按照 GJB 1775 要求,参照具体型号装备编制的代码手册,设置产品××信息代码。

7 与其他信息收集工作的协调

使用期间可靠性信息收集工作与其他信息收集工作结合开展的协调说明。

7.29 使用期间可靠性评估计划

按照 GJB 450A—2004《装备可靠性工作通用要求》编写。

1 范围

2 引用文件

3 参与评估各方及其职责

明确参与评估各方人员及其职责。

4 装备概述

概述装备规定的使用技术状态,实际使用与维修条件,规定的各类维修保障资源配备,使用与维修人员应经过的训练要求等。

5 数据及其要求

明确实际使用条件下应收集的各种数据,部队使用期间的各种信息,必要时也可组织专门的试验,以获得所需的信息。

6 评估准则

制定评估准则、判据。

7 评估内容

明确评估内容,包括规定的评估对象、参数和模型、样本量、统计的时间年度、置信水平等。

8 评估方法及程序

确定采用的评估方法,并说明理由。制定评估工作程序。

9 所需资源

说明需要配备的资源。

10 与其他评估的协调

使用可靠性评估应与系统战备完好性评估同时进行,作出有关协调说明。

7.30 使用期间可靠性评估报告

按照GJB 450A—2004《装备可靠性工作通用要求》编写。

1 范围

2 引用文件

3 数据的评价

说明在整个评估过程中不断地对收集、分析、处理的数据进行的分析评估情况,确保获得可信的评估结果及其他有用信息。

4 评估过程

依据使用期间可靠性评估计划中要求的评估方法,制定的评估程序,记述对各项内容进行的分析评估过程。

5 评估结论

依据评估准则、判据得出的分析评估结论。

6 纠正措施

提出对发现问题的纠正措施建议。

7 改进建议

对装备的可靠性缺陷提出设计改进建议。

8 有关说明

对有关情况进行说明,如与维修性、测试性等有关评价协调进行等情况。

7.31 使用期间可靠性改进计划

按照GJB 450A—2004《装备可靠性工作通用要求》编写。

1 范围

2 引用文件

3 确定改进项目及其目标

根据装备使用中暴露的可靠性问题和技术的发展,通过必要的权衡分析或试验确定需要采取改进的项目及改进目标。改进项目是那些对提高战备完好性和任务成功性、减少维修工作量和降低寿命周期费用有重要影响和效果的项目。

4 改进方案

针对确定的改进项目的目标,制定改进方案。改进装备使用可靠性的途径主要包括:设计更改;制造工艺的更改;使用与维修方法的改进;保障系统及保障资源的改进等。

5 改进单位、人员及其职责

确定进行可靠性改进的单位、人员及其职责。

可靠性改进还应有专门的组织负责管理,其主要职责是:

a) 组织论证并确定可靠性改进项目;
b) 制定可靠性改进计划;
c) 组织对改进项目、改进方案的评审;
d) 对改进的过程进行跟踪;
e) 组织改进项目的验证;
f) 编制可靠性改进项目报告等。

6 经费安排

对可靠性改进所需经费进行估算,明确经费安排。

7 进度安排

说明可靠性改进工作的进度安排,给出时间节点和工作内容。

8 验证要求和方法

对改进项目提出验证要求和方法,说明采用验证方法的理由。

9 与其他改进项目的协调和权衡

说明已与装备的其他改进项目进行了充分的协调和权衡,以保证改进的总体效益。

7.32 使用期间可靠性改进项目报告

按照 GJB 450A—2004《装备可靠性工作通用要求》编写。

1 范围

2 引用文件

3 改进计划的执行情况

对照使用期间可靠性改进计划,说明执行情况,包括项目改进目标、改进方案、各级各类人员职责、经费使用、进度安排、相关验证和协调权衡等的落实情况。

4 各项目改进过程

根据改进计划,具体说明各项目改进实施过程。

5 改进结果分析

具体说明改进项目的验证情况。通过对改进结果进行分析,评价改进措施的有效性。

6 有关说明

具体说明与装备其他改进项目的协调和权衡情况。

7 有关建议

对尚未完全落实的改进措施提出处理建议,对已落实的改进措施提出推广使用建议。

第 8 章　维修性文件

8.1　维修性要求

按照 GJB 368B—2009《装备维修性工作通用要求》、GJB 1909A—2009《装备可靠性维修性保障性要求论证》编写。

1　范围
2　引用文件
3　概述
　　主要说明装备维修性要求论证的作用、目标和意义等。
4　装备的使命和任务
　　说明装备的使命和任务,主要包括新研装备担负的主要任务和辅助任务及其使用环境条件,论述现有装备在战备完好性、任务成功性、持续性和部署性等方面的不足和缺陷,以及国内外相似装备维修性现状分析。
5　装备使用方案、设计方案和保障方案
　　使用方案、设计方案和保障方案是进一步确定维修性要求的依据。使用方案主要说明装备将如何使用和使用时的组织机构、人员安排,还应包括装备的寿命剖面和任务剖面;设计方案简述装备的基本组成,列出为完成使用任务,装备必要的功能清单和相应的分系统清单;保障方案说明对保障工作的总体设想。它由满足功能的保障要求、与设计方案及使用方案相协调的各保障要素方案组成。
6　故障定义和判断准则
　　说明在试验过程中对故障原因和后果进行分类所需的指导原则。故障分类的结果将评价装备的维修性。
7　装备维修性定性定量要求及约束条件
　　列出装备的维修性定性和定量要求,维修性定量要求参数及其计算方法,装备形成初始作战能力和保障能力的时机和状态等。
　　在确定维修性要求时,应遵循如下原则:
　　a) 提出维修性要求应从任务需求出发,满足装备的作战使命;
　　b) 提出的维修性要求应经过可行性分析,包括技术可行性分析和经济可行性分析;

c) 提出的维修性参数的数量应尽可能地少,并经过反复迭代和细化;

d) 提出的维修性定量要求应有明确的定义,是可度量、可追溯、可验证的,并且有明确的验证时机、内容、条件和方法;定性要求应是明确的,可评估、可检查的,应有明确的检查清单和检查方法;不得用含糊、模棱两可的语言来表述各项要求;

e) 提出的维修性要求应完整,相互之间应协调匹配,并保证最终提出的维修性要求与装备设计方案、使用方案和保障方案相协调。

维修性要求及约束条件涉及以下各个方面:

a) 允许的维修停机时间;

b) 修复所需的诊断和测试时间;

c) 每次维修活动或每个使用(工作)小时的维修工时;

d) 故障检测率、故障隔离率和虚警率;

e) 预防性维修和战场损伤修复的影响;

f) 维修级别的划分及各级别的修复能力;

g) 测试与诊断方案;

h) 维修方案;

i) 人员技能水平限制。

维修性参数可分为以下三类:

a) 维修时间参数,如平均修复时间(MTTR)、系统平均恢复时间(MTTRS)、平均预防性维修时间(MPMT)等;

b) 维修工时参数,如维修工时率(MR);

c) 测试诊断类参数,如故障检测率(FDR)、故障隔离率(FIR)、虚警率(FAR)、故障检测隔离时间(FIT)等。

装备维修性要求论证时,应至少提出如下维修性定性要求:

a) 不易用定量指标来描述的维修性要求,如需要经常调整、清洗、更换的部件应便于拆装或可进行原位维修的要求,检查窗开启和关闭操作应简单方便的要求等;

b) 具体产品的维修性设计要求,对维修空间、可达性、互换性等提出的要求,包括部件或功能件应可以互换的要求、特殊的防差错及标识要求、具体部件的维修安全要求,以及有些特殊的维修性设计要求,如坦克炮身管应能前抽进行更换的要求、动力舱应能整体吊装的要求等;

c) 对软件提出可维护性方面的要求,如软件结构、采用编程语言、代码注释行要求等;

d) 有关战场抢修的要求,如坦克诱导轮损坏时,应能实现履带短接的要求等。

8 装备维修性要求确定的过程和分析方法

列出确定装备维修性要求的过程、所用的分析方法和理由。

9 装备维修性要求可验证性分析

列出装备维修性要求可验证性分析的结果,包括验证的参数、验证时机和方法等。

可验证性分析是确定提出的各项维修性指标能否得到验证的过程。通过可验证分析,应明确如下主要内容:

a) 需验证参数的定义和内涵,包括试验时应记录的数据、如何利用数据计算参数量值的方法。

b) 装备的故障判断准则,包括关联和非关联(责任和非责任)故障判断准则,任务成功的准则和严重故障(任务故障)判断准则等。有耐久性要求的装备,应明确极限状态(耐久性损坏)的判断准则。

c) 验证试验方案。根据 GJB 899、GJB 2072 和有关标准规定的原则确定试验方案时,应明确指标的统计含义,说明所提指标是用置信下限(或上限)还是均值来度量;应规定检验的统计准则,包括试验的判决风险、样本数、试验总时间、置信水平等。当有多种任务剖面时,还应明确试验剖面,规定试验剖面的持续时间、各分系统的试验时间、综合环境试验条件等,试验剖面的设计应与任务剖面相协调。

d) 对不能或不适宜用统计试验方案验证的参数提出评估验证的要求,有的指标可采用演示试验的方法进行验证,有的指标(如小子样的成功概率)可利用不同层次的数据通过建模仿真或其他综合的方法进行评估。

e) 装备维修性使用要求的验证应在装备实际使用条件下通过使用试验来验证。在不具备使用验证条件的情况下,可利用定型试验期间收集的数据和装备设计过程中的数据,利用仿真等技术进行分析评估,以评估使用要求的实现情况。

10 装备维修性专项经费预计分析

通过寿命周期费用影响的费用分析,列出装备维修性专项经费需求分析结果、支付进度和要求等。

8.2 维修性工作项目要求

按照 GJB 368B—2009《装备维修性工作通用要求》编写。

1 范围

2 引用文件

3 维修性工作项目的选择原则

维修性工作项目的选择应遵循以下原则:

a) 工作项目的选择应以确保达到维修性定性与定量要求为主要目标。鼓励承制方提出补充的工作项目、备选的工作项目和对工作项目进行改进。

b) 费用效益是选择工作项目的基本依据。选择工作项目时,可根据产品维修性目标和各工作项目所需的费用,综合考虑工作项目的复杂程度、阶段划分和资金、进度要求等因素。

c) 维修性工作项目与其他专业工程(如综合保障、安全性、可靠性等)相协调,避免重复,维修性建模和分析尤其需要与保障性分析相协调,但不能重复。应保证保障性分析及其记录与维修性(含测试性)分析及其数据不重复。

d) 维修性要求的确定、工作项目的选择和剪裁、说明细节的补充、详细设计评审项目要求的制定等工作之间需要协调。

4 维修性工作项目选择权衡分析

维修性工作项目的选择取决于具体产品的情况,考虑的主要因素有:
a) 要求的维修性水平;
b) 产品的类型和特点;
c) 产品的复杂程度和重要性;
d) 产品新技术含量;
e) 费用、进度及所处阶段等。

为了选择适用的工作项目,应对工作项目的适用性进行分析,可采用表8.1"工作项目重要性系数分析矩阵"的方法,得出各工作项目的重要性系数,重要性系数相对高的工作项目就是可选择的适用的项目。

表8.1 工作项目重要性系数分析矩阵

工作项目	加权系数(1~5)							乘积[a]	重要性系数[b]
	复杂程度	关键性	产品类型及特点	新技术含量	使用环境	所处阶段	…		
101									
102									
…									

[a] 乘积=各因素加权系数的连乘;
[b] 重要性系数:假设乘积值最大的工作项目重要性系数为10,其他工作项目的重要性系数=$\dfrac{该工作项目乘积}{最大乘积} \times 10$

表8.1中需要考虑的因素可根据具体情况确定,如产品的复杂程度、关键性、新技术含量、费用、进度等。每一因素的加权系数通过打分确定(取值为1~5),一般讲,可靠性低的产品,维修性工作项目的加权系数相对大一些;复杂程度高的产品,维修性工作项目加权系数大一些;测试性水平低的产品,维修性工作项目加权系数要大一些。确定了考虑因素并选取了加权值后,将每一工作项目的加权值连乘,然后按表中的方法计算每一工作项目的重要性系数。

表8.2参考常规武器装备的研制程序,提供在研制与生产各阶段及现役装备的改进中应该进行哪些工作的一般指导。依据该表可初步确定各阶段一般应包括的维修性工作项目。该表只是一般性的指南,并不能适合所有的情况。对于不同的产品,可根据其研制程序,调整阶段划分和确定相应的维修性工作项目。战略武器装备和军用卫星可按相应研制程序划分。

表8.2 维修性工作项目应用矩阵

GJB 368B 条款编号	工作项目编号	工作项目名称	论证阶段	方案阶段	工程研制与定型阶段	生产与使用阶段	装备改型
5.1	101	确定维修性要求	√	√	×	×	√(1)
5.2	102	确定维修性工作项目要求	√	√	×	×	√
6.1	201	制定维修性计划	√	√(3)	√	√(3)(1)	√(1)
6.2	202	制定维修性工作计划	△	√	√	√	√
6.3	203	对承制方、转承制方和供应方的监督和控制	×	△	√	√	△
6.4	204	维修性评审	△	√(3)	√	√	√
6.5	205	建立维修性数据收集、分析和纠正措施系统	×	△	√	√	√
6.6	206	维修性增长管理	×	√	√	○	√
7.1	301	建立维修性模型	△	△(4)	√	√	×
7.2	302	维修性分配	△	√(2)	√(2)	○	△(4)
7.3	303	维修性预计	△	√(2)	√(2)	○	△(2)
7.4	304	故障模式及影响分析——维修性信息	×	△(2)(3)(4)	√(1)(2)	○(1)(2)	△(2)
7.5	305	维修性分析	△(3)	√(3)	√(1)	○(1)	△
7.6	306	抢修性分析	×	△(3)	√(1)	○(1)	△
7.7	307	制定维修性设计准则	×	△(3)	√	○	△
7.8	308	为详细的维修保障计划和保障性分析准备输入	×	△(2)(3)	√(2)	○(2)	△
8.1	401	维修性核查	×	√(2)	√(2)	○(2)	△(2)
8.2	402	维修性验证	×	△	√(2)	○	△
8.3	403	维修性分析评价	×	×	△	√(2)	√(2)
9.1	501	使用期间维修性信息收集	×	×	×	√	√

(续)

GJB 368B 条款编号	工作项 目编号	工作项目名称	论证 阶段	方案阶段	工程研制 与 定型阶段	生产与 使用阶段	装备 改型
9.2	502	使用期间维修性评价	×	×	×	√	√
9.3	503	使用期间维修性改进	×	×	×	√	√

注:√表示一般适用;△表示根据需要选用;○表示一般仅适用于设计变更;×表示不适用。
(1) 要求对其费用效益作详细说明后确定。
(2) GJB 368B不是该工作项目第一位的执行文件,在确定或取消某些要求时,必须考虑其他标准或《工作说明》的要求。例如在叙述维修性验证细节和方法时,必须以 GJB 2072 为依据。
(3) 工作项目的部分要点适用于该阶段。
(4) 取决于要订购的产品的复杂程度、组装及总的维修策略。

5 维修性工作项目与其他工程的协调

维修性工作项目应与相关工程,特别是与按 GJB 450A、GJB 2547A、GJB 3872 确定的可靠性、测试性和综合保障工作项目协调,综合安排,相互利用信息,减少重复的工作。

6 维修性工作项目的实施内容

应明确对维修性工作项目的具体要求和注意事项,以确保维修性工作项目的实施效果。

8.3 维修性计划

按照 GJB 368B—2009《装备维修性工作通用要求》编写。

1 范围
2 引用文件
3 总体要求和安排

说明装备维修性工作的总体要求和安排。

4 管理和实施机构及其职责

分别确定维修性工作的管理与实施机构及其职责。应明确订购方完成的工作项目及其要求,主要工作内容、进度安排以及实施单位等。

5 维修性及其工作项目要求论证工作的安排

明确对维修性要求的论证、维修性工作项目要求的论证的安排。

6 维修性信息工作的要求与安排

维修性信息包括装备论证、研制、生产和使用阶段产生的有关维修性数据、报告及文件等。维修性信息工作的主要要求有：

a) 维修性信息应作为装备质量信息的重要内容，并按 GJB 1686 的规定实施统一管理；

b) 应明确装备寿命周期各阶段对维修性信息的要求，并通过利用或完善现有的信息系统，建立维修性数据收集、分析和纠正措施系统（DCACAS），有效地收集、记录、分析、处理和反馈维修性信息；

c) 有关维修性信息应按 GJB 1775、GJB 3837 等标准的要求，规定信息单元的名称和代码；

d) 订购方和承制方相互提供的维修性信息及其要求均应在相应的合同中明确，其中维修性工作报告的格式应按 GJB/Z 23 的规定。

7 对承制方监督与控制工作的安排

明确订购方对承制方、承制方对转承制方和供应方的维修性工作进行监督与控制工作的安排。

承制方对转承制方和供应方的要求主要包括以下内容：

a) 维修性定量与定性要求及验证方法；

b) 对转承制方维修性工作项目的要求；

c) 对转承制方维修性工作实施监督和检查的安排；

d) 转承制方执行维修性数据收集、分析和纠正措施系统的要求；

e) 承制方参加转承制方产品设计评审、维修性试验的有关事项；

f) 转承制方或供应方提供产品规范、图样、维修性数据资料和其他技术文件等的要求。

8 评审工作的要求与安排

维修性评审主要包括订购方内部的维修性评审和按合同要求对承制方、转承制方进行的维修性评审，还应包括承制方和转承制方进行的内部维修性评审。

明确需要进行的维修性评审，提出对评审工作的要求和安排，即在制定维修性评审计划，提供有关评审的文件和资料，与作战性能、可靠性、安全性、综合保障等评审协调进行的情况，形成文件的评审结果等方面的要求。

9 维修性试验与评价工作的要求与安排

明确维修性试验与评价工作即维修性核查、维修性验证试验、维修性分析评价的要求与安排。

10 使用期间维修性评价与改进工作的要求与安排

对使用维修性信息收集、使用维修性评估、使用维修性改进三个工作项目进行安排，并提出要求。

11 工作进度及经费安排

明确维修性各项工作的计划进度及经费安排。

12 与其他计划的协调

说明维修性工作与其他相关工作的协调情况,主要包括:

a) 维修性工作应与可靠性、综合保障、测试性、安全性、质量管理等相关的工作相协调,并尽可能结合进行,但应保证维修性工作的实质性内容和要求;

b) 维修性工作的输出信息应能满足综合保障、测试性和安全性工作的有关输入要求,维修性工作计划应明确这些接口关系。

8.4 维修性工作计划

按照GJB 368B—2009《装备维修性工作通用要求》编写。

1 范围

2 引用文件

3 维修性要求和维修性工作项目的要求

说明产品的维修性要求和维修性工作项目的要求,工作计划中至少应包含合同规定的全部维修性工作项目。

4 各项维修性工作项目的实施细则

明确各项维修性工作项目的目的、内容、范围、实施程序、完成结果和对完成结果检查评价的方式。

5 管理和实施机构及其职责

明确维修性工作的管理和实施机构及其职责,以及保证计划得以实施所需的组织、人员和经费等资源的配备。

6 维修性工作与其他工作协调的说明

说明维修性工作与产品研制计划中其他工作的协调情况。维修性工作计划应与可靠性工程、综合保障等领域的有关工作相互协调,避免重复。

7 维修性工作所需数据资料

7.1 数据资料种类及获取途径

明确进行维修性工作所需数据资料种类、获取途径。

7.2 数据资料传递方式与程序

明确进行维修性工作所需数据资料传递方式与程序。

8 维修性评审安排

明确维修性评审工作的具体安排。包括维修性评审点设置、评审内容、评审类型、评审方式及要求等。评审的结果应形成文件。维修性评审应尽可能与作战性能、可靠性、安全性、综合保障等评审结合进行,必要时也可专门进行。
9 关键问题分析
说明关键问题及其对维修性要求实现的影响,解决这些问题的方法或途径。
10 工作进度
明确工作进度安排,应与研制阶段决策点保持一致。

8.5 维修性模型

按照 GJB/Z 145—2006《维修性建模指南》编写。
1 范围
2 引用文件
3 建模的目的、时机与用途
明确建模的目的、时机与用途。
4 建模的参数
确定建模的参数,包括:
a) 根据掌握的信息和建模目的确定建模的参数;
b) 确定的建模参数一般应为 GJB 1909A 或合同中定义的参数。
5 相关信息、资料及维修约束条件
对收集和整理产品或相似产品的有关信息、资料及维修约束条件进行说明。主要包括:
a) 功能层次及其框图;
b) 结构特性,如机械、电子、化工、火工品等不同结构及其布局;
c) 维修级别、保障条件及保障方案;
d) 影响产品维修性的设计特征,如可达性、互换性、故障检测与隔离特性、故障频率等;
e) 已知相似产品或相似单元的可靠性维修性定量数据和定性要求;
f) 可靠性分析资料,如产品的可靠性水平、故障模式影响分析(FMEA)、故障树分析(FTA)的结果。
6 建立模型
说明建立的维修性模型,应遵循以下一些原则:
a) 真实性。模型必须客观、真实地反映所研究对象的本质,必须准确地反映产品中影响维修性的有关因素与维修性参数的关系。
b) 目的性。模型的建立要针对研究的目的,如预计和分配这两种不同目的所对应的模型就不尽一致。

c) 可追溯性。模型的建立、简化、完善、修改等必须归档,使整个建模过程透明可见。

d) 清晰性。模型必须清楚、明确地描述所研究的维修性问题,并易于理解和掌握。对于由多个子模型组合而成的复杂产品维修性模型,要清晰地表述产品维修性模型与其子模型之间的相互关系。

e) 适应性。模型要适应产品所处的环境和内部条件。随着产品的外部环境和内部结构的变化,维修性模型应能够适应这种变化,便于修改完善。

阐述建立的模型,包括:

a) 选择或建立适用的模型。从 GJB/Z 145—2006《维修性建模指南》提供的模型中选择适用的模型,当无适用的模型时,应按提供的建模方法建立模型。

b) 维修事件(项目)分析。如维修事件与维修职能关系、产品维修与产品维修事件关系、产品维修事件与相应维修活动关系以及维修活动与基本维修作业之间的关系等。

c) 维修任务分析。如串行作业、并行作业、网络作业以及产品维修任务与组成单元维修作业之间的逻辑关系等。

d) 确定输入与输出关系,建立相应的模型。

e) 装备的维修性模型可以有多种,尽量先简后繁,在满足精度条件下应尽量简化。

7 确认模型

模型的确认是检验构造的模型能否真正代表所建模产品(或所设计系统)的基本性能。模型的确认过程是对模型和产品反复比较的过程,并且利用二者之间的差别来改进和修正模型,使之逐步向产品特征逼近,直到模型被确认为真正代表产品时为止。

8.6 维修性分配

按照 GJB/Z 57—1994《维修性分配与预计手册》编写。

1 范围
2 引用文件
3 维修性分配的条件

说明维修性分配应具备的条件,通常包括:

a) 已经提出对装备的维修性要求并载入合同或研制任务书中;

b) 已经初步确定装备的系统功能层次和维修方案;

c) 已经完成可靠性的初步分配,或与可靠性分配同时进行。

4 维修性分配的主要依据

a) 对于新的设计,固有特性未知,分配应以涉及的每个功能层次上各部分的相对复杂性为基础,在许多场合,可按各部分的故障率分配。

b) 若设计是从过去的设计演变而来或有相似的装备,则分配应以过去的经验或相似装备的数据为基础。

c) 分配是否合理应以技术可行性、费用、进度等约束条件为依据。

5 使用需求分析

确定装备系统的使用要求、环境条件和其他约束条件,确定其寿命剖面、任务剖面。

6 功能层次分析

确定装备各组成部分的功能层次,由系统逐步分解到所需层次的产品即可更换单元,绘制系统功能层次图。层次多少按装备系统复杂程度而定,但应与可靠性分配层次取得一致。

系统功能层次图是描述从系统到每一个低层次产品的功能层次关系,及其所需要的维修活动和措施的一种方法。系统功能层次的分解根据系统的功能分析和系统设计方案进行。分解的细化程度,根据分配的需要和设计的进度确定。

7 维修方案

根据维修策略和保障方案等确定各维修级别的任务、职能和分工,绘制维修职能流程图。

维修职能流程图是描述各级维修职能的一种方法,即在每一个维修级别上,对修复性维修和预防性维修的过程分别提出要点,找出各项职能之间相互联系。维修级别按各军兵种的体制及维修制度确定。

8 维修频率

对于需分配的各个功能层次的产品,根据可靠性分配的结果以及维修方案或大纲,确定其修复性维修的频率和预防性维修的频率,两类频率不得混淆。

9 分配的指标

根据研制合同(或任务书)给定的维修性定量要求,确定应分配的指标。

10 分配原则

明确进行维修性分配应遵循的原则。

11 分配方法及影响因素

根据分配的时机,产品的类型,分配的要求等,确定分配的方法和应用的数学模型。分析影响选择该分配方法的各种因素。

12 分配结果

分配到每一单元的定量指标。

8.7 维修性预计

按照 GJB/Z 57—1994《维修性分配与预计手册》编写。
1 范围
2 引用文件
3 维修性预计的条件
说明维修性预计应具备的条件,通常包括:

a) 已作出了系统的初步设计;

b) 已经完成可靠性的初步预计;

c) 掌握有关资料和数据,并权衡它们是否合理可用,这些资料和数据包括相似装备的历史数据,现有的维修保障分系统情况,与所研制的装备及各部分有关的故障率数据,维修工作顺序和维修工作时间元素的数据等。

4 维修性预计的主要依据
说明维修性预计的主要依据,通常包括:

a) 可转移原理。由已有系统积累的数据可用于正在进行研制或分析的相似系统的维修性预计,当系统之间能够达到所需的相似程度时,这种方法是合理的。在新研装备的方案或早期设计阶段,只能粗略地推断相似程度。随着研制的深入和细化,新研装备的结构和维修作业与已有系统之间建立了明确的相互关系,预计的精度就会提高。

b) 预计方法的普遍性。GJB/Z 57—1994 提供的方法,虽然具体数据是针对某些类型装备的,但基本程序、模型和某些基本维修作业时间适用于各类装备的预计,不同类型的装备只需或实测相似系统特殊的数据。

c) 有关基本维修作业的假设。在第 9 章详细说明。

5 使用需求分析
确定装备系统的使用要求、环境条件和其他约束条件,确定其寿命剖面、任务剖面。

6 功能层次分析
确定装备各组成部分的功能层次,由系统逐步分解到所需层次的产品即可更换单元,绘制系统功能层次图。层次多少按装备系统复杂程度而定,但应与可靠性分配层次取得一致。

系统功能层次图是描述从系统到每一个低层次产品的功能层次关系,及其所需要的维修活动和措施的一种方法。系统功能层次的分解根据系统的功能分析和系统设计方案进行。分解的细化程度,根据预计的需要和设计的进度确定。

7 维修方案

根据维修策略和保障方案等确定各维修级别的任务、职能和分工,绘制维修职能流程图。

维修职能流程图是描述各级维修职能的一种方法,即在每一个维修级别上,对修复性维修和预防性维修的过程分别提出要点,找出各项职能之间相互联系。维修级别按各军兵种的体制及维修制度确定。

8 维修频率

对于需预计的各个功能层次的产品,根据可靠性预计的结果以及维修方案或大纲,确定其修复性维修的频率和预防性维修的频率,两类频率不得混淆。

9 预计的各种假设

维修性预计中对基本维修作业的假设如下:

a) 完成基本维修作业所需的平均时间具有相当的稳定性,即不依赖于装备和保障设计;

b) 基本维修作业的发生频度与装备保障设计的某些因素有关;

c) 在任何维修活动中基本维修作业彼此是独立的;

d) 在任何维修活动中所需要的总时间,可按该活动中包含的一种或多种基本维修作业时间计算出来。

10 预计的参数

根据研制合同(或任务书)给定的维修性定量要求,确定应预计的参数。

11 预计方法

根据预计的时机,产品的类型,预计的要求等,确定预计的方法和应用的数学模型。分析选择这些方法的理由。

12 相关数据

明确预计中采用的数据来源及数据的有效性。

13 预计结果

说明预计结果。

8.8 故障模式及影响分析—维修性信息

按照 GJB/Z 1391—2006《故障模式、影响及危害性分析指南》编写。

1 范围
2 引用文件
3 系统定义

系统定义可概括为产品功能分析和绘制框图(功能框图、任务可靠性框图)

两个部分。

a) 产品功能分析,即在描述产品任务后,对产品在不同任务下的主要功能、工作方式(如连续工作、间歇工作或不工作等)和工作时间等进行分析,并应充分考虑产品接口部分的分析;

b) 绘制功能框图,功能框图是表示产品各组成部分所承担一任务或功能间的相互关系,以及产品每个约定层次间的功能逻辑顺序、数据(信息)流、接口的一种功能模型。也可表示为产品功能层次与结构层次对应关系图;绘制可靠性框图,可靠性框图是描述产品整体可靠性与其组成部分的可靠性之间的关系,是表示故障影响的逻辑关系。

4 故障模式分析

说明对产品故障模式的分析过程及其结果。

a) 当选用功能 FMEA 时,根据系统定义中的功能描述、故障判据的要求,确定其所有可能的功能故障模式;当选用硬件 FMEA 时,根据被分析产品的硬件特征,确定其所有可能的硬件故障模式;进而对每个故障模式进行分析;

b) 故障模式的获取方法:在进行 FMEA 时,一般可以通过统计、试验、分析、预测等方法获取产品的故障模式;

c) 常用元器件、零组件的故障模式可以从国内外某些标准、手册中确定其故障模式;

d) 当 b)、c)中的方法不能获得故障模式时,可参照表 8.3、表 8.4 所列典型故障模式确定被分析产品可能的故障模式。

表 8.3 典型的故障模式(简略的)

序号	故障模式
1	提前工作
2	在规定的工作时间内不工作
3	在规定的非工作时间内工作
4	间歇工作或工作不稳定
5	工作中输出消失或故障(如性能下降等)

表 8.4 典型的故障模式(较详细的)

序号	故障模式	序号	故障模式	序号	故障模式	序号	故障模式
1	结构故障(破损)	12	超出允差(下限)	23	滞后运行	34	折断
2	捆结或卡死	13	意外运行	24	输入过大	35	动作不到位
3	共振	14	间歇性工作	25	输入过小	36	动作过位
4	不能保持正常位置	15	漂移性工作	26	输出过大	37	不匹配

(续)

序号	故障模式	序号	故障模式	序号	故障模式	序号	故障模式
5	打不开	16	错误指示	27	输出过小	38	晃动
6	并不上	17	流动不畅	28	无输入	39	松动
7	误开	18	错误动作	29	无输出	40	脱落
8	误关	19	不能关机	30	（电的）短路	41	弯曲变形
9	内部漏泄	20	不能开机	31	（电的）开路	42	扭转变形
10	外部漏泄	21	不能切换	32	（电的）参数漂移	43	拉伸变形
11	超出允差（上限）	22	提前运行	33	裂纹	44	压缩变形

5 故障原因分析

阐述故障原因分析的方法：一是从导致产品发生功能故障模式或潜在故障模式的那些物理、化学或生物变化过程等方面查找故障模式发生的直接原因；二是从外部因素（如其他产品的故障、使用、环境和人为因素等）方面查找产品发生故障模式的间接原因。

6 故障影响及严酷度分析

对进行故障影响及严酷度分析，记录分析过程和分析结果。每个故障模式的影响一般分为三级：局部影响、高一层次影响和最终影响。故障影响的严酷度类别应按每个故障模式的最终影响的严重程度进行确定。

7 故障检测方法分析

分析说明可采取的故障检测方法。故障检测方法一般包括：目视检查、原位检测、离位检测等。故障检测一般分为事前检测与事后检测两类，对于潜在故障模式，应尽可能在设计中采用事前检测方法。

8 设计改进与使用补偿措施分析

对设计改进与使用补偿措施进行分析，主要内容包括：

a) 设计改进措施，即当产品发生故障时，应考虑是否具备能够继续工作的冗余设备；安全或保障装置（例如监控及报警装置）；替换的工作方式（例如备用或辅助设备）；可以消除或减轻故障影响的设计改进（例如优选元器件、热设计、降额设计）等。

b) 使用补偿措施，即为了尽量避免或预防故障的发生，在使用和维护规程中规定的使用维护措施，一旦出现故障后，操作人员应采取的最恰当的补救措施等。

9 FMEA 的实施

说明 FMEA 的实施过程和结果。

功能及硬件 FMEA 的实施,一般是通过填写 FMEA 表格进行。

对于嵌入式软件、过程(生产过程、使用操作过程、维修过程、管理过程等) FMEA,武器装备 DMEA 参照 GJB/Z 1391—2006 故障模式、影响及危害性分析指南相关要求执行。

8.9 维修性分析

按照 GJB 368B—2009《装备维修性工作通用要求》编写。

1 范围

2 引用文件

3 产品简述

简要描述产品组成和主要功能。

4 数据与信息

汇总用于维修性分析的数据与信息,说明其来源。

维修性分析所需的输入信息主要来源如下:

a) 可靠性分析和预计;

b) 维修有关的人的因素的研究;

c) 安全性分析;

d) 制造工艺分析;

e) 费用分析。

订购方可提供的有关信息:

a) 使用与保障方案及其备选方案和要求,其中包括环境条件、任务剖面、期望寿命和故障定义;

b) 系统或设备的维修性定量要求;

c) 人员的约束条件;

d) 所计划的设施、人员技能、设备及工具的完备程度;

e) 费用约束条件;

f) 有关系统或设备的研究报告和工程报告的类型;

g) 现有的工具和设备的清单。

5 维修性分析项目

说明承制方在初步设计评审时向订购方提交的维修性分析项目清单。各分析项目应协调进行。

a) 在设计过程中,承制方应对维修性要求及有关约束进行分析;

b) 应对产品设计方案进行维修性权衡分析,包括维修性设计自身的权衡、维修性与其他性能设计的权衡,要在产品顶层进行权衡,还要在其以下层次进行,确保整体优化。

c) 应结合装备维修保障方案对装备维修时间进行分析,推断不同取值对设计方案的影响以及对实现技术途径的要求。维修时间分析一般应包括对以下时间要素的考虑:1) 故障诊断与检测时间;2) 拆卸时间;3) 修复时间;4) 重新装配时间;5) 调整调校时间;6) 检查测试时间。

d) 应对产品的故障检测能力进行分析,包括对测试和诊断系统的构成和设计的相应分析。可供考虑的测试与诊断系统的类型有:1) 外部自动硬件测试;2) 外部自动软件测试;3) 内部自动硬件测试;4) 内部自动软件测试;5) 人工操作软件测试;6) 人工测试;7) 半自动(人工和自动的组合)测试;8) 维修辅助手段和其他诊断程序。

e) 应对产品维修进行人素分析,主要项目包括:力量与疲劳分析;可达性分析;维修操作活动空间分析;可视性分析;维修安全性分析。

f) 应综合利用可靠性、维修性、保障性的有关信息进行维修费用预测分析。费用分析不仅要考虑故障件的成本,还要考虑所需工具、设备等因素,需要时,还应考虑由于特殊技术或工艺要求所产生的费用影响。费用预测结果不合理时,应及时调整设计。

6 维修性分析方法

选择进行维修性分析的方法,并说明理由。

可供采用的分析技术如下:

a) 故障模式及影响分析(FMEA)——维修性信息分析;

b) 运用维修性模型;

c) 运用寿命周期费用模型;

d) 比较分析,主要是将新研产品与类似产品(比较系统)相比较,利用现有产品已知的特性或关系,包括使用维修中的经验教训,分析产品的维修性及有关保障问题;

e) 风险分析;

f) 权衡技术。

7 分析过程及结果

说明维修性分析过程及分析结果,应注意:

a) 装备、维修人员、维修工具或设备必须作为一个整体来考虑;

b) 测试系统必须作为产品设计的一个组成部分,在研制早期就应当考虑;

c) 测试系统常常是在产品主要功能之外附加的硬件和软件;

d) 测试系统往往会有一定的局限,如不能检测出所有的故障,对部分故障难以隔离定位,其至有时产品尽管正常工作,但却被指示为有故障等,这些质量特性影响着维修性、保障性要求与战备完好性目标的实现;

　　e) 测试系统的费用在产品的总费用中占有相当大的比重,维修性分析在确定测试系统的设计构成的同时,还要确定测试系统的质量特性。

8　更改建议

　　针对分析结果,提出有关产品设计方面的更改建议。

9　资源要求建议

　　提出有关后勤资源要求的建议。

8.10　抢修性分析

　　按照 GJB 368B—2009《装备维修性工作通用要求》编写。

1　范围

2　引用文件

3　数据与信息

　　说明进行战场抢修和抢修性分析的数据与信息,应包括:

　　a) 装备概况;

　　b) 装备的作战任务及环境的详细信息;

　　c) 可能的作战威胁情况;

　　d) 产品故障和战斗损伤的信息;

　　e) 装备维修保障信息;

　　f) 战时可能获得的保障资源信息;

　　g) 类似装备的上述信息等。

4　确定潜在战场损伤

　　根据产品的预定作战任务对产品基本功能项目进行分析,确定潜在战场损伤,必要时应进行模拟试验。

5　抢修工作类型分析

　　以产品 FMEA、DMEA 分析为依据,对战场损伤进行逻辑决断,确定适当的抢修工作类型。常见的抢修方式有切换、切除、重构、拆换、替代、原件修复、制配等。

6　资源要求建议

　　分析和评价装备抢修所需资源,提出资源要求建议。

7　更改建议

　　对预想的战场损伤及其抢修方法的快速、方便、有效性进行分析评估,主要内容包括：
   a) 抢修性要求与其他特性要求权衡；
   b) 损伤评估与修复时间分析；
   c) 损伤评估与修复时间预计；
   d) 损伤快速检测与定位有效性分析；
   e) 损伤评估与修复安全性分析；
   f) 损伤评估与修复资源评估。

对抢修性的薄弱环节提出改进意见。

8.11　维修性设计准则

按照GJB 368B—2009《装备维修性工作通用要求》编写。

1　范围

2　引用文件

3　产品概述

说明产品名称、型号、功能和配套关系；产品合同规定的维修性定性要求等。

4　维修性设计准则

阐述维修性设计准则。维修性设计准则是用于指导产品设计的各种技术原则和措施。设计准则除应包括一般原则（总体要求）外，还应包括产品各组成部分维修性设计的原则或指南。通用设计准则如下。

为减少维修造成的停用时间，可以采用：
   a) 无维修设计；
   b) 标准的和经认证的设计和零部件；
   c) 简单、可靠和耐久的设计和零部件；
   d) 减轻故障后果的故障保护机构；
   e) 模块化设计；
   f) 从基层级到基地级的有效的综合诊断装置。

为减少维修停用时间，可以通过设计使下列工作迅速可靠：
   a) 预测或检测故障或性能退化；
   b) 受影响的组件、机柜或单元的故障定位；
   c) 隔离到某个可更换或可修复的模件或零件；
   d) 通过更换、调整或修复排除故障；
   e) 确定排除故障与保养的适用性；
   f) 识别零件、测试点及连接点；

g) 校准、调整、保养及测试。

为减少维修费用,可通过设计减少:
a) 故障对人员和设备的危害;
b) 全套专用维修工具;
c) 对于基地或承制方维修的要求;
d) 备件和材料的消耗和费用;
e) 不必要的维修;
f) 人员的技能要求。

为降低维修的复杂程度,可以采用下列设计:
a) 系统、设备和设施的兼容性;
b) 设计、零件及术语的标准化;
c) 相似零件、材料和备件的互换性;
d) 最少的维修工具、附件及设备;
e) 适当的可达性、工作空间和工作通道。

为降低维修人员要求,可以采用下列设计:
a) 合理有序的职能和工作分配;
b) 搬运的方便性、机动性、运输性及贮存性;
c) 最少的维修人数和维修工种;
d) 简单而有效的维修规程。

为减少维修差错,可采用设计措施以减少:
a) 未检测出的故障或性能退化的可能性;
b) 无效维修,疏忽,滥用或误用维修;
c) 危险的或难处理的工作内容;
d) 维修标志和编码含混不清。

8.12 维修保障计划和保障性分析的输入

按照 GJB 368B—2009《装备维修性工作通用要求》编写。

1 范围

2 引用文件

3 使用保障要求

简要说明经订购方确认的使用与保障要求及方案。

4 维修性数据

分别对工作项目 301(建立维修性模型)、305(维修性分析)、306(抢修性分析)、307(制定维修性设计准则)及其他有关工作项目的结果进行分析总结,参照以下划分的主要数据类别,得出为制定详细维修保障计划和进行保障性分析的输入数据:

    a) 产品的结构与安装特点;

    b) 产品的性能检测和故障诊断特性;

    c) 与维修性有关的产品技术状态;

    d) 维修性预计结果;

    e) 在各维修级别上所要求的不同种类的维修工作;

    f) 在每一维修级别开展维修工作所需的工具、设备、场地以及各种技术手册等;

    g) 每一维修级别要求的人员技术水平与种类。

5 ××阶段维修性分析结果清单

应将与维修保障计划和保障性分析有关的维修性分析结果制成清单,并经订购方认可。清单必须随着维修性分析的深入和维修性设计准则的确立而及时修正。清单内容包括:

    a) 每一维修级别维修的产品层次、范围和频数;

    b) 每一维修级别的初始人员技能要求和人力需求(或有关约束条件);

    c) 每一维修级别的人工或自动检测系统的特性;

    d) 每一维修级别需要的初始维修技术文件;

    e) 每一维修级别必须的人员初始培训及训练器材;

    f) 每一维修级别需要的初始设施;

    g) 每一维修级别需要的专用与通用保障设备和工具;

    h) 维修保障有关的计算机资源。

8.13 维修性核查方案

按照 GJB 2072—1994《维修性试验与评定》编写。

1 范围

2 引用文件

3 概述

一般应说明试验与评定的依据、目的、类别、项目,若维修性试验与其他试验结合进行,应说明结合的方法。

4 组织

明确试验的组织工作,一般应包括:

a) 试验评定的组织领导及参试单位；
　　b) 试验人员的分工及资格、数量要求；
　　c) 维修小组人员的来源及培训要求。

5　试验场地与资源

　　明确试验的场地与资源，一般应规定：
　　a) 试验场地及环境条件；
　　b) 工具与保障设备；
　　c) 技术文件；
　　d) 备件和消耗品；
　　e) 试验设备；
　　f) 安全设备。

6　实施

6.1　准备

　　明确试验的准备工作，一般包括：
　　a) 试验组的组成；
　　b) 维修人员的培训；
　　c) 试验设施的准备；
　　d) 保障器材的准备。

6.2　试验

　　明确试验的实施要求，一般应包括：
　　a) 试验进度；
　　b) 试验方法，包括判决标准及风险率或置信度；
　　c) 当模拟故障时，选择维修作业的程序；
　　d) 数据获取方法；
　　e) 数据分析方法与程序；
　　f) 重新试验的规定。

6.3　评定

　　明确试验结果的评定内容和方法，一般应包括：
　　a) 对装备满足维修性定性要求程度的评定；
　　b) 对装备满足维修性定量要求程度的评定；
　　c) 对维修保障要素的评定(需要时)。

6.4　试验与评定报告

　　应规定试验与评定报告的编写与交付的要求。

7 监督与管理

应明确试验与评定的监督与管理的要求,即试验与评定组织与职责;试验与评定过程的控制与协调。

8 试验经费

对试验经费进行预算,明确试验经费管理方法。

8.14　维修性核查报告

按照 GJB 2072—1994《维修性试验与评定》编写。

1 范围
2 引用文件
3 核查方案简述

简要叙述核查计划、方案。

4 核查情况简述

依据核查计划简要叙述核查情况(包括人员、物资利用、经费等)。

5 数据汇总及分析

对核查过程中采集的维修性数据进行汇总并进行分析。

6 分析结论

与维修性要求进行比较,说明数据分析结果是否满足本阶段维修性目标。

7 相关影响的评估

评估维修保障要素及其对维修性的影响。

8 纠正措施

对维修性核查中发现的维修性设计缺陷,分析原因并制定纠正措施。

9 改进建议

根据维修性核查情况提出维修性改进建议。

8.15　维修性验证计划

按照 GJB 368B—2009《装备维修性工作通用要求》编写。

1 验证的目的、指标和要求

明确进行维修性验证试验的目的,维修性指标和试验环境等要求。

2 验证的方法及选用的理由

明确维修性验证方案、实施方法及选用的理由。

3 结合其他试验进行的理由、方法及注意事项

维修性验证试验若结合其他试验进行时,应说明理由、方法和注意事项。

4 样品、设备、设施与维修作业数

确定受试样品、试验用设备、设施以及所需维修作业数。

5 试验组的组成、人员资格及职责

明确试验组的组成、人员资格及职责,一般应符合以下要求:

a) 试验组的组成。试验组一般分为两个小组,即验证评价小组和测试维修小组。验证评价小组内应有订购方的代表参加。测试维修小组由熟悉被试产品维修的人员组成,如果全部为承制方的人员,则他们应具有与产品部署使用后的测试维修人员相当的资格和技能水平;如果全部用部队的测试维修人员,则他们应事先经过适当的培训。

b) 试验组的职责。验证评价小组负责安排试验、监控试验和处理试验数据;测试维修小组负责具体实施所要求的故障注入、检测与维修活动。应规定每个试验组人员的具体职责。

6 有关情况的处理原则

明确有关下列情况的规定或处理原则:保障设备故障;由于从属故障导致的维修;技术手册和保障设备不适用或部分不适用;人员数量与技能水平的变更;拆配修理;维修检查;维修时间限制等。

7 试验总时间和试验实施计划

规定试验总时间,制定试验实施计划。

8 收集数据的内容与属性

明确收集数据的内容与属性。

应按照工作项目205(维修性数据收集、分析和纠正措施系统)的要求收集数据。

9 订购方参加验证的时机与程度

确定订购方参加验证试验的时机与具体工作内容。

10 验证记录、报告的要求

确定相关记录表格、记录要求。验证报告编写要求,包括维修性验证报告与保障性分析报告要求的协调。

8.16 维修性验证报告

按照GJB 2072—1994《维修性试验与评定》和GJB 1362A—2007《军工产品定型程序和要求》编写。

1 试验概况

概要描述试验情况,通常应有以下内容:
a) 试验任务来源、依据;
b) 被试品代号和名称;
c) 承试单位和参试单位名称;
d) 试验性质、目的和任务;
e) 试验地点、起止时间;
f) 试验组织机构的设立及其职责分工情况;
g) 试验实施计划的制定和落实情况;
h) 试验阶段划分,各阶段的起止时间、地点(地域)、主要工作和目的;
i) 是否完成试验大纲规定的任务等。

2 试验项目、步骤和方法

2.X (试验项目 X)的步骤和方法

应按验证计划的规定,简要叙述(验证项目 X)的实施步骤和方法。

3 试验数据

提供各项验证试验所获得的实测数据(必要时可采用图表形式表示)。

4 试验中出现的主要技术问题及处理情况

描述验证试验中出现的主要技术问题及处理情况,包括问题现象(发生时间、验证项目、技术问题等)、问题原因、解决措施、验证情况等。

5 试验结果、结论

5.1 试验结果

提供各项验证试验的结果(必要时可采用图表形式表示),包括能够实现的功能或能够完成的任务及其完成的程度,未能实现的功能或未能完成的任务。

5.2 试验结论

阐述验证试验结论,明确指出是否符合预定的要求。

6 存在的问题和改进建议

6.X (存在的问题 X)改进建议

对验证试验过程中出现的且尚未得到彻底解决的问题提出进一步改进的建议。

7 试验照片

7.1 试验样品的全貌、主要侧面照片

提供用于验证的试验样品的全貌、主要侧面照片。

7.2 主要试验项目照片

提供验证试验过程中拍摄的主要试验项目的照片,特别是反映装机状态、试

验显示画面的照片。

7.3 试验中发生的重大技术问题的特写照片

提供验证试验过程中发生重大技术问题时的特写照片,特别是试验样品损伤、试验显示画面异常的照片。

8 主要试验项目的实时音像资料

提供主要验证试验项目的实时音像资料(目录),包括拍摄时间、试验项目名称、音像资料名称以及试验地点等信息。

9 关于编制、训练、作战使用和技术保障等方面的意见和建议

提出被试品列装后,使装备的作战使用性能和部队适用性达到最佳状态的编配方案、作战使用训练和技术保障、管理方法及要求等方面的意见和建议。

8.17 维修性分析评价方案

按照 GJB 368B—2009《装备维修性工作通用要求》编写。

1 范围

2 引用文件

3 数据与信息

收集相似产品和产品组成部分的各种试验数据和实际维修数据与信息。详细说明所利用的各种数据与信息。

4 分析评价方法的确定

明确分析评价采用的方法,并说明选择的理由。

通常可采用维修性预计、维修性缺陷分析、同类产品维修性水平对比分析、维修性仿真、低层次产品维修性试验数据综合等方法。

5 评价准则

明确有关评价维修性是否符合要求的判据。

6 评价报告的要求

明确评价报告的主要内容及相关要求。

7 有关评审的安排

明确对维修性分析评价方案和评价准则及结果进行评审的安排。

8.18 维修性分析评价报告

按照 GJB 368B—2009《装备维修性工作通用要求》编写。

1 范围

2 引用文件

3 数据与信息的收集、分析与处理

详细说明数据与信息的来源及分析与处理程序和过程。

4 分析评价过程

说明分析评价方法、程序和过程。

5 分析评价结论

依据评价准则得出产品是否满足规定维修性要求的结论。

6 纠正措施

对维修性验证试验中发现的维修性设计缺陷,分析原因并制定纠正措施。

7 改进建议

根据维修性验证试验情况提出维修性改进建议。

8.19 维修性评估报告

按照 GJB/Z 170.13—2013《军工产品设计定型文件编制指南 第 13 部分:可靠性维修性测试性保障性安全性评估报告》编写。

1 概述

1.1 产品概述

主要包括:

a) 产品用途,简要说明产品的使命任务和地位作用等内容,如系配套产品,则介绍在系统中的定位、属性、用途。

b) 产品组成,简要说明产品的组成(包括硬件组成和软件组成)以及各部分的功能等内容,可简要介绍工作原理。

1.2 工作概述

主要包括:

a) 研制过程简述;

b) 维修性工作组织机构及运行管理情况;

c) 维修性文件的制定与执行情况。

2 维修性要求

逐条列出研制总要求(或研制任务书、研制合同)中的维修性定量与定性要求。

3 维修性设计情况

主要包括:

a) 维修性建模,应按 GJB/Z 145 执行;

b) 维修性指标预计与分配,应按 GJB/Z 57 执行;
c) 维修性设计采取的主要技术措施及效果;
d) 其他维修性工作项目完成情况。

4 维修性试验情况
4.1 科研试验

概括总结工程研制阶段维修性的科研试验情况。主要包括:试验时间、试验地点、试验条件、被试品数量及技术状态、试验组织单位、试验承试单位、试验项目、试验数据、数据分析与处理、试验结论以及存在的问题与解决情况等。

4.2 设计定型试验

概括总结设计定型阶段(含基地试验、部队试验、软件定型测评)维修性的定型试验情况。主要包括:试验时间、试验地点、试验条件、被试品数量及技术状态、试验组织单位、试验承试单位、试验项目、试验数据、数据分析与处理、试验结论以及存在的问题与解决情况等。

5 评估

设计定型试验有明确结论的可直接采用,没有明确结论的以设计定型试验的试验数据为主要支撑,经军方认可,结合科研试验结果,根据相关标准、故障判据和设计规范,对维修性要求进行定性与定量评估,并对设计保障、控制措施等进行综合评估。

维修性定性要求宜利用维修性核对表来评定。核对表至少应包括以下各方面的内容:
a) 维修可达性;
b) 标准化与互换性;
c) 检测诊断的方便性与快速性;
d) 维修安全性;
e) 防差错措施与识别标记;
f) 人素工程要求等。

维修性定量要求应通过试验完成实际维修作业,统计计算维修性参数,进行判决。

6 存在的问题及建议

对尚存问题进行详细说明,并提出改进建议。

7 结论

给出是否满足设计定型要求的结论意见。

8 附件

必要时以附件形式提供试验报告等专项报告。

8.20　使用期间维修性信息收集计划

按照 GJB 368B—2009《装备维修性工作通用要求》编写。

1　范围
2　引用文件
3　信息收集和分析机构设置及职责

建立严格的信息管理和责任制度。明确规定信息收集与核实、信息分析与处理、信息传递与反馈的部门、单位及其人员的职责。

4　管理与监督要求

组成专门小组的人员设置及其职责,包括相关保密规定。定期对维修性信息的收集、分析、存储、传递等工作进行评审的安排。

5　信息收集的范围、方法和程序

对使用期间维修性评价及其他维修性工作的维修性信息需求进行分析,确定维修性信息收集的范围、内容和程序等。维修性信息一般应包括:维修类别;维修级别;维修程度;维修方法;维修时间;维修日期;维修工时;维修费用;人员专业技术水平;维修性缺陷;维修单位等。

6　信息分析、处理、传递的要求和方法

明确信息分析、处理、传递的要求和方法。

7　信息分类与维修性缺陷判断准则

明确信息分类与维修性缺陷判断准则。

8　信息审核、汇总的安排

明确定期进行信息审核、汇总的要求及安排。

9　信息收集工作与其他工作的协调

说明使用期间维修性信息收集与可靠性、测试性、保障性信息收集工作的协调内容。

8.21　使用期间维修性信息分类和编码

按照 GJB 1775—1993《装备质量与可靠性信息分类和编码通用要求》编写。

1　范围
2　引用文件
3　信息分类

在进行使用期间维修性信息需求分析的基础上,依据该类武器装备制定的有关质量与可靠性信息分类和编码的标准,对信息进行合理分类。

4 信息单元的设置

依据该类武器装备制定的有关质量与可靠性信息分类和编码的标准,其中对所需设置的信息单元的要求和规定进行信息单元的设置,在满足信息需求的前提下,尽量减少信息单元的数量。

4.1 与故障有关的信息单元

说明与产品故障有关的信息单元,至少应包括:

故障模式,即故障现象。故障的表现形式,如超差代用,修补等。

故障发现日期,即发现故障的日历时间(年、月、日)

故障发现时机,即故障是在什么情况或状态下发现的,如在检查中、使用中、维护中等。

故障前工作时间,即产品故障前的累计工作时间。

故障判明方法,即鉴别或查出故障所采取的措施或手段。

故障原因,即导致故障发生的因素,如虚焊、老化等。

故障影响,即故障对产品的使用、功能或状态所导致的结果。一般分为对产品本身、高一层次和最终影响三级。

故障处理,即对故障产品所采取的措施,如换件、调整、修复等。

故障责任,指引起故障的责任单位或责任人,如果是产品本身问题引起的故障,责任单位为产品的承制单位。如果是产品使用不当引起的故障,责任单位为使用单位。

4.2 与维修有关的信息单元

说明与产品维修有关的信息单元,至少应包括:

维修类别,即分为预防性维修和修复性维修。通常定时维修、视情维修属预防性维修,故障修理属修复性维修。

维修级别,即按产品维修时所处场所划分的等级,如基层级、中继级和基地级。

维修内容,即使产品保持或恢复到规定状态所进行的活动,即维修活动,它包括所必需的一系列基本维修作业。

维修程度,指产品维修的效果,包括维护程度和修理程度,而修理程度可进一步分为完全修复、基本修复和未修复。

维修日期,即完成产品维护或修理的日历时间(年、月、日)。

维修时间,即对产品进行一次维护或修理所花费的总时间。

维修工时,即对产品进行一次维护或修理所花费的总人时数。

维修费用,即对产品进行一次维护或修理所花费的总费用。

维修单位,指承担产品维护或修理任务的单位。

维修人员级别,即对产品进行维护或修理的人员的技术级别。

4.3 与维修资源有关的信息单元

根据信息需求分析的结果,设置与维修资源有关的信息单元。

4.4 与××有关的信息单元

根据信息需求分析的结果,设置与××有关的信息单元。

5 信息项的预置

依据该类武器装备制定的有关质量与可靠性信息分类和编码的标准,特别是其中对预置信息项的要求和规定,对所设置的信息单元预置一系列的信息项,并对信息项的含义给予明确的表述。为便于编码,应将描述每一信息单元所预置的一系列信息项按一定的规律和原则进行分类和排序。

6 信息编码

依据该类武器装备制定的有关质量与可靠性信息分类和编码的标准,特别是其中对采用的代码类型和结构、编码的方法等的要求和规定进行信息编码,并符合具体型号装备编制的代码手册。设计的代码应具有唯一、简单、合理、适用等特性,并具有可扩充能力。各类代码之间要协调、兼容。对直接用数字或字母表示的信息项一般不需要编码。

6.1 产品故障信息代码

明确产品故障信息代码。

有关故障信息的代码主要有故障模式代码、故障发现时机代码、故障判明方法代码、故障原因代码、故障影响代码、故障处理代码、故障责任代码等。

应分别根据各类武器装备的情况,按所设置的信息单元,对一系列预置的信息项进行分类和排序,如果预置的信息项不多,也可以只排序。

根据信息分类和排序的情况选择代码的类型、结构和编码的方法。

信息项不超过33个时,一般采用一位码,由一个大写汉语拼音字母(I和O除外)和(或)阿拉伯数字1至9构成。

信息项较多时,如描述"故障模式"的一系列信息项,应在合理分类、排序基础上再选择代码的类型、结构和编码方法,一般采用多位码,如3位数字码。

有关故障信息的代码应标准化,对于各类武器装备,应分别做出统一规定。

6.2 产品维修信息代码

明确产品维修信息代码。

有关维修信息的代码主要有维修类别代码、维修级别代码、维修内容代码、维修程度代码等。有关维修信息代码,一般采用一位字母码,由一个大写汉语拼音字母(I和O除外)构成。

6.3 产品维修资源信息代码

按照 GJB 1775 要求,参照具体型号装备编制的代码手册,设置产品维修资源信息代码。

6.4 产品××信息代码

按照 GJB 1775 要求,参照具体型号装备编制的代码手册,设置产品××信息代码。

7 与其他信息收集工作的协调

使用期间维修性信息收集应与可靠性、测试性、保障性信息收集工作相结合,作出有关协调说明。

8.22 使用期间维修性评价计划

按照 GJB 368B—2009《装备维修性工作通用要求》编写。

1 范围

2 引用文件

3 参与评价各方及其职责

明确参与评价各方人员及其职责。

4 装备概述

概述装备规定的使用技术状态,实际使用与维修条件,规定的各类维修保障资源配备,使用与维修人员应经过的训练要求等。

5 数据与信息

明确实际使用条件下应收集的各种数据,部队使用期间的各种信息,必要时也可组织专门的试验,以获得所需的信息。

6 评价准则

明确使用期间维修性的评价准则、判据。

7 评价内容

明确评价内容,包括规定的评价对象、参数和模型、样本量、统计的时间年度、置信水平等。

8 评价方法及程序

明确采用的评价方法,并说明理由。制定评价工作程序。

9 所需资源

明确按规定配备所需的资源。

10 与其他评估的协调

使用期间维修性评价应与使用可靠性评估、测试性评估、保障性评估等协调进行，作出有关协调说明。

8.23 使用期间维修性评价报告

按照 GJB 368B—2009《装备维修性工作通用要求》编写。

1 范围

2 引用文件

3 数据的评价

明确对收集、分析、处理的数据进行评价的方法，确保获得可信的评价结果及其他有用信息。

4 分析过程

客观描述依据使用期间维修性评价计划中要求的评价方法，制定的评价程序，对各项内容进行分析评价的过程。

5 分析评价结论

依据评价准则、判据得出的分析评价结论。

6 纠正措施

对使用期间发现的维修性设计缺陷，分析原因并制定纠正措施。

7 改进建议

根据使用期间维修性情况提出维修性改进建议。

8 有关说明

对有关情况进行说明，如与可靠性、测试性、保障性等有关评价协调情况。

8.24 使用期间维修性改进计划

按照 GJB 368B—2009《装备维修性工作通用要求》编写。

1 范围

2 引用文件

3 确定改进项目及其目标

根据装备在使用中发现的维修性问题和相关技术的发展，通过必要的权衡分析或试验，确定需要改进的项目及改进目标。改进项目是那些对减少维修消耗时间、降低维修成本、降低维修技术难度有重要影响和效果的项目。

4 改进方案

针对改进目标，制定改进方案。使用期间改进维修性的途径主要包括：

a) 设计更改；
b) 制造工艺的更改；
c) 维修方法的改进；
d) 保障系统及保障资源的改进等。

5 改进单位、人员及其职责

明确进行维修性改进的单位、人员及其职责。

维修性改进还应有专门的组织负责管理，其主要职责是：
a) 组织论证并确定维修性改进项目；
b) 制定维修性改进计划；
c) 组织对改进项目、改进方案的评审；
d) 对改进的过程进行跟踪；
e) 组织改进项目的验证；
f) 编制维修性改进项目报告等。

6 经费安排

明确经费安排。

7 进度安排

明确维修性改进工作进度安排。

8 验证要求和方法

对改进项目提出验证要求和方法，说明采用验证方法的理由。

9 与其他改进项目的协调和权衡

必须与装备的其他改进项目进行充分的协调和权衡，以保证总体改进效益。

8.25 使用期间维修性改进报告

按照 GJB 368B—2009《装备维修性工作通用要求》编写。

1 范围

2 引用文件

3 改进计划的执行情况

对照使用期间维修性改进计划，说明执行情况，包括改进目标、改进方案、各级各类人员职责、经费使用、进度安排、相关验证和协调权衡等的落实情况。

4 各项目改进过程

根据改进计划，具体说明各项目改进实施过程。

5 改进结果分析

具体说明改进项目的验证情况。通过对改进结果进行分析，评价改进措施的有效性。
6 有关说明
具体说明与装备其他改进项目的协调和权衡情况。
7 有关建议
对尚未完全落实的改进措施提出处理建议,对已落实的改进措施提出推广使用建议。

第9章 测试性文件

9.1 诊断方案

按照 GJB 2547A—2012《装备测试性工作通用要求》编写。
1 范围
2 引用文件
3 装备简介
简要介绍装备组成,任务需求,主要战术技术指标及使用要求。
4 装备诊断需求
根据装备的任务需求和使用要求导出装备的诊断需求,包括:
a) 确定装备需要监测和诊断的功能(例如安全关键功能、任务关键功能等);
b) 根据这些功能对应的任务能力和性能要求确定装备的诊断需求,支持任务想定和装备设计并与装备的使用约束相一致。
5 评价准则
根据以下评价内容制定备选的装备诊断方案的评价准则:
a) 确定装备战备完好性对诊断要素的不同组合以及关键测试性参数的变化的敏感性;
b) 确定寿命周期费用对关键测试性参数、诊断要素组合和诊断资源的配置变化的敏感性;
c) 估计备选的装备诊断方案对每个维修级别所要求的维修作业类别、技能等级和每工作小时直接维修工时或其他诊断度量的影响;
d) 估计每个备选的装备诊断方案的技术风险。
6 权衡方法
阐明在确定装备诊断方案时采用的权衡方法,并说明选择的理由,描述权衡过程。权衡备选的装备诊断方案时应考虑如下因素:
a) 可利用的和已计划的标准诊断资源(如测试设备系列、维修辅助手段等)以及其他的资源约束;
b) 应避免相似装备的诊断问题;

c) 在装备研制和诊断要素研制中可采用的并有可能提高诊断有效性、减少诊断费用或提高装备可用性的技术成果。

7 装备诊断方案

7.1 任务关键功能和安全关键功能的嵌入式诊断要求及能力

确定监测任务关键功能和安全关键功能的嵌入式诊断要求及能力。

7.2 提高装备可用性的嵌入式诊断要求及能力

确定通过采用冗余设备、冗余功能、备用的或降级的工作方式等来提高装备可用性的嵌入式诊断要求及能力。

7.3 功能检测的嵌入式诊断要求及能力

确定用于装备功能检测的嵌入式诊断要求及能力,以支持在装备工作之前或在装备运行期间以一定周期进行置信度测试。

7.4 附加嵌入式诊断要求及能力

确定支持初步维修方案的附加嵌入式诊断要求及能力。

7.5 外部诊断要求

确定外部诊断要求,以弥补因嵌入式诊断技术和经费上的限制造成的诊断能力的不足(嵌入式诊断和外部诊断的组合必须能在每一维修级别上提供100%的维修能力)。

7.6 BIT 能力范围

确定哪些现有的基层级 BIT(机内测试)能力在更高维修级别上可以使用。

7.7 ATE 要求

确定对自动测试设备的要求,从而能够和 BIT 一起提供总维修能力。

7.8 技术文件要求

确定对技术文件的要求。

7.9 其他要求

确定必要的其他要求。

9.2 测试性要求

按照 GJB 2547A—2012《装备测试性工作通用要求》、GJB 1909A—2009《装备可靠性维修性保障性要求论证》编写。

1 范围

2 引用文件

3 概述

主要说明装备测试性要求论证的作用、目标和意义等。

4 装备的使命和任务

说明装备的使命和任务,主要包括新研装备担负的主要任务和辅助任务及其使用环境条件,论述现有装备在战备完好性、任务成功性、持续性和部署性等方面的不足和缺陷,以及国内外相似装备测试性现状分析。

5 装备使用方案、设计方案和保障方案

使用方案、设计方案和保障方案是进一步确定测试性要求的依据。使用方案主要说明装备将如何使用和使用时的组织机构、人员安排,还应包括装备的寿命剖面和任务剖面。设计方案简述装备的基本组成,列出为完成使用任务,装备必要的功能清单和相应的分系统清单。保障方案说明对保障工作的总体设想,由满足功能的保障要求、与设计方案及使用方案相协调的各保障要素方案组成。

6 故障定义和判断准则

说明在试验过程中对故障原因和后果进行分类所需的指导原则。故障分类的结果将用于评价装备的测试性。

7 装备测试性定性定量要求及约束条件

列出装备的测试性定性和定量要求,测试性定量要求参数及其计算方法,装备形成初始作战能力和保障能力的时机和状态等。

为了合理确定装备测试性要求,应遵循如下基本原则:

a) 在确定测试性要求时,应全面考虑使用需求、费用、进度、技术水平(技术成熟度、相似装备的测试性水平)等因素;

b) 测试性要求的确定应根据装备的安全性、经济可承受性、战备完好性、任务成功性等要求,全面考虑装备的使命任务、类型特点、复杂程度及要求是否便于度量与验证等因素,确定适当的测试性定性和定量的要求;

c) 测试性要求应与维修性、可靠性要求相协调,在反映测试性目标的前提下,表示定量要求的参数应尽可能少;

d) 订购方可以单独提出装备的关键系统或设备的测试性要求,对于订购方没有明确规定的较低层次产品的测试性要求,由承制方通过测试性分配的方法确定;

e) 在确定测试性要求时,必须同时明确验证内容、时机和方法。

对测试性要求有影响的约束条件主要有:

a) 平时战备训练的环境条件,包括使用、维修、贮存和运输等环境条件;

b) 作战环境条件,包括自然环境、核生化环境、电子环境、复杂电磁环境等;

c) 与装备保障有关的指挥、控制、通信和情报系统之间的接口;

d) 标准化和互用性的总体要求;

e) 装备寿命周期费用分析结论,特别是使用和保障费用方面的估算结果;

f) 装备形成初始作战使用能力和保障能力的时机和状态；
g) 风险和进度。

测试性定量要求用测试性参数描述，其量值称为测试性指标，一般应规定（但不限于）以下参数的量值：
a) 故障检测率(FDR)；
b) 严重故障检测率(CFDR)；
c) 故障隔离率(FIR)；
d) 虚警率(FAR)或平均虚警间隔时间(MTBFA)；
e) 故障检测时间(FDT)；
f) 故障隔离时间(FIT)等。

测试性定性要求是为使产品故障诊断简便、迅速、准确、经济而对产品设计及其他方面提出的非量化要求，一般包括：
a) 合理划分功能与结构的要求；
b) 测试点要求；
c) 嵌入式诊断(性能监测、BIT、中央测试系统等)要求；
d) 故障信息(故障指示、报告、记录、传输及存储等)要求；
e) 有关外部诊断测试、兼容性及维修能力要求等。

8 装备测试性要求确定的过程和分析方法

列出确定装备测试性要求的过程、所用的分析方法和理由。

9 装备测试性要求可验证性分析

列出装备测试性要求可验证性分析的结果，包括验证的参数、验证时机和方法等。

可验证性分析是确定提出的各项测试性指标能否得到验证的过程。通过可验证分析，应明确如下主要内容：

a) 需验证参数的定义和内涵，包括试验时应记录的数据、如何利用数据计算参数量值的方法。

b) 装备的故障判断准则。包括关联和非关联(责任和非责任)故障判断准则，任务成功的准则和严重故障(任务故障)判断准则等。有耐久性要求的装备，应明确极限状态(耐久性损坏)的判断准则。

c) 验证试验方案。根据 GJB 2072 和有关标准规定的原则确定试验方案时，应明确指标的统计含义，说明所提指标是用置信下限(或上限)还是均值来度量；应规定检验的统计准则，包括试验的判决风险、样本数、试验总时间、置信水平等。当有多种任务剖面时，还应明确试验剖面，规定试验剖面的持续时间、各分系统的试验时间、综合环境试验条件等，试验剖面的设计应与任务剖面相协调。

d) 对不能或不适宜用统计试验方案验证的参数提出评估验证的要求,有的指标可采用演示试验的方法进行验证,有的指标(如小子样的成功概率)可利用不同层次的数据通过建模仿真或其他综合的方法进行评估。

e) 测试性使用要求的验证应在装备实际使用条件下通过使用试验来验证。在不具备使用验证条件的情况下,可以利用定型试验期间收集的数据和装备设计过程中的数据,利用仿真等技术进行分析评估,以评估使用要求的实现情况。

10 装备测试性专项经费预计分析

通过寿命周期费用影响的费用分析,列出装备测试性专项经费需求分析结果、支付进度和要求等。

9.3 测试性工作项目要求

按照GJB 2547A—2012《装备测试性工作通用要求》编写。

1 范围

2 引用文件

3 测试性工作项目的选择原则

确定产品的测试性工作项目的选择原则。测试性工作项目的选择通常应遵循以下原则:

a) 工作项目的选择应以确保达到测试性定量与定性要求为主要目标。要从实现测试性定量和定性要求出发,从本标准中选择若干必要的工作项目,同时还应鼓励承制方提出补充的工作项目、备选的工作项目和对工作项目进行改进。

b) 费用效益是选择工作项目的基本依据。由于进度和资金限制,应该选择经济而有效的工作项目。选择工作项目时,可根据产品测试性目标和各工作项目所需的费用,综合考虑工程项目的复杂程度、阶段划分和资金、进度要求等因素,将本标准各工作项目按先后顺序排列。一般情况下,均应选择测试性计划和测试性工作计划(工作项目 201 和 202),但在充分考虑装备的重要性和工程项目的复杂程度后,如确不需要测试性工作计划时,也可引用单个的工作项目。

c) 测试性工作项目应与其他专业工程(如可靠性、维修性、综合保障、安全性等)相协调,避免重复,测试性建模和分析尤其需要与维修性分析相协调,但不能重复。

d) 测试性要求的确定、工作项目的选择和剪裁、说明细节的补充、设计评审项目要求的制定等工作之间需要协调。

　　e) 根据新研装备型号的需要,经订购方批准,承制方可增加新的工作项目。

4 测试性工作项目选择权衡分析

　　说明测试性工作项目选择权衡分析过程。

　　测试性工作项目的选择取决于具体产品的情况,考虑的主要因素有:

　　a) 测试性要求;
　　b) 产品的类型和特点;
　　c) 产品的复杂程度和重要性;
　　d) 产品新技术含量;
　　e) 费用、进度及所处的研制阶段等。

　　为了选择适用的工作项目,应对工作项目的适用性进行分析,可采用如表9.1 所示的"工作项目重要性系数分析矩阵"的方法,得出各工作项目的重要性系数,重要性系数相对高的工作项目就是可选择的适用的项目。

　　表9.1 中需要考虑的因素可根据具体情况确定,如产品的复杂程度、关键性、新技术含量、费用、进度等。每一因素的加权系数通过打分确定(取值为1~5)。确定了考虑因素并选取了加权值后,将每一个工作项目的加权值连乘,然后按表中的方法计算每一工作项目的重要性系数。

　　考虑的因素和加权系数的取值,与参与打分的专家水平和经验有关。虽然得到的重要性系数带有一定的主观性,但表示了一种相对的、且经过权衡的结果。利用表9.1 得到的工作项目重要性系数为订购方提出工作项目要求提供参考。

表9.1　工作项目重要性系数分析矩阵

工作项目	加权系数(1~5)							乘积[a]	重要性系数[b]
	复杂程度	关键性	产品类型及特点	新技术含量	使用环境	所处阶段	…		
101									
102									
…									

[a] 乘积=各因素加权系数的连乘;
[b] 重要性系数:假设乘积值最大的工作项目重要性系数为10
　　其他工作项目的重要性系数 = $\frac{该工作项目乘积}{最大乘积} \times 10$

　　表9.2 向订购方和承制方提供了一个使用本标准的指南。它说明在每一阶段应该做哪些工作项目,大型复杂系统的测试性工作流程如图9.1 所示。

表 9.2 测试性工作项目应用矩阵表

GJB 2547A 条款编号	工作项目编号	工作项目名称	论证阶段	方案阶段	工程研制与定型阶段	生产与使用阶段
5.1	101	确定诊断方案和测试性要求	√	√	√	×
5.2	102	确定测试性工作项目要求	√	√	×	×
6.1	201	制定测试性计划	√	√	√	√
6.2	202	制定测试性工作计划	△	√	√	√
6.3	203	对承制方、转承制方和供应方的监督和控制	×	△	√	√
6.4	204	测试性评审	△	√	√	△
6.5	205	测试性数据收集、分析和管理	×	√	√	√
6.6	206	测试性增长管理	×	√	√	△
7.1	301	建立测试性模型	△	√	√	×
7.2	302	测试性分配	×	√	√	×
7.3	303	测试性预计	×	△	√	×
7.4	304	故障模式、影响及危害性分析——测试性信息	×	√	√	×
7.5	305	制定测试性设计准则	×	△	√	×
7.6	306	固有测试性设计和分析	×	△	√	△
7.7	307	诊断设计	×	△	√	△
8.1	401	测试性核查	×	△	√	×
8.2	402	测试性验证试验	×	×	√	×
8.3	403	测试性分析评价	×	△	√	△
9.1	501	使用期间测试性信息收集	×	×	×	√
9.2	502	使用期间测试性评价	×	×	×	√
9.3	503	使用期间测试性改进	×	×	×	√

注:√表示适用;△表示有选择地应用;×表示不适用

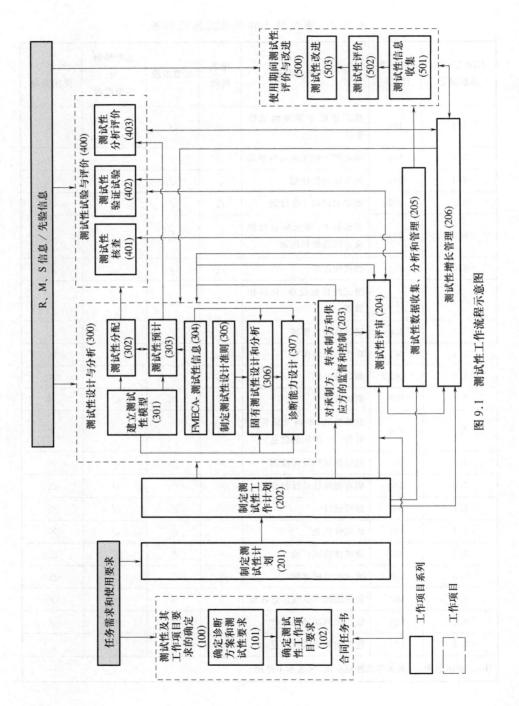

图 9.1 测试性工作流程示意图

5 测试性工作项目与其他工程的协调

说明测试性工作项目与相关工程,特别是与按 GJB 450A、GJB 368B、GJB 3872 确定的可靠性、维修性和综合保障工作项目协调的情况,以便综合安排,相互利用信息,减少重复的工作。

6 测试性工作项目的实施内容

明确对测试性工作项目的具体要求和注意事项,以确保测试性工作项目的实施效果。

9.4 测试性计划

按照 GJB 2547A—2012《装备测试性工作通用要求》编写。

1 范围

2 引用文件

3 总体要求和安排

对装备寿命周期,尤其是研制阶段和早期使用阶段的测试性工作做出全面安排,规定各阶段应做好的工作,明确工作要求。

4 管理和实施机构及其职责

确定测试性工作的管理与实施机构及其职责。应明确订购方完成的工作项目及其要求、主要工作内容、进度安排以及实施单位等。

5 有关论证工作的安排

说明测试性要求和测试性工作项目要求的论证工作的安排。

6 信息工作的要求与安排

说明测试性信息工作的要求与安排,即明确装备寿命周期各阶段对测试性信息的要求,对现有的装备信息系统的利用或完善,有效地收集、记录、分析、处理和反馈测试性信息的程序等。

测试性信息包括装备论证、方案、工程研制、生产和使用阶段产生的有关测试性数据、报告及文件等。

7 对承制方监督与控制工作的安排

明确订购方对承制方、承制方对转承制方和供应方的测试性工作进行监督与控制工作的安排。

承制方对转承制和供应方的要求主要包括以下内容:

a) 测试性定量与定性要求及验证方法;

b) 对转承制方测试性工作项目的要求;

c) 对转承制方测试性工作实施监督和检查的安排;

d) 转承制方执行测试性数据收集、分析和纠正措施系统的要求；
e) 承制方参加转承制方产品设计评审、测试性试验与评价的有关事项；
f) 转承制方或供应方提供产品规范、图样、测试性数据资料和其他技术文件等的要求；
g) 必要时,可要求转承制方制定测试性工作计划。

8 评审工作的要求与安排

测试性评审主要包括订购方内部的测试性评审和按合同要求对承制方、转承制方进行的测试性评审。

明确需要进行的测试性评审,提出对评审工作的要求和安排,即在制定测试性评审计划、提供有关评审的文件和资料、与作战性能、可靠性、维修性、安全性、综合保障等评审协调进行的情况、形成文件的评审结果等方面的要求。

9 试验与评价工作的要求与安排

明确测试性试验与评价工作即测试性核查、测试性验证试验、测试性分析评价的要求与安排。

10 使用期间评价与改进工作的要求与安排

订购方对使用过程中的测试性信息的收集、测试性评价和测试性改进等工作的要求与安排。

11 工作进度及经费预算安排等

装备寿命周期内全部测试性工作的计划进度及经费预算等。

12 与其他计划的协调

说明测试性工作与其他相关工作的协调情况,主要包括：

a) 测试性工作应与可靠性、维修性、保障性、安全性等相关的工作相协调,并结合进行,减少重复；
b) 测试性工作的输出应能满足可靠性、维修性、保障性、安全性工作的有关输入要求,测试性工作计划应明确这些接口关系；
c) 测试性工作应与综合诊断、预测与健康管理工作相协调,明确接口关系,满足其输入要求。

9.5 测试性工作计划

按照 GJB 2547A—2012《装备测试性工作通用要求》编写。

1 范围

2 引用文件

3 测试性要求和工作项目要求

说明产品的测试性要求和测试性工作项目的要求,工作计划中至少应包含合同规定的全部测试性工作项目。

4 各项工作项目实施细则

说明各工作项目的实施细则,包括工作项目的目的、内容、范围、实施程序、完成结果和对完成结果检查评价的方式,以及装备的测试性增长要求等。

5 管理和实施机构及其职责

明确测试性工作管理和实施的机构及其职责,以及保证计划得以实施所需的组织、人员和经费等资源的配备。

6 测试性工作与其他工作协调的说明

说明测试性工作与装备研制计划中可靠性、维修性和保障性等其他工作的协调情况。

7 有关数据资料传递方式与程序

说明进行测试性工作所需数据资料的获取途径、传递方式与程序。

8 对转承制方和供应方的监督和控制

说明对转承制方和供应方监督和控制工作的具体安排。

承制方对转承制方和供应方的要求主要包括以下内容:

a) 测试性定量与定性要求及验证方法;

b) 对转承制方测试性工作项目的要求;

c) 对转承制方测试性工作实施监督和检查的安排;

d) 转承制方执行测试性数据收集、分析和纠正措施系统的要求;

e) 承制方参加转承制方产品设计评审、测试性试验与评价的有关事项;

f) 转承制方或供应方提供产品规范、图样、测试性数据资料和其他技术文件等的要求;

g) 必要时,可要求转承制方制定测试性工作计划。

9 评审工作安排

说明测试性评审工作的具体安排。包括测试性评审点设置、评审内容、评审类型、评审方式及要求等。评审的结果应形成文件。测试性评审应尽可能与可靠性、维修性、安全性、综合保障等评审结合进行,必要时也可专门进行。

10 拟定测试性增长目标和增长方案

说明根据工程需要与现实可能性拟定的测试性增长目标和方案。测试性增长目标和方案应经过对产品的测试性预计值与同类产品测试性状况的分析比较,以及对产品计划进行的测试性试验与分析后加以确定。

11 试验与评价工作安排

根据订购方确定的测试性验证要求,以及验证与评价的范围、产品功能层次、验证方案以及试验程序等,说明对测试性试验与评价工作作出的具体安排。

12 关键问题及影响,解决方法或途径

分析得出测试性工作关键问题,说明其对实现测试性要求的影响,提出解决这些问题的方法或途径。

13 工作进度等

明确工作进度安排,应与研制阶段决策点保持一致。

9.6 测试性模型

按照 GJB/Z 145—2006《维修性建模指南》编写。

1 范围

2 引用文件

3 建模的目的、时机与用途

确定建立测试性模型的目的、时机与用途。

4 确定建模的参数

确定建模的参数,包括:

a) 根据掌握的信息和建模目的确定建模的参数;

b) 确定的建模参数一般应为 GJB 1909 或合同中定义的参数。

5 有关信息、资料及测试约束条件

收集和整理产品或相似产品的有关信息、资料及测试约束条件。主要包括:

a) 功能层次及其框图;

b) 结构特性,如机械、电子、化工、火工品等不同结构及其布局;

c) 诊断方案、保障条件及保障方案;

d) 影响产品测试性的设计特征:如产品组成、信号流图、维修部位、故障诊断的部位以及对应测试参数,和(或)故障诊断的难易程度等;

e) 已知相似产品或相似单元的可靠性维修性测试性定量数据和定性要求;

f) 可靠性分析资料,如产品的可靠性水平、故障模式影响分析(FMEA)、故障树分析(FTA)的结果。

6 建立模型

建立产品的测试性模型应遵循以下一些原则。

a) 真实性。模型必须客观、真实地反映所研究对象的本质,必须准确地反映产品中影响测试性的有关因素与测试性参数的关系。

b) 目的性。模型的建立要针对研究的目的,如预计和分配这两种不同目的所对应的模型就不尽一致。

c) 可追溯性。模型的建立、简化、完善、修改等必须归档,使整个建模过程透明可见。

d) 清晰性。模型必须清楚、明确地描述所研究的测试性问题,并易于为人们所理解和掌握。对于由多个子模型组合而成的复杂产品测试性模型,要清晰地表述产品测试性模型与其子模型之间的相互关系。

e) 适应性。模型要适应产品所处的环境和内部条件。随着产品的外部环境和内部结构的变化,测试性模型应能够适应这种变化,便于修改完善。

建立模型,包括:

a) 选择或建立适用的模型。参照 GJB/Z 145—2006《维修性建模指南》提供的模型选择适用的模型,当无适用的模型时,应按提供的建模方法建立模型;

b) 测试项目分析。如产品测试与产品测试项目关系、产品测试项目与相应测试活动关系、测试活动与基本测试作业之间的关系等;

c) 测试任务分析。如产品测试任务与组成单元测试作业之间的逻辑关系等;

d) 确定输入与输出关系,建立相应的模型;

e) 装备的测试性模型可以有多种,尽量先简后繁,在满足精度条件下应尽量简化。

7 确认模型

模型的确认是检验构造的模型能否真正代表所建模产品(或所设计系统)的基本性能。模型的确认过程是对模型和产品反复比较的过程,并且利用二者之间的差别来改进和修正模型,使之逐步向产品特征逼近,直到模型被确认为真正代表产品时为止。

模型的确认包括模型假设的确认和模型的输入、输出的确认。

模型假设可分为两大类,其一是结构假设,模型结构上的假设都必须与产品的设计人员和产品的使用人员进行详细地讨论,并在实际观察的基础上加以确认;其二是数据假设,数据假设在收集产品可靠运行数据的基础上,进行必要的统计分析之后加以确定,尽可能使之符合实际需要,并得到用户的确认。此外,数据假设还应在收集产品的随机样本数据的基础上,识别其概率分布类型,估计其各项分布参数,并进行 χ^2 或柯尔莫哥罗夫-斯米尔诺夫检验等,使模型的数据假设得到定量的确认。

对模型的确认,最终表现在模型能否反映产品的测试性。即当模型和产品都以同样的输入变量运行时,应具有相同的输出响应。当某些输入变量在一定范围内变动时,模型应能反映出产品的同样输入情况下的输出变化,由此可以确认模型和所建模的产品是否具有相同的输入、输出变换性能。模型的输入、输出确认可以充分利用现有历史统计数据来进行。还可以结合具体的建模方法,运用统计回归方法、计算机仿真方法等手段加以确认。

9.7 测试性分配

按照 GJB 2547A—2012《装备测试性工作通用要求》编写。

1 范围

2 引用文件

3 测试性分配的条件

说明测试性分配的条件,通常包括:
a) 已经提出对装备的测试性要求并载入合同或研制任务书中;
b) 已经初步确定装备的系统功能层次和测试方案;
c) 已经完成可靠性的初步分配,或与可靠性分配同时进行。

4 分配的指标

根据研制合同(或任务书)给定的测试性定量要求,确定应分配的指标。

5 分配原则

针对产品制定分配原则。对于新的设计,固有特性未知,分配应以涉及的每个功能层次上各部分的相对复杂性为基础。按测试性要求对应的维修级别进行分配,而且只需要进行到对所分配的测试性指标值有直接影响的硬件层次。

若设计是从过去的设计演变而来或有相似的装备,则分配应以过去的经验或相似装备的数据为基础。

分配是否合理应以技术可行性、费用、进度等约束条件为依据。

6 分配方法及说明

说明采用的测试性分配方法及理由,并经订购方认可。

不同的研制阶段采用不同的测试性分配方法,主要的分配方法有:

a) 等值分配法,取各组成部分的测试性指标全部等于系统要求的指标,一般用于方案阶段;
b) 按故障率分配法,仅考虑各组成部分的故障率的分配方法,一般用于方案阶段和工程研制阶段早期;
c) 加权分配法,考虑各组成部分的故障率和设计特性的分配方法,一般用于工程研制阶段;
d) 由订购方批准或提供的其他方法。

7 分配过程
记录实施分配的全过程。

8 分配结果及其合理性说明
记录分配结果。从技术可行性、费用、进度等方面说明其合理性。

9.8 测试性预计

按照 GJB 2547A—2012《装备测试性工作通用要求》编写。

1 范围
2 引用文件
3 测试性预计的条件
说明测试性预计的条件,通常包括:

a) 已作出了系统的初步设计;

b) 已经完成可靠性的初步预计;

c) 掌握有关资料和数据,并权衡它们是否合理可用,这些资料和数据包括相似装备的历史数据,现有的维修保障分系统情况,与所研制的装备及各部分有关的故障率数据,维修工作顺序和维修工作时间元素的数据等。

4 预计的各种假设
说明选用的测试性预计模型用到的各种假设。

5 预计的参数
根据研制合同(或任务书)给定的测试性定量要求,确定应预计的参数。

6 预计方法及说明
不同的研制阶段采用不同的测试性预计方法,应指明预计产品测试性所采用的专门技术。根据预计的时机,产品的类型,预计的要求等,确定预计的方法和应用的数学模型。主要的预计方法有:

a) 相似产品法:利用相似产品的数据,通过比例关系预计产品的测试性指标,可以用于论证阶段、方案阶段和工程研制阶段;

b) 工程预计法:根据产品的测试特性和故障率,预计产品的预测性指标,一般用于工程研制阶段;

c) 由订购方批准或提供的其他方法。

7 相关数据
应说明预计产品测试性所采用的数据及其来源,所采用的数据应得到订购方的批准。

8 预计过程及结果

记录预计过程及结果。

9 未能检测与隔离的功能

与测试需求对比,确定未能检测与隔离的功能。

10 改进建议

与测试性定量要求比较,对诊断方案、测试性设计等提出修改建议。

9.9 故障模式、影响及危害性分析—测试性信息

按照GJB/Z 1391—2006《故障模式、影响及危害性分析指南》编写。

1 范围

2 引用文件

3 概述

实施FMECA的目的、产品所处的寿命周期阶段、分析任务的来源等基本情况;实施FMECA的前提条件和基本假设的有关说明;编码体系、故障判据、严酷度定义、FMECA方法的选用说明;FMECA、CA表选用说明;分析中使用的数据来源说明;其他有关解释和说明等。

4 功能原理

被分析产品的功能原理和工作说明,并指明本次分析所涉及的系统、分系统及其相应的功能,并进一步划分出FMECA的约定层次。

5 系统定义

被分析产品的功能分析、绘制功能框图和任务可靠性框图。

6 表的格式及其填写说明

测试性分析的FMECA表见表9.3。根据实际情况,确定表9.3中的内容,说明增加或删减理由。

在表9.3中,各栏编写说明如下:

第(1)栏:对每一产品采用一种编码体系进行标识。

第(2)栏:记录被分析产品或功能的名称与标志。

第(3)栏:简要描述产品所具有的主要功能。

第(4)栏:根据故障模式分析的结果,依次填写每个产品的所有故障模式。

第(5)栏:根据故障原因分析结果,依次填写每个故障模式的所有故障原因。

第(6)栏:根据任务剖面依次填写发生故障时的任务阶段与该阶段内产品的工作方式。

第(7)栏:根据故障影响分析的结果,依次填写每一个故障模式的局部、高一

层次和最终影响并分别填入对应栏。

第(8)栏:记录被分析产品的"故障模式概率等级或故障数据源"的来源,当采用定性分析方法时此栏只记录故障模式概率等级,并取消(9)~(11)栏。

第(9)~(11)栏分别记录危害度计算的相关数据及计算结果。

第(12)~(18)栏:主要填写各种检测方法可检测的故障模式的故障率。其中"BIT"为机内测试,"ATE"为自动测试设备,"人工"为人工测试,"UD"为不能检测。"BIT 及其相关信息"主要包括:IBIT 栏为系统运行前 BIT 可检测的故障率;MBIT 栏为运行后维修 BIT 可检测的故障率;PBIT 栏为系统运行中 BIT 可检测的故障率;虚警率(λ_{FA})栏为可导致虚警事件的频率,也包括 BITE 故障会导致虚警发生的频率。

第(19)栏:主要填写隔离到不同级别的故障模式的故障率。其中 LRU 为现场可更换单元,即可在工作现场(基层级)从系统或设备上拆卸并更换的单元;SRU 为车间可更换单元,即可在车间(中继级)内,从 LRU 上拆卸并更换的单元。

第(20)栏:"BIT 硬件故障率"是用于该系统的自身 BIT 电路所用元器件的故障率。

第(21)栏:记录对其他栏的注释和补充说明。

表 9.3 测试性分析的 FMECA 表

初始约定层次					任务				审核				第 页·共 页		
约定层次					分析人员				批准				填表日期		

代码	产品或功能标志	功能	故障模式	故障原因	任务阶段与工作方式	严酷度类别	故障模式概率等级或故障率数据源	故障率 λ_p	故障模式频数比 α_j	故障影响概率 β_j	检测能力 λ_D							隔离能力 λ_1			BIT 硬件故障率	备注
											BIT 及其相关信息			虚警率 λ_{FA}	ATE	人工	UD	LRU				
											IBIT	MBIT	PBIT					1SRU	…	nSRU		
(1)	(2)	(3)	(4)	(5)	(6)	(7)	(8)	(9)	(10)	(11)	(12)	(13)	(14)	(15)	(16)	(17)	(18)	(19)			(20)	(21)
总计																						

7 FMECA 实施

说明 FMECA 的实施情况,即填写表 9.3 过程。

8 相关信息

通过实施 FMECA 得出的为产品的测试性设计、分析及试验与评价提供的相关信息。

9 与其他工作协调的说明

本工作与可靠性分析、维修性分析所进行的 FMECA 工作结合的说明。

9.10 测试性设计准则

按照 GJB 2547A—2012《装备测试性工作通用要求》编写。

1 范围

2 引用文件

3 产品概述

说明产品名称、型号、功能和配套关系;产品合同规定的测试性定性要求等。

4 测试性设计准则

制定产品的测试性设计准则。测试性设计准则除应包括一般原则(总体要求)外,还应包括产品各组成部分测试性设计的原则或指南。对于具体产品,必须依据通用测试性准则和产品特点制定专用测试性设计准则。设计准则的拟订,应该考虑能够确保产品在整个寿命周期内使用与维修保障的经济有效性。

9.11 固有测试性设计分析报告

按照 GJB 2547A—2012《装备测试性工作通用要求》编写。

1 范围

2 引用文件

3 产品概述

说明产品名称、型号、主要功能和配套关系;产品合同规定的测试性定性要求等。

4 结构设计情况

4.1 结构与功能等方面的合理划分

说明产品在结构与功能等方面的合理划分情况。主要包括:1)结构划分,产品结构划分应有利于故障隔离,UUT 的最大插针数与 ATE 接口能力应保持一致,在不影响功能划分基础上,尽量将功能不能明确划分的一组电路装在同一个可更换单元中;2)功能划分,当采用一个可更换单元实现多个功能时,应保证能对每个功能进行单独测试;3)电气划分,应尽量利用阻塞门、三态器件或继电器等把正在测试的电路同不在测试的电路隔离,以缩短测试时间。

4.2 初始化

说明系统或设备的初始状态,它应是能够预置到的一个唯一的初始状态,以保证对给定的故障进行重复测试时能得到相同的响应。

4.3 模块接口

说明模块接口。应尽量使用现有的连接器插针进行测试控制和测试观测,对于高密度的电路和印制电路板,可优先选用多路转换器和移位寄存器等电路,免得增加插针。

4.4 测试控制

说明测试控制设计情况。应提供专用测试输入信号、数据通路和电路,使测试系统(BIT 和 ATE)能够控制产品内部的元器件工作,来检测和隔离内部故障。

4.5 测试观测

说明测试观测设计情况。即提供测试点、数据通路和电路,使测试系统(BIT 和 ATE)能观测产品内部故障的特征数据,用于故障检测和隔离。对高密度电路尤其是采用 BGA 封装器件的电路板,鼓励采用边界扫描(JTAG)技术,以提高测试覆盖率及故障定位的准确性。

4.6 元器件选择

制定元器件选择原则,说明设计中元器件的具体选择情况。在选择能满足性能要求的元器件时,应优先选用具有满意的测试性特征的集成电路或组装件,同时,优先考虑那些内部结构和故障模式已充分暴露的集成电路。

5 诊断体系结构设计情况

说明诊断体系结构设计情况。重点是测试点布局和嵌入式诊断的结构。

5.1 测试点布局

说明设计中测试点布局情况。选择 UUT 测试点的数目和位置时,应以下述内容为依据:

a) 根据故障隔离要求选择测试点;

b) 选择的测试点能方便地通过系统或设备的插头或测试插头连到 ATE 上;

c) 选择测试点时,对高电压和大电流的测量要符合安全要求;

d) 测试点的测量值应以设备的公共地为基准;

e) 应消除测试点与 ATE 之间的相互影响,以保证设备连接到 ATE 上后,性能不会降低;

f) 高电压或大电流的测试点在结构上要同低电平信号的测试点隔离；
g) 选择测试点时，应符合 ATE 合理的频率要求及测量精度；
h) 数字电路和模拟电路应分别设置测试连接器，便于独立测试。

5.2 BIT 结构设计

说明 BIT 结构设计。重点是确定 BIT 配置，即哪些系统、设备、LRU 或 LRM 设置 BIT，确定 BIT 的运行模式和类型、BIT 软件运行环境、系统级 BIT 和分系统 BIT 之间的通信接口以及系统级 BIT 的自测试功能等，必要时需要通过权衡分析来确定。

5.3 性能监测结构设计

说明性能监测结构设计。主要针对非电子系统(设备、装置)、发动机和关键结构。固有测试性设计时应分析确定需要进行监测的性能、功能或特性参数，考虑相应的传感器和相关信息处理软件，以便进行实时性能监测。对于关键的监测信息，应随时报告给操作者。并应具有能够存储足够多的数据的能力，或者传输给中央测试系统，以便进一步分析。

5.4 故障信息的存储和显示结构设计

针对使用需求设计的 BIT 的故障检测与隔离信息以及相关信息的记录方法，说明进行存储器(简单的用非易失存储器，要求高的可用移动存储器)或与之相关的结构设计情况。

针对设计的报警或显示方法，如指示灯、指示器、显示控制单元、显示器、告警装置、维修监控板、中央维修计算机等，说明进行与之相应的结构设计情况。

5.5 中央测试系统(CTS)结构设计

说明中央测试系统(CTS)结构设计情况。CTS 配置方案应考虑到 CTS 的主要功能、系统硬件与软件的构成、与其他系统和设备的关系等。

CTS 应采用先进的诊断能力设计，最大程度地利用传统的故障特征检测技术，并综合先进的软件建模、人工智能(AI)推理机，来增强诊断能力，获得虚警率几乎为零的精确的故障检测和隔离结果。并收集和处理关键部件和设备的性能信息，用于预计这些部件和设备的剩余使用寿命。

用于检测复合材料失效、发动机故障、分布广泛的(多个部位)疲劳损伤和腐蚀的先进传感器将成为 CTS 系统设计与有效实施的技术关键。因此，有必要按照可靠性、费用、尺寸、重量和功率的先后次序进行传感器改进。

6 测试性设计准则落实和完善情况

说明在产品设计过程中贯彻和完善测试性设计准则情况，包括 UUT 与 ATE 兼容性方面的设计准则。

9.12 测试性设计准则符合性报告

按照 GJB 2547A—2012《装备测试性工作通用要求》编写。
1 范围
2 引用文件
3 测试性设计准则的剪裁
3.1 剪裁原则

根据特定设计制定对测试性设计准则进行剪裁的原则,使它适用于具体的特性和设计要求。

部分测试性设计准则的一般应用指南列于表 9.4 中。

表 9.4 测试性设计准则的应用

分类	系统	分系统	电路
测试要求	√	√	√
嵌入式诊断设计	√	√	√
划分	√	√	
测试控制	√	√	
测试通路	√	√	√
测试数据	△	△	
电子功能结构设计	△	√	
模拟电路设计	×		√
数字电路设计	×	×	√
元器件选择			√
射频电路设计	×	×	√
电光设备设计	×	×	
基于边界扫描的电路板设计	×	×	√

注:√表示适用;△表示修改后部分适用;×表示不适用。

3.2 设计准则的修改、删减
明确设计准则修改、删减的条款。
3.3 增加的设计准则
说明增加与本设计有关的测试性设计准则。
4 指定加权系数

针对每条测试性设计准则指定其加权系数。根据对测试性的相对重要程度对准则进行加权。每条准则的得分是通过由承制方确定、订购方认可的加权系数来确定的。

准则的相对重要程度是通过分配1至10的权值确定的,对满足测试性要求是关键性的设计准则应分配加权系数为10;对满足测试性要求是重要的但不是关键的,分配加权系数为5;对测试性设计有益,但对满足测试性要求不是重要的设计准则,分配加权系数为1。

5 确定固有测试性最低要求值

订购方应确定用于固有测试性评价的最低要求值。在进行固有测试性检查时,最低要求值一般为85分~95分。最后确定的最低要求值是协商过程的结果,它包括费用、进度和对其他专业工程的影响,而不是由于设计者技术上的限制。

6 计分步骤

记分表的格式见表9.5。

表9.5 记分表格式示例

测试性设计准则	加权系数 W_i	准则适用对象数 N_{ti}	符合准则对象数 N_o	得分 S_i	加权得分 S_{wi}
准则1					
准则2					
…					
准则n					
总计					

6.1 准则适用对象数

确定每条准则适用的分析对象数并填入表9.5的"准则适用对象数"栏。

6.2 符合准则对象数

利用设计资料确定符合每条准则的分析对象数目并填入表9.5的"符合准则对象数"栏。

6.3 每条准则的得分

计算每条准则的得分 S_i,并填入表9.5的"得分"栏,计算公式如下:

$$S_i = \frac{N_{0i}}{N_{ti}} \times 100 \tag{9.1}$$

式中,S_i——第 i 条准则的得分;

N_{0i}——符合第 i 条准则的分析对象数;

N_{ti}——第 i 条准则适用的分析对象数。

6.4 每条准则的加权得分

计算每条准则的加权得分 S_{w_i},并填入表9.5的"加权得分"栏,计算公式如下：
$$S_{w_i} = W_i S_i \tag{9.2}$$
式中，S_{wi}——第 i 条准则的加权得分；
W_i——第 i 条准则的加权系数；
S_i——步骤 3 中计算出的第 i 条准则的得分。

6.5 固有测试性值

计算固有测试性值（T），计算公式如下：
$$T = \sum_{i=1}^{n} S_{w_i} / \sum_{i=1}^{n} W_i \tag{9.3}$$
式中，T——固有测试性值；
n——适用于本设计的设计准则总数。

7 改进建议

提出产品设计修改和完善的建议。

9.13 诊断设计

按照 GJB 2547A—2012《装备测试性工作通用要求》编写。

1 范围

2 引用文件

3 产品概述

说明产品名称、型号、主要功能、结构划分；产品合同规定的测试性要求等。

4 诊断设计权衡

当有两种以上测试方法可以选用时，通过权衡分析来选用简单的、费用最少的测试方法。主要包括：

a) BIT 与 ATE 的权衡。BIT 用于对系统或设备进行在线的故障检测和隔离。BIT 的优点是能在任务环境中独立工作。ATE 用于对 UUT 进行脱机故障检测，并将故障隔离到 UUT 内部的 SRU 或元器件。与 BIT 相比，ATE 的优点是不增加任务系统的重量、体积和功率，也不会影响任务系统的可靠性。

b) 人工测试与自动测试的权衡，采用人工测试还是 ATE 对系统进行检测和维修取决于维修策略、总的维修计划和被测系统的数目。根据测试复杂性、故障隔离时间、使用环境、保障要求、研制时间和费用等，对每个维修级别上的测试要求进行权衡。测试自动化程度必须与设备操作和维修人员的技能水平相一致。

5 诊断策略设计

诊断策略设计的主要工作要点有：

a) 分析并列出产品各功能故障模式及其各组成单元的功能故障模式，并取得有关故障率数据；

b) 依据诊断方案分析各个故障模式可用的检测方法，如 BIT、监控、ATE 或人工测试；

c) 确定测量参数和测试点位置，分析 UUT 及其各组成单元的功能故障模式的检测参数、测试点的位置，并标注在 UUT 功能框图上，建立起 UUT 各组成单元（或各组成单元功能故障模式）与测试点的相关性图示模型；

d) 建立并简化相关性矩阵，识别模糊组；

e) 考虑可靠性影响因素优选测试点和诊断策略；

f) 画出 UUT 诊断策略二叉树形图（诊断树）和（或）故障字典。

6 嵌入式诊断详细设计

嵌入式诊断详细设计是使所有系统和设备都能进行规定程度的测试，并达到规定的故障检测率与隔离率要求。

6.1 BIT 详细设计

BIT 详细设计的主要工作内容为 BIT 硬件电路和软件设计、BIT 故障检测与隔离能力的分析预计等。

BIT 有多种模式，常用到的有周期 BIT、加电 BIT 和维修 BIT 等三种，这三种模式用于同一特定的系统中，将会提高故障检测和隔离能力。下面是这三种 BIT 软件和硬件的详细设计要求。

a) 周期 BIT(PBIT)，PBIT 在系统运行的整个过程中都在不间断的工作，从系统启动的时刻开始直到电源关闭之前都将运行。PBIT 的任务是检测和隔离系统运行中可能出现的故障，并存储和报告有关故障信息。PBIT 不干扰系统的运行，也无需外部的介入。在出现故障的情况下立即记录和报告，并说明故障的类型。在检测到故障后，PBIT 继续运行。如果出现了新的情况（故障消失，或者出现别的故障），PBIT 将继续报告；

b) 加电 BIT(POWER-UP-BIT)，当给系统通电时，加电 BIT 即开始工作。它将进行规定范围的测试，包括对在系统正常运行时无法验证的重要参数进行测试，且无需操作人员的介入。在这种状态下，系统只进行自检测。加电 BIT 只运行几分钟时间。在成功地完成加电 BIT 后，将显示一个提示信息。在有故障的情况下，将被测故障有关的详细数据显示出来。操作人员将可以重复运行检测到故障的子程序，以验证故障的存在。加电 BIT 检测出来的故障，以一种与 PBIT 类似的数据方式进行记录和报告；

c) 维修 BIT(MBIT)，MBIT 由操作人员或系统启动，其主要功能为：1) 显示系统的状态，即显示记录在 NVM(非易失存储器)中的故障清单；2) 显示补充数据(与各故障有关的附加信息)；3) 进行人机交互方式的测试；4) 抹去 NVM 中的故障数据；5) 必要时，进行系统或设备参数的调整。

6.2 性能监测详细设计

对于没有 BIT 的系统和设备，应进行传感器及相关信息处理能力的设计，以便实时进行性能或状态监测。对于关键的性能、功能或特性参数的监测信息，应随时报告给操作者。在嵌入式诊断详细设计阶段，应完成与性能监测相关的硬件和软件的具体设计工作。

6.3 中央测试系统(CTS)详细设计

中央测试系统的详细设计是依据设计方案中规定的构成和功能，进行其软件和硬件的设计。

在进行中央测试系统软件设计时应尽可能采用先进的诊断能力设计技术，最大限度地利用传统的故障特征检测技术，并综合先进的软件建模技术、多传感器信息融合技术、人工智能技术等，来增强诊断能力、状态预测能力、维护决策能力。

中央测试系统详细设计应建立在对以下的需求分析基础上：

a) 通信协议标准和总线拓扑结构的分析；

b) 维护人员操作规程的分析；

c) 基于测试性分析结果确定测试、维护、故障信息流，包括测试数据、维护数据、故障数据等；

d) 基于测试性分析结果提出诊断和接口描述文件(IDD)需求；

e) 基于测试性分析结果确定维护测试策略和综合诊断策略；

f) 基于对机械结构和非电子系统的测试性分析结果进行状态监测的详细设计，包括监控状态的确定、状态超限的判定、传感器的分布、测试点的规划以及传感器数据的预处理等；

另外，为便于外场维修，CTS 还应具有：

a) 统一的直观友好的信息显示界面；

b) 统一的信息表达方式；

c) 为维修人员提供不同层次测试的控制能力；

d) 提供准确地故障定位能力，出现模糊组时，进行引导测试；

e) 提供维修训练程序，使维修人员熟练掌握 CTS 的使用技能和故障诊断、预测方法等。

6.4 故障信息的显示记录和输出设计

在进行该部分详细设计时,一般应遵循以下原则:

a) 依据故障的影响程度设计相应的报警或显示方法,如指示灯、指示器、显示控制单元、显示器、告警装置、维修监控板、中央维修计算机等。影响严重的应同时使用声和光的方式及时告警;

b) 根据使用需求设计 BIT 的故障检测与隔离信息以及相关信息的记录方法。简单的是用非易失存储器,要求高的可用移动存储器;

c) 根据使用需求设计 BIT 的故障检测与隔离信息以及相关信息的输出方法。如外部测试接口(利用外部测试设备)、磁带/磁盘、打印机、远程通讯装置等;

d) 使用 ATE 测试 UUT 时的故障信息,亦应设计相应的显示、报警和存储装置。

7 外部诊断设计

外部诊断设计的主要内容有测试点详细设计、诊断逻辑和测试程序设计以及与外部测试设备的测试接口设计等。

7.1 测试点详细设计

在固有测试性和诊断策略设计的基础上,接着应进行测试点(或测试)的详细设计,工作要点包括:

a) 确定测试点具体位置,主要工作包括:1) 用于连接外部测试设备的外部测试点,一般引到 UUT 专用检测插座上或 I/O 连接器上;2) 用于检测元器件的内部测试点,可设置在电路板适当位置上。

b) 确定测试点用途,主要工作包括:1) 测量用测试点,用于测量 UUT 功能特性参数和内部一些电路节点信号,为无源测试点;2) 激励、控制用测试点,用于数字电路初始化、引入激励、中断反馈控制等的测试点,为有源测试点。

c) 测试点详细设计,主要工作包括:1) 分析并列出各测量用测试点的信号特性和测试要求;设计有源测试点的激励和控制电路,或确定外部提供激励和控制的要求;2) 测试点的接口能力应适应 3m 长电缆,使用 ATE 测量时不会造成被测信号失真,不影响 UUT 正常工作;3) 数字电路与模拟电路应分别设置测试点,以便于独立测试;4) 设置测量信号用公共接地点;5) 设计必要信号变换与调节电路;6) 设置的测试点在相关资料和产品上应有清楚的定义和标记。

d) 安全性考虑,主要工作包括:1) 测试点电压在 300V~500V(有效值)时,应有隔离措施和警告标志,对有高频辐射的 UUT 进行测试时应有安全措施;2) 高电压或大电流的测试点应在结构上同低电平信号测试点隔离;3) 必要时设计屏蔽、隔离或其他抗干扰措施;4) 任何测试点与地之间短路时,不应损坏 UUT。

7.2 诊断逻辑和测试程序设计

主要涉及以下几项工作：

a) 分析确定每个选用测试点的测量参数特性，如参数类型、幅值、容差等；

b) 确定每个测量参数的具体测试位置，如检测哪一个插座的第几个点或者电路的哪一节点；

c) 设计或选择测试所需的激励和控制用的有源信号及加入方法；

d) 依据上述分析结果画出诊断测试的详细流程图；

e) 用规定的编程语言研制诊断软件程序。

7.3 UUT 与外部测试设备兼容性设计

外部测试设备包括 ATE、PMA 及其他外部测试用的测试设备，可以是选用已有的通用 ATE，也可以是新设计的测试设备。UUT 和 ATE 的兼容性设计可参考 GJB 3966 被测单元与自动测试设备兼容性通用要求。详细设计内容主要包括 UUT 模块化、测试点、测试信号与激励设计等，设计应满足下述要求：

a) UUT 设计应尽可提高功能模块化程度和功能独立性，便于外部测试设备能控制 UUT 划分，对各电路或功能进行独立测试或分段测试；

b) UUT 对外接口设计要保证 UUT 与外部测试设备能够连接简单，为测量信号、激励信号、外部测试设备同步控制信号提供有效传输通路；

c) 所需信号的测量方法、幅值、频率和准确度要求等，与外部测试设备能力范围之间是协调的；

d) UUT 所提供的外部测试点数量，能够满足使用外部测试设备检测时的故障诊断能力要求；

e) 测试点应该是通过外部连接器可达的，功能测试点一般设在 UUT 输入和输出信号连接器中，故障隔离与维修用测试点可以设在检测连接器中。

9.14 测试要求文件

按照 GJB 7262—2011《航空电子与电气设备测试要求文件编制要求》编写。

1 范围

明确 TRD 规定的主要技术内容的使用范围（所适用的对象）和应用领域。

2 引用文件

引用文件中所列文件均空两个字起排，回行时顶格排，每个文件之后不加标点符号。所列标准的编号与名称之间空一个字的间隙。

引用文件的排列顺序为：国家标准，国家军用标准，行业标准，部门军用标准，ISO 标准，IEC 标准，其他国际标准。国家标准、国家军用标准、ISO 标准和

IEC标准按标准顺序号排列；行业标准、部门军用标准、其他国际标准分别按标准代号的拉丁字母顺序排列，再按标准顺序号排列。

3 术语、定义和缩略语

术语和定义给出为理解TRD中某些术语所必需的定义。

术语和定义的编写格式为：条目编号顶格排，术语空一个字排，后空一个字接排英文对应词；术语的定义或说明另起一行空两个字起排，回行时顶格排。

缩略语是可选要素，给出为理解TRD中的缩略语所必需的全称。

缩略语按照字母顺序合理编排，不编号。每条空两个字起排，缩略语后跟一个破折号"——"，紧接着标明缩略语的全称，必要时给出适当的说明。回行时顶格排。

4 技术状态资料

技术状态资料应包括UUT相关工程资料的信息，其格式和内容应符合图9.2的要求。

页　　号：
TRD编号：
版　　本：
日　　期：
UUT编号：

用于编制TRD的资料清单

工程资料	编 号	版本/日期	说　明
原理图			
装配图			
外形图			
连线图			
验收测试规范			
校验程序			
元器件清单			
影响UUT的更改单			
技术说明书			
使用维修手册			
图解零部件目录			
大修手册			
功能方块图			
非标零部件规范			
UUT层次图			
其他			

图9.2 技术状态资料页

5 UUT 资料

5.1 一般信息

UUT 一般信息格式如图 9.3、图 9.4 所示。

页　　号：
TRD 编号：
版　　本：
日　　期：
UUT 设计一般信息

重量　　　　　　　　kg
专用工具　　　　□ 没有　　□ 见第　　页
装卸要求　　　　□ 没有　　□ 见第　　页
工作环境要求
专用紧固要求　　□ 没有　　□ 见第　　页　　□ 见图
冷却空气要求　　□ 没有　　□ 使用
液压要求　　　　□ 没有　　□ 使用
气压源要求　　　□ 没有　　□ 使用
其他要求　　　　□ 没有　　□ 见第　　页
安全要求　　　　□ 没有　　□ 见第　　页
电源要求

交流电源	＃1	＃2	＃3	＃4	＃5	＃6
电压						
电压容差						
频率						
频率容差						
电流						
相位和基准						
连接器和插针—输入						
连接器和插针—回线						
直流电源						
电压和极性						
电压容差						
电流						
纹波（V rms）						
连接器和插针—输入						
连接器和插针—回线						

图 9.3　一般信息页（UUT 设计）

页　　　号：
TRD 编号：
版　　　本：
日　　　期：
UUT 测试一般信息

一般程序
目视检查指导	□ 没有	□ 见第	页
重启或重测指导	□ 没有	□ 见第	页
标准测量延迟要求	□ 没有	□ 见第	页
一般注意事项	□ 没有	□ 见第	页
测试前指导	□ 没有	□ 见第	页
工作测试限制	□ 没有	□ 见第	页
校准程序	□ 没有	□ 见第	页

特别注意事项
导线长度	□ 没有	□ 见第	页
隔离	□ 没有	□ 见第	页
屏蔽,接地	□ 没有	□ 见第	页
电源顺序	□ 没有	□ 见第	页
负载匹配,驻波比	□ 没有	□ 见第	页
辐射	□ 没有	□ 见第	页
其他	□ 没有	□ 见第	页

图 9.4　一般信息页(UUT 测试)

UUT 一般信息格式应符合下述要求：

a) 重量,应标明 UUT 的重量；

b) 专用工具,如有专用工具,应注明,并标出这些要求在 TRD 中的页号；

c) 装卸要求,如有装卸要求,应注明,并标出这些要求在 TRD 中的页号；

d) 环境要求,应规定正常和安全工作所需的所有条件,如冷却空气、液压源、气源传动装置、燃油油箱和其他辅助资源等；

e) 安全要求,当存在高压、射频辐射等影响安全的情况时,应标识出对人员和设备(UU 和测试设备)进行保护的特殊注意事项和指导,并标出这些要求在 TRD 中的页号；

f) 电源要求,应标明所有 UUT 输入电源要求,包括交流和直流电压及其容差、最大负载电流、频率及其容差、电源阻抗、接地回流、直流电压的波纹极限。

如有特殊需要,应标明三相电源的线电压或者相电压,并标明允许的线与线之间的电压最大不平衡度和失真百分比;

g) 故障信息,应提供 UUT 的故障模式信息和 MTBF 值;

h) UUT 层次图,应随 TRD 一起提供 UUT 层次图,标出 UUT 的每个 LRU、SRU 和 SSRU。

5.2 功能和性能
应描述 UUT 预期使用的全部功能和性能。

5.3 工作原理
说明 UUT 工作原理的叙述性信息,需要时应包括时序图、波形图和其他工程信息。

5.4 使用指南
对需要操作人员参与才能正常工作的 UUT,应提供详细的使用指南。

5.5 使用限制
为确保正常测试,应提供 UUT 工作的一般程序和特殊注意事项,包括所需初始化要求以及 UUT 输入/输出的条件,并在 UUT 使用制约索引表中列出。

5.6 接口定义
5.6.1 机械接口
应按照图 9.5 提供与 UUT 相关的连接器和固定架的下列内容:

页　　号:
TRD 编号:
版　　本:
日　　期:

机械接口定义

连接器				
UUT 连接器编号	UUT 连接器型号	制造厂	配对连接器编号	配对连接器型号
安装、紧固、支撑架				
液压、气压、冷却装置				
其他				

图 9.5　UUT 机械接口要求页

a) UUT 连接器,应包括 UUT 连接器编号、UUT 连接器型号、制造厂、配对连接器编号、配对连接器型号;

b) 安装、紧固和支撑架,应提供所有安装、紧固和支撑架的技术图样及相关信息;

c) 液压、气压、冷却装置,应提供将液压、气压、冷却源等连接到 UUT 的所有接头、夹具和适配器的相关信息。

当外形图和其他图中没有现成的设计固定架所需资料,或者不明晰时,应提供尺寸图。应规定固定架所用的专用材料。

5.6.2 电气接口

应按照图 9.6 列出 UUT 每个连接器的每个插针。对于每个插针,应提供信号名称、信号流向(如输入、输出、未连接等),以及足以定义接口信号的描述信息息。必要时,可使用简化清单。

页　　号:
TRD 编号:
版　　本:
日　　期:
电气接口定义

UUT 连接器	针孔号	信号名称	信号流向	描述信息	备注

图 9.6　UUT 电气接口要求页

描述信息一般应包括下列内容:

a) 信号特性的详细定义(包括容差);

b) 配对连接导线的最小直径;

c) 配对连接导线的最大长度;

d) 配对连接导线或同轴电缆的型别;

e) 配对连接导线的屏蔽要求;

f) 配对连接导线的接地要求；
g) 配对连接电路的隔离要求；
h) 配对连接导线双股缠绕或多股缠绕要求；
i) 阻抗匹配/负载要求，包括允许的电压驻波比；
j) 其他。

因工作模式改变造成电气接口定义变化，应针对不同模式提供相应的电气接口定义。

5.7 图样

应根据 UUT 测试要求，提供相应的图样。一般应包括：
a) 外形图；
b) 单元装配图；
c) 框图；
d) 原理图；
e) 连线和布线图；
f) 信号流程图。

5.8 零件目录

应提供零件目录，并标出每个元器件的名称和在 UUT 中的编号，采购的元器件应有制造厂的零件编号和识别码。

6 UUT 测试要求

6.X （测试项 X）

6.X.1 测试要求

6.X.1.1 测试信息

TRD 应提供实现如下目的所需的信息：
a) 按照 UUT 功能和性能，测试 UUT 并指出合格、故障和超差情况；
b) 调整和校正 UUT；
c) 至少将故障隔离到下一级组件。

6.X.1.2 测试顺序

所有测试应尽可能简单，彼此独立，按照顺序安排以简化测试并减少冗余，使得在出现"不通过"情况后，不受该故障影响的其他测试可以继续进行。

6.X.1.3 测试类型

TRD 中应包括下述测试类型：
a) 电源/激励短路测试，即在使用电源和激励之前，根据需要进行电源输入和激励输入短路检查，以验证这些输入不在短路情况下工作；
b) 功能/性能测试，即在 UUT 各种工作模式下进行功能测试和性能测试，以确定 UUT 合格、故障和超差情况；

c)故障诊断测试,即将功能/性能测试过程中检测出来的故障隔离到规定的维修级别。

6.X.1.4 详细测试信息

对 UUT 的每个测试均应以独立的测试信息表加以详细描述。

详细测试信息表应包括：页号、TRD 编号、版本号、日期、测试号和测试目标,此外还应标明每个测试的前一个测试号。详细测试信息表的格式见表 9.6。

表 9.6 详细测试信息表

页　　号：＿＿＿＿＿
TRD 编号：＿＿＿＿＿
版　　本：＿＿＿＿＿
日　　期：＿＿＿＿＿

测试号：＿＿＿＿＿＿＿＿＿
前项测试号：＿＿＿＿＿＿＿
测试项目：＿＿＿＿＿＿＿＿＿＿＿＿＿＿＿＿＿＿＿＿＿＿＿＿＿＿＿＿＿
测试类型：□电源/激励短路测试　　□功能/性能测试　　□故障诊断测试

输入条件	特性	输入阻抗或电流	连接和回线
电源			
激励			
其他			
测试数据	测试点＿＿＿＿＿ 测量值＿＿＿＿＿ 补充数据	信号回线＿＿＿＿＿ 上限值＿＿＿＿＿	输出阻抗＿＿＿＿＿ 下限值＿＿＿＿＿
测试结果	继续测试	调整	更换
容差之内			
输出过高			
输出过低			
其他情况			
注			

当需要更多的空间规定其他信息时,应使用续表。续表应注明所对应的TRD编号、版本号、测试号,以及需要继续描述的其他信息。详细测试信息续表格式应符合表9.7的要求。详细测试信息表应注明对应的续表。

应为每个UUT的测试提供足够的信息,全面描述为完成测试所需的所有输入条件和测量。至少应提供下述信息:

    a) UUT的功能名称和部件编号;

    b) 输入信息:应定义所有输入,包括电气、光学、机械等,应规定其范围和容差;

    c) 输出信息:应规定所有输出的范围、精度,与输入条件的关系;

    d) 测试点信息:测试点应注明功能,并规定输入或输出信号的条件;

    e) 控制信号及其控制(调整)范围。

应足够充分地描述UUT,使得用任何一个具有所述特性的部件替换该UUT后,插入系统之中可以正常工作,不会造成系统性能降低。输入、输出和测试点信息应通过测试连接器和插针的指定、功能名称来识别。功能名称不能重名。

表9.7 详细测试信息续表

页　号:_____
TRD编号:_____
版　本:_____
日　期:_____

详细测试信息续表
测试号:_____　　　　　UUT:_____

每个输入、输出、回线的连接应使用 UUT 上的连接器和插针号码或测试点来规定。当对 UUT 的一系列测试的输入条件相同时，可在第一项测试中规定输入条件，后续测试可直接引用。

UUT 每个测试的测试信息最低要求在 GJB 3966—2000《被测单元与自动测试设备兼容性通用要求》节中定义。与 GJB 3966—2000 描述不一致的具体测试情况应遵循阐述的原则，使输入、输出、测试点情况得到完全的定义。

6.X.2 测试流程图

应提供（测试项 X）的测试流程图。测试流程图应图示说明 TRD 功能/性能测试和故障诊断测试的顺序和分支。测试流程图应采用树图形式表示。

6.X.3 验收测试程序

如果有的话，应提供描述 UUT 制造厂验收测试方法关于（测试项 X）的验收测试程序。

9.15 测试性核查计划

按照 GJB 2547A—2012《装备测试性工作通用要求》编写。

1 范围

2 引用文件

3 概述

一般应说明：

a) 试验与评定的依据；
b) 试验与评定的目的；
c) 试验与评定的类别；
d) 试验与评定的项目；
e) 若测试性试验与其他试验结合进行，应说明结合的方法。

4 组织

试验的组织工作，一般应明确：

a) 试验评定的组织领导及参试单位；
b) 试验人员的分工及资格、数量要求；
c) 测试小组人员的来源及培训要求。

5 试验场地与资源

试验的场地与资源，一般应规定：

a) 试验场地及环境条件;
b) 工具与保障设备;
c) 技术文件;
d) 备件和消耗品;
e) 试验设备;
f) 安全设备。

6 实施

6.1 准备

试验的准备工作,一般包括:
a) 试验组的组成;
b) 测试人员的培训;
c) 试验设施的准备;
d) 保障器材的准备。

6.2 试验

实施试验一般应明确:
a) 试验进度;
b) 试验方法,包括判决标准及风险率或置信度;
c) 当模拟故障时,选择维修作业的程序;
d) 数据获取方法;
e) 数据分析方法与程序;
f) 重新试验的规定。

6.3 评定

试验结果的评定,一般应包括:
a) 对装备满足测试性定性要求程度的评定;
b) 对装备满足测试性定量要求程度的评定;
c) 对维修保障要素的评定(需要时)。

6.4 试验与评定报告

计划应规定试验与评定报告的编写与交付的要求。

7 监督与管理

计划应明确试验与评定的监督与管理的要求,即试验与评定组织与职责;试验与评定过程的控制与协调。

8 试验经费

计划应拟订试验经费的预算与管理方法。

9.16 测试性核查报告

按照 GJB 2547A—2012《装备测试性工作通用要求》编写。

1. **范围**
2. **引用文件**
3. **核查的产品简介**
   简述产品类型、结构划分、产品层次、设计要求、测试性定性定量要求等。
4. **核查方法及说明**
   明确进行核查的方法并说明选择的理由。
   尽可能利用研制过程中的各种试验数据进行测试性核查，可以采用样机测试、专项试验、仿真和分析测算等方式进行。
   测试性核查的方法比较灵活，使用情况可遵循以下情况：
   a) 最大限度地利用研制过程中各种试验（如利用样机或模型进行的各种研制试验、合格鉴定、维修性和可靠性试验等）所获得的故障检测与隔离数据，必要时还可采用注入故障方式获取需要的测试性试验数据；
   b) 还可尽可能利用各种成熟的建模与仿真技术、维修性核查资料、相似产品经验教训等；
   c) 还可通过对故障模式及测试方法分析、测试性预计等测试性设计与分析工作进行核查。
5. **数据汇总及分析**
   对采集的测试性数据进行汇总和分析。
6. **核查过程**
   依据核查计划，说明核查过程。
7. **核查结论**
   得出测试性是否达到本阶段目标的结论。
8. **设计缺陷分析及纠正措施**
   对测试性核查发现的测试性设计缺陷，进行原因分析并制定纠正措施。
9. **改进建议**
   依据核查结论以及设计缺陷分析提出改进设计的建议。

9.17 测试性验证试验计划

按照 GJB 2547A—2012《装备测试性工作通用要求》编写。

1 验证的目的、指标和要求

明确进行测试性验证试验的目的,测试性指标和试验环境等要求。

2 验证的方法及选用的理由

明确测试性验证方案、实施方法及选用的理由。

3 结合其他试验进行的理由、方法及注意事项

测试性验证试验若结合其他试验进行时,应说明理由、方法和注意事项。

3.1 结合其他试验进行的理由

3.2 结合其他试验进行的方法

3.3 结合其他试验进行的注意事项

4 受试样品、试验用设备、设施以及所需维修作业数

明确受试产品、故障注入或模拟设备、试验用设备、测试程序以及接口装置、维修作业等。

5 试验组的组成、人员资格及职责

试验组的组成与职责一般应符合以下要求:

a) 试验组的组成。试验组一般分为两个小组,即验证评价小组和测试维修小组。验证评价小组内应有订购方的代表参加。测试维修小组由熟悉被试产品维修的人员组成,如果全部为承制方的人员,则他们应具有与产品部署使用后的测试维修人员相当的资格和技能水平;如果全部用部队的测试维修人员,则他们应事先经过适当的培训。

b) 试验组的职责。验证评价小组负责安排试验、监控试验和处理试验数据;测试维修小组负责具体实施所要求的故障注入、检测与维修活动。每个试验组人员的具体职责应在试验计划中规定。

6 有关情况的规定或处理原则

应结合具体产品情况,由承制方与订购方协商确定有关处理下列各项的基本规则:

a) 试验过程中产品自然发生的故障,是否计入故障样本数(一般可记入);

b) 由于仪器的不正确安装与操作而引起的产品故障,是否计入故障样本数(一般可记入验证 BIT 的样本数);

c) 从属故障是否计入故障样本数;

d) 确认虚警的方法;

e) 在完成具体故障检测或隔离时,发现事先规定使用的测试设备不合适时,应采取的措施;

f) 由于技术手册中提供了不恰当、不准确或不充分的信息,从而导致故障检测或隔离失败情况的处理;

g) 验证结论为"不通过"时应采取的后续措施。
7　试验总时间和详细的试验实施计划
　　确定试验总时间,制定详细的试验实施计划。
8　收集数据的内容与属性
　　说明收集数据的内容和属性,并纳入相关数据收集、分析和纠正措施系统。
9　订购方参加验证的时机与程度
　　确定订购方参加验证的时机与具体工作内容。
10　试验安全保证要求
　　提出试验安全保证要求。
11　试验经费及保障用物资
　　确定试验经费、保障用物资(试验中所需要的工具、保障设备、设施、备件等)。

9.18　测试性验证试验报告

　　按照 GJB 1362A—2007《军工产品定型程序和要求》编写。
1　试验概况
　　概要描述试验情况,通常应有以下内容:
　　a) 试验任务来源、依据;
　　b) 被试品代号和名称;
　　c) 承试单位和参试单位名称;
　　d) 试验性质、目的和任务;
　　e) 试验地点、起止时间;
　　f) 试验组织机构的设立及其职责分工情况;
　　g) 试验实施计划的制定和落实情况;
　　h) 试验阶段划分,各阶段的起止时间、地点(地域)、主要工作和目的;
　　i) 是否完成试验大纲规定的任务等。
2　试验项目、步骤和方法
2.X　(试验项目 X)的步骤和方法
　　应按试验大纲的规定,简要叙述(试验项目 X)的实施步骤和方法。
3　试验数据
　　提供各项试验所获得的实测数据(必要时可采用图表形式表示)。
4　试验中出现的主要技术问题及处理情况
　　描述试验中出现的主要技术问题及处理情况,包括问题现象(发生时间、试验项目、技术问题等)、问题原因、解决措施、验证情况等。

5 试验结果、结论

5.1 试验结果

提供各项试验的结果(必要时可采用图表形式表示),包括能够实现的功能或能够完成的任务及其完成的程度,未能实现的功能或未能完成的任务。

5.2 试验结论

阐述试验结论,明确指出是否符合预定的要求。

6 存在的问题和改进建议

6.X （存在的问题 X)改进建议

对试验过程中出现的且尚未得到彻底解决的问题提出进一步改进的建议。

7 试验照片

7.1 试验样品的全貌、主要侧面照片

提供用于试验的试验样品的全貌、主要侧面照片。

7.2 主要试验项目照片

提供试验过程中拍摄的主要试验项目的照片,特别是反映装机状态、试验显示画面的照片。

7.3 试验中发生的重大技术问题的特写照片

提供试验过程中发生重大技术问题时的特写照片,特别是试验样品损伤、试验显示画面异常的照片。

8 主要试验项目的实时音像资料

提供主要试验项目的实时音像资料(目录),包括拍摄时间、试验项目名称、音像资料名称以及试验地点等信息。

9 关于编制、训练、作战使用和技术保障等方面的意见和建议

提出被试品列装后,使装备的作战使用性能和部队适用性达到最佳状态的编配方案、作战使用训练和技术保障、管理方法及要求等方面的意见和建议。

9.19　测试性分析评价计划

按照 GJB 2547A—2012《装备测试性工作通用要求》编写。

1 范围

2 引用文件

3 分析评价人员组成及其职责

明确分析评价人员组成及其职责,分析评价工作应有订购方的代表参加。

4 数据与信息

明确测试性分析评价采用的产品及其组成部分的试运行数据、各种试验数据、相似产品的相关数据、建模与仿真分析资料等数据与信息。

5 分析评价方法的确定

测试性综合分析评价通常可采用产品研制试验的有关数据、试运行数据、测试性核查资料、低层次产品测试性试验数据综合、同类产品测试性水平对比分析、测试性仿真或虚拟样机分析、测试性设计缺陷分析等方法。

确定分析评价采用的方法，并说明选择的理由。

6 评价准则

确定有关评价测试性是否符合要求的判据。

7 评价报告的要求

确定评价报告的主要内容及相关要求。

8 有关评审的安排

对测试性评价计划和评价报告进行审定和评审的安排。

9.20 测试性分析评价报告

按照GJB 2547A—2012《装备测试性工作通用要求》编写。

1 范围

2 引用文件

3 数据与信息的收集、分析与处理

详细说明数据与信息的来源及分析与处理程序和过程。

4 分析评价过程

依据测试性分析评价计划说明分析评价方法、程序、全过程。

5 分析评价结论

依据评价准则得出产品是否满足规定测试性要求的结论。

6 纠正措施

针对出现的问题提出纠正措施。

7 改进建议

对测试性设计等方面提出进一步改进建议。

9.21 测试性评估报告

按照GJB/Z 170.13—2013《军工产品设计定型文件编制指南 第13部分：

可靠性维修性测试性保障性安全性评估报告》编写。

1 概述
1.1 产品概述
主要包括：

a) 产品用途,简要说明产品的使命任务和地位作用等内容,如系配套产品,则介绍在系统中的定位、属性、用途。

b) 产品组成,简要说明产品的组成(包括硬件组成和软件组成)以及各部分的功能等内容,可简要介绍工作原理。

1.2 工作概述
主要包括：

a) 研制过程简述；

b) 测试性工作组织机构及运行管理情况；

c) 测试性文件的制定与执行情况。

2 测试性要求
逐条列出研制总要求(或研制任务书、研制合同)中的测试性定量与定性要求。

3 测试性设计情况
主要包括：

a) 测试性建模、指标预计与分配,应按 GJB 2547 及相关标准执行；

b) 测试性设计采取的主要技术措施及效果；

c) 其他测试性工作项目完成情况。

4 测试性试验情况
4.1 科研试验
概括总结工程研制阶段测试性的科研试验情况。主要包括：试验时间、试验地点、试验条件、被试品数量及技术状态、试验组织单位、试验承试单位、试验项目、试验数据、数据分析与处理、试验结论以及存在的问题与解决情况等。

4.2 设计定型试验
概括总结设计定型阶段(含基地试验、部队试验、软件定型测评)测试性的定型试验情况。主要包括：试验时间、试验地点、试验条件、被试品数量及技术状态、试验组织单位、试验承试单位、试验项目、试验数据、数据分析与处理、试验结论以及存在的问题与解决情况等。

5 评估
设计定型试验有明确结论的可直接采用,没有明确结论的以设计定型试验的试验数据为主要支撑,经军方认可,结合科研试验结果,根据相关标准、故障判据和设计规范,对测试性要求进行定性与定量评估,并对设计保障、控制措施等进行综合评估。

6 存在的问题及建议

对尚存问题进行详细说明,并提出改进建议。

7 结论

给出是否满足设计定型要求的结论意见。

8 附件

必要时以附件形式提供试验报告等专项报告。

9.22 使用期间测试性信息收集计划

按照GJB 2547A—2012《装备测试性工作通用要求》编写。

1 范围

2 引用文件

3 信息收集和分析机构设置及职责

建立严格的信息管理和责任制度。明确规定信息收集与核实、信息分析与处理、信息传递与反馈的部门、单位及其人员的职责。

4 管理与监督要求

组成专门小组的人员设置及其职责,包括相关保密规定。定期对测试性信息的收集、分析、存储、传递等工作进行评审的安排。

5 信息收集的范围、方法和程序

进行使用期间测试性信息需求分析,对测试性评价及改进工作的信息需求进行分析,确定测试性信息收集的范围、内容和程序等。测试性信息一般应包括:

a) 对每个证实的故障信息,包括:1)测试的环境条件(使用中、基层级或中继级);2)测试方法(BIT、ATE或人工);3)测试程度(隔离的产品层次和模糊度);4)信息的显示与存储;5)BIT与ATE检测结果的一致性;

b) 对每个故障报警或指示而未证实的故障信息,包括:1)报警的性质(虚警、不能复现);2)产生报警的频度;3)引起报警的原因;4)忽视报警的潜在后果;5)与虚警相关的维修费用和使用费用(任务失败、降级工作、系统停机);

c) 使用中发现的测试性缺陷;

d) 系统的累计运行时间;

e) 测试用时间、测试费用、测试日期与测试单位。

6 信息分析、处理、传递的要求和方法

制定信息分析、处理、传递的程序。对使用和维修保障单位提出要求并规定程序,完整、准确地收集使用期间的测试性信息。

7 信息分类方法与准则

明确测试性信息分类方法与准则。

8 信息审核、汇总的安排

按规定的方法、方式、内容和时限,分析和存储测试性信息,定期进行审核、汇总。

9 信息收集工作与其他工作的协调

使用期间测试性信息收集与可靠性、保障性信息收集工作相协调的说明。

9.23 使用期间测试性信息分类和编码

按照 GJB 1775—1993《装备质量与可靠性信息分类和编码通用要求》编写。

1 范围

2 引用文件

3 信息分类

在进行使用期间测试性信息需求分析的基础上,依据该类武器装备制定的有关质量与可靠性信息分类和编码的标准,合理地进行信息分类。

4 信息单元的设置

依据该类武器装备制定的有关质量与可靠性信息分类和编码的标准,其中对所需设置的信息单元的要求和规定进行信息单元的设置,在满足信息需求的前提下,尽量减少信息单元的数量。

4.1 与故障有关的信息单元

与产品故障有关的信息单元至少应有:

故障模式,即故障现象。故障的表现形式,如超差代用、修补等。

故障发现日期,即发现故障的日历时间(年、月、日)

故障发现时机,指故障是在什么情况或状态下发现的,如在检查中、使用中、维护中等。

故障前工作时间,即产品故障前的累计工作时间。

故障判明方法,即鉴别或查出故障所采取的措施或手段。

故障原因,即导致故障发生的因素,如虚焊、老化等。

故障影响,指故障对产品的使用、功能或状态所导致的结果。一般分为对产品本身、高一层次和最终影响三级。

故障处理,即对故障产品所采取的措施,如换件、调整、修复等。

故障责任,指引起故障的责任单位或责任人,如果是产品本身问题引起的故障,责任单位为产品的承制单位。如果是产品使用不当引起的故障,责任单位为使用单位。

4.2 与测试有关的信息单元

根据信息需求分析的结果,设置与测试有关的信息单元。

4.3 与××有关的信息单元

根据信息需求分析的结果,设置与……有关的信息单元。

5 信息项的预置

依据该类武器装备制定的有关质量与可靠性信息分类和编码的标准,其中对预置信息项的要求和规定,对所设置的信息单元预置一系列的信息项,并对信息项的含义给予明确的表述。为便于编码,要把描述每一信息单元所预置的一系列信息项,按一定的规律和原则进行分类和排序。

6 信息编码

依据该类武器装备制定的有关质量与可靠性信息分类和编码的标准,其中对采用的代码类型和结构、编码的方法等的要求和规定进行信息编码,并符合具体型号装备编制的代码手册。设计的代码要具有唯一、简单、合理、适用等特性,并具有可扩充能力。各类代码之间要协调、兼容。对直接用数字或字母表示的信息项一般不需要编码。

6.1 产品故障信息代码

对故障信息编码主要是指对描述故障的信息项进行编码。

有关故障信息的代码主要有故障模式代码、故障发现时机代码、故障判明方法代码、故障原因代码、故障影响代码、故障处理代码、故障责任代码等。

应分别根据各类武器装备的情况,按所设置的信息单元,对一系列预置的信息项进行分类和排序,如果预置的信息项不多,也可以只排序。

根据信息分类和排序的情况选择代码的类型、结构和编码的方法。

信息项不超过 33 个时,一般采用一位码,由一个大写汉语拼音字母(I 和 O 除外)和(或)阿拉伯数字 1 至 9 构成。

信息项较多时,如描述"故障模式"的一系列信息项。应在进行合理地分类、排序基础上再选择代码的类型、结构和编码方法,一般采用多位码,如 3 位数字码。

有关故障信息的代码应该标准化,对于各类武器装备,应分别做出统一的规定。

6.2 产品测试信息代码

按照 GJB 1775 要求,参照具体型号装备编制的代码手册,设置产品测试信息代码。

6.3 产品××信息代码

按照 GJB 1775 要求,参照具体型号装备编制的代码手册,设置产品……信息代码。

7 与其他信息收集工作的协调

使用期间测试性信息收集应与维修性、可靠性、保障性信息收集工作相结合,作出有关协调说明。

9.24 使用期间测试性评价计划

按照 GJB 2547A—2012《装备测试性工作通用要求》编写。

1 范围

2 引用文件

3 参与评价各方及其职责

明确参与评价各方人员及其职责。

4 装备概述

概述装备规定的使用技术状态,实际使用与维修条件,规定的各类维修保障资源配备,使用与维修人员应经过的训练要求等。

5 数据与信息

明确实际使用条件下应收集的各种数据,部队使用期间的各种信息,必要时也可组织专门的试验,以获得所需的信息。

6 评价准则

制定评价准则、判据。

7 评价内容

测试性评价的内容,除了评估故障检测率、隔离率和虚警率(或平均虚警间隔时间)等参数值之外,还应考虑不能复现率、重测合格率以及不符合实际使用要求的测试性缺陷。

8 评价方法及程序

确定采用的评价方法,并说明理由。制定评价工作程序。

9 所需资源

按规定配备所需的资源。

10 与其他评估的协调

使用期间测试性评价可以结合使用期间维修性评价、使用可靠性评估、保障性评估等一起进行,作出有关协调说明。

9.25 使用期间测试性评价报告

按照 GJB 2547A—2012《装备测试性工作通用要求》编写。

1 范围

2 引用文件

3 数据的评价

应对收集的测试性信息,按测试性评价内容进行分析、处理,确保获得可信的评价结果及其他有用信息。当有关数据不能满足评价要求时,应采取必要措施予以补充。

4 分析过程

依据使用期间测试性评价计划中要求的评价方法、制定的评价程序,对各项内容进行的分析评价过程。

5 分析评价结论

依据评价准则、判据得出的分析评价结论。

6 纠正措施

提出对发现问题的纠正措施建议。

7 改进建议

对装备的测试性缺陷提出设计改进建议。

8 有关说明

对有关情况进行说明,如与可靠性、测试性等有关评价协调进行等情况。

9.26 使用期间测试性改进计划

按照 GJB 2547A—2012《装备测试性工作通用要求》编写。

1 范围

2 引用文件

3 确定改进项目及其目标

根据装备在使用中发现的测试性问题和相关技术的发展,通过必要的权衡分析或试验确定需要改进的项目及改进目标。改进项目是那些对使用安全和性能监测、减少维修消耗时间、降低维修技术难度、降低使用费用有重要影响和效果的项目。

4 改进单位、人员及其职责

确定进行测试性改进的单位、人员及其职责。

测试性改进应有专门的组织负责管理,其主要职责是:
a) 组织论证并确定测试性改进项目;
b) 制定测试性改进计划;
c) 组织对改进项目、改进方案的评审;
d) 对改进的过程进行跟踪;
e) 组织改进项目的验证;
f) 编制测试性改进项目报告等。

5 改进方案

针对确定的改进项目的目标,制定改进方案。使用期间装备测试性的改进方法应依据具体问题确定,主要途径包括:
a) 改进产品测试性设计,如调整检测门限、修正故障判别和诊断程序等;
b) 改进维修检测与使用方法;
c) 改进有关测试设备及保障系统;
d) 选用测试性好的新产品替换有问题的产品等。

6 经费安排

确定经费需求。

7 进度安排

明确测试性改进工作进度安排。

8 验证要求和方法

对改进项目提出验证要求和方法,说明采用验证方法的理由。

9 与其他改进项目的协调和权衡

必须与装备的其他改进项目进行充分的协调和权衡,以保证总体的改进效益。

9.27 使用期间测试性改进项目报告

按照 GJB 2547A—2012《装备测试性工作通用要求》编写。

1 范围

2 引用文件

3 改进计划的执行情况

对照使用期间测试性改进计划,说明执行情况,包括项目改进目标、改进方案、各级各类人员职责、经费使用、进度安排、相关验证和协调权衡等的落实情况。

4 各项目改进过程

根据改进计划,具体说明各改进项目的实施过程。

5 改进结果分析

具体说明改进项目的验证情况。通过对改进结果进行分析,评价改进措施的有效性。

6 有关说明

具体说明与装备其他改进项目的协调和权衡情况。

7 有关建议

对尚未完全落实的改进措施提出处理建议,对已落实的改进措施提出推广使用建议。

第10章 保障性文件

10.1 保障性要求

按照 GJB 3872—1999《装备综合保障通用要求》、GJB 1909A—2009《装备可靠性维修性保障性要求论证》编写。

1 范围

2 引用文件

3 概述

主要说明装备保障性要求论证的作用、目标和意义等。

4 装备的使命和任务

说明装备的使命和任务,主要包括新研装备担负的主要任务和辅助任务及其使用环境条件,论述现有装备在战备完好性、任务成功性、持续性和部署性等方面的不足和缺陷,以及国内外相似装备保障性现状分析。

5 装备使用方案、设计方案和保障方案

使用方案、设计方案和保障方案是进一步确定保障性要求的依据。使用方案主要说明装备将如何使用和使用时的组织机构、人员安排,还应包括装备的寿命剖面和任务剖面;设计方案简述装备的基本组成,列出为完成使用任务,装备必要的功能清单和相应的分系统清单;保障方案说明对保障工作的总体设想。它由满足功能的保障要求、与设计方案及使用方案相协调的各保障要素方案组成。

6 故障定义和判断准则

说明在试验过程中对故障原因和后果进行分类所需的指导原则。故障分类的结果将评价装备的保障性。

7 装备保障性定性定量要求及约束条件

列出装备的保障性定性和定量要求,保障性定量要求参数及其计算方法,装备形成初始作战能力和保障能力的时机和状态等。

为了合理确定装备保障性要求,应遵循如下原则:

a) 提出保障性要求应从任务需求出发,满足装备的作战使命;

b) 提出的保障性要求应经过可行性分析,包括技术可行性分析和经济可行性分析;

c) 提出的保障性参数的数量应尽可能地少,并经过反复迭代和细化;

d) 提出的保障性定量要求应有明确的定义,是可度量、可追溯、可验证的,并且有明确的验证时机、内容、条件和方法;定性要求应是明确的、可评估、可检查的,应有明确的检查清单和检查方法;不得用含糊、模棱两可的语言来表述各项要求;

e) 提出的保障性要求应完整,相互之间应协调匹配,并保证最终提出的保障性要求与装备设计方案、使用方案和保障方案相协调。

对保障性要求有影响的约束条件主要有:

a) 平时战备训练的环境条件,包括使用、维修、贮存和运输等环境条件;

b) 作战环境条件,包括自然环境、核生化环境、电子环境、复杂电磁环境等;

c) 与装备保障有关的指挥、控制、通信和情报系统之间的接口;

d) 标准化和互用性的总体要求;

e) 装备寿命周期费用分析结论,特别是使用和保障费用方面的估算结果;

f) 装备形成初始作战使用能力和保障能力的时机和状态;

g) 风险和进度。

保障性定量要求一般分为三类:针对装备系统的系统战备完好性要求;针对装备的保障性设计特性要求;针对保障系统及其资源的要求。保障系统及其资源参数主要有:

a) 与保障系统有关的参数,如 T_{MLD}、T_{MAD} 等;

b) 与保障资源有关的参数,如 R_{SEU}、R_{SEF}、R_{SU}、R_{SF} 等。

保障性定性要求一般包括针对装备系统、装备保障性设计、保障系统及其资源等几方面的非量化要求。

a) 装备设计的便于保障的定性要求。1) 使用保障设计要求。有关自保障设计要求;装备自带必要的自救和互救工具或设备的要求,特殊的保障要求;简化装备动用、使用前的装配、检测等方面要求。2) 维修保障设计要求。装备维修级别划分的要求;各级维修机构的维修能力的要求;战场抢救抢修的要求。

b) 保障资源定性要求。装备保障性要求论证时应从减轻保障负担、缩小保障系统规模等方面提出要求。首先应优先选用现役装备保障设备和设施中可利用的资源,并从减少保障资源品种和数量、简化保障资源设计、保障资源标准化等方面提出的约束条件,主要有:1) 人力和人员。包括对使用维修和其他保障人员的编制数量、技术专业、文化程度、技术水平等的约束条件。2) 训练和训练保障。包括训练周期的限制,有关训练装置、训练器材(含训练模拟器)的研制和选用的约束条件,有关训练教材应系统配套形成体系的要求等。3) 保障设备。包括采用现役保障设备的要求,对新研制的保障设备通用化、系列化、组合化要求;对新研制的保障设备费用的限制、保障设备互用性的要求;对各维修级别检测能力的要求;保障设备应具有自测试功能的要求。4)保障设施。包括对现有保障设施可利用程度的要求,改建、新建保障设施的约束条件,避免增加新建设施的要求等。5)备件和消耗品。明确对备件、原材料、擦拭材料、油液(包括燃料、润滑油、液压油、特种液等)等以及对充电、充气(包括高压空气、氧、氮等)等的限制条件。6)技术资料。要求提供的技术资料范围,包括装备设计资料、使用维修手册、有关的技术报告、计算机软件文档和各类清单等。明确技术资料的提交日期,使用各种技术资料的对象,有关技术资料编制要求以及其他要求等。7)包装、装卸、贮存和运输。包括装备及其备件在贮存和运输过程中的包装、装卸要求;贮存保障方案的要求,如封存器材、封存和启封时间、贮存周期、贮存期间的维护(含检测)等要求;装备及其保障资源的运输要求,包括运输方式要求(如海运、空运、铁路运输、公路运输)以及所需要的保障车辆、保障船的数量和种类等。8)计算机资源保障。对建立软件保障系统提出要求,包括提出使用与保障装备中的计算机所需的设施、硬件、软件、文档、检测仪器、人力和人员等要求;有关计算机操作系统、运行环境、数据库、特殊类型接口、编程语言以及现有平台和数据资源的整合兼容等要求;装备软件更改的要求,如软件的更改应以模块升级方式进行,更改时应考虑操作和维修软件人员的能力等。

8 装备保障性要求确定的过程和分析方法

列出确定装备保障性要求的过程、所用的分析方法和理由。

9 装备保障性要求可验证性分析

列出装备保障性要求可验证性分析的结果,包括验证的参数、验证时机和方法等。

可验证性分析是确定提出的各项保障性指标能否得到验证的过程。通过可验证性分析,应明确如下主要内容:

a) 待验证参数的定义和内涵。包括试验时应记录的数据、如何利用数据计算参数量值的方法。

b) 装备的故障判断准则。包括关联和非关联(责任和非责任)故障判断准则,任务成功的准则和严重故障(任务故障)判断准则等。有耐久性要求的装备,应明确极限状态(耐久性损坏)的判断准则。

c) 验证试验方案。根据 GJB 899、GJB 2072 和有关标准规定的原则确定试验方案时,应明确指标的统计含义,说明所提指标是用置信下限(或上限)还是均值来度量;应规定检验的统计准则,包括试验的判决风险、样本数、试验总时间、置信水平等。当有多种任务剖面时,还应明确试验剖面,规定试验剖面的持续时间、各分系统的试验时间、综合环境试验条件等,试验剖面的设计应与任务剖面相协调。

d) 对不能或不适宜用统计试验方案验证的参数提出评估验证的要求,有的指标可采用演示试验的方法进行验证,有的指标(如小子样的成功概率)可利用不同层次的数据通过建模仿真或其他综合的方法进行评估。

e) 装备保障性使用要求的验证应在装备实际使用条件下通过使用试验来验证。在不具备使用验证条件的情况下,可以利用定型试验期间收集的数据和装备设计过程中的数据,利用仿真等技术进行分析评估,以评估使用要求的实现情况。

10 装备保障性专项经费预计分析

通过寿命周期费用影响的费用分析,列出装备保障性专项经费需求分析结果、支付进度和要求等。

10.2 保障性工作项目要求

按照 GJB 3872—1999《装备综合保障通用要求》编写。

1 范围

2 引用文件

3 保障性工作项目选择原则

综合保障工作是装备研制中不可缺少的组成部分,应根据具体装备的类型、使用要求、费用、进度、所处寿命周期阶段、复杂程度、采用新技术的比例等对 GJB 3872—1999 进行剪裁。

对于新研或重大改型的大型复杂装备,一般需要全面实施 GJB 3872—1999 规定的工作项目。对于只要求部分改进的装备或小型简单装备,可以只选择有关的工作项目。

经费和进度应作为剪裁 GJB 3872—1999 的权衡因素。剪裁应用 GJB 3872—1999 时,应符合 GJB/Z 69—1994 规定的基本原则和方法。

4 保障性工作项目选择权衡分析

可靠性、维修性、测试性工作项目是保障性工作项目的有机组成部分,对可靠性、维修性、测试性工作项目的选择权衡分析是保障性工作项目选择权衡分析的重要依据和内容。

对于新研或重大改型的大型复杂装备,实施 GJB 3872—1999 规定的工作项目,寿命周期各阶段工作内容见 GJB 3872—1999 附录 B。对于只要求部分改进的装备或小型简单装备,进行权衡分析,选择有关的工作项目,说明选择的理由。

5 保障性工作项目与其他工程的协调

保障性工作项目应与其他专业工程(如可靠性、维修性、测试性、安全性等)相协调,以便进行保障方案等的权衡优选,确定保障系统及其资源要求,使装备设计和规划保障同步协调地进行。

6 保障性工作项目主要实施内容

应明确对保障性工作项目的具体要求和注意事项,以确保保障性工作项目的实施效果。

10.3 综合保障计划

按照 GJB 6388—2008《装备综合保障计划编制要求》和 GJB 3872—1999《装备综合保障通用要求》编写。

1 范围
2 引用文件
3 装备说明
3.1 装备的作战使命和任务

一般对下列主要内容进行简要说明:

a) 装备使用地域;

b) 战时和平时执行的主要和辅助的使命任务、打击目标类型和所要应付的主要威胁。

3.2 装备的主要作战使用性能

简述装备的基本能力要求,如:火力性能、机动性能、通信性能、防护性能、战备完好性、任务成功性(任务可靠性)等主要性能指标。

3.3 装备总体方案

一般对下列主要内容进行简要说明:

a) 装备的组成,包括系统软件;

b) 装备、分系统或设备的功能或功能框图。

4 使用方案

一般对下列主要内容进行简要说明:

a) 装备预定的部署数量、地域、服役期限;

b) 装备预定投入使用后使用部队的编成和装备的编配;

c) 装备任务剖面、寿命剖面;

d) 使用装备的作战部队保障工作的指导原则;

e) 平时和战时的装备保障要求。

5 综合保障工作机构及其职责
5.1 订购方综合保障工作机构

一般应明确下列主要内容:

a) 装备寿命周期中订购方综合保障工作机构的组成和职责;

b) 订购方综合保障工作机构的主要工作方式和工作计划;

c) 与装备其他工作机构之间的工作关系。
5.2　综合保障管理组
　　一般应包括下列主要内容：
　　a) 订购方负责成立综合保障管理组，综合保障管理组的组成要包括订购方和承制方与综合保障有关的各方面代表；
　　b) 综合保障管理组的组成、职责和领导关系；
　　c) 综合保障管理组的主要工作方式和工作计划；
　　d) 与装备其他工作机构之间的工作关系。
5.3　对承制方综合保障工作机构的要求
　　一般应包括下列主要内容：
　　a) 承制方应成立或明确负责综合保障工作的机构；
　　b) 承制方应明确综合保障工作机构的组成和职责。
6　保障性定量和定性要求
　　一般应包括下列主要内容：
　　a) 订购方在各阶段应完成的保障性要求的论证工作，主要包括：1) 在装备立项的综合论证结束时，提出初步的保障性要求；2) 在装备研制总要求的综合论证时，对保障性要求进行权衡协调；3) 在装备研制总要求的综合论证结束时，最终确定保障性要求；4) 对保障性定量要求，应明确每一参数的定义、指标的考核时机、考核方法、故障判据及试验剖面；对保障性定性要求，应明确保障性定性要求的评估方法、评价准则和评估时机，明确保障资源要素的约束条件。
　　b) 订购方应规定保障性要求论证需要开展的工作，主要包括：1) 保障性要求论证时应按 GJB 1909A、GJB 1371、GJB 3872 等标准给出的方法和程序，通过反复的分析权衡确定保障性要求；2) 应明确保障性要求论证过程中的评审节点、评审内容及评审要求等；3) 应将保障性要求论证结果纳入立项综合论证报告、研制总要求论证报告及合同文件。
7　规划保障
　　一般应包括下列主要内容：
　　a) 订购方应规定规划保障工作在各阶段应完成的任务，主要包括：1) 在立项论证结束时，提出初始保障方案；2) 在研制总要求论证结束时，应明确装备的保障方案；3) 在工程研制结束时应完成装备的保障计划。
　　b) 订购方规定"规划保障"工作在各阶段采用的保障性分析工作项目，主要包括：1) 应要求论证单位通过开展 GJB 1371 中的 200 系列工作（装备与保障系统的分析）提出初始保障方案；2) 应要求论证单位在研制总要求论证时通过开展 GJB 1371 中 300 系列工作（备选方案的制定与评价），确定优化的保障方案，一般通过合同由承制方完成;3)应要求承制方在工程研制中通过开展 GJB 1371 中 400系列工作(确定保障资源要求),确定保障资源需求,制定装备的保障计划。

c) 订购方应在合同或相关文件中明确规定在整个规划保障工作中应提交的报告或资料,主要包括:1)新装备的人力和人员需求报告;2)初始和后续的备件和消耗品清单;3)保障设备配套目录;4)保障设备研制与采购建议书;5)初始训练计划和训练器材清单;6)技术资料配套目录;7)保障设施建设建议书;8)计算机资源保障需求报告;9)装备及其保障设备、备件等的包装、装卸、贮存和运输程序、方法和所需资源;10)预防性维修大纲;11)其他报告或资料。

d) 订购方对制定保障方案和保障计划的内容要求见 GJB/Z 151。

8 研制与提供保障资源

一般应包括下列主要内容:

a) 方案阶段提出重要的保障资源研制计划,如保障设备研制计划、保障设施建设计划和技术资料的编制计划等;

b) 工程研制阶段研制和筹措保障资源;

c) 定型阶段考核研制或采购的保障资源的适用性;

d) 装备部署时完成保障资源购置与配套。

9 综合保障评审要求和安排

一般应包括下列主要内容:

a) 在装备寿命周期中,明确对订购方内部综合保障评审、订购方主持的综合保障评审、承制方综合保障评审的要求和安排,主要包括评审项目、评审目的、时间时机、评审内容和判据等;

b) 承制方应根据订购方关于综合保障评审的总体要求和安排制定综合保障评审计划;

c) 对订购方主持的综合保障评审,应明确对承制方参与综合保障评审的要求;

d) 装备寿命周期各阶段综合保障评审的要求见 GJB/Z 147(装备综合保障评审指南);

e) 综合保障评审应与研制阶段技术审查和其他相关评审结合进行,见GJB 3273、GJB/Z 72。

10 保障性试验与评价要求

一般应包括下列主要内容:

a) 订购方应制定保障性试验与评价总计划,包括研制试验要求、定型试验和现场使用评估;

b) 应明确对承制方保障性试验与评价工作的要求;

c) 订购方应为承制方保障性试验与评价提供必要支持；

d) 应明确保障性试验与评价的实施机构、试验项目要求、进度要求、评价准则、评价方法、试验方法等；

e) 保障性试验应与其他相关专业工程中的试验与评价之间结合进行；现场使用评估应结合部队的使用和训练进行；

f) 应明确根据试验与评价结果解决保障性问题应采取的措施。

11 综合保障工作经费预算

一般应包括下列主要内容：

a) 订购方应制定综合保障工作经费预算；

b) 说明综合保障工作经费预算采用的费用分解结构模型；

c) 说明综合保障阶段性工作的经费预算、经费来源、拨款要求、年度拨款等。

12 部署保障

12.1 部署说明

一般应包括下列主要内容：

a) 装备部署计划，主要包括装备部署数量、部署时间安排、部署的地理位置及部署环境、部队编制体制与装备的编配等；

b) 应根据部署计划制定部署保障计划。

12.2 装备及其保障资源的部署

一般应包括下列主要内容：

a) 应明确部署保障工作机构的组成和职责，或者明确部署保障相关部门及其在部署保障工作中的职责，明确部署保障工作组织的工作方式；

b) 装备部署所需的保障资源要求及准备情况；

c) 装备及保障资源提交和发放的审查安排；

d) 装备及其保障资源的交接工作安排；

e) 装备初始使用安排；

f) 建立保障系统的工作安排，包括部队保障机构的调整、保障设施建设、器材供应、人员培训等；

g) 其他方面需要说明的问题。

12.3 保障交接

12.3.1 承制方保障

说明承制方在承制方保障期间应承担的工作范围、服务方式，特别是规定承制方应承担的装备维修、器材供应、人员培训等任务。

12.3.2 保障责任移交

一般应包括下列主要内容：

a) 根据承制方保障工作的效果和问题,提出后续保障工作的要求;
b) 针对每一保障资源分别说明保障责任从承制方向订购方移交的时机和方式;
c) 说明订购方获取各项保障资源的要求和途径。

12.4 部署问题的协调

一般应包括下列主要内容:
a) 部署装备的保障系统与现役装备的保障系统的协调;
b) 使用部队反馈装备及保障系统出现问题的渠道;
c) 订购方与承制方对部署中遇到问题的协商程序。

13 停产后保障

一般应包括下列主要内容:
a) 根据装备生产、部署使用、预期的使用寿命预计可能发生的停产后的保障工作,规定装备在预定使用期内预计的停产后保障问题的解决方法,主要是备件供应的原则和安排;
b) 停产后保障的职责分工、管理活动(资料、供应、技术状态管理)。

14 退役报废处理的保障工作安排

一般应包括下列主要内容:
a) 装备质量分级、退役报废的技术条件;
b) 进行退役报废处理的保障工作程序、方法以及所需的资源;
c) 对特殊(如影响安全、造成环境污染)装备,若有相关规定,按其相关规定执行;
d) 对批准退役的装备的综合保障数据与资料,订购方进行整理并归档的工作安排。

15 工作进度安排

说明装备寿命周期各阶段应完成的各项综合保障工作及其进度。工作进度安排应满足下列要求:
a) 说明订购方、承制方、试验单位具体的综合保障主要工作,每项工作的起止时间和控制节点,指定的牵头部门及其他要求;
b) 涉及其他的军兵种、部门时,制定单独的工作进度安排说明其综合保障工作。

10.4 综合保障工作计划(保障性大纲)

按照GJB 6388—2008《装备综合保障计划编制要求》和GJB 3872—1999《装备综合保障通用要求》编写。

1 范围
2 引用文件
3 装备说明
　　一般对下列主要内容加以简要说明：
　　a) 装备的作战使命与主要功能；
　　b) 装备的组成、研制的主要配套设备、设施及订购方提供或推荐的设备与设施等；
　　c) 装备主要性能指标，包括主要的作战性能指标、装备的主要参数及保障性定量与定性要求。列出订购方未作规定而应由承制方规定的并在设计中加以控制的主要的下层次指标。
4 综合保障工作要求
4.1 开展综合保障工作的目标
　　简述订购方对承制方规定的综合保障的目标和任务要求，说明承制方开展综合保障工作的目标。
4.2 开展综合保障工作的基本途径
　　说明开展综合保障工作基本途径，列出必须执行的法规、标准等。
4.3 综合保障信息管理
　　一般应包括下列主要内容：
　　a) 对综合保障信息(包括文件、资料、数据等)进行整理并归档的工作安排；
　　b) 综合保障信息与其他信息系统(例如试验数据收集系统等)之间的接口；
　　c) 及时通报和传递保障性信息及更新的措施。
4.4 综合保障与其他专业工程的协调
　　说明综合保障工作项目与其他专业工程(例如设计工程、可靠性工程、维修性工程、测试性工程等)工作项目在进度、工作项目、输入输出及其他方面的协调关系。
4.5 对转承制方和供应方综合保障工作的监督与控制
4.5.1 对转承制方综合保障工作的监督与控制
　　明确对转承制方参与的综合保障相关内容(例如综合保障工作机构及其职责、规划保障、综合保障评审计划、保障性试验与评价计划、综合保障工作的经费预算、部署保障工作的安排、保障交接工作的安排、参与停产后保障工作的安排、提出退役报废处理保障工作的建议、工作进度表等)的工作要求；明确监督与控制的方式和方法。
4.5.2 对供应方综合保障工作的监督与控制
　　明确对供应方参与的综合保障工作计划相关内容(例如规划保障、部署保障工作的安排、参与停产后保障工作的安排、提出退役报废处理保障工作的建议、工作进度表等)的工作要求;明确监督与控制的方式和方法。

5 综合保障工作机构及其职责

5.1 综合保障管理组
明确承制方和供应方参加的综合保障管理组的任务、职责及分工等。

5.2 承制方综合保障工作机构
一般应包括下列主要内容：

a) 承制方综合保障工作机构的任务、职责及分工等；

b) 承制方综合保障工作机构对转承制方及供应方的监督与控制要求；

c) 综合保障工作机构的主要工作方式、开展活动的计划、活动频度等；

d) 与装备其他工作机构之间的工作关系。

6 保障性要求
应明确研制总要求论证时承制方参与论证工作的要求、内容和应开展的工作。研制总要求论证中含有保障性要求论证内容,承制方应派相应人员参与。

7 规划保障
一般应包括下列主要内容：

a) 规划保障工作在各阶段应由承制方完成的任务,主要包括:1)在方案阶段,应配合订购方确定装备的保障方案(包括各资源要素方案);2)在工程研制结束时应完成装备的保障计划。

b) 承制方"规划保障"工作在各阶段采用的保障性分析工作项目,主要包括:1)在方案阶段,通过开展 GJB 1371 中 301"确定功能要求"、302"确定备选保障方案"、303"备选方案的评价与权衡"等工作,确定优化的保障方案;2)在工程研制中通过开展 GJB 1371 中 401"使用维修工作分析"、402"早期现场分析"等工作,制定装备的保障计划。

c) 承制方在整个规划保障工作中应完成和提交的报告或资料,主要包括:1)新装备的人力和人员需求报告;2)初始和后续的备件和消耗品清单;3)保障设备配套目录;4)保障设备研制与采购建议书;5)初始训练计划和训练器材清单;6)技术资料配套目录;7)保障设施需求报告;8)计算机资源保障需求报告;9)装备及其保障设备、备件等的包装、装卸、贮存和运输程序、方法和所需资源;10)预防性维修大纲;11)其他报告或资料。

8 研制与提供保障资源
一般应包括下列主要内容：

a) 工程研制阶段进行保障资源的研制；

b) 装备部署时,根据订购方要求筹措保障资源,完成人员培训等。

9 综合保障评审

一般应包括下列主要内容：

a) 在装备寿命周期中，承制方对订购方主持的综合保障评审和承制方内部综合保障评审应制定综合保障评审计划，主要包括评审项目、评审目的、时间时机、评审内容和评审判据等；

b) 对转承制方综合保障评审或供应方综合保障评审的要求和安排，承制方应在综合保障评审计划中明确；

c) 对订购方主持的评审，应明确承制方应如何根据订购方的要求进行综合保障评审的准备及如何配合订购方开展有关评审工作；

d) 综合保障评审与其他相关专业评审结合进行。

10 保障性试验与评价

一般应包括下列主要内容：

a) 在装备寿命周期中，承制方根据订购方保障性试验与评价要求，制定保障性试验与评价计划，主要包括试验方法、时间节点和试验内容等；

b) 承制方需配合订购方进行保障性试验与评价的有关工作；

c) 对承制方保障性试验与评价，应明确保障性试验与评价的实施机构及其职责、试验项目要求、试验方法、进度要求和评价准则等；

d) 保障性试验应与其他相关试验结合进行；

e) 明确根据试验与评价结果解决保障性问题应采取的措施。

11 综合保障工作的经费预算

一般应包括下列主要内容：

a) 承制方应制定综合保障工作经费预算；

b) 说明承制方综合保障工作经费预算采用的费用分解结构模型；

c) 在装备研制、生产和使用中控制综合保障工作经费的要求、原则和方法；

d) 承制方所承担的各项综合保障工作的经费预算、经费来源、拨款情况等。

12 部署保障工作的安排

一般应包括下列主要内容：

a) 应明确承制方部署保障工作机构的组成、职责和工作方式；

b) 应明确列出承制方需配合订购方进行的工作项目（例如初始备件供应、人员培训等），并说明其目的、内容、方法、负责单位、起始和完成时间等；

c) 应明确使用部队、订购方和承制方对装备及保障资源部署中出现问题的协商程序和途径等；

d) 对保障交接工作的安排应明确：1)合同或相关文件应规定在承包商保障期内由承制方承担的保障任务，例如承制方承担的装备维修任务、需承制方提供的保障资源等;2)由承制方向订购方移交的工作要求,列出工作目的、内容、方法、负责单位、完成时间等。

13 参与停产后保障工作的安排

一般应包括下列主要内容:

a) 承制方对停产后保障工作的建议(例如一次性备件供应、建立备件第二生产源、新技术替代等);

b) 停产时承制方需配合使用方完成的工作要求。

14 提出退役报废处理保障工作建议

一般应包括下列主要内容:

a) 装备质量分级、退役报废的技术条件;

b) 进行退役报废处理的工作程序、方法以及所需的资源等。

15 工作进度安排

说明装备寿命周期各阶段承制方主管部门、研制单位及转承制方应完成综合保障主要工作及其进度。应满足下列要求:

a) 说明承制方应完成的各项综合保障工作,标定每项工作的起止时间,标明指定的牵头部门和实施单位;

b) 对于单独定型产品或相关重要配套产品,必要时应制定单独的工作进度安排。

附件

适当时可以附加相关文件作为综合保障工作计划的附件。

10.5 保障性分析工作纲要

按照 GJB 1371—1992《装备保障性分析》编写。

1 范围

2 引用文件

3 保障性目标及风险分析

3.1 预期的保障性目标

为新研系统和设备制定预期的保障性目标。可根据下列因素确定保障性目标及工作项目和子项目:

a) 新研系统和设备可能的设计方案、维修方案、使用方法以及对各种设计方案和使用方法中的可靠性、维修性、使用与保障费用、保障资源和战备完好性的粗略估计。

b) 执行保障性分析工作项目和子项目时,有关战备完好性、使用与保障费用及保障资源等数据的有效性、准确性及相关性。

c) 执行保障性分析工作项目及子项目对设计的可能影响。

3.2 风险分析

对完成预期的保障性目标的风险进行分析。

4 保障性分析工作项目及子项目

4.1 确定保障性分析工作项目及子项目

选择工作项目必须在子项目一级进行,图10.1给出了选择工作项目时必须遵循的通用剪裁决策逻辑图。表10.1给出了在寿命周期各阶段中工作项目的适用性。表10.1仅给出典型的应用情况,可根据不同系统和设备类型的具体阶段进行适当调整。

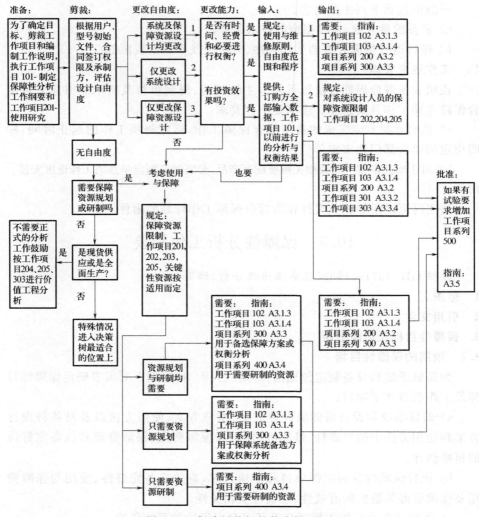

图 10.1 保障性分析剪裁决策逻辑图

表 10.1 保障性分析工作项目应用

工作项目名称	各阶段的应用				
	论证阶段	方案阶段		工程研制与定型阶段	生产阶段及部署使用阶段
		方案论证	方案确认		
101 制定保障性分析工作纲要	√	√	√	√	√
102 制定保障性分析计划	√	√	√	√	√
103 有关保障性分析的评审	√	√	√	√	√
201 使用研究	√	√	√	√	×
202 硬件、软件及保障系统的标准化	√	√	√	√	√
203 比较分析	√	√	√	√	×
子项目 203.2.1	√	√	√	×	×
子项目 203.2.2	√	√	√	×	×
子项目 203.2.3	√	√	√	×	×
子项目 203.2.4	√	√	√	×	×
子项目 203.2.5	√	√	√	×	×
子项目 203.2.6	√	√	√	×	×
子项目 203.2.7	√	√	√	×	×
子项目 203.2.8	√	√	√	×	×
204 改进保障性的技术途径	√	√	√	△	×
205 保障性和有关保障性的设计因素	√	√	√	√	○
子项目 205.2.1	√	√	√	×	×
子项目 205.2.2	√	√	√	×	×
子项目 205.2.3	√	√	√	×	○
子项目 205.2.4	√	√	√	×	×
子项目 205.2.5	×	×	√	×	×
子项目 205.2.6	×	×	√	×	×
301 确定功能要求	△	√	√	√	○
子项目 301.2.1	△	△	√	△	○
子项目 301.2.2	△	△	√	△	○
子项目 301.2.3	△	△	√	△	○
子项目 301.2.4	△	△	△	√	○
子项目 301.2.5	△	√	√	√	○
子项目 301.2.6	△	√	√	√	○
302 确定保障系统的备选方案	△	√	√	√	○
子项目 302.2.1	△	√	√	×	×
子项目 302.2.2	△	√	√	△	×
子项目 302.2.3	△	△	△	√	○

(续)

工作项目名称	各阶段的应用				
	论证阶段	方案阶段		工程研制与定型阶段	生产阶段及部署使用阶段
		方案论证	方案确认		
子项目 302.2.4	△	△	△	✓	○
子项目 302.2.5	△	✓	✓	✓	○
303 备选方案的评价与权衡分析	△	✓	✓	✓	○
子项目 303.2.1	△	✓	✓	✓	○
子项目 303.2.2	△	✓	✓	✓	○
子项目 303.2.3	△	✓	✓	✓	○
子项目 303.2.4	△	✓	✓	✓	×
子项目 303.2.5	△	✓	✓	△	×
子项目 303.2.6	△	✓	✓	✓	○
子项目 303.2.7	△	△	✓	✓	○
子项目 303.2.8	△	✓	✓	✓	○
子项目 303.2.9	△	✓	✓	△	○
子项目 303.2.10	△	✓	✓	△	○
子项目 303.2.11	△	✓	✓	✓	○
子项目 303.2.12	△	✓	✓	×	×
子项目 303.2.13	△	✓	✓	✓	×
401 使用与维修工作分析	×	×	△	✓	○
子项目 401.2.1	×	×	△	✓	○
子项目 401.2.2	×	×	△	✓	○
子项目 401.2.3	×	×	△	✓	○
子项目 401.2.4	×	×	△	✓	○
子项目 401.2.5	×	×	△	✓	○
子项目 401.2.6	×	×	△	✓	○
子项目 401.2.7	×	×	✓	△	○
子项目 401.2.8	×	×	△	✓	○
子项目 401.2.9	×	×	△	✓	○
子项目 401.2.10	×	×	△	✓	○
子项目 401.2.11	×	×	△	✓	○
402 早期现场分析	×	×	×	○	○
403 停产后保障分析	×	×	×	×	✓
501 保障性试验、评价与验证	△	✓	✓	✓	✓
子项目 501.2.1	△	✓	✓	△	×
子项目 501.2.2	×	×	✓	✓	✓

(续)

工 作 项 目 名 称	各阶段的应用				
	论证阶段	方案阶段		工程研制与定型阶段	生产阶段及部署使用阶段
		方案论证	方案确认		
子项目 501.2.3	×	×	√	√	△
子项目 501.2.4	×	×	√	√	△
子项目 501.2.5	×	×	×	√	△
子项目 501.2.6	×	×	×	×	√

注：√表示适用；△表示根据需要选用；○表示仅设计更改时适用；×表示不适用。

选择工作项目时可考虑以下因素：
a) 设计的自由度；
b) 是否是"快捷项目"（快捷项目是指由于时间限制，要求尽量采用成熟技术，加速研制与生产进度的项目）；
c) 已经完成的分析工作；
d) 现有类似系统和设备的历史资料；
e) 可利用的时间与资源；
f) GJB 1371 未包含而需要完成的工作项目；
g) 研制的考虑。

上述大部分因素是为了减少或限制分析工作项目的数量。可对照表 10.2 选择分析项目，如果某子项目在表 10.2 中没有列入，执行时就必须对该子项目的可行性和实用性进行评估。如果执行表 10.2 中的子项目是不可能或不合适的，应说明放弃的理由。

4.2 执行组织机构

确定执行每个工作项目及子项目组织机构的建议。

4.3 各工作项目的费用及效益

在给定的规划费用及进度约束条件下，估计确定的每个工作项目和子项目的费用及其效益。

根据分析结果、型号的决策及进度变化，修正保障性分析工作纲要。

表 10.2 按决策点列出的保障分析信息要求

信 息 要 求	有关的保障性分析工作项目(子项目)
0 决策点	
1. 新研系统的人力与其他保障资源的约束	1. 201(201.2.1,201.2.2) 203(203.2.1,203.2.3)

(续)

信 息 要 求	有关的保障性分析工作项目(子项目)
Ⅰ决策点	
1. 现有比较系统的保障费用、人力要求、可靠性、维修性	1.203(203.2.3)
2. 人力、费用和战备完好性主宰因素	2.203(203.2.5)
3. 战备完好性和保障费用改进的方向	3.204(204.2.1)
4. 对应用于备选使用与保障方案的保障资源的评价	4.205(205.2.1,205.2.2,205.2.3)
5. 战备完好性初定目标	5.205(205.2.4)
6. 要求修理技术有发展的新技术项目	6.301(301.2.2)
7. 要求研制的与保障有关的硬件及软件的重大项目	7.303(303.2.2)
8. 人力对备选勤务方案的敏感度	8.303(303.2.5)
9. 所考虑的系统备选方案在训练内容上的重大差别	9.303(303.2.6)
10. 与现有系统相比较的关键的人力、保障资源和可靠性与维修性的参数	10.303(303.2.9)
Ⅱ决策点	
1. 人力及保障资源对关键参数更改的敏感度,对战备完好性的影响及有关保障风险范围	1.205(205.2.1),303(303.2.5)
2. 战备完好性、可靠性与维修性、人力、其他保障资源目标值与门限值及与现有系统的比较	2.205(205.2.6),303(303.2.9)
3. 基准保障方案	3.301(301.2.1),302(302.2.1),303(303.2.2)
4. 对长期由承制方保障的子系统的考虑	4.302(302.2.1),303(303.2.2)
5. 硬件特性、保障方案和保障资源要求之间达到最佳平衡的权衡结果	5.303(303.2.3)
6. 正规的训练要求	6.303(303.2.6),401(401.2.4)
7. 现有及已计划的保障系统满足保障目标的能力	7.303(303.2.1)
8. 试验与评价计划,以用于评估是否达到有关保障的门限值、保障计划与资源的充分性以及对费用与战备完好性目标产生的影响	8.501(501.2.2,501.2.3)
9. 试验结果对保障资源要求的影响	9.501(501.2.4)
10. 更新决策点Ⅰ的信息	10.203,204,205,301,302,303
生产	
1. 详细的保障规划要求	1.302(302.2.3),303(303.2.2),401,402
2. 对保障平时战备完好性、战时勤务的人力及训练要求	2.401,402
3. 可靠性与维修性的验收演示、维修计划、人力及保障资源	3.401,402,501(501.2.4)
4. 不能得到所需要的人员对战备完好性产生的影响	4.402(402.2.3)
5. 在后续试验与评价阶段,用于评价人力要求的计划	5.501(501.2.2)
6. 更新决策点Ⅱ的信息	6.205,301,302,303,401,501

10.6 保障性分析计划

按照 GJB 1371—1992《装备保障性分析》编写。

1 范围

2 引用文件

3 保障性分析工作方法

说明完成保障性分析工作的方法。

4 管理组织及其职责

明确保障性分析工作的管理组织及其职责。

5 保障性有关评审的管理

制定设计评审程序。该程序应规定与保障性要求有关的接收或拒收判据、将评审结果记录成文的方法、要提交的评审设计文件的种类和每个评审机构的权限等。

6 确定保障性分析工作项目及工作程序

说明需完成的保障性分析工作项目及如何执行该工作项目。适用时可确定子项目系统级权衡分析中实施的主要权衡分析。

7 各分析工作项目进度

明确每一项保障性分析工作项目的计划进度,并说明与各有关工程专业活动之间的进度关系。

8 有关工作、数据接口的说明

说明保障性分析工作项目和数据与系统及其综合保障有关的工作、数据接口。适用时,一般包括对核毁伤危害的考虑,以及所要求的分析及数据与下列工程专业工作的分析和数据的接口:

    a) 系统和设备设计;

    b) 可靠性;

    c) 维修性;

    d) 人素工程;

    e) 标准化;

    f) 元器件及零件控制;

    g) 安全性;

    h) 包装、装卸、贮存及运输性;

    i) 初始备件供应;

    j) 测试性;

k) 生存性；

l) 技术资料；

m) 训练与训练设备；

n) 保障设施；

o) 保障设备；

p) 试验与评价。

9 产品结构层次

9.1 产品清单

确定实施保障性分析的产品结构层次并形成文件。提出实施保障性分析的产品清单。清单中应包括所有推荐与没有推荐进行分析的产品及其理由。

9.2 选择准则

提出实施保障性分析的产品选择准则。

10 保障性设计要求传达给承制方的方式

说明将保障性要求和有关保障性的设计要求送交给设计人员和有关人员的方式。

11 保障性设计要求传达给转承制方的方式及控制措施

说明将保障性要求和有关保障性的设计要求送交给转承制方的程序以及在这种情况下所采取的控制措施。

12 资料管理程序

确定保障性分析资料的修改和审批程序。

13 对提供设备、物资的保障性分析要求

对订购方和转承制方、供应方提供的设备（包括保障设备）、物资的保障性分析的要求。

14 各工作项目的评价和控制程序

确定评价每个工作项目的状况和控制的程序（现有程序适用时）。

15 各工作项目执行单位的职责

明确每个工作项目执行单位的职责。

16 保障性设计问题管理程序

确定和记录影响保障性的设计问题或缺陷的程序、方法、控制及纠正措施。

17 相关信息管理程序

确定承制方记录、分发和管理保障性分析及有关设计资料的信息收集系统。

18 订购方提供的资料

说明订购方提供给承制方的资料。

根据分析结果、工作进度及其工作内容的变化，修正保障性分析计划，并由订购方批准。

10.7 保障性分析评审程序

按照 GJB 1371—1992《装备保障性分析》编写。

1 范围

2 引用文件

3 各类人员及其职责

明确进行保障性分析评审工作的各类人员及其职责。

4 评审目的

根据具体的评审如系统和设备设计评审（方案设计评审、工程设计评审及定型设计评审）、型号评审、保障性分析评审，明确每次评审的目的。

5 评审议程

确定评审的工作程序并通知订购方。

6 评审议题

确定保障性分析评审的议题，一般应包括下述内容：

a) 按工作项目及产品结构层次所进行的保障性分析。

b) 对建议采用的设计特性的保障性评估，包括保障性、费用、战备完好性的主宰因素及新的或关键的保障资源要求。

c) 对备选保障方案、系统和设备的备选方案、评价及权衡分析结果、与现有系统和设备对比分析结果、建议采取或已采取的设计或重新设计措施中已考虑的、建议采取的或已采取的改进措施。

d) 保障性和有关保障性的设计要求（同技术规范一起评审）。

e) 达到保障性目标值的程度。

f) 保障性分析文件的编制情况。

g) 影响保障性的设计、进度或分析方面的问题。

h) 有关保障性的设计建议及论证。

i) 其他的议题。

7 保障性分析评审输入

明确评审所需准备的材料及提供者。

8 有关判据

规定与保障性要求有关的接收或拒收判据。

9 问题处理

明确订购方与承制方对评审中出现的有争议问题的处理方法。

10 评审结果的记录方法

明确将评审结果记录成文的方法。

10.8 产品使用研究

按照 GJB 1371—1992《装备保障性分析》编写。

1 范围

2 引用文件

3 确定保障性因素

确定保障性因素时,要考虑到机动性要求、部署情况、使用方案、任务频度与持续时间、基地设置方案、预定使用寿命、与其他系统和设备的相互关系、使用环境,以及人的能力及限度等。

3.1 平时应用时

分析确定平时应用时的保障性因素。

3.2 战时应用时

分析确定战时应用时的保障性因素。

3.3 曾经进行过的任务范围及系统和设备分析

确定曾经进行过的任务范围及系统和设备分析(这种分析不仅与新研系统和设备有关,而且确定了硬件、任务与保障性参数之间的定量关系)。

4 定量数据及详细说明

说明执行"确定保障性因素"得到的在制定备选保障方案和进行保障性分析中必须加以考虑的定量数据。这些数据一般包括:

a) 使用要求,包括每个单位时间内任务次数、任务的持续时间(使用天数、使用里程、作用小时、发射次数、飞行次数)或每单位时间的循环次数等。

b) 需保障的系统数目。

c) 运输因素(方式、类型、运输数量、目的地、运输时间及日程)。

d) 各种维修级别允许的维修期限。

e) 环境要求,包括对危险物资、有害废料和环境污染物等的考虑。

f) 有效地满足新研系统和设备保障要求的使用人员、维修人员与保障人员的数量。

5 现场调研

5.1 拟进行现场调研的单位

列出拟进行现场调研的使用单位和保障部门。

5.2 拟进行现场调研的内容
逐条详细列出拟进行现场调研的具体内容。
5.3 调研情况
根据执行上述条款的过程中得到的资料,编写使用研究报告。当得到有关系统和设备预定用途的更为详细的资料时,修改使用研究报告的内容。

10.9 硬件、软件和保障系统标准化

按照 GJB 1371—1992《装备保障性分析》编写。

1 范围

2 引用文件

3 确定保障资源

确定有利于所研究的每一备选方案的现有和计划的保障资源。确定保障资源时,应考虑所有的综合保障要素。

4 定量保障性

对由于费用、人员数量与技术等级、战备完好性或保障政策与收益方面会成为系统和设备研制约束的保障资源项目,用定量的参数确定其保障性。

5 有关保障性的设计约束

根据对保障方面的标准化考虑,明确新研系统和设备的有关保障性的设计约束。

6 由标准化确定的特性

由系统和设备硬件及软件标准化确定的保障性、费用和战备完好性特性。所输入信息的层次应与系统和设备采用的硬件及软件标准化层次相一致。

7 建议的标准化方法

由于费用、战备完好性或保障性的考虑,建议采用的系统和设备硬件及软件标准化的方法。执行标准化工作的层次应与设计的进度相一致。

8 每项约束的风险分析

确定与每项约束有关的风险。

10.10 比较分析

按照 GJB 1371—1992《装备保障性分析》编写。

1 范围

2 引用文件

3 选定比较系统

选定与系统和设备备选方案比较时有用的现有系统及分系统（硬件、使用与保障方面）。当系统和设备备选方案在设计方案、使用方案或保障方案上与比较系统有很大差异时，或者需要用不同的现有系统和设备来恰当比较各种有关的参数时，应用不同的现有系统和设备组成比较系统。

4 选定基准比较系统

选定一个基准比较系统，用于比较分析和确定有显著差别的各种系统和设备备选方案的保障性、费用及战备完好的主宰因素。如果将现有的不同系统和设备的组成部分组合成一体，最能代表系统和设备备选方案的设计特性、使用特性及保障特性，就用这个合成体作为基准比较系统。为了比较不同的重要参数，宜采用不同的基准比较系统。应对以前选定的基准比较系统进行评估，以确定其满足系统和设备需要的程度。

5 比较系统的相关数值

确定各比较系统的使用与保障费用、保障资源要求、可靠性、维修性及战备完好性的数值。确定每个基准比较系统在系统和分系统一级的上述数值。适用时根据比较系统的使用过程与新研系统和设备的使用过程之间的差异，调整以上各种数值。

6 比较系统中存在的问题

确定新研系统和设备上应防止的比较系统中存在的定性的环境、危害健康、安全及保障性等问题。包括确定与比较系统有关的某些使用与维修工作。

7 确定比较系统的主宰因素

确定每个比较系统或基准比较系统的保障性、费用及战备完好性的主宰因素。这些主宰因素可能来自比较系统的设计特性、使用特性或保障特性并代表新研系统和设备的主宰因素。

8 新研系统和设备中存在的主宰因素

确定新研系统和设备中有而比较系统中没有的分系统或设备所得出的系统和设备保障性、费用和战备完好性的主宰因素。

9 相关风险与假设

确定比较系统及其有关的参数和主宰因素的风险与假设。

10 相应修正

随着系统和设备备选方案的细化或在比较系统和分系统上得到更好的数据时，修正比较系统及其有关的参数以及保障性、费用和战备完好性的主宰因素。

10.11 保障性改进的技术途径

按照 GJB 1371—1992《装备保障性分析》编写。

1 范围

2 引用文件

3 确定设计的技术途径

为了在现有系统及分系统的基础上改进系统和设备的保障性,要确定系统和设备设计的技术途径。应通过下述工作确定这些设计途径:

a) 鉴别在系统和设备研制中可采用的先进技术及其他设计上的改进,这些新技术和改进对降低保障资源要求、减少费用、减少对环境的影响、改善安全性或提高系统的战备完好性,是有潜力的。

b) 估计在保障性、费用、环境影响、安全性和战备完好性的数值方面可能达到的改进。

c) 鉴别保障资源(如保障设备及训练器件)的设计改进,这样一些设计改进可以用在系统和设备的研制过程中,以提高保障系统的效能或提高战备完好性。

4 风险分析

确定新研系统和设备采用先进技术对设计目标带来的风险。

5 评价方法

确定验证改进结果的评价方法。

6 相关影响

确定实施改进对费用和进度的影响。

7 设计目标的修正

随着新研系统和设备备选方案得到进一步细化,对设计目标的修正。

10.12 保障性和有关保障性的设计因素

按照 GJB 1371—1992《装备保障性分析》编写。

1 范围

2 引用文件

3 定量的使用特性与保障特性

确定由系统和设备的备选设计方案及使用方案得出的定量的使用特性与保障特性。使用特性应用每个系统和设备的人员配备数量、所配备人员中每个专业职务的能力与技能要求、每项工作的完成标准来表示。保障性的特性应用可行的保障方案、人力要求的估计、与系统和设备有关的每个专业职务的能力与技能要求、每项工作的完成标准、可靠性与维修性参数、系统战备完好性、使用与保障费用以及保障资源要求(应考虑平时和战时)来表示。

4 对有关变量进行敏感度分析

对影响新研系统和设备保障性、费用与战备完好性的主宰因素的有关变量进行敏感度分析,说明分析过程和分析结果。

5 相关硬件或软件的影响

明确由于专利或供货控制及其他原因,订购方不能拥有对某些硬件或软件的全部设计资料,明确这些硬件或软件,并考虑其对备选方案、费用、进度及功能等的影响。

6 制定目标及分析

制定新研系统和设备的保障性、费用和战备完好性的目标。分析达到目标的不确定因素及风险。

7 有关保障性风险分析

对与系统和设备计划采用的先进技术有关的保障性风险进行分析。

8 设计约束

确定新研系统和设备的保障性及有关保障性的设计约束,这些约束应包括考虑到危险物资、有害废料和环境污染等有关内容的定量及定性的约束。必须保证研制任务书或合同内的参数只包括承制方通过设计及保障系统研制所能控制的那些参数。订购方提供的设备与器材的保障问题、行政管理和后勤延误时间及承制方控制之外的其他项目在这里也必须加以考虑。

9 制定目标值及门限值

制定保障性、费用和战备完好性的目标值和门限值。系统总的保障性初定目标、目标值与门限值必须分配和转换。

10 目标的修正

随着系统和设备备选方案的进一步细化,修正保障性、费用和战备完好性的目标。

10.13 功能要求

按照 GJB 1371—1992《装备保障性分析》编写。

1 范围

2 引用文件

3 使用、维修与保障的功能

确定系统和设备的每一备选方案在预期的使用环境中使用、维修与保障必须具备的功能。确定这些功能(包括平时和战时)时,应使其达到与设计和使用情况相一致的层次。应确定与这些功能有关的危险物资、有害废料和环境污染等公害。功能要求的重点有:系统和设备的保障性、费用或战备完好性的主宰因素,或者是根据新设计技术或新使用方案必须完成的新功能。可用功能流程图确定功能要求及功能间相互关系。

4 独特功能要求

确定由于采用新的设计技术或使用方案而使新研系统和设备具有的独特功能要求,或确定那些属于新研系统和设备的保障性、费用和战备完好性的主宰因素的功能要求。适用时,还应鉴别与这些功能有关的危险物资、有害废料和环境污染等公害。

5 风险分析

确定满足新研系统和设备功能要求的风险。

6 使用与维修工作

根据已确定的功能要求,确定系统和设备的使用与维修工作。确定这些工作时,应使其达到与设计和使用情况相一致的层次,这些工作应涉及需要的保障资源的全部功能。还应确定与每项工作有关的危险物资、废料的产生,有害气体和污水的排放以及对环境的影响。

6.1 修复性维修工作要求

以系统和设备的硬件与软件为对象,对故障模式、影响及危害性分析或等效分析的结果进行分析,以便确定修复性维修工作要求。这种分析要达到订购方规定的和设计进展相一致的层次。

6.2 预防性维修工作要求

按照订购方提供的详细指南进行以可靠性为中心的维修分析,以确定预防性维修工作要求。以可靠性为中心的维修分析,应根据故障模式、影响及危害性分析的数据进行。

6.3 使用和其他保障工作

既不能用故障模式、影响及危害性分析,也不能用以可靠性为中心的维修分析确定的使用和其他保障工作,应通过对系统和设备的功能要求及预期的使用情况分析加以确定。

7 发现的设计缺陷

参与系统和设备备选方案的制定,以便在确定功能要求或使用与维修工作要求过程中发现需要纠正和重新设计的设计缺陷。应分析那些能减少或简化保障功能的设计备选方案。

8 保障功能要求和使用与维修工作要求的修正

随着系统和设备设计的进一步细化,或有更好的数据时,应修正保障功能要求和使用与维修工作要求。

10.14 保障系统的备选方案

按照GJB 1371—1992《装备保障性分析》和GJB/Z 151—2007《装备保障方案和保障计划编制指南》编写。

1 范围

2 引用文件

3 备选装备技术方案描述

说明备选装备组成和工作原理、主要战术技术指标、结构设计方案、电路设计方案、可靠性维修性测试性保障性安全性设计方案等。

4 备选装备使用方案

简要描述备选装备使用方案,包括装备预定的部署数量、地域、服役期限;装备预定投入使用后使用部队的编成和装备的编配;装备任务剖面、寿命剖面;使用装备的作战部队保障工作的指导原则;平时和战时的装备保障要求。

5 备选装备保障方案

5.1 使用前后的保障

在明确装备动用前准备和动用后保障的内容、起迄时刻的基础上,拟定装备动用前后的保障方案,其内容包括:

a) 装备在贮存(封存)、维修、训练等状态下,转入动用前准备的工作方式、内容和时限;

b) 装备工作状态转换,即由行驶、运输等状态向待命或作业(飞行、航行、发射、布设)状态的转换,展开和撤收的方式、工作内容和时限;

c) 能源(包括燃料、供电、供气等)加注充填及蓄电池充电的方式、工作内容、时限;

d) 冷却液、润滑脂加注充填的方式、工作内容、时限;

e) 弹药补充和加挂的方式、工作内容、时限;

f) 装备动用前后的其他准备工作。

5.2 使用过程中的保障

在明确装备动用的内容、工作程序的基础上,拟定装备动用过程中的保障方案,其内容包括:

a) 装备动用期间的维护保养;
b) 装备动用过程中的测试、技术状态判定和决策;
c) 应急处置等。

6 备选维修保障方案
6.1 维修保障体制
维修保障体制包括:
a) 机构设置、隶属关系、管理权限及运行机制;
b) 维修级别划分及其任务范围;
c) 战时保障力量构成和保障机构设置。

6.2 维修保障策略
维修保障策略应包括:
a) 拟采用的维修工作类型(保养、操作人员监控、功能检测、定时拆修、定时报废等)或其组合及组合原则,并说明运作方式;
b) 装备的维修等级及各等级的预定修理深度;
c) 修理周期结构预案;
d) 确定换件范围的原则;
e) 维修新技术的引进与应用;
f) 战时装备保障的原则、编组与职责分工、战损评估和修复、后送程序等;
g) 战场抢救的要求及实施方案;
h) 承包商保障向部队建制保障转换的时机、条件和要求。

7 备选综合保障要素方案
7.1 人力和人员
人力和人员保障方案包括:
a) 人员编制、总需求及分工、编组原则;
b) 使用操作及相关技术人员(包括技术把关、决策和技术状况处置人员)的素质和技能要求;
c) 维修及管理人员的技能和素质要求;
d) 人力、人员的规划时应特别注意工作环境对人员健康和安全的影响。

7.2 供应保障
供应保障方案中应包括:
a) 供应品的保障原则;
b) 供应品的分类与储备原则;
c) 供应品筹措渠道和方式、方法;
d) 供应品的供应方法;

e) 停产后的供应保障。

7.3 保障设备

保障设备方案包括：

a) 保障设备的配备原则和约束；
b) 不同维修级别维修设备的配置方案；
c) 战时保障装备的配置方案。

7.4 技术资料

技术资料保障方案包括：

a) 装备使用技术资料的种类、格式；不同维修级别的资料种类、格式；
b) 装备使用与维修技术资料配发范围、数量和交付时机；
c) 装备使用与维修技术资料的交付要求；
d) 装备使用与维修技术资料的更新程序。

7.5 训练与训练保障

训练与训练保障方案包括：

a) 初始训练和后续训练安排，包括训练对象的员额与要求、训练时间、实施方法等；
b) 模拟训练的目的、方法和应达到的效果；
c) 承制方承担的训练任务安排和教材、训练设备、设施的提供等。

7.6 计算机资源保障

计算机资源保障方案应包含如下各项：

a) 计算机资源保障方面的约束，如采用的计算机语言、软件开发环境等；
b) 与部队联合训练、保障指挥、维修管理、综合测试诊断等系统的兼容性及接口安排；
c) 对软件保障应重点说明软件故障诊断、维护和升级的责任主体、工作程序及实施方法。

7.7 保障设施

保障设施保障方案应包含如下各项：

a) 场站及各级别维修设施及其内部设备的配置方案；
b) 设施建设方案，特别是建设周期长的设施的建设要求。

7.8 包装、装卸、贮存和运输保障

包装、装卸、贮存和运输保障方案应包含：

a) 包装类型及其对装备物理特性要求，包装拆除后所需的组装、调试等工作要求；
b) 确定包装、运输对装卸的要求，装卸对产品可能造成的影响以及需采取

的措施；

c) 贮存环境和条件要求,贮存期间的保养、检测间隔期及方法、装备封存、启封的保养、检测安排；

d) 需要采用的运输方式、运载工具以及尺寸限制措施,运输条件及其对装备技术性能的要求。

7.9 特殊保障

考虑特殊保障要求,如核生化条件下的防护,坦克的潜渡保障要求,战时特殊保障要求等。

8 分析备选保障系统方案的风险

从技术、费用、进度等方面分析实施备选保障系统方案可能产生的风险。

10.15 备选方案的评价和权衡分析

按照 GJB 1371—1992《装备保障性分析》编写。

1 范围
2 引用文件
3 评价与权衡

应按下列各项进行评价与权衡：

a) 制定用于确定有最佳结果的定性与定量评价准则,这些准则应与新研系统和设备保障性、费用、环境影响及战备完好性的要求有关；

b) 在保障性、设计和使用参数与那些被确认为评价准则的参数之间选择及建立解析关系式或模型；

c) 用已建立的关系式或模型进行权衡或评价,并根据已建立的准则选定最佳方案；

d) 对于涉及较高风险的变量或影响新研系统和设备的保障性、费用与战备完好性的关键变量进行适当的敏感度分析；

e) 将评价和权衡的结果（包括风险和假设）形成文件；

f) 当新研系统和设备得到更好的确认或有更精确的数据可供利用时,修正评价与权衡分析结果；

g) 评价与分析中要包括平时和战时的各种考虑；

h) 根据经权衡分析后做出的决策,对现有的或已计划的装备、供应系统、维修系统和运输系统的影响进行评估；

i) 评估寿命周期中的各种保障考虑（包括停产后保障）。

评价与权衡的范围应由订购方与承制方协商确定。选择评价与权衡子项目

时,应考虑以下因素:

　　a) 系统战备完好性分析要置于最优先的地位。
　　b) 涉及系统保障性、费用和战备完好性的主宰因素的评价与权衡子项目。
　　c) 某些评价与权衡适合于由专门机构执行,例如诊断权衡最好在维修性工作里进行,而训练权衡最好由负责培训的专业人员执行,并将分析结果输入到保障性分析工作中。
　　d) 采用工时作为人力权衡的判断参数时,一定要谨慎。因为要考虑总人数的限制和技术水平折限制两个方面。首先总人数都相应有一个工时范围,增加或减少工时如果没有突破范围的上下限,则不会对要求的人数产生影响,当突破了上下限时,才改变要求的人数;其次人员的技术水平使得工时与所需人员数量有直接关系,例如相同的工时,对不同技术熟练程度的人员可以等价于不同人员数量。
　　e) 在方案阶段的修理级别分析中,应只分析初始方案。
　　f) 必要时(如承制方提出的保障方案与订购方要求有较大出入时),应考虑使用人员的实际费用,以防止在权衡分析时出现偏差。

4　备选方案之间的评价与权衡

　　在为系统和设备每一备选方案所确定的保障系统备选方案之间进行评价与权衡分析。对已选中的保障系统方案,要确定新的或关键的保障资源要求。重新调整的人员专业职务分类,应作为新资源列入文件。

5　设计、使用和保障方案之间的评价与权衡

　　在所考虑的设计方案、使用方案和保障方案之间进行评价与权衡分析。

6　敏感度评价

　　评价系统战备完好性参数随关键的设计和保障参数(如可靠性与维修性、备件预算、再补给时间以及可利用的人员数量与技术等级)变化的敏感度。

7　人员数量及技术等级要求的估计与评价

　　从需要的人员总数、专业职务分类、技术等级及所需经验等方面,估计与评价系统和设备备选方案的人员数量及技术等级要求。该分析应包括编制(机构和人员数量)要求和训练要求。

8　设计、使用、人员训练与专业职务设置之间的评价与权衡

　　在设计、使用、人员训练与专业职务设置之间进行评价与权衡,以便确定达到并保持使用、维修与保障人员所需熟练的技术等级的最佳解决方法。应对训练进行评价与权衡分析,并应考虑:专业职务类别之间各职务工作的转换,供选择的技术资料出版方案,正规训练、在职训练和单项训练相配合的备选方案以及各种训练模拟器的使用。

9 修理级别分析

进行与现有的设计、使用、维修及保障资料的可用程度相一致的系统和设备修理级别分析。

10 备选诊断方案的评价

评价备选的诊断方案(包括不同程度的机内测试、外部测试、人工测试、自动测试、测试诊断的接口),为考虑的系统和设备备选方案确定最佳的诊断方案。

11 参数的对比评价及达到目标的风险

在新研系统和设备与现有的比较系统之间进行保障性、费用及战备完好性参数的对比评价,根据新研系统和设备比现有比较系统的改善程度,评估新研系统和设备达到保障性、费用及战备完好性等目标的风险。

12 备选方案与能源及油料要求的评价和权衡

在系统和设备备选方案与能源及油料要求之间进行评价和权衡。为每一个被考虑的系统和设备备选方案确定所需的燃料、润滑油、润滑脂要求,并对其所需费用进行敏感度分析。

13 备选方案与生存性、战损修复性的评价与权衡

系统和设备备选方案与作战环境中的生存性、战损修复性之间进行评价与权衡。

14 备选方案与运输性要求的评价与权衡

在系统和设备备选方案与运输性要求之间进行评价与权衡分析,确定备选方案运输性要求以及每种运输方式的限制条件、特点和使用环境。

15 备选方案与保障设施要求的评价与权衡

在系统和设备备选方案与保障设施(包括动力、公共设施和道路等)要求之间进行评价及权衡分析。确定每种保障系统备选方案的设施要求以及各类设施的限制条件、特点及使用环境。

16 相关评价与权衡分析结果的修正

随着系统和设备设计的进一步细化,或有更好的数据时,对相关评价与权衡分析结果进行修正。

10.16 使用与维修工作分析

按照 GJB 1371—1992《装备保障性分析》编写。

1 范围

2 引用文件

3 每项使用、维修与保障工作要求的详细分析

对新研系统和设备每项使用、维修与保障工作的要求进行详细分析,并确定下述内容:

a) 完成工作所需(要考虑全部综合保障要素)的保障资源;

b) 在新研系统和设备的预定使用环境里,按年度使用基数规定的工作频度、工作间隔、工作时间及工时数;

c) 根据制定的保障计划规定的维修级别;

d) 工作中使用危险物资、生产有害废料、排放到空气和水中的污染物对环境的影响。

必须为每一项使用与维修工作确定以下内容:

a) 维修级别;

b) 人员数量与技术等级、技术专业、工时及消耗时间;

c) 所需备件、修理件及消耗品;

d) 所需的保障设备,测试、测量及诊断设备,及各种测试程序;

e) 训练及所需的训练器材,建议的训练地点和理由;

f) 完成工作的步骤;

g) 所需的保障设施;

h) 在预期的使用环境里,完成工作的间隔与频度(按年度使用基数的工作频度必须慎重选择,要防止误用由本工作项目产生的信息);

i) 包装、装卸、贮存及运输要求。

4 新的保障资源及相关要求

确定执行每项工作所需新的保障资源,以及与这些资源有关的危险物资、有害废料及对环境影响的要求。

5 新的保障资源的管理措施

说明根据确定的新的保障资源而采取的管理措施,使与每一项新的资源有关的风险减到最低。这些管理措施可能包括制定详细的跟踪程序、修改进度及经费预算。

6 关键资源及相关要求

确定执行每项工作所需关键的保障资源,以及与这些资源有关的危险物资、有害废料及对环境影响的要求。

7 关键资源的管理措施

根据确定的关键的保障资源而采取的管理措施,使与每一项关键的资源有关的风险减到最低。这些管理措施可能包括制定详细的跟踪程序、修改进度及经费预算。

8 确定训练要求

根据使用、维修与保障工作的程序和人员配备情况确定训练要求。

9 建议最佳训练方式及理由

对最佳训练方式提出建议,并论述理由。

10 每项使用与维修工作对保障资源的要求

分析每项使用与维修工作对保障资源的要求,确定哪些工作不能满足新研系统和设备的保障性及有关保障性的设计目标值与约束,哪些工作可以优化或简化,以减少使用与保障费用,优化保障资源要求,减少使用的危险物资、产生的有害废料、排放到空气和水中的污染物对环境的影响,或提高战备完好性。

11 各种备选设计方案和解决途径

提出各种备选的设计方案和解决途径,以便优化与简化工作或将工作要求限制在可接受程度。

12 运输性分析

对新研系统和设备及其分解运输的任何一部分进行运输性分析。如果超过了《铁路超限货物运输规则》及其他有关运输规定的一般要求,应将运输性的工程特性记入保障性记录或经订购方批准的等效文件。当运输性方面有问题时,应在制定备选设计方案时予以考虑。

13 供应技术文件

对要求初始供应的保障资源编制供应技术文件。

14 确认关键信息

通过对系统和设备样机的使用与维修,确认记入保障性分析记录或经订购方批准的等效文件中的关键信息。确认工作应利用由工作分析确定的程序和资源来进行。需要时,可加以修正。确认工作应同其他工程专业的演示及试验(如维修性演示、可靠性和耐久性试验)进行协调,以优化确认时间和要求。

15 保障性分析记录

编写结果总结和报告,以满足订购方规定的综合保障文件要求。其内容应包括分析过程中记在保障性分析记录中的全部有关数据。

16 保障性分析记录数据的修正

当得到更好的信息或从其他工程专业工作的分析中得到可以利用的数据时,修正保障性分析记录里的数据。

10.17 早期现场分析

按照 GJB 1371—1992《装备保障性分析》编写。

1 范围
2 引用文件
3 新研系统和设备的影响评估

评估新研系统和设备对现有和已计划的系统(如装备、供应系统、维修系统及运输系统等)所产生的影响。此评估要检查对各方面的影响,如基地工作负荷及进度安排、备件供应与库存因素、测试设备的能力与可用性、人员数量与技术等级、训练计划与要求、油料与润滑剂要求及运输系统,还应确定由于引入新研系统和设备引起现有系统和设备保障的变化。

4 所需人员数量与技术等级

分析现有的人力资源,确定新研系统和设备所需人员数量与技术等级。根据确定的人员数量与技术等级,确定对现有使用系统的影响。

5 未获得必要数量保障资源的影响

评估未获得必要数量的保障资源对新研系统战备完好性的影响。此项工作不应重复工作项目"备选方案的评价和权衡分析"中所进行的分析。

6 生存性分析

进行生存性分析,以便根据作战使用确定在保障资源要求方面的变化。该分析应依据:威慑评估、预定的作战过程概况(为某一系统设计的典型作战条件下行动过程的概要)、系统和设备的易损性、战损修理能力、战斗备品。此项工作不应重复工作项目"备选方案的评价和权衡分析"中所进行的分析。

7 确定作战环境所需的基本保障资源要求及来源

确定在作战环境所需的基本保障资源要求及资源的来源。

8 解决评估和分析中问题的计划措施

为解决上述评估和分析中所暴露的问题而制定的计划、措施。

10.18 停产后保障分析

按照 GJB 1371—1992《装备保障性分析》编写。

1 范围
2 引用文件
3 预定使用寿命评估

评估新研系统和设备的预定使用寿命。

4 供应短缺时可能出现的保障问题

确定关闭生产线后可能因供应短缺将出现的系统和设备保障问题。

5 预计保障问题的处置

分析提出系统和设备在预定剩余寿命期内预计保障问题的解决办法。

6 有效保障计划

制定系统和设备预定剩余寿命期中进行有效保障的计划。该计划至少应提出制造与修理部门、资料管理、供应管理和技术状态管理等要求。

7 经费预算

估算执行上述有效保障计划的经费。

10.19 保障方案

按照GJB/Z 151—2007《装备保障方案和保障计划编制指南》编写。

1 范围

2 引用文件

3 装备总体技术方案描述

说明系统组成和工作原理、主要战术技术指标、结构设计方案、电路设计方案、可靠性维修性测试性保障性安全性设计方案等。

4 装备使用方案

简要说明：装备预定的部署数量、地域、服役期限；装备预定投入使用后使用部队的编成和装备的编配；装备任务剖面、寿命剖面；使用装备的作战部队保障工作的指导原则；平时和战时的装备保障要求。

5 装备保障方案

5.1 使用前后的准备保障

在明确装备动用前准备和动用后保障的内容、起迄时刻的基础上，拟定装备动用前后的保障方案，其内容包括：

a) 装备在贮存（封存）、维修、训练等状态下，转入动用前准备的工作方式、内容和时限；

b) 装备工作状态转换，即由行驶、运输等状态向待命或作业（飞行、航行、发射、布设）状态的转换，展开和撤收的方式、工作内容和时限；

c) 能源（包括燃料、供电、供气等）加注充填及蓄电池充电的方式、工作内容、时限；

d) 冷却液、润滑脂加注充填的方式、工作内容、时限；

e) 弹药补充和加挂的方式、工作内容、时限；

f) 装备动用前后的其他准备工作。

5.2 使用过程中的保障

在明确装备动用的内容、工作程序的基础上,拟定装备动用过程中的保障方案,其内容包括:

a) 装备动用期间的维护保养;
b) 装备动用过程中的测试、技术状态判定和决策;
c) 应急处置等。

6 维修保障方案

6.1 维修保障体制

维修保障体制包括:

a) 机构设置、隶属关系、管理权限及运行机制;
b) 维修级别划分及其任务范围;
c) 战时保障力量构成和保障机构设置。

6.2 维修保障策略

维修保障策略应包括:

a) 拟采用的维修工作类型(保养、操作人员监控、功能检测、定时拆修、定时报废等)或其组合及组合原则,并说明运作方式;
b) 装备的维修等级及各等级的预定修理深度;
c) 修理周期结构预案;
d) 确定换件范围的原则;
e) 维修新技术的引进与应用;
f) 战时装备保障的原则、编组与职责分工、战损评估和修复、后送程序等;
g) 战场抢救的要求及实施方案;
h) 承包商保障向部队建制保障转换的时机、条件和要求。

7 综合保障要素方案

7.1 人力和人员

人力和人员保障方案包括:

a) 人员编制、总需求及分工、编组原则;
b) 使用操作及相关技术人员(包括技术把关、决策和技术状况处置人员)的素质和技能要求;
c) 维修及管理人员的技能和素质要求;
d) 人力、人员的规划时应特别注意工作环境对人员健康和安全的影响。

7.2 供应保障

供应保障方案中应包括:

a) 供应品的保障原则;

b) 供应品的分类与储备原则；

c) 供应品筹措渠道和方式、方法；

d) 供应品的供应方法；

e) 停产后的供应保障。

7.3 保障设备

保障设备方案包括：

a) 保障设备的配备原则和约束；

b) 不同维修级别维修设备的配置方案；

c) 战时保障装备的配置方案。

7.4 技术资料

技术资料保障方案包括：

a) 装备使用技术资料的种类、格式；不同维修级别的资料种类、格式；

b) 装备使用与维修技术资料配发范围、数量和交付时机；

c) 装备使用与维修技术资料的交付要求；

d) 装备使用与维修技术资料的更新程序。

7.5 训练与训练保障

训练与训练保障方案包括：

a) 初始训练和后续训练安排，包括训练对象的员额与要求、训练时间、实施方法等；

b) 模拟训练的目的、方法和应达到的效果；

c) 承制方承担的训练任务安排和教材、训练设备、设施的提供等。

7.6 计算机资源保障

计算机资源保障方案应包含如下各项：

a) 计算机资源保障方面的约束，如采用的计算机语言、软件开发环境等；

b) 与部队联合训练、保障指挥、维修管理、综合测试诊断等系统的兼容性及接口安排；

c) 对软件保障应重点说明软件故障诊断、维护和升级的责任主体、工作程序及实施方法。

7.7 保障设施

保障设施保障方案应包含如下各项：

a) 场站及各级别维修设施及其内部设备的配置方案；

b) 设施建设方案，特别是建设周期长的设施的建设要求。

7.8 包装、装卸、贮存和运输保障

包装、装卸、贮存和运输保障方案应包含：

a) 包装类型及其对装备物理特性要求,包装拆除后所需的组装、调试等工作要求;

b) 确定包装、运输对装卸的要求,装卸对产品可能造成的影响以及需采取的措施;

c) 贮存环境和条件要求,贮存期间的保养、检测间隔期及方法、装备封存、启封的保养、检测安排;

d) 需要采用的运输方式、运载工具以及尺寸限制措施,运输条件及其对装备技术性能的要求。

7.9 特殊保障

考虑特殊保障要求,如核生化条件下的防护,坦克的潜渡保障要求,战时特殊保障要求等。

10.20 保障计划

按照GJB/Z 151—2007《装备保障方案和保障计划编制指南》编写。

1 范围

2 引用文件

3 保障方案描述

从装备使用方案、使用保障方案、维修保障方案、综合保障要素方案等几方面进行描述。

4 使用保障计划

使用保障计划包括如下内容:

a) 所有使用保障工作项目及内容和技术要求,分类列出;

b) 每个工作项目的实施时机、步骤、方法、所需时间等,其详细程度应能据以确定保障资源;

c) 与每个工作项目相适应并经优化组合的保障资源。

5 维修保障计划

维修保障计划包括如下内容:

a) 所有维修工作项目及内容和技术要求,并分别按不同维修级别(基层级、中继级、基地级)列出;

b) 维修对象(装备的部位、设备或部件)和维修时机(或维修间隔期);

c) 每个工作项目的实施步骤、方法、人员及所需时间等;

d) 战场装备损伤修复项目与技术要求,抢救实施程序和方法,抢修与抢救设施、设备及战时器材保障等;

e) 与每个工作项目相适应并经优化组合的保障资源。

6 保障资源清单

根据本书 10.19《保障方案》的"综合保障要素方案"一节中的各项要求对以下内容进行详细说明。

6.1 人力和人员保障清单

6.2 备件供应清单

6.3 保障设备清单

6.4 技术资料品种与数量清单

6.5 训练保障资源清单

6.6 计算机资源清单

6.7 保障设施清单

6.8 其他

10.21 保障性试验、评价与验证大纲

按照 GJB 1371—1992《装备保障性分析》编写。

1 编制大纲的依据

说明编制保障性试验、评价与验证大纲的依据,主要包括研制总要求,通用规范,产品规范,有关试验规范等。

2 试验与评价的目标和准则

制定综合了其他工程专业试验要求的保障性试验与评价的目标和准则。

3 试验组织、参试单位及试验任务分工

应规定试验组织的要求,通常,应根据试验规模组成试验领导组和必要的职能小组,具体负责试验的组织实施,明确参试单位及试验任务分工。

4 试验网络图和试验的保障措施及要求

按照项目研制计划和实际情况,制定试验计划,给出试验网络图。

应规定试验保障措施及要求。通常,试验相关的软件、技术文件、资料等应配套齐全。应规定试验场地及主要设施、仪器设备的保障;规定相关技术保障和人员培训等。

5 试验所需资源

确定为达到试验目标所需的试验资源及其保障。

6 试验项目、内容、程序及进度

依据研制总要求或研制合同规定试验项目、内容和程序。可根据具体情况用文字逐项描述或使用表格形式。确定试验进度。

7 主要测试、测量设备的名称、精度、数量

列表给出主要测试、测量设备的名称、精度、数量等信息,见表10.3。

表 10.3 主要测试、测量设备

序号	型号和名称	精度	数量	提供单位

8 系统保障包的项目清单

编制确定保障资源的系统保障包的项目清单,对清单中的项目应在保障演示期间进行评价,以及在研制与使用试验中进行试验和确认。该清单包括:

a) 保障性试验的要求;

b) 维修配置表;

c) 技术文件与资料;

d) 备件与修理件;

e) 训练器材;

f) 通用工具与专用工具;

g) 测试、测量与诊断设备;

h) 使用和维修人员的数量与技术等级;

i) 训练大纲与教材;

j) 运输与装卸设备;

k) 校准程序与设备;

l) 移动与固定的保障设施;

m) 嵌入软件的要求;

n) 其他保障设备。

9 有关保障性要求

9.1 规定的保障性要求

明确系统和设备保障性定量定性要求,对定量要求,说明每一参数的含义、各参数之间的关系。

9.2 保障性设计参数

说明最后确定的一组协调匹配的系统战备完好性参数、保障性设计特性参数和保障系统及其资源参数的规定值和最低可接受值。

10 现场数据收集计划

拟制现场数据收集计划,应包括有关数据收集费用、持续时间、收集方法、使用部队、预测准确度及数据的预定用途等内容。

11 试验安全保证要求

应根据被试品的特点和使用要求,结合试验条件,给出必要的安全保证要求,防止试验过程中出现人身、装备和财产安全问题。

10.22 保障性试验、评价与验证报告

按照 GJB 1371—1992《装备保障性分析》编写。

1 试验概况

概要描述保障性试验情况,通常应有以下内容:
a) 试验任务来源、依据及代号;
b) 被试品代号和名称;
c) 承试单位和参试单位名称;
d) 试验性质、目的和任务;
e) 试验地点、起止时间;
f) 试验组织机构的设立及其职责分工情况;
g) 试验实施计划的制定和落实情况;
h) 试验阶段划分,各阶段的起止时间、地点(地域)、主要工作和目的;
i) 是否完成试验大纲规定的任务等。

2 试验项目、步骤和方法

2.X （试验项目 X)的步骤和方法

应按试验大纲的规定,简要叙述(试验项目 X)的实施步骤和方法。

3 试验数据

提供各项试验所获得的实测数据(必要时可采用图表形式表示)。

4 试验中出现的主要技术问题及处理情况

描述试验中出现的主要技术问题及处理情况,包括问题现象(发生时间、试验项目、技术问题等)、问题原因、解决措施、验证情况等。

5 系统保障包的项目清单的评价确认

对保障性试验、评价与验证大纲中的系统保障包的项目清单中的项目在保障演示期间进行评价的结论,以及在研制与使用试验中进行试验和确认情况。

6 试验结果分析

6.1 达到规定保障性要求的程度

验证、评估新研系统和设备达到规定的保障性要求的程度。

6.2 保障性设计参数需改进的程度

为使新研系统和设备达到规定的目标值和门限值,确定保障性和有关保障

性的设计参数所需改进的程度。同时确定新研系统和设备目标值与门限值在可接受的置信度范围内尚未得到验证的部分。

6.3 暴露的保障性问题

记录试验与评价过程中暴露的保障性问题。

7 存在的问题和改进建议

7.X （存在的问题X)改进建议

对(存在的问题X)提出改进建议,包括修改硬件、软件、保障计划、保障资源的使用规则,并对预计费用、战备完好性和保障资源参数的影响进行量化。

8 现场信息收集系统分析

对使用单位的现场信息收集系统进行分析,以确定在使用环境中可取得新研系统和设备保障性资料的数量与准确性,判明在测量保障性目标值方面的不足,以及确定在研制与生产期间未经试验验证的保障性因素方面的不足。

9 保障性数据分析

对从使用单位现场信息收集系统和执行现场数据收集计划中取得的保障性数据进行分析,验证是否达到新研系统和设备的保障性目标值和门限值。

10 现场数据收集计划的修正

通过数据分析结果,对保障性试验、评价与验证大纲中现场数据收集计划相关内容进行修正。

11 试验照片

11.1 试验样品的全貌、主要侧面照片

提供用于试验的试验样品的全貌、主要侧面照片。

11.2 主要试验项目照片

提供试验过程中拍摄的主要试验项目的照片,特别是反映装机状态、试验显示画面的照片。

11.3 试验中发生的重大技术问题的特写照片

提供试验过程中发生重大技术问题时的特写照片,特别是试验样品损伤、试验显示画面异常的照片。

12 主要试验项目的实时音像资料

提供主要试验项目的实时音像资料(目录),包括拍摄时间、试验项目名称、音像资料名称以及试验地点等信息。

13 有关保障性的改进

当使用结果偏离预定值时,找出原因并确定纠正措施,以及需要时对战术使用、训练要求与部队编制方案的调整。分析反馈信息并确定经济有效地完成改进的范围。

10.23 保障性评估报告

按照 GJB/Z 170.13—2013《军工产品设计定型文件编制指南 第 13 部分：可靠性维修性测试性保障性安全性评估报告》编写。

1 概述
1.1 产品概述
主要包括：

a) 产品用途,简要说明产品的使命任务和地位作用等内容,如系配套产品,则介绍在系统中的定位、属性、用途。

b) 产品组成,简要说明产品的组成(包括硬件组成和软件组成)以及各部分的功能等内容,可简要介绍工作原理。

1.2 工作概述
主要包括：

a) 研制过程简述；

b) 保障性工作组织机构及运行管理情况；

c) 保障性文件的制定与执行情况。

2 保障性要求
逐条列出研制总要求(或研制任务书、研制合同)中的保障性定量与定性要求。

3 保障性设计情况
主要包括：

a) 保障性分析,应按 GJB 3872 及相关标准执行；

b) 保障性设计采取的主要技术措施及效果；

c) 其他保障性工作项目完成情况。

4 保障性试验情况
4.1 科研试验
概括总结工程研制阶段保障性的科研试验情况。主要包括：试验时间、试验地点、试验条件、被试品数量及技术状态、试验组织单位、试验承试单位、试验项目、试验数据、数据分析与处理、试验结论以及存在的问题与解决情况等。

4.2 设计定型试验
概括总结设计定型阶段(含基地试验、部队试验、软件定型测评)保障性的定型试验情况。主要包括：试验时间、试验地点、试验条件、被试品数量及技术状态、试验组织单位、试验承试单位、试验项目、试验数据、数据分析与处理、试验结论以及存在的问题与解决情况等。
5 评估
设计定型试验有明确结论的可直接采用,没有明确结论的以设计定型试验的试验数据为主要支撑,经军方认可,结合科研试验结果,根据相关标准、故障判据和设计规范,对保障性要求进行定性与定量评估,并对设计保障、控制措施等进行综合评估。
6 存在的问题及建议
对尚存问题进行详细说明,并提出改进建议。
7 结论
给出是否满足设计定型要求的结论意见。
8 附件
必要时以附件形式提供试验报告等专项报告。

第 11 章　安全性文件

11.1　安全性大纲

按照 GJB 900—1990《系统安全性通用大纲》编写。

1　范围

说明安全性大纲的主题内容和适用范围。一般表述为：

本大纲规定了（产品型号和名称）安全性的一般要求和管理与控制、设计与分析、验证与评价、培训及软件系统安全性等方面的工作项目。

本大纲主要适用于（产品型号和名称）寿命周期内的研制和生产阶段，也适用于其他阶段的有关安全性的工作。

2　引用文件

列出引用的有关标准、有关技术要求和设计文件。

3　术语和定义

列出大纲中用到的、引用标准中尚未定义的主要术语，并给出确切的定义。

4　一般要求

4.1　剪裁要求

按国家有关文件的规定，根据产品的类型、重要程度、经费与进度要求和 GJB 900—1990《系统安全性通用大纲》附录 A，对 GJB 900—1990 规定的工作项目及其要点进行剪裁，确定产品的工作项目及其要点，并在研制合同或研制任务书中明确规定。

4.2　安全性大纲目标与要求

列出产品应达到的安全性目标和要求。

安全性大纲应保证：

a) 及时地、经济地进行符合任务要求的安全性设计；

b) 在系统寿命周期内识别、评价和消除系统中的危险或将其风险减少到订购方可接受的水平；

c) 考虑并应用以往的安全性资料，包括其他系统的经验、教训；

d) 在采用新的设计方法、材料、生产工艺和试验技术时，寻求最小风险；

e) 将消除危险或将风险减少到订购方可接受水平所采取的措施记录成文；

f）在系统的论证、研制和订购中及时并充分地考虑安全性特性，以尽量减少在使用中为改善安全性进行的改装；

g）在设计、技术状态或任务要求更改时，使风险保持在订购方可接受的水平；

h）考虑与系统有关的所有危险器材的安全性并便于退役处理。

4.3 安全性信息要求

安全性信息包括系统论证、研制、生产、使用和退役等各阶段中有关的安全性数据、资料以及文件等。其要求如下：

a）应建立安全性信息闭环系统，并制定信息必要的管理要求和程序。

b）记录重要的安全性信息，作为历史资料或修改有关设计手册和规范的参考资料。

c）订购方应按安全性大纲要求向承制方提供有关的安全性信息。

d）承制方应按信息管理要求或后勤保障信息要求，对研制生产、试验和使用过程中所得到的安全性信息进行收集、传递、分析、处理、反馈和归档。

e）承制方向订购方提供的安全性大纲各项工作项目的资料的内容、格式及交付日程，应由订购方规定。

4.4 系统安全性设计要求

应在考查系统设计所用的有关标准、规范、条例、设计手册和其他设计指南资料后，确定系统安全性设计要求。一般的系统安全性设计要求如下：

a）通过设计（包括器材选择和代用）消除已判定的危险或减少有关的风险，当必须使用有潜在危险的器材时，应选择在系统寿命周期内风险最小者；

b）危险的物质、零部件和操作应与其他活动、区域、人员及不相容的器材隔离；

c）设备的位置安排应使工作人员在操作、保养、维护、修理或调整过程中，尽量避免危险，例如危险的化学药品、高压电、电磁辐射、切削锋口或尖锐部分等；

d）尽量减少恶劣环境条件（例如温度、压力、噪声、毒性、加速度、振动、冲击和有害射线等）所导致的危险；

e）系统设计时应尽量减少在系统的使用和保障中人为差错所导致的风险；

f）为把不能消除的危险所形成的风险减少到最低程度，应考虑采取补偿措施，这类措施包括：联锁、冗余、故障安全保护设计、系统防护、灭火和防护服、防护设备、防护规程等；

g）用隔离或屏蔽的方法保护有冗余的分系统的电源、控制装置和关键零部件；

h）当各种补偿设计方法都不能消除危险时，在装配、使用、维护和修理说明书中应给出报警和注意事项,并在危险零部件、器材、设备和设施上标出醒目的标记,以使人员、设备得到保护。这些标记应符合 GB 2894 的有关规定;

i) 尽量减轻事故中人员的伤害和设备的损坏;

j) 设计由软件控制或监测的功能,以尽可能减少危险事件或事故的发生;

k) 评审设计准则中对安全性不足或限制过多的要求,根据分析或试验数据,推荐新的设计准则;

l) 必须消除Ⅰ级的和Ⅱ级的危险或将其相关的风险减少到订购方可接受水平。若无有效的措施,则应向订购方推荐替换的设计方案。

4.5 安全性措施优先次序要求

系统采取安全性措施的优先次序如下:

a) 最小风险设计。首先在设计上消除危险,若不能消除已判定的危险,应通过设计方案的选择将其风险减少到订购方规定的可接受水平。

b) 采用安全装置。若不能通过设计消除已判定的危险或不能通过设计方案的选择满足订购方的要求,则应采用永久性的、自动的或其他安全防护装置,使风险减少到订购方可接受水平。可能时,应规定对安全装置作定期功能检查。

c) 采用报警装置。若设计和安全装置都不能有效地消除已判定的危险或满足订购方的要求,则应采用报警装置来检测出危险状况,并向有关人员发出适当的报警信号。报警信号应明显,以尽量减少人员对信号作出错误反应的可能性,并应在同类系统内标准化。

d) 制定专用规程和进行培训。若通过设计方案的选择不能消除危险,或采用安全装置和报警装置也不能满足订购方的要求,则应制定专用的规程和进行培训。除非订购方放弃要求,对于Ⅰ级和Ⅱ级危险决不能仅仅使用报警、注意事项或其他形式的提醒作为唯一的减少风险的方法。专用的规程包括个人防护装置的使用方法。对于关键的工作,必要时应要求考核人员的熟练程度。

4.6 风险评价

应按危险严重性和危险可能性划分危险的等级,进行风险评价,并根据有关风险的评价决定对已判定的危险的处理方法。

危险严重性等级给出危险严重程度定性的度量。其规定见表 11.1。

表 11.1 危险严重性等级

等 级	事 故 说 明
Ⅰ(灾难的)	人员死亡或系统报废
Ⅱ(严重的)	人员严重受伤、严重职业病或系统严重损坏
Ⅲ(轻度的)	人员轻度受伤、轻度职业病或系统轻度损坏
Ⅳ(轻微的)	轻于Ⅲ级的损伤

对于具体的系统应给出系统报废、系统严重或轻度损坏、严重或轻度职业病明确的规定。其规定应得到订购方和承制方双方的认可。

危险可能性等级给出发生危险的可能程度的定性度量,其规定见表11.2。

表 11.2 危险可能性等级

等级	个体	总体
A(频繁)	频繁发生	连续发生
B(很可能)	在寿命期内会出现若干次	经常发生
C(有时)	在寿命期内可能有时发生	发生若干次
D(极少)	在寿命期内不易发生,但有可能	不易发生但有理由预期可能发生
E(不可能)	很不容易发生以至于可以认为不会发生	不易发生,但有可能发生

对于具体的系统,应明确规定频繁、很可能、有时、极少、不可能及总体的大小,其定义应得到订购方和承制方双方的认可。

5 安全性工作项目要求

5.1 管理与控制

5.1.1 制定系统安全性工作计划(工作项目101)

制定安全性工作计划,以实现安全性大纲所规定的全部任务。系统安全性工作计划至少应包括以下四个组成部分:执行工作计划的方法、合格的人选、各级管理部门的职责以及确保工作完成所需的资源。

系统安全性工作计划应符合合同要求并作为执行合同的依据。系统安全性工作计划一般包括以下内容:

a) 实施安全性大纲的指导思想;

b) 系统安全性工作项目的实施细则,如工作项目要求、工作内容、完成状况、检查方法等;

c) 安全性工作组织、人员及其资格和职责;

d) 安全性工作进度表;

e) 安全性大纲评审点;

f) 系统安全性工作计划与系统总的研制计划协调的说明,包括与可靠性计划和维修性计划的协调;

g) 安全性信息收集、传递、分析、处理、反馈和归档等程序的说明;

h) 处理已判定危险的方法或过程;

i) 对设计人员、使用和维修人员的安全性培训;

j) 事故和危险故障的分析和报告;

k) 系统安全性与其他安全性领域之间的接口:如核安全、靶场安全、爆炸物和军械安全、化学和生物安全、激光安全等；

l) 系统安全性与其他保障领域之间的接口：如质量管理、可靠性、维修性、人素工程、健康保障等。

5.1.2 对转承制方、供应方和建筑工程单位的安全性综合管理（工作项目102）

对转承制方和供应方（以下简称转承制方）、建筑工程单位的安全性工作执行情况进行适当的监督与控制，以便必要时采取相应的措施，确保与承制方安全性大纲要求的一致性。

承制方对转承制方和建筑工程单位的安全性工作进行审查、评价和采取相应监控措施的条款应在合同中规定。合同一般应包括以下内容：

a) 转承制方的安全性工作，包括工作的进度和有关的资料；

b) 转承制方制定与承制方的安全性大纲相协调的安全性大纲；

c) 承制方进行风险评价，考察整个系统的设计和使用，特别是各转承制方产品（包括软件）之间的接口，指导和协调各转承制方的安全性工作；

d) 承制方和各转承制方相互之间安全性信息的交换方法和内容；

e) 承制方评审转承制方的安全性工作；

f) 建筑工程单位按设施的安全性工作计划进行安全性工作；

g) 建筑工程单位和各有关单位相互之间安全性信息的交换方法和内容。

5.1.3 安全性大纲评审（工作项目103）

按计划安排安全性大纲的评审，以确保安全性工作按预定程序进行并保证系统达到安全性定性、定量要求。工作项目要点如下：

a) 安全性大纲评审计划由承制方根据安全性工作计划制定，其内容应包括评审类型、评审点、评审要求等；

b) 承制方作出的安全性大纲评审的时间和评审内容的安排，应及时通知订购方，也应根据需要通知转承制方，以便有关各方参加评审；

c) 安全性大纲的评审应尽可能与系统设计的其他质量特性（例如性能、可靠性、维修性）的评审结合进行；

d) 在每一个评审点上所进行的安全性大纲评审都必须认真检查安全性大纲的执行情况、安全性工作进度，特别是对安全性大纲是否达到合同所规定的安全性要求进行评审和评价。

5.1.4 对系统安全性工作组的保障（工作项目104）

应对订购方按有关规定建立的系统安全性工作组提供工作的保障。

承制方应作为系统安全性工作组成员参加其工作，包括下列内容：

a) 汇报承制方安全性大纲实施情况，包括设计和使用风险评价的结果；

b) 提供危险分析摘要，包括问题的确定和解决的情况；

c) 汇报研制中事故和危险故障的分析结果,包括预防建议和措施;
　　d) 接受系统安全性工作组分配的工作。

5.1.5　建立危险报告、分析和纠正措施跟踪系统(工作项目 105)

　　建立危险跟踪闭环系统,跟踪并记录危险的确定、消除或将其风险降低到订购方可接受水平的过程。工作项目要点包括:
　　a) 建立危险跟踪的闭环系统;
　　b) 坚持填写"危险日志",其中至少包含以下内容:
　　每个危险的说明;
　　每个危险的状况;
　　每个危险的可跟踪性(从危险的确定到解决的整个过程)。

5.1.6　试验的安全性(工作项目 106)

　　应考虑试验中的安全性,提供已有的分析报告和其他安全性资料,采取措施满足各类试验的安全性要求,确保降低或消除试验中Ⅰ级和Ⅱ级的危险。
　　签订合同时就应制定试验的安全性计划,考虑以下内容:
　　a) 确定试验大纲中与安全性有关的进度关键点,在该点前应完成危险分析、风险评价或其他的安全性研究;
　　b) 对试验计划、规程和其他文件的分析、评估和批准进度,以确保在整个试验过程中考虑了安全性;
　　c) 在试验前的危险分析中考虑试验设备和测试仪器及其安装;
　　d) 满足订购方的特殊要求,并把所有已确定的试验环境所特有的危险通知订购方。
　　应确保及时采取纠正措施,以降低或消除试验中的危险。
　　应建立关于试验中危险和相应措施状态的报告档案。

5.1.7　系统安全性进展报告(工作项目 107)

　　应定期地提供系统安全性进展报告。
　　系统安全性进展报告应概述在规定的报告期内安全性大纲的进展情况,以及在下一个报告期内计划的工作,其中应包括以下内容:
　　a) 研制和生产各阶段安全性工作、进展及状况的概述,着重说明主要成效和问题;
　　b) 新发现的显著级危险和对已知危险的风险控制程度的重大变化;
　　c) 所有已提出的但仍未完成的纠正措施的现状;
　　d) 影响安全性大纲的费用和进度的重大变动;
　　e) 讨论报告期内已作安全性评审的承制方文件,指出该文件中的安全性内容是否可接受,有无改善安全性的措施;

f) 若有系统安全性工作组,可建议下次工作组会议的议程。

5.2 设计与分析

5.2.1 初步危险表(工作项目201)

初步危险表是一份危险清单,初步列出安全性设计中可能需特别重视的危险或需作深入分析的危险部位,旨在使订购方能尽早地选择重点管理的危险部位。

在设计初期承制方就应考察系统方案,编制初步危险表,确定设计中可能存在的危险。承制方应按订购方的意见做进一步的研究,分析初步危险表中选定的危险,以确定其重要程度。

5.2.2 初步危险分析(工作项目202)

应进行初步危险分析并记录成文,以确定安全性关键的部位,评价各种危险及确定要采用的安全性设计准则。承制方应在系统研制的初期进行初步危险分析,获得设计方案的初始风险评价,以便在权衡研究和设计方案的选择中考虑安全性问题。对于与建议的设计或功能有关的危险,应利用有效的信息(包括类似系统的事故数据和其他经验教训),评估其危险严重性、危险可能性及使用约束,应考虑消除危险或将其风险减少到订购方可接受水平所需的安全性措施和替换方案。

初步危险分析至少应考虑下列内容以确定和评价危险:

a) 危险品,例如燃料、激光、炸药、有毒物、有危险的建筑材料、压力系统、放射性物质等;

b) 系统部件间接口的安全性(例如材料相容性、电磁干扰、意外触发、火灾或爆炸的发生和蔓延、硬件和软件控制等),包括软件对系统或分系统安全性的可能影响;

c) 确定控制安全性关键的软件命令和响应(例如错误命令、不适时的命令或响应、或由订购方指定的不希望事件等)的安全性设计准则,采取适当措施并将其纳入软件和相关的硬件要求中;

d) 与安全性有关的设备、保险装置和可能的备选方法,例如联锁装置、冗余技术、硬件或软件的故障安全设计、分系统保护、灭火系统、人员防护设备、通风装置、噪声或辐射屏蔽等;

e) 包括使用环境在内的环境约束条件,例如坠落、冲击、振动、极限温度、噪声、接触有毒物质、有害健康的环境、火灾、静电放电、雷击、电磁环境影响,包括激光辐射在内的电离和非电离辐射等;

f) 操作、试验、维修和应急规程,例如人素工程、操作人员的作用、任务要求等的人为差错分析;设备布置、照明要求、可能外露的有毒物质等因素的影响,噪

声或辐射对人的能力的影响,载人系统中的生命保障要求及其安全性问题,例如坠落安全性、应急出口、营救、救生等;

　　g) 设施、保障设备,例如用于含有危险物质的系统或组件的贮存、组装、检查、检验等方面的设备,射线或噪声发射器,电源等。

5.2.3　分系统危险分析(工作项目203)

　　应进行分系统危险分析并记录成文,确定与分系统有关的危险以及由分系统的部件和设备之间功能关系所导致的危险,确定分系统部件的使用和故障对系统安全性的影响方式。若未规定分析的方法,承制方在进行分系统危险分析前,拟用的方法应得到订购方的认可。

　　应进行分系统危险分析,以确定其中因性能、性能下降、功能故障或意外动作等可能导致危险的或其设计不满足合同安全性要求的所有部件和设备(包括软件),分析应确定:

　　a) 故障模式,包括可能的人为差错和单点故障以及分系统部件故障对安全性的影响;

　　b) 软件事件、故障和偶然事件(例如定时不当)对分系统安全性的可能影响;

　　c) 软件规格说明中的安全性设计准则已得到满足;

　　d) 软件设计需求及纠正措施的实现方法不影响或降低分系统的安全性或引入新的危险。

5.2.4　系统危险分析(工作项目204)

　　应进行系统危险分析并记录成文,确定系统设计中有安全性问题的部位,特别是分系统之间的接口的危险(包括可能的安全性关键的人为差错)并评价其风险,确定系统的使用和故障模式对系统及其分系统的影响。若未规定分析的方法,承制方在进行系统危险分析前,拟用的分析方法应得到订购方的认可。

　　系统危险分析应包括评审各分系统间关系的下列内容:

　　a) 是否符合规定的安全性准则;

　　b) 独立的、相关的和同时发生的危险事件,包括安全装置的故障或产生危险的共同原因;

　　c) 由于分系统的正常使用导致另一分系统或整个系统安全性的降低;

　　d) 设计更改对分系统的影响;

　　e) 人为差错的影响;

　　f) 软件事件、故障和偶然事件(如定时不当)对系统安全性的可能影响;

　　g) 软件规格说明中的安全性设计准则已得到满足;

　　h) 软件设计需求及纠正措施的实现方法不影响或降低系统的安全性或引

入新的危险。

5.2.5 使用和保障危险分析（工作项目205）

应进行使用和保障危险分析并记录成文，以确定和评价系统使用中与环境、人员、规程和设备有关的危险。若未规定分析的方法，承制方在进行使用和保障危险分析前，拟用的分析方法应得到订购方的认可。工作项目要点包括：

应确定和评价系统使用中的危险，应考虑：计划的系统配置和（或）状态；设施的接口；计划的环境；保障工具或其他设备，包括软件控制的自动测试设备或规定使用的设备；操作或工作的次序，同时进行工作的影响和限制；生物因素；有关规定或合同规定的人员安全和健康要求；可能的非计划事件，包括由于人为差错产生的危险。

为消除已判定的危险或将其风险减少到有关规定或合同规定的可接受水平，确定所需的安全性要求或备选方案。

分析应确定：

a) 在危险条件下进行的各项工作及其工作时间以及在这些工作或工作时间内尽量减少风险需要采取的各种措施；

b) 为消除危险或减少有关风险所需的系统硬件或软件、设施、工具或保障和检测设备在功能或设计要求上的更改；

c) 对安全装置和设备的要求，包括人员安全和生命保障设备；

d) 报警、注意事项以及特别应急措施，例如应急出口、营救、脱离、安全动作、放弃等；

e) 危险器材的装卸、使用、贮存、运输、维修及处理要求。

5.2.6 职业健康危险分析（工作项目206）

应进行职业健康危险评价并记录成文，确定有害健康的危险并提出保护措施，以便将有关风险减少到订购方可接受水平。

职业健康危险评价应考虑：

a) 有毒物质，例如致癌物或有致癌嫌疑的物品、一般毒品、窒息物、对呼吸器官有刺激的物品等；

b) 物理因素，例如噪声、热应力或冷应力、电离辐射或非电离辐射等；

c) 系统、设施和人员防护装置的设计要求（例如通风、噪声衰减、辐射屏蔽等）以保证使用和维修的安全。当没有可行的工程设计可把风险减少到可接受水平时，必须规定其他防护措施，例如防护服，可把风险减少到可接受水平的具体使用或维修操作规程，并应得到订购方的认可。

5.2.7 工程更改建议的安全性评审（工作项目207）

对工程更改建议进行安全性评审并记录成文，以确定工程更改对系统安全性的影响。工程更改包括安全性要求的偏离和(或)放弃。工作项目要点包括：

应分析每个工程更改方案，以确定与其有关的危险，评价相关的风险，并预计工程更改对安全性的影响。

应提供工程更改不会增加新的危险的依据，当工程更改将降低系统安全性水平时，必须通知订购方并获得订购方的认可。

5.2.8 订购方提供的设备和设施的安全性分析(工作项目208)

对订购方提供的设备和设施进行安全性分析，以确定在系统中应用的安全性。

承制方应确定订购方应提供的设备和设施的安全性关键的性能和设计资料。

若订购方能提供有效的资料，承制方应：

a) 确定所需的安全性分析及进行分析的时间；
b) 确定订购方提供的设备和设施与系统的其他部分的接口的安全性分析；
c) 以上两项应经订购方认可后执行。

若订购方无有效的资料，承制方应通过分析、试验和检查确定所需安全性关键的资料；拟用的方法应提交订购方，经订购方认可后执行。

5.3 验证与评价

5.3.1 安全性验证(工作项目301)

验证安全性关键的硬件、软件和规程是否符合安全性要求并记录成文，其验证方法应得到订购方的认可。

应通过试验、演示或其他方法验证安全性关键的硬件、软件及规程是否符合安全性要求。

评审所有试验(包括设计验证、使用评价、技术资料的验证、生产验收、贮存寿命验证)的试验计划、试验规程和结果，以确保充分验证了设计的安全性(包括使用和维修规程)，包括验证因设计无法消除的Ⅰ级危险而设置的安全装置、报警装置等。

5.3.2 安全性评价(工作项目302)

在系统试验或使用前或合同完成时对所假定事故的风险进行全面评价并记录成文。安全性评价应包括：

a) 危险分类与分级的安全性准则和方法；
b) 为确定系统中存在的危险而进行的分析与试验，包括：仍有残余风险的危险，以及为把有关风险减少到合同规定的可接受水平而已采取的措施；为验证安全性准则要求和分析而进行的试验的结果；
c) 安全性大纲执行的结果，包括列出全部显著危险以及用来确保人员和财产安全所需的具体安全性建议或预防措施的清单。按危险在正常或不正常使用条件下会不会发生，对清单上的危险进行分类；

d) 由系统中产生或在系统中使用的所有危险器材，包括：确定器材类型、数量及可能的危险；在装卸、使用、贮存、运输、维修和处理期间所需的安全性防护措施和规程；器材安全性数据；

e) 作出书面结论。所有已判定的危险均已消除或有关的风险已控制在合同规定的可接受水平；系统已可以进行试验或投入使用或者进入研制的下一阶段。

应按合同要求对所承制的系统与其他系统的接口的危险提出可行的处理建议。

5.3.3 安全性符合有关规定的评价（工作项目303）

进行安全性符合有关规定的评价并记录成文，以确保系统的安全设计及在系统试验或使用前或合同完成时全面地评价所假定的风险。工作项目要点包括：

应验证系统的设计和规程是否符合合同或国家、军用和行业的安全性标准、规范及有关法规等。

安全性符合有关规定的评价包括必要的危险分析、设计图纸和规程评审及设备的检查。

安全性符合有关规定的评价应包括初步危险分析、分系统危险分析、系统危险分析、使用和保障危险分析必要的内容和技术，以确保系统设计、使用、维修和保障的安全性。

安全性符合有关规定的评价应：

a) 确定和评价系统中存在的或本系统特有的接口、安装、试验、使用、维修或保障引起的残余危险；

b) 确定必要的特殊的安全性设计特性、装置、规程、技能、培训、设施、保障要求及人员防护设备；

c) 确定危险器材及其安全装卸、使用、贮存、运输、维修及处理所需的预防措施和规程。

5.4 安全性培训

5.4.1 系统安全性主管负责人的资格（工作项目401）

用于确定承制方系统安全性主管负责人的资格。系统安全性主管负责人有权协调或批准承制方有关系统安全性的文件。

系统安全性主管负责人应符合下列条件：

a) 至少具有或相当理工科或管理专业大学本科毕业以上水平。

b) 经系统安全性方面的专业培训并经考试合格。
c) 具有下列方面之一的工作经历（经历的长短由有关部门自定）：
系统安全性管理；
系统安全性分析；
系统安全性设计；
系统安全性研究；
系统的使用安全性；
事故调查；
人素工程；
产品质量保证工程；
可靠性工程；
维修性工程。

5.4.2 培训（工作项目 402）

对承制方和订购方的有关人员进行培训，这些人员在承制方的工作中将参与下列方面的工作：确定危险及其分类，分析产生的原因、影响，采取防护和控制措施，制定和执行规程、检查表；消除人为差错；研制保险装置、保护设备、监控和报警装置；及制定应急规程。

试验、使用和保障人员的培训：承制方应对试验、使用和保障人员进行安全性培训，培训计划和考核中应包括已批准的安全性规程。试验、使用和保障人员的资格要由相应的具有审定职能的部门确认。

设计、研制和生产人员的培训：承制方应根据系统危险分析和使用危险分析的结果，制定相应的安全性培训计划，分别对承制方设计、研制和生产的各级各类人员进行培训。

订购方管理人员的培训：承制方也应对参与承制方工作的订购方管理人员进行安全性培训。

5.5 软件系统安全性

5.5.1 软件需求危险分析（工作项目 501）

应用初步危险表（工作项目 201）和系统级的初步危险分析（工作项目 202）的结果，进行软件需求危险分析并记录成文，检查软件的需求和设计，确定软件的不安全模式，对软件系统进行初始的安全性评价。承制方应在方案设计评审时提出安全性关键的计算机软件成分（包括过程、程序、例程、模块、功能、表、变量、值或计算机程序状态及其接口等）的清单，分析的最终结果应在软件需求评审时提交。工作项目要点包括：

承制方应建立软件安全性跟踪系统，以记录软件的安全性需求及其实现过程。

承制方应分析系统或部分系统说明书和软件需求规格说明：

a) 保证已经正确和完整地规定了系统安全性要求，并已恰当地转化为软件需求，并确保软件安全性需求能恰当地影响软件的设计，以及操作员手册、用户手册和诊断手册的制定。承制方至少应考察以下文件：1)系统或部分系统说明书和分系统说明书；2)软件需求规格说明；3)接口要求说明书和其他接口文件；4)功能流程图和有关资料；5)存储分配和程序结构文件；6)与涉及计划的测试、生产、贮存、修理、使用和最终处置的安全性要求有关的基本信息；7)与系统能源、有毒物质和其他危险事件源(特别是由软件直接或间接控制的)有关的信息；8)软件开发计划、软件质量评估计划和软件配置管理计划；9)有关的历史资料。

b) 确定与上述说明书和文件有关的危险。

承制方应提出与安全性有关的对上述文件的更改建议、设计要求和测试要求，并将其纳入软件概要设计文档和详细设计文档及软件测试计划中。

承制方应从软件安全性的角度保障方案设计评审和软件需求评审。

5.5.2 概要设计危险分析(工作项目502)

应用软件需求危险分析的结果进行概要设计危险分析并记录成文，以确保概要设计中的安全性水平。概要设计危险分析应在软件详细设计开始前基本完成，分析结果应在概要设计评审时提交。工作项目要点包括：

承制方应进行危险的风险评价，以确定在概要设计后需作进一步分析的安全性关键的计算机软件成分。

a) 承制方应确定由初步危险分析、分系统危险分析和软件需求危险分析所判定的危险与可能影响或控制这些危险的计算机软件成分和低层次软件单元的关系，这些软件成分和所有指定的其他成分均为安全性关键的计算机软件成分。

b) 承制方应评价现有的设计文档，以确定安全性关键的计算机软件成分与其他安全性关键的和非安全性关键的计算机软件成分是否相关和相关的程度，那些影响安全性关键的计算机软件成分的输出的计算机软件成分也为安全性关键的计算机软件成分。

承制方分析安全性关键的计算机软件成分的概要设计以确保概要设计中正确地和完整地规定了所有的安全性要求。承制方应确定在概要设计的何处，以及在什么条件下可能出现不可接受的危险。分析中应包括输入输出时序、多重事件、失序、事件、事件失败、错误事件、不恰当的数值、不利环境、死锁、硬件故障敏感性等。

应提出设计更改建议。根据初步危险分析、分系统危险分析、软件需求危险分析和概要设计危险分析的结果,承制方应更改软件概要设计文档以消除危险或将其风险降低到可接受水平。

承制方将安全性需求以及对安全性关键的计算机软件成分和安全性关键的条件的测试纳入软件测试计划。承制方应将安全性专用的测试纳入软件测试计划、系统测试计划和整个系统测试大纲,这些测试计划应包括在模拟和使用状态下的测试规定。

承制方应从软件安全性的角度保障概要设计评审。

5.5.3 详细设计危险分析(工作项目503)

应用软件需求危险分析和概要设计危险分析的结果,进行详细设计危险分析并记录成文,以验证软件设计是否已正确地体现了安全性需求并对安全性关键的计算机软件成分进行分析。本分析应在软件开始编程前基本完成,其分析结果应在详细设计评审时提交。

承制方应进行危险的风险评价以确定需作进一步分析的软件成分。

a) 承制方应确定由初步危险分析、软件需求危险分析、分系统危险分析和概要设计危险分析判定的危险与软件详细设计中规定的低层次软件成分的关系,这些成分为安全性关键的计算机软件成分。安全性关键的计算机软件成分的确定应随详细设计危险分析一直进行到实际可行的最低层次。

b) 承制方应评价软件详细设计文档和其他详细设计文件,在计算机软件配置项目及计算机软件成分各层次上确定安全性关键的软件与指定的其他软件是否相关和相关的程度。

承制方应对由危险的风险评价确定为安全性关键的软件成分的软件详细设计进行安全性分析,以确保在设计中正确地和完整地规定和体现所有的安全性需求。承制方应确定在详细设计的何处以及在什么条件下,将出现或可能出现不可接受的危险。

根据详细设计安全性分析的结果,承制方应对详细设计提出更改建议,以消除危险或将危险的严重性降低到订购方可接受水平。

承制方应参与制定测试计划、说明和规程的要求及其更改的历次过程。承制方应制定安全性关键的计算机软件成分的测试说明和规程。

承制方应确定安全性有关的信息(如注意和警告事项),以体现在计算机系统诊断手册、计算机系统操作员手册、固件保障手册和软件用户等手册及其他手册中。

承制方应对编程人员明确安全性关键的计算机软件成分,并向编程人员提出来自概要设计规格说明和设计文档中明确的与安全性有关的编程建议和安全性需求。

承制方应从软件安全性的角度保障详细设计评审,应在详细设计评审时报告软件安全性分析的结果,报告中应包括概要设计安全性需求和实现、保障分析及所应用的方法和任何未解决的风险问题。

5.5.4 软件编程危险分析(工作项目 504)

进行软件编程危险分析并记录成文,分析程序的编制和系统的接口,应利用详细设计危险分析的结果,确定其中可能导致或促成影响安全性的事件、故障和条件。本分析工作应与编程同时进行,并贯穿系统的寿命周期。

承制方应对所有安全性关键的计算机软件成分进行危险分析,包括以下工作:

a) 分析安全性关键的计算机软件成分的正确性和完整性,及其输入或输出时序、多重事件、失序事件、事件失败、错误事件、不恰当的数值、不利环境、死锁、硬件故障敏感性等方面的问题;分析系统说明书和要求文件中提出的安全性准则在软件中的实现情况;分析可能使系统处在危险状况下工作的硬件故障、软件故障、瞬时错误和其他事件的可能组合;分析对输入数据流中特殊字符或不正确数据的不执行处理的正确性;分析故障安全保护和故障可用的模式;分析输入过载或过界状态。

b) 分析安全性关键的计算机软件成分的内部路径和控制处理流程;

c) 向订购方提出对规格说明、设计和测试文档中的设计、编程和测试的更改建议;

d) 保障所有安全性关键的计算机软件成分的非正式评审。承制方应评审编程文档,确保所有安全性关键的计算机软件成分和所有源程序完整地、准确地记录和注释,所用的记录和注释方式应使得将来不熟悉原有的程序的程序员在更改程序时,减少引入新的危险的可能性。承制方应从软件安全性的角度保障测试准备状态评审,评审软件测试规程是否符合软件测试方案,能否完成测试的要求,其目的是保证承制方做好了正式软件测试的准备。

5.5.5 软件安全性测试(工作项目 505)

进行软件安全性测试并记录成文,验证安全性需求的实现情况,以确保已消除所有的危险或将其风险控制到可接受水平。

承制方应参与安全性关键的计算机软件成分的所有层次的测试,包括单元测试、综合测试、验收测试和系统测试。

a) 承制方软件安全性工作人员应确保严格地按照批准的测试计划、说明、规程和用例进行安全性关键的计算机软件成分的测试,并准确地记录成文、分析和报告结果。承制方应确保纠正软件中的缺陷并重新测试。

b) 除在正常条件下测试外,应测试软件,以表明软件不会因可能的单个或多个输入错误而导致不安全状态。

c) 承制方应确保在系统综合应力测试和系统验收测试时软件正确地和安全地运行。系统验收测试应在实际的使用条件下进行。

除订购方明确提出可不必考虑外,应分析和测试系统中的外购软件。外购软件包括市场采购的、有专利的和不是为本系统专门开发的其他软件。无论外购软件是否修改,都应进行分析和测试。

除订购方明确提出可不必考虑外,无论承制方对其软件是否修改,都应对订购方提供的软件按在执行合同时开发的软件进行软件安全性分析和测试。

承制方应纠正软件的缺陷以消除在系统综合测试和系统验收测试中发现的所有危险或将其风险降低到可接受水平。纠正后的软件应在同样的条件下重新测试,以确保已消除危险和不会出现其他危险。

5.5.6 软件与用户接口分析(工作项目506)

进行软件与用户接口分析并记录成文,制定软件用户规程。

承制方应分析不能由系统设计或其他措施消除或控制的危险,提出以下设计更改建议并制定相应的操作规程:

a) 对每个危险状态提供探测方法;
b) 对每个探测到的Ⅱ级危险状态提供安全生存和恢复的方法;
c) 增设报警特性以警告操作员或驾驶员注意会导致设备故障的软件错误;
d) 对过程或事件提供安全的清除方法;
e) 对安全性关键的系统或成分的状态提供明确的和完整的显示方式,在显示完所有数据后,才可越过容许超越的潜在的安全性关键的故障,或清除状态数据,例如一个系统中有一系列故障,这些故障若单独发生从安全性上是可以超越的,若同时发生多重故障就可能导致系统的报废,所以操作人员在发出超越命令或状态显示复位命令前应了解所有的安全性关键的故障。

5.5.7 软件更改危险分析(工作项目507)

分析软件的所有更改(包括修改和修补)并记录成文,以确定是否会引入新的危险。工作项目要点包括:

除更改的性质能说明不必要进行更改分析外,对规格说明、需求、设计、编程、系统、设备和测试计划、说明、规程、用例或准则的任何更改都应进行软件危险分析和测试。更改危险分析应从更改建议所影响的文档或系统的最高层次开始。

承制方应表明更改不会产生新的危险,不会影响已解决的危险,不会使现存的危险更严重以及不会对任何安全性关键的计算机软件成分或有关的和接口的程序产生不利影响。

承制方应评审受更改影响的文档,以保证文档中正确地反映了软件中所有已做的与安全性有关的更改。

承制方应将执行本工作项目的方法、过程和其他信息包含在软件配置管理计划中。

11.2 系统安全性工作计划

按照 GJB 900—1990《系统安全性通用大纲》编写。

1 范围

说明系统安全性工作计划的主题内容和适用范围。

2 引用文件

列出编制系统安全性工作计划的依据文件以及各章中引用的所有文件。

3 实施安全性大纲的指导思想

阐述实施安全性大纲的指导思想。

4 安全性工作项目实施细则

4.1 工作项目要求

明确研制生产过程中计划开展的安全性工作项目要求,见表11.3。工作项目的选择取决于系统的复杂性、系统的寿命周期阶段、投资、进度等因素。

表11.3 系统安全性工作项目实施表

GJB 900条款编号	工作项目	类型	战术技术指标论证阶段	方案论证及确认阶段	研制阶段	生产阶段
5.1.1	制定系统安全性工作计划(101)	管理	G	G	G	G
5.1.2	对转承制方、供应方和建筑工程单位的安全性综合管理(102)	管理	S	S	S	S
5.1.3	安全性大纲评审(103)	管理	S	S	S	S
5.1.4	对系统安全性工作组的保障(104)	管理	G	G	G	G
5.1.5	建立危险报告,分析、纠正措施跟踪系统(105)	管理	S	G	G	G
5.1.6	试验的安全性(106)	管理	G	G	G	G
5.1.7	系统安全性进展报告(107)	管理	G	G	G	G
5.2.1	初步危险表(201)	工程	G	S	S	NA
5.2.2	初步危险分析(202)	工程	G	G	G	GC

(续)

GJB 900 条款编号	工作项目	类型	战术技术指标论证阶段	方案论证及确认阶段	研制阶段	生产阶段
5.2.3	分系统危险分析(203)	工程	NA	G	G	GC
5.2.4	系统危险分析(204)	工程	NA	G	G	GC
5.2.5	使用和保障危险分析(205)	工程	S	G	G	GC
5.2.6	职业健康危险分析(206)	工程	G	G	G	GC
5.2.7	工程更改建议的安全性评审(207)	管理	NA	G	G	G
5.2.8	订购方提供的设备和设施的安全性分析(208)	工程	S	G	G	G
5.3.1	安全性验证(301)	工程	S	G	G	S
5.3.2	安全性评价(302)	管理	S	S	S	S
5.3.3	安全性符合有关规定的评价(303)	管理	S	S	S	S
5.4.1	系统安全性主管负责人的资格(401)	管理	S	S	S	S
5.4.2	培训(402)	管理	NA	S	S	S
5.5.1	软件需求危险分析(501)	工程	S	G	G	GC
5.5.2	概要设计危险分析(502)	工程	S	G	G	GC
5.5.3	详细设计危险分析(503)	工程	S	G	G	GC
5.5.4	软件编程危险设计(504)	工程	S	G	G	GC
5.5.5	软件安全性测试(505)	工程	S	G	G	GC
5.5.6	软件与用户接口分析(506)	工程	S	G	G	GC
5.5.7	软件更改危险分析(507)	工程	S	G	G	GC

注：G 表示适用；S 表示根据需要选用；GC 表示仅设计更改时适用；NA 表示不适用；管理表示安全性管理；工程表示安全性工程

4.2 工作内容
明确各安全性工作项目的工作内容要求。

4.3 完成状况
说明各安全性工作项目的完成状况，明确成果形式。

4.4 检查方法
明确对各安全性工作项目完成情况的检查方法。

5 安全性工作进度
明确安全性工作项目和工作内容的进度安排，宜列表。

6 安全性大纲评审点

制定安全性大纲评审计划,内容包括评审类型(安全性设计评审、安全性工作评审)、评审点、评审要求(评审时间、评审内容、人员设置及其职责、评审结论等)。

7 安全性工作计划与产品研制计划协调的说明

说明安全性工作计划与产品研制计划的协调内容和协调结果,包括与可靠性工作计划、维修性工作计划、测试性工作计划、综合保障工作计划等的协调。

8 安全性信息收集、传递、分析、处理、反馈和归档等程序的说明

说明安全性信息收集、传递、分析、处理、反馈和归档的程序。

9 处理已判定危险的方法或过程

说明处理已判定危险的方法或过程,包括处理方法、处理流程、责任单位等。

10 对设计人员、使用和维护人员的安全性培训

分别明确对设计人员、使用和维护人员的安全性培训要求、培训内容、培训时间等。

11 对事故和危险故障的分析的报告

明确对事故和危险故障的分析的报告要求、程序、内容格式等。

12 系统安全性与其他安全性领域之间的接口

说明系统安全性与其他安全性领域之间的接口,如与核安全、靶场安全、爆炸物和军械安全、化学和生物安全、激光安全等领域之间的接口。

13 系统安全性与其他保障领域之间的接口

说明系统安全性与其他保障领域之间的接口,如与质量、可靠性、维修性、测试性、保障性、人素工程、健康保障等领域之间的接口。

11.3 系统安全性工作报告

按照 GJB 900—1990《系统安全性通用大纲》编写。

1 范围

说明系统安全性工作报告的主题内容和适用范围。

2 引用文件

列出编制系统安全性工作报告的依据文件以及各章中引用的所有文件。

3 安全性工作进展及状况概述

研制和生产各阶段安全性工作、进展及状况的概述,着重说明主要成效和问题。

4 新发现的显著级危险和对已知危险的风险控制程度的重大变化

报告新发现的显著级危险,并提出处置建议。

对已知危险的风险控制程度的重大变化进行说明,并提出处置建议。

5 所有已提出的但仍未完成的纠正措施的现状

对所有已提出的纠正措施进行梳理,确认已落实到系统设计中并已验证其有效性;对仍未完成的纠正措施,说明现状,并进一步分析研究纠正措施的必要性,提出下一步工作建议。

6 影响安全性大纲的费用和进度的重大变动

分别对影响安全性大纲的费用和进度的重大变动情况详细说明理由。

7 报告期内技术文件的安全性评审情况

讨论报告期内已作安全性评审的技术文件,指出这些技术文件中的安全性内容是否可接受,有无改善安全性的措施。

8 系统安全性工作组下次会议议程

若有系统安全性工作组,可建议其下次会议的主要议程。

11.4 初步危险表

按照 GJB 900—1990《系统安全性通用大纲》编写。

1 范围

说明初步危险表的主题内容和适用范围。

2 引用文件

列出编制初步危险表的依据文件以及引用的所有文件。

3 初步危险表

在设计初期承制方就应考察系统方案,编制初步危险表,确定设计中可能存在的危险。承制方应按订购方的意见做进一步的研究,分析初步危险表中选定的危险,以确定其重要程度。

11.5 初步危险分析

按照 GJB 900—1990《系统安全性通用大纲》编写。

1 范围

说明初步危险分析的主题内容和适用范围。

2 引用文件

列出编制初步危险分析的依据文件以及各章中引用的所有文件。

3 设计方案概述

依据本书 1.16《研制方案》或 1.21《详细设计》,简要说明系统设计方案。

4 分析方法

说明用于危险分析的方法。

应对系统(设备)中组成单元可能出现的危险事件及产生的后果进行初步危险分析,从而确定安全性的关键部位、评估各种风险、确定安全性设计措施及应对策略,保证系统、设备、人员和信息的安全,并确定故障检测参数及故障判据。初步分析可结合 FMEA 的分析结果,按表 11.4 的格式填写危险统计表。

5 初步危险分析

5.1 危险品

列出危险品清单,例如燃料、激光、炸药、有毒物、有危险的建筑材料、压力系统、放射性物质等。

5.2 部件接口安全性

分析部件接口安全性,如材料相容性、电磁干扰、意外触发、火灾或爆炸的发生和蔓延、硬件和软件控制等,包括软件对系统或分系统安全性的可能影响。

表 11.4 危险统计表

序号	产品图号代号	产品名称	危险状态	原因	后果	危险严重性等级	危险可能性等级	安全措施		故障检测参数	故障判据	备注
								防止危险发生的措施	危险发生后的处置措施			

填表:　　　　　　审核:　　　　　　可靠性安全性会签:

5.3 软件命令和响应的安全性设计准则

确定控制安全性关键的软件命令和响应(例如错误命令、不适时的命令和响应、或由订购方指定的不希望事件等)的安全性设计准则,采取适当的措施并将其纳入软件和相关的硬件要求中。

5.4 与安全性有关的设备、保险装置和可能的备选方法

说明与安全性有关的设备、保险装置和可能的备选方法,例如联锁装置、冗余技术、硬件或软件的故障安全设计、分系统保护、灭火系统、人员防护设备、通风装置、噪声或辐射屏蔽等。

5.5 环境约束条件

明确包括使用环境在内的环境约束条件并进行分析,例如坠落、冲击、振动、极限温度、噪声、接触有毒物质、有害健康的环境、火灾、静电放电、雷击、电磁环境影响,包括激光辐射在内的电离和非电离辐射等。

5.6 操作、试验、维修和应急规程

对操作、试验、维修和应急规程进行分析,例如人素工程、操作人员的作用、任务要求等的人为差错分析;设备布置、照明要求、可能外露的有毒物质等因素的影响,噪声或辐射对人的能力的影响,载人系统中的生命保障要求及其安全性问题,例如坠落安全性、应急出口、营救、救生等。

5.7 设施、保障设备

对设施、保障设备进行分析,例如用于含有危险物质的系统或组件的贮存、组装、检查、检验等方面的设备,射线或噪声发射器,电源等。

6 安全性措施和替换方案

考虑消除危险或减少风险以达到可接受水平所需的安全性措施和替换方案。

11.6 分系统危险分析

按照 GJB 900—1990《系统安全性通用大纲》编写。

1 范围

说明分系统危险分析的主题内容和适用范围。

2 引用文件

列出编制分系统危险分析的依据文件以及各章中引用的所有文件。

3 分系统概述

简要说明分系统的组成、工作原理,在系统工作分解结构中的位置等内容。

4 分析方法

为了进行分系统危险分析,通常必须根据经费预算、时间和被分析设备可用信息的状态选择最经济有效的方法,主要考虑的问题如下:

a) 只规定基本的定量结果;

b) 把分析所涉及的设备约定层次限制在所需的最低数量;

c) 故障影响只限于满足分析目的所需的那些设备;

d) 如果对主要故障模式的分析能够达到分析目的,那么就不必对所有可能发生的故障模式都进行分析,也就是应区分哪些故障模式是希望进行分析的,而哪些又是必须进行分析的;

e) 故障树分析只用于极严重的故障影响和危险分析中。

5 分系统危险分析

5.1 故障模式及其对安全性的影响
对故障模式及其对安全性的影响进行分析,包括可能的人为差错和单点故障以及分系统部件故障对安全性的影响。

5.2 软件事件、故障和偶然事件对分系统安全性的可能影响
对软件事件、故障和偶然事件对分系统安全性的可能影响进行分析。

5.3 软件安全性设计准则的满足程度
确定软件规格说明中的安全性设计准则的满足程度。

5.4 软件设计需求及纠正措施对安全性的影响
确定软件设计需求及纠正措施的实现方法不影响或降低分系统的安全性或引入新的危险。

6 安全性措施和替换方案
确定消除已判定的危险或降低风险所必须的安全性措施和替换方案。

按照 GJB/Z 99—1997《系统安全工程手册》编写,说明如下:

1 范围
说明分系统危险分析的主题内容和适用范围。

2 引用文件
列出编制分系统危险分析的依据文件以及各章中引用的所有文件。

3 分系统概述
简要说明分系统的组成、工作原理,在系统工作分解结构中的位置等内容。

4 分析方法
为了进行分系统危险分析,通常必须根据经费预算、时间和被分析设备可用信息的状态选择最经济有效的方法,主要考虑的问题如下:

a) 只规定基本的定量结果;

b) 把分析所涉及的设备约定层次限制在所需的最低数量;

c) 故障影响只限于满足分析目的所需的那些设备;

d) 如果对主要故障模式的分析能够达到分析目的,那么就不必对所有可能发生的故障模式都进行分析,也就是应区分哪些故障模式是希望进行分析的,而哪些又是必须进行分析的;

e) 故障树分析只用于极严重的故障影响和危险分析中。

5 分系统危险分析
概括说明分析结果外还必须包括下列内容:

5.1 部件故障模式

描述所有可能引起危险的故障模式。

5.2 系统事件阶段

说明发生危险时系统所处的任务阶段。

5.3 危险说明

对危险作出全面说明。

5.4 对分系统和(或)系统的影响

描述危险对分系统及系统的影响。

5.5 风险评价

对每项危险进行风险评价,即风险鉴别、风险估算、风险处理和风险接受。

5.6 建议措施

提出消除或减少危险应采取的措施,并讨论在什么情况下采取什么形式的措施。

5.7 建议措施的影响

讨论所建议的措施对风险评价结果带来的变化。

5.8 备注

列出参考资料、相似系统的信息等在分析报告中未包括的所有信息。

6 安全性措施和替换方案

确定消除已判定的危险或降低风险所必须的安全性措施和替换方案。

11.7 系统危险分析

按照 GJB 900—1990《系统安全性通用大纲》编写。

1 范围

说明系统危险分析的主题内容和适用范围。

2 引用文件

列出系统危险分析的依据文件以及引用的所有文件。

3 系统概述

依据本书1.16《研制方案》或1.21《详细设计》,简要说明系统设计方案。

4 分析方法

选择用于危险分析的方法。

5 系统危险分析

5.1 安全性准则符合程度

考察所有的分系统接口是否符合在系统或分系统要求文件中规定的安全性

准则。

5.2 危险事件的共因分析

独立的、相关的和同时发生的危险事件,包括安全装置的故障或产生危险的共同原因。

5.3 分系统与其他分系统的兼容性

分析由于分系统的正常使用怎样导致另一分系统或整个系统安全性降低。

系统危险分析的重点在于各分系统间的接口,各接口间的关系主要可分为物理的、功能的和能量流的关系:

a) 物理关系,系指各分系统几何尺寸及机械结构的相互关系。

b) 功能关系,系指各分系统的输入与输出之间的相互影响。

c) 能量流关系,系指各分系统间的电、机械、热、核、化学或其他形式的能量的相互关系。

5.4 设计更改对分系统的影响

评价设计更改以确定对系统及其分系统的安全性影响。

5.5 人为差错的影响

人为差错对系统的影响随着系统的不同而不同,因此,在研究时必须对人为差错的特点、类型及后果进行分析,给出定量的发生概率。

人为差错可按以下几种方式分类:

a) 按作业要求分类,可分为不能完成必须做的工作(执行性);遗漏了必须做的工作(疏忽性);做了不需要做的工作(多余性);操作顺序出错(次序性);不能在规定时间内完成工作(时间性);操作错误(错误性)。

b) 按工作类型分类,可分为设计差错;操作差错;装配差错;安装差错;维修保养差错。

c) 按人的因素分类,可分为感知与确认失误;判断与记忆失误;动作与操作失误。

5.6 软件事件、故障和偶然事件对系统安全性的可能影响

确定软件事件、故障和偶然事件(如定时不当)对系统安全性的可能影响。

5.7 软件安全性设计准则的满足程度

确定软件规格说明中的安全性设计准则的满足程度。

5.8 软件设计需求及纠正措施对系统安全性的影响

确定软件设计需求及纠正措施的实现方法不影响或不降低系统的安全性或不引入新的危险。

6 安全性措施和替换方案

提出消除已判定的危险或降低其风险的安全性纠正措施和替换方案。

11.8 使用和保障危险分析

按照 GJB 900—1990《系统安全性通用大纲》编写。

1 范围

2 引用文件

3 系统使用和保障概述

3.1 计划的系统配置和状态

说明计划的系统配置和状态,确定和评价其在使用和保障中存在的危险。

3.2 设施的接口

说明设施的接口,确定和评价其在使用和保障中存在的危险。

3.3 计划的环境

说明计划的环境,确定和评价其在使用和保障中存在的危险。

3.4 保障工具或其他设备

说明保障工具或其他设备,包括软件控制的自动测试设备或规定使用的设备,确定和评价其在使用和保障中存在的危险。

3.5 操作或工作的次序,同时进行工作的影响和限制

说明操作或工作的次序,同时进行工作的影响和限制,确定和评价其在使用和保障中存在的危险。

3.6 生物因素

说明生物方面的因素,确定和评价其在使用和保障中存在的危险。

3.7 规定的人员安全和健康要求

说明有关规定或合同规定的人员安全和健康要求。

3.8 可能的非计划事件

说明可能的非计划事件,包括在使用和保障中由于人的差错产生的危险。

4 分析方法

确定用于使用和保障危险分析的方法,并说明选择的理由。

5 使用和保障危险分析

5.1 在危险条件下工作需要采取的措施

分析提出在危险条件下进行的各项工作及其工作时间以及在这些工作或工作时间内尽量减少风险需要采取的各种措施。

5.2 为消除危险或减少风险所需的设计更改

分析提出为消除危险或减少有关风险所需的系统硬件或软件、设施、工具或保障和检测设备在功能或设计要求上的更改。

5.3 对安全装置和设备的要求

分析提出对安全装置和设备的要求,包括人员安全和生命保障设备。

5.4 报警、注意事项以及特别应急措施

分析提出报警、注意事项以及特别应急措施,例如应急出口、营救、脱离、安全动作、放弃等。

5.5 危险器材的装卸、使用、贮存、运输、维修及处理要求

分析提出危险器材的装卸、使用、贮存、运输、维修及处理要求。

6 安全性措施和替换方案

为消除已判定的危险或将其风险减少到有关规定或合同规定的可接受水平,确定所需的安全性要求或备选方案。

11.9 职业健康危险分析

按照 GJB 900—1990《系统安全性通用大纲》编写。

1 范围
2 引用文件
3 系统概述

依据本书 1.16《研制方案》或 1.21《详细设计》,简要说明系统组成、工作原理和总体方案。

4 分析方法

确定用于职业健康危险分析的方法,并说明理由。

5 职业健康危险分析

应考虑以下与系统及其保障有关的因素:

a) 物质的毒性、数量及物理状态;

b) 有毒物质或物理因素的使用及释放;

c) 意外接触的可能性;

d) 产生的危险废物;

e) 有毒物质的装卸、输送与运输要求;

f) 防护服或保护设备的需求;

g) 定量接触水平所需的检测设备;

h) 可能处于危险之中的人数;

i) 可能使用的工作控制手段,例如隔离、封闭、通风、噪声或辐射屏蔽等。

5.1 有毒物质

例如致癌物或有致癌嫌疑的物品、一般毒品、窒息物、对呼吸器官有刺激的

物品等；
5.2 物理因素
例如噪声、热应力或冷应力、电离辐射或非电离辐射等；
5.3 系统、设施和人员防护装置的设计要求
系统、设施和人员防护装置的设计要求（例如通风、噪声衰减、辐射屏蔽等）以保证使用和维修的安全。当没有可行的工程设计可把风险减少到可接受水平时，必须规定其他防护措施，例如防护服，可把风险减少到可接受水平的具体使用或维修操作规程，并应得到订购方的认可。

6 安全性措施和替换方案
确定有害健康的危险并提出保护措施，以便将有关风险减少到订购方可接受水平。

11.10 安全性试验大纲

按照GJB 1362A—2007《军工产品定型程序和要求》编写，目次格式和编写说明与本书1.25《研制试验大纲》相同，参见1.25《研制试验大纲》。

11.11 安全性试验报告

按照GJB 1362A—2007《军工产品定型程序和要求》编写。目次格式和编写说明与本书1.26《研制试验报告》相同，参见1.26《研制试验报告》。

11.12 安全性评估报告

按照GJB/Z 170.13—2013《军工产品设计定型文件编制指南 第13部分：可靠性维修性测试性保障性安全性评估报告》编写。

1 概述
1.1 产品概述
主要包括：

a) 产品用途，简要说明产品的使命任务和地位作用等内容，如系配套产品，则介绍在系统中的定位、属性、用途。

b) 产品组成，简要说明产品的组成（包括硬件组成和软件组成）以及各部分的功能等内容，可简要介绍工作原理。

1.2 工作概述

主要包括：

a) 研制过程简述；

b) 安全性工作组织机构及运行管理情况；

c) 安全性文件的制定与执行情况。

2 安全性要求

逐条列出研制总要求（或研制任务书、研制合同）中的安全性定量与定性要求。

3 安全性设计情况

主要包括：

a) 安全性分析，应按 GJB 900 及相关标准执行。依据危险分类与分级的安全性准则和方法，开展初步危险分析、分系统危险分析、系统危险分析、使用和保障危险分析、职业健康危险分析等分析工作的情况。

危险分类与分级的安全性准则和方法说明如下。

为尽可能地消除危险，应确定危险严重性和危险可能性等级，以便采取解决措施。按系统安全性措施的优先次序，首先是通过设计消除危险，因此在设计初期，只考虑危险严重性的风险评价一般就能满足使风险达到最小的要求。对设计初期未能消除的危险，则应根据危险严重性和危险可能性的风险评价确定纠正措施和解决已判定的危险。

确定危险的等级可用定性分析得到可比较的风险评价，或通过发生概率的定量分析得到危险状态的指数。表 11.5 和表 11.6 给出了危险的风险评价表的两个例样，可用于得出定性的风险指数，以安排解决措施。表 11.5 中，其风险指数为 1A、1B、1C、2A、2B 和 3A 的危险应立即采取解决措施；指数为 1D、2C、2D、3B 和 3C 的危险需要跟踪。

表 11.5 危险的风险评价表例 1

危险可能性等级	危险严重性等级			
	Ⅰ（灾难的）	Ⅱ（严重的）	Ⅲ（轻度的）	Ⅳ（轻微的）
A（频繁）	1A	2A	3A	4A
B（很可能）	1B	2B	3B	4B
C（有时）	1C	2C	3C	4C
D（极少）	1D	2D	3D	4D
E（不可能）	1E	2E	3E	4E

危险的风险指数   建议的准则

1A,1B,1C,2A,2B,3A	不可接受
1D,2C,2D,3B,3C	不希望有的,需订购方决策
1E,2E,3D,3E,4A,4B	订购方评审后可接受
4C,4D,4E	不评审即可接受

表11.6中,风险指数1到20的确定是稍带有任意性的,这张表的设计对每一种危险可能性和严重性组合都给出了不同的指数,这样可以避免在把指数作为危险的可能性和严重性等级数字乘积的情况下出现相同的结果,例如$2\times 6=3\times 4=4\times 3$。这两个表只是风险评价方法的例样,不一定适合所有的产品。

表11.6 危险的风险评价表例2

危险可能性等级	危险严重性等级			
	Ⅰ(灾难的)	Ⅱ(严重的)	Ⅲ(轻度的)	Ⅳ(轻微的)
A(频繁)	1	3	7	13
B(很可能)	2	5	9	16
C(有时)	4	6	11	18
D(极少)	8	10	14	19
E(不可能)	12	15	17	20

危险的风险指数	建议的准则
1～5	不可接受
6～9	不希望有的,需订购方决策
10～17	订购方评审后可接受
18～20	不评审即可接受

  b) 安全性设计采取的主要技术措施及效果;包括列出全部显著危险以及用来确保人员和财产安全所需的具体安全性建议或预防措施的清单。按危险在正常或不正常使用条件下会不会发生,对清单上的危险进行分类。

  c) 其他安全性工作项目完成情况。

4 安全性试验情况

4.1 科研试验

  概括总结工程研制阶段安全性的科研试验情况。主要包括:试验时间、试验地点、试验条件、被试品数量及技术状态、试验组织单位、试验承试单位、试验项目、试验数据、数据分析与处理、试验结论以及存在的问题与解决情况等。

4.2 设计定型试验

  概括总结设计定型阶段(含基地试验、部队试验、软件定型测评)安全性的定型试验情况。主要包括:试验时间、试验地点、试验条件、被试品数量及技术状态、试验组织单位、试验承试单位、试验项目、试验数据、数据分析与处理、试验结论以及存在的问题与解决情况等。

5 评估

设计定型试验有明确结论的可直接采用,没有明确结论的以设计定型试验的试验数据为主要支撑,经军方认可,结合科研试验结果,根据相关标准、故障判据和设计规范,对安全性要求进行定性与定量评估,并对设计保障、控制措施等进行综合评估。

6 存在的问题及建议

对尚存问题进行详细说明,并提出改进建议。说明由产品中产生或在产品中使用的所有危险器材的类型、数量及可能的危险;在危险器材的装卸、使用、贮存、运输、维修和处理期间所需的安全性防护措施和规程;给出危险器材的安全性数据。

7 结论

给出是否满足设计定型要求的结论意见。所有已判定的危险应已消除或有关的风险已控制在合同规定的可接受水平。

8 附件

必要时以附件形式提供试验报告等专项报告。

11.13 安全性符合有关规定的评价

按照 GJB 900—1990《系统安全性通用大纲》编写。

1 范围

说明安全性符合有关规定的评价的主题内容和适用范围。

2 引用文件

列出编制安全性符合有关规定的评价的依据文件以及引用的所有文件。

3 系统设计和规程符合有关规定的验证

鉴别适用于所研制系统的有关安全的国家、军用、行业以及国际的标准、规范和法规,并验证系统的设计和规程是否符合这些规章中的设计与使用方面的安全要求。

4 安全性分析

4.1 初步危险分析

说明完成的初步危险分析的过程和结果。

4.2 分系统危险分析

说明完成的分系统危险分析的过程和结果。

4.3 系统危险分析

说明完成的系统危险分析的过程和结果。

4.4 使用和保障危险分析

说明完成的使用和保障危险分析的过程和结果。

5 安全性问题及其预防措施

5.1 残余危险

确定和评价系统中存在的或本系统特有的接口、安装、试验、使用、维修或保障引起的残余危险。

5.2 必要的特殊安全性设计

确定必要的特殊的安全性设计特性、装置、规程、技能、培训、设施、保障要求及人员防护设备。

5.3 危险器材及其预防措施和规程

确定危险器材及其安全装卸、使用、贮存、运输、维修及处理所需的预防措施和规程。

11.14 安全性培训

按照GJB 900—1990《系统安全性通用大纲》编写。

1 范围

2 引用文件

3 试验、使用和保障人员的培训计划

制定完整、明确的系统安全培训计划,说明培训所采用的方法、技术、程序、内容、技术文件和仪器设备。

应根据需要进行以下方面的培训:

 a) 系统安全的一般原理与方法;

 b) 系统的基本情况、安全特性、有关的危险和正确的操作顺序;

 c) 已批准的安全规程;

 d) 应急措施、步骤和安全装置的使用;

 e) 各类告警装置的意义;

 f) 实际的装卸、操作和试验技能;

 g) 事故的调查、分析和控制方法;

 h) 人员急救常识。

4 设计、研制和生产人员的培训计划

制定完整、明确的系统安全培训计划,说明培训所采用的方法、技术、程序、内容、技术文件和仪器设备。

对设计、研制和生产人员应进行以下方面的培训：
a) 系统安全管理的方针、技术与方法；
b) 系统安全分析的技术与方法；
c) 安全性设计的准则、技术与方法；
d) 安全性验证的技术与方法；
e) 安全性评价的技术与方法；
f) 事故的调查、分析与控制的技术与方法；
g) 各类危险的性质及其容限；
h) 职业健康的原理和有关规定；
i) 系统安全与其他设计工程的联系；
j) 有关系统安全方面的法规和标准；
k) 系统的系统安全大纲。

5 订购方管理人员的培训计划

订购方管理人员主要是指订购方工程项目负责人，以及驻承制方的军事代表，他们可参加前面两类人员的培训，不必再举办另外的培训。

11.15 软件需求危险分析

按照 GJB 900—1990《系统安全性通用大纲》编写。

1 范围

说明软件需求危险分析的主题内容和适用范围。

2 引用文件

列出编制软件需求危险分析的依据文件以及引用的所有文件。

3 "安全性关键的"的定义

在所分析的系统、分系统或部件范围内"安全性关键的"的定义。

4 软件需求文件分析

应分析系统或部分系统说明书和软件需求规格说明：

a) 保证已经正确和完整地规定了系统安全性要求，并已恰当地转化为软件需求，并确保软件安全性需求能恰当地影响软件的设计，以及操作员手册、用户手册和诊断手册的制定。承制方至少应考察以下文件：1)系统或部分系统说明书和分系统说明书；2)软件需求规格说明；3)接口要求说明书和其他接口文件；4)功能流程图和有关资料；5)存储分配和程序结构文件；6)与涉及计划的测试、生产、贮存、修理、使用和最终处置的安全性要求有关的基本信息；7)与系统能源、有毒物质和其他危险事件源(特别是由软件直接或间接控制的)有关的信息；8)软件开发计划、软件质量评估计划和软件配置管理计划；9)有关的历史资料。

b) 确定与上述说明书和文件有关的危险。

5 与安全性有关的文件更改建议、设计要求和测试要求

5.1 与安全性有关的文件更改建议

应提出与安全性有关的对上述文件(第 4 章)的更改建议。

5.2 与安全性有关的设计要求

应提出与安全性有关的设计要求。

5.3 与安全性有关的测试要求

应提出与安全性有关的测试要求。

6 方案设计评审和软件需求评审中的软件安全性保障

6.1 方案设计评审

在进行方案设计评审时，应同时从软件安全性的角度审查，确保软件安全可靠。

6.2 软件需求评审

在进行软件需求评审时，应同时从软件安全性的角度审查，确保软件安全可靠。

7 分析结论

对软件系统进行初始的安全性评价，给出评价结论。

11.16 概要设计危险分析

按照 GJB 900—1990《系统安全性通用大纲》编写。

1 范围

2 引用文件

3 "安全性关键的"的定义

在所分析的系统、分系统或部件范围内"安全性关键的"的定义。将控制或影响危险的计算机软件成分确定为安全性关键的计算机软件成分。

4 危险的风险评价

承制方应进行危险的风险评价，以确定在概要设计后需作进一步分析的安全性关键的计算机软件成分。

a) 承制方应确定由初步危险分析、分系统危险分析和软件需求危险分析所判定的危险与可能影响或控制这些危险的计算机软件成分和低层次软件单元的关系，这些软件成分和所有指定的其他成分均为安全性关键的计算机软件成分。

b) 承制方应评价现有的设计文档,以确定安全性关键的计算机软件成分与其他安全性关键的和非安全性关键的计算机软件成分是否相关和相关的程度,那些影响安全性关键的计算机软件成分的输出的计算机软件成分也为安全性关键的计算机软件成分。

5 概要设计分析

承制方分析第4章确定的安全性关键的计算机软件成分的概要设计以确保概要设计中正确地和完整地规定了所有的安全性要求。承制方应确定在概要设计的何处,以及在什么条件下可能出现不可接受的危险。分析中应包括输入输出时序、多重事件、失序、事件、事件失败、错误事件、不恰当的数值、不利环境、锁死、硬件故障敏感性等。

6 设计更改建议

根据初步危险分析、分系统危险分析、软件需求危险分析和概要设计危险分析的结果,承制方应更改软件概要设计文档以消除危险或将其风险降低到可接受水平。

7 将安全性需求纳入测试计划

承制方应将安全性需求以及对安全性关键的计算机软件成分和安全性关键的条件的测试纳入软件测试计划。承制方应将安全性专用的测试纳入软件测试计划、系统测试计划和整个系统测试大纲,这些测试计划应包括在模拟和使用状态下的测试规定。

7.1 软件测试计划中的描述建议

在软件测试计划中,应明确安全性测试需求。

7.2 系统测试计划中的描述建议

在系统测试计划中,应明确安全性测试需求。

7.3 系统测试大纲中的描述建议

在系统测试大纲中,应明确安全性测试需求。

8 概要设计评审中的软件安全性保障

在概要设计评审中,应从软件安全性的角度进行审查,确保软件安全可靠。

9 分析结论

分析安全性关键的计算机软件成分的概要设计是否符合安全性需求。

11.17 详细设计危险分析

按照GJB 900—1990《系统安全性通用大纲》编写。

1 范围
2 引用文件
3 "安全性关键的"的定义
　　在所分析的系统、分系统或部件范围内"安全性关键的"的定义。
4 危险的风险评价
　　承制方应进行危险的风险评价以确定需作进一步分析的软件成分。
　　a) 承制方应确定由初步危险分析、软件需求危险分析、分系统危险分析和概要设计危险分析判定的危险与软件详细设计中规定的低层次软件成分的关系,这些成分为安全性关键的计算机软件成分。安全性关键的计算机软件成分的确定应随详细设计危险分析一直进行到实际可行的最低层次。
　　b) 承制方应评价软件详细设计文档和其他详细设计文件,在计算机软件配置项及计算机软件成分各层次上确定安全性关键的软件与指定的其他软件是否相关和相关的程度。
5 详细设计分析
　　承制方应对由危险的风险评价确定为安全性关键的软件成分的软件详细设计进行安全性分析,以确保在设计中正确地和完整地规定和体现所有的安全性需求。承制方应确定在详细设计的何处以及在什么条件下,将出现或可能出现不可接受的危险。
6 设计更改建议
　　根据详细设计安全性分析的结果,承制方应对详细设计提出更改建议,以消除危险或将危险的严重性降低到订购方可接受水平。
7 测试要求制定
　　承制方应参与制定测试计划、说明和规程的要求及其更改的历次过程。承制方应制定安全性关键的计算机软件成分的测试说明和规程。
8 手册中的安全性信息
　　承制方应确定安全性有关的信息(如注意和警告事项),以体现在计算机系统诊断手册、计算机系统操作员手册、固件保障手册和软件用户等手册及其他手册中。
8.1 使用维护说明书中的描述建议
　　说明在使用维护说明书(或计算机系统诊断手册)中对与安全性有关的信息(如注意和警告事项)的描述建议。
8.2 计算机系统操作员手册中的描述建议
　　说明在计算机系统操作员手册中对与安全性有关的信息(如注意和警告事项)的描述建议。

8.3 固件保障手册中的描述建议

说明在固件保障手册中对与安全性有关的信息(如注意和警告事项)的描述建议。

8.4 软件用户手册中的描述建议

说明在软件用户手册中对与安全性有关的信息(如注意和警告事项)的描述建议。

8.5 其他手册中的描述建议

说明在其他手册中对与安全性有关的信息(如注意和警告事项)的描述建议。

9 详细设计评审中的软件安全性保障

承制方应从软件安全性的角度保障详细设计评审,应在详细设计评审时报告软件安全性分析的结果,报告中应包括概要设计安全性需求和实现、保障分析及所应用的方法和任何未解决的风险问题。

10 分析结论

根据以上详细设计危险分析,验证软件设计是否已正确地体现了安全性需求。

11.18 软件编程危险分析

按照 GJB 900—1990《系统安全性通用大纲》编写。

1 范围
2 引用文件
3 "安全性关键的"的定义

在所分析的系统、分系统或部件范围内"安全性关键的"的定义。

4 软件分析

承制方应对所有安全性关键的计算机软件成分进行危险分析,包括以下工作:

a) 分析安全性关键的计算机软件成分的正确性和完整性,及其输入或输出时序、多重事件、失序事件、事件失败、错误事件、不恰当的数值、不利环境、死锁、硬件故障敏感性等方面的问题;分析系统说明书和要求文件中提出的安全性准则在软件中的实现情况;分析可能使系统处在危险状况下工作的硬件故障、软件故障、瞬时错误和其他事件的可能组合;分析对输入数据流中特殊字符或不正确数据的不执行处理的正确性;分析故障安全保护和故障可用的模式;分析输入过载或过界状态。

b) 进行安全性关键的计算机软件成分的内部路径和控制处理流程分析。

　　c) 向订购方提出对规格说明、设计和测试文档中的设计、编程和测试的更改建议。

　　d) 保障所有安全性关键的计算机软件成分的非正式评审。

5　编程文档评审

　　承制方应确保所有安全性关键的计算机软件成分和所有源程序完整地、准确地记录和注释，所用的记录和注释方式应使得将来不熟悉原有程序的程序员在更改程序时，减少引入新的危险的可能性。

6　测试准备状态评审中的安全性保障

　　承制方应从软件安全性的角度保障测试准备状态评审。测试准备状态评审是评审软件测试规程是否符合软件测试方案，能否完成测试的要求，其目的是保证承制方做好了正式软件测试的准备。

7　分析结论

　　进行软件编程危险分析，分析程序的编制和系统的接口，确定其中可能导致或促成影响安全性的事件、故障和条件。

11.19　软件安全性测试

　　按照GJB 900—1990《系统安全性通用大纲》编写。

1　范围

2　引用文件

3　"安全性关键的"的定义

　　在所分析的系统、分系统或部件范围内"安全性关键的"的定义。

4　软件测试

　　承制方应参与安全性关键的计算机软件成分的所有层次的测试，包括单元测试、综合测试、验收测试和系统测试。

　　a) 承制方软件安全性工作人员应确保严格地按照批准的测试计划、说明、规程和用例进行安全性关键的计算机软件成分的测试，并准确地记录成文、分析和报告结果。承制方应确保纠正软件中的缺陷并重新测试。

　　b) 除在正常条件下测试外，应测试软件，以表明软件不会因可能的单个或多个输入错误而导致不安全状态。

　　c) 承制方应确保在系统综合应力测试和系统验收测试时软件正确地和安全地运行。系统验收测试应在实际的使用条件下进行。

5 外购软件的安全性分析和测试

除订购方明确提出可不必考虑外,应分析和测试系统中的外购软件。外购软件包括市场采购的、有专利的和不是为本系统专门开发的其他软件。无论外购软件是否修改,都应进行分析和测试。

6 订购方提供软件的安全性分析和测试

除订购方明确提出可不必考虑外,无论承制方对其软件是否修改,都应对订购方提供的软件按在执行合同时开发的软件进行软件安全性分析和测试。

7 危险的处理

承制方应纠正软件的缺陷以消除在系统综合测试和系统验收测试中发现的所有危险或将其风险降低到可接受水平。纠正后的软件应在同样的条件下重新测试,以确保已消除危险和不会出现其他危险。

8 软件安全性测试结论

通过进行软件安全性测试,验证安全性需求的实现情况,并作出结论。

11.20 软件与用户接口危险分析

按照 GJB 900—1990《系统安全性通用大纲》编写。

1 范围

2 引用文件

3 "安全性关键的"的定义

在所分析的系统、分系统或部件范围内"安全性关键的"的定义。

4 不能由系统设计或其他措施消除或控制的危险

分析不能由系统设计或其他措施消除或控制的危险。

5 设计更改建议

提出以下设计更改建议:

a) 对每个危险状态提供探测方法;

b) 对每个探测到的Ⅱ级危险状态提供安全生存和恢复的方法;

c) 增设报警特性以警告操作员或驾驶员注意会导致设备故障的软件错误;

d) 对过程或事件提供安全的清除方法;

e) 对安全性关键的系统或成分的状态提供明确和完整的显示方式,在显示完所有数据后,才可越过容许超越的潜在安全性关键的故障,或清除状态数据。

6 安全操作规程

应确定用户与程序的接口以确保系统安全地工作。甚至在做完所有的安全

性分析和设计更改后,系统中仍可能存在不能通过设计消除或严格控制的危险,因此,必须制定下列工作规程:

a) 提供检测危险征兆或潜在危险状态的方法以预防危险的发生;

b) 控制危险使得只有在特殊的情况下和操作员特定的命令下才发生;

c) 向操作员、用户和其他人员提供报警的功能,指示可能即将出现或正在出现的潜在危险状态;

d) 确保发生危险后系统能够生存;

e) 若预防和控制规程失败,或危险已发生,提供损坏控制和恢复规程;

f) 提供在Ⅱ级危险状态下生存和恢复的规程;

g) 根据需要,提供安全地中止或取消一个事件、过程或程序的能力;

h) 向操作员提供系统或软件故障报警的功能,并确保操作员了解所有同时存在的故障,这可能会改变消除或超越故障的方式;

i) 确保危险数据显示明确,并向操作员提供作出安全性关键决策所需的所有数据。

11.21 软件更改危险分析

按照 GJB 900—1990《系统安全性通用大纲》编写。

1 范围

2 引用文件

3 "安全性关键的"的定义

在所分析的系统、分系统或部件范围内"安全性关键的"的定义。

4 软件更改描述

描述进行的软件更改内容。

5 软件更改的影响分析

除非更改的性质能说明不必要进行更改分析外,否则对规格说明、需求、设计、编程、系统、设备和测试计划、说明、规程、用例或准则的任何更改都应进行软件危险分析。更改危险分析应从更改建议所影响的文档或系统的最高层次开始。

6 软件更改的安全性测试

除非更改的性质能说明不必要进行更改后的安全性测试外,否则对规格说明、需求、设计、编程、系统、设备和测试计划、说明、规程、用例或准则的任何更改都应进行软件测试,以确保新的软件中不包含危险。

7 受软件更改影响的文档评审和修改

应评审和修改受更改影响的文档，以保证文档中正确地反映了软件中所有已做的与安全性有关的更改。

8 软件配置管理计划对软件更改危险分析的描述

应将执行本工作项目的方法、过程和其他信息纳入软件配置管理计划中。

第12章 环境适应性文件

12.1 环境工程工作计划

按照 GJB 4239—2001《装备环境工程通用要求》编写。
1 目的和用途
说明编制环境工程工作计划的目的和用途。
一般来说,制定环境工程工作计划的目的是列出装备寿命期各个阶段要开展的环境工程工作项目、计划进度和接口关系,并将其纳入装备研制计划网络图,以确保环境工程工作纳入装备寿命期各阶段的工作中。
2 编制依据
说明编制该文件所依据的各种文件和标准。依据的文件一般应包括研制总要求、研制任务书或研制合同。
3 装备使用环境概述
概要描述装备的使用环境,简要说明其环境特点,并列出订购方对装备的使用环境要求。
4 环境工程工作项目
应依据研制总要求、研制特点和现有条件,对 GJB 4239 规定的工作项目进行裁剪,确定装备寿命期各个阶段要求开展的环境工程工作项目及其具体的工作内容。
5 计划进度
详细列出已确定的各环境工程工作项目的起始和结束的时间点,并绘出装备环境工程工作网络图。环境工程工作的时间安排应与装备寿命期同一阶段的其他工作相协调,并将其纳入装备研制网络图,确保环境工程工作能得到统一组织和实施进度管理。
6 审查或评审
列出要进行审查或评审的工作项目,审查或评审的内容和要求,组织审查或评审的机构。
7 接口关系
阐明订购方、承制方(包括转承制方和供应商)之间的分工、职责和各自内部的分工、职责,及其相互之间(包括各层次的)接口关系,以便彼此沟通和协调,及时解决与环境工程有关的问题。

8 保障资源

列出执行计划所需的保障资源,包括所需的人员、设备(或设施)、经费及其他保障条件。

9 环境工程工作机构

9.1 环境工程工作系统

说明已经建立的环境工程工作系统的组织机构、组成单位、人员要求及其职责。

9.2 环境工程专家组

列出已经确定的在环境数据采集与测量、环境适应性要求确定、环境适应性设计以及环境试验与评价等诸多技术领域有特长,能够协助开展装备环境工程工作的环境工程专家组成员的名单。

9.3 环境工程工作评审委员会

列出已经确定的环境工程工作评审委员会成员名单及其职责。

环境工程工作评审委员会成员应由订购方、承制方以及这两方以外的环境工程专家组成。根据评审和审查内容的不同及委员会专家的专业范畴,确定参与不同阶段项目审查或评审工作的专家,参与相应阶段环境工程工作结果的评审。

12.2 寿命期环境剖面

按照 GJB 4239—2001《装备环境工程通用要求》编写。

1 目的和用途

说明编制寿命期环境剖面的目的和用途。

制定产品寿命期环境剖面文件的目的是为确定产品设计和试验要考虑的环境因素类型及其具体量值或具体量值的确定原则提供规范化的基本数据支持。

2 编制依据

说明编制该文件所依据的各种文件和标准。一般包括:产品寿命期剖面;产品有关的战术技术指标和任务剖面;产品使用的地域、海域和空域;产品的工作特性和在平台上的位置;其他有关文件和标准。

3 预期发生的各种事件

说明产品从验收出厂到最终退役过程中预期发生的各种事件,包括后勤和使用方面的各种事件。如各种形式或级别的装卸、运输、贮存、返修和使用。这些事件将导致产品经受各种各样的环境作用。这些事件有可能反复出现,通常可从其寿命期剖面中获取。

4 预期的自然环境和诱发环境或其组合

说明产品寿命期各事件相关的自然环境和诱发环境及其组合或综合。自然环境与事件发生所处的或经历的地理、空间位置及时间相关;诱发环境则与产品所遇的自然环境、在平台上的位置、平台特征和平台运动或工作模式等相关。对于装备内部的产品来说,更重要的是要考虑平台对自然环境的隔离和/或转换作用及平台本身及相邻设备的运动或工作对其的影响。

5 预期出现的期限和/或次数与频度

说明装备寿命期各类事件出现的绝对或相对期限(时间),各类事件预计出现的次数或频度,以及各类事件对应的环境因素或其极值出现的期限和/或次数与频度。

6 寿命期环境剖面表

一般使用寿命期环境剖面表来表征装备的寿命期环境剖面。常用的寿命期环境剖面表格式见表12.1。表12.1提供的可能遇到的环境因素类型作为进一步裁剪出要考虑的环境因素的起始点和基础,确保不会漏掉任何要考虑的环境。

表12.1 寿命期环境剖面数据表

寿命期阶段		遇到的环境因素		经受时间或次数、频度
		自然环境	诱发环境	
贮存阶段	仓库贮存			
	有遮蔽贮存			
	敞开式贮存			
运输阶段	公路运输			
	铁路运输			
	空中运输			
	水路运输			
部署和使用阶段	人力运送和使用			
	各式车辆			
	固定翼飞机和直升机			
	舰船和潜艇			
	固定式装备			
	导弹火箭			
	鱼雷、水下发射导弹			
	炮弹			
	其他装备			

12.3 使用环境文件

按照 GJB 4239—2001《装备环境工程通用要求》编写。

1 目的和用途

说明编制使用环境文件的目的和用途。

编写使用环境文件的目的是提供一套完整而规范的寿命期遇到各种环境的数据,以便在此基础上,分析环境对产品的影响,并根据其对产品影响的严重程度、环境量值的严酷度和出现频度,进一步确定要考虑的环境类型及其量值。

2 编制依据

说明编制该文件所依据的各种文件和标准。依据的文件一般应包括寿命期环境剖面和通用的自然环境极值数据标准。

3 使用环境数据表

应通过环境数据收集和测量工作来获取各种使用环境数据,并纳入环境数据库,其内容包括使用地域、空域、海域在不同时间范围内可能遇到的自然环境数据和使用过程中装备外部和内部各区域(舱、段、区等)可能出现的诱发(平台)环境数据。应对每一组环境数据进行标识,并将每一数据标识和数据对应状态(包括所收集数据的时间、地点、对象及其对应事件等)填入使用环境数据表。使用环境数据表格式见表 12.2。

表 12.2 使用环境数据表格式

装备位置		环境类型	使用环境数据标识	使用环境数据状态	备注
外部环境		自然环境			用于确定整个装备环境适应性要求
		诱发环境			
内部舱(段、区)平台环境	舱段1	自然环境			用于确定装备内部系统/设备的环境适应性要求
		诱发环境			
	舱段2	自然环境			
		诱发环境			
	…				
	舱段n	自然环境			
		诱发环境			

4 环境数据收集计划

制定环境数据收集计划,内容一般应包括:

a) 收集的数据种类,包括自然环境和诱发环境数据;

  b) 收集数据的质量和数量要求；
  c) 要收集数据参照的相似装备和装备舱段情况说明；
  d) 要收集的自然环境数据相关标准和资料；
  e) 要收集的相似装备和装备舱段上的环境数据和(或)数据库；
  f) 数据收集机构和职责分工；
  g) 收集数据的分析评估与筛选处理机构及其职责分工；
  h) 数据收集所需的经费估计；
  i) 数据收集的进度安排。

5 使用环境测量计划

  使用环境测量计划包括自然环境测量计划(必要时)和相似装备平台诱发环境测量计划，只针对使用环境数据表中缺少的环境数据或有怀疑或把握不大的环境数据进行补充的测量。使用环境测量计划一般应包括以下内容：
  a) 要测量的数据类型和精度；
  b) 要测量的数据样本量；
  c) 测量的自然环境地区和/或相似装备及其说明；
  d) 在装备或平台上的测试部位；
  e) 测量系统仪器、传感器、数据采集和处理设备及其检定要求；
  f) 测量环境时装备运行的任务剖面和测量次数；
  g) 负责测量的实施机构和职能；
  h) 测量工作所需要的器材、人员及设施；
  i) 测量工作进度安排；
  j) 测量工作经费估计。

12.4 环境适应性要求

  按照 GJB 4239—2001《装备环境工程通用要求》编写。

1 目的和用途

  说明编制环境适应性要求文件的目的和用途。编制环境适应性要求文件的目的是为装备及其下层产品提供一套完整的环境适应性要求，作为研制总要求或合同(协议)中提出相应环境适应性要求和规定环境适应性验证要求的依据。

2 编写依据

  说明编制环境适应性要求所依据的各种文件和标准。一般包括：寿命期环境剖面；使用环境文件；其他相关文件和标准。

3 环境适应性要求

包括装备及其下层产品应耐受的单一环境因素、综合环境因素及其定性与定量描述。

装备环境适应性要求包括整个装备对其寿命期预期遇到的自然和诱发环境的环境适应性要求和装备下层产品对其所处的微环境或平台环境的环境适应性要求。装备的微环境或平台环境往往不同于整个装备遇到的环境,这种微环境或平台环境取决于装备本身对自然环境和诱发环境的遮护、封闭或转换作用,微环境或平台环境内设备(包括其自身)的工作产生热或振动等环境的影响,以及设备自身的环控系统等。因此,整个装备和装备各部位需要考虑的环境因素种类往往是不同的,即使考虑的环境因素相同,其量值也可能是不同的,应当按整个装备和装备各个区、舱、段分别给出其环境适应性要求(要考虑的环境因素及其应力量值)。各舱、段、区的环境适应性要求作为其内安装设备的环境适应性要求。

装备的环境适应性要求一般应包括其结构件的环境适应性要求和功能件的环境适应性要求。结构件不像设备和系统这种功能件那样具有可直接测量到的运行功能和工作性能,其在环境作用下的破坏主要表现为在贮存、运输等非工作状态下在各种力学、气候、化学、生物环境综合作用下形貌和表面特性、力学性能的变化和损坏,从而失去其对装备的支撑和保护作用。一般通过选用耐自然环境影响(如腐蚀、老化)能力强的材料与工艺、在外形和尺寸上进行优化设计、进行力学性能裕度设计和损伤容限设计等来保证其适应未来的自然和诱发环境的长期综合影响,不单独规定其环境适应性指标。对于一些可更换或便于维修的结构件,则可以通过规定应力作用下,产生腐蚀或其他破坏形式的程度进行定性或定量表征,也可规定某一结构件的翻修期或更换期限作为指标要求。

目前工程中更为关注的是有功能的产品整机、系统和设备的环境适应性要求。这种环境适应性要求对应的环境是装备运输和使用状态,特别是作战工作状态遇到的各种气候和动力学及其综合构成的环境,这类产品在各种自然和诱发的环境应力作用下,很快引起破坏(如结构件断裂),失去功能或性能超差等。这种环境适应性要求一般可用环境应力强度大小来表征。应当指出产品性能参数容差范围的不同会影响耐环境设计,如容差范围小,则要求在环境应力作用下性能参数偏离指标值要小,从而提高耐环境设计要求。

表12.3列出了各环境因素的环境适应性要求示例。具体产品的环境适应性要求,应根据装备寿命期环境剖面和使用环境文件,结合收集到的环境数据,考虑各环境因素对装备的影响后剪裁确定。

表 12.3 装备环境适应性要求一览表

装备/位置		环境因素	环境适应性要求		环境适应性验证要求
			定性要求	定量要求	
整个装备		已确定考虑的环境因素(n_1)			
装备内部	A 区	已确定考虑的 n_2 个环境因素			
	B 区	已确定考虑的 n_3 个环境因素			
	C 区	已确定考虑的 n_4 个环境因素			
	…	…			
	Z 区	已确定考虑的 n_i 个环境因素			

下面列出环境适应性要求文件中一般应考虑的环境因素。

a) 温度环境,一般分为:高温贮存环境;低温贮存环境;高温工作环境;低温工作环境;高温短时工作环境;温度冲击环境;温度变化环境。

b) 压力环境,一般分为:高原或高空贮存环境;高原或高空工作环境;快速减压环境;爆炸减压环境;水压环境;其他环境。

c) 盐雾环境。

d) 湿热环境,一般分为:恒定湿热环境;交变湿热环境。

e) 生物环境,一般分为:霉菌环境;生物污损环境;其他生物环境。

f) 水环境,一般分为:有风源淋雨环境;滴雨环境;防水性环境;浸渍环境;潮差环境;飞溅环境。

g) 太阳辐射环境,一般分为:太阳辐射引起的热环境;长期太阳辐射引起的光老化环境。

h) 砂尘环境,一般分为:吹砂环境;吹尘环境;降尘环境。

i) 爆炸大气环境,一般分为:直接暴露于爆炸大气环境;间接(有外壳隔离)暴露于爆炸大气环境。

j) 加速度环境。

k) 冲击环境,一般分为:一般机械冲击环境;弹道冲击环境;爆炸分离冲击环境;舰船冲击环境。

l) 振动环境,一般分为:运输振动环境;使用振动环境;其他振动环境。

m) 炮击振动环境。

n) 噪声环境。

o) 温度-低气压综合环境,一般分为:高温低气压;低温低气压。

p) 温度-湿度-低气压综合环境。

q) 温度-振动-噪声环境。

r) 温度－振动－低气压环境。
s) 温度－湿度－振动－低气压环境。
t) 积冰/冻雨环境。
u) 风环境。
v) 倾斜/摇摆环境。
w) 流体污染环境。
x) 酸性大气环境。
y) 其他环境。

4 环境适应性验证要求和验证方法

环境适应性验证一般采用实验室试验方法，也可采用分析法，包括相似产品比较分析和仿真方法，还可以通过现场使用验证。环境适应性验证要求，一般就是验证研制总要求或合同（协议书）中规定的环境适应性定量要求。

环境适应性验证方法有：

a) 试验方法。可以直接采用 GJB 150 或其他有关标准中规定的相应试验程序进行，也可根据产品的具体情况对 GJB 150 或其他有关标准规定的试验程序适当剪裁后进行。

b) 分析方法。可以通过分析的方法来确定产品环境适应性是否已满足研制总要求或合同中规定的要求。例如在环境适应性要求相同的条件下，如果分析表明，材料、结构、工艺和使用模式均相似或相同的产品通过了相应的试验，则该产品可不进行该试验，但应提供详细的分析报告和出具相应的试验报告。

12.5 环境适应性设计准则

按照 GJB 4239—2001《装备环境工程通用要求》编写。

1 目的和用途

说明编制环境适应性设计准则的目的和用途。环境适应性设计准则用于指导产品设计人员进行环境适应性设计。

2 编制依据

说明编制环境适应性设计准则依据的各种文件和标准。编制依据一般包括：环境适应性要求文件；研制总要求和合同或协议书；其他有关文件和标准。

3 环境适应性设计准则

针对环境适应性要求文件中规定的各项环境适应性指标，分别列出开展相应环境适应性设计应遵循的准则，如耐环境应力裕度、降额设计、降低环境应力强度或环境影响、控制其工作时产生对周围环境影响等等。

3.1 耐环境应力裕度

说明耐环境应力裕度的设计准则。

应当根据应力特点、资源(时间、经费)和技术可能性等因素确定一个耐各种环境应力能力的裕度。裕度越大,设计和制造的产品耐环境能力的正态分布的均值离环境适应性要求的应力量值越远,产品的环境适应性水平越高。应当指出,裕度选得越大,设计难度越大,需要的时间和费用越多,因此,确定裕度时应进行权衡,一般可由装备或系统的总师单位统一规定一个范围或最小裕度,或由设计单位根据实际情况确定裕度。

3.2 降额设计

说明降额设计准则。

3.3 降低环境应力强度或环境影响

说明降低环境应力强度或环境影响的设计准则。

3.4 控制工作时对周围环境影响

说明控制工作时对周围环境影响的设计准则。

3.5 (其他设计准则)

说明开展环境适应性设计应遵循的其他准则。

12.6 环境适应性设计指南

按照 GJB 4239—2001《装备环境工程通用要求》编写。

1 目的和用途

说明编制环境适应性设计指南的目的和用途。环境适应性设计指南用于指导产品设计人员进行环境适应性设计。

2 编制依据

说明编制环境适应性设计指南依据的各种文件和标准。编制依据一般包括:环境适应性要求文件;研制总要求和合同或协议书;其他有关文件和标准。

3 产品环境适应性设计指南

应针对产品环境适应性要求文件中规定的各项环境适应性指标,分别列出相应环境因素的环境适应性设计指南,内容包括材料、元器件和防护工艺优选目录,通用耐环境设计方法标准或设计技术规范清单。产品设计人员设计具体产品时,应根据已确定的裕度和设计指南推荐的环境适应性设计技术(例如三防设计技术、耐振动设计技术和热设计技术等)开展环境适应性设计。

3.1 材料、元器件和防护工艺优选目录

说明材料、元器件和防护工艺优选原则,列表给出优选目录。

3.2 通用耐环境设计方法标准或设计技术规范清单

列出产品设计时应遵循的通用耐环境设计方法标准或设计技术规范清单，注意标准和规范的有效性。

3.3 推荐的环境适应性设计技术

3.3.1 三防设计技术

说明产品设计中应采取的三防设计技术，并给出典型设计指南。

3.3.2 耐振动设计技术

说明产品设计中应采取的耐振动设计技术，并给出典型设计指南。

3.3.3 热设计技术

说明产品设计中应采取的热设计技术，并给出典型设计指南。

3.3.4 （其他环境适应性设计技术）

说明产品设计中应采取的其他环境适应性设计技术，并给出典型设计指南。

12.7 环境适应性设计报告

按照 GJB 4239—2001《装备环境工程通用要求》编写。

1 目的和用途

说明编制环境适应性设计报告的目的和用途。环境适应性设计报告是产品设计人员对开展的环境适应性设计进行的全面总结。

2 编制依据

说明编制该文件依据的各种文件和标准。编制依据一般包括：环境适应性要求文件；研制总要求和合同或协议书；其他有关文件和标准。

3 定量、定性指标

描述各环境因素对应的环境适应性定量、定性指标。

4 设计裕度

说明各环境因素适应性指标对应的设计裕度。

5 采取的环境适应性设计技术和措施

阐述采用的各种环境适应性设计技术和措施，包括选用耐环境能力高的材料、工艺、元器件、部件和货架设备，采取减缓或隔离环境的各种设计和工艺措施。

6 环境适应性研制试验过程

描述已完成的环境适应性研制试验情况，包括应力施加情况、故障及其改进措施情况。

7 环境适应性研制试验数据
7.1 产品耐环境应力裕度,及其工作极限与破坏极限
给出通过环境适应性研制试验后得到的产品耐环境应力(主要为温度和振动应力)裕度,及其工作极限与破坏极限。
7.2 产品环境的响应特性数据
给出通过环境适应性研制试验掌握的产品环境(主要是温度和振动)的响应特性数据(热点、温度分布、温度稳定时间、共振频率、振动模态、频响函数等)。
8 存在的主要薄弱环节,未来改进设计的方向
对环境适应性研制试验数据进行分析,指出存在的主要薄弱环节,提出未来改进设计的方向。

12.8 环境试验与评价总计划

按照 GJB 4239—2001《装备环境工程通用要求》编写。

1 目的和用途
1.1 目的
说明编制环境试验与评价总计划的目的。目的是提出装备寿命期内特别是研制生产阶段应开展的各种试验与评价任务,包括自然环境试验、实验室环境试验和使用环境试验三个方面的任务及这些任务的安排和顺序。
1.2 用途
说明编制环境试验与评价总计划的用途。一般包括:

a) 该计划在装备研制阶段初期着手制定,可为及早对开展环境试验及其他相应的试验(如可靠性试验,安全性试验和寿命试验)所需要的设备、时间、费用、人力等资源作出相应估计并提供信息,为更好地协调环境试验工作与其他研制工作,以最佳的效费比安排和实施这些试验提供依据。

b) 该计划可作为环境工程技术人员、型号管理人员、产品设计人员和试验技术人员开展相应试验工作的依据。环境工程技术人员据此安排各项试验的顺序,设计人员据此确定要提供的试验件数量,试验技术人员据此考虑相关的试验设备和功能、性能测试设备,管理人员据此优化整个试验计划。

c) 该计划是制定环境试验大纲的依据。

环境试验与评价总计划是动态变化的。型号研制阶段早期制定的这一计划,应随着型号研制工作的进展、相关信息的充实和细化、各方面工作的协调和计划优化而不断修改完善,并定期重新公布,以反映型号进展情况并更具可操作性,但是该计划的基本思路不能改变。

2 编制依据

说明编制环境试验与评价总计划依据的各种文件和标准。编制依据一般包括:研制立项综合论证报告,研制总要求,研制计划,研制任务书或研制合同,研制方案,产品规范,通用规范,GJB 4239—2001《装备环境工程通用要求》等。

3 自然环境试验计划

基本内容包括:需进行自然环境试验的材料、工艺、结构件、元器件和零部件清单,各试验样件的样本数量,各样本涉及的自然环境类型和试验项目,相应的试验时间周期和时间节点,试验经费估计等。

4 实验室环境试验计划

包括整个装备和各个系统、分系统、设备的环境试验计划。根据装备研制阶段不同,实验室环境试验计划一般分为若干个阶段,如飞行器可分为首飞前的安全性环境试验计划、定型阶段的设计(生产)定型环境鉴定试验计划和生产阶段的批生产环境试验(环境验收试验和环境例行试验)计划三大部分,每一阶段实验室环境试验对应的受试产品清单、试验项目、试验条件均有所不同,其内容也是各不相同的。

每一阶段的实验室环境试验计划基本内容包括:该阶段要进行环境试验的受试产品清单,每个受试产品应进行的试验项目,进行试验所需的时间及完成节点,进行试验的实验室资质要求,试验的组织管理部门及其职责,试验所需的试验场所、试验设备和测试设备要求,试验所需的费用和人力等资源需求。

5 使用环境试验计划

包括研制阶段的使用环境试验计划和使用阶段的使用环境试验计划两部分。使用环境试验计划中应包括环境测量计划,应充分利用使用环境试验获取装备更多的信息。

使用环境试验计划具体内容包括:开展使用环境试验的试验负责单位及其职责,试验所用的装备数量,试验要考虑的装备的系统、分系统、设备及其所在的区/舱/段,试验实施的单位/部队及试验场,试验涉及的装备任务剖面数量及特点,试验中要测量环境的区/舱/段及测量环境的类型,试验进度安排,试验所需的费用估计,试验实施的配合单位及其任务。

12.9 环境试验大纲

按照GJB 4239—2001《装备环境工程通用要求》编写。

1 主题内容和适用范围

1.1 主题内容

概括表述对环境鉴定试验提出的一系列规定和/或要求。

1.2 适用范围

表述该试验大纲仅适用于某产品的环境鉴定试验,是进一步编写环境鉴定试验程序的依据。

2 编制依据

2.1 编制依据文件

汇总列出环境鉴定试验大纲的编制依据文件。一般应包括文件依据、合同依据和标准规范依据三部分。依据的文件通常是定型机构和/或总师单位颁发的有关定型工作和定型试验规定方面的文件;依据的合同通常是研制合同或协议及其依据的型号研制任务书;依据的标准通常是产品技术文件和通用试验标准。

2.2 引用的标准和文件

列出不属于编制依据文件而本大纲需要引用的标准和文件。

3 试验样品的描述

试验样品描述内容一般应包括:试验样品名称与型号,编号;试验样品结构、组成、物理特性及其主要功能;试验样品的技术状态;试验样品在载体(平台)上的位置及相邻产品情况;提供的试验样品数量。

4 试验项目和试验顺序

4.1 应进行的试验项目

描述应进行的试验项目。

4.2 试验项目所用的样品

描述试验项目所用的样品。原则上每个试验项目都应当使用真实的产品作为试验样品,但在工程应用中,可以采用一些简化或替代的方法来节省成本或便于试验的实施。

4.3 试验项目分组和各组试验项目顺序

描述试验项目分组和各组试验项目顺序。

用一个试验样品进行多个环境试验项目时,需要根据各试验项目的特点、各试验项目对受试产品的影响和试验项目之间的影响,正确安排试验项目顺序。当使用多个试验样品时,还应分组列出各试验样品应进行的试验项目及其顺序。

5 试验条件及其容差

应列出各试验项目的试验条件及各试验条件的容差。

试验条件包括试验环境条件和负载条件等。试验环境条件一般是根据研制任务书或研制合同中的规定的环境适应性要求、验证试验要求和环境试验方法通用标准（如 GJB 150）的有关规定确定的。

试验环境条件一般应包括试验应力强度、试验应力作用时间或次数,复杂的试验环境条件还应包括试验剖面。对于力学环境试验来说,还应给出试验应力作用的轴向和/或方向,试验应力强度往往取决于其谱型或波形,因此,应同时给出相应的谱型或波形,以全面反映其应力学环境的强度特征。

6 试验设备和检测仪表要求

试验大纲中应给出试验实施时采用到的试验设备和测试仪器要求。

试验设备要求主要包括试验设备的计量检定要求和应力施加精度要求。环境鉴定试验采用的试验设备一般应经过国家级计量单位检定,并在其检定合格有效期内。

检测仪表要求主要包括计量检定要求和精度要求。环境鉴定试验期间采用的通用监测仪表,要求应按国家有关计量检定规程或有关标准进行检定,并具有计量合格证明。通用监测仪表的测试精度不应小于被测参数容差的 1/3。

7 试验样品

7.1 试验样品检测要求

应给出各试验项目对试验样品的检测要求,一般包括外观与结构检查项目、功能检查项目和性能检测项目 3 个部分。

试验前后应进行全面的外观与结构检查、功能检查和性能测试。由于试验设备和测试仪表等条件的限制,试验过程的中间检测往往不能全面实施,只能挑选一部分功能检查和性能测试项目进行。因此,制定试验大纲时,应合理确定试验中间检测项目。在许可条件下,中间检测项目应尽量完整,并明确试验过程中间检测的最佳时机,以防止漏掉一些故障。

建议功能检查和性能检测项目分两张表列出,见表 12.4 和表 12.5。功能检查通常只是定性地判断产品是能否具备应有的功能,有功能只能说明能工作,但不能代表其性能指标满足要求,因此,应对产品的各项性能进行详细测量,以最终判断其是否能正常工作。一般说来,试验前和试验后的功能检查和性能测量可以用相同的表,试验中间测量因功能检查和性能测量项目经过裁剪而减小,最好另外单独列表,供试验中检测记录用。使用这 2 个表记录检测到的功能情况和性能数据时,应在表的名称下注明检测时机是试验前、试验后,还是试验中。

表 12.4 产品功能检查记录表

试品编号：　　　　　　试验项目：　　　　　　　　　　　测试时机：

序号	功能检查项目	功能正常的定性要求	检查情况	结果判断
1				
2				
...				
n				
试验方签字		送试方签字		军事代表签字

表 12.5 产品性能测量和记录格式表

试品编号：　　　　　　试验项目：　　　　　　　　　　　测试时机：

序号	性能检测项目	测试内容	合格范围	测量值	结果判断
1					
2					
...					
n					
试验方签字			送试方签字		军事代表签字

7.2 试验样品处理要求

明确试验样品处理要求，包括不同试验项目试验前与试验结束后对试验样品的处理。

有些环境试验项目，在试验前为了消除或部分消除过去所受的影响，需要对试验样品进行预处理，如干燥处理。另外，在试验结束后，为了进行外观检查或性能/功能检测，需要对试验样品进行必要的处理，例如砂尘试验后为进行外观检查需要擦拭掉试验样品表面上的尘土，低温试验结束后需要进行烘箱处理以及气候环境试验后试验样品需进行恢复处理等。

7.3 试验样品安装要求

描述试验样品在试验设备中的安装要求。

若无其他规定，试验样品在试验设备中应模拟实际使用状态安装。试验样品的安装要求参见 GJB 150.1 总则相应条款，具体试验项目关于试验样品的安装要求参见 GJB 150 对应试验方法有关规定。

8 试验数据记录要求
8.1 原则要求
描述试验数据记录的目的和原则要求。

环境试验数据一般包括实验室环境数据,试验设备提供的施加于产品上的环境应力数据,受试产品应力响应数据,环境试验中产品外观、功能检查和性能检测数据,以及产品出现的故障数据。这些数据对于确定试验是否有效,判定产品是否合格,分析产品出现故障的原因或正确定位故障和采取纠正措施是必不可少的,应加以详细记录和保存。

8.2 实验室环境数据
阐述实验室环境数据记录要求。

实验室环境数据是指试验前和试验后进行功能检查和性能测量时的环境条件,通常是指当时的温度、湿度和压力。这些环境因素的变化可能会对检测结果产生影响。一旦试验前、后测得数据有较大差别甚至超出容差范围时,检测时实验室环境条件是一个分析其原因的因素。因此,这一数据应记录在试验前和试验后功能检查和性能测量记录表上。

8.3 试验设备提供的环境应力数据
阐述试验设备提供的环境应力数据记录要求。

目前的环境试验设备一般都能实时记录和保存其提供的环境应力条件,从而为判断试验是否有效、进行故障分析或编写试验报告时提取任何时间的环境应力数据提供了便利。由于不同的试验设备有不同的应力记录格式,且能自动合理记录,试验大纲中对其格式不必作出规定。

8.4 受试设备响应特性数据
阐述受试设备响应特性数据记录要求。

如果试验中对受试设备多个部位的环境响应进行了测量,则应记录和保存各个测量点测得的应力响应数据,一般只测量温度和振动响应,这些响应数据为了解产品特性和进行故障分析提供支持。

8.5 外观检查、功能检查和性能测量数据
阐述外观检查、功能检查和性能测量数据记录要求。

这些数据都要规定相应的记录表格,试验过程只要认真测量和填写这些表就可以了。这些数据是判别产品是否合格的主要依据。

8.6 产品故障数据
阐述产品故障数据记录要求。

这些数据应按表12.6的格式填写,以便对产品出现故障时的应力条件,出现故障时的行为,故障定位情况、故障机理,纠正措施和验证情况有一个全面描

述。需要指出的是,环境鉴定试验仅是一个通过或通不过的试验,只要确定产品是否合格就行,不必进一步分析故障和采取纠正措施。但实际上,毕竟总是要作设计或工艺改进,再次进行这一试验验证改进措施,直到通过为止。因此,这一记录尤为重要,此外作为一个负责任的设计人员,产品通不过试验,不可能工作就结束,必然要进一步开展故障分析和采取纠正措施,因此,认真填写这种表是有必要的。

表 12.6 产品故障情况汇总表

故障号	发生故障试验项目	发生故障时的环境应力条件	故障现象	故障原因	故障机理	纠正措施	验证情况

9 合格判据

列表说明试验合格判据,具体格式见表 12.7。

表 12.7 产品合格判据表

序号	判据类型		判别准则内容
1	通用合格判据		
2	特有合格判据	霉菌试验项目	
		盐雾试验项目	
		湿热试验项目	
		……	

试验合格判据一般由各试验项目通用的合格或失效判据和每一试验项目特有的合格或失效判据组成。

通用的合格或失效判据是 GJB 150 等标准通用要求中规定的条目,如:
a) 性能参数的测量值偏离并超出了规定的容差范围;
b) 结构损坏并影响了试验样品的功能;
c) 不能满足安全要求或出现危及安全的故障;
d) 试验样品出现了某些使其不能满足维修要求的变化(如腐蚀损坏);
e) 设备有关标准和技术文件规定的其他判据。

试验项目特有的判据应结合试验项目、产品特点和使用要求确定。例如霉菌试验长霉合格判据,盐雾试验的合格判据需专门作出规定。

10 失效或故障处理要求

描述对失效或故障的处理要求。

试验故障处理是指如果某一项环境试验出现故障而不能通过此项试验时,

对这项试验和以前进行过的试验采取的处置措施。如这项试验是用修复的试验样本重做，还是用新的样本；整个试验重做或者其他措施等。故障处理还包括进一步研究该故障或损坏能否修复，若样本能修复，要判断若用此修复的样本进行以前做过的试验，其结果是否会与以前一样；若不一样则使应用此修复产品重新进行全部试验；若一样，则可继续未进行的试验，若以后试验又出故障，则试验全部重做；若不能修复，则应换一个样品重新进行试验。

11 试验中断处理要求

描述试验中断处理要求。

试验中断处理的通用部分按通用标准的一些环境，结合受试产品特点确定。

12 试验组织、管理和质量保证要求

描述试验组织、管理和质量保证要求。

试验组织是指要成立一个试验工作组，工作组应由使用方、承制方和试验实施单位三方面代表组成。试验实施单位任组长，使用方代表任副组长。试验工作组负责试验实施和处理试验中出现的各种问题，确保试验大纲和试验程序得到全面贯彻。

试验质量保证要求是指对试验过程的各个阶段的工作，包括试验准备工作，试验过程施加环境应力，各阶段功能检查和性能测量和记录、试验故障和处理及试验结论等进行监督和控制。必要时对试验准备工作、试验故障分析和处理措施及试验报告及结论进行评审。

应列出试验工作小组成员表，表中明确试验工作组组长和副组长，明确试验工作组组长及其各成员的职责。建议制定试验质量保证措施文件，明确对试验实施各个阶段工作进行监督和控制的内容、责任者和试验评审要求。

13 试验报告要求

说明有关环境鉴定试验报告和环境鉴定试验总报告的内容和格式要求。

12.10 环境鉴定试验报告

按照 GJB 4239—2001《装备环境工程通用要求》编写。

1 试验目的

说明环境鉴定试验的试验目的。试验目的一般为评价受试产品对相应的环境适应性指标的符合性，以作为该产品定型的依据。

2 试验依据

说明开展该环境鉴定试验的试验依据。试验依据通常包括事先制定、经相应上级管理部门批准的试验大纲、根据试验大纲编写的试验程序和试验中用到的相应的试验方法标准。

3 试验地点、日期和参试人员

阐述开展该环境鉴定试验的试验地点、日期和参试人员。应对试验单位的资质作出说明。

4 受试产品说明

阐述受试产品相关信息。受试产品说明内容一般至少包括：

a) 受试产品名称、型号和编号；

b) 受试产品已进行过的试验项目及情况；

c) 受试产品技术状态；

d) 受试产品的结构组成及其功能、性能和物理特性简要说明；

e) 试验样本的数量和各试验项目用的样本(真实产品、模拟件或试件)的情况描述。

5 试验项目和顺序

阐述该环境试验包括的试验项目及其试验顺序。环境试验一般将试验样品分成几组分别进行，每组进行的若干个试验项目按一定次序排列，要说明该试验项目属于哪一组，在组中的次序以及是否按此次序进行了试验。

6 试验条件及其容差

应按试验项目列出试验条件及其容差。应说明实际试验条件是否与试验大纲中的规定一致，若有所偏离，应说明偏离情况及偏离原因。

7 试验设备和测试仪器说明

应列出该试验所使用的试验设备和测试仪器的型号、名称和检定有效期，给出试验设备的主要性能技术参数。

8 试验合格判据

应按试验项目列出试验合格判据，作为判断产品是否通过该项试验的依据。

9 试验实施过程

9.1 概述

应按试验项目次序详细阐述试验实施过程。每一试验项目的试验实施过程一般包括初始检测、受试产品预处理(必要时)、受试产品安装和检测、试验参数设置、试验设备和受试产品相容性运行(必要时)、试验应力施加、中间检测、恢复和最终检测以及试验中断处理等。

9.2 初始检测

说明试验前初始检测情况，包括初始检测时的实验室大气条件，试验样品外观检查、功能检查和性能检测情况，提供初始检测结果记录表。检测记录表格式在试验大纲中规定。

9.3 预处理(选择项)

说明产品采取的预处理措施,如干燥处理,表面清洁和加温措施等。是否需要预处理取决产品提交试验前的状态和未来试验项目的性质。

9.4 夹具特性调查(仅适用于振动试验)

对于振动试验来说,应说明对试验夹具进行的振动传递特性调查情况,对于大型夹具,应编写夹具特性调查报告,并将此报告纳入试验报告附件。

9.5 试验样品安装和功能、性能检测

说明试验样品安装情况。对于气候试验,应说明试验样品在试验箱中位置,各试验样品之间及试验样品与试验箱壁距离,试验样品是否在试验箱有效容积范围内,试验样品放置方向与试验箱循环风方向关系,如果试验箱中加装了试验条件监视传感器和试验样品上安装了响应传感器,也要作出详细说明。对于力学试验来说,应说明试验夹具和试验样品安装情况,包括控制传感器和响应传感器位置选择与安装情况。

应当有照片显示试验样品在试验设备中(包括振动台)安装情况,各种传感器安装和电源线及测试线路连接情况,并提供安装完毕后再次检查产品和测量其功能和性能的记录表。

9.6 试验参数设置和相容性运行(选择项)

一些复杂的试验在进行完试验参数设置并检查安装和布置无误后,有必要进行试验箱或试验台和试验样品的相容性运行,确认设备能够提供规定的试验条件和试验能正常进行,试验报告中应有说明此情况的相关文字和曲线。

9.7 试验应力施加和中间检测

说明试验应力和负载的施加时机及施加步骤,若有中间检测,说明对试验样品进行中间检测的具体步骤、时机,提供试验施加应力的典型运行曲线、图谱和中间检测记录表。

9.8 试验中断处理

如试验过程出现过试验中断事件,应说明试验中断原因和处理情况。

9.9 试验恢复(选择项)

说明试验过程应力条件施加结束后,对试验样品进行恢复处理的情况,如恢复温度、恢复时间等。应注意,不是所有试验项目均需进行恢复处理。

9.10 最终检测

描述最终检测情况,包括最终检测时的实验室大气条件和试验样品外观检查、功能检查和性能检测情况,提供最终检测结果记录表。

10 试验数据及分析

汇总试验数据并进行有效性分析。

11 产品故障和问题处理情况

若试验中出现故障,应提供故障记录表,说明故障时的环境应力和负载条件,及故障原因分析和纠正情况等,见表12.6。

应说明试验是用修理后试验样品进行,还是用新的试验样品重新从第一个试验项目开始依次进行,若用修理后的试验样品继续进行,进一步说明后续试验该样品有否出故障及出故障后的试验样品处理情况。

12 试验结果与结论

在试验报告最后,应给出试验结果与结论,主要包括:

a) 根据试验检测数据和合格判据作出试验通过或不通过的结论;

b) 描述试验中出现的故障,已采取的或将采取的处理措施、处理情况和最终结果;

c) 根据试验环境应力数据给出试验应力施加是否符合试验容差要求的结论。

12.11 环境鉴定试验总报告

按照GJB 4239—2001《装备环境工程通用要求》编写。

1 试验目的

说明环境鉴定试验的试验目的。试验目的一般为评价受试产品对相应的环境适应性指标的符合性,以作为该产品定型的依据。

2 试验依据

说明开展环境鉴定试验的试验依据。试验依据通常包括事先制定、经相应上级管理部门批准的试验大纲、根据试验大纲编写的试验程序和试验中用到的相应的试验方法标准。

3 试验地点、日期和参试人员

列出开展各单项环境鉴定试验的试验地点、试验日期和参试人员。

一般以一张表的形式将各项环境试验进行的地点、日期、参试人员以及实施试验的实(试)验室及其认证认可情况一一列出。

4 受试产品说明

阐述实施各项环境鉴定试验的所用受试产品信息。一般包括:

a) 受试产品分组情况,包括每组中各试验项目所用受试产品名称、型号、编号、技术状态、组成、数量,一般以表格形式进行说明;

b) 若受试产品不是真实产品而是试片、试样、模拟件或功能/性能不合格的产品,则应在其相应的试验项目技术状态一栏中说明。

5 试验项目和顺序

阐述对试验样品所实施的环境鉴定试验项目和试验顺序。一般包括：

a) 按试验样品分组列出实际进行的各试验项目及各组中试验项目的先后次序（一般以表格形式列出）。若实施过程的试验分组和试验项目次序不同于试验大纲中的规定，应列出实际顺序并加以说明；

b) 单独使用试片或试样进行的试验项目不参与排序，应另行说明；

c) 如果实施过程中因故将某些试验项目取消或简化则应说明情况及理由。

6 试验条件及其容差

应列出试验样品实施各项环境鉴定试验的试验条件和容差。一般包括：

a) 各试验项目的试验条件及容差在试验大纲中以表的形式作了明确规定，为使报告信息完整，一般应再次列出此部分内容；

b) 若试验过程中施加应力有偏离并超出容差，应加以说明。

7 试验设备和测试仪器说明

应将各试验项目实施过程所用的试验设备和测试仪器信息（型号、名称、检定单位和检定有效期）按试验项目逐个对应列出，并汇总成表，以全面反映各试验项目所用的设备和测试仪器状况。

8 试验合格判据

概要说明各项环境鉴定试验的合格判据。

9 试验实施过程

概要说明试验实施过程。

只需要作一个大致情况说明，而不必像单项试验报告那样详细描述。若某些试验项目的实施过程中某些环节存在问题则加以说明。

10 试验数据及分析

汇总试验数据并进行分析和确认。

11 产品故障和问题处理情况

应列出并确认各项环境鉴定试验暴露的产品故障和问题及其处理情况，一般包括：

a) 列出各项试验过程中出现的故障、问题及处理情况表，其格式见表12.6；

b) 说明出现故障后试验样本处理情况和/或已进行试验项目有效性确认情况。

12 试验结果与结论

应根据产品各项环境试验情况，给出产品对环境适应性要求的符合性结果，主要内容包括：

a) 各单个试验项目结果及有效性分析；

b) 分组系列试验的有效性分析；
c) 结论。

12.12 环境适应性报告

按照 GJB 4239—2001《装备环境工程通用要求》编写。

1 目的和用途

说明编制环境适应性报告的目的和用途。目的是全面描述工程研制阶段装备环境工程工作开展情况，说明研制装备的环境适应性水平与研制总要求或合同（协议）中规定的指标要求的符合性，为产品设计定型决策提供依据。

2 编制依据

说明编制该文件的依据。编制依据一般包括：产品研制总要求、合同或协议；型号系列相关文件；环境试验报告；外场试用情况报告；其他相关标准。

3 环境适应性要求

首先应将研制总要求或合同（协议书）中对产品的环境适应性要求按环境因素类型一一列出，并列出相应的试验验证要求，这些要求包括定量要求和定性要求。一般应以表格形式列出。这些要求是判断产品环境适应性水平是否达到规定目标的依据。

4 环境适应性设计工作

包括产品环境适应性设计文件中规定或设计人员自己确定的应力裕度、采用的一些环境适应性设计原则和主要措施，包括设计、工艺等方面的措施。

5 环境试验及其结果

应说明研制过程进行过的自然环境试验、实验室环境试验和使用环境试验情况，包括试验结论或结果评价。自然环境试验一般在材料、工艺试片和某些结构件上进行，只能给出材料、构件对自然环境适应性方面的意见和采取的措施；使用环境试验一般难以严格按规定进行，只能由试用、试飞过程中出现的环境故障作出粗略的评价。产品定型前实验室环境试验包括环境适应性研制试验、环境响应特性调查试验、飞行器安全性环境试验和环境鉴定试验，应分别描述进行过的这些试验基本情况和试验结果。有关产品定型或设计鉴定前进行的环境鉴定试验，可以直接引用环境试验总报告内容或作适当简化。

6 环境故障及其问题解决情况

应描述研制过程各阶段出现过的环境故障及其解决情况，特别是详细地描述环境关键问题的解决情况。应以表格的形式列出各种环境故障，见表12.8。

表12.8 产品故障及其分析和纠正情况一览表

日期	故障出现场合	发生故障时的环境条件	故障现象	故障原因	故障机理	当时采取措施	最终采取措施	改进措施验证情况	故障是否归零

7　环境适应性符合性情况

　　应在总结环境适应性设计、分析和各种试验结果的基础上,对照研制总要求和合同(协议书)中规定的环境适应性要求,给出产品环境适应性是否已满足要求的结论。

8　遗留问题与建议

　　列出产品研制阶段尚遗留的问题,并提出产品今后改进的建议。

第 13 章 电磁兼容性文件

13.1 电磁环境

按照 GJB/Z 17—1991《军用装备电磁兼容性管理指南》编写。

1 范围

说明电磁环境文件的主题内容和适用范围。

2 引用文件

说明电磁环境文件的引用文件。

3 电磁环境构成

电磁环境由各种电磁发射源产生，其主要来源是系统自身的发射机、友方和敌方的发射机、设备自身的乱真发射、非线性效应所产生的互调产物以及电磁脉冲等。自然界中有雷电、静电和大气噪声等来源。

装备电磁环境的来源主要取决于场所和周围环境。如在非实战工作条件下，电磁环境的主要来源是自身和友邻的发射。在实战工作条件下，敌方的发射机将成为外加的主要来源。因此，系统生存和工作的电磁环境是依赖于使用和周围环境的。

4 电磁环境影响

电磁环境所产生的有害影响主要有以下几种：

a) 烧坏或击穿元件、天线等；
b) 接收机信号处理电路性能降低；
c) 机电设备、电子线路、元件、军械等错误或意外的工作；
d) 电爆装置、易燃材料等的意外触发或点燃。

电磁环境产生的有害影响有两个基本途径，一个是不希望的能量通过预定的通路(天线、传输线)进入到使用电磁能量的系统、设备或电路中；一个是非预期的能量进入与响应。消除第一种影响主要是接收机的设计问题，消除第二种影响不仅和设计有关，还包括频率的使用和对寄生发射的控制。消除电磁环境的有害影响除从设计上考虑外，还可通过相应的安装和操作使用限制，对设备和人员生存和工作的电磁环境进行控制。

在某一具体电磁环境中，对受害者的影响取决于该受害者的敏感特性、环境电平、频域和时域特性。为避免有害影响问题，考虑电磁环境对系统、分系统和设备的影响十分必要。

5 分析确定过程

电磁环境应通过查询资料、预测分析或测试进行分析确定。分析系统和设备未来电磁环境时，应考虑以下几个方面。

5.1 环境剖面

每个设备和系统在其寿命期中都将受到若干不同电磁环境的影响，应了解和确定各电磁环境的环境电平，特别是最恶劣的电磁环境电平。如导弹在装卸、贮存、检查、发射和接近目标的过程中将处于不同的电磁环境中。

5.2 功能特性

设备和系统的功能特性随其配置而变化，从而引起对电磁环境敏感性的变化。因此，在制定性能要求的过程中，应明确在各种环境中的功能特性。

5.3 工作和生存

在制定性能要求时，应区分工作条件与生存条件。通常，导致性能降低的环境电平与造成永久性损坏的环境电平之间有明显差别。例如当设备不工作时，能采用许多预防措施防止其受电磁干扰的损害，而在设备工作时却很难做到。

5.4 敏感性

设备或系统的敏感特性根据其设计特性可能有所不同。它可能是选频的或是在一宽频带范围内响应，响应时间可能是微秒量级，受环境的短时峰值电平影响，或是受热影响，响应较慢的平均信号电平。在评估电磁环境对设备或系统的影响时，所有这些特性以及元件和材料的选择、屏蔽和滤波技术的应用均应予以综合考虑。

5.5 未来考虑

确定系统可能遇到的电磁环境时，应同时考虑系统或设备未来任何可能的应用和环境变化，如设计在某种环境中工作的设备或系统可能被安装或工作在其他环境中，或是执行不是最初设计的功能和任务。因此，尽管预测和分析较多的电磁环境会造成设备或系统的成本增加，但从未来应用的适用性来考虑，这种增加已证明是有价值的。

5.6 环境电平

虽然一般仅用场强值或功率密度规定环境电平，但还存在许多能改变电磁环境对系统影响的参数，如：脉冲重复频率和宽度、频谱覆盖范围、天线主瓣和副瓣方向、天线极性等。确定环境电平时，应考虑到可能消除这些电平影响的任何操作程序或安装条件，以及系统和环境方面的其他因素。

6 分析确定结果

阐述电磁环境分析确定的结果。

13.2 电磁兼容性要求

按照 GJB/Z 17—1991《军用装备电磁兼容性管理指南》编写。

1 范围

2 引用文件

3 电磁环境

描述产品(系统、分系统或设备)所处的电磁环境。

4 电磁兼容性要求

4.1 分系统或设备的关键类别

安装在系统中或与系统有关的各分系统或设备,都应规定电磁兼容性的关键类别。应根据电磁兼容性问题对系统可能造成的后果或危害的程度来分类。

一类:造成寿命终止、运载装置丧失、任务失败、发射推迟或使系统效能降低到不可接受的分系统或设备。

二类:造成运载装置受损或降低系统效能以及危及完成规定任务的分系统或设备。

三类:仅造成噪声增加,使人有轻度不适感,或其性能下降且不影响系统效能的分系统或设备。

4.2 性能降级准则

供需双方协调提出分系统和设备性能的降级准则,用以规定和评定故障、不允许的响应和不希望有的响应。根据适用情况可用分系统和设备在实验室内的干扰试验结果来制定降级准则。在预计故障时,应将电磁兼容性引起的问题,作为降级准则的组成部分。

4.3 安全裕度

根据实际需要,对划归在一类、二类的分系统和设备必须给出一个安全系数,安全裕度需经使用方认可,并在电磁兼容性问题上证实正确后,才能采用此安全系数。确定安全裕度时,应考虑系统的特性要求,预计的故障、误差积累、测试的可重现性以及测试仪器的要求等。除非在合同、安全措施或系统控制计划中另有规定外,所使用的安全裕度一般应不小于 6dB,对易爆物应不小于 16.5dB。

4.4 干扰与敏感度控制

a) 应在设计中采取适当措施来控制系统内的干扰和敏感度,消除或抑制系统内或与系统有关的所有电子、电气分系统或设备产生的不希望有的发射与响应,而不管其输出形式是电的、声的、视觉的还是机械的。

b) 本要求也适用于那些装有备份的分系统以及有关地面辅助设备使用的整个频率范围(包括产生的谐波、寄生发射和敏感度)。上述要求包括那些带有天线装置和敏感元件以所有工作方式完成预期功能的分系统或设备的工作。当按批准的系统试验计划,根据 GJB 1389—1992 第 5 条中的试验要求进行试验时,不应出现与系统有关的任一分系统或设备产生不希望有和不允许的响应或故障。

c) 分系统或设备除非在合同中另有规定,否则其设计应符合 GJB 151 和 GJB 152 的要求。由于这些标准中某些限制是很苛刻的,因此必须考虑这些限制对系统效能、成本和质量的影响,对这些限制的修改应包括在系统、分系统和设备的电磁兼容性计划之中。

4.5 电线和电缆布线

电线电缆布线的设计,必须考虑尽量减少耦合并利用现有的空间获得最佳的间距。电线电缆的布线,必须根据电线或电缆的干扰与敏感特性来制定电线或电缆的分类方法,电线和电缆应有电磁兼容性分类的标识。

4.6 电源

采用符合 GJB 181 规定的电源时,安装在飞机上的分系统或设备不应出现故障和不允许的响应,特别是不允许出现可能引起干扰或敏感的浪涌、脉动电压以及其他的电状态。

4.7 尖峰信号

飞机系统中,宽度小于 $50\mu s$ 的尖峰信号电压(瞬变值)在直流电源线上的幅度不应超过额定直流电压的 $+50\%$ 和 -150%。在交流电源线上幅度不应超过额定交流电压的 $\pm 50\%$。宽度大于 $50\mu s$ 的尖峰信号电压则应满足 GJB 181 中相应的电源品质特性过压曲线。对其他系统的要求应该包括在系统规范或电磁兼容性计划中。

4.8 搭接和接地

系统的搭接和接地应符合 GJB 358 的要求。

飞机外部接地

飞机上应安装足够数量的接地插座,以便供加注燃油、装卸武器和其他维修操作时连接接地电缆之用。安装的接地插座与结构之间的直流电阻应不大于 $2.5m\Omega$。为防止因飞行前的疏忽未拆除接地电缆时,安装的插头座应能自动脱开。飞机外部接地至少需要以下接地插座。

a) 燃油喷管接地,每个加注燃油的喷口处需有一个接地插座。

b) 维修接地,在便于维修和保养的位置要安装多个插座。多用途和直升机最少要安装二个,其他类型的飞机至少要安装 4 个。

c) 武器接地,在便于装卸武器或其他爆炸装置的位置上安装多个插座,一般在每个挂架或其他附件、装弹位置附近均须有一个接地插座。其中不包括加注燃料和维修要求的数量。

辅助设备的外部接地

应在易爆或易燃区域内能引起电冲击或电火花的辅助或维修设备上,装上永久性的接地电线,该电线应与接地棒连接。机动式的电源车例外,一定不能装接地电线或将其接地。此外,所有控制或处理可燃性燃油、液体或危险材料的辅助设备,均应具有永久性的连接线与飞机连接。

导弹和航天器的外部接地

在系统规范或电磁兼容性计划中应规定出导弹和航天器外部接地的位置。

基地和固定场所接地

空军基地滑行台、加油和放油、武器装卸和其他危险的维修区域以及导弹场地和基地分系统等一些固定的场所,接地的措施至少应符合 GJB 358 的规定和国家有关电气法规的要求。

4.9 雷电防护

系统的雷电防护设计应满足国军标 GJB 358 和其他相关标准的要求。

要特别注意对人员、燃料、武器和军械分系统的防护,并要求作试验验证。系统的各组成部分,如航空与航天飞行器、发射场地、地面通信电子设备场地或其他地面设施,均应有适当的雷电防护措施。

4.10 静电防护

系统设计应考虑防止静电降低系统的功能,系统的各组成部分,如航空航天器、发射场地、地面站、燃料和维修区均应防护。

a) 飞机上必须装有静电放电器,放电器的安装应满足静电的泄放和使用维护的要求;

b) 暴露在空气中的航空器表面所有的非金属材料都应使用导电涂层。涂敷后,任意给定点上测得的单位面积涂层电阻应在 $10m\Omega \sim 50m\Omega$ 之间。

4.11 人体保护

系统设计中,应包括人员不受射频、电磁、静电和电击危害的防护措施。这些要求应尽可能在分系统或设备的设计中得到满足。当工艺上无法实现设计中考虑的预防措施时,应在使用维护手册中给出相应的安全预防措施。

4.12 电磁对易燃易爆物和军械的危害

系统设计应包括军械分系统的防护措施,以避免由于任何形式的电磁或静电能量引起意外点火或点火失效,所有与军械分系统有关的布线、敷设电缆和金属构件,均应周密地设计,以防止杂散干扰并消除不期望的能量。军械分系统的设计,应考虑工作期间的一切工作方式,包括加载、空载、测试、预发射等。这里"军械分系统"系指武器、火箭、炸药、电爆装置、电导火管、照明弹、点火器、爆炸螺栓、自毁装置、火箭助推器等。军械分系统的设计应符合 GJB 786 的要求,采购时,需方可以自行规定适当的要求。

4.13 外界环境

按合同规定,系统设计应考虑到系统外部产生的电磁环境,以及预计的任务范围、可用的电磁环境数据、外界环境可能降低系统效能要求的程度、系统设计要与外界环境规定一致。

4.14 抑制元件

应使用体积小质量小的抑制元件,当不要求使用滤波器时,应使用电容器。如果必须用大型元件时,则应事先通知使用方,经使用方同意后,可在合格鉴定试验期间对这些元件进行考核。

13.3 电磁兼容性大纲

按照 GJB/Z 17—1991《军用装备电磁兼容性管理指南》编写。

1 范围

2 引用文件

3 电磁兼容性管理的目标、内容、要求和方法

3.1 电磁兼容性管理目标

规定电磁兼容性管理的目标。

通过电磁兼容性管理,将电磁兼容性作为装备研制的基本设计性能贯穿研制的全过程,确保使用方最终获得一个满足电磁兼容性要求的装备。

3.2 电磁兼容性管理内容

规定电磁兼容性管理的内容。

电磁兼容性是军用装备的基本性能之一,为使装备具备良好的电磁兼容性,应对全寿命期中各个阶段实施电磁兼容性管理,一般应包括:

    a) 尽早提出电磁兼容性要求;

    b) 制定和实施电磁兼容性大纲和电磁兼容性控制计划,明确各阶段电磁兼容性的各项工作和进度;

    c) 建立电磁兼容性管理和协调网络及工作程序;

    d) 在研制过程中应进行电磁兼容性预测与分析;

e) 电磁兼容性设计纳入到系统和设备的功能设计中,不要依靠事后的补救措施;

f) 全寿命期各阶段应进行电磁兼容性评审;

g) 确认装备能否实际达到电磁兼容性要求,如不能,应及时采取措施,以保证满足装备的主要功能要求;

h) 装备使用的频段和频率应及时申报批准,以便进行频率的配置、使用和管理;

i) 对有关人员进行电磁兼容性培训。

3.3 电磁兼容性管理要求

规定电磁兼容性管理的要求。

3.4 电磁兼容性管理方法

说明电磁兼容性管理的方法。

4 各部门的职责、权限和工作范围,以及与有关单位之间的联系

4.X （部门 X）

规定(部门 X)的职责,权限和工作范围,以及与有关单位之间的联系。

5 电磁兼容性预测与分析的计划和方法

5.1 电磁兼容性预测与分析的计划

说明电磁兼容性预测与分析工作的计划。

电磁兼容性预测与分析主要用于:

a) 分析和确定设备和系统工作的电磁环境;

b) 分析确定设备和分系统的电磁特性和电磁兼容性要求;

c) 为标准和规范的选用与剪裁提供依据;

d) 为频率配置提供依据;

e) 评定系统电磁兼容性设计方案;

f) 分析天线布局以及电缆和导线分类与敷设方案;

g) 具体分析和解决装备可能存在的电磁干扰问题;

h) 评定装备的总体电磁兼容性能。

5.2 电磁兼容性预测与分析的方法

阐述电磁兼容性预测与分析的方法。

6 各研制阶段应达到的工作目标,要求和进度,以及评审时间

6.1 论证阶段

规定论证阶段应达到的工作目标,要求和进度,以及评审时间。

论证阶段电磁兼容性工作一般应包括:

a) 分析军用装备预期的电磁环境;

b) 提出军用装备在电磁环境中的一般兼容性要求;
c) 分析可供选用方案的电磁环境效应;
d) 分析可供选用方案有关电磁兼容性的费用、风险和对任务完成能力的影响;
e) 研究频谱利用问题。

6.2 方案阶段

规定方案阶段应达到的工作目标,要求和进度,以及评审时间。

方案阶段电磁兼容性工作一般应包括:

a) 成立电磁兼容性技术组;
b) 制定电磁兼容性大纲;
c) 选用和剪裁适用的标准;
d) 确定系统、分系统和设备的电磁兼容性要求;
e) 拟定各分系统、设备及天线的最佳布置方案;
f) 确定频谱要求,提交频率分配申请;
g) 制定电磁兼容性控制计划;
h) 确定验证要求,制定试验计划;
i) 调整计划进度和经费预算;
j) 进行电磁兼容性工作评审。

6.3 工程研制阶段

规定工程研制阶段应达到的工作目标,要求和进度,以及评审时间。

工程研制阶段电磁兼容性工作一般应包括:

a) 实施电磁兼容性控制计划,在功能设计的同时进行电磁兼容性设计;
b) 进行模拟、试验、改进和完善设计;
c) 对设备、分系统和分系统间进行电磁兼容性考核试验,验证是否符合合同中的有关要求,提交试验报告;
d) 评审电磁兼容性超差申请,分析工程更改对电磁兼容性能的影响;
e) 综合分析装备整体电磁兼容性能;
f) 确定生产工艺和安装要求时考虑电磁兼容性;
g) 编制装备频率使用管理文件;
h) 使用、维修文件中应有电磁兼容性方面的内容;
i) 进行电磁兼容性工作评审。

6.4 定型阶段

规定定型阶段应达到的工作目标,要求和进度,以及评审时间。

定型阶段电磁兼容性工作一般应包括:

a) 按照批准的定型试验计划,进行电磁兼容性定型鉴定试验,确认是否满足《研制任务书》和合同中有关电磁兼容性方面的要求;

b) 审查电磁兼容性有关文件的完备性;

c) 提交电磁兼容性综合评价报告,作为批准装备定型的依据之一。

6.5 生产和使用阶段

规定生产和使用阶段应达到的工作目标,要求和进度,以及评审时间。

生产和使用阶段的电磁兼容性工作一般应包括:

a) 严格按照工艺文件和安装要求中保证电磁兼容性的要求进行生产,并加强检验;

b) 制定与实施使用和维修人员培训计划;

c) 实施频率管理和使用计划;

d) 维修中保持装备的电磁兼容性能;

e) 建立装备电磁兼容性的检测、使用及维修的信息反馈系统,报告和解决使用和维修中的电磁兼容性问题;

f) 装备加改装时,应分析对电磁兼容性的影响;

g) 装备退役前,由使用部门全面总结使用、维修中有关电磁兼容性方面的资料、数据、经验、费用等,存档或存入数据库。

7 电磁兼容性大纲的修改要求和措施

规定电磁兼容性大纲的修改要求和措施,说明具体程序和方法。

13.4 电磁兼容性技术组

按照 GJB/Z 17—1991《军用装备电磁兼容性管理指南》编写。

1 范围

2 引用文件

3 电磁兼容性技术组的作用

成立电磁兼容性技术组是加强电磁兼容性工程管理的有效措施之一。它是一个由各方代表组成的专家咨询小组,为工程管理的决策、评审、分析、研究提供技术咨询。

电磁兼容性涉及工程项目研制的众多领域,与其相关的设计、试验、安装和培训应在研制主管部门的主管电磁兼容性工作人员的指导下综合计划安排。电磁兼容性技术组提供了连贯和协调的信息来源与交换,使各单位能作为电磁兼容性工程的合作者,而不是相互隔绝的机构进行工作。各单位能从电磁兼容性技术组得到有关的最新信息,能够及时地发现问题和采取措施,提高了工作效率和质量。技术组的信息来源广,考虑的问题全面,同时也提高了其建议被采纳的可能性。

4 电磁兼容性技术组的组成

　　a) 电磁兼容性技术组应在方案阶段初期组建;
　　b) 由主研制单位负责组织;
　　c) 应包括工程管理、设计、制造和其他有关单位的代表;
　　d) 代表应具备电磁兼容性方面的基本知识或经过培训。如有可能,应为电磁效应方面的专家;
　　e) 技术组应在满足需要的前提下,由最少的人数组成。

5 电磁兼容性技术组工作内容

　　a) 协助制定电磁兼容性大纲;
　　b) 协助拟定合同中有关电磁兼容性内容;
　　c) 协助识别和解决在设计、研制和定型阶段中可能存在的电磁兼容性方面的问题;
　　d) 协助审查设计文件、工艺文件中有关电磁兼容性的内容;
　　e) 收集、整理和研究电磁兼容性工程中可能出现的各种问题,必要时,协助进行电磁兼容性的分析预测研究,评估可能的电磁效应影响;
　　f) 参与设计评审和定型评审;
　　g) 协助申报成果。

6 电磁兼容性技术组工作方式

　　a) 通常通过协调会来处理日常工作;
　　b) 指派技术组成员任务,工作完毕后写出总结报告,并分发有关单位;
　　c) 对重大问题,指派专人进行全过程跟踪,写出最终报告。报告中应明确结论,并分发有关单位。
　　d) 应有专人负责记录技术组的活动,以保存有关文件。

13.5 电磁兼容性控制计划

按照 GJB/Z 17—1991《军用装备电磁兼容性管理指南》编写。

1 范围

2 引用文件

3 目的

　　制定电磁兼容性控制计划是为全面说明有关电磁兼容性的计划安排和技术措施,建立研制过程中电磁兼容性工作的依据,以保证实现合同中所规定的各项电磁兼容性要求。

4 计划安排与技术措施

电磁兼容性控制计划是比电磁兼容性大纲更为具体的技术文件，一般应由研制单位负责电子总体或电磁兼容性的部门制定，经电磁兼容性技术组审查后提交主管部门批准。

4.1 管理

电磁兼容性控制计划中管理方面的内容一般应包括以下几个方面：

a) 负责电磁兼容性部门或人员的职责、权限；
b) 研制中各阶段的工作目标和进度，以及评审要求；
c) 向设备和部件研制生产单位及成品供货方提出的详细的电磁兼容性要求；
d) 向试验单位提出的试验要求。

4.2 频谱保障

根据性能和电磁兼容性要求，对各分系统工作频段或频率进行统一选取和分配，避免各频率间的相互干扰，并尽量少占用频谱。如需要，可有一份完整的装备系统频谱应用说明。

4.3 防电磁干扰结构设计

装备使用的材料及其结构除符合合同中技术规范要求之外，还应在控制计划中说明其衰减电磁发射和降低敏感度的程度。应包括(但不限于)下述内容：

a) 设计使用的金属、铸件、表面涂层和附件的型别；
b) 结构形式，如隔舱化结构，滤波器和与其他部件的隔离，开口(通风口、检查口、窗口、舱口、仪表面板、控制轴)所用的滤波型式和特性，所有内外接合表面上所用射频密封垫的典型衰减特性；
c) 屏蔽及其设计方法；
d) 腐蚀控制措施。

4.4 电子、电气布线设计

说明为减少发射和降低敏感度而提出的电子、电气线路的布线设计，电缆分隔和敷设。详细说明接地原则，列举电缆屏蔽和敷设方法。

4.5 电磁兼容性电路设计

全面说明控制有害发射或抗干扰敏感的电路设计技术、方法。应包括(但不限于)下列各项内容：

a) 元器件和电路的选择，标准元器件和电路的使用准则；
b) 搭接和接地技术；
c) 选择滤波器的技术依据及在电路上的具体应用；

  d) 根据电磁场方向所确定的元器件位置和隔离措施;
  e) 脉冲波形的选择;
  f) 关键电路的位置和各电路所用的去耦技术;
  g) 关键电路的屏蔽和隔离。

4.6 标准、规范及验证要求
  a) 说明系统和设备所选用的电磁兼容性标准和规范;
  b) 说明对选用标准所进行的剪裁及其技术依据;
  c) 设备或系统电磁兼容性要求的验证计划;
  d) 若某项内容不进行验证,说明其原因和风险。

4.7 分析
  说明为满足电磁兼容性要求所做的预测和分析。分析装备满足电磁兼容性要求的能力,可能出现的最恶劣情况和风险。

4.8 修改
  提出修改控制计划的程序和方法。

13.6 电磁兼容性设计方案

  按照 GJB 1389—1992《系统电磁兼容性要求》编写。

1 范围

2 引用文件

3 电磁环境条件

  根据 13.1 编写的《电磁环境》技术文件,简要描述电磁环境条件。

4 电磁兼容性要求

  依据产品研制总要求或根据本书 13.2《电磁兼容性要求》编写的技术文件,简要描述电磁兼容性要求。

5 电磁兼容性设计准则

  根据产品所处的电磁环境和产品实际情况,依据电磁兼容性要求和电磁兼容性设计手册,制定电磁兼容性设计准则。

6 电磁兼容性设计方案

6.1 分系统或设备的关键类别

  说明分系统或设备在工作分解结构中所处的位置,按照研制总要求或《电磁兼容性要求》,说明分系统或设备的关键类别。

6.2 性能降级准则

  按照研制总要求或《电磁兼容性要求》,说明供需双方协调提出的分系统和设备性能的降级准则,用以规定和评定故障、不允许的响应和不希望有的响应。

6.3 安全裕度

根据实际需要,对划归在一、二类的分系统和设备给出一个经过使用方认可的安全裕度。

说明:确定安全裕度时,应考虑系统的特性要求,预计的故障、误差积累、测试的可重现性以及测试仪器的要求等。除非在合同、安全措施或系统控制计划中另有规定外,所使用的安全裕度一般应不小于 6dB,对易爆物应不小于 16.5dB。

6.4 干扰与敏感度控制

按照研制总要求或《电磁兼容性要求》中对干扰与敏感度控制的要求,采取适当的干扰与敏感度控制措施进行设计,消除或抑制系统内或与系统有关的所有电子、电气分系统或设备产生的不希望有的发射与响应,并进行分析预计。本节详细描述采取的设计措施及其分析预计结果。

6.5 电线和电缆布线

按照研制总要求或《电磁兼容性要求》中对电线和电缆布线的要求进行电线和电缆布线的设计,并进行分析预计。本节描述拟采取的电线和电缆布线设计措施及其分析预计结果。

6.6 电源

按照研制总要求或《电磁兼容性要求》中对供电电源的要求进行供电电源及其分配的设计,并进行分析预计。本节描述拟采取的电源设计措施及其分析预计结果。

6.7 尖峰信号

按照研制总要求或《电磁兼容性要求》中对尖峰信号的控制要求进行设计,并进行分析预计。本节描述拟采取的设计措施及其分析预计结果。

6.8 搭接和接地

按照研制总要求、《电磁兼容性要求》或 GJB 358 中对搭接和接地的要求进行系统搭接和接地设计。本节描述拟采取的系统搭接和接地设计措施及其分析预计结果。

6.9 雷电防护

按照研制总要求、《电磁兼容性要求》或 GJB 358 中对雷电防护的要求进行雷电防护设计。要特别注意对人员、燃料、武器和军械分系统的防护,并要求进行试验验证。本节描述拟采取的雷电防护设计措施及其分析预计结果。

6.10 静电防护

按照研制总要求或《电磁兼容性要求》中对静电防护的要求进行设计,并进行分析预计。本节描述拟采取的静电防护设计措施及其分析预计结果。

6.11 人体保护

按照研制总要求或《电磁兼容性要求》中对人体保护的要求进行设计,并进行分析预计。本节描述拟采取的确保人员不受射频、电磁、静电和电击危害的人体保护设计措施及其分析预计结果。

6.12 电磁对易燃易爆物和军械的危害

按照研制总要求或《电磁兼容性要求》中关于电磁对易燃易爆物和军械的危害进行控制的要求进行设计,以避免由于任何形式的电磁或静电能量引起意外点火或点火失效,并进行分析预计。本节描述拟采取的对军械分系统的防护措施及其分析预计结果。

6.13 外界环境

按照研制总要求或《电磁兼容性要求》中对产品使用环境的要求进行适应性设计,并进行分析预计。本节描述拟采取的外界环境适应性设计措施及其分析预计结果。

6.14 抑制元件

按照《电磁兼容性要求》中对抑制元件的要求进行设计,并进行分析预计。本节描述拟选用的抑制元件及其分析预计结果。

7 电磁兼容性预测与分析

给出电磁兼容性预测与分析的结果。

说明:在方案阶段,需预测和分析的内容一般有:

a) 系统内部设备、部件之间的电磁问题;
b) 系统之间、分系统之间的电磁问题;
c) 系统或设备、部件与所处电磁环境之间的电磁问题;
d) 频谱利用、频率配置问题。

8 电磁兼容性试验验证

描述前期已经完成的电磁兼容性工作,特别是预期的电磁环境分析工作和电磁兼容性预测与分析工作,确定电磁兼容性试验验证要求,提出试验验证计划。

13.7 电磁兼容性预测与分析

按照 GJB/Z 17—1991《军用装备电磁兼容性管理指南》编写。

1 范围

描述电磁兼容性预测与分析的适用范围。

电磁兼容性预测与分析主要用于:

a) 分析和确定设备和系统工作的电磁环境；
b) 分析确定设备和分系统的电磁特性和电磁兼容性要求；
c) 为标准和规范的选用与剪裁提供依据；
d) 为频率配置提供依据；
e) 评定系统电磁兼容性设计方案；
f) 分析天线布局以及电缆和导线分类与敷设方案；
g) 具体分析和解决装备可能存在的电磁干扰问题；
h) 评定装备的总体电磁兼容性能。

2 引用文件

3 预测与分析类型

选择预测与分析的类型要与工程系统电磁兼容性要求，可用信息量、预测范围和深度、输出结果要求和经费综合考虑。其典型的预测类型有：

a) 系统设计初期有初步预测，用以确定工程系统潜在的电磁问题范围和程度、电磁兼容性要求，以及适用的标准和规范；
b) 在近期研制同类型系统的电磁兼容性资料基础上的预测分析，用以发现分系统和设备中可能存在的电磁问题；
c) 技术条件限制下的预测与分析，用以确定功能性参数和技术指标的恰当性；
d) 系统工作有效性预测，用以分析装备实现电磁兼容性目标的综合能力。

4 预测与分析内容

在方案论证和初步设计阶段，为协助确定系统的主要特性和技术条件，如调制类型、数据速率、信息带宽、传输功率、接收灵敏度、天线增益、寄生信号抑制等，需预测和分析的内容一般有：

a) 系统内部设备、部件之间的电磁问题；
b) 系统之间、分系统之间的电磁问题；
c) 系统或设备、部件与所处电磁环境之间的电磁问题；
d) 频谱利用、频率配置问题。

在研制和试制阶段，需确定设备的具体性能参数和功能级的组成，如放大器、混频器、滤波器、调制器、检波器、显示或读出装置、电源等。预测和分析的内容一般有：

a) 外部的电磁信号耦合到系统内的不同设备和部件的电磁问题；
b) 电缆耦合；
c) 箱体耦合；
d) 箱体屏蔽效能。

在定型和使用阶段,主要通过频率管理和在使用中进行时域、空域上的电磁控制分析和解决电磁问题,预测和分析内容一般包括:

a) 场地效应;

b) 频率管理;

c) 有效辐射功率限制;

d) 天线波束覆盖范围;

e) 装备电磁兼容性综合分析。

在不同的研制阶段,分别撰写电磁兼容性预测与分析报告。

4.X （预测与分析内容 X）

4.X.1 预测与分析方法

说明进行该项预测与分析内容的预测与分析方法。

4.X.2 预测与分析过程

说明进行该项预测与分析内容的预测与分析过程。

4.X.3 预测与分析结果

给出进行该项预测与分析内容的预测与分析结果。

5 预测与分析结论

在不同的研制阶段,根据预测与分析内容,综合给出预测与分析结论。

13.8 电磁兼容性试验计划

按照 GJB/Z 17—1991《军用装备电磁兼容性管理指南》编写。

1 范围

描述电磁兼容性试验计划的适用范围。

说明:为保证军用装备具备良好的电磁兼容性能,在研制过程中需要进行一系列的电磁兼容性试验,为统筹安排和协调工程研制中的电磁兼容性与其他方面的工作,确定电磁兼容性试验的内容、类型、方案和进度,需要制定专门的电磁兼容性试验计划,并及时提交主管部门批准。

2 引用文件

3 产品技术状态说明

对产品的技术状态进行简要说明。

4 试验内容和要求

4.X （试验内容 X）和要求

规定第 X 项试验内容及其要求。

针对不同的研制阶段,不同的试验对象,有不同的试验类型。各种试验类型的内容说明如下：

a) 工程总体设计电磁兼容性试验。为确定电磁兼容性要求，提供电磁兼容性设计依据，需要进行总体设计电磁兼容性试验。一般包括：1) 电磁环境分析试验；2) 设备、分系统、天线最佳布置模拟试验；3) 总体控制干扰措施试验。

b) 设备、分系统电磁发射和敏感度试验。主要是依照 GJB 151 和 GJB 152 中规定的要求和方法进行的试验。

c) 安装检测试验。为进一步验证电磁兼容性设计效果，在设备和分系统安装后，应对有关电磁兼容性的控制效果和工艺质量进行验证和检验。一般包括：1) 设备安装、电缆敷设、接地、搭接、绝缘、屏蔽效能、滤波器安装、天线安装等工艺质量是否符合要求；2) 电源系统干扰是否超过规定值；3) 干扰源、敏感设备和电爆装置周围，以及人员活动区域的环境电平是否满足要求；4) 各分系统或设备之间的相互干扰试验。

d) 总体电磁兼容性鉴定试验。为验证军用装备在各种工作状态下，设备、分系统之间，系统与环境之间的电磁兼容性，考核与合同要求的一致性，对装备进行的总体电磁兼容性评价试验。

e) 已定型产品的试验。对于已经定型而直接应用于系统中的电子设备和分系统，为确定其在新系统中是否满足电磁兼容性要求而进行的试验也应在试验计划中予以考虑。

5 试验进度安排

对试验进度进行协调，确定各项试验的进度。

6 试验设施与设备

6.1 试验设施

说明为完成电磁兼容性试验所需的试验设施。

6.2 试验设备

说明为完成电磁兼容性试验所需的试验设备。

7 经费预算

说明为完成电磁兼容性试验所需的试验经费，列出细目。

8 可能存在的问题及解决方案

8.X （可能存在的问题 X）及解决方案

对试验过程中可能出现的问题进行预计和分析，并提出解决方案。

9 试验计划修改措施

规定对试验计划进行必要的修改所需采取的措施。

13.9　电磁兼容性试验大纲

按照 GJB 1362A—2007《军工产品定型程序和要求》编写,目次格式和编写说明与本书 1.25《研制试验大纲》相同,参见 1.25《研制试验大纲》。

1　编制大纲的依据
2　试验目的和性质
3　被试品、陪试品、配套设备的数量和技术状态
3.1　被试品的数量和技术状态
3.2　陪试品的数量和技术状态
3.3　配套设备的数量和技术状态
4　试验项目、内容和方法
4.1　CE101　25Hz～10kHz 电源线传导发射
4.2　CE102　10kHz～10MHz 电源线传导发射
4.3　CE106　10kHz～40GHz 天线端子传导发射
4.4　CE107　电源线尖峰信号(时域)传导发射
4.5　CS101　25Hz～50kHz 电源线传导敏感度
4.6　CS103　15kHz～10GHz 天线端子互调传导敏感度
4.7　CS104　25kHz～20GHz 天线端子无用信号抑制传导敏感度
4.8　CS105　25kHz～20GHz 天线端子交调传导敏感度
4.9　CS106　电源线尖峰信号传导敏感度
4.10　CS109　50Hz～100kHz 壳体电流传导敏感度
4.11　CS114　10kHz～400MHz 电缆束注入传导敏感度
4.12　CS115　电缆束注入脉冲激励传导敏感度
4.13　CS116　10kHz～100MHz 电缆和电源线阻尼正弦瞬变传导敏感度
4.14　RE101　25Hz～100kHz 磁场辐射发射
4.15　RE102　10kHz～18GHz 电场辐射发射
4.16　RE103　10kHz～40GHz 天线谐波和乱真输出辐射发射
4.17　RS101　25Hz～100kHz 磁场辐射敏感度
4.18　RS103　10kHz～40GHz 电场辐射敏感度
4.19　RS105　瞬变电磁场辐射敏感度
5　主要测试、测量设备的名称、精度、数量
6　试验数据处理原则、方法和合格判定准则
6.1　试验数据处理原则

6.2 试验数据处理方法

6.3 试验数据合格判定准则

7 试验组织、参试单位及试验任务分工

8 试验网络图和试验的保障措施及要求

9 试验安全保证要求

13.10　电磁兼容性试验报告

按照 GJB 1362A—2007《军工产品定型程序和要求》编写，目次格式和编写说明与本书 1.26《研制试验报告》相同，参见 1.26《研制试验报告》。

1 试验概况

2 试验项目、步骤和方法

3 试验数据

3.1 CE101　25Hz～10kHz 电源线传导发射

3.2 CE102　10kHz～10MHz 电源线传导发射

3.3 CE106　10kHz～40GHz 天线端子传导发射

3.4 CE107　电源线尖峰信号（时域）传导发射

3.5 CS101　25Hz～50kHz 电源线传导敏感度

3.6 CS103　15kHz～10GHz 天线端子互调传导敏感度

3.7 CS104　25kHz～20GHz 天线端子无用信号抑制传导敏感度

3.8 CS105　25kHz～20GHz 天线端子交调传导敏感度

3.9 CS106　电源线尖峰信号传导敏感度

3.10 CS109　50Hz～100kHz 壳体电流传导敏感度

3.11 CS114　10kHz～400MHz 电缆束注入传导敏感度

3.12 CS115　电缆束注入脉冲激励传导敏感度

3.13 CS116　10kHz～100MHz 电缆和电源线阻尼正弦瞬变传导敏感度

3.14 RE101　25Hz～100kHz 磁场辐射发射

3.15 RE102　10kHz～18GHz 电场辐射发射

3.16 RE103　10kHz～40GHz 天线谐波和乱真输出辐射发射

3.17 RS101　25Hz～100kHz 磁场辐射敏感度

3.18 RS103　10kHz～40GHz 电场辐射敏感度

3.19 RS105　瞬变电磁场辐射敏感度

4 试验中出现的主要技术问题及处理情况

4.X（出现的主要技术问题 X）及处理情况

5 试验结果、结论

5.1 试验结果

5.2 试验结论

6 存在的问题和改进建议

6.X（存在的问题 X）改进建议

7 试验照片

7.1 试验样品的全貌、主要侧面照片

7.2 主要试验项目照片

7.3 试验中发生的重大技术问题的特写照片

8 主要试验项目的实时音像资料

13.11　电磁兼容性评估报告

按照 GJB/Z 170.14—2013《军工产品设计定型文件编制指南 第 14 部分：电磁兼容性评估报告》编写。

1　产品概述

主要包括：任务来源、产品主要用途、组成与功能、产品电磁兼容性主要工作简述等。

2　电磁兼容性要求

逐条列出研制总要求（或研制任务书、研制合同）中对系统、分系统和设备的电磁兼容性定量与定性要求，以及产品研制方案评审会进一步明确的产品电磁兼容性相关要求。

3　电磁兼容性设计情况

电磁兼容性设计情况应正确体现对产品的电磁兼容性要求、产品应用环境及其战术应用的理解；全面反映产品电磁兼容性设计工作的内容；明确表述产品电磁兼容性设计中的主要成果。

3.1　需求分析情况

主要包括：

a) 电磁兼容性总体要求分析情况。根据产品研制总要求中确定的产品电磁兼容性总体要求，以及产品研制方案评审会进一步明确的产品电磁兼容性相关要求，对产品作战使用要求进行分析的情况；对产品遂行任务时面临的自然电磁环境进行分析的情况；对产品遂行任务时面临的人为电磁环境进行分析的情况。

b) 电磁兼容性总体技术要求分析情况。依据对产品电磁兼容性总体要求的分析,参考相关国家军用标准等,对产品在预期电磁环境下的适应性进行分析的情况;按照系统、分系统和设备等不同层级,对产品电磁兼容性设计和试验考核极限值进行分析的情况;对工程可实现性及技术风险进行分析的情况。

3.2 设计工作情况

主要包括:

a) 方案阶段。应包括:

1) 系统电磁兼容性总体技术要求制定情况,向分系统、设备指标及要求的分解情况;

2) 系统、分系统、设备电磁兼容性设计情况,电磁兼容性建模情况。

b) 工程研制阶段。可分为系统级和分系统、设备级两个部分:

1) 系统级。应包括:

(1) 系统方案阶段存在的电磁兼容性问题、解决措施及归零情况;

(2) 对配套货架产品电磁兼容性的符合性检查情况,以及提出的补充要求情况;

(3) 对分系统、设备初样机电磁兼容性的分析预测情况,以及基于分系统、设备初样机电磁兼容性,对系统初样机电磁兼容性的分析预测情况;系统初样阶段电磁兼容性设计情况、设计方案落实情况;

(4) 系统初样阶段存在的电磁兼容性问题、解决措施及归零情况,系统正样机电磁兼容性改进设计情况;

(5) 系统正样阶段为保证电磁兼容性所采取的生产工艺和安装措施情况;

(6) 对分系统、设备正样机电磁兼容性更改预测分析情况,以及基于分系统、设备正样机电磁兼容性,对系统正样机电磁兼容性的分析预测情况;

(7) 系统联调试验电磁兼容性问题分析及归零情况;

(8) 系统电磁兼容性摸底试验问题分析及归零情况。

2) 分系统、设备级。应包括:

(1) 分系统、设备方案阶段存在的电磁兼容性问题、解决措施及归零情况;

(2) 配套货架产品对系统提出的补充要求的落实情况;

(3) 分系统、设备初样阶段电磁兼容性设计情况及方案落实情况;

(4) 分系统、设备初样机电磁兼容性问题归零及正样机电磁兼容性改进设计情况;

(5) 分系统、设备正样阶段为保证电磁兼容性所采取的生产工艺和安装措施情况;

(6) 分系统、设备正样机电磁兼容性问题归零情况;

（7）系统设计定型试验前,分系统、设备向系统提交正样机电磁兼容性测试报告
  c) 设计定型阶段
  设计定型电磁兼容性试验中存在的问题、原因分析及改进性设计情况。

3.3 阶段成果情况
主要包括：
a) 各阶段解决电磁兼容性问题的关键技术及试验验证情况；
b) 方案阶段电磁兼容性设计工作评审情况；
c) 工程研制阶段电磁兼容性设计工作评审情况；
d) 设计定型阶段电磁兼容性设计工作评审情况。

4 电磁兼容性管理与质量控制情况
4.1 组织管理情况
应正确反映各参研单位产品电磁兼容性管理的运行机制、管理内容、控制措施及管理效益情况,内容主要包括：
a) 电磁兼容性工作主管机构和管理责任人情况；
b) 电磁兼容性管理工作主要内容和主要工作节点；
c) 对已建立电磁兼容性工作组的,应简述其成立和运行情况；
d) 电磁兼容性大纲制定、评审和贯彻情况；
e) 电磁兼容性控制计划制定和控制管理效益；
f) 电磁兼容性工作计划制定和执行情况；
g) 电磁兼容性培训计划制定和实施情况等。

4.2 质量控制情况
主要包括：
a) 电磁兼容性工作纳入质量管理体系情况；
b) 关键节点电磁兼容性技术控制内容与控制措施；
c) 各阶段电磁兼容性质量评估情况；
d) 电磁兼容性质量管理效益等。

5 电磁兼容性试验情况
5.1 科研试验
主要包括：
a) 配套货架产品科研试验情况；
b) 分系统、设备初样机科研试验情况；
c) 系统初样机科研试验情况；
d) 分系统、设备正样机科研试验情况；

e）系统正样机科研试验情况。

5.2 设计定型试验

主Z要包括军工产品定型委员会认可的第三方电磁兼容性测试、设计定型基地试验和设计定型部队试验三种情况，内容应包括：

a）试验时间，试验地点，承试单位，试验环境（试验现场地理、电磁、使用等环境）与条件（战术应用条件），被试品技术状态，试验内容，试验方法，试验布局，以及试验中收发传感器与被试品间的相对空间位置、测试频率点数量及具体频点、被试品工作状态时序、试验场强极限值、敏感判据等重要试验要素的确定依据等；

b）试验内容符合度情况；

c）电磁兼容性综合结论得出的方法和依据；

d）试验中出现的主要问题及其验证结果情况；

e）各阶段试验结论等。

编写要求：在表述电磁兼容性试验情况时，需反映出以下方面的内容：

a）应分类明确试验的时间与地点，承试单位，试验环境与条件，被试品技术状态，试验内容与方法，试验数据分析与处理等。

b）应按照系统级和分系统、设备级分层次说明相关试验情况。

c）应体现联调试验情况。

d）应将实际试验内容与试验大纲规定的试验内容进行对比，并说明其符合度。对未完成或未进行的试验应说明其原因。

e）对于不具备试验条件，或无法进行实装试验的产品，应说明所采用的方法和依据、电磁兼容性综合结论得出的方法和依据、电磁兼容性符合性结论的可信度等。

f）对于敏感性试验，除说明试验结论外，还应说明试验中产品性能的变化情况等。

6 问题及解决情况

应分类明确试验期间出现问题的现象、原因分析、解决措施、试验验证情况。主要包括：

a）科研试验中的问题及解决情况。应体现系统联调试验和电磁兼容性专题试验中出现的问题及解决情况。

b）设计定型试验中的问题及解决情况。设计定型试验中经攻关仍未达标，或尚存问题的，应说明其情况，并分析对作战使用的影响。

7 电磁兼容性综合评估

应根据系统电磁兼容性总体要求、总体技术要求和管理要求，在各类试验数据与试验结论基础上对电磁兼容性设计方案、管理控制措施有效性进行综合评估;应体现系统、分系统、设备不同层次的综合评估情况;综合评估的输入条件或数据应具有可追溯性;对满足产品研制总要求(或研制任务书、研制合同)的程度,应有明确的结论;对不满足研制总要求(或研制任务书、研制合同)的项目,应对作战使用的影响给出明确意见,并附主管部门或同行专家的审查意见。内容主要包括:

a) 设计方案有效性;
b) 管理控制措施有效性;
c) 试验数据可信度;
d) 评估模型和评估方法合理性;
e) 综合评估结论。

8 使用建议

8.1 作战使用建议

根据对产品的综合评估结论,给出作战使用建议。

8.2 维护使用建议

根据对产品的综合评估结论,给出维护使用建议。

8.3 管理建议

根据对产品的综合评估结论,给出管理建议。

8.4 注意事项

应说明产品战术运用中需要关注的有关情况;明确产品使用中需要积累的有关数据等。

13.12 电磁兼容性培训计划

按照 GJB/Z 17—1991《军用装备电磁兼容性管理指南》编写。

1 范围

2 引用文件

3 培训目的

通过培训提高各级工程管理人员对电磁兼容性重要性的认识和管理水平,提高工程技术人员的电磁兼容性技术水平。培训是解决电磁兼容性问题的重要方法之一,是使装备具备良好电磁兼容性水平的先决条件。

4 培训对象

装备管理人员、设计人员和生产人员;
装备操作和维修人员。

5 培训内容

为装备的管理人员、设计人员和生产人员提供分析设计、生产技术和管理方法等方面的电磁兼容性专业技术培训；

为操作和维修人员提供识别电磁能量造成的性能降低、达到并保持最佳电磁兼容性水平方面的电磁兼容性专业技术培训。

培训目标是：

a) 应使工程项目各级管理人员了解电磁兼容性的重要性、电磁兼容性基本原理和技术特性，使之能在全寿命期中合理地计划、安排和管理有关电磁兼容性的各项工程活动；

b) 应使装备设计人员熟悉电磁兼容性的原理和技术，并能在工程设计中正确地加以应用；

c) 应使生产和质量监测人员了解装备电磁兼容性的设计要求，并能在生产活动中良好地加以实现；

d) 应使使用和操作人员充分了解敏感性机理，使之能识别系统性能降低的来源，并通过正确的操作，或请求维修人员帮助消除性能降低的现象；

e) 应使维修人员了解装备的电磁兼容性设计特性，以及他们在维修活动中的责任，保证这些设计特性在使用中有持续和最大的有效性。

6 培训方式

说明开展电磁兼容性培训的方式。

应管理、规划和协调电磁兼容性培训各方面的信息，以便充分利用资源和各种培训方式取得最大的培训效果。

7 培训经费

说明实施电磁兼容性培训计划所需的经费要求。

8 培训计划定期修改要求

规定定期修改培训计划要求的措施，以适应电磁兼容性技术的发展、研制进度或其他方面的变化。

13.13 频率使用管理文件

按照 GJB/Z 17—1991《军用装备电磁兼容性管理指南》编写。

1 范围

2 引用文件

3 频率管理职责分工

规定涉及频率使用管理工作的各个部门的职责分工。

4 频率使用计划流程

规定频率使用计划的流程。

5 频率使用方法

规定频率使用的方法。

6 频率使用限制

规定频率使用方面的限制。

第 14 章　人机工程文件

14.1　人机工程要求

按照 GJB 3207—1998《军事装备和设施的人机工程要求》编写。
1　范围
说明人机工程要求的主题内容和适用范围。
2　引用文件
3　定义
4　一般要求
4.1　工作目的和工作范围
为使操作者与系统设计有效地结合,在研制和订购军事装备和设施时,应提出人机工程要求。人机工程项目应包括:

a) 研制或改进操作者与系统的接口;

b) 在系统运行、维修、保障、控制和运输过程中,使操作者效能达到有效发挥的设计与措施;

c) 在人力资源、技巧、训练和费用上制定经济的需求。

人机工程项目应包括(但不必只限于此)系统研制过程中相互关联的分析、设计与研制和测试与评价三个重要方面。
4.1.1　分析
首先根据初始方案进行工作任务分析研究,明确描述依靠系统达到任务目标所应完成的功能。对这些功能进行分析,以便确定操作者、设备、软件或他们之间组合的最佳配置。对已分配了的功能还应进一步剖析,以便明确为达到这些功能所必须完成的具体任务。对每项具体任务应进行分析,确定操作者的作业参数和系统或设备乃至软件的能力,以及完成这些任务时的战术和环境条件。任务参数应尽可能地量化,并且采用许可的方式,对整个与系统运行相关联的操作者与系统的接口进行有效性研究。作为分析的一部分,应首先标明人机工程高风险区,并按需要不断地加以修正使其与设计工作保持同步。
4.1.2　设计与研制
按系统功能要求设计和研制那些将与人发生相互关系的系统、设备、软件、程序、工作环境和设施时,应考虑人机工程工作,这种工作应将任务、系统和任务分析资料转化成详细的设计和研制计划,以建立操作者与系统的接口,这种接口将在操作者作业能力范围内运行,以满足系统功能要求和达到任务目标。

系统工程包括下列内容:

a) 与工程项目(包括系统工程)相关的研究、制造、检验、使用、维修、保障以及系统产品的配置和工艺;

b) 研究使用方需要的训练设备、步骤和资料;

c) 确定系统的维修项目管理;

d) 研究工作故障的构成和工作说明;

e) 为管理决策提供补充信息。

上述内容均应包含人机工程要求。

4.1.3 测试与评价

为核实军事装备和设施满足人机工程准则、可操作性、维修性以及在预定应用性能内与总的系统要求的一致性,应对他们进行测试和评价。

4.2 人机工程大纲方案

人机工程大纲方案应符合 GJB 3207—1998 和设备规范的要求,应包含总体方案中将要完成的任务、人机工程的重要阶段、工作水平、使用的方法、采用的设计原理以及测试和评价大纲等综合性工作。通常包括下列内容:

a) 制定可操作的逼真的任务剖面和任务概要;

b) 制定系统功能流程图;

c) 制定每一个流程的功能分析和明确操作及保障设备和设施的要求;

d) 制定系统、分系统设计方案程序图表;

e) 研究详细功能、环境和设计技术要求,将任务分配给操作者、设备、软件或他们的组合;

f) 制定操作和维修时间性分析及确定系统反应时间;

g) 制定和分析操作及维修工作载荷和任务资料标准对于设备和程序设计及确定设备数量的影响、人员数量和技能要求、预计和未预计维修时的系统停机时间;

h) 对演示结果作出评估;

i) 进行职业要求研究;

j) 参与系统有关规范的制定;

k) 参与设计审查、验证和试验/评审活动;

l) 软件和硬件用户接口以及应用程序和步骤的设计效果。

4.3 风险管理

在系统的全寿命期内,应制定和实施风险管理程序。风险管理要求见 GJB 2993—1997 中的附录 A。应明确涉及技术可行性、成本或预定风险的操作者的作业和人机工程设计准则问题,分析和尽可能早地优先确定消除或减少有关风险的措施,以便达到可接受的水平。这些措施应在人机工程方案中得到实施和监控。风险管理应包括下列内容:

a) 确定由于操作者与系统结合的设计状况可能引起成本、进度、设计和性能的风险;

b) 对风险量及风险与成本、进度及性能上的影响进行量化;

c) 评价和规定与人机工程设计相关的风险敏感度;

d) 对于中等和高风险的人机工程问题,确定可供选择的解决办法并确定他们的风险;

e) 为避免、减少、控制或接受任一人机工程风险开展工作;

f) 确保人员特性及设计风险是规范要求的要素。

4.4 评审

4.4.1 主要技术评审

按 GJB 2993 中 5.2 条的阶段划分(Ⅰ.论证阶段;Ⅱ.方案阶段;Ⅲ.工程研制阶段;Ⅳ.设计定型阶段;Ⅴ.生产定型阶段)和 GJB 3207—1998 规定的要求,凡列在技术评审中的人机工程项目都应进行评审(见 GJB 3207—1998 附录 A 表 A1):

a) 系统方案的评审(阶段Ⅰ);

b) 系统要求的评审(阶段Ⅱ);

c) 系统功能评审(阶段Ⅱ、Ⅲ或Ⅳ,按经费定);

d) 样机初步设计评审(阶段Ⅱ、Ⅲ、Ⅳ或Ⅴ,按经费定);

e) 关键设计评审(阶段Ⅱ、Ⅲ、Ⅳ或Ⅴ,按经费定);

f) 系统检验评审(阶段Ⅲ、Ⅳ或Ⅴ,按经费定)。

4.4.2 分系统评审

分系统也应进行人机工程项目评审,这些项目包括适用的软件规范和试验准备的功能评审(即保障、训练、系统工程、试验和制造)。

4.5 协调与观察

人机工程大纲应与可靠性、有效性、维修性、系统安全、生存力、设施工程、综合保障以及生物医学、生命保障、操作和训练等与人的因素有关的功能相协调,并且应将这些功能综合到整个系统大纲中去。为便于使用,人机工程资料应编入装备保障性分析记录。人机工程项目应尽可能采用装备保障性分析记录作为资料来源。人机工程分析、设计或试验与评估大纲的任一部分,应在承制方负责人机工程工作的人员直接观察下进行。

4.6 资料
4.6.1 可追溯性
从分析和给出人机工程要求开始,到通过设计和研制过程实现这些要求,为表明被审批的设计、软件及工艺程序在试验和评审中这些要求已被满足,承制方的文件资料都应具有可追溯性。

4.6.2 存取
在承制方的订购、审查、数据检查、验证、试验与评审及相关活动中的所有资料,如计划、分析、设计审查结果、图样、文件、试验报告,以及其他反映出人机工程作用和决定的支持性背景资料都应归档,以便随时存取。

4.7 分承制方和供应方
主承制方从分承制方和供应方获得的要求和产品,应保证与 GJB 3207—1998 相关的人机工程要求一致。

4.8 非重复性
为满足 GJB 3207—1998 规定的人机工程各项要求,所进行的各种工作应与合同其他的要求相符,但不应重复。在人机工程大纲中所应用到的其他工作项目结果的必要的延伸或转换,不应视为重复。对于重复或相抵触的情况,应提请合同签订者注意。

5 详细要求
5.1 分析
5.1.1 规定和分配系统功能
应对系统在特定的任务环境内为实现其目标所必须完成的功能进行分析。应采用人机工程的原理和准则,对系统运行、维修和控制功能提出操作者和系统作业的要求,并给系统分配功能:1)自动运行/维修;2)人工操作/维修;3)某些人工/自动的组合方式。功能分配是一个反复的过程,其要达到的详细程度应适应于系统限定的程度。

5.1.1.1 信息流和处理过程分析
应通过分析确定为实现系统目标所需的基本信息流和处理过程,决策和实施不考虑任何特定的设备或人员。

5.1.1.2 对可能的操作者和维修者处理能力的估计
对系统中可能的操作者(如操作、维修、编程、决策、通信和监视等人员)的作用应尽可能合理地予以确定。对每个可能的操作者或维修者的信息处理能力,应依据工作负荷、准确性、反应速率和延迟时间估计其处理能力,同时还要作出可比较的设备处理能力的估计。这些估计先用于确定功能分配,然后在适当的时候对这些估计进行修正,用来决定操作者或维修者的各种信息要求和控制、显示及通信方面的要求等。此外,对于贯彻或不贯彻人机工程设计建议,很可能对上述处理能力造成的影响也要作出估计。符合5.2.1条"试验和研究"而得出的结果,可以作为支持上述估计的有用的资料。

5.1.1.3 功能分配

按照预定的操作者或维修者的特性资料、估算的成本数据和已知的限制条件,应从多方面进行分析和权衡研究,以便确定系统的各种功能是由机器执行,还是由软件控制,以及何种功能应留给操作者或维修者来完成。功能分配时,对于各种可能采用的方法,应考虑作出不恰当决定将会造成的风险,以便简化或加强设计,避免或减少在条件不明确、时间紧、工作负荷大的情况下的人为决定。虽然通过挑选和培训操作者,又经过设备和程序设计,对操作者或设备能力可能有较好影响,但在权衡对比和经济效益研究中,还应考虑到所采取措施的成本。

5.1.2 设备选择

人机工程原理和准则应与所有其他设计要求一起应用,以鉴别和选择由操作者操作、维修、控制的特定设备。所选定的设计结构应符合人机工程原始资料中最优估计所表示的设备条件,以满足功能和技术设计要求,同时应保证设备符合 GJB 2873 及合同规定的其他人机工程准则。

5.1.3 任务和工作负荷分析

在任务和工作负荷分析中应采用人机工程原理和准则。如有可能,应采用 GJB 1371 中工作项目 301 拟定的任务,作为任务分析基础。这些分析还将作为基本信息,用于研究操作者或维修者的初始水平、设备操作规程、技能、训练和通信等要求,并可作为装备保障性分析用的基本资料。

5.1.3.1 任务分析

所实施的每一项任务分析,均应作为拟定初步设计方案的依据之一。在硬件研制之前,就要在可行限度内确定系统的作业与维修是否可通过设备、软件和操作者的组合来满足,并保证作业要求不超过操作者的能力。任务时间要求应按相对可利用时间的任务完成期、任务规程和同时并举的任务情况进行评估。任务要求应按实际应用,对有关的准确性、精确性、完整性和任务反馈、判读误差对性能的影响而评定。这些分析还考虑到持续或长时间操作对操作者能力的影响。在人机工程分析过程中已认识到的那些需要关键操作者的特性、实际工作中可能出现的不安全因素或在操作效率上有改善潜力的课题,还应进一步予以分析。

5.1.3.2 关键任务分析

关键任务的进一步分析应确定以下各点：
a) 包括任务开始时启动指令在内的操作者或维修者所需的信息；
b) 操作者或维修者可用的信息；
c) 评价程序；
d) 评价后所作的决定；
e) 应采取的动作；
f) 采取动作需要身体做的各种运动；
g) 运动需要的工作空间；
h) 可用的工作空间；
i) 工作位置和环境条件；
j) 动作的频率和耐力；
k) 时间基准；
l) 通知操作者或维修者采取适当行动的反馈信息；
m) 所需的工具和设备；
n) 需要配备的操作者数量及他们的专长和经验；
o) 需要的辅助用品、训练器材和参考资料；
p) 需要的通信手段及类型；
q) 所涉及的特殊危害；
r) 当操作者不只一人时，各操作者之间的相互影响；
s) 操作者的作业极限；
t) 硬件和软件的运行极限。

所有涉及到上述各点的项目任务和阶段，包括降级的操作模式，都应进行分析。各项关键任务的分析应足以指明操作者和维修者影响任务完成的问题所在，并应加以判断，提出补偿措施。

5.1.3.3 工作负荷分析

应对操作者和维修者的工作负荷进行分析，并与作业准则进行比较。为避免工作负荷过重或过轻，对给操作者在注意力、能力和系统性能方面造成负担且对作业产生影响的任何单项或一组任务的需求程度都要进行评定。同时还应适当地考虑操作者的灵敏性、辨别力和心理承受能力。工作负荷分析应规定操作顺序和任务次数。对每一项工作任务的组成部分所涉及到的时间、工作负荷、脑力工作及心理压力，应与机组任务相关的使命阶段相结合，进行初步工作负荷评价，而对每一机组成员的集体工作负荷评价应按允许把机组工作负荷与任务阶段结合的方法确定。

5.1.3.4 补偿措施

通过任务分析、关键任务分析和工作负荷分析后,对不相容的人机接口和过高的技能或体能要求,应通过变更设计或调整工作任务的方法来补偿,以排除工作任务或工作负荷因素导致的操作者作业能力的降低。

5.1.3.5 及时性和可用性

任务分析应与设计工作保持同步,按需求随时进行改进,这一要求对订购方同样适用。

5.1.4 系统和分系统的初步设计

人机工程原理和准则应运用到以设计准则文件、规范、图样和资料来表述的系统和分系统设计中去,例如功能流程图、系统和分系统原理框图、接口控制图、总体方案草图以及按合同要求提供的相应适用图样,系统和分系统的初步构形和布置应满足人机作业要求,并符合 GJB 2873 有关适用准则及合同所规定的其他人机工程准则。

5.2 详细设计中的人机工程

详细设计中,应将按 5.1 条分析得出的人机工程原始资料同其他相关的人机工程原始资料一起,作为详细设计工作的项目要点。设备设计应满足人机作业要求、GJB 2873 的适用准则及合同规定的其他人机工程准则。应慎重考虑在系统或设备测试情况下的人机工程要求,它应包括检验正确的操作、确定维修需求以及留出测试者执行他们的任务时所需的足够空间。在设计复审期间,应对装备中的人机工程措施进行充分的评估。承制方的人机工程责任者应参与设计复审、装备的工程变更建议复审和最后一次的人机接口复审。

5.2.1 试验和研究

对需要解决的人机工程及系统特定的生命保障等问题,承制方应进行试验(含动态模拟)和研究。为检验设计目标和系统性能;上述试验和研究应及时完成,使它们的结果能在设备设计中得以体现,必要时,还可用来修改最初的功能分配。凡认为只有通过重要的试验和研究项目才可以解决的人机工程和生命保障方面的问题,应提请订购方购买时注意,并说明若问题不能得到解决时,将对系统造成的影响。任何重要研究项目的进行,均应得到订购方的批准。为避免试验和研究与正在进行或已完成的项目发生重复,要对人机工程问题适当地分解,在重要项目开始之前,对已使用的人机工程资料和其他相关资料的适用范围,要作出明确的规定。

5.2.1.1 模型

5.2.1.1.1 计算机模型

在操作者的操作能力和维修效率起决定性作用的场合,当订购方需要时,设备的研制和设计就可采用三维设计计算机模型、快速制作样机模型和计算机辅助设计/计算机辅助制造(CAD/CAM)技术。计算机模型应能提供适当的身体尺寸范围、着装和姿态，以评估依据与整个身体适应和可达、手指、手、臂、脚、腿及其他的可达和伸展、视野和体力等相容性所提出的设计建议和设计修正。计算机模型不能用于操作者作业和人机工程设计的符合性测试。当用于预研目的时，应制做准确的可反复实践的和符合实际输出的计算机模型。计算机模型、快速制作的样机模型和采用CAD/CAM制作的模型应提供给订购方，如果适用，应在设计评审期间使用。

5.2.1.1.2 全尺寸实体模型

在研制项目最早的阶段决策点和系统样机制造之前，应制作出含有关键性操作者作业的设备的全尺寸实体模型。尽早地制作出这种模型的目的是，保证人机工程评估的结果在设计中起到一定的作用。这种实体模型毋须特别精细，只要在评估时能表示出人机接口的那些状况即可。这些实体模型应为解决操作者或维修者的可达性、工作空间以及有关的人机工程问题提供基本依据，应将此纳入到系统设计中去。在覆盖关键性操作者作业的那些设计范围内和需要测量操作者作业的场合，只有得到订购方批准，才可研制功能模型。这些模型应允许按订购方确定的方案进行检验。在完成合同规定的应用目的后，应按订购方的要求处理这些模型。

5.2.1.1.3 比例模型

比例模型可以作为计算机模型、快速制作的样机模型、CAD/CAM制作的模型、或全尺寸实体模型的补充。但未经订购方批准，比例模型不能替代全尺寸实体模型。

5.2.1.2 模拟器

在复杂的系统设计中，当静态的实体模型不能达到对操作者进行作业审核的目的时，允许使用工程模拟器。这种模拟器可在下述范围内使用：

a) 评估操作者的操作程序、设备与操作者之间的接口、指出任一潜在的不安全操作程序和不可接受的工作负荷要求；

b) 评估设计中非机械方面的特性，如动态控制、通信、信息、电子显示和显示格式；

c) 通过对操作者与系统作业的仿真，从而得出与设计阶段技术状态比较的性能估计、以及不同的人力、操作者和训练参数的费效比评估。

虽然模拟器是一种预期使用的设计工具，但它的设计也应考虑到以后向训练模拟器过渡的技术可能性。

5.2.2 工程图样

工程图样和计算机辅助设计图样应反映出人机工程原理和准则,确保最终产品实用、有效、可靠和安全地使用与维修。相应的图样包括系统总体、面板布置、控制、通信系统、单体设备设计以及其他依靠操作者的操作对系统操作和维修十分重要的设备所描绘的图样。反映在这些图样上的设计,应符合 GJB 2873 有关的准则及合同规定的其他人机工程准则。承制方的人机工程负责人应审查对操作者作业或接口方面可能有影响的所有布局和图样,并针对可能诱发人为误差或不安全因素的那些设计提出弥补措施。

5.2.3 工作环境、工作站和设施设计

供系统工作操作者使用的工作环境、工作站和设施的详细设计,均应采用人机工程原理和准则。工作环境、工作站和设施图样、规范及其他文件,都应体现出人机工程要求并符合 GJB 2873 的有关准则及合同规定的其他人机工程准则。工作环境、工作站和设施在正常、意外和应急条件下,都会对操作者作业有一定的影响,所以设计时至少应考虑下列因素:

a) 大气条件,如成分、容量、气压和减压控制、温度、湿度和气流;
b) 气象条件,如雨、冰雹、雪、泥泞、严寒、沙尘和酷热;
c) 加速度范围,包括线加速度,角加速度和径向加速度;
d) 噪声、振动和冲击力;
e) 失重期间操作者的作业规定;
f) 尽量减少迷航的措施;
g) 操作者以及他们的活动和设备所需的足够空间;
h) 在操作者相互之间以及操作者与设备之间,要有合适的体觉、视觉、听觉、触觉等接口关系,包括显示器、控制器及外部视野与眼位的相对位置;
i) 安全有效的通道、阶梯、平台和斜坡;
j) 尽量减少心理负担的措施;
k) 尽量减少身体疲劳的措施;
l) 服装和个人装备的影响,如全部或局部加压服、燃料供给人员工作服、防弹衣、防化学/生物服和装备、防寒服和调温服;
m) 装备搬运的规定,包括装备及环境需要时的远程搬运措施和工具;
n) 安全和防差错设备的安装;
o) 对化学、生物、毒剂、放射性、热、机械、电和电磁危害的防护;
p) 与预期的视觉任务相适应的最佳照明;
q) 对生活必需品和其贮存设备(即氧气、水和食物等)以及垃圾处理的规定;

r）与任务阶段及显示器、控制器使用相关的操作者防护用的约束装置（如肩、膝和腿的约束系统、惯性滚筒和类似装置）；

s）为工作站和乘员舱的操作者留有足够的空间、间隔以及正常情况下的进出口及应急逃逸出口。

5.2.4 性能和设计规范中的人机工程要求

制定性能和设计规范时，应引用GJB 2873的有关人机工程设计准则和由合同规定的其他人机工程准则。

5.2.5 规程编制

承制方应以人机工程分析（5.1条）所确定的操作者作业功能和各项任务为基础，运用人机工程原理和准则，编制操作规程、维修规程或系统设备其他方面的使用规程，以确保通过人机工程分析所确定的操作者作业功能和各项任务得以按照有效性、安全性和可靠性进行组织和排序，并确定这些工作成果在编写操作、训练和技术的多种出版物中得到应用。

5.2.6 软件编制

在人机接口部分由软件确定的那些系统中，承制方应在软件设计中采用人机工程原理。应对影响控制器和显示器的软件，在人机接口方面的效果进行评估。需要操作者监视或干预的自动系统的功能，应作为人机接口的一部分考虑。在功能方面取决于系统软件的多功能控制器和显示器，也应作为人机接口的一部分进行考虑。

5.2.7 手册编制

维修手册和培训教材的编制，应采用人机工程原理和准则，以确保完整性、技术准确性、合适的信息图像显示格式、适宜的阅读水平、需要的成熟技术和包括插图质量在内的清晰度。

5.3 试验和评价中的人机工程

承制方应制定和执行试验和评价计划，以达到：

a）保证达到GJB 3207—1998的有关要求；

b）验证装备和设施的设计与人机工程设计准则的符合程度；

c）确保当操作者作业成为系统作业的决定要素时，仍能符合系统作业要求；

d）操作者与设备相互影响的系统作业时，数值测量的可靠；

e）判定不合适的设计或程序出在什么地方。

应最大限度地使用试验和研究（见5.2.1条）所到得的数据资料。（这些工作可能在系统、分系统或设备研制的各个不同阶段已经进行，但不能排除对整个系统进行人机工程方面的最后考核。操作和维修都应按照系统最后试验时经过批准的试验计划具体实施。)

5.3.1 计划制定

应将人机工程试验纳入系统试验和评审方案,并综合到工程设计和研制试验、承制方演示、飞行试验、验收试验以及其他的研制试验中去。应尽可能早地完成试验,以确定人机工程要求的符合性。通过设计审查、全尺寸模型检验、演示以及其他早期试验所得出的结论,应在制定计划和以后进行试验时使用。制定人机工程试验计划的目的,是为了直接验证操作者在预定的操作环境内对系统操作、维修、保障和控制的正确性。制定人机工程试验计划时,应考虑需要的数据或由操作试验和评审提供的资料。试验计划应包括试验方法(如审核清单的使用、数据表、测试者登记表、测试项目表、操作程序、试验程序)、进度安排、数值测量、试验准则及报告程序编写等。

5.3.2 实施

人机工程试验和评审计划应在订购方批准后方可实施,在试验现场应备有所需的资料(即审核清单、数据表、测试者登记表、测试项目表、操作程序及试验步骤)。所有测试中的人机工程部分应包含下列项目:

a) 任务或工作的执行,如不能实际操作,可进行模拟实施;

b) 按计划规定的关键任务;任务或工作的执行,如不能实际操作可进行的模拟实施;

c) 非关键性的、计划中或非计划中的维修任务的典型抽样,但此项任务不得与维修性演示所选定的任务重复;

d) 作业辅助设备、新设备训练计划、训练设备和特定的保障设备;

e) 在实际操作环境下的任务性能数据的采集,实际操作环境下不可能采集时,则在模拟环境下采集任务性能数据;

f) 核定所要求的任务性能与实测达到的任务性能之间的差异;

g) 试验可接受性能的准则;

h) 参试者的条件和要求:

① 在技能、体型和体力等方面可以代表操作者的人员;

② 按操作要求着装和佩带必要的装具;

③ 需经订购方批准。

5.3.3 故障和失误分析

试验和评价中出现的所有故障,都应进行人机工程评审,以鉴别故障属于下列哪种原因:

a) 设备自身;

b) 操作者与系统之间不相容;

c) 操作者失误。

对试验与评价期间在执行关键任务方面出现的操作者失误应进行分析,确定它们发生的原因。承制方应将可以导致操作者失误的那些实质性设计特性和程序通知订购方,并提出改进措施。

14.2 人机工程设计准则

按照 GJB 3207—1998《军事装备和设施的人机工程要求》编写。
1 范围
说明人机工程设计准则的主题内容和适用范围。
2 引用文件
3 定义
4 设计准则
4.1 目标
军用系统、装备和设施所提供的工作环境应能促进有效的作业程序、工作方式及人员的安全与健康,并且尽可能减少导致人的能力降低和错误增加的因素。其设计应使得对操作者在工作负荷、准确性、时间、心理负荷及通信等方面的要求不超出他的能力范围,同时,在时间、费用与性能的相互权衡中应尽量减少对人员及其训练的要求。
4.2 标准化
装备上所有执行相同功能的控制器、显示器、标记、编码、标签及其安排形式(设备和仪表板的布局)应保持一致。选择市场出售或订购方提供的准备用于军用的设备时,应以它们与 GJB 2873—1997 的符合程度为依据。如为与其他装置配合需对这些设备加以改造,应符合 GJB 2873—1997;准备用于军用的设备的重新设计,必须经过订购方的认可。
4.3 功能分配
系统设计时应反映出系统功能在人员、装备以及人员-装备整体间的分配,从而达到:1)对系统的敏感性、精确性、时间及安全等方面的要求;2)对系统性能可靠性的要求;3)对操作和维修该系统的人员的数量及其技能水平的要求最低;4)费效比所要求的性能。
4.4 人机工程设计
军用系统、装备和设施的设计应体现人机工程、生命保障和生物医学等影响人的能力的各个因素,其中包括(在适用情况下):

a) 适宜的大气环境,包括大气成分、气压、温度和湿度,以及为防止上述变

量的非控制波动超出允许范围而采取的安全装置;

  b) 听觉噪声、振动、加速度、震动、爆炸和冲击力等的变动范围以及为防止上述非控制波动超出安全范围而采取的安全装置;

  c) 保护操作者免受热、毒性、放射性、机械、电气、电磁、烟火、视觉及其他形式的危害;

  d) 为操作者及其装备提供足够的空间,并为操作者在正常和紧急状态下执行操作和维修任务时必要的身体移动和活动提供自由空间;

  e) 正常和紧急状态下,操作者之间以及操作者与其设备之间有充足的体觉、视觉、听觉及其他形式的通信联系;

  f) 操作与维修时工作空间、设备、控制器及显示器的有效布局;

  g) 确保操作者在失重或超重状态下安全有效地执行任务,防止人员伤害、装备损坏和操作者定向力障碍而采用的安全措施;

  h) 为执行操作、控制、训练或维修任务提供充足的自然或人工照明;

  i) 为在正常、危险或紧急情况下人员的进出及通行,提供安全而充足的通道、出口、楼梯、阶梯、平台、斜面及其他设施;

  j) 提供能被操作者接受的个人设施,包括人体支撑和约束装置、座椅、扶手、靠背以及营养供给,即氧气、食物、水及废物处理装置;

  k) 提供非约束性的个人生命保障与保护装置;

  l) 减少作业持续时间及疲劳产生的心身压力的措施;

  m) 系统的设计应保证在正常、危险或紧急维修情况下操作及维修作业的快速、安全、简便与经济性;

  n) 适用的遥控操纵用装置及其工具;

  o) 为应付突发事件、逃逸救生及救援活动提供适当的应急系统;

  p) 控制器、显示器、工作空间及乘员舱的设计、位置与布局,应与操作和维修军用系统、装备或身处其中的操作者的着装/个人装备相兼容;操作者的任务分配及控制运动应与着装/个人装备对其作业的限制相兼容。

4.5 故障-安全保护设计

  如果某一功能的失效会造成设备损坏、人员伤害或可能发生关键设备的误操作,应采用故障-安全保护设计。

4.6 设计简化

  在达到系统的功能要求并实现预期工作条件的基础上,装备应设计得尽可能简单。在其工作环境中,操作者接受尽可能少的训练就能对它进行操作和维修。

4.7 交互作用

系统的设计应反映出操作者和装备的相互作用的要求。

4.8 安全性

系统设计应反映出人员安全因素,其中包括操作和维修系统时,尤其是在警戒、战备或其他紧急或非常条件下可能发生的人为误差减至最低限度。

4.9 坚固性

系统与装备应足够的坚固,以便承受实战中在适用硬件或系统规范中规定的环境条件下对系统的操作、维修、补给及运输。

4.10 核、生物、化学环境耐受性

在适用情况下,装备的设计应与核、生物、化学的防护措施相兼容,允许合理着装,受过良好训练并适应此类工作条件的人员在系统要求的核、生物、化学污染的环境中执行关键的操作、通信、维修、再补给和清除污染等项任务。同时,设备的设计应便于对系统防核、生物、化学污染能力的监测,并把由于维修作业或操作者的失误或损害引起系统防核、生物、化学能力下降的可能性减至最低限度,即:

a) 维修者在维修作业前后,应能方便地测定系统的核、生物、化学的防护能力;

b) 日常性(常规的)或修正性(非常规的)维修作业,不应引起核、生物、化学的防护能力的下降;

c) 设备原有核、生物、化学的防护能力的保持,不应依赖于维修者的技术水平及关键性的调整与维修操作。

4.11 核电磁脉冲防护设计

在适用情况下,设备的设计应与核电磁脉冲的防护要求相兼容,包括对核电磁脉冲防护的设施或空间中的个人设施(如电源引出线和天线引入线)也要进行核电磁脉冲防护。如果门或舱盖构成电磁屏障的一部分,则应提供一部分通道,使得进出时不必打开门或舱盖。像电涌放电器、终端保护装置和滤波器等构成电磁屏障的设备,应是可达的。

5 详细设计要求

5.X (第X部分)详细设计要求

按照GJB 2873—1997《军事装备和设施的人机工程设计准则》第5章详细要求,GJB/Z 131—2002《军事装备和设施的人机工程设计手册》第5章详细要求,对军事装备和设施的控制器/显示器综合、视觉显示器、听觉显示器、控制器、标记、人体测量、工作空间设计、环境、为维修者的设计、遥控操作设备设计、小系统和设备、地面与水上车辆、危险与安全、航空航天器座舱、用户—计算机界面、视觉显示终端、武器系统,编写人机工程详细设计要求。

14.3 人机工程方案计划

按照 GJB/Z 134—2002《人机工程实施程序指南》附录 B 编写。

1 范围

说明人机工程方案计划的主题内容和适用范围。明确承制方应承担或应完成的人机工程项目范围,包括相关人机工程标准中规定的任务及合同规定要交付的项目等。

2 引用文件

列出人机工程方案计划引用的文件。

3 人机工程任务

3.1 系统分析

系统分析报告通常应在方案设计时或初步设计前拟定完成,但在特殊情况下也可以推迟到详细技术设计时完成系统分析报告。

系统分析应包含对满足系统目标所必须完成的系统基本任务的实施鉴别,首先应确定执行相关任务所必须的条件,明确每项任务或作业功能出现的频率及要求的精度,然后决策哪些任务或功能最好是由人、设备、软件来完成。

如果系统分析工作的深度不够,可能会降低人机工程设计的实际效益。因而,系统分析报告应详细到一定程度,以保证能对促进或优化系统、设备或设施的设计直接发挥作用。

通常在发生下列情况之一时,应将系统分析研究工作或项目列入设计方案中:

a) 合同规定或相关标准规范中有特别要求;
b) 引进了新型的复杂的装备;
c) 现行装备的重大更新,显著改变了目前的人机关系。

一般应对下述三个方面进行说明:

a) 列出要进行系统分析的特殊装备及其要做系统分析的理由;
b) 系统分析应完成的详细层次与框架;
c) 实施系统分析的方法学,包括进行系统分析所涉及的资料来源。

3.2 任务分析

3.2.1 总任务分析

总任务分析一般应包括下列内容:评审要求人员参与的特殊任务,分析履行该任务所要求的一般程序,并说明其信息流程、所要求的肢体动作、有效工作空间、环境条件及其他可能影响任务有效完成的应考虑因素。

对承制方应进行任务分析的全部工作岗位及涉及的操控台或操纵装置等进行鉴别并逐项列出。

总任务分析应在系统详细技术设计之前完成,以保证其分析结果在最终设计方案中的采纳应用。因此,应阐明何时进行总任务分析,以及如何应用与何时应用这些分析结果,另外,对总任务分析的原理、如何进行分析和记录以及对有关分析结果的评价等也应作必要的说明。

3.2.2 关键任务分析

关键任务分析与总任务分析有些差别。相对于总任务分析,关键任务分析针对某一系统的功能分析方面要详细得多,通常集中于对装备或系统功能特殊环节或部件进行分析。关键任务分析通常是针对那些考虑对完成任务起关键作用的系统要素进行分析,即是说,如果这些关键要素处理不当,将有可能导致严重后果。在此条中,对关键任务分析必要性的描述与前面所述的总任务分析相同。

3.3 对分承制方的人机工程要求

凡相关系统或设备规范中要求符合有关人机工程标准(例如GJB 2873等)的,在采办合同(含合同附件)中应明确指出相关系统或设备承制方应承担或遵守的人机工程任务或要求。因此,应对承制方如何满足这项要求给予说明。应包含有建议承制方实施人机工程设计的硬件项目清单,或有相关描述用于要求分承制方在签订设计合同后提交相关的人机工程项目清单。

3.4 对分承制方工程人员的通用人机工程保障

应尽可能详尽地将分承制方需承担的人机工程任务列出。为确保分承制方能正确恰当地完成其所承担的人机工程任务,应提出对分承制方工程人员的通用人机工程保障的建议措施,例如对相关工程技术人员进行人机工程方面的培训,或将人机工程专家纳入相关的工程技术组织中,或将相关的人机工程准则、要求进行分散提炼后编入相应的产品标准、规范或设计手册中等,并对分承制方如何贯彻实施相关的人机工程保障措施作出指导性说明。

3.5 设计审图

对设计部门或制造部门提交的详细工程设计图样进行人机工程专项评审,是将人机工程要求同新型装备设计相结合的最好方式之一,因而,人机工程专项审图工作应纳入计划中。在此条中,应包含如下资料或说明:

a) 需接受人机工程评审的图样清单;
b) 关于人机工程评审合格判定的简要说明;
c) 关于如何在分承制方的设计审图程序中实施人机工程评审的说明;

d) 关于如何处理人机工程评审中的建议或意见的说明。

3.6 设计评审会

应明确指出相关人机工程人员应出席的设计评审会类别。

3.7 模型与样机

应列出用于人机工程评审昌的的模型或样机的类目,并对具体的模型或样机的评审目的、评审办法等进行说明。

如果需要承制方提供专门用于人机工程审查的样机,应给出下列信息:
a) 需鉴定的特殊控制台、仪表板或其他装置项目;
b) 建议的结构样式(有关材料与部件明细表);
c) 建议保持样机通用性的解决方案,以及设计周期长短;
d) 其他用途,如样机可能作为一种训练设备;
e) 样机的管理、使用或所有者。

3.8 技术文件的评审

为确保研制技术文件能充分体现人机工程的要求,有必要对相关技术文件进行人机工程评审口由于研制涉及的技术文件数目庞大,不可能一一接受人机工程评审,为此有必要列出将要接受人机工程评审的文件清单,且应对如何评审这些文件及如何处理相关的评审意见等给予必要的说明。

3.9 人机工程设计方法文件

人机工程设计方法文件用于论证或说明相关系统或设备的设计满足的人的特性要求及符合有关的人机工程标准,并表明该系统或设备的操作性或维修性良好。

通常应包含下列内容:
a) 需编制人机工程设计方法文件的系统或设备项目清单;
b) 相关系统或设备列入 a)条所述项目清单的理由陈述;
c) 简要论述如何编制人机工程设计方法文件及这些文件中应提供何种信息。

3.10 研制过程中的检查

相关人机工程人员应从研制初始起对产品实施定期的检查,以确保研制过程中不会发生没按规定程序变更设计规划中所制定的人机工程项目的情况。在实际研制过程中,出于种种理由对有些人机工程项目有时进行改变在所难免,例如受安装操作者的个人判断力或操作技能方面的限制,管道、电缆或其他硬件材料的现场布设安装很可能与图样规定发生变化。所以,指定检查任务是必要的。在此条中,建议包含下列内容:

a) 建议检查次数;

b) 进行检查的方法,例如对舰船装备,是否要对甲板、工作台面、操作间或通道等进行检查,是否要对上述这些地方对照图样进行核查,或者对现场人机工程违规情况等进行简单检查等;

　　c) 采用什么方法纠正已检查出的人机工程问题;

　　d) 如何对所检查出的人机工程设计缺陷予以纠正,以及如何实施这一纠正过程;

　　e) 如何对检查中提出需进行改变的人机工程项目实施跟踪检查,以确保这些改动均被实施。

3.11 人机工程试验项目

　　人机工程试验的目的,是要验证被测试系统是否能为其所有的潜在用户安全有效地操作或维修。

　　人机工程试验通常有两种类型:

　　a) 由人机工程专家为人机工程目的而计划、实施与评估的试验;

　　b) 由人机工程专业之外的其他专业人员设计与实施的试验,人机工程人员作为参加者或监视人参与该类试验的人机工程相关部分。

　　不同的装备或不同的系统、设备,依据其研制工程的特殊性,可以选择不同的人机工程试验类型。但不管选择哪一种人机工程试验项目,均应按 GJB 3207—1998 中的有关规定进行。

　　应提出人机工程试验项目的两个构成要素:人机工程试验计划与人机工程试验报告。

3.11.1 人机工程试验计划

　　人机工程试验计划用以说明人机工程试验项目如何进行及何时完成,承制方一般应在人机工程试验方案实施前 90 天将试验计划提交给订购方批准。提交的人机工程试验计划至少应包含计划要进行试验的类型和建议的数据收集分析方法。其中计划要进行的试验类型应说明:是否需进行人机工程特殊试验,如果要进行,如何实施?是使用样机或训练模拟器做试验,还是用系统或设备实物做试验?如果相关的人机工程试验程序依赖于有关工程验收试验的联合参与或简单性监视,则在人机工程试验计划中应包含以下内容:

　　a) 列出需参与或监视的工程验收试验清单;

　　b) 对需参与或监视的工程试验的选择原则;

　　c) 预计的被试,以及他们同设计中限定的实施用户人群的对比关系;

　　d) 预期的试验环境,以及这种环境与用户的实际操作环境的比较关系;

　　e) 控制,如果需要,人机工程人员将对试验程序实施监督或提供指导;

　　f) 在实施工程验收试验过程中各分承包商的责任,以及说明如何协调它们之间的人机工程要求关系。

3.11.2 人机工程试验报告

应对人机工程试验报告的一般格式及内容做简要说明,而在以后的人机工程试验计划中再对此作出更详细的说明。

人机工程试验报告应该按每个人机工程试验的内容不同,分别编制成简短报告并提交,也可以作为人机工程季度进展报告的一部分提交,或在承制方完成全部人机工程试验报告时一并提交。

3.12 人机工程进展报告

根据具体工程的实际需要,订购方可要求承制方提交相关的人机工程进展报告。如要求提交该类报告,则应对进展报告的内容、格式要求及提交日期等作出规定,另外要求提交的这些人机工程进展报告资料应在相关合同中予以明确。

4 人机工程管理

4.1 机构

应含有一个人机工程管理组织机构(图或表),且应对相应的人机工程人员的职责及其工作关系作出规定,并应对当人机工程的设计要求与其他方面的要求发生矛盾时如何处理,由谁作最终决策,决策是否必须符合人机工程要求等作出说明。

4.2 综合保障、安全工程与人机工程的结合

如果承制方分别由不同的人员或部门来负责这三方面的工作,有些工作可能会发生重叠。因此,应将这个问题提出来,并说明承制方将如何避免这三方面工作的重复。为安全工程而准备的事故评估报告,同时也应交由人机工程人员进行评审;而人机工程人员在审图、试验或其他工作过程中发现的安全问题,也应及时向安全工程管理部门报告。应对承制方如何保证这三方面工作的密切合作作出必要的说明。

4.3 人机工程项目实施情况跟踪

应建立一个对人机工程项目实施情况进行跟踪的工作系统,目的是使人机工程项目不致在设计期间被遗漏;提供一个人机工程的工作记录,以供订购方和承制方评估人机工程工作的实际价值;为在研或后续装备的研制改善提供参考。

在建立跟踪系统时,一般应遵循下列原则:

a) 应尽量与现有的数据系统或数据结构相结合,而不宜只为满足人机工程要求另建一个数据记录系统;

b) 所涉及的文书工作应最小化;

c) 应对每一项人机工程设计输入予以记录,记录应表明输入项目是否被采

纳如被否定,是谁同意的,被否决的理由是什么；

d) 只要有利于记录的长久保存及方便使用,记录的保存方法,可以包含多种技术手段。承制方应说明,如何考虑上述原则及实现跟踪要求。

5 进度安排

为每项人机工程任务制定一个精确的时间表是十分困难的。因此,通常只能标明一些重大事件时间进度。如果工程方案是一个多年期合同,那就应该按年给出重大事件的进度说明。另外,人机工程的重大事件应与研制的主要阶段计划协调一致,以确保人机工程的项目成果能被及时有效地应用于指导相关的研制工程实践。

6 附录

应列出包含那些在计划正文中已作说明的或推荐为附录内容的项目,以及承制方认为有必要添加的其他项目。

13.4 人机工程动态仿真计划

按照 GJB/Z 134—2002《人机工程实施程序指南》编写。

1 范围

说明人机工程动态仿真计划的主题内容和适用范围。明确承制方应承担或应完成的人机工程动态仿真工作,包括相关人机工程标准及合同中规定的任务等。

2 引用文件

列出人机工程动态仿真计划中引用的文件。

3 人机工程动态仿真任务

说明计划开展的人机工程动态仿真的工作任务。

在复杂的系统设计中,当静态的实体模型不能达到对操作者进行作业审核的目的时,允许使用工程模拟器进行动态仿真。

人机工程动态仿真的主要作用是：

a) 评估操作者的操作程序、设备与操作者之间的接口、指出任一潜在的不安全操作程序和不可接受的工作负荷要求；

b) 评估设计中非机械方面的特性,如动态控制、通信、信息、电子显示和显示格式；

c) 通过对操作者与系统作业的仿真,从而得出与设计阶段技术状态比较的性能估计、以及不同的人力、操作者和训练参数的费效比评估。

4 人机工程动态仿真管理
4.1 机构
说明人机工程管理组织机构(图或表),对相应的人机工程动态仿真人员的职责及其工作关系作出规定。
4.2 综合保障、安全工程与人机工程的结合
本节主要说明人机工程动态仿真工作与综合保障、安全工程的关系。

说明人机工程动态仿真工作本身所需的保障条件;并说明通过人机工程动态仿真得到的与综合保障有关的结果应及时向综合保障管理部门通报,提出综合保障方面的建议。

说明人机工程动态仿真工作本身所需的安全措施;并说明通过人机工程动态仿真得到的与安全工程有关的结果应及时向安全工程管理部门通报,提出安全工程方面的建议。
4.3 人机工程动态仿真实施情况跟踪
按照人机工程项目实施情况跟踪工作系统,对人机工程动态仿真实施情况进行跟踪,对动态仿真过程中得到的数据和出现的问题进行记录、处理和归档。
5 进度安排
说明人机工程动态仿真工作的时间进度安排。人机工程动态仿真计划应与研制的主要阶段计划协调一致,以确保人机工程动态仿真的成果能被及时有效地应用于指导相关的研制工程实践。
6 附录
应列出包含那些在计划正文中已作说明的或推荐为附录内容的项目,以及承制方认为有必要添加的其他项目。

14.5 人机工程试验计划

按照 GJB/Z 134—2002《人机工程实施程序指南》编写。
1 范围
说明人机工程试验计划的主题内容和适用范围。明确承制方应承担或应完成的人机工程试验工作,包括相关人机工程标准及合同中规定的任务等。

制定人机工程试验计划的目的,是为了直接验证操作者在预定的操作环境内对系统操作、维修、保障和控制的正确性。
2 引用文件
列出人机工程试验计划中引用的文件。

3 人机工程试验任务

说明计划开展的人机工程试验的工作任务。针对每一项人机工程试验任务，分别规定试验方法（如审核清单的使用、数据表、测试者登记表、测试项目表、操作程序、试验程序）、数值测量、试验准则及报告程序编写等。

承制方应制定和执行人机工程试验计划，以达到：

a) 保证达到 GJB 3207—1998 的有关要求；
b) 验证装备和设施的设计与人机工程设计准则的符合程度；
c) 确保当操作者作业成为系统作业的决定要素时，仍能符合系统作业要求；
d) 操作者与设备相互影响的系统作业时，数值测量的可靠；
e) 判定不合适的设计或程序出在什么地方。

应将人机工程试验纳入系统试验和评审方案，并综合到工程设计和研制试验、承制方演示、飞行试验、验收试验以及其他的研制试验中去。应尽可能早地完成试验，以确定人机工程要求的符合性。通过设计审查、全尺寸模型检验、演示以及其他早期试验所得出的结论，应在制定计划和以后进行试验时使用。制定人机工程试验计划时，应考虑需要的数据或由操作试验和评审提供的资料。

4 人机工程试验管理

4.1 机构

说明人机工程管理组织机构（图或表），对相应的人机工程试验人员的职责及其工作关系作出规定。

4.2 综合保障、安全工程与人机工程的结合

本节主要说明人机工程试验工作与综合保障、安全工程的关系。

说明人机工程试验工作本身所需的保障条件；并说明通过人机工程试验得到的与综合保障有关的结果应及时向综合保障管理部门通报，提出综合保障方面的建议。

说明人机工程试验工作本身所需的安全措施；并说明通过人机工程试验得到的与安全工程有关的结果应及时向安全工程管理部门通报，提出安全工程方面的建议。

4.3 人机工程试验实施情况跟踪

按照人机工程项目实施情况跟踪工作系统，对人机工程试验实施情况进行跟踪，对试验过程中得到的数据和出现的问题进行记录、处理和归档。

5 进度安排

说明人机工程试验工作的时间进度安排。人机工程试验计划应与研制的主要阶段计划协调一致，以确保人机工程试验的成果能被及时有效地应用于指导

相关的研制工程实践。

6 附录

应列出包含那些在计划正文中已作说明的或推荐为附录内容的项目，以及承制方认为有必要添加的其他项目。

14.6 人机工程系统分析报告

按照 GJB/Z 134—2002《人机工程实施程序指南》编写。

1 范围

说明人机工程系统分析报告的主题内容和适用范围。

人机工程系统分析报告对已完成的人机工程系统分析工作进行全面总结，给出分析结论。

2 引用文件

列出人机工程系统分析报告中引用的文件。

3 人机工程分析职责

人机工程系统分析工作的主要职责如下：

a) 主要参与人、机、软件或其组合之间的系统功能分配；

b) 根据人机工程的观点，在各个方面确保选择的每个系统的功能实施是可行的；

c) 关键任务的确认和详细分析；

d) 操作者工作负荷分析；

e) 与人机工程要求有关的初始硬件的作业和文件的跟踪研究；

f) 需要注意识别潜在的人机工程领域的问题；

g) 为分承制方的招标书提供资料。

4 人机工程分析方法

4.X （采取的人机工程分析方法 X）

说明（采取的人机工程分析方法 X）。

在 GJB/Z 134—2002 中，提供了 23 种方法的说明、程序、应用以及与其他方法的比较。可以根据项目需要，按照评价特征（最适用的研制阶段、相对复杂性、用途、广度、相对执行时间、相对费用、费效比），选取适当的方法进行人机工程分析。

可采取的人机工程分析方法主要有：任务剖面法；任务概要法；功能流程图；决策或行动图；动作和信息要求表；功能分配调整；时间线；预定时间标准；流程图；操作顺序图；任务说明；工作负荷分析；任务关联矩阵分析；操作链分析；任务

综合网络系统分析;时间线分析程序模型－1;工作负荷主观评估方法;微机仿真的交互工作负荷分析与建模;工作站评估;操作者仿真;操作者工作负荷评估系统;计算机辅助设计与评估方法;数据存储。

5 人机工程分析结论

说明按照人机工程分析方法进行人机工程分析的分析过程和分析结果。

14.7 关键任务分析报告

按照GJB/Z 134—2002《人机工程实施程序指南》编写。

1 范围

2 引用文件

3 关键任务选择原则

阐述将任务纳入关键任务的选择原则。

对人机工程分析过程中已认识到的那些需要关键操作者的特性、实际工作中可能出现的不安全因素或在操作效率上有改善潜力的课题,应进行关键任务分析。

4 关键任务

4.X （关键任务 X）

4.X.1 操作者或维修者所需的信息

说明在执行(关键任务 X)时包括任务开始时启动指令在内的操作者或维修者所需的信息。

4.X.2 操作者或维修者可用的信息

说明在执行(关键任务 X)时可供操作者或维修者使用的信息。

4.X.3 评价程序

说明在执行(关键任务 X)时的人机工程评价程序。

4.X.4 评价后所作的决定

说明对执行(关键任务 X)时的人机工程进行评价后所做的决定。

4.X.5 应采取的动作

说明在执行(关键任务 X)时应采取的动作。

4.X.6 采取动作需要身体做的各种运动

说明在执行(关键任务 X)时采取动作需要身体做的各种运动。

4.X.7 运动需要的工作空间

说明在执行(关键任务 X)时运动需要的工作空间。

4.X.8 可用的工作空间

说明在执行(关键任务 X)时可用的工作空间。

4.X.9 工作位置和环境条件

说明在执行(关键任务 X)时的工作位置和环境条件。

4.X.10 动作的频率和耐力

说明在执行(关键任务 X)时动作的频率和耐力。

4.X.11 时间基准

说明在执行(关键任务 X)时的时间基准。

4.X.12 通知操作者或维修者采取适当行动的反馈信息

说明在执行(关键任务 X)时通知操作者或维修者采取适当行动的反馈信息。

4.X.13 所需的工具和设备

说明在执行(关键任务 X)时所需的工具和设备。

4.X.14 需要配备的操作者数量及他们的专长和经验

说明在执行(关键任务 X)时需要配备的操作者数量及他们的专长和经验。

4.X.15 需要的辅助用品、训练器材和参考资料

说明在执行(关键任务 X)时需要的辅助用品、训练器材和参考资料。

4.X.16 需要的通信手段及类型

说明在执行(关键任务 X)时需要的通信手段及类型。

4.X.17 所涉及的特殊危害

说明在执行(关键任务 X)时所涉及的特殊危害。

4.X.18 当操作者不只一人时,各操作者之间的相互影响

说明在执行(关键任务 X),当操作者不只一人时,各操作者之间的相互影响。

4.X.19 操作者的作业极限

说明在执行(关键任务 X)时操作者的作业极限。

4.X.20 硬件和软件的运行极限

说明在执行(关键任务 X)时硬件和软件的运行极限。

14.8 操作者设计方法文件

按照 GJB/Z 134—2002《人机工程实施程序指南》编写。

1 范围

说明操作者设计方法文件的主题内容和适用范围。

2 引用文件

列出操作者设计方法文件中引用的文件。

3 具有操作者接口的设备目录

对系统进行全面梳理,列出具有操作者接口的设备清单。

4 人机工程规范和图样目录

列出由人机工程批准的规范和图样目录。

5 产品人机工程设计特性说明

5.1 座舱和设备

描述每个座舱和设备的设计特性,并说明其设计考虑。

5.2 控制/显示面板

描述每个控制/显示面板的设计特性,并说明其设计考虑。

5.3 操作者对座舱设备项目的视觉和操作者的外部视觉、环境因素

描述操作者对座舱设备项目的视觉和操作者的外部视觉、环境因素等设计特性,并说明其设计考虑。

5.4 正常和应急入口和出口

描述正常的入口和出口,应急的入口和出口的设计特性,并说明其设计考虑。

5.5 座舱照明特性和照明控制系统

说明座舱照明特性和照明控制系统的设计特性,并说明其设计考虑。

5.6 座舱警告、注意和提示信号

描述座舱警告、注意和提示信号的设计特性,并说明其设计考虑。

5.7 座位约束系统

描述座位约束系统的设计特性,并说明其设计考虑。

5.8 通信系统和通信系统控制

描述通信系统和通信系统控制的设计特性,并说明其设计考虑。

5.9 特殊设计、布局

描述特殊设计、布局的设计特性,并说明其设计考虑。

5.10 由任务及系统环境所要求的特性

描述由任务及系统环境所要求的设计特性,并说明其设计考虑。

5.11 多操作者工作站设计

描述多操作者工作站设计的设计特性,并说明其设计考虑。

6 其他信息

6.1 座舱几何布局

描述座舱的几何布局。

6.2 人机工程设计、布局及具有操作者接口的座舱布置的原理
说明人机工程设计、布局及具有操作者接口的座舱布置的原理。

6.3 与 GJB 2873—1997 的偏离的理论依据
对任何需要偏离 GJB 2873—1997 的内容提供基本依据的说明。

14.9 维修者设计方法文件

按照 GJB/Z 134—2002《人机工程实施程序指南》编写。

1 范围
说明维修者设计方法文件的主题内容和适用范围。

2 引用文件
列出维修者设计方法文件中引用的文件。

3 具有维修者接口的设备目录
对系统进行全面梳理,列出具有维修者接口的设备清单。

4 人机工程规范和图样目录
列出由人机工程批准的规范和图样目录。

5 产品人机工程设计特性说明

5.1 位置与布局
描述系统设备的位置与布局等设计特性,并说明其设计考虑。

5.2 人机工程设计
描述设备的人机工程设计,并说明其设计考虑。

5.3 产品安装
描述设备的安装方式等设计特性,并说明其设计考虑。

6 其他信息

6.1 维修要求
说明设备的维修要求。

6.2 维修者要求
说明对维修者的要求。

6.3 任务要求
说明设备的任务要求。

6.4 环境考虑
说明设备的环境考虑。

6.5 安全性和限制
说明设备的安全性和限制要求。

6.6 特殊工具和设备目录
说明设备维修所需的特殊工具和设备目录。
6.7 保障设备布局、设计和安装任务的分析结果
说明对保障设备布局、设计和安装任务的分析结果。
6.8 与 GJB 2873—1997 的偏离的理论依据
对任何需要偏离 GJB 2873—1997 的内容提供理论依据的说明。
6.9 草图、图样或照片
提供设备草图、图样或照片。
6.10 基线设计选择方案
对基线设计选择方案进行说明。

14.10 人机工程试验报告

按照 GJB/Z 134—2002《人机工程实施程序指南》编写。

1 试验概况

客观描述人机工程试验概况,包括试验时间、试验地点、试验单位和人员、试验经过、试验结果。

2 试验项目、步骤和方法

2.X （试验项目 X)的步骤和方法

说明(试验项目 X)的步骤和方法。

人机工程试验计划应在订购方批准后方可实施,在试验现场应备有所需的资料(即审核清单、数据表、测试者登记表、测试项目表、操作程序及试验步骤)。所有测试中的人机工程部分应包含下列项目:

  a) 任务或工作的执行,如不能实际操作,可进行模拟实施;

  b) 按计划规定的关键任务;任务或工作的执行,如不能实际操作可进行的模拟实施;

  c) 非关键性的、计划中或非计划中的维修任务的典型抽样,但此项任务不得与维修性演示所选定的任务重复;

  d) 作业辅助设备、新设备训练计划、训练设备和特定的保障设备;

  e) 在实际操作环境下的任务性能数据的采集,实际操作环境下不可能采集时,则在模拟环境下采集任务性能数据;

  f) 核定所要求的任务性能与实测达到的任务性能之间的差异;

  g) 试验可接受性能的准则;

  h) 参试者的条件和要求:1)在技能、体型和体力等方面可以代表操作者的

人员;2)按操作要求着装和佩带必要的装具;3)需经订购方批准。

3 试验数据

给出人机工程试验中获得的所有试验数据。

4 试验中出现的主要技术问题及处理情况

本章客观描述人机工程试验中出现的主要技术问题及处理情况。

试验中出现的所有故障,都应进行人机工程评审,以鉴别故障属于下列哪种原因:设备自身;操作者与系统之间不相容;操作者失误。

对试验期间在执行关键任务方面出现的操作者失误应进行分析,确定它们发生的原因。承制方应将可以导致操作者失误的那些实质性设计特性和程序通知订购方,并提出改进措施。

5 试验结果、结论

5.1 试验结果

客观描述人机工程试验的结果。

5.2 试验结论

给出人机工程试验结果是否符合人机工程要求的结论性意见。

6 存在的问题和改进建议

6.X （存在的问题 X)改进建议

描述(存在的问题 X)及其改进建议,包括问题现象、问题原因、可能采取的解决措施建议。

7 试验照片

7.1 试验样品的全貌、主要侧面照片

提供试验样品的全貌、主要侧面照片。

7.2 主要试验项目照片

提供主要试验项目进行过程中的照片。

7.3 试验中发生的重大技术问题的特写照片

提供试验中发生的所有重大技术问题的特写照片。

8 主要试验项目的实时音像资料

如果有的话,提供主要试验项目的实时音像资料目录。

9 关于编制、训练、作战使用和技术保障等方面的意见和建议

9.1 关于编制的意见和建议

9.2 关于训练的意见和建议

9.3 关于作战使用的意见和建议

9.4 关于技术保障的意见和建议

14.11 人机工程进展报告

按照 GJB/Z 134—2002《人机工程实施程序指南》编写。

1 范围

说明人机工程进展报告的主题内容和适用范围。

2 引用文件

列出人机工程进展报告引用的文件。

3 工作进展情况

3.X （工作项目 X)进展情况

客观描述(工作项目 X)的进展情况,包括完成时间,已完成工作和未完成工作,工作项目结果与人机工程要求的符合性情况。

4 存在的技术问题

4.X （存在的技术问题 X)

描述(存在的技术问题 X),包括问题现象、问题原因、可能采取的解决措施。

5 下一步工作建议

5.X （工作建议 X)

对下一步工作提出建议,特别是对存在的技术问题明确解决措施、解决时限和责任人。

14.12 人机工程评估报告

按照 GJB/Z 134—2002《人机工程实施程序指南》编写。

1 范围

说明人机工程评估报告的主题内容和适用范围。

2 引用文件

列出人机工程评估报告引用的文件。

3 人机工程设计准则

按照《人机工程设计准则》文件,概要说明人机工程设计准则。

4 人机工程工作内容

对完成的所有人机工程工作进行概括性的总结说明,包括完成时间、工作内容、工作结果。

5 出现的主要技术问题及处理情况

对人机工程工作中出现的主要技术问题及其处理情况进行说明,包括问题现象、问题原因、解决措施、验证情况和归零情况。
6 人机工程试验结果
依据《人机工程试验报告》，客观描述人机工程试验结果。
7 存在的问题和改进建议
7.X （存在的问题X)改进建议
客观描述尚未得到解决的(存在的问题X)及其改进建议,包括问题现象、问题原因、可能采取的解决措施。
8 结论性意见
对人机工程结果是否符合《人机工程要求》和部队使用维护要求给出结论性意见。

第 15 章 项目成果文件

15.1 研制总结(成果鉴定用)

1 任务来源及作用意义

1.1 任务来源

立项背景及下达任务的部门、时间等,注明科研计划号。

1.2 作用意义

阐述项目的作用意义。

2 研制(研究)工作的主要过程

2.1 论证阶段

说明时间节点及主要工作内容。

2.2 方案阶段

说明时间节点及主要工作内容。

2.3 工程研制阶段

说明时间节点及主要工作内容。

2.4 设计定型阶段

说明时间节点及主要工作内容。

3 采用的主要原理、技术

项目完成过程中涉及的理论、方法、工艺、计算等。

4 发生的重大技术问题及处理结果

4.X （重大技术问题 X)

4.X.1 问题描述

客观描述发生的(重大技术问题 X)。

4.X.2 原因分析

详细分析(重大技术问题 X)的原因,说明技术难点。

4.X.3 解决方法

客观描述(重大技术问题 X)的解决方法。

4.X.4 验证情况

说明对(重大技术问题 X)解决方法的验证时间和效果。

5 试验、试用的主要情况及结论

试验和试飞的项（科）目、结论、发现的主要技术问题及处理意见等综合情况；试用的时间、环境、数量、次数，取得的效果、解决的问题，在试用中发现的问题及改进情况等。

6 总体性能指标与国内外同类先进技术的比较

项目与现有同类技术相比的优点、缺点，可配图表说明。

7 技术成熟程度

项目采用的主要技术从原则性向规模化应用发展的程度。

8 主要技术进步点

8.X （技术进步点 X）

说明项目的（技术进步点 X）及自主知识产权情况。

9 军事、社会、经济效益及推广应用前景

项目所取得的军事、经济和社会效益；推广实施中的难易程度、所需的配套条件是否具备、推广时机是否成熟、经费能否支持及潜在的应用领域等。

10 存在的主要问题及解决措施、时限等

10.X （存在的主要问题 X）

客观描述（存在的主要问题 X），提出解决的方案及计划完成的时间。

15.2 科技成果鉴定证书

一、简要技术说明及主要技术性能指标

由申请鉴定单位填写。对任务来源、产品组成及其技术特点、产品试验试用情况、创新性和技术难度进行简要说明，列出上级批复的主要技术性能指标。

二、推广应用前景及效益预测

由申请鉴定单位填写。说明已经在部队应用的产品数量，根据装备实际情况，说明产品今后可能推广应用的范围，并对军事、经济和社会效益进行预测。对效益的预测应附计算方法和依据。

三、主要技术资料目录及来源

由申请鉴定单位填写。列出提交成果鉴定的主要技术资料及其编写单位。

四、鉴定意见

在科技成果鉴定会议上形成。科技成果鉴定委员会（或鉴定组）形成的鉴定意见，科技成果鉴定委员会主任委员（或鉴定组组长）签字。

五、主持鉴定单位意见

由主持鉴定单位填写。《鉴定证书》连同上报的电子文档送主持鉴定单位

(通常由科技成果管理办公室进行初审和数据接收后统一上报)进行审核,签署意见(通常为"同意鉴定意见"或"同意"),注明日期并加盖主持鉴定单位印章。

六、组织鉴定单位意见

由组织鉴定单位填写。组织鉴定单位签署意见(通常为"同意"),注明日期并加盖组织鉴定单位"科技成果鉴定专用章",《鉴定证书》生效。

七、主要完成人员名单

由申请鉴定单位填写。按照表格要求填写主要完成人员相关信息并由主要完成人员本人签名确认。主要完成人员是指在技术上对该项成果做出创造性贡献的人员,必须按照贡献大小顺序排列。

八、鉴定专家名单

按照表格要求填写鉴定专家相关信息,并在成果鉴定会议上由鉴定专家本人签名确认。

注意:除不宜公开鉴定的项目外,成果完成单位(包括所有主要完成者所在的单位)的人员不得作为同行专家参加对该成果的鉴定。一项科技成果鉴定,从同一单位聘请的专家不得超过2名。

15.3 科技成果汇报播放文件

凡推荐军队一等奖、二等奖项目,均需制作能够反映该成果特色和应用情况的汇报片,格式为PowerPoint2003版本ppt或pps格式播放文件,时间在6min之内。具体时间分割和内容画面安排如下(供参考):

〔片头〕——项目名称、完成单位,伴解说。如用背景画面,应是与本项目直接有关的内容。(5s~10s)

〔一、立项背景〕——标题,伴解说。说明立项背景,包括任务来源、任务编号、重要程度、作用意义等,如"该项目是××××年(主管机关)下达的重点科研项目,主要是为了加强产品××××能力,提高平台××××作战能力。"配背景画面,如项目任务书。(30s)

〔二、主要研究内容〕——标题,伴解说。项目研究的总体概貌,系统组成,研究内容及各系统的主要功能。配背景画面,如项目系统全景、结构框图或功能框图等。(30s)

〔三、创新点〕——标题,伴解说。创新点配合画面和解说词,逐条介绍。在介绍每一个创新点时,配上与该创新点相关的研究内容画面,包括论证、设计、研制、试验、应用等过程和结果。(180s)

〔四、评价与应用〕——标题,伴解说。主要评价结论用字幕显示;应用情况

反映该成果的实际应用和取得的军事、社会效益,以应用现场照片、数字、图表显示。(90s)

15.4　军队科学技术奖推荐书

军队科学技术奖推荐书必须按规定的格式和栏目如实、全面填写。一律采用"全军武器装备科技奖录入系统"软件打印,不得在其他系统修改、排版;除软件系统要求填写的栏目外,不得附加其他材料。确保上报的数据文件与推荐书内容一致。

一、项目基本情况

(一)推荐书的规格为 A4 纸竖装,正文采用宋体四号字(行间距为 1.25 倍行距),推荐书及其附件应合装成册,装订后不加封面。

(二)推荐专业组:从专业评审组中选择。

(三)项目名称(中文):应简明、准确地反映出项目的技术内容和特征,不得超过 26 个汉字,该名称一般情况下应与任务书或计划批准的项目名称一致。其中涉及装备名称的,应参照有关文件,统一使用该装备的型号代号。

(四)项目名称(英文):系指项目中文名称的英译文,不得超过 200 个英文字符。

(五)主要完成人:指对推荐的项目有创造性贡献的主要完成人员。仅参加组织、协调、审查、保障等工作的辅助人员和主要从事管理的各级机关管理人员,不得作为主要完成人。主要完成人必须按贡献大小顺序排列,并按规定的数额填写;其中推荐一等奖的不得超过 15 人,二等奖的不得超过 10 人,三等奖的不得超过 7 人。填写人名时若为两个字,须在两字中间加入两个空格。

(六)主要完成单位:指项目主要完成人所在的基层单位,并在该项目研制、生产、应用或推广的全过程中提供技术、经费和设备等条件,对该项目完成起重要作用的单位。各级主管部门不作为主要完成单位。主要完成单位要按规定的数额填写,其中推荐一等奖、二等奖的不得超过 5 个,三等奖的不得超过 3 个。主要完成单位的名称要按规范格式填写单位番号,单位名称填写原则:部队、军队院校、军队科研单位、军事代表系统,省略"中国人民解放军"字样,如单位公章为:"中国人民解放军空军装备研究院航空装备研究所",应填为"空军装备研究院航空装备研究所";军队工厂省略"中国人民"字样,如单位公章为:"中国人民解放军第五七〇二厂",应填为"解放军第五七〇二厂";国家部(委)级系统省略"中国"字样,如"中国航天科技集团第一研究院",应填为"航天科技集团第一研究院";其余应与单位公章相一致。

（七）推荐部门：各军区军兵种装备部，各直属院校，各直属研究院、所，各军事代表局，军兵种机关二级部（局）以及军兵种直属单位等。

（八）成果类别：按"技术开发类"、"装备论证类"、"装备试验类"、"装备维修类"、"技术基础类"等五类填写。

技术开发类：主要是指武器装备（含产品）研制、技术革新、新技术开发（含预研）等科技成果，包括将已有的科学技术推广、移植到武器装备建设中所取得的科技成果。

装备论证类：主要是指武器装备型号论证、武器装备系统工程研究等科技成果。

装备试验类：主要是指武器装备试验方法和试验理论研究，试验设备研制等科技成果。

装备维修类：主要是指武器装备的维护、修理、保管、封存和维修设备、器材研制等科技成果。

技术基础类：主要是指军用标准化、军事计量、装备质量与可靠性、科技情报和科技成果管理等方面产生的科技成果。

（九）密级及保密期限：由推荐单位根据上级主管部门下达任务书时确定的保密等级填写，保密期限根据全军保密规定填写。绝密项目视为不宜公开项目。

（十）应用领域：指该项目应用的技术领域。在软件提供的中图分类号及军用范畴分类号中选择。

（十一）任务来源：根据申报项目的计划，按国家计划、总部计划、军区计划、军兵种计划、委托项目（含合同项目）、自选、其他项目在列表中选取（自选项目必须有上级主管业务部门的批准件）。

（十二）推荐等级：填写二等奖以上或三。

（十三）计划（基金）名称和编号：指推荐项目在科研计划中下达的名称和编号，如"[20××]××字第×××号文件下达，编号××××××"。

（十四）项目开始时间及项目完成时间：指推荐项目从开始研究到成果通过鉴定或审查验收的时间，项目开始时间："20××年×月"，项目完成时间："20××年×月"。

二、项目简介

要求简要说明该项目在我军装备现代化建设中所属的科学技术领域、主要内容、特点及推广应用情况。限800字以内，不使用图表与公式。

三、项目的详细内容

是评价该项目是否符合授奖条件的主要依据，要求详实、准确、全面地填写八个方面的内容。

1. 立项背景

主要阐述相关科学技术目前状况、存在问题以及立项目的。

2. 详细科学技术内容

应包括研究的总体思路、技术方案、关键技术、技术难点及解决方法。该节内容不得过于简单，应不少于3页；也不能过于繁琐，不得超过15页。必要的图表和公式应以JPG图片格式就近插入相应的正文中。

3. 发现、发明及创新点

是项目在技术创新性方面的归纳与提练，应简明、准确、完整地阐述。

4. 保密要点

是指申报项目的详细科学技术内容中需要保密的技术内容。

5. 与当前国内外同类研究、同类技术的综合比较

应包括优点、缺点、存在问题及改进措施，可配以图表示意。

6. 应用情况

就推荐项目的应用、推广、订货、效益情况及预期应用前景进行阐述。

7. 经济效益

项目总投资额必须填写，其余栏目可视情填写。

8. 社会（军事）效益

主要填写项目在军事领域应用上起到的作用。

四、本项目曾获科技奖励情况

填写申报项目已经获得的军内外奖励情况（获奖时间、获奖项目名称、奖励等级及授奖部门等）。

五、申请、获得专利情况

填写该成果申请、获得国际或国家专利的情况（国别、申请号、专利号及项目名称等）。

六、主要完成人情况表

主要完成人必须分别填写相应的情况表，经本人签名确认后按排序装订。主要贡献栏要写明本人在项目论证、方案（产品）设计（制造）及解决项目研制过程中重大技术问题等方面所做的具体工作，并要与项目的创新点对应，字数不少于20个汉字。申报三等奖项目的人员情况表，可酌情简化填写。

七、主要完成单位情况表

主要完成单位要分别填写相应的情况表，单位加盖公章后按排序装订。主要贡献栏要写明该单位在本项目研究、设计、制造、应用等过程中提供技术、人员和设备等条件，对完成该项目所起的重要作用。

八、推荐评审意见

1. 推荐单位意见

由各推荐部门负责填写,应写明推荐理由、初审意见和推荐等级,并加盖单位公章。

2. 推荐部门意见

由军兵种成果办负责填写。

3. 专业评审组意见

4. 评审委员会意见

附件目录

将下述附件材料以 JPG 图片格式存入软件相应附件栏中。

1. 科学技术成果鉴定证书

科学技术成果鉴定证书的首页、鉴定意见、主要完成人员名单及鉴定委员会委员名单复印件。

2. 定型批复文件

型号产品定型批复文件首页、定型意见、定型委员会名单复印件。

3. 军用标准的相关文件

军用标准的发布首页、审查意见、审查会委员名单复印件。

4. 军事计量的相关文件

军事计量设备测试报告首页、测试结论及测试成员或机构名单复印件。

5. 发明专利的相关文件

发明专利证书、权利要求书复印件,未授权专利或失效专利不得作为附件材料。

6. 机关人员证明

机关干部确实做了实质性的技术工作而作为主要完成人时,填写《机关人员贡献证明》并由所在单位领导和项目完成单位领导签字并加盖公章,《机关人员贡献证明》原件作为附件材料统一装订到推荐材料中。

7. 应用证明

成果应用是推荐奖励的重要先决条件。根据有关要求,申报一等奖、二等奖的项目必须有两个以上非本单位出具的应用证明(至少有一份军队用户出具)。应用证明必须采用规定的格式,内容应包括该成果应用的时间、环境、数量、次数,应用取得的效果、解决的问题,在应用中发现该成果存在的问题及改进建议等。应用证明必须能全面、准确地反映该成果的应用范围和应用效果。应用证明中的新增产值、新增利税和年增收节支总额等条目,可视情填写,也可不填。坚决杜绝不同应用单位出具的应用证明内容相同(或雷同)的情况发生。

8. 其他证明

附可证明完成人贡献的论文、专著等首页。

15.5 国防科技成果奖推荐书

《国防科学技术奖申报书》(以下简称《申报书》)是国防科学技术奖评审的基本技术文件和主要依据,必须严格按规定的格式、栏目及所列标题如实、全面地填写。

《申报书》要严格按规定格式打印,尺寸规格为 A4 纸(高 297mm,宽 210mm)竖装,文字及图表应限定在高 257mm、宽 170mm 的规格内排印,左边为装订边,宽度不小于 25mm,正文内容文字不小于 5 号字;《申报书》及其附件材料应合装成册,附件材料尺寸规格应与申报书一致;装订后勿另附加封面、封底。

一、项目基本情况

"成果登记号"必须与国防成果办备案的成果登记号一致。

"专业评委会代码"按照《国防科学技术奖各专业评审委员会评审范围及代码》的规定,选择填写申报项目的专业评委会的代码,各专业评审委员会的代码如下:01 核技术;02 航天;03 航空;04 舰船;05 兵器;06 军用电子技术;07 材料与先进制造技术;08 技术基础。

"评审组代码"按照《国防科学技术奖各专业评审委员会评审范围及代码》的规定,选择填写申报项目的评审组代码。

"奖项"是根据项目申报国防技术发明奖或国防科学技术进步奖自动生成,不需填写。

"项目名称"应准确、简明,并能反映出项目的技术内容和特征,字数(含符号)一般不超过 30 个汉字,并与技术评价证明、研制(研究)技术总结报告等名称一致;"项目名称(英文)"系指中文名称的英译文,应翻译准确,字符不得超过 200 个;项目名称中如出现工程型号代码的,应按规定的标准代码填写,标准成果应在项目名称后填写标准号。

"主要完成人"不得超过《国防科学技术奖励办法实施细则》规定的限额,申报国防技术发明奖主要完成人限额为:特等奖 10 人,一等奖、二等奖和三等奖 6 人;申报国防科学技术进步奖主要完成人限额为:特等奖 30 人,一等奖 15 人、二等奖 10 人、三等奖 5 人。应按贡献大小从左至右、从上到下排列。

"主要完成单位"不得超过《国防科学技术奖励办法实施细则》规定的限额,主要完成单位必须是具有法人资格的单位。申报国防技术发明奖各等级奖的主要完成单位限额为:特等奖 7 个,一等奖、二等奖和三等奖 5 个;申报国防科学技术进步奖主要完成单位限额为:特等奖 20 个、一等奖 10 个、二等奖 7 个、三等奖 5 个。应按贡献大小从左至右、从上到下排列。

主要完成单位名称应与单位公章名称完全一致。

"申报单位"是指项目的第一主要完成单位。

"主管部门(单位)"是指国务院其他部门(单位)、各军工集团公司、委管单位、各国防科工办等。主管部门(单位)名称应与单位公章名称完全一致。

"密级"应填写经定密审查机构审定批准的密级,选择填写:机密、秘密、内部、公开。

"申报等级"是指申报单位提出项目申报的等级,按照《国防科学技术奖励办法实施细则》的国防技术发明奖、国防科学技术进步奖各等级的基本标准选择填写:特等奖、一等奖、二等奖、三等奖。

"申报日期"指申报单位正式申报的日期。

"成果类别"指申报国防科学技术进步奖项目成果类别,应根据本项目具体情况选择填写:K 型号工程及项目研制成果;Y 预先研究成果;C 基础研究成果;Q 情报成果;B 标准化成果;J 计量成果;R 软科学成果(含管理成果);Z 质量与可靠性成果;H 环境试验与检测成果。申报国防技术发明奖的项目不填写该栏目。

"专业分类代码"、"专业分类名称"指申报项目所属专业,应按《国防科学技术奖各专业评审委员会评审范围及代码》的规定选择填写。

"任务来源"指申报项目是属于哪一级计划下达的任务,在下列分类相应的字母上划"√"。A. 国家计划:指正式列入国家计划项目;B. 省部委计划:指正式列入省、市、自治区、国务院各部委计划的项目;C. 计划外:指未列入国家和省部委计划的项目。

"计划名称"指上述分类的研究开发项目列入计划的名称。

"计划编号"指上述分类的研究开发项目列入计划的编号。

"主题词"按《国家汉语主题词表》填写 3 个～7 个与申报项目技术内容密切相关的主题词。

"项目起止时间"的起始时间指立项研究、开始研制日期,完成时间指项目通过验收、鉴定、投产或主要论著公开发表日期。

"应用起始时间"是项目实际投入使用的时间,并与应用证明的起始时间一致,申报国防科学技术奖的项目,其应用时间应达到一年以上(预先研究、基础研究和一次性应用产品成果除外)。

"工程代号"指该项目所属的国防重大工程的代号。不论是总项目还是子项目,均应填写总项目的工程代号,并且要使用有关主管部门确认的规范代号。

"技术评价方式"指鉴定(发明专利)、验收、定型和标准审查等技术评价,填写"鉴定(发明专利)"、"验收"、"定型"、"标准审查"等即可。

"技术评价组织单位"指组织技术评价的单位。

"技术评价时间"指实际通过鉴定(发明专利)、验收、定型和标准审查等技术评价的日期。

二、项目简介

"项目简介"应按项目所属科学技术领域、主要科学技术内容、技(战)术经济指标、促进科技进步作用意义及应用推广情况;要求简明、扼要,同时不泄露项目的核心技术,字数不超过 600 个汉字。

三、项目详细内容

"项目详细内容"应当按照《申报书》规定的栏目内容及本说明的有关要求,详实、准确、全面地填写。

1. 立项背景(相关科学技术状况及其存在的问题)

应简明扼要地概述立项时国内外相关科学技术状况、主要战术技术经济指标、尚待解决的问题及立项目的,字数不超过 600 个汉字。

2. 详细科学技术内容

"详细科学技术内容"是评价该项目是否符合授奖条件的主要依据,因此,凡涉及该项目技术实质内容的说明、论证及实验结果等,均应直接叙述,一般不应采取见附件＊＊的表达形式,必要的图示必须就近插入相应的正文中,不宜另附。申报国防科学技术奖项目,应对总体思路、技术方案、实施效果等进行全面阐述,纸面不敷,可另增页。

（1）总体思路。应简要阐述针对立项目的,利用什么新思想、新技术、新方法,来解决什么样的技术问题,创造出什么样的新成果。

（2）技术方案。应详细阐述具体技术方案和实施步骤,应用了哪些理论、技术和方法,在技术开发、推广及产业化过程中,攻克了哪些关键技术,在技术上有哪些创新,取得了哪些创新成果。

申报国防技术发明奖项目,应详细写明发明成果的技术核心以及所采取的具体技术措施。按照发明的不同类型,填写相应的内容:

① 产品发明。包括各种仪器、设备、器械、工具和零部件等。其基本写法按结构描述,一般要写四点:[1]按结构图(装配图、剖面图)从静态到动态作总的描述,静态用以说明构成发明的组成部分,动态用以说明动作程序。[2]画出关键部件图作深入描述,包括特殊加工工艺、特殊材料、特殊调试技术等。[3]列出性能指标。[4]构成发明的其他内容。所有机械图均不注尺寸,但应按比例绘制并标出图序,注出零部件的名称。

② 工艺发明。包括各种技术方法等。其基本写法按相应步骤及实现条件描述其特点,一般要写四点:[1]基本原理。已知的原理只需写明采用了什么原理,新的原理要列出结论性公式(不写推导过程)。[2]实施步骤。如工艺流程、安装步骤等。[3]实现的条件。如工艺条件、使用的原料等。[4]完成动作所采用的设备。对于构成发明的特殊装备,还应参照产品发明的写法,进一步详细描述其特征。

③ 材料发明。材料包括用各种技术方法获得的新物质等。一般要写四点:[1]组成成分。包括各物质元素的名称、特性、配比及结构式。[2]合成方法或者制造工艺。包括工艺流程、工艺参数(含最佳参数)。[3]完成工艺所需的特殊设备(参照产品发明写)。[4]物理化学性能等。

申报国防科学技术进步奖项目,根据项目的特点,一般可按以下类型进行阐述:

① 属于基础研究、应用基础研究类。应写明主要学术观点,着重在自然现象和规律发现,在科学理论上的创见,研究方法的创新以及综合分析上的创造性方面进行阐明。为补充详实内容及证实其客观性,还应列出主要论著目录[不超过20篇;论文包括作者、出版年份、题名、刊名、卷(期)页;专著包括作者、出版年份、书名、出版者等];

② 属于系统工程类。应着重阐述系统的设计思想、体系结构、组成及其关键设备、接口技术、功能及水平等;

③ 属于设备类。要求画出结构图、动态程序图、关键部件应注明特殊材料、工艺和调试技术及性能指标等;

④ 属于方法类。写明基本原理、动作程序、实现条件和配套的特殊设备等;

⑤ 属于物质、材料类。一般均应写明组成成分、合成方法(工艺)、物化性能和最佳条件以及完成工艺所需要的特殊设备等;

⑥ 属于新用途类。写明以往解决同一技术问题所用的方法,已知设备、方法、物质等原来用途,新用途的使用对象及使用条件等;

⑦ 属于推广应用类。应说明推广者在已取得的重大效益中所采用的创造性技术推广措施;

⑧ 属于软科学、技术基础类,应着重在理论、观点、科学原理、分析方法、实施方法、实际效果以及为决策科学化服务方面进行阐述。

(3) 实施效果。应详细填写应用的范围及推广情况、规模和已达到的效果,简明阐述预期效果和对专业技术发展所起的作用意义等。突出关键技术或者系统集成的创新性、市场竞争力、成果转化程度、所取得的经济效益,包括提高专业技术水平、简化工艺过程、节省能源、降低原材料消耗、提高经济效益或军事、社会效益等。

3. 该项目与当前国内外同类研究、同类技术（产品）的综合比较

应就申报项目的主要战术技术、经济指标和总体科学技术水平同当前国内外最先进的水平进行全面比较；从主要性能、指标、水平等方面作定性、定量的比较，并加以综合叙述，还应指出存在问题及改进措施，必要时，可列表说明，字数不超过600个汉字。

4. 创新点

"创新（发明）点"是申报项目和《申报书》的核心部分，也是审查项目、处理异议的关键依据，字数不超过600个汉字。

"发明点"是指前人所没有的，具有创造性的关键技术，是在项目详细内容基础上的归纳与提炼，应以发明专利的发明点为依据，发明的效果、意义不要列入。

"创新点"是指在技术思路、关键技术及系统集成上的创新，是项目详细技术内容在创新性方面的归纳与提炼，应简明、扼要地阐述。

申报国防科学技术进步奖项目一般可用三种类型概括所有科技创新：

（1）基础型创新。是指关于自然现象规律的新认识，关于科学理论、学说上的创见；关于原理、机理的进一步阐明；关于研究方法手段上的创新或通过基础数据的科学积累总结出的规律认识等。

（2）复合（集成）型创新。指的是对已有科学技术的新组合、嫁接、移植以及推广（新方法），应写清楚有哪些新组合、新结构、新工艺、新方法、新配方、新用途等（毋须再写过程及比较）。

（3）改进型创新。是指对已有科学技术的改进，包括单一改进和综合改进，只需写明改进的技术内容（毋须再写过程及比较）。

5. 保密要点

应就申报项目的详细科学技术内容中需要保密的技术内容提出要求，字数不超过50个汉字。

6. 应用情况及前景

应就申报项目的推广应用程度和范围、转化和产业化程度及应用前景进行阐述，特别应对应用前景、应用价值进行说明，字数不超过800个汉字。

7. 经济、军事及社会效益情况表

栏中填写的经济效益数额应以主要生产、应用单位财务部门核准的数额为依据，并如实反映由于采用该项目后在申报前三年所取得的新增直接效益；同时具体列出本表所填各项效益额的计算方法和计算依据，无计算方法和计算依据的为不合格；如该项目没有取得经济效益，必须填写项目的总投资额。

军事、社会效益是指申报项目在推动国防科技工业技术进步、提高国防能力和武器装备现代化水平，保障国家和社会安全；促进经济与社会发展；提高决策科学化、技术服务及科学管理水平；保护自然资源或生态环境；改善人民物质、文化、生活及健康水平等方面所起的作用；应实事求是、简明扼要地填写。字数不超过 400 个汉字。

四、本项目及相关项目曾获科技奖励情况

该栏目应写明申报项目及相关项目曾经获得过何种、何级科技奖励，主要是指获得省、自治区、直辖市或国务院有关部门的科技奖励情况（不含集团科技奖）；如申报项目是获国家级或省、部级奖励后，进一步开发、应用、推广所取得的新成果，亦应填上次获奖的情况。

五、本项目知识产权情况

（1）申报国防技术发明奖项目只需填写已取得的发明专利情况。

（2）申报国防科学技术进步奖项目应包括申请、授权的国内外专利情况以及软件登记情况。

六、主要完成人情况表

该表是核实完成人是否具备报奖条件的重要依据，应按表格要求认真填写每一栏。"创造性贡献"应如实地写明本人所做的创造性技术（发明）内容，并与"创新（发明）点"对应，同时需本人签字。

国防技术发明奖的主要完成人必须是发明专利的发明人。

主要完成人不得作为该项目技术评价专家组成员；同一人员不能以相同的科技进步贡献在不同项目中作为主要完成人报奖。

政府机关人员、集团公司总部人员、企事业单位的领导、合同甲方人员、军队机关人员、军队科研单位的领导和军事代表，作为主要完成人报奖的，必须在申报材料中附申报单位出具的书面证明材料，如实说明其所做的创造性贡献，由本人和其上级主管领导签字，同时提供原始记录材料（由申报单位保存）备查。原始记录材料是指能反映本人在技术上有创造性贡献的研制（研究）文件的原始件或复印件。

七、主要完成单位情况表

该表是核实完成单位是否具备报奖条件的重要依据，应按表格要求认真填写每一栏，单位名称应与单位公章完全一致，并加盖完成单位公章。联系人应为本单位成果管理部门的人员，字数不超过 600 个汉字。

八、申报单位意见

该栏目由申报单位填写，应根据申报项目技术创新（发明）点、技术经济指标、先进性、促进行业科技进步作用和应用情况，并参照国防科学技术奖授奖条件,写明申报理由和建议等级。确认申报材料属实,并对主要完成单位、完成人组成及排序和前述技术内容的真实性负责;在申报单位公章处加盖单位公章,字数不超过 600 个汉字。

实物照片

提供产品实物照片。要求照片清晰,能够反映产品全貌和产品特点。

附件材料

附件材料是申报项目的证明文件和辅助评审材料,其电子文档主要应以 WORD 录入的方式完成,不得大于 8M;如个别图片以扫描方式录入,每张图片不得大于 200K;须按以下顺序排列,具体要求如下。

1. 技术评价证明

"技术评价证明"是指非该项目完成人及其单位出具的反映申报项目水平的客观评价材料,如鉴定证书、验收文件、定型文件、标准审查书等证明文件。

2. 应用证明

"应用证明"必须按规定格式填写,是成果使用单位或生产该项成果单位出具的证明材料。

对于已应用的成果,应用单位需对其应用效果和存在问题作出说明并加盖公章。对于自研自用的成果,由本单位出具证明,上级主管部门(单位)盖章确认。

对于未应用成果(预先研究和基础研究类),该证明可从应用前景和应用价值等方面进行描述,由拟应用单位或主管部门(单位)出具并盖章确认。

3. 知识产权状况报告

必须按规定格式填写,由成果申报单位出具的拥有自主知识产权情况的证明材料,证明中应对自主知识产权的拥有和保护情况进行说明。已授权的应附专利证书和权利要求书,已申请专利但未授权的应附专利申请受理通知书和权利要求书,已授权的软件登记证书等。

4. 研制(研究)技术总结报告

应从成果的主要用途、立项背景、采用的技术原理和关键技术、技术进步点及理论上的重大突破与创新(发明)点、难度与复杂程度、成熟与完备性、质量与可靠性、经济效益与军事、社会效益、对推动科技进步的作用意义、科学价值、推广应用情况、应用前景和应用价值等方面详细阐述,是申报书有关内容的细化、补充和扩展。研制(研究)技术总结应层次清晰,论理正确,数据翔实;编写、校对、审核、批准等签署齐全。

5. 主要完成单位和主要完成人协调一致证明(原件)

必须按规定格式提供原件,主要完成单位和主要完成人名单与技术评价证明的组成和排序一致的,可不提供,否则必须出具该证明。

6. 型号等系统工程的子项目单独报奖证明(原件)

必须按规定格式提供原件,由总项目责任单位出具的同意该子项目单独申报奖励的证明材料。证明中应写明该子项目的创新点不与其他子项目重复等内容。

7. 主要完成人证明(原件)

必须按规定格式提供原件,政府机关人员、集团公司总部人员、企事业单位的领导、合同甲方人员、军队机关人员、军队科研单位的领导和军事代表作为主要完成人均须提供本证明。由申报单位出具的书面证明材料,应如实说明其所做的创造性贡献,本人和其上级主管领导签字;同时提供能反映本人在技术上有创造性贡献的研制(研究)材料的原始件或复印件。

8. 软科学、情报及管理等成果的专题研究报告、论著或出版物;标准、规范、技术手册等成果的正式实施出版物

应符合有关要求。不提供电子文档。

9. 其他必要的证明材料

应是有效的证明材料,须签署和盖章的,应签署齐全,公章清晰可辨。

15.6 国家科学技术奖励推荐书

《国家科学技术奖励推荐书》适用于《国家科学技术奖励条例》中设置的国家自然科学奖、国家技术发明奖、国家科学技术进步奖。《国家科学技术奖励推荐书》是国家科学技术奖励评审的基本技术文件和主要依据,必须严格按规定的格式、栏目及所列标题如实、全面填写。

《国家科学技术奖励推荐书》要严格按规定格式打印,大小为 A4,正文内容使用宋体四号,指定附件备齐后应合装成册,其规格大小应与推荐书一致。装订后《国家科学技术奖励推荐书》不需要另加封面。

一、项目基本情况

"奖种"选择欲推荐奖种。

"项目名称"(中文)应当准确、简明地反映出项目的技术内容和特征,字数(含符号)不超过 26 个汉字。

"项目名称"(英文)系指项目中文名称的英译文,字符不得超过 200 个。

"主要完成人"、"主要完成单位"(只用于国家科学技术进步奖)按《国家科学技术奖励条例实施细则》的有关规定填写,并按照贡献大小顺序排列。主要完成单位指具有法人资格的单位。

"推荐单位(或专家)"填写具备资格的推荐单位(如军兵种、一级学会等)。

"项目名称可否公布"在"可"或"否"上选择。

"密级及保密期限"应填写经上级主管部门审定批准的密级及保密期限。

"学科(专业)分类名称代码"填写"军队武器装备"。

"主题词"按《国家汉语主题词表》填写3个~7个与推荐项目技术内容密切相关的主题词,每个词语间应加";"号。

"所属国民经济行业"填"军队武器装备科技"。

"任务来源"在相应的栏中选择。

"计划(基金)名称和编号"指上述各类的研究开发项目列入计划的名称和编号。

"项目起止日期"及"项目完成日期"指立项研究、开始研制日期及项目通过验收、鉴定或投产日期。

二、项目简介

"项目简介"是向国内外公开宣传、介绍本项目的资料,要求按栏目内的提要(所属科学技术领域、主要内容、特点及应用推广情况)简单、扼要地介绍,同时不泄露项目的核心技术,不超过800汉字。

三、项目详细内容

"项目详细内容"应当按照《国家科学技术奖励推荐书》规定的栏目内容及本说明的有关要求,详实、准确、全面地填写,必要的图示须就近插入相应的正文中,不宜另附。

(1)"立项背景"应当引用国内外有关科学技术文献,简明扼要地概述立项时相关科学技术状况,主要技术经济指标,尚待解决的问题及立项目的。

(2)"详细科学技术内容"是考核、评价该项目是否符合授奖条件的主要依据,因此,凡涉及该项科学技术实质内容的说明、论据及实验结果等,均应直接叙述,一般不应采取"见＊＊附件"的表达形式。

本栏目根据科学技术项目的特点,按所推荐奖种叙述:

国家自然科学奖

1. 总体思路

总体思路是指解决该项科学研究的总体构思,利用什么新思想、新研究方法,创造出什么样的新成就。

2. 研究成果

重要的是写明主要学术观点,着重在自然现象和规律发现,在科学理论上的创见。应详细写明利用哪些新理论、提出什么样的新理论,研究及实验论证过程中的新方法以及所采取的具体措施,研究方法的创新以及综合分析上的创造成就。

3. 实施效果

应详细写明在国内外何种学术刊物上发表及被他人正面引用情况,以及在学科发展上所起的推动作用和意义等。同时必须列出主要论著目录(不超过20篇,论文包括作者、出版年份、题名、刊名、卷期页;专著包括作者、出版年份、书名、出版者、页码)。

国家技术发明奖

1. 总体思路

总体思路是根据立题目的,从总体上利用什么新思想、新知识、新方法,继承已有科学技术成果的长处,克服、解决其不足,创造出什么样的新发明成果。

2. 技术方案

应详细写明发明成果的技术核心以及所采取的具体技术措施。

按照发明的不同类型,对填写该内容的概括要求是:

(1)对于产品发明。包括仪器、设备、器械、工具、零部件及生物新品种等。其基本写法按结构描述,一般要写四点:[1]按结构图(装配图、剖面图)从静态到动态作总的描述,静态用以说明构成发明的组成部分,动态用以说明动作程序。[2]画出关键部件图作深入描述,包括特殊加工工艺、特殊材料、特殊调试技术等。[3]列出性能指标。[4]构成发明的其他内容。所有机械图均不注尺寸,但应按比例绘制并标出图序,注出零部件的名称。

(2)对于工艺发明。包括工业、农业、医疗卫生和国家安全领域的各种技术方法。其基本写法按相应步骤及实现条件描述其特点,一般要写四点:[1]基本原理。已知的原理只需写明采用了什么原理,新的原理要列出结论性公式(不写推导过程)。[2]说明实施步骤。如工艺流程、安装步骤等。[3]实现的条件。如工艺条件、使用的原料等。[4]完成动作所采用的设备。对于构成发明的特殊装备,还应参照产品发明的写法,进一步详细描述其特征。

(3)对于材料发明。材料包括用各种技术方法获得的新物质等。一般要写四点:[1]组成成分。包括各物质元素的名称、特性、配比及结构式。[2]合成方法或者制造工艺。包括工艺流程、工艺参数(含最佳参数)。[3]完成工艺所需的特殊设备(参照产品发明写)。[4]物理化学性能。

3. 实施效果

应详细填写实施的范围、规模、已达到的效果,简明阐述预期效果和对专业技术发展起的作用意义等。包括专业水平提高、工艺过程简化、节省能源、降低原材料消耗,提高工效和经济效益或社会效益等。

国家科技进步奖

1. 总体思路

应简要阐述针对立项目的,利用什么新思想、新技术、新立法、新方法,来解决什么样的技术问题,创造出什么样的新成果。

2. 技术方案与创新成果

应详细阐述具体技术方案和实施步骤,应用了哪些理论、技术和方法,在研究开发、推广及产业化过程中,攻克了哪些关键技术,在技术上有哪些创新,取得了哪些创新成果。

3. 实施效果

应简要阐述该项成果的转化程度,应用范围及推广情况。按照国家科学技术进步奖分类,各类项目在阐述时应有所侧重。

① 技术开发类项目应突出技术创新、成果转化,对产业结构优化升级和实现行业技术跨越的促进作用。

② 社会公益类项目应突出研究方法和手段上的创新,在本行业中的推广应用情况以及对促进社会科技进步的作用。

③ 国家安全类项目应突出研究开发的难度,技术创新程度、战略重要性以及对国防建设和保障国家安全所起到的重大作用。

④ 重大工程类项目应突出团结协作、联合攻关在技术和系统管理方面的创新、技术难度和工程复杂程度、总体技术水平和推动行业技术进步的作用。

(3)"发现、发明及创新点"的填写,是推荐项目和推荐书的核心部分,也是审查项目,处理争议的关键依据。"发现、发明及创新点"是项目详细内容在创新性方面的归纳与提练,应简明、准确、完整地阐述,无须用抽象形容词。每个发现、发明及创新点的提出须是相对独立存在的。

国家自然科学奖发现点是指:阐明自然科学研究领域自然的现象、特性或规律方面的发现。即自然现象规律的新认识,科学理论、学说上的创见;原理、机理的进一步阐明;通过基础数据的科学积累总结出的规律性新认识以及研究方法手段上的创新等。

国家技术发明奖发明点是指:前人所没有的具有创造性的关键技术。发明点应以发明专利和查新报告为依据,发明的原理、效果、意义不要列入。

国家科学技术进步奖创新点是指:在研究、开发、推广以及产业化中作出的创造性贡献和解决的关键技术。

(4)"保密要点"是指推荐项目的详细科学技术内容中需要保密的技术内容。

(5)"与当前国内外同类研究、同类技术的综合比较",应就推荐项目的总体科学技术水平、主要技术经济指标同当前国内外先进的同类研究和同类技术用数据或图表方式进行全面比较,加以综合叙述,并指出存在的问题及改进措施。

(6)"应用情况",推荐国家自然科学奖的项目应就该项目的科学结论在国内外公开发行的书刊中的评价及引用情况进行阐述。推荐国家技术发明奖、国家科学技术进步奖应就推荐项目的应用、推广情况及预期应用前景进行阐述。

(7)"经济效益情况表"栏中填写的数字应以主要生产、应用单位财务部门核准的数额为基本依据,并必须切实反映由于采用该项目后在推荐前三年所取得的新增直接效益。推荐国家自然科学奖项目不需要填此栏目。

各栏目的计算依据,应就生产或应用该项目后产生的直接累计净增效益以及提高产品质量、提高劳动生产率等作出简要说明,并具体列出本表所填各项效益额的计算方法和计算依据。

"社会效益"是指推荐项目在推动科学技术进步,保护自然资源或生态环境;提高国防能力;保障国家和社会安全;改善人民物质、文化、生活及健康水平等方面所起的作用,应扼要地作出说明。

四、本项目曾获科技奖励情况

"本项目曾获科技奖励情况"应填写获得国家、军队(省部)的科技奖励及经登记常设的社会力量设立的科技奖的情况。

五、专利情况

"专利情况"应包括推荐项目中所含的全部专利申请情况及已获得的国内外专利。

六、主要完成人情况表

"主要完成人情况表"是核实完成人是否具备获奖条件的重要依据,应按表格要求逐项填写。

"创造性贡献"一栏应如实地写明该完成人对本项目独立作出的创造性贡献,并与"发现、发明及创新点"栏中的内容相对应。

七、主要完成单位情况表

"主要完成单位情况表"是核实推荐国家科学技术进步奖主要完成单位是否具备获奖条件的重要依据,应准确无误,并在单位名称栏内加盖完成单位公章。

"主要贡献"一栏应如实地写明该完成单位对本项目作出的主要贡献。

八、推荐评审意见

"推荐意见"由推荐单位或者具有推荐资格的专家填写,不超过800个汉字,内容包括:根据项目创造性特点,科学技术水平和应用情况并参照相应奖种条件写明推荐理由和结论性意见。

九、附件

国家技术发明奖附件：

① 发明专利证书及发明权利要求书或查新报告的复印件；

② 技术评价证明；

③ 应用证明。

国家科学技术进步奖附件：

① 技术评价证明；

② 应用证明。

推荐国家技术发明奖项目查新报告，应由指定的查新单位按推荐国家技术发明奖项目的要求提供查新报告。

参 考 文 献

[1] GB 3100—1993.量和单位.国际单位制及其应用.1993.
[2] GB 3101—1993.量和单位.有关量、单位和符号的一般原则.1993.
[3] GB 3102—1993.量和单位.1993.
[4] GB/T 7027—2002.信息分类和编码的基本原则与方法.2002.
[5] GB/T 7714—2005.文后参考文献著录规则.2005.
[6] GB/T 15834—1995.标点符号用法.1995.
[7] GB/T 15835—1995.出版物上数字用法的规定.1995.
[8] GJB 0.1—2001.军用标准文件编制工作导则 第1部分:军用标准和指导性技术文件编写规定.2001.
[9] GJB 0.2—2001.军用标准文件编制工作导则 第2部分:军用规范编写规定.2001.
[10] GJB 0.3—2001.军用标准文件编制工作导则 第3部分:出版印刷规定.2001.
[11] GJB 150—1986.军用设备环境试验方法.1986.
[12] GJB 150A—2009.军用装备实验室环境试验方法.2009.
[13] GJB 151A—1997.军用设备和分系统电磁发射和敏感度要求.1997.
[14] GJB 152—1986.军用设备和分系统电磁发射和敏感度测量.1986.
[15] GJB 152A—1997.军用设备和分系统电磁发射和敏感度测量.1997.
[16] GJB 181—1986.飞机供电特性及对用电设备的要求.1986.
[17] GJB 181A—2003.飞机供电特性.2003.
[18] GJB 190—1986.特性分类.1986.
[19] GJB 358—1987.军用飞机电搭接技术要求 1987.
[20] GJB 368A—1994.装备维修性通用大纲.1994.
[21] GJB 368B—2009.装备维修性工作通用要求.2009.
[22] GJB 437—1988.军用软件开发规范.1988.
[23] GJB 438A—1997.武器系统软件开发文档.1997.
[24] GJB 438B—2009.军用软件开发文档通用要求.2009.
[25] GJB 439—1988.军用软件质量保证规范.1988.
[26] GJB 450A—2004.装备可靠性工作通用要求.2004.
[27] GJB 451A—2005.可靠性维修性保障性术语.2005.
[28] GJB 466—1988.理化试验质量控制规范.1988.
[29] GJB 467—1988.工序质量控制要求.1988.
[30] GJB 467A—2008.生产提供过程质量控制.2008.
[31] GJB 571A—2005.不合格品管理.2005.
[32] GJB 593—1988.无损检测质量控制规范.1988.

[33] GJB 726A—2004.产品标识和可追溯性要求.2004.
[34] GJB 786—1989.预防电磁场对军械危害的一般要求.1988.
[35] GJB 813—1990.可靠性模型的建立和可靠性预计.1990.
[36] GJB 841—1990.故障报告、分析和纠正措施系统.1990.
[37] GJB 899—1990.可靠性鉴定和验收试验.1990.
[38] GJB 899A—2009.可靠性鉴定和验收试验.2009.
[39] GJB 900—1990.系统安全性通用大纲.1990.
[40] GJB 906—1990.成套技术资料质量管理要求.1990.
[41] GJB 907A—2006.产品质量评审.2006.
[42] GJB 908—1990.首件鉴定.1990.
[43] GJB 908A—2008.首件鉴定.2008.
[44] GJB 909A—2005.关键件和重要件的质量控制.2005.
[45] GJB 939—1990.外购器材的质量管理.1990.
[46] GJB 1032—1990.电子产品环境应力筛选方法.1990.
[47] GJB 1181—1991.军用装备包装、装卸、贮存和运输通用大纲.1991.
[48] GJB 1268A—2004.军用软件验收要求.2004.
[49] GJB 1269—1991.工艺评审.1991.
[50] GJB 1269A—2000.工艺评审.2000.
[51] GJB 1310A—2004.设计评审.2004.
[52] GJB 1317A—2006.军用检定规程和校准规程编写通用要求.2006.
[53] GJB 1330—1991.军工产品批次管理的质量控制要求.1991.
[54] GJB 1362A—2007.军工产品定型程序和要求.2007.
[55] GJB 1364—1992.装备费用—效能分析.1992.
[56] GJB 1371—1992.装备保障性分析.1992.
[57] GJB 1378A—2007.装备以可靠性为中心的维修分析.2007.
[58] GJB 1389—1992.系统电磁兼容性要求.1992.
[59] GJB 1389A—2005.系统电磁兼容性要求.2005.
[60] GJB 1404—1992.器材供应单位质量保证能力评定.1992.
[61] GJB 1405A—2006.装备质量管理术语.2006.
[62] GJB 1406A—2005.产品质量保证大纲要求.2005.
[63] GJB 1407—1992.可靠性增长试验.1992.
[64] GJB 1442A—2006.检验工作要求.2006.
[65] GJB 1443—1992.产品包装、装卸、运输、贮存的质量管理要求.1992.
[66] GJB 1452—1992.大型试验质量管理要求.1992.
[67] GJB 1452A—2004.大型试验质量管理要求.2004.
[68] GJB 1686—1993.装备质量与可靠性信息管理要求.1993.
[69] GJB 1686A—2005.装备质量信息管理通用要求.2005.
[70] GJB 1710—1993.试制和生产准备状态检查.1993.
[71] GJB 1710A—2004.试制和生产准备状态检查.2004.
[72] GJB 1775—1993.装备质量与可靠性信息分类和编码通用要求.1993.

[73] GJB 1909—1994.装备可靠性维修性参数选择和指标确定要求.1994.

[74] GJB 1909A—2009.装备可靠性维修性保障性要求论证.2009.

[75] GJB 2072—1994.维修性试验与评定.1994.

[76] GJB 2115—1994.军用软件项目管理规程.1994.

[77] GJB 2116—1994.武器装备研制项目工作分解结构.1994.

[78] GJB 2434A—2004.军用软件产品评价.2004.

[79] GJB 2547—1995.装备测试性大纲.1995.

[80] GJB 2547A—2012.装备测试性工作通用要求.2012.

[81] GJB 2691—1996.军用飞机设计定型飞行试验大纲和报告要求.1996.

[82] GJB 2725A—2001.测试实验室和校准实验室通用要求.2001.

[83] GJB 2737—1996.武器装备系统接口控制要求.1996.

[84] GJB 2742—1996.工作说明编写要求.1996.

[85] GJB 2786—1996.武器系统软件开发.1996.

[86] GJB 2786A—2009.军用软件开发通用要求.2009.

[87] GJB 2873—1997.军事装备和设施的人机工程设计准则.1997.

[88] GJB 2961—1997.修理级别分析.1997.

[89] GJB 2993—1997.武器装备研制项目管理.1997.

[90] GJB 3206—1998.技术状态管理.1998.

[91] GJB 3206A—2010.技术状态管理.2010.

[92] GJB 3207—1998.军事装备和设施的人机工程要求.1998.

[93] GJB 3273—1998.研制阶段技术审查.1998.

[94] GJB 3363—1998.生产性分析.1998.

[95] GJB 3385—1998.测试与诊断术语.1998.

[96] GJB 3404—1998.电子元器件选用管理要求.1998.

[97] GJB 3660—1999.武器装备论证评审要求.1999.

[98] GJB 3837—1999.装备保障性分析记录.1999.

[99] GJB 3845—1999.航空军工产品定型审查报告编写要求.1999.

[100] GJB 3872—1999.装备综合保障通用要求.1999.

[101] GJB 3966—2000.被测单元与自动测试设备兼容性通用要求.2000.

[102] GJB 4054—2000.武器装备论证手册编写规则.2000.

[103] GJB 4072A—2006.军用软件质量监督要求.2006.

[104] GJB 4239—2001.装备环境工程通用要求.2001.

[105] GJB 4355—2002.备件供应规划要求.2002.

[106] GJB 4599—1992.军工定型产品文件、资料报送要求.1992.

[107] GJB 4757—1997(GJBz 20376—1997).武器装备技术通报编制规范.1997.

[108] GJB 4771—1997.航空军工产品技术说明书编写基本要求.1997.

[109] GJB 4827—1998(GJBz 20484—1998).装甲车辆经济性评定.1998.

[110] GJB 5000—2003.军用软件能力成熟度模型.2003.

[111] GJB 5000A—2008.军用软件研制能力成熟度模型.2008.

[112] GJB 5109—2004.装备计量保障通用要求 检测和校准.2004.

[113] GJB 5159—2004.军工产品定型电子文件要求.2004.
[114] GJB 5234—2004.军用软件验证和确认.2004.
[115] GJB 5235—2004.军用软件配置管理.2004.
[116] GJB 5236—2004.军用软件质量度量.2004.
[117] GJB 5238—2004.装备初始训练与训练保障要求.2004.
[118] GJB 5432—2005.装备用户技术资料规划与编制要求.2005.
[119] GJB 5439—2005.航空电子接口控制文件编制要求.2005.
[120] GJB 5570—2006.机载设备故障分析手册编制要求.2006.
[121] GJB 5572—2006.机载设备维修手册编制要求.2006.
[122] GJB 5708—2006.装备质量监督通用要求.2006.
[123] GJB 5709—2006.装备技术状态管理监督要求.2006.
[124] GJB 5710—2006.装备生产过程质量监督要求.2006.
[125] GJB 5711—2006.装备质量问题处理通用要求.2006.
[126] GJB 5852—2006.装备研制风险分析要求.2006.
[127] GJB 5880—2006.软件配置管理.2006.
[128] GJB 5881—2006.技术文件版本标识及管理要求.2006.
[129] GJB 5882—2006.产品技术文件分类与代码.2006.
[130] GJB 5922—2007.飞机技术通报编制要求.2007.
[131] GJB 5967—2007.保障设备规划与研制要求.2007.
[132] GJB 6177—2007.军工产品定型部队试验试用大纲通用要求.2007.
[133] GJB 6178—2007.军工产品定型部队试验试用报告通用要求.2007.
[134] GJB 6387—2008.武器装备研制项目专用规范编写规定.2008.
[135] GJB 6388—2008.装备综合保障计划编制要求.2008.
[136] GJB 6921—2009.军用软件定型测评大纲编制要求.2009.
[137] GJB 6922—2009.军用软件定型测评报告编制要求.2009.
[138] GJB 7262—2011.航空电子与电气设备测试要求文件编制要求.2011.
[139] GJB 7688—2012.装备技术成熟度等级划分及定义.2012.
[140] GJB 7689—2012.装备技术成熟度评价程序.2012.
[141] GJB 9001A—2001.质量管理体系要求.2001.
[142] GJB 9001B—2009.质量管理体系要求.2009.
[143] GJB 20221—1994.武器装备论证通用规范.1994.
[144] GJB/Z 4—1988.质量成本管理指南.1988.
[145] GJB/Z 17—1991.军用装备电磁兼容性管理指南.1991.
[146] GJB/Z 23—1991.可靠性和维修性工程报告编写一般要求.1991.
[147] GJB/Z 27—1992.电子设备可靠性热设计手册.1992.
[148] GJB/Z 34—1993.电子产品定量环境应力筛选指南.1993.
[149] GJB/Z 35—1993.元器件降额准则.1993.
[150] GJB/Z 57—1994.维修性分配与预计手册.1994.
[151] GJB/Z 69—1994.军用标准的选用和剪裁导则.1994.
[152] GJB/Z 72—1995.可靠性维修性评审指南.1995.

[153] GJB/Z 77—1995.可靠性增长管理手册.1995.
[154] GJB/Z 89—1997.电路容差分析指南.1997.
[155] GJB/Z 91—1997.维修性设计技术手册.1997.
[156] GJB/Z 94—1997.军用电气系统安全设计手册.1997.
[157] GJB/Z 99—1997.系统安全工程手册.1997.
[158] GJB/Z 102—1997.软件可靠性和安全性设计准则.1997.
[159] GJB/Z 106A—2005.工艺标准化大纲编制指南.2005.
[160] GJB/Z 108A—2006.电子设备非工作状态可靠性预计手册.2006.
[161] GJB/Z 113—1998.标准化评审.1998.
[162] GJB/Z 114—1998.新产品标准化大纲编制指南.1998.
[163] GJB/Z 114A—2005.产品标准化大纲编制指南.2005.
[164] GJB/Z 131—2002.军事装备和设施的人机工程设计手册.2002.
[165] GJB/Z 134—2002.人机工程实施程序指南.2002.
[166] GJB/Z 142—2004.军用软件安全性分析指南.2004.
[167] GJB/Z 145—2006.维修性建模指南.2006.
[168] GJB/Z 147—2006.装备综合保障评审指南.2006.
[169] GJB/Z 151—2007.装备保障方案和保障计划编制指南.2007.
[170] GJB/Z 170—2013.军工产品设计定型文件编制指南.2013.
[171] GJB/Z 215.1—2004.军工材料管理要求 第1部分:研制.2004.
[172] GJB/Z 215.2—2004.军工材料管理要求 第2部分:选用.2004.
[173] GJB/Z 215.3—2004.军工材料管理要求 第3部分:采购.2004.
[174] GJB/Z 299C—2006.电子设备可靠性预计手册.2006.
[175] GJB/Z 457—2006.机载电子设备通用指南.2006.
[176] GJB/Z 768A—1998.故障树分析指南.1998.
[177] GJB/Z 1391—2006.故障模式、影响及危害性分析指南.2006.
[178] GJB/Z 20456—1997.电子对抗装备寿命周期费用估算.1997.
[179] GJB/Z 20517—1998.武器装备寿命周期费用估算.1998.
[180] 《军工产品质量管理条例》,国务院、中央军委批准,国防科工委颁发,〔1987〕第699号.
[181] 《武器装备质量管理条例》,国务院、中央军委颁发,〔2010〕第582号.
[182] 《武器装备研制合同暂行办法》,国务院、中央军委〔1987〕7号.
[183] 《武器装备研制合同暂行办法实施细则》,总参谋部、国防科工委、国家计委〔1995〕技综字第2439号.
[184] 《武器装备研制项目招标管理办法》,国防科工委〔1995〕技综字第2033号.
[185] 《常规武器装备研制程序》,总参谋部、国防科工委、国家计委、财政部〔1995〕技综字第2709号.
[186] 《中华人民共和国招标投标法》,九届全国人大11次会议,1999年8月30日通过.
[187] 《中国人民解放军装备条例》,中央军委〔2000〕军字第96号.
[188] 《中国人民解放军装备采购条例》,中央军委〔2002〕军字第5号.
[189] 《中国人民解放军装备科研条例》,中央军委〔2004〕军字第4号.
[190] 《军工产品定型工作规定》,国务院、中央军委〔2005〕32号文.
[191] 《武器装备研制的标准化工作规定》,国防科工委,1990.

[192] 《装备全寿命标准化工作规定》,总装备部装法〔2006〕4号命令.
[193] 《武器装备研制生产标准化工作规定》,国防科工委,2004.
[194] 《军用软件质量管理规定》,〔2005〕装字第4号.
[195] 《军用软件产品定型管理办法》,国务院、中央军委军工产品定型委员会〔2005〕军定字第62号.
[196] 《国防科研试制费管理规定》,财政部、总装备部〔2006〕132号文.
[197] 《国防科研项目计价管理办法》,财政部、国防科工委,1995.
[198] 《军工科研事业单位财务制度》,财政部,1996.
[199] 《军品价格管理办法》,中国人民解放军总参谋部、国防科学技术工业委员会、国家计划委员会、财政部,1996.
[200] 《全军武器装备命名规定》,中国人民解放军总参谋部〔1987〕参装字第379号文,1987.
[201] 《武器装备研制生产使用国产军用电子元器件暂行管理办法》,总装备部装法〔2011〕2号文.
[202] 赵卫民,吴勋,孟宪君,等.武器装备论证学.北京:兵器工业出版社,2008.
[203] 龚庆祥,赵宇,顾长鸿.型号可靠性工程手册.北京:国防工业出版社,2007.
[204] 康锐,石荣德,肖波平,等.型号可靠性维修性保障性技术规范.第1册.北京:国防工业出版社,2010.
[205] 康锐,石荣德,肖波平,等.型号可靠性维修性保障性技术规范.第2册.北京:国防工业出版社,2010.
[206] 康锐,石荣德,肖波平,等.型号可靠性维修性保障性技术规范.第3册.北京:国防工业出版社,2010.
[207] 阮镰,陆民燕,韩峰岩.装备软件质量和可靠性管理.北京:国防工业出版社,2006.
[208] 祝耀昌.产品环境工程概论.北京:航空工业出版社,2003.
[209] 秦英孝,关祥武,严勇,等.军事代表科技写作概论.北京:国防工业出版社,2004.
[210] 赵生禄,张林,张五一,等.军事代表业务技术工作概论.北京:国防工业出版社,2008.
[211] [美]国防系统管理学院.系统工程管理指南.周宏佐,曹纯,陆镛,等译.北京:国防工业出版社,1991.
[212] [美]防务系统管理学院.系统工程管理指南.国防科工委军用标准化中心,译.北京:宇航出版社,1992.
[213] [美]国防系统管理学院.系统工程概论.军用标准化中心,译.军用标准化中心,2000.
[214] 中航工业发展研究中心.技术成熟度评价方法培训教材.2009.